개화기 외국지명 표기사전

개화기 외국지명 표기사전

開化期 外國地名 表記辭典

이한섭·박성희 편

KOREA
UNIVERSITY
PRESS
고려대학교
출판문화원

책을 펴내면서

이 사전은 한국 개화기 자료에 나오는 외국지명을 조사, 수집하여 엮은 것입니다. 개화기에는 아직 외국의 지명을 표기하는 규범이 없어 한자와 한글 등 다양한 표기가 쓰였습니다. 때문에 이 시대의 문헌을 다루는 사람들로서는 이해하기 어려운 부분이 많았습니다. 이 사전은 개화기 자료를 이용하는 분들이 겪게 되는 이러한 어려움을 해소하는 데 도움을 주고자 만든 것입니다.

편자가 이 사전을 만들 생각을 하게 된 것은 삼십 수년 전부터입니다. 당시 필자는 대학원에서 유길준의 《서유견문》(1895)을 자료로 하여 석사논문을 쓰고 있었는데 《서유견문》에 나온 많은 외국 지명이 생소하여 애를 먹은 일이 있습니다. 잘 아시다시피 《서유견문》은 한문체인데다 조사 이외에는 모든 문장이 한자어로 되어 있어서 그 책을 처음 읽는 사람들은 내용 파악이 쉽지 않습니다. 편자가 특히 어렵게 느껴지는 부분은 인명과 지명 표기였습니다. 혹시 참고가 될 만한 자료가 있을까 찾아보았으나 당시에는 도움이 될 만한 자료가 거의 없었습니다. 하는 수 없이 이것저것 찾아보면서 학위논문을 쓰기는 하였지만 그때부터 개화기 지명표기 사전이 꼭 필요하다는 생각을 가지게 되었습니다.

귀국한 뒤에도 지명표기에 대한 관심은 이어졌습니다. 때로는 대학원 수업 때 다룬 자료에서 또는 여러 가지 개화기 자료를 조사하는 과정에서 외국지명 표기 용례를 조금씩 모아 갔습니다. 2001년부터는 '21세기세종계획' 프로젝트에 참가하면서 많은 개화기 자료를 접할 수 있었고 다수의 표기 용례를 수집, 정리하는 방법을 익힐 수 있었습니다. 한국 개화기 외국지명 표기를 효과적으로 조사, 수집하기 위해서는 개화기 자료의 코퍼스를 만들어야 한다는 생각에서 '한국 개화기코퍼스'도 구축하였습니다.

언젠가 우리나라 개화기 외국지명표기 사전을 만들어보겠다는 간절한 바람 덕분이었던지 외국지명 표기를 연구하고 싶다는 대학원생도 나타났습니다. 그 사람은 바로 이 사전의 공동 편자인 박성희 박사입니다. 박성희 박사는 일본 막부 말기 서양 여러 나라를 시찰하고 돌아와 방대한 보고서를 작성한 구메 구니타케의《미구회람실기(美歐回覽實記)》를 자료로 하여 메이지 초기 일본의 외국지명 표기에 대한 박사논문을 썼습니다. 그리고 2013년경부터는 이 사전을 만드는 일에 참여하였습니다. 이한섭은《한성순보》,《한성주보》등 한문 신문과 대한제국 관보와 개화기 신문 자료, 잡지 자료,《서유견문》등을 조사하였고 박성희 박사는《ᄉᆞ민필지》,《小學萬國地誌》,《中等萬國地誌》,《地璆略論(디구략론)》,《한글역 泰西新史》등 개화기 지리교과서류 등의 표기 용례를 조사하고 수집하였습니다.

2015년쯤에는 적지 않은 분량의 용례가 모아졌고 이를 정리하여 사전 형식으로 만드는 작업에 착수하였습니다. 그러나 막상 표제어를 배열하고 표기 용례를 나열하고 보니 적지 않은 문제가 발견되었습니다. 어떤 표제어는 용례가 넘치고 어떤 것은 용례가 하나밖에 없다는 것이 드러난 것입니다. 공동 편자인 두 사람은 다시 원점으로 돌아가 여러 자료를 뒤적이고 용례를 찾아내 보완해 가는 작업을 계속하였습니다.

이 사전은 이러한 지난한 과정을 거쳐서 완성되었습니다. 막상 원고를 탈고해 출판사에 넘기고 나니 아쉬움이 많이 남습니다. 우선 들을 수 있는 것은 누락된 지명이 많다는 것입니다. 수많은 세계 지명 중 이 사전에 담은 것은 대륙명과 해양명, 국명, 수도 이름, 주요 도시, 산 강과 같은 주요 자연지명 등으로, 여러 자료에 나오는 세세한 지명을 지면 관계상 모두 담을 수 없었습니다. 또 하나 밝혀야 할 것은 아직도 편자 역시 잘 모르는 지명이 많다는 점입니다. 개화기 지명은 중국과 일본 자료를 통하여 들어온 것이 많은데 이들이 모두 한자 표기로 되어 있어서 표기만 가지고는 그것이 어느 곳을 표시하는지 알 수 없는 것이 적지 않았습니다. 이러한 지명들은 최종 작업 과정에서 아쉽게도 제외시킬 수밖에 없는 아픔을 겪었습니다.

이 사전을 만들면서 많은 선학들의 연구 성과에 힘입은 바 크며 고려대 도서관, 서울대규장각도서관, 국립중앙도서관, 국회도서관, 일본국제문제연구센터도서관(교토) 등 여러 도서관의 협조와 도움을 받았습니다. 또 조선왕조실록홈페이지와 한국고전번역원의 한국고전종합데이터베이스, 한국역사정보종합시스템, 21세기세종계획, 한국언론재단의 고신문검색자료, 동아일보기사검색자료(네이버), 대만중앙연구원자료, 일본국립국어연구소코퍼스자료, 도쿄대학사료편찬소데이터베이스, 아시아역사자료센터(일본) 자료 등 수많은 자료와 데이터베이스 자료를 활용하였습니다. 이들 자료가 없었더라면 이 사전은 나오기 어려웠을 것입니다. 이 자리를 빌려 관계 기관 및 관련자 여러분들께 깊은 감사를 드립니다.

이 사전에 오류나 잘못된 부분이 있다면 모두 무지한 편자들의 책임입니다. 다음번 개정판에서는 최선을 다하여 바로잡을 것이니 독자 여러분의 많은 질책과 가르침을 바랍니다.

끝으로 어려운 출판 사정 속에 흔쾌히 이 책의 출판을 결정해 주신 고려대학교 출판문화원에 감사의 뜻을 전합니다.

2017년 9월 길일

편자 이한섭·박성희

일러두기

기본 성격

1. 이 사전은 우리나라 개화기(1880-1920)의 외국지명 표기를 조사하여 작성한 것입니다. 외국지명이라 함은 우리나라 이외의 지명을 말합니다.

수록 범위 및 대상

1. 개화기의 외국지명은 처음에는 주로 한자로 표기되었으나 1890년대 이후는 한글표기가 점차 늘어가는 경향을 보이고 있습니다. 이 사전에서는 당시 발행 작성된 지리 관련 서적과, 신문, 잡지, 관보, 교과서, 조약문, 성서, 문학작품(신소설 등) 등 가능한 다수의 자료를 조사하여 표제어와 함께 용례를 수록하였습니다.
2. 수록 범위는 원칙적으로 전 세계 지명을 대상으로 하였습니다.
3. 채록한 자료의 발행 시기는 1880년대부터 1920년대 자료를 기본으로 하였습니다. 단 각 표기의 역사를 알아보는 데 도움이 된다고 판단한 경우는 그 범위 밖의 자료도 일부 포함시켰습니다.
4. 이 사전에 수록한 지명은 대륙명, 해양명, 국명, 수도명, 주요 도시를 대상으로 하였으며 그 밖에 산, 강, 호수 등 자연지명도 일부 포함시켰습니다.

용례

1. 각 올림말에는 올림말이 포함된 최소한의 용례를 제시하였습니다.

   예)【런던】런던(London), 영국의 수도. 잉글랜드 남동부 템스 강(江) 하구에서부터 약 60km 상류에 있다 ▌됴셩을 의론컨대 일홈이 런던이니 보텬하에 데일 큰 셔울이니(한글본《ᄉᆞ민필지》1889)

   단, 〈한성순보〉와 〈한성주보〉, 한문본《사민필지》등 순한문 자료는 요사이 한문을 읽을 수 있는 독자가 많지 않음을 고려하여 용례 대신 해당 단어만을 표시하였습니다. 아울러 용례 원문을 확인하고 싶은 분들을 위하여 해당 표제어가 나오는 기사명의 출처자료를 함께 제시하였습니다.

   예)【大貌利顚 대모리전】그레이트브리튼(Great Britain), 영국의 다른 이름 ▌大貌利顚(〈한성순보〉제2호 1883.11.10 歐羅巴洲)

2. 동일 자료에 용례가 다수 출현할 때는 기본적으로 초출 용례 하나만을 수록하였습니다. 한 표제어에 용례가 둘 이상일 때는 각 용례 사이에 ▌표시를 하여 용

례를 구분하였습니다.

3. 각 용례는 표기를 현대어표기로 고치지 않고 실제 표기된 그대로 채록하여 수록하였습니다.
4. 수록된 용례는 시대순으로 배열하였습니다.
5. 각 표제어의 내부 구성은 다음과 같습니다.

〈한글표기편〉

표제어 표시, 현대 한글표기(알파벳 표기) 및 표제어에 대한 간단한 설명, 용례

예)【뎡말】덴마크(Denmark 丁抹), 유럽 북부 북해 연안의 유틀란트 반도 및 그 동쪽 해상의 부속 도서로 구성된 입헌군주국, '뎡말'은 Denmark의 중국식 한자표기 '丁抹'을 우리말 한자음으로 읽은 것이다 ▎세계 님군 즁에 뎨일 쇽탈 ᄒᆞ니는 뎡말 대군쥬 폐하라(《독립신문》 1897.3.25)

〈한자표기편〉

표제어 표시, 현대 한글표기(알파벳 표기) 및 표제어에 대한 간단한 설명, 용례

예)【佳那多 가나다】캐나다(Canada), 북미 대륙 미국 북쪽에 있는 영연방국 ▎此外에도北阿美利加洲의佳那多라ᄒᆞᄂᆞᆫ地方은(유길준《서유견문》1895 제1편)

6. 각 표제어에는 해당 지명이 어느 곳을 표시하는지 알기 쉽게 하기 위하여 알파벳 표기를 더하였습니다. 단 이때 표시하는 알파벳 표기는 해당국의 언어 표시가 아니라 영문 표기를 사용하였습니다. 또 영문 표기는 일반인들이 사용하는 통칭을 채용하였습니다.

   예)【佳那多 가나다】캐나다(Canada)

7. 각 용례 끝에는 해당 용례의 출전을 명시하였습니다. 이때 출전 자료 이름은 사전 이용자의 편의를 위하여 한글로 고쳐 표기하였으며 권말의 〈채록문헌일람〉에 원래의 자료 이름을 명시하였습니다.
8. 출전 자료에 수록된 발행일 중《한성순보》등 음력으로 표시된 것은 양력으로 고치지 않고 그대로 수록하였습니다.

참고자료편

1. 참고자료편에는 이 책에 수록된 외국지명 중 국명표기를 대상으로 약칭 표기와 세계 각국에 대한 국명표기의 모음집을 정리하여 제시하였습니다.
2. 색인편에서는 올림말을 다음 두 가지로 나누어 표시하였습니다.

   〈현대 한글 지명 표기순〉 색인: 수록된 표제어를 '한글표기편'과 '한자표기편' 관계없이 현대 한글 외국지명 표기 방법으로 찾을 수 있습니다.

   〈알파벳 표기순〉 색인: 모든 수록 표제어를 알파벳 표기로 찾을 수 있습니다.

사전을 읽기 전에

아래에 적은 내용들은 이 사전을 이용하는 분들에게 개화기 외국지명의 기본적인 문제를 이해하는 데 도움을 드리기 위한 것입니다. 이 사전의 본문 내용에 들어 있는 지명 관련 칼럼과 함께 읽으신다면 개화기 외국지명을 이해하는 데 도움이 될 것으로 생각됩니다.

외국 지명을 왜 한자로 표기했을까?

개화기에 많은 외국 지명을 한자로 적은 까닭에 대해 생각해 보았다. 그 이유로는 우선 당시 글을 쓸 때 한자로 적는 습관 때문이었을 것이다. 15세기에 한글이 창제, 반포되었으나 한글은 불경 언해 등 용도가 제한되었고 사용하는 사람도 일부 계층에 국한되어 있었다. 사대부들은 19세기 말까지 여전히 한문으로 문서를 작성하였고 한글이 우리글이라는 의식을 가진 사람은 많지 않았다. 19세기 말이 되면 민족의 자주 의식이 높아져 자국 문자로 글을 써야 한다는 생각이 확산되면서 그 변화의 조짐이 보이기 시작했다. 1894년 11월 조선정부는 칙령 제1호에서 정부의 모든 공적 문서는 국문으로 쓴다는 소위 공문식(公文式)을 발표하였다. 이로써 관보 등 공적 문서가 국문으로 작성되고 《國民小學讀本》(1895) 등 소학교 교과서가 국문으로 발행되어 우리말로 글을 쓰는 큰 변화가 시작되었다. 그러나 국문으로 글을 썼다고 해도 처음에는 '此諸山은阿弗利加洲의東方에在흔者라'(《서유견문》 1편, 1895), '英吉利國 倫敦은 世界 中 第一 大都會라'(《國民小學讀本》1895)에서 보는 것처럼 한글은 토씨와 동사, 어미 등 일부에만 사용되고 명사나 부사, 심지어는 형용사까지도 한자로 적는 일이 많았다. 이러한 사정은 상당 기간 지속되어 외국 지명 표기에도 영향을 미쳤을 것으로 생각된다.

둘째는 외국 지리에 대한 서적이나 지식 대부분이 중국과 일본 등 외국을 통하여 들어왔기 때문이다. 19세기 중반 이후 조선에 외국 지리와 사정을 전해 준 서적으로는 《海國圖志》와 《易言》, 《泰西新史》 등을 들 수 있고, 1902년 우리말로 번역되어 중학교 교과서로 사용된 《中等萬國地誌》는 일본 지리서를 번역한 것이었다. 또 〈漢城旬報〉와 〈漢城周報〉, 〈皇城新聞〉 등 개화기 초의 신문 기사도 중국과 일본의 기사를 전재하거나 번역하는 일이 많아서 중국과 일본의 한자표기 지명을 도입하는 일이 많았다. 예를 들면 1852년에 발간된 100권본 《해국도지(海國圖志)》에는 亞洲(아시아주), 歐洲(유럽주), 奧地利(오스트리아), 日耳曼(독일), 土耳其(터키) 등 많은 외국 지명이 실려 있는데 이들은 개화기 때 모두 우리나라 외국 지명 표기에 수용되었다.

지금 우리에게는 한자로 쓰인 외국 지명이 생소하기만 하나 개화기 지식인들에게는 그렇지 않았던 것이다. 한자로 쓰면 자기들 눈에 익숙하고 의미를 전달하기 쉽다고 생각하지 않았을까?

한자로 표기된 외국 지명은 어떻게 읽었을까?

개화기 한자로 표기된 외국 지명은 우리말 한자음으로 음독하는 것이 일반적이었다. 예를 들면 佳那多는 '가나다', 尼加拉瓜는 '니가랍과', 羅馬는 '라마'로 읽는 식이다.

그런데 한자로 표기한 외국 지명을 읽을 때는 다음 두 가지 문제가 있었다. 하나는 한자로 표기된 지명을 읽을 수 있는가의 문제이다. 예를 들면 中國이나 日本, 美國, 英國 처럼 비교적 알기 쉽고 많은 사람들에게 알려진 지명은 읽는 데는 큰 문제가 없었겠으나 藉排(자바 섬), 渾杜瞿変山(힌두쿠시산), 瞿麟蘭島(그린랜드), 甸瑪爾珂(덴마크) 등은 어떠하였을까? 특히 중국 자료의 번역 과정에서 온 盎仾埒(아르헨티나)나 寶埒提客海(발트 해), 岌朴敦(케이프타운), 柬蒲寨(캄보디아) 등과 같은 지명은 읽는 데 애를 먹었을 것이다.

또 하나의 문제는 한자로 표기된 외국 지명을 읽었다 해도 그것이 어느 나라 어느 곳을 가리키는지 알 수 있었겠는가의 문제이다. 잠시 다음 예를 보기로 하자.

○고파古巴와 남양 하란 속디 모든 셔음에셔(《독립신문》1899.7.28)
○셰관에 잇는 사름은 단국 남인 이명(《독립신문》1897.3.16)
○빅이의에 삼쳔 오빅 팔십 이 ᄆ일 영국에 이만 일쳔 이빅 십칠 ᄆ일(《독립신문》(1898.5.5)

위의 예에서 밑줄 친 '고파'와 '단국', '빅이의'는 각각 쿠바와 덴마크, 벨기에를 가리키는 이름인데 외국 지리에 밝지 않은 일반인은 어느 나라 어느 지명인지 알기 어려웠을 것으로 생각된다.

일본식 발음으로 표기된 외국 지명

개화기에 한글로 표기된 외국 지명 가운데는 그것이 일본식 발음에서 온 것이라는 것을 바로 알 수 있는 표기가 적지 않다. 다음 예가 그것이다.

【가루리아】 갈리아(Gallia)
【가르갓타-府】 콜카타(Kolkata)
【가이루】 카이로(Cairo)
【구리미아】 크림반도(Crimean Peninsula)
【색구닷드】 바그다드(Baghdad)

이들 지명표제어의 표기는 일본어 발음을 우리말로 그대로 옮기는 과정에서 온 것으로, 일제시대는 일본식 발음표기로 된 외국 지명이 적지 않게 사용되었다. 그러나 해방 후에는 이들 표기가 일본식 표기라는 점을 일반인들도 알게 되어 원어 발음에 가깝게 대부분 바뀌었다.

동양(東洋)과 서양(西洋)이라는 이름

동양과 서양은 원래 우리나라와 중국, 유럽에서 가리키는 지역이 달랐다. 동양(the East, Orient)은 서양(the West, Occident)에 대립되는 개념으로, 원래 유럽인들은 터키 동쪽 아시아 전체를 가리키는 의미로 사용하던 용어였다. 한편 중국에서는 예부터 중국을 둘러싼 바다를 '동양', '서양', '북양', '남양'으로 나누고 동양을 '동쪽 바다'란 뜻으로 이해하였다. 또 동양은 간혹 '일본'을 가리키는 말로도 사용하였다. 서양은 인도양 전역의 의미로, 북양은 발해만과 황해(우리나라에서 '서해'로 부르는 바다)를, 남양은 중국의 남쪽 바다 즉 인도네시아와 말레이시아, 필리핀 일대를 가리키는 의미로 사용했었다.

오늘날 우리가 사용하는 동양과 서양은 19세기 후반 일본에서 생겨난 개념으로 생각된다. 일본에서는 1894년 중등학교 역사교육에서 '동양사'와 '서양사' 과목을 가르치기로 하고 1895년부터 교과서를 발행하게 되는데 이때 교과서에서 다룬 지역 이름은 오늘날 우리가 말하는 동양과 서양의 범위를 뜻하는 시발점이 되었다. 1895년에 발행된 동양사 교과서에서 다룬 지역은 중국 대륙과 몽골, 한국, 일본 등 동아시아가 중심이었다. '서양사' 교과서에서는 서양을 유럽대륙과 미국 등 기독교문화권을 주로 다루고 있으며 이러한 내용이 오늘날에도 거의 비슷하게 사용된다.

6대륙의 이름

대륙(continent)이란 '지구 표면에 있는 넓은 면적의 육지'라는 뜻으로 다른 이름으로는 대주(大洲/大州)라고도 한다. 오늘날 우리는 지구상에 여섯 개의 대륙이 있다고 생각한다. 그러나 지구상에 몇 개의 대륙이 존재하는가는 각 시대에 따라 그 수가 달랐다. 고대 그리스에서는 지구상에 유럽과 아시아대륙 두 대륙만이 있는 것으로 보았다. 오늘날과 같이 대륙을 여섯 개로 보기 시작한 것은 제2차 세계대전 이후이다. 1602년 마테오리치가 중국에서 발간한 《곤여만국전도(坤輿萬國全圖)》에는 亞細亞(아시아), 利未亜(아프리카), 欧

邏巴(유럽), 北亞墨利加(북아메리카), 南亞墨利加(남아메리카), 墨瓦蠟泥加(남극을 중심으로 한 남반구 대륙)의 다섯 개 대륙이 그려져 있다. 1623년 이탈리아의 선교사 줄리오알레니(Giulio Aleni)가 출간한《직방외기(職方外記)》에는 대륙을 亞細亞(아시아), 利未亜(아프리카), 欧邏巴(유럽), 亞墨利加(아메리카), 墨瓦蠟泥加(남반구 대륙) 등 5대륙으로 설명하였다. 곤여만국전도에서 두 대륙으로 나누었던 남북아메리카를 하나의 대륙으로 본 것이다. 1852년에 발간된 100권본《해국도지(海國圖志)》에는《곤여만국전도(坤輿萬國全圖)》의 대륙 이름을 계승하였으나 남반구 대륙 墨瓦蠟泥加를 奧大利亞洲로 바꾸어 부르고 있다. 오스트레일리아 대륙이 서구인에게 발견된 것은 1606년이고 영국인들이 오스트레일리아를 자국 영토로 삼은 것은 1768년이다.《해국도지(海國圖志)》에는 이러한 사정이 반영된 것으로 보인다.

참고로 한중일 삼국의 대륙 이름 표기를 살펴보자.

한국	일본	중국
아시아주(亞洲)	アジア州(亞洲)	亚洲
아프리카주(阿洲)	アフリカ州(阿洲)	非洲
유럽주(歐洲)	ヨーロッパ州(歐洲)	欧洲
북아메리카주(北美/北美洲)	北アメリカ州(北美/北美洲)	北美洲
남아메리카주(南美/南美洲)	南アメリカ州(南美/南美洲)	南美洲
오세아니아주	オセアニア(オーストラリア)州	大洋洲

( ) 안은 약칭 표기임.

유럽을 왜 구라파(歐羅巴)라고 부를까?

'구라파(歐羅巴)'는 지구상의 육대륙의 하나로, 원래 중국에서 유럽을 한자로 표기한 이름이다. 한자(漢字) 이외의 문자를 사용하지 않는 중국에서는 예부터 외국의 지명이나 인명을 모두 한자로 표기했는데 라틴어 Europa를 한자로 음역한 것이 '歐羅巴'인 것이다. 현대 중국어로 '欧罗巴'라고 쓰고 [ōuluóbā]로 발음한다. 우리나라에서는 歐羅巴를 우리말 한자음으로 읽어서 '구라파'라 한다.

중국에서 유럽을 '歐羅巴'로 표기한 것은 역사가 오래다. 1602년 간행된 마테오리치의 《곤여만국전도(坤輿萬國全圖)》에는 유럽을 '歐邏巴'로 표시하고 있으며, 1623년에 간행된 《직방외기(職方外記)》와 1842년 위원(魏源)이 편찬한 《해국도지(海國圖志)》에도 '歐羅巴'로 표시하고 있다.

우리나라에 '歐羅巴'라는 지명이 쓰인 것은 19세기 이후이다. 《조선왕조실록》〈순조 32권〉(1832년7월21일자)에는 '大淸國, 交隣之國, 我羅斯國, 法蘭治國, 荷蘭國, 波呂斯國, 英國地方, 其在歐羅巴'라는 기록이 보이며, 최한기의 《기측체의(氣測體義)》(1836)에도 '粤在大明弘治年間. 歐羅巴西海隅布路亞國人嘉奴. 始圜地球'라 하여 역시 '歐羅巴'가 쓰이고 있다.

구라파(歐羅巴)는 우리나라에서 개화기와 일제식민통치기에 널리 쓰이다가 해방 후에는 유럽으로 바뀌었으나 아직도 노년층에서는 사용하는 사람이 더러 있다.

외국 지명의 약칭 표기

약칭이란 단어가 길어서 전부를 표기하는 것이 번거롭다 느낄 때 그 수고를 덜기 위해 줄이는 것으로, 이는 외국 지명을 표기할 때도 종종 사용된다. 예를 들면 '독일연방공화국(The Federal Republic of Germany)'을 줄여서 '독일' 또는 '독'으로 부르는 것이 '독일연방공화국'의 약칭이 된다. 외국 지명의 약칭은 주로 나라 이름과 대륙 이름에서 나타나며 도시명이나 자연지명에서는 거의 나타나지 않는다. 지명을 줄여서 부르는 방법은 오늘날과 거의 동일하며 다음 두 가지 형태로 나타난다.

① 나라 이름의 첫 글자만으로 생략된 것

加奈陀(캐나다) → 加	가나다 → 가
諾威(노르웨이) → 諾	서반아 → 서
獨逸(독일) → 獨	오지리 → 오

普魯西(프러시아) → 普　　애급 → 애

② 한 글자로 줄여진 이름에다 國(국)을 붙여서 줄인 것

露西亞 → 露國　　단묵국/단맥국 → 단국

瑞典 → 瑞國　　법란서 → 법국

法蘭西 → 法國　　묵서가 → 묵국

伊太利 → 伊國　　아라서 → 아국

외국 지명의 약칭은 대륙 이름에도 나타나는데 중국어에서는 대륙 이름을 보통 약칭으로 표기한다. 참고로 한중일의 대륙 표기를 표시하면 다음과 같다.

한국	일본	중국
아시아주(亞洲)	アジア州(亞洲)	亚洲
아프리카주(阿洲)	アフリカ州(阿洲)	非洲
유럽주(歐洲)	ヨーロッパ州(歐洲)	欧洲
북아메리카주(北美/北美洲)	北アメリカ州(北美/北美洲)	北美洲
남아메리카주(南美/南美洲)	南アメリカ州(南美/南美洲)	南美洲
오세아니아주	オセアニア(オーストラリア)州	大洋洲

( )안은 약칭표기임.

중국과 일본의 지명

오늘날 중국과 일본의 지명을 베이징(北京), 상하이(上海), 도쿄(東京), 센다이(仙台)와 같이 현지음으로 읽고 또 현지음을 한글로 적는 것이 일반적인 추세이다. 그러나 개화기에는 한자를 아는 일반인들이 많았으므로 적을 때도 한자로 적고 말할 때도 한자를 우리말 한자음으로 읽어서 발음하는 것이 흔한 일이었다. 특히 중국의 지명은 원래부터 한자로 표기하기 때문에 각각의 한자를 우리 한자음으로 읽고 발음하는 것이 관례였다.

예) 北京 → 북경　　長春 → 장춘　　天津 → 천진

일본 지명은 다음 표에서 보는 것처럼 사정이 조금 달랐다.

	일본어 표기	적을 때	읽을 때(말할 때)
Ⅰ류	東京 北海道	東京 北海道	동경 북해도
Ⅱ류	大阪	大阪	대판
		오사카	오사카
Ⅲ류	鹿兒島	가고시마	가고시마

오늘날은 한글 세대가 주류를 이루고 있어 동경이나 경도 등 일부 지명을 제외하고는 대부분의 사람들이 Ⅲ류 방법을 사용한다.

중국 지명도 비슷한 추세를 보이고 있다. 과거부터 익숙해진 北京이나 上海, 南京 등 일부 지명은 아직도 북경, 상해, 남경으로 읽고 쓰는 사람이 많으나 그 이외 대부분의 지명은 하얼빈, 칭뚜, 광쩌우처럼 현지음을 한글로 적고 발음한다.

바다 이름에 붙이는 이름 '해(海)'와 '양(洋)'

바다 이름에는 ~해(海)와 ~양(洋)을 붙인다. 가깝게는 우리나라의 '서해', '동해', '남해'가 그렇고 먼 바다로는 '동지나해', '베링해', '지중해' 등은 모두 '~해'가 붙어 있다. 이에 비하여 '태평양(the Pacific Ocean)', '대서양(the Atlantic Ocean)', '인도양(the Indian Ocean)'은 모두 '~양'이 붙어 있다. 이들의 차이는 무엇이고 왜 그렇게 부를까?

바다 이름에 붙이는 ~해(海)와 ~양(洋)은 처음부터 그렇게 정해진 것은 아니고 근대 지리학에서 sea와 ocean을 구분하면서부터 명칭이 나누어진 듯하다. 다시 말하면 ocean은 큰 바다(大洋)를 뜻하며 sea(海)는 ocean보다는 작은 바다를 뜻하게 된 것이다. 다만 어느 정도로 큰 바다에 '~양'을 붙이고 또 '~해'를 붙이는가는 사람에 따라 학문적 입장에 따라 달랐다. '~양'은 '태평양', '대서양', '인도양' 등 세 바다에 붙이는 것이 보통이나 '5대양'이라고 할 때는 남극해(the Antarctic Ocean)와 북극해(he Arctic Ocean)까지 포함시키고 이를 각각 '남극양'과 '북극양'으로 부르는 경우도 있다.

한편 중국에서는 바다 이름에 '~해(海)'를 붙이는 것이 '~양(洋)'보다 빨랐다. 송(宋)나라 말부터 원(元)나라 초(13세기)는 중국 무역선들이 베트남, 싱가포르, 수마트라까지 진출한 시기였다. 이에 따라 중국에서는 남쪽 바다에 대한 지식과 관심이 높아지고 그쪽 바다를 어떻게 부를까가 문제가 되었다. 송나라(960-1279) 때에는 광저우(廣州)와 수마트라 동부를 연결하는 선(線)의 동쪽 바다를 '동남해'라 했고, 그 서쪽을 '서남해'라 하였다. 원나라(1271-1368) 때가 되면 '동남해', '서남해'에서 '남'을 생략하여 '동해', '서해'로 불렀는데 바다 이름에 '해(海)' 대신 '~양(洋)'을 붙이는 사람이 늘어나자 '동해', '서해'는 '동양', '서양'으로 부르게 되었다. 즉 '동양'은 광저우(廣州)와 수마트라 동부를 연결하는 선(線)의 동쪽 바다를 의미했고, '서양'은 그로부터 서쪽 바다, 즉 인도양 서부를 가리켰다.

이를 보면 중국에서는 원래 '~해(海)'와 '~양(洋)'을 구분해서 바다 이름에 붙인 것이 아니었던 것으로 보인다. 하지만 지금은 중국에서도 국제적 관례에 따라 큰 바다에는 '~양(洋)'을, 작은 바다에는 '~해(海)'를 붙여 부른다.

차례

• 칼럼 차례 •

1. 한글표기편

ㄱ

【가고시마】가고시마(Kagoshima 鹿兒島), 일본 규슈(九州) 가고시마 현(鹿兒島縣)의 현청 소재지 ▮남편에 쉬몬나사기와 푸쿠오가와 나가사기와 쉬마바라와 가고시마ㅣ란포구가잇고(한글본《ᄉᆞ민필지》1889)

【가나다】캐나다(Canada), 아메리카 대륙 북부에 위치하고 있는 영연방국 ▮아메리까에 각 디방과 각 나라는 가나다와 엥길리국 쇽방이라(한글본《ᄉᆞ민필지》1889) ▮가나다(〈친목회회보〉제2호 1896.3) ▮가나다와 미국이 담판ᄒᆞ고(〈독립신문〉1898.6.6) ▮영국 식민디 회의에 말ᄒᆞ기를 가나다를 지나셔 영국 본국으로브터 동양을 련락ᄒᆞ야 식(〈대한매일신보〉1907.5.23) ▮米洲에는 가나다 全土를 埋沒ᄒᆞ여(〈태극학보〉제16호 1907.12.24) ▮이 상뎜들은 미국 텬디에는 물논 가나다에와 대셔양을 넘어 영국에 이르러도 업는 곳이 업시 셜입되여 잇스며(〈태서문예신보〉제5호 1918.11.2) ▮合衆國의 「망간」(金屬) 생산자, 「가나다」, 「핀랜드」, 「瑞典」의 木材 생산자(〈동광〉제35호 1932.7.3)

【가나리島】카나리아 제도(Canary Islands), 아프리카 북서부 대서양에 있는 스페인령 화산 제도 ▮六日만에 가나리島에 至ᄒᆞ니(《국민소학독본》1895)

【가나안】가나안(Canaan), 팔레스타인 요르단 강 서쪽 땅의 옛 이름. 성서에 젖과 꿀이 흐르는 땅으로 쓰여 있다 ▮골ᄋᆞ샤ᄃᆡ 내가 쟝찻 가나안따흘 너희게 주리니(알렉산더 피터스 번역《시편촬요》1898) ▮가나안 사ᄅᆞᆷ 시몬과 밋 예수ᄅᆞᆯ 판 가룟인 유다ㅣ라(《신약젼셔》성경번역위원회 1900) ▮一은 모세가 가나안 짜에 들어가기를 구ᄒᆞᆷ이오(〈신학월보〉제6권5·6호 1909.6) ▮내의 目標인 無의 聖地는 에루살넴의 聖地와 가나안 福地와 橄欖山上과 또는 檀特山의 菩提樹下보다 더 淸淨할넌지(〈개벽〉제36호 1923.6.1)

【가나타】캐나다(Canada), 아메리카 대륙 북부에 위치하고 있는 영연방국 ▮가나타 Canada(J.S.Gale《한영대자전》1931)

【가데마라】과테말라(Guatemala), 중앙아메리카 북서 끝에 있는 나라로 고대 마야문명의 중심지였다 ▮가데마라(〈친목회회보〉제6호 1897.12)

【가라半島】카라 반도(Kara peninsula), 러시아 북쪽의 북극해에 있는 반도 ▮다만에 西部 가라(KARA)半島가 出ᄒᆞ야 오비灣을 擁ᄒᆞ고 東部에 쎄이링구半島가 出ᄒᆞ야(《중등만국지지》1902 권1)

【가라가스】카라카스(Caracas), 베네수엘라의 북부 카라카스 계곡에 위치한 고산 도시 ▮도셩을 의론컨대 일홈이 가라가스ㅣ니 나라ㅅ 북편이오(한글판《ᄉᆞ민필지》1889) ▮首府를 가라가스라 名ᄒᆞ야 北方海岸에 在ᄒᆞ니 貿易이 盛ᄒᆞ니라(《소학만국지지》1895 제5편)

【가라고름】카라코룸(Karakorum), 카라코람 산맥의 중앙부에 있는 산으로 높이 8,611m, 발토로 빙하 북쪽에 솟아 있는 고봉으로 에베레스트 산에 이은 세계 제2의 고봉이다 ▮셔에는 가라고름과 켈륜과 텬이란 산과 젹은 못시 만코(한글본《ᄉᆞ민필지》1889)

【가례복이아】캘리포니아(California), 미국 서부 태평양에 면해 있는 주. 주도(州都)는 새크라멘토(Sacramento) ▮미국이 쳐음으로 구금산을 어드니 구금산은 또 일흠이 가례복이아싱이라(학부역《티셔신사》1897)

【가로린諸島】캐롤라인 제도(Caroline Islands), 미크로네시아 연방(Federated States of Micronesia)과 팔라우 공화국(Republic of Palau)을 이루는 태평양 서부의 제도 ▮羣島中에 가로린諸島와 산도윗지諸島外에는 다 歐洲諸國의 領地에 屬ᄒᆞ니라(《소학만국지지》1895 제6편)

【가루리아】갈리아(Gallia), 로마 제국의 멸망 이전까지 현재의 프랑스, 벨기에, 스위스 서부, 그리고 라인 강 서쪽의 독일을 포

함하는 지방을 가리키는 말 ❙ 舊名은셀타(CELTAE)又고울(GOUL)惑가루리아(GALLIA)라稱ᄒᆞ더니(《중등만국지지》1902 권2)

【가륜비】 콜롬비아 특별시(District of Columbia), 워싱턴 D.C.의 정식 명칭. 포토맥 강(江) 연안의 메릴랜드 주(州)와 버지니아 주(州) 사이에 있는 연방직할지이며, 어느 주에도 속해 있지 않다 ❙ 그 후에 차비손씨라 ᄒᆞᄂᆞᆫ이가 이어 대통령이 되야 도셩을 가륜비에 옴기고 셔울 일홈을 화셩돈이라 ᄒᆞ야(〈독립신문〉1899.11.17)

【가르갓타-府】 콜카타(Kolkata), 인도 동부 서벵골(West Bengal) 주의 주도로 옛 명칭은 캘커타(Calcutta)였다. 영국 식민지 시대 때 수도였다 ❙ 가르갓타-府(CALCUTTA)ᄂᆞᆫ印度의首府오(《중등만국지지》1902 권1)

【가릐비안 하슈】 카리브 해(Caribbean Sea), 중앙아메리카, 남아메리카 북부, 대앤틸리스 제도(Greater Antilles)와 소앤틸리스 제도(Lesser Antilles Islands)로 둘러싸인 바다 ❙ 북은 멕스고국과 가릐비안 하슈ㅣ 오(한글본《ᄉᆞ민필지》1889)

【가리비안海】 카리브 해(Caribbean Sea), 중앙아메리카, 남아메리카 북부, 대앤틸리스 제도(Greater Antilles)와 소앤틸리스 제도(Lesser Antilles Islands)로 둘러싸인 바다 ❙ 北은가리비안海에臨ᄒᆞ니라(《소학만국지지》1895 제5편)

【가리헐니아】 캘리포니아 주(California), 미국 서부 태평양에 면한 주. 주도(州都)는 새크라멘토(Sacramento)이다 ❙ 銅은 미싱안州으로 出ᄒᆞᄂᆞᆫ 거시 殊多ᄒᆞ고 가리헐니아와 네바다州에셔 出ᄒᆞᄂᆞᆫ 金銀은 갑시 一歲에 七千餘萬元이라(《국민소학독본》1895)

【가립비안諸島】 카리브 해 제도(Caribbean Islands), 카리브 해에 있는 여러 섬들 ❙ 즉北가립비안과南가립비안과웨네수라諸島ㅣ라(《소학만국지지》1895 제3편)

【가메룬山】 카메룬 산(Mount Cameroon), 서아프리카의 최고봉으로 카메룬 남서쪽에 있는 화산 ❙ 幾內亞灣頭를因ᄒᆞ야最高ᄒᆞᆫ가메룬山(CAMEROON)은一萬三千尺에達ᄒᆞ더라(《중등만국지지》1902 권3)

【가무쟈도가半島】 캄차카 반도(Kamchatka peninsula), 러시아 극동에 있는 험준한 산악 지형으로 이루어진 반도 ❙ 가무쟈도가(KAMCNATKA)半島가東南에出ᄒᆞ야千島列島가此를連ᄒᆞ야(《중등만국지지》1902 권1)

【가무쟈르싸半島】 캄차카 반도(Kamchatka peninsula), 러시아 극동에 있는 험준한 산악 지형으로 이루어진 반도 ❙ 드듸여白令가무쟈르싸(KAMTCHTKA)半島가되야突出ᄒᆞ니(《중등만국지지》1902 권1)

【가사푸랑가】 카사블랑카(Casablanca), 모로코 왕국의 대서양 연안에 있는 항만 도시. '하얀 집'이라는 뜻으로 아랍어로는 다르엘베이다(Dar el-Beida)라고 한다 ❙ 마락가국 가사푸랑가시에셔 법국 소쇽되ᄂᆞᆫ 외국 군ᄃᆡ의 병졸들이 폭동홈을 니르킨 고로(〈대한매일신보〉1907.8.20)

【가수비안海】 카스피 해(Caspian Sea), 러시아 남서부, 아제르바이잔, 투르크메니스탄, 카자흐스탄, 이란 북부로 둘러싸인 세계 최대의 내해 ❙ 西ᄂᆞᆫ歐羅巴魯西亞가수비안海에界ᄒᆞ고(《소학만국지지》1895 제1편)

【가스비안해】 카스피 해(Caspian Sea), 러시아 남서부, 아제르바이잔, 투르크메니스탄, 카자흐스탄, 이란 북부로 둘러싸인 세계 최대의 내해 ❙ 아라샤가 고가식 산의 남편 가스비안해와 흑해의 ᄉᆞ이에 잇ᄂᆞᆫ(〈독립신문〉1899.10.23)

【가시메르】 카슈미르(Kashmir), 인도와 중국, 파키스탄의 경계에 있는 산악 지대 ❙ 卽넷파-르(NEPAL)부-단(BUTAN)가시메르(CASHMER)시기무(SIKKIM)等이니다(《중등만국지지》1902 권1)

【가이루】 카이로(Cairo), 이집트의 수도이며 세계에서 가장 오래된 이슬람 도시 가운

데 하나 ▌익급국 가이루의 오젼 四시 四十六분 二十四秒(《독립신문》1899.9.21)

【간도】간도(Kando 間島), 중국 길림성(吉林省) 동남부 지역으로 중국 현지에서 연길도(延吉道)라고 부르는 지역. 일제 강점기에 우리나라 사람이 많이 살았던 곳이다. 서간도(압록강 상류 백두산 일대)와 동간도(두만강 중하류 일대, 혼춘(琿春)·왕청(汪淸)·연길(延吉)·화룡(和龍)의 네 현)로 나뉘어지는데 동간도는 북간도로도 불린다 ▌두만강 두 사이에 간도라 ᄒᆞᄂᆞᆫ 셤이 잇ᄂᆞᆫ듸(《믹일신문》1898.9.12) ▌서셰챵 씨ᄂᆞᆫ 한쳥 량국 디경에 잇ᄂᆞᆫ 간도에 군ᄃᆡ를 파송ᄒᆞ얏ᄂᆞᆫ듸 일병과 츙돌홀 념려가 잇다더라(《대한매일신보》1907.9.1) ▌간도 광산물(《대한흥학보》제5호 1909.7.20) ▌중국간도방면(間島方面)의 농물은 매우 잘되얏고(《동아일보》1920.8.19. 3면) ▌간도사회의 종횡관(《개벽》제50호 1924.8.1) ▌북조선 관문이 되어서 간도로부터 나오는 곡식이 전부 그리로 경유함니다(《동광》제8호 1926.12.1) ▌간도는 멧 천년간을 두고 됴선과 중국간에 국제문뎨를 이르킨 말성꺼리의 땅이다(《별건곤》제16·17호 1928.12.1)

【간비아】감비아(Gambia), 아프리카 북서부에 위치한 대서양 연안의 공화국 ▌西方亞弗利加植民地ᄂᆞᆫ 간비아와 시라례온의 二니라(《소학만국지지》1895 제2편)

【깐지스】갠지스 강(Ganges River), 인도 북부를 동서로 가로질러 벵골만(Bay of Bengal)으로 흘러드는 강 ▌동편에 부라마부드라와 ᄉᆞ쳔 리 되ᄂᆞᆫ 강 깐지스와 젼에 어린 ᄋᆞ히를 하ᄂᆞ님ᄭᅴ 밧친다 ᄒᆞ고(한글본《ᄉᆞ민필지》1889)

【깐지쓰-河】갠지스 강(Ganges River), 인도 북부를 동서로 가로질러 벵골만(Bay of Bengal)으로 흘러드는 강 ▌以南은 깐지쓰-河(GANGES)(或云恒河, 쀼라마푸도라河)(BURAHMAPUTRA)及印度河의 沿岸地니 此ᄂᆞᆫ 廣大無邊ᄒᆞᆫ 平野오(《중등만국지지》1902 권1)

【깐지쁘】갠지스 강(Ganges River), 인도 북부를 동서로 가로질러 벵골만(Bay of Bengal)으로 흘러드는 강 ▌답 깐지쁘(答干支斯)란 강(江)이 잇ᄉᆞ되(《디구략론》1897)

【깐지이스河】갠지스 강(Ganges River), 인도 북부를 동서로 가로질러 벵골만(Bay of Bengal)으로 흘러드는 강 ▌東에 깐지이스(GANGES)河 一名恒河及 쭈라마푸트라(BRANMAPUTRA)河가 有ᄒᆞ고(《중등만국지지》1902 권1)

【갈갓다】콜카타(Kolkata), 인도 동부 서벵골 주의 주도. 옛 명칭은 캘커타(Calcutta)이다. 영국 식민지 시대 때 수도였다 ▌인도국 셔울일홈이무어시뇨 ○답 갈갓다(葛衎多)라 ᄒᆞᄂᆞ니라(《디구략론》1897)

【갈니포니아쥬】캘리포니아 주(California), 미국 서부 태평양가의 주. 주도(州都)는 새크라멘토(Sacramento)이다 ▌학부 대신 리완용 씨 아들 리승구 씨ᄂᆞᆫ 미국 갈니포니아쥬 무관 학교에 들엇다고 편지가 왓더라(《독립신문》1897.8.19)

【갈릴리】갈릴리(Galilee), 팔레스타인 북부 지역. 성서에 나오는 지방으로 갈릴리 호수를 끼고 있는 산지를 가리킨다 ▌베드로가 예수를 보고 갈릴리 바다로 걸어감과 같이(나도향《옛날의 꿈은 창백하더이다》1922) ▌예수가 갈릴리ㅅ바다ㅅ가에 무식한 순박한 어부들과 불상한 병인들 모와 다리고 안저서(《동아일보》1925.8.20. 6면)

【깔테지】카르타고(Carthage), 티레의 고대 페니키아인이 북아프리카의 튀니스만 북 연안에 건설한 도시 및 도시 국가 ▌六十里에 깔테지(CARTHAGE)라 云ᄒᆞᆫ 地ᄂᆞᆫ 古昔에 羅馬를 抗拒ᄒᆞ야(《중등만국지지》1902 권3)

【감나듸】캐나다(Canada), 아메리카 대륙 북부의 영연방 국가 ▌허물며 미국과 감나듸 일경은 무주공디가 불가승수ㅣ라(학부역《티셔신사》1897)

【감보듸아】캄보디아(Cambodia), 동남아시아의 인도차이나 반도 남서부에 있는 나라 ▌셔남에 감보듸아ㅣ란 도가 잇스니(한글

본《ᄉᆞ민필지》1889)

【감비아】감비아(Gambia), 아프리카 북서부에 위치한 대서양 연안의 공화국❙감비아河畔은英國에屬ᄒᆞ고(《중등만국지지》1902 권3)

【강고】콩고(Congo 羌古), 아프리카 대륙의 중서부, 대서양 연안에 있는 나라. '강고'는 콩고의 한자표기 '羌古'를 우리말 한자음으로 읽은 것이다❙셔편에 강고ㅣ란 칠쳔 리 되ᄂᆞᆫ 강과 나이거ㅣ란 륙쳔 리 되ᄂᆞᆫ 강과(한글본《ᄉᆞ민필지》1889)

【ᄀᆡ스비안】카스피 해(Caspian Sea), 러시아 남서부, 아제르바이잔, 투르크메니스탄, 카자흐스탄, 이란 북부로 둘러싸인 세계 최대의 내해❙동은아시아와ᄀᆡ스비안이란못시오(한글본《ᄉᆞ민필지》1889)

【ᄀᆡᆫ사싀듸】캔자스시티(Kansas City), 미국 미주리 주(Missouri)의 북서부에 있는 도시❙가온대 센루의와 ᄀᆡᆫ사싀듸와 오마하와 데베ㅣ란촌이 잇고(한글본《ᄉᆞ민필지》1889)

【거스다리가】코스타리카(Costa Rica), 중미 남부에 위치하며 북쪽으로 니카라과, 남쪽으로 파나마와 접해 있다❙산살베더국과 ᄂᆡᆨ가라과국과 거스다리가국과 ᄯᅩ 벨리스ㅣ란ᄯᅡ히니(한글본《ᄉᆞ민필지》1889)

【걸넘비아】콜롬비아(Colombia), 남아메리카 북서부에 있는 공화국❙셴드랄아메리ᄭᅡ국과 셔인도와 걸넘비아국과 베네수일나국과(한글본《ᄉᆞ민필지》1889)

【검교】케임브리지(Cambridge 劍橋), 옥스퍼드와 더불어 영국에서 가장 오랜 역사와 전통을 자랑하는 대학이 있는 도시. '검교'는 Cambridge의 일본식 한자표기 '劍橋'를 우리말 한자음으로 읽은 것이다❙倫敦에서劍橋學人(륜돈에서 검교학인)(〈삼천리〉제6호 1930.5.1)

【겐턱키】켄터키(Kentucky), 미국 남부의 주도❙미국 겐턱키라 ᄒᆞᄂᆞᆫ 디방에 ᄒᆞᆫ 계집 ᄋᆞ희가 계오 셰살에 노ᄅᆡ 슴을 다섯 곡죠를 임의 ᄇᆡ홧다더라(〈독립신문〉1898.5.17)

【결커다】캘커타(Calcutta), 인도 북동부에 있는 인도 최대의 항구 도시❙결커다에 혹ᄉᆞ병이 다시 ᄉᆡᆼ겨 대단히 인민이 공동 ᄒᆞᆫ다더라(〈독립신문〉1898.5.5)

【계부다운】케이프타운(Cape Town), 남아프리카 공화국 웨스턴 케이프주(Western Cape Province)의 주도❙아프리가 식민디 계부다운 쥬둔병의 일ᄃᆡ가 바로 무후에긴구로 향ᄒᆞ야나아가고(〈독립신문〉1899.9.14)

【계타운】케이프타운(Cape Town), 남아프리카 공화국 웨스턴 케이프(Western Cape Province)주의 주도❙ᄋᆡ프리가 남편 계타운에셔 온 젼신을 본즉(〈독립신문〉1896.4.9)

【고가ᄉᆡᆨ】코카서스(Caucasus), 러시아 남부, 카스피해와 흑해 사이에 있는 산계 · 지역의 총칭❙고가ᄉᆡᆨ 죵은 ᄇᆡᆨ인죵이라 칭ᄒᆞᄂᆞ니(〈독립신문〉1899.9.11)

【고ᄀᆡ셔스】코카서스(Caucasus), 러시아 남부, 카스피해와 흑해 사이에 있는 산계 · 지역의 총칭❙이에 고ᄀᆡ셔스ㅣ란산이 잇고ᄯᅩ 큰강이 잇스니(한글본《ᄉᆞ민필지》1889)

【고베】고베(Kobe 神戶), 일본 효고현(兵庫縣)의 현청소재지❙ᄉᆞ월 팔일에 혹ᄀᆡ마루가 부산 고베 등지에 가고(〈독립신문〉1896.4.7)

【고벤헤근】코펜하겐(Copenhagen), 덴마크의 수도. 덴마크어로는 쾨벤하운(København)이라고 한다. 북유럽 최대의 상공업 도시이다❙됴셩을 의론컨대 일홈은 고벤헤근이니(한글본《ᄉᆞ민필지》1889)❙렛스人과 露國勞農會間에 境界問題에 關하야 協定이 成立하엿다 報하엿다더라(國際고벤헤근二十六日發)(〈동아일보〉1920.6.1. 2면)

【고븨】고베(Kobe 神戶), 일본 효고현(兵庫縣)의 현청소재지❙동편에 요고하마와 센다이와 도교와 수루가와 낭오야와 고븨란 포구가 잇고(한글본《ᄉᆞ민필지》1889)

【ᄭᅩ븨】고베(Kobe 神戶), 일본 효고현(兵庫縣)의 현청소재지❙일본에항구가며치뇨 ○답 ᄒᆞ나흔ᄭᅩ븨(神戶)요ᄒᆞ나흔나가사기(長崎)

요쏘도하고다데(函館)외니가다(新潟)란두항구가잇ᄂᆞ니라(《디구략론》1897)

【쇼비】고비 사막(Gobi Desert), 중국 내몽골 자치구와 몽골에 걸쳐 있는 사막. '고비'는 몽골어로 '거친 땅'이라는 뜻이다 ▍알타이와 긴간과 야블로이란 산과 쇼비란 모릭밧치 잇고(한글본《ᄉᆞ민필지》1889)

【고아】고아 주(Goa), 인도 중서부 아라비아해에 면한 주 ▍太西洋中에아소루島(AZORES)마듸-라(MADEIRA)와印度의고아(GOA)等섇이러라(《중등만국지지》1902 권2)

【쇼아】고아 주(Goa), 인도 중서부 아라비아 해에 면한 주 ▍東岸에佛領폰듸셰리(PONDICHERRY)西岸에葡領쇼아(GOA)가有ᄒᆞ고(《중등만국지지》1902 권1)

【고터메일나】과테말라(Guatemala), 중앙아메리카 북서 끝에 있는 나라로 고대 마야 문명의 중심지였다 ▍즁앙아메리가 한투라스 고터메일나 늬카로가 카스타뤼익카 네나라이 합ᄒᆞ야 ᄒᆞᆫ(《독립신문》1897.10.26)

【고파】쿠바(Cuba 古巴), 중앙아메리카 카리브 해 서부, 서인도 제도에 있는 나라. '고파'는 쿠바(Cuba)의 중국식 한자음역어 '古巴'를 우리말 한자음으로 읽은 것이다 ▍월남셔공등쳐의가량삼십만이오고파와비로의각십여만이오(《이언(易言)》1883) ▍미국함ᄃᆡ를 피ᄒᆞ야 고파에 다다럿ᄂᆞᆫᄃᆡ(《미일신문》1898.6.7) ▍고파古巴와 남양 하란 속디 모든 셔음에셔(《독립신문》1899.7.28) 현대중국어 표기 ➡ 古巴

【고펜헤근】코펜하겐(Copenhagen), 덴마크의 수도 ▍아라샤 황태후가 뎡말 셔울 고펜헤근으로 ᄌᆞ긔 부모 뎡말 대군쥬 폐하와 황후 폐하를 뵈러 갓ᄂᆞᆫᄃᆡ(《독립신문》1897.4.13)

【곤륜산】곤륜산(Kunlun Mountains 崑崙山), 파미르 고원에서 시작하여 동쪽으로 청해성(淸海省)에서 사천성(四川省) 서북부를 거쳐 신강(新疆)과 티베트를 가로지르는 산 ▍디형을 의론컨대 북에는 곤륜산과 셜산이 잇고(한글본《ᄉᆞ민필지》1889) ▍청국(淸國)무숨산이잇ᄂᆞ뇨 ○답 곤륜산(崑崙山)이란큰산이잇고(《디구략론》1897) ▍곤륜산 昆侖山 A famous mountain in Thibet(게일편《한영자전》1897) ▍웃더하면 곤륜산(崑崙山)됴악돌 틈에 흰눈갓티 깨끗한 옥덩이 갓티(《대한학회월보》제3호 1908.4.25) ▍곤륜산 崑崙山 A famous mountain in Thibet(J.S.Gale《한영대자전》1931)

【곤스단지-노풀】콘스탄티노플(Constantinople), 이스탄불(Istanbul)의 옛 이름. 터키 최대의 도시이다 ▍곤스단지-노풀(《친목회회보》제3호 1896.6)

【곤스타린튼오풀】콘스탄티노플(Constantinople), 이스탄불(Istanbul)의 옛 이름. 터키 최대의 도시이다 ▍영국신문긔ᄌᆞ가토이긔셔울곤스타린튼오풀셔젼보ᄒᆞ엿ᄂᆞᄃᆡ(《독립신문》1897.6.15)

【곤스타인튼오풀】콘스탄티노플(Constantinople), 이스탄불(Istanbul)의 옛 이름. 터키 최대의 도시이다 ▍아라샤에셔토이긔와 싸홈ᄒᆞ야 토이긔 셔울 곤스타인튼오풀을 쎅셔 거그다가 아라샤 셔울을 빅셜ᄒᆞ량으로ᄒᆞ엿더니(《독립신문》1897.3.13)

【곤스탠텐오풀】콘스탄티노플(Constantinople), 이스탄불(Istanbul)의 옛 이름. 터키 최대의 도시이다 ▍토이긔셔울곤스탠텐오풀에 가ᄂᆞᆫ 공ᄉᆞ들이라(《독립신문》1897.1.28)

【곤스탄틔노필】콘스탄티노플(Constantinople), 이스탄불(Istanbul)의 옛 이름. 터키 최대의 도시이다 ▍首都곤스탄틔노필(CONSTANTINOPLE)은黑海말모라海의咽喉를占ᄒᆞ야(《중등만국지지》1902 권2)

【골로라도-】콜로라도(Colorado), 미국 서부의 주. 주도는 덴버(Denver) ▍골로라도-(《친목회회보》제6호 1897.12)

【골롬비아국】콜롬비아(Colombia), 남아메리카 북서부에 있는 공화국 ▍골롬비아국은 폭원이 젹도브터 북위션 열 듸그리ᄭᆡ지

요(한글본《ᄉᆞ민필지》1889)

【곰핀헤-겐府】 코펜하겐(Copenhagen), 덴마크의 수도 ▌지-란드島東岸에在ᄒᆞᆫ곰핀헤-겐府(COPENHAGEN)ᄂᆞᆫ此國의首都니人口가三十萬이오(《중등만국지지》1902 권2)

【교바】 쿠바(Cuba), 중앙아메리카 카리브해 서부 서인도 제도에 있는 나라 ▌미국 샹션 ᄒᆞ나히 총과 탄환을 실고 교바 독립당의게 팔너 가다가(〈독립신문〉1896.5.21)

【과데마라】 과테말라(Guatemala), 중앙아메리카 북서 끝에 있는 공화국으로 고대 마야문명의 중심지였다 ▌동포 삼백명을 거나리고 멕시코 남편 중앙아메리카에 잇는 과데마라 라는 나라의 혁명당원과 결탁하여 가지고(〈동아일보〉1922.8.7. 3면)

【과데마라국】 과테말라(Guatemala), 중앙아메리카 북서 끝에 있는 공화국으로 고대 마야문명의 중심지였다 ▌과데마라국과 혼두레스국과 산살베더국과 뉙가라과국과 거스다리가국과 ᄯᅩ 벨릐스ㅣ란 ᄯᅡ히니(한글본《ᄉᆞ민필지》1889)

【과타멸나】 과테말라(Guatemala), 중앙아메리카 북서단에 있는 공화국으로 고대 마야문명의 중심지였다 ▌즁앙 아메리가에ᄂᆞᆫ 과타멸나와 한두나스 두 나라에 공ᄉᆞ ᄒᆞ나를 보내ᄂᆞᆫᄃᆡ(〈독립신문〉1897.1.28)

【ᄭᅪ테ᄆᆞᄅᆞ】 과테말라(Guatemala), 중앙아메리카 북서 끝에 있는 공화국으로 고대 마야문명의 중심지였다 ▌ᄭᅪ테ᄆᆞᄅᆞ(〈친목회회보〉제5호 1897.6)

【광동】 광둥성(Guangdong 廣東省), 중국 남부에 있는 성. 성도(省都)는 광저우(广州)이다 ▌텬디에 위티ᄒᆞᆫ 긔틀이라 ᄒᆡ변 각 ᄉᆡᆼ에 광동의ᄂᆞᆫ 향항(셤 일홈) ᄒᆞᆫ 셤은 임의 영국에 븟치고(《이언(易言)》1883) ▌산동 산세와 호람 호북 광동 광세로 청국 십팔 셩을 쥬류 편답ᄒᆞ야도(〈독립신문〉1897.8.19) ▌ᄉᆞ찰의 명칭은 청국 본원ᄉᆞ라 ᄒᆞ고 광동에 ᄒᆞᆫ 쳐소를 엇어셔 대학교를 지으며(〈대한매일신보〉1905.1.21) ▌듯건대 광동서 긔를 들든 孫文은 행여 잠결에나마 자긔의 가슴속 맘을 발설치 안을가 하여(〈만국부인〉제1호 1932.10.1)

【구금산】 샌프란시스코(San Francisco 舊金山), '구금산'은 샌프란시스코(San Francisco)의 중국식 한자표기 '舊金山'을 우리말 한자음으로 읽은 것이다 ▌미국 구금산과 근쳐 포구의 가량 십ᄉᆞ만이오(《이언(易言)》1883) ▌미국이쳐음으로구금산을어드니구금산은ᄯᅩ일흠이가례복이아ᄉᆡᆼ이라(학부역《틔셔신사》1897) ▌구금산 舊金山 'old diggins' of California in contrast to the new diggings of Australia(게일 편《한영자전》1897)

【ᄭᅮ아데마라】 과테말라(Guatemala), 중앙아메리카 북서 끝에 있는 공화국으로 고대 마야문명의 중심지였다 ▌ᄭᅮ아데마라(〈친목회회보〉 제6호 1897.12)

【구라스고-】 글라스고(Glasgow), 영국 스코틀랜드 최대의 도시 ▌第一繁盛ᄒᆞᆫ구라스고-(GLASGOW)府가州의中央구라이드河兩岸에跨ᄒᆞ니(《중등만국지지》1902 권2) ▌英國 리파불 의 鐵材와 구라스고 의 螺旋과 록키(山名)의 良材와(〈태극학보〉제15호 1907.11.24) ▌第二十八 蘇格蘭의(구라스고)大學이니 千四百五十一年에 設立ᄒᆞᆫ 者인ᄃᆡ(〈서북학회월보〉제2호 1908.7.1) ▌工業의 中心地가 到處에 創立되여 만디에스다의 紡績과 구라스고의 造船 及 諸 機械와 릿스 의 織物과(〈대한흥학보〉제6호 1909.10.20) ▌영국 서울「론돈」과「구라스고-」간의 긔차속에는(〈삼천리〉제3호 1929.11.13)

【구라파】 유럽(Europe 歐羅巴), '구라파'는 Europe의 중국식 한자표기 '歐羅巴'를 우리말 한자음으로 읽은 것이다 ▌하나흔 ᄀᆞᆯ온 희랍괴니 쇼아셰아와 구라파에 동아라ᄉᆞ와 희랍국 등 네 나라히 좃ᄎᆞ ᄒᆡᆼᄒᆞ니(《이언(易言)》1883) ▌아셰아와 구라파와 아미리개와 아비리가와 욱대리아에 다 잇ᄉᆞ니(《텬로력뎡》1895) ▌홍쟝씨ᄂᆞᆫ 삼월 이십 팔일에 상해셔 불난셔 우편션을 타고 구라파로 ᄒᆡᆼᄒᆞ엿다더

라(《독립신문》1896.4.9) ▎구라파 론이라(《대조선독립협회회보》제3호 1896.12.31) ▎만일구라파일경으로비교ᄒᆞ면구라파에잇ᄂᆞᆫ아라사외에다른ᄶᅡ와서로방불헐지라(학부역《티셔신사》1897) ▎구라파 속에 벨지암 이란 나라이 잇ᄉᆞ니(《협성회회보》1898.1.22) ▎작일 구라파 쥬ᄅᆡ보를 거ᄒᆞᆫ 즉(《대한매일신보》1904.10.6) ▎歐羅巴를「구라파」라 讀ᄒᆞ나 我國 玉篇을 考ᄒᆞᆫ즉 歐의 音은「우」라 ᄒᆞ고 康照字典를 據ᄒᆞᆫ즉歐ᄂᆞᆫ 於口로 切이라 ᄒᆞ고 且 烏后로 切이라 ᄒᆞ얏스니 歐의 音은「우」라 讀홈이 可치 안이ᄒᆞ뇨(《대한자강회월보》제1호 1907.5.25) ▎그 편지와 연셜 젼문이 일시에 ᄯᅩ 젼파되야 ᄒᆞ로 밤에 뎐보가 구라파 각국에 퍼지고(이해조《철세계》1908) ▎져 말 죵락은 구라파나 북아미리가의 죵락은 안이요 인도나 셔장 죵락 갓흐니(김교제《비행선》1912) ▎Europe 구라파(歐洲)(G.H.Jones편《영한자전(An English-Korean Dictionary)》 KYO BUN KWAN, 1914) ▎구라파의 천지는 불란서혁명의 뒤를 바다 사회 萬般의 사물이 소낙비 지난 푸른 밧과 가티 청신한 생기를 띤 시대이올시다(《개벽》제7호 1921.1.1) ▎구라파 歐羅巴 Europe(J.S.Gale《한영대자전》1931)

【구라파주】 유럽주(Europe 歐羅巴州), '구라파주'는 Europe의 한자표기 '歐羅巴州'를 우리말 한자음으로 읽은 것이다 ▎파란국은 구라파주에서 적지 아닌 나라로서 일조에 망하야 인종은 멸시하고(《신학월보》제3권8호 1903.8)

【구라파쥬】 유럽주(Europe 歐羅巴州), '구라파쥬'는 Europe의 중국식 한자표기 '歐羅巴州'를 우리말 한자음으로 읽은 것이다 ▎이제 즁국이 임의 구라파쥬 각 국으로 더브러 약됴를 셰워 통샹ᄒᆞ니 반ᄃᆞ시 셔로 경회를 통홀지라(《이언(易言)》1883) ▎동반구 東半球의 구라파쥬(《독립신문》1896.4.25) ▎구라파쥬디즁히바다에과셔가라ᄒᆞᄂᆞᆫ셤이잇스니(학부역《티셔신사》1897) ▎거월 이십륙일 발ᄒᆞᆫ 좌지보 뎐보에 ᄒᆞ기를 작일 구라파 쥬ᄅᆡ보를 거ᄒᆞᆫ 즉(《대한매일신보》1904.10.6) ▎덕인 인종이 구라파쥬에셔 엇더케 예수교를 밋음과 유명ᄒᆞᆫ ᄉᆞ도 얼필나스의 ᄉᆞ젹과 유명ᄒᆞᆫ 감독 쎈니페이스가 교회를 크게 흥왕ᄒᆞᆫ ᄅᆡ력과(《신학월보》제4권12호 1904.12)

【구리미아】 크림반도(Crimean Peninsula), 우크라이나의 남쪽으로 흑해를 향하여 돌출한 반도 ▎露兵과 交戰ᄒᆞ야 크게 破ᄒᆞ고 長驅ᄒᆞ야더네블에 다다라 因ᄒᆞ야구리미아로 侵入ᄒᆞ니(《국민소학독본》1895) ▎山은極南에구리미아와南海岸에토리다山脉과(《소학만국지지》1895 제3편)

【구무모도】 구마모토(Kumamoto 熊本), 일본 규슈 중서부에 있는 현이며, 현청소재지는 구마모토 시(市)이다 ▎오사가와 고븨란 큰 촌이 잇고 남편에 푸쿠오가와 사가와 구무모도와 나가사기란 큰 촌이 잇고(한글본《ᄉᆞ민필지》1889)

【구미】 유럽과 미주(Europe and America 歐美/歐米), 한자표기 '歐羅巴'와 '美洲(米洲)'의 줄임말 ▎일천 팔ᄇᆡᆨ 구십 오년에 구미 각국 히군 슈효라(《독립신문》1896.4.25) ▎어려셔 그 부친을 ᄯᆞ라 아국에 드러갓다가 구미각국에 류람ᄒᆞ야 아라사 말과 미국 말을 아ᄂᆞ지라(《대한매일신보》1907.7.21) ▎허리는 구미각국 녀인을 모본 ᄒᆞ엿ᄂᆞᆫ지 ᄭᅳᆫ허질 것 ᄀᆞᆺ치 잘녹ᄒᆞ여 간들간들 ᄒᆞᆫ 거시(김필수《경세종》1910) ▎공즁 비힝션을 구미 각국에셔는 이십셰긔에 발명을 힛스나(김교제《비행선》1912) ▎Europe and America 구미(歐美)(G.H.Jones편《영한자전》(An English-Korean Dictionary) KYO BUN KWAN, 1914) ▎歐米(구미) 歐羅巴와 亞米利加의 合稱(《조선사서원고》조선총독부, 1918) ▎즉 조선인도 아니고 일본인도 아니고 혹은 중화인도 아닌 것 가트니 분명히 구미 문명국인 인게야(《개벽》제11호 1921.5.1) ▎우리 민족이 구미의 신문화를 수입하는 정도가 날날이 놉어감니다(《동광》제12호 1927.4.1)

【구주】 유럽(Europe 歐洲), '구라파주'(歐羅巴洲)의 줄임말 ▎구주제국이 란을 호홈이라(《대조선독립협회회보》제4호 1897.1.15) ▎

歐洲의 人情(구주의 인정)(〈대한흥학보〉제13호 1910.5.20) ▮먼저 구주 각국의 부인네의 표본을 들어 저의 가졍상 위치도 짐작하고 풍속도 참고코저 한다(〈태서문예신보〉제3호 1918.10.19) ▮이제「께리」씨를 구주각국에 파견하야 제조상태를 시찰하고(〈개벽〉제11호 1921.5.1) ▮로국교육을 밧고 구주대전에는 하사로 출전하엿든 이십칠세된 로서아 일홈으로 김니콜라이라는 청년이다(〈별곤건〉제11호 1928.2.1) ▮독일은 구주대전에 패전한 나라다(〈동광〉제24호 1931.8.4)

【구쥬】 유럽(Europe 歐洲), '구라파주'(歐羅巴洲)의 줄임말 ▮구쥬대란시에일이만렬국이곤고젼련ᄒᆞ야호소ᄒᆞᆯ곳이업고(학부역《티셔신사》1897) ▮구쥬각국 歐洲各國 The several States of Europe(게일편《한영자전》1897) ▮우리나라에셔 구쥬 각국에 대ᄉᆞ 보낼 일도 아즉 업고 가더ᄅᆡ도 죠곰도 국가에 영광을 도드거나 부강 지슐을 더ᄒᆞᆯ 일은 업슬듯 ᄒᆞ되(〈독립신문〉1898.7.8) ▮그 후에 ᄂᆡ각에 물너 나와 셔으로 구쥬각국을 유람ᄒᆞᆯᄉᆡ 도쳐에 륭슝ᄒᆞᆫ ᄃᆡ졉을 밧고(〈믹일신문〉1898.8.27) ▮구쥬에셔 오ᄂᆞᆫ 뎐보들을 공급ᄒᆞᄂᆞᆫ 힝위를 일본졍부와 조아 아니ᄒᆞᄂᆞᆫ 신문샤들이 시비ᄒᆞᄂᆞᆫ 것이 괴이치 아니ᄒᆞ도다(〈대한매일신보〉1905.2.13) ▮구쥬 여러 왕들을 ᄌᆞ긔 장즁에 히롱ᄒᆞ며 로마도셩이 뎌ᄀᆞᆺ치 번화ᄒᆞ더니(민준호《옥호긔연》1911) ▮미혼ᄃᆡ(迷魂隊)를 죠직ᄒᆞ야 한 픽는 구쥬(歐洲)로 건너가고 한 픽는 미쥬(美洲)로 건너와셔(김교제《비행선》1912) ▮구쥬歐洲Europe(J.S.Gale《한영대자전》1931)

【구즈고】 쿠스코(Cuzco), 페루 남부 쿠스코 주(州)의 주도(州都). 잉카제국의 수도였다 ▮구즈고ᄂᆞᆫ古代의國都라(《소학만국지지》1895 제5편)

【군ᄉᆞ단졍】 콘스탄티노플(Constantinople), 터키 수도 이스탄불(Istanbul)의 옛 이름, '군ᄉᆞ단졍'은 콘스탄티노플(Constantinople)의 한자 음역표기 '君士坦丁'을 우리말 한자음으로 음독한 데서 온 말이다 ▮군ᄉᆞ단졍즉금토이기도셩이라에도읍ᄒᆞᆫᄌᆞᄂᆞᆫ동나마가되고(학부역《티셔신사》1897)

【굴미야半島】 크리미아 반도(Crimea Peninsula), 우크라이나의 남쪽으로 흑해를 향하여 돌출한 반도 ▮此山系ᄂᆞᆫ굴미야半島(CRIMEA)로브터巴幹山系에脉을延ᄒᆞ고(《중등만국지지》1902 권2)

【귀도】 키토(Quito), 에콰도르의 수도 ▮귀도ᄂᆞᆫ海面上九千七百尺되ᄂᆞᆫ高所에在ᄒᆞ야(《소학만국지지》1895 제5편)

【귀테멜나】 과테말라(Guatemala), 중앙아메리카 북서 끝에 있는 공화국으로 고대 마야문명의 중심지였다 ▮瓜多磨羅 귀테멜나(유길준《서유견문》1895 제1편)

【귄수란도】 퀸즈랜드 주(Queensland), 오스트레일리아 동부의 주 이름 ▮귄수란도의首府ᄅᆞᆯ부린수벤이라稱ᄒᆞ니(《소학만국지지》1895 제6편)

【규바】 쿠바(Cuba), 중앙아메리카 카리브해 서부 서인도 제도에 있는 나라 ▮규바(〈한성주보〉제22호 1886.6.31) ▮아메리까사이에 규바ㅣ란 셤과 아프리가 셔편에 가네리란 셤룩칠과(한글본《ᄉᆞ민필지》1889) ▮규바島에獨立戰爭이라(〈관보〉제138호 1895.8.15) ▮아메리가 합즁국 남쪽에 잇ᄂᆞᆫ 규바라 ᄒᆞᄂᆞᆫ 셤은 셔바라 속국인ᄃᆡ(〈독립신문〉1896.4.7) ▮셔반아 가 규바 관할 ᄒᆞ던 권을 내여 놋코 푸터으리코란셤과 또다른셤 ᄒᆞ나흘 다미국에 베혀주고(〈믹일신문〉1898.7.17) ▮同時에 日本은 其 旅順에 對한 地位가 규바의 海軍根據地及 파나마要塞의 米國에 對함과 同樣이라 하야(〈동아일보〉1921.12.20. 2면)

【규바嶋】 쿠바(Cuba), 중앙아메리카 카리브 해 서부 서인도 제도에 있는 섬 ▮규바嶋의反亂鎭定에用ᄒᆞᄂᆞᆫ砲艦이라(〈관보〉제196호 1895.10.24)

【ᄭᅳ렛트브뤼텐】 그레이트브리튼(Great Britain), 유럽 대륙 서북쪽 대서양상에 위치한 입헌왕국. 영국의 다른 이름이다 ▮大不列顚(英吉利) ᄭᅳ렛트브뤼텐(유길준《서유견문》

1895 제1편)

【그라파】 유럽(Europe 歐羅巴), '그라파'는 Europe의 한자표기 '歐羅巴'를 우리말 한자음으로 읽은 데서 온 말이다 ▌시방 그라파에 잇는 인구슈효가 삼억 칠쳔 만명인딕(<독립신문>1898.4.23)

【쯔레시아】 그리스(Greece), 유럽 동남부 발칸 반도의 남단에 있는 공화국 ▌太古時代에 西方 이시아의 文化가 쯔레시아半島에 드러가(<소년>제2년8권 1909.9.1) ▌伊太利 의 「少年 이탈늬」와 쯔레시아 의 學生同志會와 土耳其 의 「靑年 토이기黨」等이(<대한흥학보>제6호 1909.10.20)

【쯔뤼쓰】 그리스(Greece), 유럽 동남부 발칸 반도의 남단에 있는 공화국 ▌希臘 쯔뤼쓰(유길준《서유견문》1895 제1편)

【그리스】 그리스(Greece), 유럽 동남부 발칸 반도의 남단에 있는 공화국 ▌아라사국과 루마니아국과 셰비아국과 그리스국과 이스바니아국과 포추갈국과 멕스고국과 남아메리까 모든 나라와 일본국이 데 이층이오(한글판《ᄉ민필지》1889) ▌데 삼등 나라는

그리스

그리스는 유럽 문화의 발상지로 기원전 4세기쯤 멸망 후 오랫동안 오스만터키의 지배를 받다가 1929년에 독립한 나라이다. 서양과 접촉이 빨랐던 중국은 일찍이 그리스의 존재를 알았으며 그 이름을 '希臘'으로 표기하였다. 1852년에 중국에서 간행된《해국도지(海國圖志)》 제19권 〈西南洋〉에 希臘에 관한 기술이 보인다(希臘特河發源阿山).

개화기 우리나라 자료에 나타난 그리스 표기를 연대별로 표시하면 다음과 같다.

- 희랍국:《이언(易言)》1883
- 希臘 : 〈한성순보〉 제2호(1883.11.10.)
- 쯔리스: 〈한성주보〉 제4호(1886.2.22.)
- 끼리이기: 〈한성주보〉 제4호(1886.2.22.)
- 그리스: 한글판《ᄉ민필지》1889
- 希臘國:《서유견문》1895. 제10편
- 쯔뤼쓰:《서유견문》1895
- 희랍:《틱셔신사》1897
- 희리니: 〈독립신문〉 1899.7.17.
- 쯔레시아:《소년》제2년 8권(1909.9.1.)
- 希 :《개벽》제29호(1922.11.1.)

위의 표기 중 특이한 것은 〈한성주보〉에 나온 '끼리이기'이다. '끼리이기'는 명치시대 일본에서 그리스를 표기한 'ギリイキ'를 일본어 발음대로 적은 것으로 〈한성순보〉에 일본어 지명을 한글로 소리나는 대로 적었다는 것은 매우 흥미로운 일이다.

토이긔 스위든 노웨 하란 별짐 그리스 셔샤 포도아 졍말 이라(《대조선독립협회회보》제3호 1896.12.31) ❙ 아라사국과 루마니아국과 셰비아국과 그리스국과 이스바니아국과 포츄갈국과 멕스고국과 남아메리까 모든 늬그로국과 아시아 모든 나라가 뎨 삼층이오(《대한매일신보》1907.9.18)

【쓰리스】 그리스(Greece), 유럽 동남부 발칸 반도의 남단에 있는 공화국 ❙ 쓰리스(《한성주보》제4호 1886.2.22) ❙ 루마니아국과 셰비아국과 만트늬그로국과 터키국과 쓰리스국이니 나라가 강ᄒᆞ고(한글본《ᄉᆞ민필지》1889)

【쓰린위치】 그리니치(Greenwich), 영국 템스 강 남쪽 연안에 위치한 도시, 세계 시간의 기준점이 되는 그리니치 천문대가 있던 곳으로 유명하다 ❙ 쌕리텐 쓰린위치 天文臺를 通過한 經線을(《소년》제2년3권 1909.3.1)

【쓸나스고】 글라스고(Glasgow), 영국 스코틀랜드의 최대의 도시 ❙ 屈羅秀古(쓸나스고)(유길준《서유견문》1895 제19편)

【금쥬】 금주(Jinzhou 金州), 중국 요동반도 남쪽 지역이름. 지금의 진저우(Jinzhou) ❙ 광무 원년 십이월 이십 구일 발 아라샤에셔 여슌구 근쳐에 잇는 금쥬를 졈령 ᄒᆞ엿다더라(《독립신문》1898.1.4)

【끼리만자로山】 킬리만자로 산(Mount Kilimanjaro), 탄자니아 북동부 케냐와의 국경지대에 있는 아프리카 대륙 최고봉 ❙ 獨領東亞弗利加北끼리만자로山南麓으로브터 멕토리아湖에至ᄒᆞ니(《중등만국지지》1902 권3)

【끼리이기】 그리스(Greece), 유럽 동남부 발칸 반도의 남단에 있는 공화국 ❙ 끼리이기(《한성주보》제4호 1886.2.22)

【기부라스島】 키프로스(Cyprus), 지중해 동부에 있는 섬. 사이프러스 또는 키프로스라고도 함 ❙ 기부라스島를 英國에 奪ᄒᆞ며(《소학만국지지》1895 제3편)

【기아나】 가이아나(Guyana), 남아메리카 동북단에 있는 공화국 ❙ 동은 기아나오 남은 브레실국이오 셔는 골롬비아국이며(한글본《ᄉᆞ민필지》1889)

【끼아나】 가이아나(Guyana), 남아메리카 동북단에 있는 공화국 ❙ 끼아나 베네스엘나의 東에 在ᄒᆞ니(《중등만국지지》1902 제3편)

ㄴ

【나가사기】나가사키(Nagasaki 長崎), 일본 규슈 나가사키 현의 현청소재지 ▌남편에 쉬몬나사기와 푸쿠오가와 나가사기와 쉬마바라와 가고시마ㅣ란 포구가 잇고(한글본《ᄉᆞ민필지》1889) ▌ᄉᆞ월 구일에 샷쥬마마루 가 나가사기 횡항 등지에 간다더라(〈독립신문〉1896.4.7) ▌일본에항구가며치뇨 ○답ᄒᆞ나흔ᄉᆡ비(神戶)요ᄒᆞ나흔나가사기(長崎)요ᄯᅩ도하고다뎨(函館)외니가다(新潟)란두항구가잇ᄂᆞ니라(《디구략론》1897)

【나마부】로마(Rome), 이탈리아의 수도. '로마부'의 한자표기 '羅馬府'의 음독에서 온 말 ▌나마부로ᄡᅥ도셩을ᄉᆞᆷ고ᄌᆞᄒᆞ더니(학부역《틔셔신사》1897)

【나마국】로마제국(Roman Empire), 이탈리아 반도 및 유럽 그리고 지중해를 넘어 북아프리카와 페르시아와 이집트까지 지배하였던 고대 최대의 제국. '나마국'은 '로마국'의 한자표기'羅馬國'을 우리말 한자음으로 읽은 것이다 ▌셕년에나마국이이ᄯᅢ에몬져ᄒᆞᆫ대도회ᄅᆞᆯ셰우니(학부역《틔셔신사》1897)

【나사렛】나사렛(Nazareth), 예수의 고향. 이스라엘 갈릴리 고지의 남부에 있는 도시 ▌나사렛이란 읍ᄂᆡ에 와셔 사니 이ᄂᆞᆫ 션지쟈로 나사렛 사ᄅᆞᆷ이라 ᄒᆞ리란 말ᄉᆞᆷ을 일우려 ᄒᆞᆷ이니라(《신약젼셔》성경번역위원회 1900) ▌이ᄂᆞᆫ누구뇨ᄒᆞ거ᄂᆞᆯ 十一무리가 ᄀᆞᆯᄋᆞᄃᆡ 갈닐니 나사렛에셔 나온 션지 예수ㅣ라 ᄒᆞ더라(〈신학월보〉제1권3호 1901.2)

【나야가라】나이아가라 폭포(Niagara Falls), 캐나다와 미국 국경 사이에 있는 대폭포 ▌이에 셰계 상에 뎨일 유명ᄒᆞᆫ 폭포가 잇스니 일홈은 나야가라라 ᄒᆞᄂᆞᆫ 폭포라(〈독립신문〉1899.4.6) ▌口繪第三葉은 아메리카合衆國東北方에 잇난 나야가라 瀑布니(〈소년〉제1년1권 1908.11.1) ▌미국 나야가라瀑布를 부러하지 아니하나이다(〈동아일보〉1920.6.4. 4면)

【나위】노르웨이(Norway 那威), '나위'는 Norway의 중국식 한자음역어 '那威'를 우리말 한자음으로 표기한 것이다 ▌셔뎐과 나위와 구라파 토이긔 보다 갑졀이요 셔반아와 거즌 ᄀᆞᆺ고(〈독립신문〉1896.5.30)

【나위국】노르웨이(Norway 那威國), '나위국'은 Norway의 중국식 한자음역어 '那威國'을 우리말 한자음으로 표기한 것이다 ▌미국 쟝노교회 병원에 병인 간검 ᄒᆞ던 부인 인나 피 졔컬손이 본ᄅᆡ 나위국 부인인ᄃᆡ(〈독립신문〉1897.1.21)

【나이베뤼야】라이베리아(Liberia), 아프리카 서부에 위치한 나라로, 19세기 미국에서 해방된 노예들이 1847년 건국한 아프리카 최초 흑인공화국이다 ▌羅伊比賴亞 나이베뤼야(유길준《서유견문》1895 제1편)

【나이양아라瀑布】나이아가라 폭포(Niagara Falls), 캐나다와 미국 국경 사이에 있는 대폭포 ▌에리-湖와온타리오湖間에世界第二되ᄂᆞᆫ나이양아라(NAIAGARA)瀑布가 有ᄒᆞ니(《중등만국지지》1902 권3)

【나이양웨아라瀑布】나이아가라 폭포(Niagara Falls), 캐나다와 미국 국경 사이에 있는 대폭포 ▌나이양웨아라瀑布ᄅᆞᆯ避ᄒᆞ고 예-리湖ᄅᆞᆯ經ᄒᆞ야(《중등만국지지》1902 권3)

【나일 강】나일 강(Nile River), 적도 부근에서 발원하여 이집트를 거쳐 지중해로 흘러드는 강 ▌북편 나일 강ᄉ ᄀᆞ히요 ᄯᅩ 아렉산드리아와 ᄯᅡᆷ이엣다와 수에스와 포셋이란 큰 촌이 잇스며(한글본《ᄉᆞ민필지》1889) ▌영길리 군함들이 ᄋᆡ급 나일 강으로 모히ᄂᆞᆫᄃᆡ 발셔 다셧 쳑이 득달 ᄒᆞ엿다더라(〈독립신문〉1897.9.2) ▌運을 가진 者는 나일 강에 빠질지라도, 그의 입에 眞珠를 물고, 다시 수면에 떠 오르리라(아라삐아 俚言)(〈개벽〉제3호 1920.8.25) ▌이에 나일江을 올나와 英國人은 왜쇼다에서 佛國人과 衝突하게되앗다(〈동아일보〉1920.8.30. 1면)

【나일河】나일 강(Nile River), 적도 부근에

서 발원하여 이집트를 거쳐 지중해로 흘러드는 강 ▎太古時에 最利用ᄒᆞᄂᆞᆫ 河流ᄂᆞᆫ 埃及의 「나일河」 波斯의 「유휴레디쓰」 「미디구리쓰」며 印度의 강구쓰河 支那의 楊子江等이오(〈대한협회회보〉제8호 1908.11.25) ▎埃及首府 카이로 市 西端 나일 河上에 鐵橋(長이 千二百尺)가 有ᄒᆞ고(〈대한흥학보〉제5호 1909.7.20) ▎고대 羅馬나 希臘의 찬란한 문화가 일즉이 靑 나일河畔에서 발상되엿고(〈삼천리〉제8권2호 1936.12.1)

【나포리】 나폴리(Napoli), 이탈리아 남부에 있는 도시로, 캄파니아 주의 주도이다. 영어로는 네이플스(Naples)라 한다 ▎서력 긔원후 륙십삼년경부터 서부디방 나포리해안에 잇는 베스비어쓰화산이 세 네번이나 크게 폭발이 되는 동시에(〈동아일보〉1920.9.13. 3면) ▎9월 3일 아츰 열시 羅馬를 출발하여 오후에 나포리 항구에 도착하여 小憩하고(〈삼천리〉제12권6호 1940.6.1)

【나폴리】 나폴리(Napoli), 이탈리아 남부에 있는 도시로, 캄파니아 주의 주도이다. 영어로는 네이플스(Naples)라 한다 ▎라마와 나폴리 등 도회쳐와 긔항쟝이 잇스나(〈대한매일신보〉1909.1.28) ▎羅馬로 返하야 나폴리로 往하고 다시 플로렌쓰로 歸하얏다가 베니쓰로 往하고(최남선역《자조론》1918) ▎나폴리를 包圍하엿슬 때 佛軍中에 이 病이 猖獗하야 나폴리市民은 이를 佛國病이라고 稱하고 佛國人은 나폴리病이라고 稱하엿다(〈동아일보〉1924.11.9. 1면)

【남경】 난징(Nanjing 南京), 중국 장쑤성의 성도(省都). 오(吳)·송(宋)·양(梁) 등의 도읍지였다 ▎닝보와 샤토ㅣ란 포구가 잇스며 텬진브터 남경을 지나 닝보ᄭᆞ지는 무ᄃᆞᆫ 강이니라(한글본《ᄉᆞ민필지》1889) ▎텬진셔 샹히ᄭᆞ지 놋코 샹히셔 광동으로 ᄒᆞ야 남경ᄭᆞ지 노으랴고 시작은 ᄒᆞ엿ᄂᆞᆫ듸(〈독립신문〉1897.10.26) ▎총독 단방씨ᄂᆞᆫ 비도를 토벌ᄒᆞ기 위ᄒᆞ야 남경에 잇ᄂᆞᆫ 군ᄃᆡ 데 십팔련ᄃᆡ를 졀강으로 파송ᄒᆞ고(〈대한매일신보〉1908.2.6) ▎만분 다ᄒᆡᆼ히 녁이든차 청국남경 디방에 약직료를 무역ᄒᆞ야 오면 불소ᄒᆞᆫ 리익이 잇슬지라(민준호《원앙도》1911) ▎10월에 광풍에 날려서 남경 상해로 지나 大戰에 파멸된 구라파를 둘러(〈개벽〉제12호 1921.6.1) ▎남경이라는 京ㅅ字가 표시하는 것 가티 중국의 신수도는 신수도가 아니라 구수도임니다(〈별건곤〉제18호 1929.1.1)

【남극】 남극(the Antarctic 南極), 지축의 남단인 남위 90° 의 지점 ▎남흑도 남편 ᄉᆞ천팔ᄇᆡᆨ오십 리와 북흑도 북편 ᄉᆞ천팔ᄇᆡᆨ오십 리에는 남극이라 북극이라 ᄒᆞ니(한글판《ᄉᆞ민필지》1889) ▎남극 南極(게일편《한영자전》1897) ▎남극 五百三十万 평 방리(〈독립신문〉1899.5.19) ▎텬문학ᄒᆞᄂᆞᆫ 術ᄉᆞ가 츄수ᄒᆞ여 보니 남극로인셩이 낫타난 상셔라남극 五百三十万 평 방리(〈대한매일신보〉1907.11.3) ▎south pole 남극(北極)(G.H.Jones《영한자전(An English-Korean Dictionary)》KYO BUN KWAN, 1914) ▎南極(남극) 天의 南端의 칭(조선총독부《조선사서원고》1918) ▎이상에 말한 남극의 氷이 歐羅巴를 공격한다는 설은(〈개벽〉제2호 1920.7.25) ▎남극 南極 The South Pole(J.S.Gale《한영대자전》1931)

【남대양】 남대양(Southern Ocean 南大洋), 남극대륙을 둘러싸고 있는 해역으로 남극해(南極海)의 다른 이름이다 ▎남대양에 가 보거드면 흰 물새가 잇ᄂᆞᆫ듸 일홈은 윌마트로스라(〈독립신문〉1897.7.8) ▎읏더하면 남대양(南大洋) 바다물 우에 붉으럿케 피여딘 산호가디(珊瑚枝)와(〈대한학회월보〉제3호 1908.4.25)

【남미】 남아메리카(South America 南美/南米). '남아미리가(南阿美利加)'를 줄인 말, 파나마 운하를 경계로 그 이남의 지역을 이르는 말이다 ▎남미 탄광 폭발(〈대한매일신보〉1909.1.28) ▎65년 4월에는 更히 남미『뿌라질』에 赴하는데야 탐험단에 참가하야(〈개벽〉제6호 1920.12.1) ▎미국이 「유롭」과 남미에 대여하는 돈이 1개월에 1억 1천 5백만불이오(〈동광〉제2호 1926.6.1)

【남미쥬】 남아메리카(South America 南美洲/南米洲), 파나마 운하를 경계로 그 이남

의 지역을 이르는 말이다 ▎남미쥬 南美洲 South America(게일편《한영자전》1897) ▎남미쥬 피루국과 이쿠에도국은 여러 히를 국경 문데로 인ᄒᆞ야 형세가 위급ᄒᆞᆫ디(《대한매일신보》1910.5.29) ▎남미쥬 南米洲 South America(J. S.Gale《한영대자전》1931)

【남미쥐】 남아메리카(TSouth America 南美洲/南米洲), 파나마 운하를 경계로 그 이남의 지역을 이르는 말이다 ▎남미쥐 南美洲(《국한회어》1895)

【남북아미리가】 남북아메리카(North and South America), 서반구의 대륙으로 북아메리카와 중앙아메리카, 남아메리카를 함께 부르는 이름이다. 줄여서 미주(美洲)라고도 한다 ▎아비리가에ᄂᆞᆫ 잇ᄂᆞᆫ지 아즉 몰으고 남북아미리가에ᄂᆞᆫ 겨오 ᄒᆞᆫ 곳이요 오딕리아에 ᄒᆞᆫ 곳이라더라(《독립신문》1899.1.6)

【남빙양】 남극해(Antarctic Ocean), 남극대륙을 둘러싸고 있는 해역으로 남빙양(南氷洋) 또는 남대양(南大洋)이라고도 한다 ▎남빙양(《한성주보》제2호 1886.2.1) ▎북은 베루국이오 동은 뽈니비아국과 아젠틴 합즁국이오 남은 남빙양이오(한글본《ᄉᆞ민필지》1889) ▎남빙양 南氷洋(《국한회어》1895) ▎남빙양 南水洋 The Antarctic Ocean(게일편《한영자전》1897) ▎답 태평양(答太平洋)과대서양(大西洋)과인도양(印度洋)과븍빙양(北冰洋)과남빙양(南冰洋)이니라(《디구략론》1897) ▎남극과 북극에는 남빙양이라 북빙양이라 닐ᄋᆞ며 또 싸(최병헌《성산명경》1914) ▎남빙양 南氷洋 The Antarctic Ocean(J.S.Gale《한영대자전》1931) ▎한분은 북빙양(北氷洋)에 한분은 남빙양에 상거수만리로 논아 안는다 하는 말이(《삼천리》제7권제8호 1935.9.1)

【남아그짓그】 남극해(Antarctic Ocean), 남극대륙을 둘러싸고 있는 해역으로 남빙양(南氷洋) 또는 남대양(南大洋)이라고도 한다 ▎남아그짓그ᄂᆞᆫ 南氷洋이요(《한성주보》제2호 1886.2.1)

【남아머리가】 남아메리카(South America), 파나마 운하를 경계로 그 이남의 지역을 이르는 말이다 ▎남아머리가 쇽에 잇ᄂᆞᆫ 표범은 아셰아 쇽에 잇ᄂᆞᆫ 표범과 비스름 ᄒᆞ나 그러케 산ᄋᆞᆸ지 아니 ᄒᆞ고(《독립신문》1897.6.29)

【남아메리가】 남아메리카(South America), 파나마 운하를 경계로 그 이남의 지역을 이르는 말이다 ▎남아메리가(《한성주보》제1호 1886.1.25) ▎남아메리가 쇽에 잇ᄂᆞᆫ 각국을 병 ᄒᆞ야 갑졀이라(《독립신문》1896.5.30) ▎미국 함딕가 남아메리가 바다가으로 도라와셔 샹항으로 향ᄒᆞ야(《대한매일신보》1908.2.26) ▎작년에 이곳에셔 남아메리가 으리버풀레잇으로 기션 一百五十八척이 갓스니가(《태서문예신보》제2호 1918.10.13)

【남아메리까】 남아메리카(South America), 파나마 운하를 경계로 그 이남의 지역을 이르는 말이다 ▎두 쪽이 남북에 련ᄒᆞᆫ 고로 남아메리까ㅣ라 북아메리까ㅣ라 닐ᄋᆞ고(한글본《ᄉᆞ민필지》1889) ▎디방(地方)일홈이무어시뇨○답 아셔아(答亞西亞)와유롭프(歐羅巴)와아프리까(亞非利加)와오스를렬라(澳大利亞)와남아미리까(南亞米利加)와븍아미리까(北亞米利加)니라(《디구략론》1897) ▎포츄갈국과 멕스고국과 남아메리까 모든 늬그로국과 아시아 모든 나라가 뎨 삼층이오(《대한매일신보》1907.9.18) ▎드른즉 남아메리까에 부레실국이 잇ᄂᆞᆫ딕(김필수《경세종》1910)

【남아메리ᄭᆞ】 남아메리카(South America), 파나마 운하를 경계로 그 이남의 지역을 이르는 말이다 ▎남아메리ᄭᆞ와 아푸리ᄭᆞ와 태평양 여러 셔음즁에 텬하 렬국 즁에 영길리가 뎨일 나아 가기를 죠하 ᄒᆞ야(《독립신문》1899.8.5)

【남아메리카】 남아메리카(South America), 파나마 운하를 경계로 그 이남의 지역을 이르는 말이다 ▎남아메리카 東方 諸港에서 泰東各處에 往來하난동안이(《소년》제2년1권 1909.1.1) ▎남아메리카 아쉔타인국은 쏠리비아국과 국졔샹 관계를 쓴켓노라고 위협ᄒᆞ엿다더라(《대한매일신보》1909.7.16) ▎그 代에

남아메리카 동해안은 다소의 害를 밧고 此가 直히 英吉利를 향하야 溯流할 것이다(《개벽》제2호 1920.7.25) ▌남아메리카 洲에는 지금까지도 蠻族이 만히 주거한다(《별곤건》제7호 1927.7.1)

【南아메리가】 남아메리카 대륙(South America), 파나마 운하를 경계로 그 이남의 지역을 이르는 말이다 ▌南아메리가(《한성주보》제2호 1886.2.1 지구전도)

【남아미리가】 남아메리카(South America), 파나마 운하를 경계로 그 이남의 지역을 이르는 말이다 ▌南阿米利加의 反亂(남아미리가의 반란)(《대조선독립협회회보》제5호 1897.1.31) ▌쟉년에 대한 와셔 잇던 샤픠씨ᄂᆞᆫ 남 아미리가 브라질국 공ᄉᆞ가 되엿다더라(《독립신문》1898.7.22) ▌남아미리가 요하네스쌔그에셔 청국 사ᄅᆞᆷ 일명이 아교ᄅᆞᆯ 불살으다가(《대한매일신보》1909.1.28)

【남아미리ᄭᅡ】 남아메리카(South America), 파나마 운하를 경계로 그 이남의 지역을 이르는 말이다 ▌○답 아셔아(答亞西亞)와 유롭프(歐羅巴) 와아프리ᄭᅡ(亞非利加) 와오스를렬랴(澳大利亞) 와남아미리ᄭᅡ(南亞米利加) 와븍아미리ᄭᅡ(北亞米利加) 니라(《디구략론》1897)

【남아미리가주】 남아메리카 주(South America), 파나마 운하를 경계로 그 이남의 지역을 이르는 말이다 ▌남아미리가주 南阿美利加洲 사우프아메리카(《대한자강회월보》제1호 1907.5.25)

【남아비리가쥬】 남아프리카(South Africa), 아프리카 남부를 부르는 말 ▌남아비리가쥬토인은종낙이심다ᄒᆞ고(학부역《틔셔신사》1897)

【남아푸리카】 남아프리카(South Africa), 아프리카 대륙 남부 ▌영국에셔 본년브터 실시ᄒᆞᄂᆞᆫ 남아푸리카 련합 후 첫번 총독은 ᄂᆡ무경 크레트스톤 씨가 피명ᄒᆞ엿다더라(《대한매일신보》1910.3.10) ▌나는 성인됨에 임하야 남아푸리카의 1회사의 법률고문으로써 인생의 제1보에 올낫습니다(《삼천리》제4권제1호 1932.1.1)

【남양】 남양(South Sea 南洋), 일본인들이 자국의 남쪽 바다란 뜻으로 쓰던 이름으로 특히 태평양의 적도 부근 바다와 그곳에 산재해 있는 섬들을 함께 부르는 말이다. 중국에서는 중국보다 남쪽에 있는 나라라는 뜻으로 쓰였다 ▌고릴나도 남양 셔음 쇽에 살며 침판지라 ᄒᆞᄂᆞᆫ 죵류도 이셔음 쇽에셔 사ᄂᆞᆫ ᄃᆡ 키가 넉ᄌᆞ 기력지라(《독립신문》1897.6.26) ▌디구샹에 오ᄉᆡᆨ 인죵이 잇ᄉᆞ니 아서아 에ᄂᆞᆫ 황인죵이오 구락파 에ᄂᆞᆫ ᄇᆡᆨ인죵이오 아미리가 에ᄂᆞᆫ 젹인죵이오 남양군도 에ᄂᆞᆫ 황흑인죵 이더라(《협셩회회보》제1권3호 1898.1.15) ▌노예 ᄃᆡ우란 것은 남양군도(南洋群島)에 흑인종갓치 돈만 잇스면 ᄇᆡᆨ첩을 두던지(박이양《명월정》1912) ▌세계에서 제일 딱딱한 나무는 남양의 열대지방에 있는 「瘡木」이라고 하는데 날카로운 니를 가진 쥐도 잘 못 바쉰다고(《동광》제5호 1926.9.1) ▌南洋에서 인종 절람회장이라는 명층을 듯는 남양에서 외국인에게 외국인으로서는 밋치지 못할 일을 해서 보여 주엇다(《별곤건》제31호 1930.8.1) ▌남양 南洋 The South Sea(J.S.Gale《한영대자전》1931)

【남ᄐᆡ평양】 남태평양(South Pacific 南太平洋), 태평양의 남반부 ▌남ᄐᆡ평양즁에합유도단향산이라로말ᄒᆞ야도이섬은젹도도수와머지아니ᄒᆞ고(학부역《틔셔신사》1897)

【낭오야】 나고야(Nagoya 名古屋), 일본 아이치현의 현청소재지 ▌동편에 요고하마와 센다이와 도교와 수루가와 낭오야와 고븨란포구가 잇고(한글본《ᄉᆞ민필지》1889)

【ᄂᆡ인하】 라인 강(Rhine River 羅仁河), 중부 유럽 최대의 강. 알프스 산지에서 발원하여 유럽에서 공업이 가장 발달한 지역을 관류하여, 북해로 흘러든다 ▌구라파의 ᄂᆡ인하와 다라강은 모ᄃᆞᆫ 사ᄅᆞᆷ이 다 힝션ᄒᆞᄂᆞᆫ 길을 여러쥬니(《이언(易言)》1883)

【네데란스국】 네덜란드(Netherlands), 유

럽 서부에 있는 입헌군주제 국가 ▍네데란스국은 옛 할란국이라(한글본《ᄉᆞ민필지》1889)

【네루손山】 넬슨 산(Mount Nelson), 캐나다 앨버타 주(Alberta)에 있는 산 ▍南으로走ᄒᆞ야ᄲᅳ로운山(BROWON)후-카-山(HOOKER)네루손山(NELSON)이되니共히一萬五千尺以上이오(《중등만국지지》1902 권3)

【네부ᄅᆡ스가】 네브래스카(Nebraska), 미국 중북부 내륙평야 서부에 있는 주로 주도는 링컨(Lincoln)이다 ▍미국 치카고 민권당 의회에셔 네부ᄅᆡ스가에 사는 부라연씨를 대통령 망으로 경 ᄒᆞ엿다더라(〈독립신문〉 1896.7.23)

【네브라스가】 네브래스카(Nebraska), 미국 중북부 내륙평야 서부에 있는 주로 주도는 링컨(Lincoln)이다 ▍미국 네브라스가에셔 만국 박람회를 ᄅᆡ년 륙월 쵸일일 브터 십일월 쵸일일 ᄭᆞ지 ᄒᆞᆯ터이니(〈독립신문〉 1897.10.26) ▍네브라스가州에셔 出ᄒᆞᄂᆞᆫ 金銀은 갑시 一歲에 七千餘萬元이라(《국민소학독본》1895)

【네-사-란드】 네덜란드(Netherlands), 유럽 서부에 있는 입헌군주제 국가. 수도는 암스테르담(Amsterdam), 행정부 소재지는 헤이그(Hague)이다 ▍또或네-사-란드(NETHERLAND)低邦之意라稱ᄒᆞ며(《중등만국지지》1902 권2)

【네팔】 네팔(Nepal), 중국과 인도 사이인 히말라야 산맥 중앙부의 남쪽 반을 차지하는 내륙 국가 ▍其他는 히마라야山下에 네팔國과 ᄲᅮ탄國과 아라비아 의 오민國 이 有ᄒᆞ니 小獨立國이니라(〈태극학보〉제7호 1907.2.24) ▍동반구 디셰(東半球地勢)로 의론ᄒᆞ면 네팔과 지볫도 두 틈에 잇셔셔 히말나이산이 그 밧그로 ᄲᅵᆼ둘너 봉만이 즁즁ᄒᆞ고(김교제《비행선》 1912) ▍서장인, 네팔인, 우즈벡인, 도라윈다인이 주로 만흐며(〈별곤건〉제53호 1932.7.1)

【네펄】 네팔(Nepal), 중국과 인도 사이인 히말라야 산맥 중앙부의 남쪽 반을 차지하는 내륙 국가 ▍醴八 네펄(유길준《서유견문》 1895 제1편) ▍醴八 네펄(〈대한자강회월보〉제11호 1907.5.25)

【넷파-르】 네팔(Nepal), 중국과 인도 사이인 히말라야 산맥 중앙부의 남쪽 반을 차지하는 내륙 국가 ▍卽넷파-르(NEPAL)부-단(BUTAN)가시메르(CASHMER)시기무(SIKKIM)等이니다(《중등만국지지》1902 권1)

【네-푸루스灣】 나폴리 만(Golpo di Napoli), 이탈리아 서해안에 있는 만 이름 ▍火山의著名ᄒᆞᆫ者ᄂᆞᆫ네-푸루스灣(NAPLES)에臨ᄒᆞᆫ쀄우스(VESUVIUS)大火山이라(《중등만국지지》1902 권2)

【녕국】 영국(United Kingdom), 유럽 대륙 서북쪽 대서양상에 위치한 입헌왕국 ▍녕국셔 ᄋᆡ프리가 남방에 보낸 함ᄃᆡ들은 델라고아 항구로 모힌다더라(〈독립신문〉1897.4.29)

【노르웨】 노르웨이(Norway), 북유럽 스칸디나비아 반도 서쪽에 길게 자리한 나라 ▍노르웨 前首相 아브라함·벨게氏는 四日 七十五歲의 老軀를 法廷에 現하야(〈동아일보〉 1926.10.6. 1면) ▍瑞典과『노르웨』에 대한 理論 등은 注意하지 않고 읽다가는 誤解하는 수가 많다는 것을 여쭈어 둡니다(〈동광〉제28호 1931.12.1) ▍수년전 노르웨-에서 捕鯨母船의 古船을 한 隻사오게 된 日本은(〈삼천리〉제11권 1호 1939.1.1) ▍일즉이 歐米 저명 탐험가도 노르웨 퀴일트 이상이라고, 경탄했고(〈삼천리〉 제12권5호 1940.5.1)

【노르웨國】 노르웨이(Norway), 북유럽 스칸디나비아 반도 서쪽에 길게 자리한 나라 ▍一千七百十八年에 노르웨國 ᄯᅳ레쩨릭솰드城攻圍中에서(〈소년〉제2년2권 1909.4.1)

【노르웨이】 노르웨이(Norway), 북유럽 스칸디나비아 반도 서쪽에 길게 자리한 나라 ▍십삼일 노르웨이 븍단 뽤드항에 무사히 도착하얏다(〈동아일보〉1931.7.16. 7면) ▍그 다음 순서로는 이탈리의 엠마누엘왕, 노르웨이의 하켄왕, 스위덴의 구스타브왕, 그리고 벨지엄왕, 영국왕이라 한다(〈동광〉제24호

네덜란드

네덜란드는 대항해 시대에 일찍이 아시아에 진출하여 인도네시아와 대만, 스리랑카를 지배하는 등 아시아와 관계가 깊은 나라이다. 이웃나라 일본과도 1600년대 초부터 무역을 시작하였고 쇄국정책을 취하던 에도시대에도 서양 국가로는 유일하게 일본과 관계를 유지했던 나라이다. 우리나라와는 직접 교류한 역사가 없었으나 네덜란드 사람이 우리나라에 표류해 온 일은 있다. 1627년 네덜란드인 벨테브레(JanJansz Weltevree, 한국명 박연)등 3명이 제주도에 표류하였고 1653년에는 하멜(Hendrik Hamel) 등 38명이 난파하여 제주도에 온 일이 있다. 하멜 일행은 8명이 탈출, 일본을 거쳐 귀국한 뒤 소위《하멜표류기》를 저술하였는데 이것이 조선을 서양에 최초로 소개한 책으로 유명하다. 20세기 초에는 1907년 헤이그(Hague) 만국평화회의에 고종황제가 밀사를 파견하여 을사조약의 무효를 주장하려 했던 것도 널리 알려진 사실이다.

중국에서는 네덜란드를 荷蘭, 和蘭, 阿蘭陀, 紅毛國 등으로 불렀고 그 이름은 우리나라와 일본에도 전해졌다. 우리나라의 문헌 중 가장 먼저 네덜란드를 기록한 것은《정관재집(靜觀齋集)》(1682)이다.《정관재집(靜觀齋集)》은 조선 후기의 문신 이단상(李端相)이 편찬한 책으로 네덜란드를 '阿蘭陀'라고 적고 있다(兒皇將親政 阿蘭陀等國 亦皆入貢云 然則薄海內外 眞歸一統耶). 조선왕조실록 정조19년(1795) 윤2월22일조에 '荷蘭'이라는 이름이 보인다(西洋荷蘭, 以程道最遠, 貢期無定 荷蘭曾於康熙六十年來貢, 今又以六十年稱慶而來云). 또 임수간(任守幹)의《동사일기(東槎日記)》(1711)[坤]에는 '和蘭'이 나온다(大西洋,歐邏巴地方 意多禮亞人 和蘭人 琉球人 唐山諸山諸港人 皆僕及見之矣). '紅毛國'의 '紅毛'는 머리나 수염이 붉다고 하여 붙여진 이름인데 17세기 이후 중국과 일본 우리나라 동남아 거주 중국인들이 백인을 멸시하던 이름이다. 우리나라에는 조선왕조실록 정조 17년(1793) 10월 26일자 기사에 '紅毛國'이 등장한다(大小金銀船, 係紅毛國戰船式樣, 上有一百小銅砲).

개화기 때에는 다음과 같이 한글표기 12종, 한자표기 6종 모두 18종의 표기가 보인다.

- 네-사-란드:《중등만국지지》1902
- 오란다:〈한성주보〉제5호(1886.3.1.)
- 하란국: 한글역《이언(易言)》1883
- 할낸:〈독립신문〉1896.8.18.
- 호르란또:〈한성주보〉제4호(1886.2.22.)
- 화란: 한글역《이언(易言)》1883
- 레데란스: 한글본《스민필지》1889
- 하란: 학부역《틱셔신사》1897
- 할난드:《서유견문》1895
- 할란국: 한글본《스민필지》1889
- 홀난드:〈소년〉제1년 2권(1908.12.1.)
- 화란국:〈독립신문〉1899.8.16.

• 蘭:〈개벽〉제59호(1925.5.1)
• 荷蘭:《서유견문》1895
• 和蘭:〈한성순보〉제9호(1884.1.)
• 荷國:〈한성순보〉제17호(1884.4.6.)
• 荷蘭國:〈한성주보〉제18호(1886.5.31.)
• 和蘭國:《서유견문》1895

이들 표기 중 오늘날 우리가 사용하는 네덜란드와 연결되는 것은 '네-사-란드'와 '레데란스'이다. 한글표기 '오란다'와 '호르란또'는 일본식 발음의 한글 전사로서 모두 〈한성주보〉에 나오는 예이다. 〈한성주보〉에 일본식 외국지명이 나오는 것은 이들 기사를 인용한 자료 출처가 일본 자료였음을 암시하는 것으로 생각할 수 있다.

1931.8.4) ▌1905년에는「노르웨이」와「스웨덴」이 분리되고(〈삼천리〉제4권4호 1932.4.1)

【노-샌질스】로스앤젤레스(Los Angeles), 미국 캘리포니아 주 남부의 태평양에 면한 도시 ▌그 뒤 數日 후에 나는 桑港에서 아츰 차를 타고 저녁해질 臨迫하여서「노-샌질스」(羅府)에 도착하엿다(〈삼천리〉제2호 1929.9.1)

【노시야】러시아(Russia), 유럽 동부 및 아시아 중·북부에 있는 나라 ▌노시야(〈한성주보〉제22호 1886.6.31)

【노어웨】노르웨이(Norway), 북유럽 스칸디나비아 반도 서쪽에 길게 자리한 나라 ▌諾威 노어웨(유길준《서유견문》1895 제1편) ▌諾威 노어웨(〈대한자강회월보〉제11호 1907.5.25)

【노웨】노르웨이(Norway), 북유럽 스칸디나비아 반도 서쪽에 길게 자리한 나라 ▌노웨와 쉬덴국은 두 나라히 합ᄒᆞ고 ᄒᆞᆫ 님금이 계시니(한글본《ᄉᆞ민필지》1889) ▌데 삼등 나라ᄂᆞᆫ 토이긔 스위든 노웨 하란 별짐 그리스 셔샤 포도아 정말 이라(〈대조선독립협회회보〉제3호 1896.12.31) ▌노웨 사ᄅᆞᆷ 낸손씨ᄂᆞᆫ 처음으로 디구 데일 북션에 갓가히 갓다 오닌 고로(〈독립신문〉1897.3.25) ▌스위든 나라와 랩랜드 나라와 노웨 나라 북쪽ᄭᆞ지 갓는대(〈신학월보〉제4권3호 1904.3) ▌노웨國 製造 雪車(썰매)三十乘과 개색기 멧마리를 準備하얏다(〈소년〉제2년 6권 1909.7.1) ▌미국비행가 림컨,얼쓰워드씨는 이번에 다시 비행선으로 북극탐험을 단행하기로 하엿는데 주최자가 노웨국임으로 비행선에는 노웨국긔를 게양하리라더라(〈동아일보〉1926.1.27. 2면)

【노웨이국】노르웨이(Norway), 북유럽 스칸디나비아 반도 서쪽에 길게 자리한 나라 ▌만국평화에 대ᄒᆞ야ᄂᆞᆫ 노웨이국 국회에셔 션턱ᄒᆞ기로 결뎡ᄒᆞ엿ᄂᆞᆫ데(〈태서문예신보〉제3호 1918.10.19)

【노트아메리카】북아메리카(North America), 아메리카 대륙(남북 아메리카)의 북반부 ▌北阿美利加洲 노트아메리카 九千二百四十萬方里(유길준《서유견문》1895 제1편) ▌북아미리가주 北阿美利加洲 노트아메리카(〈대한자강회월보〉제11호 1907.5.25)

【논돈】런던(London), 영국의 수도 ▌륙월 이십 륙일 논돈셔 온 젼보를 보니(〈독립신문〉1896.7.9) ▌古國山河를 離別하고 太平洋大海를 遠涉하야 十年螢火를 英國논돈에 댈빠라 大學에 苦掊한 결과(〈동아일보〉1920.6.8. 4면) ▌영국관헌에게 채포 되야 논돈형무소에 드러가 기아전술로 행쟁하야(〈별곤건〉제67호 1933.11.1)

【놀만듸】노르망디(Normandie), 프랑스 북부의 해안지역 ▌佛國北岸되ᄂᆞᆫ 놀만듸(NORMANDY)의 領主위리아무의 계統一ᄒᆞᆫ 비 되야 王國國體ᄅᆞᆯ 始成ᄒᆞᆫ지라(《중등만국지지》1902 권2)

【뇌위국】노르웨이(Norway), 북유럽 스칸디나비아 반도 서쪽에 길게 자리한 나라. '뇌

위국'은 Norway의 한자음역 표기 '腦威國'을 우리말 한자음으로 음독한 것이다 ▎뇌위국 와발 디방에ᄂᆞᆫ ᄆᆡ년 오월 이십일일로 붓터 칠월 이십일 ᄭᆞ지ᄂᆞᆫ 낫이오(〈ᄆᆡ일신문〉 1898.12.2 3면)

【누귄늬셤】뉴기니 섬(New Guinea), 오스트레일리아의 북쪽에 있는 세계에서 두 번째로 큰 섬 ▎누귄늬 셤 옝길리국 쇽방이라(한글본《ᄉᆞ민필지》1889)

【누번드란드셤】뉴펀들랜드(Newfoundland), 뉴펀들랜드 섬과 본토의 래브라도반도(Labrador Peninsula) 일부로 구성되며 주도는 세인트존스(Saint John's)이다 ▎동편에 누번드란드와 쳔 리 되ᄂᆞᆫ 셤 겝브리던이란 ᄉᆞᆷᄇᆡᆨ 리 되ᄂᆞᆫ 셤 셤이 잇고(한글본《ᄉᆞ민필지》1889)

【누실란드】뉴질랜드(New Zealand), 오스트레일리아 대륙에서 남동쪽으로 약 2,000km 떨어져 있는 섬나라 ▎오스드렐랴 동남에 누실란드ㅣ란 셤이 잇서(한글본《ᄉᆞ민필지》1889)

【누아열란듸】뉴아일랜드(New Ireland), 태평양의 남서쪽 비스마르크 제도에 딸린 섬 ▎누귄늬 동편에 누보레덴과 누아열란듸와 사로먼과 누헤브레듸스와 누갈릐도니아와 블란시국 쇽방이라(한글본《ᄉᆞ민필지》1889)

【누얼린스】뉴올리언스(New Orleans), 미국 루이지애나(Louisiana) 주에 있는 도시 ▎사반나와 남편에 모빌과 누얼린스와 ᄭᆞᆯᄇᆡᆨ스던과 셔편에 산씌에고와 산브란시스고와 시아들이란 포구가 잇스며(한글본《ᄉᆞ민필지》1889)

【누역】뉴욕(New York), 미국 뉴욕 주에 있는 미국 최대의 항구도시 ▎동편에 붓란트와 부스든과 브라비덴스와 누역과 필네델피아와 너퍽과(한글본《ᄉᆞ민필지》1889) ▎미국 누역셩에 ᄒᆞᆫ 큰 ᄉᆞ무소를 짓ᄂᆞᆫᄃᆡ(〈신학월보〉제5권제1호 1907.1)

【누키슬】뉴캐슬(New Castle), 영국 북아일랜드의 이전의 다운 주에 있는 다운 행정구의 도시 ▎쉐필드와 헐과 리버플과 누키슬이란 여ᄃᆞᆲ 큰 촌이 잇스니(한글본《ᄉᆞ민필지》1889)

【뉴메기시고】뉴멕시코 주(New Mexico), 미국 중남부에 있는 주 이름. 주도는 샌타페이(Santa Fe)이다 ▎뉴메기시고(〈친목회회보〉제6호 1897.12)

【뉴사우스에루수】뉴사우스웨일스(New South Wales), 오스트레일리아 남동부의 주 ▎뉴사우스에루수首府ᄂᆞᆫ시도니라(《소학만국지지》1895 제6편)

【뉴약】뉴욕(New York), 미국 뉴욕 주에 있는 미국 최대의 항구도시 ▎미국 뉴약셩에 잇ᄂᆞᆫ 감리교 즁앙부에 속ᄒᆞᆫ 타방 션교회 도총판 릐오나드씨를 각 회원의게 쇼개 식히시고(〈신학월보〉제5권2호 1907.2)

【뉴욕】뉴욕(New York), 미국 뉴욕 주에 있는 미국 최대의 항구도시 ▎紐約뉴욕 此府ᄂᆞᆫ 合衆國의最大ᄒᆞᆫ都會라(유길준《서유견문》1895 제19편) ▎뉴욕 뎐보를 거ᄒᆞᆫ 즉(〈대한매일신보〉 1907.7.13) ▎사돈복은 외국 사ᄅᆞᆷ으로 우리 뉴욕에 와셔 ᄆᆡᆼ모ᄉᆞ 이ᄇᆡᆨᄉᆞᆷ십륙호 려관에 우거ᄒᆞ얏다니(김교제《비행선》1912) ▎그러나 당신네들 즁에 철업시 유명ᄒᆞᆫ 파리며 뉴욕갓치 화려ᄒᆞᆫ 도회가 되기를 바랄 것이외다(〈태서문예신보〉제14호 1919.1.13) ▎「뉴욕」 중앙 철도선, 當市로부터 「일빠니」까지는 매시에 90리의 대속력으로 통행하엿스니(〈개벽〉제11호 1921.5.1) ▎뉴욕에서 美 대륙의 땅을 마즈막으로 밟을 때까지(〈동광〉제12호 1927.4.1) ▎午後 7時에 뉴욕 「헛손」 終點驛에서 地下 電鐵을 타고(〈별건곤〉제8호 1927.8.17)

【뉴지단도】뉴질랜드(New Zealand), 오스트레일리아 대륙에서 남동쪽으로 약 2,000km 떨어져 있는 섬나라 ▎濠太利亞羣島ᄂᆞᆫ濠太利亞와다수마니아와뉴지단도의三島를總稱ᄒᆞᆷ이나(《소학만국지지》1895 제6편)

【뉴치란도】뉴질랜드(New Zealand), 오

스트레일리아 대륙에서 남동쪽으로 약 2,000km 떨어져 있는 섬나라 ❙뉴치란도는 濠太利亞東南一千二百里에位ᄒᆞ야(《소학만국지지》1895 제6편)

【늬우씨늬아】 뉴기니(New Guinea), 오스트레일리아의 북쪽에 있는 세계에서 두 번째로 큰 섬 ❙하란 정부에셔는 호쥬 늬우씨늬아 도에 잇는 하란 령토와 덕국령토를 뎡계ᄒᆞ기 위ᄒᆞ야 하란과 덕국이 탐험ᄃᆡ를 파송ᄒᆞ기로 뎨의ᄒᆞ엿다더라(〈대한매일신보〉1909.8.21)

【늬우오올네안】 뉴올리언스(New Orleans), 미국 루이지애나(Louisiana) 주에 있는 항구 도시 ❙미시십피河口에近ᄒᆞᆫ三稜洲中에늬우오올네안(NEW ORLEANS)은世界第一되는棉花市場이오(《중등만국지지》1902 권3)

【늬유오올낸쓰】 뉴올리언스(New Orleans), 미국 루이지애나(Louisiana) 주에 있는 도시 ❙穀包를積載한船隻을가지고늬유오올낸쓰로運往하라난囑託을受하야(〈소년〉제3년1권 1910.1.15)

【늬우써-시-】 뉴저지(New Jersey), 미국 동부 대서양 연안에 있는 주 이름 ❙늬우써-시-(NEW JERSER)(《중등만국지지》1902 권3)

【늬카로가】 니카라과(Nicaragua), 중앙아메리카 중부에 있는 나라 ❙즁앙 아메리가 한투라스 고터메일나 늬카로가 카스타뤼익카 네 나라이 합ᄒᆞ야 ᄒᆞᆫ 나라이 되야 일홈을 즁앙 아메리가 공화국이라 ᄒᆞ고(〈독립신문〉1897.10.26)

【늬요크】 뉴욕(New York), 미국 뉴욕 주에 있는 미국 최대의 항구도시 ❙늬요크 뎐보를 거ᄒᆞᆫ 즉(〈대한매일신보〉1910.7.22)

【늬우욕】 뉴욕(New York), 미국 뉴욕 주에 있는 미국 최대의 항구 도시 ❙작년 십이월 십팔일에 미국 늬우욕에셔 보니(〈협성회회보〉1898.2.12) ❙늬우욕이란 셩ᄒᆞ나만 들어 말ᄒᆞ여도 작년 六월 十五일노 八월 二十六일ᄭᆞ지 헤아려 본즉(〈독립신문〉1899.9.21) ❙늬우욕 뎐보를 거ᄒᆞᆫ즉 일본인 ᄇᆡᆨ명 가량이 려힝권을 가지고 미국으로 가는ᄃᆡ 그 하륙홈을 허락지 아니ᄒᆞ엿다더라(〈대한매일신보〉1907.12.04) ❙사람을 가득히 실코 북미합즁국 늬우욕 항구로 거만스러웁게 듸뚱거리며 드러오는 기션 우에 빗초엇다(〈태서문예신보〉제1호 1918.9.26) ❙푸랭크,엘,뿌라운씨가 미국 늬우욕에서 평양에 잇는 목사 허대뎐씨를 소개하야(〈동아일보〉1920.8.9. 3면) ❙늬우욕타임스난 뉴육에 제일 큰 신문사 뿐 아니라 전미주 내에 제일 큰 신문사다(〈삼천리〉제6권제7호 1934.6.1)

【늬유욕】 뉴욕(New York), 미국 뉴욕 주에 있는 미국 최대의 항구 도시 ❙늬유욕뎐보에 말ᄒᆞ되 미국 대통령이 오난 금요일에 긴요ᄒᆞᆫ 교셔를 의회에 보낼 터이라(〈대한매일신보〉1908.2.6) ❙二十四歲時에 늬유욕 大電信局에 執務하얏난데(〈소년〉제2년2권 1909.4.1) ❙그러나 천만뜻밧게 늬유욕의 한 미미한 청년 권투가 따니에게 패하엿습니다(〈동아일보〉1926.10.19. 3면) ❙늬유욕의 盛大를 본 눈이언만 무시무시 하고나 물나라 형세(〈삼천리〉제10권8호 1938.8.1)

【늬우요크】 뉴욕(New York), 미국 뉴욕 주에 있는 미국 최대의 항구 도시 ❙미국인 헐버트 씨가 지난 이일에 늬우요크에 도착ᄒᆞ야 지금 워쉉톤에 쳬류ᄒᆞ는 즁인ᄃᆡ(〈대한매일신보〉1910.6.28)

【늬이가타】 니가타(Niigata 新潟), 일본 니가타현의 현청소재지 ❙추루가와 도야마와 가 나사와와 늬이가타ㅣ란 포구가 잇고(한글본《ᄉᆞ민필지》1889)

【늬코록가】 니카라과(Nicaragua), 중앙아메리카 중부에 있는 나라 ❙코스다카와 싄도밍고와 헤타이 보다 네 갑절이 크고 늬코록가와 한두라스 보다 갑절이라(〈독립신문〉1896.5.30)

【늬가라과】 니카라과(Nicaragua), 중앙아메리카 중부에 있는 나라 ❙늬가라과국 도셩은 일홈이 마나과ㅣ오 거스다리가국 도셩

은 일홈이 산호세요(한글본《ᄉᆞ민필지》1889)

【닝보】닝보(Ningbo 寧波), 중국 저장성 동부에 있는 도시. 항저우시(杭州市) 남동쪽 약 150km 지점, 융장(甬江)과 위야오강(餘姚江)의 합류점에 있는 항구도시이다 ▌홍콩과 에모이와 닝보와 솨토ㅣ란 포구가 잇스며(한글본《ᄉᆞ민필지》1889)

【니가다】니가타(Niigata 新潟), 일본 니가타 현의 현청 소재지 ▌일본에항구가몃치뇨○답 ᄒᆞ나흔 ᄭᅩ븨(神戶)요ᄒᆞ나흔나가사기(長崎)요ᄯᅩ도하고다뎨(函館)외니가다(新潟)란두항구가잇ᄂᆞ니라(《디구략론》1897)

【니카라가】니카라과(Nicaragua), 중앙아메리카 중부에 있는 나라 ▌尼可羅果 니카라가(유길준《서유견문》1895 제1편) ▌公果共和國外相은 니카라가의 同意를 得하면(〈동아일보〉1924.3.13. 1면) ▌『큐바』『파나마』『니카라가』等의 제국주의적 간섭이스사로 그 역사의 모순인 것을 깨닷지안을수 업섯나니(〈별곤건〉제37호 1931.2.1)

【니페크湖】위니펙 호(Winnipeg Lake), 캐나다 매니토바주(Manitoba)에 있는 호수 ▌又니페크湖(WINIPEG)及웨니페크河ᄅᆞᆯ越ᄒᆞ야사스카ᄶᅦ와(SASKATCHEWAN)河流에至ᄒᆞ니(《중등만국지지》1902 권3)

【닛가라과】니카라과(Nicaragua), 중앙아메리카 중부에 있는 나라 ▌즁 아미리가 남아미리 ᄉᆞ이에 닛가라과라 ᄒᆞᄂᆞᆫ 해협이 잇서 태셔양과 태평양을 격졀 ᄒᆞ야 무역 왕ᄅᆡ통로가어려운 고로(〈독립신문〉1899.1.31)

【닛ᄏᆞ라가】니카라과(Nicaragua), 중앙아메리카 중부에 있는 나라 ▌남북 아미리가 사이에 닛ᄏᆞ라가 운하(運河)를 속히 만들일(〈독립신문〉1899.1.6)

ㄷ

【짜닙江】 다뉴브 강(Danube), 유럽을 동쪽으로 흐르는 유럽 제2의 강 ❙터軍의 前軍은 짜닙江을 넘엇다하고(〈소년〉제2년2권 1909.4.1)

【다리스된】 드레스덴(Dresden), 독일 남동부 작센(Saxony) 주의 주도 ❙首都다리스된(DRESDEN)은易北河畔에在ᄒᆞ니(《중등만국지지》1902 권2)

【다부린府】 더블린(Dublin), 아일랜드의 수도 ❙다부린府(DUBLIN)ᄂᆞᆫ島內의首都니島의東岸愛爾土海에臨ᄒᆞᆫ다부린灣頭에在ᄒᆞ야(《중등만국지지》1902 권2)

【짜블닌】 더블린(Dublin), 아일랜드(Ireland)의 수도 ❙多佛仁(짜블닌)此府ᄂᆞᆫ阿爾蘭島의最大ᄒᆞᆫ都會니(《서유견문》1895 제19편)

【다수마니아】 타스마니아(Tasmania), 호주의 동남부, 빅토리아(Victoria) 주 바로 남쪽에 있는 큰 섬 ❙濠太利亞羣島ᄂᆞᆫ濠太利亞와다수마니아와뉴지단도의三島를總稱홈이나(《소학만국지지》1895 제6편)

【다이바루河】 테베레 강(Tevere River), 이탈리아 중앙부 아펜니노 산맥에서 발원하여 로마시를 관류하여 티레니아해로 흘러든다 ❙首府羅馬ᄂᆞᆫ다이바루에河에跨ᄒᆞ야(《소학만국지지》1895 제3편)

【단】 덴마크(Denmark 丹國), 유럽 북부의 유틀란트 반도와 부속 도서로 구성된 입헌군주국. '단'은 Denmark의 중국식 음역표기 '丹國'의 준말 '丹'을 우리말 한자음으로 읽은 것이다 ❙아라사ᄂᆞᆫ단묵셔뎐냥국과화친ᄒᆞᆫ미단셔냥국이또ᄒᆞᆫ법국에붓ᄂᆞᆫ지라(《소학만국지지》1895 제1편)

【단국】 덴마크(Denmark 丹國), 유럽 북부의 유틀란트 반도와 부속 도서로 구성된 입헌군주국. '단국'은 Denmark의 중국식 음역표기 '丹國'을 우리말 한자음으로 음독한 것이다 ❙영국과 덕국과 단국과 하란과 셔위돈과 로위와 셔셔 등(《이언(易言)》1883) ❙세관에 잇ᄂᆞᆫ 사ᄅᆞᆷ은 단국 남인 이명(〈독립신문〉1897.3.16) ❙단국은 오ᄇᆡᆨ 오십죠원이오(〈매일신문〉1897.3.16) ❙丹國(단국)丁抹國의 稱(조선총독부《조선사서원고》1918)

【단믹국】 덴마크(Denmark 丹麥國), 유럽 북부의 유틀란트 반도와 부속 도서로 구성된 입헌군주국. '단믹국'은 Denmark의 중국식 한자표기 '丹麥國'을 우리말 한자음으로 읽은 것이다 ❙단믹국ᄉᆞᄅᆞᆷ이한조계를어더관할ᄒᆞ더니(학부역《티셔신사》1897)

【단묵】 덴마크(Denmark 丹墨), 유럽 북부의 유틀란트 반도와 부속 도서로 구성된 입헌군주국. '단묵'은 Denmark의 중국식 음역표기 '丹墨'을 우리말 한자음으로 읽은 것이다 ❙아라사ᄂᆞᆫ단묵셔뎐냥국과화친ᄒᆞᆫ미단셔냥국이또ᄒᆞᆫ법국에붓ᄂᆞᆫ지라(학부역《티셔신사》1897)

【단우파 강】 다뉴브(Danube) 강, 유럽을 동쪽으로 흐르는 유럽 제2의 강 ❙군ᄉᆞ를거나리고돌국을향ᄒᆞ야진발ᄒᆞᆯᄉᆡ아돌냥국분계처에슈로ᄂᆞᆫ단우파강이요(학부역《티셔신사》1897)

【단읍 강】 다뉴브(Danube) 강, 유럽을 동쪽으로 흐르는 유럽 제2의 강 ❙동에ᄂᆞᆫ타이스ㅣ란 강이 단읍 강에로 드러 가고(한글본《ᄉᆞ민필지》1889)

【단읍河】 다뉴브(Danube) 강, 유럽을 동쪽으로 흐르는 유럽 제2의 강 ❙그야말노破竹之勢로 단읍河를 건너 아드리아노폴을 함락하며(〈개벽〉제43호 1924.1.1)

【단향산】 호놀룰루(Honolulu), 미국 하와이 주 주도 호놀룰루. '단향산'은 호놀룰루(Honolulu)의 중국식 한자표기 '檀香山'을 우리말 한자음으로 읽은 것이다. '단향'은 서역의 향료로 향내를 내는 나무란 뜻이다. 중국인들은 호놀룰루가 단향을 산출하는 곳

덴마크

오늘날 덴마크는 조그만 나라에 불과하지만 13-4세기까지만 해도 북유럽 전역을 지배하던 대국이었다. 심지어는 노르웨이와 스웨덴, 독일 북부 지역도 덴마크의 땅이었다. 덴마크가 동양에 알려진 것은 17세기 초로 보인다. 1602년 마테오리치가 펴낸《坤輿萬國全圖》에는 덴마크를 '大尼亞'라 하였고,《職方外記》(1623)에도 '大尼亞'로 나와 있다. 100권본《海國圖志》58권에는 덴마크를 '大尼亞' 대신 '大尼'로 적고 있고 그 밖에 嗹國, 嗹馬, 領墨, 吝因, 丁抹, 丹麻尔 등으로도 부르고 있다.《海國圖志》에 나온 덴마크의 이름 중 우리나라 기록에 나오는 것은 嗹國과 嗹馬, 丁抹 등 세 가지이다.

우리나라에 덴마크의 존재가 알려진 것은 19세기 말로 보인다. 승정원일기 고종 19년(1882) 11월 28일자 기록에는 고종 임금과 일본에 다녀온 박영효가 문답하는 기사가 보이는데 여기서 고종 임금은 '단국(丹國)과 일본이 전신(電信)으로 서로 통신한다는데 사실이던가?'라고 묻는 장면이 나온다(上曰, 丹國與日本, 以電信相通云, 果乎否? 泳孝曰, 臣等在彼境之時, 果有所聞矣). '丁抹'도 비슷한 시기에 그 기록이 보인다. 일본에 사신으로 갔던 이헌영의《일사집략(日槎集略)》(1881)에는 이헌영이 요코하마 세관을 방문하여 관세국장 하치스가시게아키(蜂須賀茂韶)와 문답하는 장면이 나오는데 하치스가의 답변 속에 '丁抹'이 나온다(同年白耳義, 伊太利, 丁抹. 明治元年瑞典, 那耳回, 西班. 同二年獨逸北部聯邦, 墺地利. 同四年布哇, 淸. 同六年秘魯. 相與結約).

개화기에는 덴마크를 표시하는 이름이 꽤 많았다. 한글표기로 '단, 단국, 단ᄆᆡ국, 단묵, 데인막, 덴막, 쏀막크, 쏀멀그우, 뎡말, 뎡말국, 련ᄆᆞ, 련ᄆᆞ국, 졍말, 톈말그우' 등 14개, 한자표기로 '丹國, 丹尼, 丹馬, 丹麥, 丹墨, 丹墨國, 大丹國, 甸瑪爾珂, 丁抹, 丁抹國' 등 10개나 되어 총 24개의 표기가 있었다. 오늘날 이들 이름은 지금은 거의 사용되지 않고 '덴마크'로 부르고 있지만 우리나라와 관계가 적었던 유럽 대륙의 작은 나라를 이렇게 여러 가지로 표기했었다니 놀라운 일이다.

으로 생각하고 이러한 이름을 붙인 듯하다 ▎태평양과 단향산 등 쳐의 혹 만 명도 되며 혹 만 명이 못 되며(《이언(易言)》1883) ▎남ᄐᆡ평양 즁에합유도단향산이라로말ᄒᆞ야도이섬은 젹도도수와머지아니ᄒᆞ고(학부역《티셔신사》1897) ▎단향산 檀香山 The Sandwich Islands(게일편《한영자전》1897) ▎일본은 우리 나라를 븟들기로 ᄆᆞ음을 ᄒᆞ나 금산 단향산에셔 우리 공쟝을 ᄃᆡ졉 ᄒᆞᄂᆞᆫᄃᆡ 싸다롭게 금 ᄒᆞ고 엄 ᄒᆞ게 데어 ᄒᆞ야쫏고(〈독립신문〉1899.7.28)

【담아쓰가쓰】 다마스쿠스(Damascus), 시리아(Syria)의 수도. 아랍어로는 디마시크(Dimashq)라고 한다 ▎담아쓰가쓰(DAMASCUS)ᄂᆞᆫ第二都邑이니(《중등만국지지》

1902 권1)

【대련】다렌(Dalian 大連), 중국 랴오닝 성(Liaoning) 랴오둥 반도 남단부에 있는 도시 ▎청국이 교쥬를 덕국에 준젼례ᄃᆡ로 아라사에셔도 대련만과 여슌구를 달ᄂᆞᆫ다더라(《협성회회보》1898.1.22) ▎리홍쟝이가 아라샤 사ᄅᆞᆷ의게 돈 일ᄇᆡᆨ 팔십 만원을 밧아먹고 이번에 여슌구와 대련만을 아라샤로 주엇다고 ᄒᆞ엿다더라(《독립신문》1898.4.19) ▎청국 대련에 잇ᄂᆞᆫ 아편총국은 청인과 일인이 ᄒᆞᆷᄭᅴ 영업ᄒᆞᄂᆞᆫ 것인ᄃᆡ(《대한매일신보》1910.4.1) ▎동경대련간 항로가 울산, 경성, 평양을 들려단니게 되엇다(《동광》제22호 1931.6.1)

【ᄃᆡ마스커스】다마스쿠스(Damascus), 시리아(Syria)의 수도. 아랍어로는 디마시크(Dimashq)라고 한다 ▎셔편에 알ᄂᆡ보와 ᄃᆡ마스커스와 텬하에 뎨일 오랜 촌이라(한글본《ᄉᆞ민필지》1889)

【대만】대만(Taiwan 臺灣), 타이완 해협을 사이에 두고 중국 푸젠(Fujian) 성과 마주하고 있는 나라 ▎청국셔 일본이 ᄲᅢ신 대만에 잇ᄂᆞᆫ 일본 사ᄅᆞᆷ들이 일만 오쳔 구ᄇᆡᆨ 칠명 이라더라(《독립신문》1896.12.29) ▎갑오년 조고마ᄒᆞᆫ 싸홈에 일본에 항복ᄒᆞ고 건의 ᄉᆞ억만 원가량 ᄇᆡ상을 물고 대만을 ᄯᅥ여 밧쳣고(《미일신문》제1권15호 1898.4.26) ▎대만군사령부(臺灣軍司令部)에서는 수일전에 뜻밧게 긔밀디도(機密地圖)를 이러바리엿슴으로(《동아일보》1920.9.12. 3면) ▎그러나 조선이나 대만 갓흔 외지에 보내는 교원은 일본서 다ㅡ부려먹고(《개벽》제33호 1923.3.1)

【ᄃᆡ만】대만(Taiwan 臺灣), 타이완 해협을 사이에 두고 중국 푸젠(Fujian) 성과 마주하고 있는 나라 ▎청국 다려 ᄇᆡ샹 팔억 팔쳔 만원을 밧치고 ᄃᆡ만를 일본으로 붓치면 싸홈을 긋치겟노라(《독립신문》1896.8.4)

【대미국】미국(United States of America 大美國/大米國), 북아메리카 대륙의 캐나다와 멕시코 사이에 있는 나라. '대미국'은 '미국'을 높여서 부르는 말이다 ▎중츄원 의관 안경슈씨와 김가진씨와 대미국 의ᄉᆞ 셔지필씨를 얽어 샹쇼 ᄒᆞ엿ᄂᆞᆫᄃᆡ(《독립신문》1896.7.21) ▎이 셰계 말재에 대미국에 잇ᄂᆞᆫ 형데들이 넓은 ᄉᆞ랑으로 동양에 와서(《신학월보》제1권10호 1901.9)

【대서양】대서양(Atlantic Ocean), 유럽 및 아프리카 대륙과 남 · 북아메리카 대륙 사이에 있는 대양 ▎다만 나폴레옹은 패하여 대서양 중 어떤 섬에서 죽었다고 기억할 뿐이라(이광수《무정》1917) ▎狂瀾이 舜翻하는 一望無際한 대서양 중에 그 곤란이 과연 如何하엿슬가(《개벽》제1호 1920.6.25) ▎그 다음 것은 중미 멕시코의 대서양 岸에서 서식하고 최종 것은 아푸리카의 연안 및 인도양에서 서식한다(《별곤건》제1호 1926.11.1) ▎대서양을 건느어서 스코틀랜드나 혹은 알프스산 꼭닥이에 오아서 새끼를 깐다고 한다(《동광》제10호 1927.2.1)

【대설산】대설산(Himalayas 大雪山), 인도와 중국 사이에 있는 히말라야 산 ▎그러나 놉히가 一만四천 척이나 되는 대설산이 중간에 가로 막히고 또 서장군은 지리에 익숙하기 때문에 늘 우세하다고 합니다(《별곤건》제42호 1931.8.1) ▎한호:충(寒號蟲) 名 인도 대설산(大雪山)에 산다고 하는 상상적(想像的)의 새(문세영《수정증보조선어사전》1942)

【대셔양】대서양(Atlantic Ocean), 유럽 및 아프리카 대륙과 남 · 북아메리카 대륙 사이에 있는 대양 ▎아프리가며 유로바 셔편과 아메리까 동편 ᄉᆞ이는 대셔양이라 닐ᄋᆞ고(한글본《ᄉᆞ민필지》1889) ▎답태평양(答太平洋)과 대셔양(大西洋)과 인도양(印度洋)과 븍빙양(北冰洋)과 남빙양(南冰洋)이니라(《디구략론》1897) ▎셔은대셔양에밋치니(학부역《티셔신사》1897) ▎미국 정부에셔 대셔양에 릭왕 ᄒᆞᄂᆞᆫ 크고 ᄲᆞ른 샹션 여돏쳑을 고입 ᄒᆞ야 해군셩 어용션으로 ᄆᆞᆫ드럿다더라(《독립신문》1898.4.23) ▎모든 대셔양 신문지와 월보를 보온즉(《신학월보》제1권2호 1901.1) ▎태평양 방면에 확장이 되면 대셔양에 방비ᄒᆞᄂᆞᆫ 거시 위틱ᄒᆞ고(《대한매일신보》1907.7.16)

대서양(大西洋)

대서양(Atlantic Ocean)은 유럽 · 아프리카 · 남극과 미국 대륙으로 둘러싸인 해양으로, Atlantic은 그리스 신화에 나오는 거인 아틀라스(Atlas)에서 유래한다. 아틀라스는 제우스 신의 노여움을 사서 그 벌로 이 세상 서쪽 끝에서 두 어깨로 하늘을 떠받치라는 명을 받게 되는데, 그때 아틀라스가 발을 딛고 하늘을 떠받친 곳이 오늘날 아프리카 북서부 아틀라스 산맥 지역이었다. Atlantic Ocean은 대서양이 아틀라스 산맥에 인접해 있다는 데서 붙여진 이름이다.

동양에서는 마테오리치가 1602년 북경에서 간행한 《곤여만국전도(坤輿萬國全圖)》에 그 이름이 보이며 《직방외기(職方外記)》(1623)와 1852년 간행된 100권본 《해국도지(海國圖志)》에도 대서양이 나온다.

우리나라에서 대서양의 기록이 처음 나온 자료는 이수광(李睟光)의 《지봉집(芝峯集)》(1633)이다(珊湖生於其中 最東有琉球國, 日本國 西南有佛浪機國 卽大西洋也). 또한 이형상(李衡祥)의 《병와집(瓶窩集)》(1774)에도 마테오리치가 북경에 온 사실을 기록하는 가운데 대서양이라는 말이 나온다(昔在萬曆辛丑年 大西洋歐邏巴人利瑪竇爲名之儒 晝夜航海 二十八年 始達北京). 한국 최초의 근대적 신문인 《漢城旬報》 제1호(1883년10월1일. 음력)에도 '論洲洋'이란 기사 속에 대서양이 나온다(二曰大西洋 西國謂之阿得蘭低). 이러한 예를 볼 때 대서양(大西洋)은 오대양 가운데 우리나라에서 일찍부터 사용된 바다 이름으로 보인다.

【대셜산】 대설산(Himalayas 大雪山), 인도와 중국 사이에 있는 히말라야 산 ▍영인의관할홈이 븍방으로대셜산ᄭᆞ지이르니(학부역《티셔신사》1897)

【대양주】 오세아니아(Oceania 大洋洲), 육대주의 하나. 멜라네시아, 미크로네시아, 폴리네시아, 오스트레일리아, 뉴질랜드를 포함하는 섬과 대륙으로 이루어져 있음 ▍내 생각건대 만약 英國이 대양주를 일는 날이면 英國은 쇠망할 것이다(〈개벽〉제56호 1925.2.1) ▍대양주(大洋洲 동부 퀸쓸랜드주 해안에 산불이 일어나 이천사백평방메돌이나 퍼젓다는데(〈동아일보〉1926.10.19. 2면) ▍대양주 大洋洲 Oceania(J.S.Gale《한영대자전》1931) ▍오:-대:주(五大洲) 육대주(六大洲) 속에서 대양주(大洋洲)를 뺀 남저지 다섯 주(문세영편《수정증보 조선어사전》1938)

【대양쥬】 오세아니아(Oceania 大洋洲), 육대주의 하나. 멜라네시아, 미크로네시아, 폴리네시아, 오스트레일리아, 뉴질랜드를 포함하는 섬과 대륙으로 이루어져 있다 ▍동으로 아셰아를 침로ᄒᆞ며 대양쥬를 뎜령ᄒᆞ고(〈대한매일신보〉1910.2.23)

【ᄃᆡ양주】 오세아니아(Oceania 大洋洲), 육대주의 하나. 멜라네시아, 미크로네시아, 폴리네시아, 오스트레일리아, 뉴질랜드를 포함하는 섬과 대륙으로 이루어져 있다 ▍ᄃᆡ양주 大洋洲 어스트뤨늬야(〈대한자강회월보〉제11호 1907.5.25)

【대영국】 영국(United Kingdom 大英國), 유럽 대륙 서북쪽 대서양상에 위치한 입헌왕

국. ‘대영국’은 조약문 등에서 영국을 높인 말이다 ▌이ᄇᆡᆨ여 년 젼에 대영국 젼도ᄒᆞᄂᆞᆫ 션ᄉᆡᆼ의 지은 ᄎᆡᆨ이니(《텬로력뎡》1895) ▌글라드스톤이 대답 ᄒᆞ기를 대영국 대왕후겸 五인도 대황후시니이다(〈독립신문〉1899.1.7) ▌젼호에 대영국 녀황 폐하의 승하ᄒᆞ심을 광고ᄒᆞ엿ᄂᆞᆫᄃᆡ(〈신학월보〉제1권4호 1901.3) ▌본일은 대영국 황뎨폐하 탄일이신 고로(〈대한매일신보〉1907.11.9) ▌대영국을 건설함은「에리사베쓰」의 여왕이 有함이 아니겟소(〈개벽〉제4호 1920.9.25) ▌만일 대영국의 국민회의와 속히 화해를 하지 않으면 지금까지보다 더한 위기가 올 것이다(〈동광〉제26호 1931.10.4)

【대청국】 청나라(Qing), 중국의 마지막 왕조(1616~1912). ‘대청국’은 조약문 등에서 ‘청국’을 높여서 부른 말 ▌대청국 대황뎨ᄂᆞᆫ 공경 ᄒᆞ야 대한국 대황뎨 폐하ᄭᅴ 됴흠을 뭇ᄌᆞ오며(〈ᄆᆡ일신문〉1899.2.3) ▌一관은 이 다음 브터 대한국과 대청국이 길이 화호 ᄒᆞ고 두 나라 샹민들이 피차 나라에 우거 ᄒᆞᄂᆞᆫ 때에(〈독립신문〉1899.3.4) ▌대청국 황ᄐᆡ후 폐하의 졍표로라 ᄒᆞ엿더라(〈신학월보〉제3권3호 1903.3)

【대판】 오사카(Osaka 大阪), 오사카 부의 부청소재지. ‘대판’은 오사카의 한자표기 ‘大阪’을 우리말 한자음으로 읽은 것이다 ▌근일에 대판 ᄆᆡ일 신문에 말 ᄒᆞ기를 죠션 대신들이 아라샤 공ᄉᆞ를 근일에 뮈워 ᄒᆞᄂᆞᆫ거슨(〈독립신문〉1896.11.5) ▌일본 졍부에셔 광도와 우지나와 모지각 항구에 대판 샹션회샤 ᄇᆡ 들를 명ᄒᆞ야(〈협셩회회보〉1898.2.26) ▌일본 대판 뎐보를 거ᄒᆞᆫ즉 본월 이십ᄉᆞ일브터 흑ᄉᆞ병에 죽은 쟈가 삼ᄇᆡᆨ칠십명이오(〈대한매일신보〉1907.10.26) ▌대례환 편으로 대판항에 도착을 ᄒᆞ엿ᄂᆞᆫᄃᆡ(육정수《송뢰금》1908) ▌폭풍폭우와 싸우면서 구사일생으로 대판에 착륙하기까지(〈개벽〉제30호 1922.12.1) ▌안애요. 아버지가 아버지가 정말 가 잇세요. 대판(大阪)–대판잇세요(〈별건곤〉제1호 1926.11.1)

【더미니가共和國】 도미니카공화국(Dominica), 북아메리카 카리브 해상 북부에 있는 공화국 ▌東部에有ᄒᆞᆫ者ᄅᆞᆯ더미니가共和國이라ᄒᆞ고(《소학만국지지》1895 제3편)

【써블린】 더블린(Dublin), 아일랜드(Ireland)의 수도 ▌뎨일노 ᄇᆡ를 만히 ᄆᆞᆫᄃᆞᄂᆞᆫ 곳이며 아열란드 읍ᄂᆡ는 일홈이 써블린이오(한글본《ᄉᆞ민필지》1889)

【써잇취】 독일(Germany, Deutschland 德國), 독일은 유럽 중부에 위치한 나라 ▌特製金牌와 써잇취國의 四方一尺銀製쎅코레이슌等과(〈소년〉제2년1권 1909.1.1)

【써잇튀】 독일(Germany, Deutschland 德國), 유럽 중부에 위치한 나라. 수도는 베를린(Berlin) ▌써잇튀 사람 야곱이란 將帥가 덕은 嫌疑로 怒하야(〈소년〉제1년2권 1908.12.1)

【덕】 독일(Germany, Deutschland 德國), ‘덕’은 ‘德國’의 줄임말 ‘德’을 우리말 한자음으로 읽은 것이다 ▌남으로ᄂᆞᆫ 영 덕 법 모든 강국이 각각 요디를 ᄎᆞ지ᄒᆞ여 근본을 삼고(〈ᄆᆡ일신문〉제1권64호 1898.1.16) ▌쥬챠 영 덕의 각국 공ᄉᆞ관 참셔관 고희경 아법 오 각국 공ᄉᆞ관 참셔관 남필우 리긔종 명(〈독립신문〉1899.4.3) ▌그 중 미국과 영덕 량국 외에는 별로 문명 긔상이 업는 즐 생각하노라(〈신학월보〉제4권5호 1904.5)

【덕국】 독일(Germany, Deutschland 德國), 유럽 중부에 위치한 나라.‘덕국’은 Deutschland의 중국식 한자표기 ‘德國’을 우리말 한자음으로 읽은 것이다 ▌영국 법국과 덕국 미국 졔 대국이 ᄎᆔᄃᆡ의 변리 밧ᄂᆞᆫ 거시 다 불과 오륙 리 변이오(《이언(易言)》1883) ▌셔는 덕국과 볼ᄐᆡᆨ이란 하슈와 쉬덴국이며(한글본《ᄉᆞ민필지》1889) ▌덕국 ᄉᆞ관 팔ᄇᆡᆨ 오십륙명 군ᄉᆞ 일만 팔쳔 팔ᄇᆡᆨ 삼십(〈독립신문〉1896.4.25) ▌보로사와일이만은다덕국의옛일홈이니(학부역《틔셔신사》1897) ▌그즁에영국(英國)과덕국(德國)과법국(法國)과아라ᄉᆞ국(俄羅斯國)이뎨일(第一)이니라(《디구략론》1897) ▌아라사신문들이 덕국이 청국 교쥬ᄎᆞ지 ᄒᆞᄂᆞᆫ것을 대단이 됴치안케 말ᄒᆞ나(〈협성회회보〉1898.1.1) ▌구라파에 아라샤 덕국 오

독일

병자호란 때 청나라에 인질로 잡혀간 소현세자는 북경에서 독일인 신부인 아담 샬(Adam Schall, 1591~1666)과 교류하여 천구의와 천문서, 천주상 등을 선물로 받기도 하였다. 아마도 이것은 우리나라 사람이 독일 사람을 처음 만난 일일 것이다. 그 후 200여 년간 조선과 독일은 별다른 교류가 없다가 개화기에 들어와 국교를 수립하게 된다. 1882년 6월 조선은 독일과 조독수호통상조약(朝獨修好通商條約)을 체결하였고 같은 해 독일인 묄렌도르프(Paul Georg von Möllendorff, 조선명 穆麟德)가 조선 정부의 외교고문이 되어 외교정책에 관여하였다. 1898년 7월에는 하인리히(Heinrich) 황태자가 조선을 방문하기도 하였다. 이러한 역사적 사실을 반영하는 듯 개화기 때는 각종 자료에 독일 국명과 도시명이 다수 출현한다. 개화기 자료에 나오는 독일의 국명을 모아보면 다음과 같이 23종이나 된다.

- 쪄잇취: 〈소년〉 제2년 1권(1909.1.1.)
- 쪄잇튀: 〈소년〉 제1년 2권(1908.12.1.)
- 덕: 〈미일신문〉 제1권 64호(1898.1.16)
- 덕국: 한글역《이언(易言)》1883
- 덕의지: 학부역《틔셔신사》1897
- 독: 〈삼천리〉제7권 8호(1935.9.1.)
- 독일: 〈독립신문〉 1896.4.25.
- 독일국: 〈매일신문〉 1898.1.3.
- 셰야만: 〈한성주보〉 제2호(1886.2.1.)
- 일이만:《국한회어》1895
- 져만에:《서유견문》1895
- 德: 〈관보〉 제147호(1895.8.26.)
- 德國:〈한성순보〉제1호(1883.10.31.)
- 德意志: 〈한성주보〉 제52호(1887.2.28.)
- 德逸: 〈한성주보〉제2호(1886.2.1.)
- 獨:《국민소학독본》1895
- 獨國: 〈친목회회보〉 제1호(1895.10.)
- 獨逸: 〈한성순보〉 제6호(1883.12.20.)
- 獨逸國:《혈의누(상편)》(이인직, 1906)
- 大德國: 〈한 · 독수호통상조약〉 조약문(1883.11.6. 조인)
- 日耳曼: 〈한성순보〉 제2호(1883.11.10.)
- 日耳曼列邦: 〈한성주보〉 제29호(1886.9.20.)
- 獨乙: 〈대조선독립협회회보〉 제7호(1897.2.28.)

위 이름 중 한자표기 계열의 이름(한자표기를 한글로 읽은 것 포함)은 모두 중국에서 사용하던 것이다. 오늘날 중국에서는 독일을 '德国' 또는 '德意志'로 표기한다.

디리 영길리와 아셰아에 청국과 일본은 다 뎨국인ᄃᆡ(〈미일신문〉1898.9.3) ▎외부에셔 덕국 공관에 죠복ᄒᆞ되 향일 귀죠회 ᄂᆡ에 귀국인 ᄉᆞ건에 ᄃᆡᄒᆞ야 증참ᄒᆞᆯ ᄉᆞ로(〈대한매일신보〉1904.8.16) ▎의국(伊國) 법국(法國) 덕국(德國) 영국(英國)글과 일본 가나(假名)와 우리나라 정음(正音)ᄀᆞᆺ흔 글들이라(〈서우〉제2호 1907.1.1) ▎우리 덕국에 갓치여 살손 인종의 노례가 되얏고(이해조《철세계》1908) ▎오일 젼에 덕국 빅림으로셔 비를 타고 건너와(김교제《비행선》

1912)

【덕의지】 독일(Deutschland 德意志), 유럽 중부에 위치한 나라. '덕의지'는 Deutschland의 중국식 한자표기 '德意志'를 우리말 한자음으로 읽은 것이다 ▎십이월에덕의지거국인민이ᄒᆞᆫ가지일이만왕비질례위량을셰워덕국졔일황졔라ᄒᆞ니(학부역《티셔신사》1897)

【데기사스】 텍사스 주(Texas), 미국 중남부에 있는 주. 주도(州都)는 오스틴 ▎데기사스(〈친목회회보〉제6호 1897.12)

【데리-】 델리(Delhi), 인도 북부에 있는 도시 및 연방 직할지구 ▎北部印度에데리-(DELHI)等의都會가有ᄒᆞ더라(《중등만국지지》1902 권1)

【데인막】 덴마크(Denmark), 유럽 북부의 유틀란트 반도와 부속 도서로 구성된 입헌군주국 ▎데인막국에셔 청국으로 보내ᄂᆞᆫ 슌양함의 일홈은 폐인인ᄃᆡ 二千二百九十六톤을 싯ᄂᆞᆫ 비요(〈독립신문〉1899.4.17)

【데헤란】 테헤란(Teheran), 이란의 수도. 엘부르즈산맥 남쪽 기슭의 이란 고원에 위치한다 ▎政府에對ᄒᆞ야要請ᄒᆞᄂᆞᆫᄃᆡ首府데헤란은 靜肅無事ᄒᆞ다 ᄒᆞ얏더라(〈대한자강회월보〉제2호 1906.8.25) ▎파ᄉᆞ국 황태ᄌᆞᄂᆞᆫ 친아당의 고문과 슈부 데헤란으로 도망ᄒᆞ엿ᄂᆞᆫᄃᆡ 소난이 직ᄎᆞ 발홀 념려가 잇다 ᄒᆞ엿더라(〈대한매일신보〉1908.6.11) ▎데헤란(〈대한민보〉제9호 1909.6.22) ▎波斯의 首都「데헤란」에서는 騎兵隊의 한 마부 출신으로 신왕국이 된「리싸·칸」의 장엄한 대관식이 열리엿섯다(〈개벽〉제72호 1926.8.1) ▎波斯國 서울「데헤란」에는 각국이 경쟁하야 공사관을 설치하게 되엇다(〈동광〉제17호 1931.1)

【덴막】 덴마크(Denmark), 유럽 북부 북해 연안의 유틀란트 반도 및 그 부속 도서로 구성된 입헌군주국 ▎덴막국은 폭원이 북위션 오십ᄉᆞ 듸그리브터 오십칠 듸그리ᄭᆞ지요(한글본《ᄉᆞ민필지》1889) ▎덴막국 의회원에셔 청국 등디로 슌양함을 보ᄂᆡ기로 작뎡 ᄒᆞ엿다더라(〈독립신문〉1899.4.11) ▎지금 ᄉᆡ 군쥬ᄂᆞᆫ 츈츄가 륙십이신 ᄃᆡ덴막 군쥬의 맛ᄯᆞᆯ과 셩혼ᄒᆞ엿ᄉᆞ니(〈신학월보〉제1권4호 1901.3) ▎불란셔국과 오스드리아국과 영길리국과 노웨쉬덴국과 덴막국과 합즁국이 데 일층이오(〈대한매일신보〉1907.9.18) ▎작년에 덴막 나라의 문부대신으로 드러안즌 이는 프루·니나·방이라는 여자인데(〈동아일보〉1925.8.20. 3면) ▎그 父系로는「떠이취」,「스콜랜드」,「덴막」등 외국인의 혈통이 많았다(〈동광〉제14호 1927.6.1)

【뗀막크】 덴마크(Denmark), 유럽 북부 북해 연안의 유틀란트 반도 및 그 부속 도서로 구성된 입헌군주국 ▎丁抹 뗀막크(유길준《서유견문》1895 제1편)

【뗀멀그우】 덴마크(Denmark), 유럽 북부의 유틀란트 반도와 부속 도서로 구성된 입헌군주국 ▎뗀멀그우(〈한성주보〉제5호 1886.3.1)

【델나웨-】 델라웨어(Delaware), 미국 오하이오 주 중부에 있는 도시 ▎콘네쿠틔카트(CONNECTICUT)호드손(HUDSON)델나웨-(DELAWARE)等의河가東南流ᄒᆞ야(《중등만국지지》1902 권3)

【뎀스강】 템스 강(Thames River), 영국 잉글랜드 중남부를 흐르는 강. 코츠월드 구릉지대(Cotswold Hills)에서 발원해 동쪽으로 흘러, 잉글랜드 중남부를 횡단하고 북해로 들어간다 ▎보텬하에 데일큰셔울이니팔십리에 인가가련ᄒᆞ니라 뎀스강ㅅ ᄀᆞ히오(한글본《ᄉᆞ민필지》1889) ▎거기도 못가고 결국 가까운 倫敦 뎀스강에 빠저 죽을 것입니다(〈삼천리〉제14권1호 1942.1.1)

【뎡말】 덴마크(Denmark 丁抹), 유럽 북부의 유틀란트 반도와 부속 도서로 구성된 입헌군주국, '뎡말'은 Denmark의 중국식 한자표기 '丁抹'을 우리말 한자음으로 읽은 것이다 ▎세계님군즁에 데일 속탈ᄒᆞ니ᄂᆞᆫ 뎡말대군쥬 폐하라(〈독립신문〉1897.3.25) ▎로국 황뎨ᄂᆞᆫ 팔월에 뎡말 국왕을 방문ᄒᆞ기로 결뎡ᄒᆞ엿다더라(〈대한매일신보〉1909.6.15)

【뎡말국】 덴마크(Denmark 丁抹國), 유럽 북

부의 유틀란트 반도와 부속 도서로 구성된 입헌군주국. '뎡말국'은 Denmark의 중국식 한자표기 '丁抹國'을 우리말 한자음으로 읽은 것이다 ▎농샹 공부 대신 리윤용씨와 뎡말국 교ᄉᆞ 미륜ᄉᆞ씨가 통신국에 모화 긔계를 버려 놋코(〈독립신문〉1897.1.12) ▎나ᄂᆞᆫ 뎡말국 사ᄅᆞᆷ이라 우리 뎡말국은 디방이 불과 륙ᄇᆡᆨ리오 인구가 불과 이ᄇᆡᆨ만이로ᄃᆡ(〈대한매일신보〉1909.12.15) ▎그 긔계는 뎡말(丁抹)국 사람 폴슨이란 학자가 발명한 것이라 하엿다(〈동아일보〉1921.5.24. 4면)

【뎨늅】다뉴브(Danube) 강, 유럽을 동쪽으로 흐르는 유럽 제2의 강 ▎大揖(뎨늅)江과愛斗利崖特海邊에 抵ᄒᆞᆫ 者라(유길준《서유견문》1895 제1편)

【뎀스江】템스 강(Thames River), 영국 잉글랜드 중남부를 흐르는 강. 코츠월드 구릉 지대(Cotswold Hills)에서 발원해 동쪽으로 흘러, 잉글랜드 중남부를 횡단하고 북해로 들어간다 ▎그 압ᄒᆡ 뎀스江이 잇서 一日 두번식 往來ᄒᆞᄂᆞᆫ 海水ᄂᆞᆫ 勞費 업시 船舶의 上下ᄅᆞᆯ 便ᄒᆞ게 ᄒᆞᆷ이니라(《국민소학독본》1895)

【뎅시괄파】테구시갈파(Tegucigalpa), 온두라스의 수도 ▎閟都拉斯 首府 뎅시괄파(《소학만국지지》1895 제3편)

【도교】도쿄(Tokyo 東京), 일본의 수도로 정치 경제 문화 교육 교통 금융의 중심지 ▎도셩을 의론컨대 일홈이 도교ㅣ니 동경이라(한글본《ᄉᆞ민필지》1889)

【도란스발】트란스발(Transvaal), 현재의 남아프리카 공화국의 발 강(Vaal River) 북쪽 또는 그 주변의 땅. 영국 지배를 싫어한 보아인들이 1830년대 여기에 트란스발공화국을 세웠으나 1902년 보아전쟁에서 패함으로써 없어졌다 ▎영국이 도란스발과 싸홈을 열ᄆᆡ 아라샤ᄂᆞᆫ 이 긔회를 타셔 동양에 운동이 홀연히 활발ᄒᆞᆫ 빗을 낫하내나(〈독립신문〉1899.11.6)

【도레수덴】드레스덴(Dresden), 독일 남동부 작센(Saxony) 주의 주도 ▎ᄒᆞᆷ바루구와부레수로와도레수덴等의諸都市가ᄯᅩ한有名ᄒᆞᆫ繁都ㅣ라(《소학만국지지》1895 제3편)

【도르기】터키(Turkey), 아시아 대륙 서쪽 끝에 있는 나라 ▎도르기(〈한성주보〉제2호 1886.2.1)

【도ᄫᅦ海峽】도버 해협(Strait of Dover), 영국의 남동쪽과 프랑스의 북서쪽 사이의 해협 ▎最狹ᄒᆞᆫ도ᄫᅦ海峽(DOVER)은겨우二十哩라(《중등만국지지》1902 권2)

【독】독일(Germany, Deutschland 獨逸), 유럽 중부에 위치한 나라. '독'은 Deutschland의 일본식 한자표기 '獨逸'의 줄임말이다. ▎영독해군협정에 의하야 佛國에서 疏遠되고 독일에 대한 伊협력이 강화된 미묘한 오늘의 歐洲정국에 잇서(〈삼천리〉제7권8호 1935.9.1)

【독일】독일(Germany, Deutschland 獨逸), 유럽 중부에 위치한 나라. '독일'은 Deutschland의 일본식 한자표기 '獨逸'을 우리말 한자음으로 읽은 것이다 ▎이탈니국 대군쥬 험벨트 폐하ᄂᆞᆫ 독일 황뎨 윌임 폐하를 차자가셔 두 폐하ᄭᅴ셔 ᄆᆡ우 정답게 만나셧다더라(〈독립신문〉1896.4.25) ▎『연극을 한다는 것은 인간을 표현하는 것이다』라고 한 말은 독일무대미술학자『카루울·하아께만』박사가 한 말이다(〈개벽〉제10호 1921.4.1) ▎레크람(Lekram) 독일에서 발행되는 소책자 총서인데(최록동《현대신어석의》1922) ▎독일로 보면 본시 꾀테나 쉴레이 같은 천재를 낳은 튜토닉 종족으로(〈동광〉제12호 1927.4.1) ▎그의게는 어엿분 이다라고 하는 딸이 잇섯는대 독일 제일 가는 청년이 아니면 혼인하지 안는다고 하엿다(〈별건곤〉제10호 1927.12.20) ▎독일 獨逸 Germany(J.S.Gale《한영대자전》1931)

【독일국】독일(Germany, Deutschland 獨逸國), 독일은 유럽 중부에 위치한 나라로 정식 국가 명칭은 독일 연방공화국(The Federal Republic of Germany)이다 ▎교쥬만 졈녕ᄒᆞᆫ 독일국은 웅거ᄒᆞᆫ 디방을 확쳑ᄒᆞ랴 ᄒᆞᆷᄋᆡ 동으로 향ᄒᆞ야 눈이 탐탐ᄒᆞᆯ것이오(〈매일신문〉

1898.1.3) ▎불란셔 나옹 那翁 대 一셰에 마련ᄒᆞᆫ 법률과 독일국의 보통 민법이란것은 통일ᄒᆞ기를 위ᄒᆞ야 제뎡ᄒᆞᆫ 법률이라(《독립신문》1899.8.12) ▎구씨의 목적은 공부를 힘써하여 귀국한 뒤에 우리나라를 독일국(獨逸國)같이 연방도를 삼되(이인직《혈의누》1906) ▎그 다음에는 독일국으로 드러갈일 그외에 과격파 선전자금으로 모스쿠바에 오억루불의 금화를 새로히 준비하야(《동아일보》1920.9.16. 3면)

【돈河】돈 강(Don River), 동부 유럽의 러시아를 흐르는 강 ▎以上兩河間에돈河(DON)가 有ᄒᆞ니(《중등만국지지》1902 권2)

【돌】터키(Turkey 突國), 아시아 대륙 서쪽 끝에 있는 나라. '돌'은 터키의 한자표기 '突國'의 우리말 음독 '돌국'을 줄인 말이다 ▎군ᄉᆞ를거나리고돌국을향ᄒᆞ야진발ᄒᆞᆯᄉᆡ아돌냥국분계처에슈로ᄂᆞᆫ단우파강이요(학부역《틔셔신사》1897 권20절8)

【돌국】터키(Turkey 突國), 아시아 대륙 서쪽 끝에 있는 나라. 국명은 투르크 족에서 유래되었는데 이는 '약탈자'라는 뜻이다 ▎군ᄉᆞ를거나리고돌국을향ᄒᆞ야진발ᄒᆞᆯᄉᆡ(학부역《틔셔신사》1897)

【돌궐】돌궐(Turk, Tūjué 突厥), 6세기 중엽 중앙아시아에 대제국을 건설한 터키계 유목 국가 ▎즁국신강셔븍방이라범ᄒᆞ야필경웅거ᄒᆞ고그일홈을곳쳐왈돌궐이라ᄒᆞ니(학부역《틔셔신사》1897 권20 10절6) ▎남으로 파란국을 멸ᄒᆞ며 돌궐과 파샤를 침범ᄒᆞ야 속디로 점령ᄒᆞ고(《독립신문》1898.3.31) ▎돌궐 突厥 The Kitan Tartars(J.S.Gale《한영대자전》1931) ▎먼저 북방의 큰 강족(强族)인 돌궐(突厥)을 처서 항복밧고(《별곤건》제57호 1932.11.1)

【동경】도쿄(Tokyo 東京), 일본의 수도 ▎도셩을 의론컨대 일홈이 도교ㅣ니 동경이라(한글본《ᄉᆞ민필지》1889) ▎유길쥰과 죠즁응 두 사ᄅᆞᆷ은 지금 일본 동경에 잇다더라(《독립신문》1896.5.7) ▎일본셔울일홈이무어시뇨 ○답 동경(東京)이라ᄒᆞᄂᆞ니라(《디구략론》1897) ▎쟉년륙월ᄭᆞ지 일본 동경안에 모든학교 ᄉᆡᆼ도 총수가 삼만칠쳔 륙ᄇᆡᆨ 팔십명인ᄃᆡ(《협셩회회보》1898.2.5) ▎대한일보 동경뎐에 ᄒᆞ엿스되 지부 발뎐을 거ᄒᆞᆫ 즉 본월 십일에 려슌항외에셔 일아 량국 함ᄃᆡ가 크게 츙돌ᄒᆞ엿다ᄂᆞᆫ 말이 잇다 ᄒᆞ엿더라(《대한매일신보》1904.9.5) ▎외죠부ᄭᅴ 상셔ᄒᆞ야 ᄆᆡ삭 다소간 학비를 대 주시면 동경으로 올나가 공부도ᄒᆞ고(육정수《송뢰금》1908) ▎형식으로 말하면, 그 동안 동경에 유학하노라고 장가들 틈도 없었거니와(《무정》이광수 1917) ▎적어도 10년을 바라보면 동경에 오랜 생활을 하여야 하겟다 한다(《개벽》제10호 1921.4.1)

【동골라】동골라(Dongola), 수단 북부 주의 주도 ▎영국셔 ᄋᆡ급 님군ᄒᆞ고 의논ᄒᆞ야 영국 군ᄉᆞ를 동골라로 보낸 연고러라(《독립신문》1896.4.9)

【동긴】통킹(Tonking), 베트남 북부 홍하(紅河:송코이 강 Songcoi River)의 삼각주를 중심으로 하는 지역 ▎북편에 동긴이란 도가 잇스니 읍닉 일홈이 한오이요 블란시국 관원이 다ᄉᆞ리ᄂᆞ니라(한글본《ᄉᆞ민필지》1889)

【동나마】동로마(Byzantine Empire), 지금의 이스탄불인 콘스탄티노플을 수도로 한 중세 로마 제국으로, 동로마 제국이라고도 한다. '동나마'는 동로마의 중국식 한자표기 '東羅馬'를 우리말 한자음으로 읽은 것이다 ▎군ᄉᆞ단졍즉금토이기도셩이라에도읍ᄒᆞᆫ즉ᄂᆞᆫ동나마가되고나마고국은셔나마히되야(학부역《틔셔신사》1897)

【동남아세아】동남아시아(South-East Asia), 아시아의 남동부 지역. 인도차이나 반도와 말레이 제도 국가들로 이루어지며 베트남 라오스 캄보디아 타이 미얀마 말레이시아 싱가포르 인도네시아 필리핀 브루나이 등이 여기에 속한다 ▎동남아세아의 一隅에 在한 安南은 위치적으로 우리에게 가장 인접하엿슬 뿐 아니라(《삼천리》제4권5호 1932.5.1)

【동양】동양(the Orient, the East 東洋), 유라

시아 대륙의 동부 지역. 아시아의 동부 및 남부를 이르는데 한국, 중국, 일본, 인도, 미얀마, 타이, 인도네시아 등이 있다❙즉 양국간 장ᄉᆞᄒᆞᄂᆞᆫ 일에 ᄒᆡ가 대단히 잇ᄉᆞᆯ터이요 동양 각국 졍치상에도 유익ᄒᆞᆷ이 업ᄉᆞᆯ지라(〈독립신문〉1896.4.18)❙동양은 셰계 오대쥬 안에 졔일 큰 대륙이요(〈대조선독립협회회보〉제6호 1897.2.15)❙불란셔 졍부에셔 군함 ᄒᆞᆫ쳑을 동양으로 보내여 아라사 함ᄃᆡ을 도으라 ᄒᆞ엿다 더라(〈협셩회회보〉제1권제2호 1898.1.8)❙현금에 구미졔국 경평은 일진 부강 ᄒᆞ고 동양에 쳐ᄒᆞᆫ 일이국은 날노 쇠약ᄒᆞ다 ᄒᆞᄂᆞᆫ 의론이 붕등ᄒᆞᄆᆡ(〈ᄆᆡ일신문〉1898.8.25)❙동양에ᄂᆞᆫ 물각 유쥬라 ᄒᆞᄂᆞᆫ 말이 잇ᄉᆞ니 그 뜻인즉 쥬인 업ᄂᆞᆫ 물건이 ᄒᆞ나도 업다 ᄒᆞᆷ이니(〈신학월보〉제1권10호 1901.9)❙가나다를 지나셔 영국 본국으로브터 동양을 련락ᄒᆞ야 ᄉᆡ로 교통ᄒᆞᄂᆞᆫ 길을 열기로 결정ᄒᆞ얏다더라(〈대한매일신보〉1907.5.23)❙우리 부모들은 아즉 동양의 젼ᄒᆞ야 오든 습관을 당연ᄒᆞᆫ 바로 아ᄂᆞᆫᄃᆡ(《설중매》구연학 1908)❙또 흰 일만이쳔봉이 묵거 치민 듯ᄒᆞᆫ 산은 동양 셰계에 뎨일 유명ᄒᆞᆫ 금강산이라(《쌍옥적》김용준 1911)❙동양에 젼ᄅᆡᄒᆞᄂᆞᆫ 악습으로 남ᄌᆞ가 녀ᄌᆞ를 ᄋᆞᆸ제ᄒᆞ야 텬리 인졍을 위ᄇᆡᄒᆞ고 ᄌᆞ긔의 욕심을 확츙코져 ᄒᆞ야 무한ᄒᆞᆫ 권리를 졈령ᄒᆞᆫ 연고이라(《홍도화》민준호 1912)❙텬샹텬하에 하ᄂᆞ님도 ᄒᆞ나뿐이시오 동양 셔양에 구셰쥬도 오직 ᄒᆞ나뿐이시라(《성산명경》최병헌 1914)

【동인도】동인도(the East Indies), 인도의 동부지역❙령디(領地)를 영국셔 바로 관활코져 ᄒᆞ니 이ᄂᆞᆫ 녯적 동인도 회샤의 젼례에 비등ᄒᆞᆫ ᄌᆞ이라(〈독립신문〉1899.10.5)❙대셔양을 나아가 동인도ᄭᆞ지 가고 그 곳으로브터 아프리ᄶᅡ 희망봉(喜望峰)을 향ᄒᆞ고(〈신학월보〉제7권4·5호 1909.5)❙그ᄅᆡ서 멀고 먼 동인도(東印度)로셔 도라오ᄂᆞᆫ ᄇᆡ를 「지옥의 관문」으로 유인ᄒᆞ야(〈태서문예신보〉제2호 1918.10.13)❙동인도회사를 무대로 하야 영국의 상업자본의 활약이 그 과정을 급격히 촉진시킨 것이다(〈동광〉제25호 1931.9.4)

【동해】동해(東海), 아시아 대륙 북동부 한반도 및 러시아연방령 연해 지방과 일본 열도 · 사할린 섬 등으로 둘러싸인 태평양의 연해❙죠션 동해 남해 등디에ᄂᆞᆫ 각ᄉᆡᆨ 해물이 대단히 만히 잇서(〈독립신문〉1897.5.27)❙구름 안개 자욱터니 동해에서 白龍, 南洋에서 黑龍, 나라 드러 흑백을 다톨 때(〈개벽〉제19호 1922.1.10)❙나의 고향은 맑은 동해ㅅ바다를 앞에 끼고 한울을 어루만질만한 큰 뫼를 뒤에 가지었다(〈동광〉제17호 1927.8.5)

【동ᄒᆡ】동해(東海), 아시아 대륙 북동부 한반도 및 러시아 연방령 연해 지방과 일본 열도 · 사할린 섬 등으로 둘러싸인 태평양의 연해❙셋ᄌᆡᄂᆞᆫ 대한이 비록 동ᄒᆡ 일우에 웅거하엿스나 셰계에 통샹 약됴를뎡ᄒᆞᆫ 이후로ᄂᆞᆫ 추추 긔명에 유의 하야 동아 대셔를 확쟝코져 하ᄂᆞᆫᄃᆡ(〈독립신문〉1899.10.2)❙금강산 일만이천봉은 동ᄒᆡ의 병장을 지여 엄연ᄒᆞᆫ 긔상이 외외ᄒᆞ고(육정수《송뢰금》1908)❙금은동털 ᄀᆞ득 싯고 만경창파 동ᄒᆡ상에 일진광풍 복션되여 뎌 사공이 졍신업다(〈대한매일신보〉1908.1.24)❙갓득이나 봄ᄉᆡ면 동ᄒᆡ 바다로 들어오는 영동 바람은 흙흙 늣기게 치운ᄃᆡ(김용준《쌍옥적》1911)❙셕양이 셔산에 걸니고 발은 달이 동ᄒᆡ 우에 올으거ᄂᆞᆯ(남관준《완월루》1912)❙「만일 실ᄒᆡᆼᄒᆞ는 사ᄅᆞᆷ이 잇다면 그는 위인이며, ᄃᆡ인물이라는」 구절에 ᄒᆞᆫ손으로 동ᄒᆡ를 휘여잡는 듯ᄒᆞᆫ 긔ᄀᆡ잇슴을 늣기는 동시에(〈태서문예신보〉제16호 1919.2.17)

【두네스】튀니지(Tunisia), 아프리카 북부 지중해 연안에 있는 공화국❙터키국과 모라고국과 알지리아와 두네스와 트레블리와 이즙국과 만트늬그로국과 아시아 모든 나라가 뎨 삼층이오(한글본《ᄉᆞ민필지》1889)

【두니쓰】튀니지(Tunisia), 아프리카 북부 지중해 연안에 있는 공화국❙두니쓰ᄂᆞᆫ 십 리되ᄂᆞᆫ 방면이 오쳔이오(한글본《ᄉᆞ민필지》1889)

【두라수발共和國】트란스발 공화국(Transvaal), 영국 지배를 싫어한 보아인들이 1830년대에 세운 공화국. 1902년 보어전

쟁에서 패함으로써 사라졌다 ▎此國을또훈 두라수발共和國이라稱ᄒᆞ니(《소학만국지지》 1895 제2편)

【두레스돈】 드레스덴(Dresden), 독일 남동부 작센(Saxony) 주의 주도 ▎덕국 두레스돈 이라 ᄒᆞᄂᆞᆫ 도회에 죠희로 ᄆᆞᆫ든 시계를 내노핫다더라(〈독립신문〉1898.6.25)

【두-셀돌ᄯᅳ】 뒤셀도르프(Düsseldorf), 독일 노르트라인베스트팔렌(Nordrhein-Westfalen) 주의 주도 ▎此附近卽西部에有훈 都會ᄂᆞᆫ 두-셀돌ᄯᅳ(DUUSSELDOLF) 十四萬발멘(BARMEN)及메인河畔의후란구후-루드(FRANKFURD)十八萬諸府니(《중등만국지지》 1902 권2)

【드란스발 국】 트란스발(Transvaal), 1830년대 영국 지배를 싫어한 보어인이 발 강 이북지역에 세운 공화국. 1852년 '보어 남아프리카 공화국'이라고 부르고 보어전쟁에 패배(1902년)할 때까지 독립이 유지되었다 ▎남편에 오렌지국과 드란스발국과 ᄯᅩ 여러 디방이 잇고(한글본《ᄉᆞ민필지》1889)

【드레스든】 드레스덴(Dresden), 독일 남동부 작센 주(Saxony)의 주도 ▎그 다음은 드레스든인ᄃᆡ 인구가 삼십 삼만 륙쳔명이요(〈독립신문〉1898.3.3) ▎예를 들면『드레스든』市의 청년단원은 종래보다 노동을 두 시간씩 더 합니다(〈삼천리〉제10호 1930.11.1)

【듸혁】 암스테르담(Amsterdam), 네덜란드의 수도이자 최대의 도시 ▎그다음 자리들은 하란 셔울 듸혁과 비시리 셔울 브리슬스와 희랍 셔울 익슨스와 셔샤 셔울 번과 셔젼 셔울 스닥홈과(〈독립신문〉1897.1.28)

【디부라루탈】 지브롤터(Gibraltar), 에스파냐의 이베리아 반도 남단에서 지브롤터 해협을 향하여 남북으로 뻗어 있는 반도 ▎英領 디부라루탈(GIBRALTAR)은亞弗利加의모롯크國과相對ᄒᆞ야(《중등만국지지》1902 권2)

【디즁해】 지중해(Mediterranean Sea 地中海), 아프리카, 아시아, 유럽에 둘러싸여 있는 바다 ▎아라샤 군함이 흑해에셔 디즁해로나오지못ᄒᆞ게ᄒᆞ고(〈독립신문〉1897.3.13)

【디즁히】 지중해(Mediterranean Sea 地中海), 아프리카, 아시아, 유럽에 둘러싸여 있는 바다. '디즁히'는 Mediterranean Sea의 한자표기 '地中海'를 우리말 한자음으로 읽은 것이다 ▎대셔양 여러 셤과 인도양 몃 셤과 디즁히 몃 셤을 다 ᄎᆞ지ᄒᆞ엿ᄂᆞ니라 근본 나라는 젹으나 각쳐에 엇은 ᄯᅡ히 만흔 고로 텬하에 디방이 데일노 너르니라(한글본《ᄉᆞ민필지》1889) ▎구라파쥬디즁히바다에과셔가라ᄒᆞᄂᆞᆫ셤이잇스니(학부역《틔셔신사》1897) ▎크레테ᄂᆞᆫ 셔음인ᄃᆡ 디즁히에 잇고 희랍 남쪽으로 잇ᄂᆞᆫ 죠고마흔 셔음이라(〈독립신문〉1897.3.13) ▎디즁히 地中海 The Mediterranean Sea(게일편《한영자전》1897) ▎헬나국은 구라파 남편이니 디즁히 가온ᄃᆡ 훈 모통이 되ᄂᆞ니라(〈신학월보〉제1권3호 1901.2) ▎지금 디즁히 함ᄃᆡ에 속훈 미국 슌양함 와신톤과 쎄네시ᄂᆞᆫ 태평양 함ᄃᆡ의 셰력을 강ᄒᆞ게 ᄒᆞ기 위ᄒᆞ야 그 방면으로 파송훈다더라(〈대한매일신보〉1907.7.05) ▎디즁히 地中海 The Mediterranean(J.S.Gale《한영대자전》1931)

ㄹ

【라리사】 라리사(Larissa), 그리스 테살리아(Thessaly) 지역의 중심 도시 ▌북편에 라리사와 사이라 | 란 큰 촌이 식라듸스 셤에 잇고(한글본《ᄉᆞ민필지》1889)

【라마】 로마(Roma 羅馬), 로마제국의 수도이자 지금의 이탈리아 수도. '라마'는 로마의 한자표기 '羅馬'를 우리말 한자음으로 음독한 것이다 ▌애와쥬ᄋᆡ파와 후리연셔와 리포리노와 라마와 나폴리 등 도회쳐와 ᄀᆡ항장이 잇스나(《독립신문》1897.4.20) ▌싸윗이 라마에 잇난 삼유엘의게로 갓더니(《신학월보》제3권10호 1903.10) ▌라마 뎐보를 거ᄒᆞᆫ즉 라마에셔 만국 농회를 시작ᄒᆞ엿ᄂᆞᆫᄃᆡ 청국에셔 그 회에 통텹ᄒᆞ고(《대한매일신보》1907.12.15) ▌세계대전과 라마법왕(《별건곤》제26호 1930.2.1)

【라ᄆᆞ】 로마(Roma 羅馬), 로마제국의 수도이자 지금의 이탈리아 수도. '라ᄆᆞ'는 로마의 중국식 한자표기 '羅馬'를 우리말 한자음으로 음독한 것이다 ▌인민의게 교밋ᄂᆞᆫ것을 허ᄒᆞ여 준 고로 그 ᄯᅢ 구라파 졔국들이 라ᄆᆞ 쇽국이라(《독립신문》1898.5.7)

【라마국】 로마국(羅馬國), '라마국'은 로마국의 중국식 한자표기 '羅馬國'을 우리말 한자음으로 음독한 것이다 ▌라마국왕은 교쥬를 셔ᄉᆞ국의 보ᄂᆡ미(《이언(易言)》1883) ▌라마국 羅馬國(《국한회어》1895) ▌그소아세아쥬를 어들ᄶᅢ에ᄂᆞᆫ영국리수일리허ᄒᆞᆫ곳라마국의 긍ᄉᆞ단동경셔울이라(학부역《티셔신사》1897) ▌라마국은 법률을 잘 만들어 그 나라를 지팅케 ᄒᆞ엿고(《독립신문》1899.1.16) ▌이만불을 하ᄉᆞᄒᆞ시고 라마국 법황도 궁민들을 진휼ᄒᆞ셧다더라(《대한매일신보》1907.11.3) ▌라마국 羅馬國 The Roman Empire(게일편《한영자전》1911) ▌라마국 羅馬國 The Roman Empire(J. S.Gale《한영대자전》1931)

【라ᄆᆞ니국】 루마니아(Rumania), 유럽 동남부에 있는 공화국 ▌라ᄆᆞ니국 쇼학교 二千五百五쳐(《독립신문》1899.4.24)

【라ᄆᆞ니아】 루마니아(Rumania), 유럽 동남부에 있는 공화국 ▌라ᄆᆞ니아에 一千八百四명(《독립신문》1899.5.17)

【라벼리아】 라이베리아(Liberia), 아프리카 서부에 위치한 나라로, 19세기 미국에서 해방된 노예들이 1847년 건국한 아프리카 최초 흑인공화국이다 ▌뎨일 나진 자리ᄂᆞᆫ ᄋᆡ푸리가 쇽에 잇ᄂᆞᆫ 라벼리아 가ᄂᆞᆫ 공ᄉᆞ인ᄃᆡ 삼등공ᄉᆞ오(《독립신문》1897.1.28)

【라ᄲᅳ라도올】 래브라도(Labrador), 캐나다 동부, 래브라도 반도 동부에 있는 지방 ▌此山脉은라ᄲᅳ라도올(LABRADOR)에셔起ᄒᆞ야南西로走ᄒᆞ다가(《중등만국지지》1902 권3)

【라브라도어】 래브라도(Labrador), 캐나다 동부, 래브라도 반도 동부에 있는 지방 ▌작년 九月五日에 라브라도어의 요옥串에 到着하야(《소년》제3년6권 1910.6.15)

【라비리아국】 라이베리아국(Liberia), 아프리카 서부에 위치한 나라로, 19세기 미국에서 해방된 노예들이 1847년 건국한 아프리카 최초 흑인공화국이다 ▌셔편에 라비리아국과 ᄯᅩ 여러 디방이 잇고(한글본《ᄉᆞ민필지》1889)

【라성】 로스앤젤레스(Los Angeles 羅城), 미국 캘리포니아 주 남부의 태평양에 면한 도시. '라성'은 Los Angeles의 중국식 한자표기 '羅城'을 우리말 한자음으로 읽은 것이다 ▌금번 귀국의 목적은 라성(羅城)의 三대학 동양학과를 담임하게 되니만치 동양문제를 더욱연구할 필요가 잇는 까닭이라 한다(《동아일보》1933.2.24. 2면)

【라셩】 로스앤젤레스(Los Angeles 羅城), 미국 캘리포니아 주 남부의 태평양에 면한 도시. '라셩'은 Los Angeles의 중국식 한자표기 '羅城'을 우리말 한자음으로 읽은 것이다 ▌미국 라셩 타임쓰 보에 평론ᄒᆞᆫ 말이 이러ᄒᆞ

니(《대한매일신보》1907.8.7)

【라위】 노르웨이(Norway 那威), 북유럽 스칸디나비아 반도 서쪽에 길게 자리한 나라. '라위'는 노르웨이의 중국식 한자표기 '那威'를 우리말 한자음으로 읽은 것이다 ▌셔젼과 라위와 뎡말과 핀랜 졔국들이 금년 오월 쵸일일에 셔젼 셔울 스닥홈에 큰 박람 회를 여ᄂᆞᆫ듸(《독립신문》1897.5.1) ▌살손 인죵 일이만으로셔 셔젼 라위 영국 등디에 퍼진 인죵이라(이해조《철세계》1908)

【라위국】 노르웨이(Norway 那威國), 북유럽 스칸디나비아 반도 서쪽에 길게 자리한 나라. '라위국'은 노르웨이의 중국식 한자표기 '那威國'을 우리말 한자음으로 읽은 것이다 ▌라위국 쇼학교 六千七百쳐(《독립신문》1899.4.24) ▌녯적에 라위국 사ᄅᆞᆷ이 셤라국에가 류람ᄒᆞᆯ식(《신학월보》제5권4·5호 1907.5) ▌녯적에 라위국 사ᄅᆞᆷ이 셤라국에가 류람ᄒᆞᆯ식 셤라왕을 보고 말ᄉᆞᆷᄒᆞ기를(최병헌《성산명경》1914)

【라인강】 라인 강(Rhein River), 중부 유럽 최대의 강. 알프스 산지에서 발원하여 유럽에서 공업이 가장 발달한 지역을 관류하여, 북해로 흘러든다 ▌이 나라헤 이샹ᄒᆞᆫ 거슨 라인강ㅅ ᄀᆞ헤 ᄆᆡ우 험준ᄒᆞᆫ 산이 잇스니(한글본《ᄉᆞ민필지》1889) ▌또는 北海의 소위냐 다-다넬스 해협의 소위냐 라인강의 소위냐. 아니다 아니다(《개벽》제43호 1924.1.1) ▌라인강은 자유의 성지를 俗人의 나라로부터 나누는 율단강이다(《동광》제27호 1931.11.10) ▌독일의 「라인강의 직힘」가튼 高邁한 노래인가고(《삼천리》제7호 1930.7.1) ▌라인강가 건덴스부르크동리 「라인」이라고 하는 여관이 무대이다(《별건곤》제64호 1933.6.1)

【라팟스】 라파스(La Paz), 볼리비아 서부 라파스 주의 주도 ▌國中第一의 都會ᄂᆞᆫ 라팟스(LAPAZ)라云ᄒᆞ니(《중등만국지지》1902 권3)

【라푸라다】 라플라타(La Plata), 아르헨티나 동부 부에노스아이레스 주(Province of Buenos Aires)의 주도. 라플라타 강(江) 하구에 위치하는 항구도시이다 ▌首府부에노스아이레스(BUENOS AYRES)ᄂᆞᆫ 라푸라다河口에 在ᄒᆞ야(《중등만국지지》1902 권2)

【라푸라타】 라플라타(La Plata), 아르헨티나 동부 부에노스아이레스 주(Province of Buenos Aires)의 주도. 라플라타 강(江) 하구에 위치하는 항구도시이다 ▌국토를 확장하는 동시에 항해할 수 잇는 라푸라타河의 지류 파라과이河를 통하야 太平洋으로 진출하려는 것이다(《개벽 신간》제1호 1934.11.1)

【랏사】 라싸(Lhasa 拉薩), 중국 시짱(Xizang 西藏)자치구의 주도 ▌首府를 랏사ㅣ 하ᄒᆞ니(《소학만국지지》1895 제1편) ▌首都랏사(拉薩)는 北緯二十九度三十分(《소년》제2년1권 1909.1.1) ▌西藏의 首府 「랏사」는 土語로 神의 토지의 意이며(《삼천리》제13권6호 1941.6.1)

【랑군】 양곤(Yangon), 미얀마 최대의 도시로 정치 · 경제 활동의 중심지 ▌이라와듸 강이 잇고 삼쳔 리 되ᄂᆞᆫ 강 남에는 젹은 셤이 만코 또 마다반과 랑군이란 포구가 잇스며(한글본《ᄉᆞ민필지》1889)

【라리ᄉᆞ】 라리사(Larissa), 그리스 테살리아(Thessaly) 지역의 중심 도시 ▌논희랍 군ᄉᆞᄂᆞᆫ 터나보스와 ᄅᆡ리ᄉᆞ를 비우고 픽술라로 모도 모하 게셔 싸홈을 ᄒᆞᄂᆞᆫ듸(《독립신문》1897.5.1)

【러시아】 러시아(Russia), 유럽 동부 및 아시아 중 · 북부에 있는 나라 ▌항해중의 코리아 만추리우 러시아 등 각긔선으로 수십명식 또는 수백명식 올 예뎡이라(《동아일보》1920.9.13. 3면) ▌彼 『러시아』의 少年으로 「또쓰떠예-쁘시키」의 작품을 성서처럼 애독하던 청년들이(《개벽》제11호 1921.5.1) ▌적위군(赤衛軍) 러시아 군사혁명(露軍革命) 때 나타난 전투부대의 일종인데(최록동《현대신어석의》1922) ▌저 「러시아」의 혁명도 교육의 결과임니다(《동광》제5호 1926.9.1) ▌이것은 러시아의 여자뿐 안이라 남자도 그와 갓다(《별곤건》제15호 1928.8.1) ▌그런 곳만은 러시아 여학생 비슷하며(《만국부인》제1호 1932.10.1)

【러시아】 러시아(Russia), 유럽 동부 및 아시아 중 · 북부에 있는 나라 ▌러시아를 中興식힌페터(彼得)大帝(〈소년〉제1년1권 1908.11.1)

【런던】 런던(London), 영국의 수도. 잉글랜드 남동부 템스 강(江) 하구에서부터 약 60km 상류에 있다 ▌됴셩을 의론컨대 일홈이 런던이니 보텬하에 뎨일 큰 셔울이니 팔십 리에 인가가 련ᄒᆞ니라(한글본《ᄉᆞ민필지》 1889) ▌이것을 활용하야 荒漠한 우리 도시로 런던시, 뉴욕시를 맨들 수 잇고(〈개벽〉제7호 1921.1.1) ▌20세에는「런던」에 出하여 12실링반의 월봉을 받고 점원 노릇을 하면서(〈동광〉제14호 1927.6.1) ▌동양인이 런던으로 유학을 간다면 이런 여자에게 속게 됩니다(〈별건곤〉제15호 1928.8.1)

【런돈】 런던(London), 영국의 수도. 잉글랜드 남동부 템스 강(江) 하구에서부터 약 60km 상류에 있다 ▌英國런돈民議院(데임쓰江畔)(〈대한학회월보〉제3호 1908.4.25) ▌런돈에 와서는 얼마ᄉᆞ동안 멈을으난 사이에(〈소년〉제2년3권 1909.3.1) ▌혹쓰우드는 小時에 런돈의 裁縫廛에 職工노릇한 일이 잇더라(최남선 역《자조론》1918) ▌이리하야 이 작가는 그 다음 달에 「런돈」으로 漫遊를 하얏다(〈개벽〉제65호 1926.1.1) ▌英國 런돈에서 맥드날드 수상이 노동연설을 할 때에(〈별곤건〉제2호 1926.12.1)

【레고스】 라고스(Lagos), 나이지리아(Nigeria)에 있는 서아프리카 최대의 항만 도시 ▌영국 젼보 통신 회샤 사ᄅᆞᆷ이 ᄋᆞ프리가 레고스에셔 젼보 ᄒᆞ엿ᄂᆞᆫᄃᆡ 불란셔 군ᄉᆞ들이 나이거에 이르럿단 말을 듯고(〈독립신문〉1897.11.30)

【레나河】 레나 강(Lena River), 러시아 동시베리아를 북으로 흘러 랍테프해로 흘러드는 강 ▌東은레나(LENA)河오中央은옌이세이(YENISEI)河오西ᄂᆞᆫ오비(OBI)河라(《중등만국지지》1902 권1) ▌西伯利選出代議員은 오비河及 레나河口에 堡壘를 建設ᄒᆞᆯ자ᄂᆞᆫ 法案을 議院에 提出ᄒᆞ얏다더라(〈대동학회월보〉제5호 1908.6.25)

【레데란스】 네덜란드(Netherlands), 유럽 서부에 있는 입헌군주제 국가 ▌그런고로 레데란스국과 벨지암국 ᄀᆞᆺᄒᆞᆫ 젹은 나라ㅣ라도 뎨 일에 참예ᄒᆞᄂᆞ니라(한글본《ᄉᆞ민필지》 1889) ▌그런고로 레데란스국과 벨지암국 ᄀᆞᆺᄒᆞᆫ 적은 나라ㅣ 라도 뎨 일층에 참예ᄒᆞᄂᆞ니(〈대한매일신보〉1907.9.18)

【레든】 레이든(Leiden), 네덜란드 남부 홀란트주의 기초 자치체. 헤이그 북동쪽에 위치하며 네덜란드에서 가장 오래된 도시이자 문화 중심지의 하나이다 ▌來丁(레든) 此府ᄂᆞᆫ 赫久의北方三十里許에 在ᄒᆞ야(유길준《서유견문》1895 제20편)

【레바-풀府】 리버풀(Liverpool), 영국 잉글랜드 머지사이드(Merseyside) 주에 있는 항구 도시 ▌레바-풀府(LIVERPOOL)ᄂᆞᆫ말세-河口가愛爾土海에臨ᄒᆞᆫ第一貿易港이니(《중등만국지지》1902 권2)

【레이덴】 레이던(Leiden), 네덜란드 남부 홀란트 주의 기초 자치체. 헤이그 북동쪽에 위치하며 네덜란드에서 가장 오래된 도시이자 문화 중심지의 하나이다 ▌그다음에 레이덴에가서 顯微鏡學을 익히고(〈소년〉제1년2권 1908.12.1)

【려송】 루손(Luzon 呂宋), 필리핀의 옛 이름.'려송(呂宋)'은 중국인들이 루손(필리핀)을 표기하던 한자음역어로 이를 우리말 한자음으로 읽은 것이다 ▌동남 양 각 도를 지날ᄉᆡ 려송의 우거ᄒᆞᄂᆞᆫ 즁국 ᄇᆡᆨ셩이 즐겨 츔추며 감읍ᄒᆞ기에 니ᄅᆞ러(《이언(易言)》1883) ▌려송셔 내란이 또 이러나 셔반아 관인들은 내여쫓고(〈협성회회보〉1898.4.2) ▌려송에셔 젼징을 황겁히 녁이ᄂᆞᆫ ᄐᆡ도(〈대한매일신보〉1908.2.26)

【려송국】 루손(Luzon 呂宋國), 필리핀의 옛 이름. '려송국(呂宋國)'은 중국인들이 루손(필리핀)을 표기하던 한자음역어 '呂宋國'을 우리말 한자음으로 읽은 것이다 ▌려송연과(려송국 담베라) 양국 슐이 그 수회 심히 만

ᄒᆞᄃᆡ(《이언(易言)》1883) ▎이스바니아국은 려송국이라 폭원이 북위션 삼십륙 ᄃᆡ그리브터 ᄉᆞ십삼 ᄃᆡ그리ᄭᆞ지요(《ᄉᆞ민필지》1889) ▎려송국 呂宋國(《국한회어》1895) ▎려송국 呂宋國 Luzon of the Phillipine Islands(게일편《한영자전》1897) ▎셔반아 와 미국 이 싸호ᄂᆞᆫ 일을 인연 ᄒᆞ야 려송국 셔울 에 다가 총령ᄉᆞ를 잠시 셜시 ᄒᆞ기로 작뎡 ᄒᆞ엿 더라(《미일신문》1898.8.15)

【려순】 뤼순(Lushun 旅順), 중국 랴오닝(Liaoning)성, 랴오둥 반도 남단부에 있는 군항 도시 ▎일로전쟁중에 려순을 함낙식히는 것과 마찬가지 중대한 관게가 잇는 것임니다(《별건곤》제52호 1932.6.1)

【려순구】 뤼순커우(Lushunkou 旅順口), 중국 랴오닝 성(遼寧省) 다롄(大連)에 있는 행정구(區) ▎려순구 함락과 제독수항ᄒᆞᆫ 소문이라 집집마다 창문을 열고 잡답ᄒᆞᆫ 광경을 ᄂᆡ다보ᄂᆞᆫᄃᆡ(육정수《송뢰금》1908)

【련ᄆᆞ국】 덴마크(Denmark 嗹馬國), 유럽 북부의 유틀란트 반도와 부속 도서로 구성된 입헌군주국. '련ᄆᆞ국'은 덴마크의 중국식 한자표기 '嗹馬國'을 우리말 한자음으로 음독한 것이다 ▎련ᄆᆞ국 우편국 七百八十三쳐(《독립신문》1899.4.24)

【령국】 영국(United Kingdom 英國), '령국'은 영국의 한자표기 '英國'을 우리말 한자음으로 음독한 것이다 ▎령국녀황 폐하 륙십년 등극 경축 회를 참예 ᄒᆞ러 간다더라(《독립신문》1897.4.29)

【로】 러시아(Russia 魯/露), 유럽 동부 및 아시아 중 · 북부에 있는 나라. '로'는 러시아의 중국식 한자표기 '魯國' 또는 '露國'의 줄임말 '魯', '露'를 우리말 한자음으로 음독한 것이다 ▎데이ᄂᆞᆫ 일 로 양국이 죠션 외치 내ᄂᆞᆫ 일을 구완 ᄒᆞ여 주ᄂᆞᆫ일 외에ᄂᆞᆫ(《독립신문》1897.3.1) ▎13년에는 소위 로몽조약(露蒙條約)이라는 것이 성립되여 몽고의 독립을 승인하며(《별곤건》제57호 1932.11.1)

【로국】 러시아(Russia 魯國/露國), 유럽 동부 및 아시아 중 · 북부에 있는 나라. '로국'은 러시아의 중국식 한자표기 '魯國', '露國'을 우리말 한자음으로 음독한 것이다 ▎명치 이십 구년 오월 십ᄉᆞ일 젼림 쇼촌 공ᄉᆞ가 로국 공ᄉᆞ로 더브러 경셩에 잇서(《독립신문》1897.3.18) ▎자긔가 로국 사람인 고로 로마국으로 가서 황제 압헤서 재판케 하여 달나 하니(《신학월보》제3권8호 1903.8) ▎인쳔항에셔 침믈된 로국긔션 슝가리호ᄂᆞᆫ 임의 건져내여(《대한매일신보》1904.8.16) ▎로국은 일시 무서운 반동의 시대여서 국내의 주의자는 물론이오(《개벽》제44호 1924.2.1) ▎극히 랭정한 태도로 두 명의 로국청년을 사살한 리유를 약 십문간이나 설명하엿다(《별건곤》제11호 1928.2.1) ▎외안에 빗인 조선, 로국문호가 리린의 조선기행(이)(《동광》제19호 1931.3.1)

【로마】 로마(Roma), 로마제국의 수도이자 지금의 이탈리아 수도 ▎풀우캬와 팜부랴와 ᄋᆡ굽과 니부아의 쿠례ᄂᆡ 모단 디방 사ᄅᆞᆷ과 로마로붓터 오ᄂᆞᆫ 나가네가 혹 유ᄃᆡ 사ᄅᆞᆷ 혹 교에 든 사ᄅᆞᆷ인데(로쓰역《예수셩교젼셔》1887) ▎그때 유더아국이 로마 데왕의게 쇽ᄒᆞ엿시니(위텔《셩경직해》1892) ▎이탈이 셔울 로마에셔 온 전신을 본즉(《독립신문》1896.5.5) ▎○ 답유롭프남편(答歐羅巴南偏)에 로마(羅馬)란 나라의 멸(滅)ᄒᆞᆷ 되엿ᄂᆞ니라(《디구략론》1897) ▎西紀元後 四百七十六年頃에 羅馬(로마)가 起ᄒᆞ야 此 文字 受用ᄒᆞ니 곳 羅馬字ㅣ라(《대조선독립협회회보》제15호 1897.6.30) ▎만일 저 ᄒᆞᄂᆞᆫ 대로 두면 여러시 밋어 로마 사ᄅᆞᆷ이 와셔 우리 ᄯᅡ와 나라ᄅᆞᆯ ᄲᅢ아ᄉᆞ리라 ᄒᆞ니(셩경번역위원회《신약젼셔》1900) ▎대뎌 로마가 녯적에ᄂᆞᆫ 번셩ᄒᆞ기로 유명ᄒᆞ더니 지금은 겨오 남져지 자최ᄲᅮᆫ이오(민준호《옥호긔연》1911) ▎이러한 말은 그만두고, 18세기까지의 歐洲문예는「끄릭」,「로마」의 모방이엿습니다(《개벽》제12호 1921.6.1) ▎로마 羅馬 Rome(J.S.Gale《한영대자전》1931)

【로ᄆᆞ】 로마(Roma), 로마제국의 수도이자 지금의 이탈리아 수도 ▎그런 고로 얼마 아니

러시아 – 魯西亞에서 露西亞로 이름이 바뀐 사정

개화기 우리나라 문헌에 쓰인 러시아의 이름을 모두 들면 다음과 같다.

- 한글표기: 로, 로국, 아, 아국, 아라사, 아라ᄉᆞ, 아라샤, 아라셔, 아라ᄉᆞ국, 노시야, 러시아, ㅇ러시아, 로서아, 로셔아, 로시아, 로시야, 롸시야,
- 한자표기: 大俄國, 大俄羅斯國, 露, 魯, 露國, 魯國, 露西亞, 魯西亞, 俄, 俄國, 俄羅斯, 俄羅斯國

지면 관계상 이들 이름에 대하여 모두 살펴보는 것은 어려우므로 여기서는 魯西亞와 露西亞에 대해서만 언급하기로 한다. 魯西亞와 露西亞는 모두 중국에서 러시아를 가리키던 이름이었다. 우선 우리나라에서 사용된 기록을 살펴보면, 조선 후기의 문신 이종휘(李種徽)가 지은《수산집(修山集)》(1799)에 '魯西亞'가 나오며(大洋海環其西南北 其國曰古禡泥 曰魯西亞), 조선왕조실록에는 철종 11년(1860) 동래부사 정현교(鄭獻教)가 올린 장계에 '魯西亞'가 나온다(關白承襲告知差倭言內魯西亞, 佛蘭西, 英咭利, 亞墨利加四國, 通貨於弊邦, 故以此另具書契, 別幅呈納). 한편 '露西亞'는《일동기유(日東記遊)》와《사화기략(使和記略)》(1880) 등에 기록이 보이며 개화기에 들어와서는《국민소학독본》(1895, 東戰西擊ᄒᆞ야 그루쟈로 나아가고 露西亞의 邊境으로 迫ᄒᆞ야)과《관보》199호(1895.12.17, 是ᄂᆞᆫ露西亞와阿非利加에셔益益進步ᄒᆞ미由ᄒᆞ고),《중등만국지지》(1902 只今은露西亞版圖에入ᄒᆞᆫ故로此ᄅᆞᆯ亞細亞露西亞(ASIATIC RUSSIA)라云ᄒᆞ니) 등에서도 보인다. '露西亞'는 사용된 시기가 '魯西亞'보다 늦고 또《국민소학독본》이나《관보》,《중등만국지지》 등 일본과 관련이

되야 로ᄆᆞ(지금 이탤리)에게 나라를 ᄲᅢᆺ기고 졈졈 약ᄒᆡ져(〈독립신문〉1897.3.13)

【로마국】로마국(Roman Empire), 이탈리아 반도 및 유럽 북아프리카와 페르시아와 이집트까지 지배하였던 고대 최대의 제국 ▎이 사ᄅᆞᆷ이 본국 인심을 션혹ᄒᆞ고 또 세살 세살은 로마국의 황뎨란 말이라의게 셰밧치기를 금ᄒᆞ고(뮈텔《셩경직해》1892) ▎이젼 로마국 셔울에 잇ᄂᆞᆫ 셩뎐 외에ᄂᆞᆫ 이러ᄒᆞᆫ 집이 업ᄂᆞᆫᄃᆡ(〈독립신문〉1899.10.6) ▎쥬강싱 七一十四년에 대제ᄉᆞ쟝으로 잇셧다가 로마국 사ᄅᆞᆷ의게 파직을 닙으니(〈신학월보〉제1권4호 1901.3)

【로ᄆᆞ국】로마국(Roman Empire), 이탈리아 반도 및 유럽 북아프리카와 페르시아와 이집트까지 지배하였던 고대 최대의 제국 ▎태셔의 ᄀᆡ벽 ᄒᆞᆷ이 몬져 ᄋᆡ급국으로 브터 희리니국에 이르고 희리니국으로 브터 로ᄆᆞ국에 흥황ᄒᆞᆷ과 엇던 나라(〈독립신문〉1889.6.27)

【로렌】로렌(Lorraine), 프랑스와 독일 국경에 접한 알자스로렌(Alsace-Lorraine) 지역의 독일쪽 지역 ▎일천 팔ᄇᆡᆨ 칠십 일년에 불란셔와 싸흠ᄒᆞ야 로렌을 불란셔에서 ᄲᅢ셔 덕국 쇽디를 ᄆᆞᆫ들고(〈독립신문〉1897.3.23)

【로사리오】로사리오(Rosario), 아르헨티나 산타페 주 파라나 강 서안에 있는 항만

깊은 자료에 쓰였다는 점에서 일본과의 관련성이 엿보인다.

에도시대(1603-1868) 일본에서 러시아를 가리키는 말로 '아라사(俄羅斯/峩羅斯)'와 '魯西亞'가 있었는데 이 두 가지 이름 중 많이 쓰인 것은 '魯西亞'였다. 1855년 일본과 러시아가 체결한 '日本國魯西亞國通好條約'에 러시아를 '魯西亞'로 표기한 것만 보아도 알 수 있다. 그런데 1875년에 러시아와 맺은 '樺太千島交換条約'에서는 '今般露西亞國ト千島樺太兩島交換條約別紙ノ通取結相成候條此旨布告候事'에서 보는 것처럼 '露西亞'가 쓰였다. 왜 '魯西亞'가 '露西亞'로 바뀌었을까? 여기에는 숨은 일화가 있다. 당시 러시아를 표기한 '魯西亞'의 '魯'는 중국 춘추전국시대에 공자가 태어났던 나라 이름이기도 하는 등 일본인들에게 나쁜 이미지를 가진 글자가 아니었다. 그러나 러시아에서는 '魯'가 '노둔하다(老鈍-: 늙어서 재빠르지 못하고 둔하다)', '미련하다'라는 뜻을 가진 한자라서 꺼리는 글자였다. 그래서 조약문을 작성할 때 일본 측에 '魯'를 쓰지 말고 다른 한자로 대체해 줄 것을 강력히 요청하였다는 것이다(熊沢徹「言葉から歴史を考える - 日魯から日露へ—ロシアの呼称」《歴史評論》457, 校倉書房, 1988.5). 이것이 사실인지 아닌지 확인하기는 어렵지만 어쨌든 분명한 것은 이 조약이 맺어진 뒤에는 일본의 신문 잡지가 '魯西亞' 대신 '露西亞'를 쓰는 일이 많아졌다는 점이 중요하다.

이러한 경향은 우리나라에도 전해진 듯, 한반도 내에서 일본 세력이 강해진 1905년 이후는 러시아를 표기하는데 '露西亞'가 주로 사용되었다. 이 예는 한자로 나라이름을 표기할 경우 글자의 의미와 이미지를 얼마나 중시하였는가를 여실히 말해주는 예일 것이다.

도시 ▮또 로사리오와 산타페와 고리엔드스ㅣ란 큰 촌이 잇고(《ᄉᆞ민필지》1889) ▮곳南米中第一都會處오코르도바(CORDOBA)及로사리오(ROSARIO)도重要ᄒᆞᆫ市場으로貿易이盛ᄒᆞ며(《중등만국지지》1902 권3)

【로서아】 러시아(Russia). 유럽 동부 및 아시아 중 · 북부에 있는 나라. '로서아'는 러시아(Russia)의 한자표기 '露西亞' 또는 '魯西亞'를 우리말 한자음으로 읽은 것이다 ▮총계 약이백만명이 로서아 과격파의 선동과 원조를 빙자하고 독립운동을 계획하며(《동아일보》1920.9.1. 3면) ▮또 요사이 로서아에서 돌아온 리니코라이의 바요링 독주도 잇고(《개벽》제43호 1924.1.1) ▮만경창파에 한쪼각배를 타고 산같이 몰아치는 물결을 거슬리며 로서아로 불란쓰로 자유자재하게 항해를 하였음니다(《동광》제15호 1927.7.5) ▮그날 아침에 배달된 로서아 신문을 이리저리 뒤적거리더니(《별곤건》제11호 1928.2.1)

【로셔아】 러시아(Russia). 유럽 동부 및 아시아 중 · 북부에 있는 나라 ▮각국명담부모의 은혜ᄂᆞᆫ 물에도 ᄲᅡ지지 안코 불에도 타지지 안나니라(로셔아)(《독립신문》1899.5.2) ▮로셔아에서ᄂᆞᆫ 어나 방향으로든지 일마일(一哩) 가량은 ᄂᆡ여다볼 수가 잇스나(《태서문예신보》제1호 1918.9.26) ▮로셔아露西亞Russia(J.

S.Gale《한영대자전》1931)

【로시아】러시아(Russia), 유럽 동부 및 아시아 중 · 북부에 있는 나라 ▌로시아는 俄羅斯요(〈한성주보〉제2호 1886.2.1) ▌쥬 강싱 일쳔 륙빅칠십이년에 모스가우에셔 나셔 로시아의 긔업을 튼튼히 홈으로(〈신학월보〉제1권1호 1900.12) ▌로시아 象徵派 作家 가운데 가쟝 異彩를 놋는 詩人으로 쏘로웁의 內的 世界처럼(〈태서문예신보〉제9호 1918.11.30) ▌이들 土耳其人이나 歐洲 로시아의 東部南과 中央亞細亞 등에 거주하는 종종의 타탈인(이쪽에서는 가요를 에-ㄹ, 혹은 찌-ㄹ이라 함니다)들도(〈개벽〉제42호 1923.12.1) ▌활발한 로시아 딴스는 여러 사람의 환영을 만히 밧는다(〈별건곤〉제10호 1927.12.20) ▌다 떨어진 로시아식 양복저고리에 험상스러운 눈을 굴리는 이는 後者를 대표한다(〈동광〉제17호 1931.1.1)

【로시야】러시아(Russia), 유럽 동부 및 아시아 중 · 북부에 있는 나라 ▌로시야(〈한성주보〉제3호 1886.2.15) ▌로시야의 飢饉을 爲하여 보낸 檄文을 보아도(〈개벽〉제18호 1921.12.1) ▌저 로시야에는 매일 행사나 다름엄시 일어나는 일이외다(〈별건곤〉제4호 1927.2.1) ▌그것을 가지고 「쏘베-트, 로시야신문의 보도에 의하면(〈개벽 신간〉제4호 1935.3.1) ▌그것보다도 當時 로시야는 單獨으로 講和할야는 意向이 잇섯는데(〈삼천리〉제7권제5호 1935.6.1)

【로오마府】로마(Roma), 로마제국의 수도이자 지금의 이탈리아 수도 ▌이탈늬國 京城 로오마府에 잇스니(〈소년〉제2년5권 1909.5.1)

【로온河】론 강(Rhône River), 프랑스 남동부를 지나 지중해로 흘러드는 강 ▌로온河(RHONE)는 端西境되는 山間의 水를 集ᄒᆞ야(《중등만국지지》1902 권2)

【로웨이국】노르웨이(Norway), 북유럽 스칸디나비아 반도 서쪽에 길게 자리한 나라 ▌로웨이국 황뎨와 황후는 ᄒᆞᆫ가지 영국을 방문ᄒᆞ는 즁로에 뎡말국 도셩에 도착ᄒᆞ엿다더라(〈대한매일신보〉1909.12.15)

【로위국】노르웨이(Norway), 북유럽 스칸디나비아 반도 서쪽에 길게 자리한 나라 ▌셰관에 잇ᄂᆞᆫ 사ᄅᆞᆷ은 단국 남인 이명 녀인 ᄉᆞ구 로위국 남인 일명(〈독립신문〉1897.3.16)

【론】론 강(Rhône River), 프랑스 남동부를 지나 지중해로 흘러드는 강 ▌남에는 론이란 강이 디즁히로 통ᄒᆞ고(한글본《ᄉᆞ민필지》1889)

【론던】런던(London), 영국의 수도 ▌영국(英國)셔울일홈이무어시뇨 ○ 답 론던(答倫敦)이라ᄒᆞᄂᆞ니라(《디구략론》1897) ▌영국남부 론던 等地에서 모와드는 女子도 잇서 고흔 옷에 파란 눈동자를 반작거리면서 放笑하다가는(〈동아일보〉1931.2.6. 5면)

【론돈】런던(London), 영국의 수도 ▌영국셔울 론돈 판윤이 인도사ᄅᆞᆷ들을 위 ᄒᆞ야(〈독립신문〉1897.1.26) ▌론돈 십이월 십륙일 발(〈협성회회보〉1898.1.1) ▌론돈셔 온 뎐보에 이르기를(〈미일신문〉1898.6.9) ▌론돈에 잇ᄂᆞᆫ 동경 통신원인 즉(〈대한매일신보〉1904.10.6) ▌영국 론돈에 뎨일 되ᄂᆞᆫ 손덕빅시ᄉᆞ(巽德排斯寺)의 건축보다도 지난다ᄒᆞ더라(민준호《옥호긔연》1911) ▌홀노 론돈으로 향ᄒᆞ면셔(김용준《월하가인》1912) ▌뉴-욕과 론돈의 은시세는 점점 올나가기만 하얏고(〈동아일보〉1920.5.11. 3면) ▌론돈타임쓰紙는 論說을 내엿스되(〈개벽〉제56호 1925.2.1) ▌론돈을 가았을 때에(〈동광〉제15호 1927.7.5)

【롯터담】로테르담(Rotterdam), 네덜란드 조이트홀란트(Zuid Holland) 주에 있는 도시 ▌祿攄淡(롯터담)(《서유견문》1895 제20편)

【롸시아】러시아(Russia), 유럽 동부 및 아시아 중 · 북부에 있는 나라 ▌俄羅斯 롸시아(유길준《서유견문》1895 제1편)

【루긔슬】뉴캐슬(New Castle), 오스트레일리아 뉴사우스웨일스 주(州)에 있는 도시 이름 ▌릐스벤과 루긔슬과 싯네란 포구가 잇고(한글본《ᄉᆞ민필지》1889)

【루마니아국】루마니아(Rumania), 유럽 동남부에 있는 공화국 ▌루마니아국과 셰비

아국과(한글본《ᄉᆞ민필지》1889)

【루메니야】루마니아(Romania), 유럽 동남부에 있는 공화국 ▌樓爾尼亞 루메니야(유길준《서유견문》1895 제1편) ▌樓稱尼亞 루메니야(〈대한자강회월보〉제11호 1899.9.15)

【루면니아】루마니아(Romania), 유럽 동남부에 있는 공화국 ▌볼큰 졔국이(루면니아 셔-비아 벌거리아 몬테늬그로 네 나라이라)(〈독립신문〉1897.5.27)

【루시아나】루이지애나(Louisiana), 미국 중남부 멕시코 만(灣)에 면한 주. 주도는 배턴루지(Baton Rouge) ▌미국 남방에 루시아나라 ᄒᆞᄂᆞᆫ 싱에 치회가 셩힝 ᄒᆞ야(〈독립신문〉1898.9.12)

【루이쓰쏄누】루이빌(Louisville), 미국 켄터키(Kentucky)주 북부, 오하이오(Ohio) 강에 면한 항구 도시 ▌켄탁키-州의루이쓰쏄누(LOUISVILLE)ᄂᆞᆫ오하이오河左岸에在ᄒᆞ니(《중등만국지지》1902 권3)

【룩셈부릭】룩셈부르크(Luxemburg), 유럽 북서부에 있는 입헌군주국 ▌룩셈부릭(LUXEMBURG)이라稱ᄒᆞᄂᆞᆫ一地가有ᄒᆞ니(《중등만국시지》1902 권2)

【뤼오】리오(Rio), 브라질 리우데자네이루주의 주도. '뤼오'는 리우데자네이루(Rio de Janeiro)를 줄인 말 ▌부라질 셔울 뤼오에 가ᄂᆞᆫ 공ᄉᆞ가(〈독립신문〉1897.1.28)

【류구국】류큐왕국(Kingdom of Ryukyu 琉球王國), 일본 오키나와 현에 있었던 왕국의 이름 ▌류구국을 억졔ᄒᆞ야 부용지국을 숨앗다가(《이언(易言)》1883) ▌류구국 琉救國(《국한회어》1895) ▌일본이 류구국을 쎅셔 가도(〈독립신문〉1896.8.4) ▌류구국에 ᄉᆞ신으로 가다가(〈대한매일신보〉1907.7.21) ▌류구국(琉球國)에 가는 격서(〈삼천리〉제4권제5호 1932.5.15)

【류로바】유럽(Europe), 아시아 대륙의 서쪽에 있는 대륙으로, 북쪽은 북극해, 서쪽은 대서양, 남쪽은 지중해와 접해 있는 대륙 ▌라ᄆᆡ국은 류로바 즁에 뎨일 큰 나라이로ᄃᆡ(〈독립신문〉1899.8.5)

【류욕】뉴욕(New York), 미국 뉴욕 주에 있는 미국 최대의 항구도시 ▌미국 류욕을 향ᄒᆞ다가(〈독립신문〉1898.2.1)

【륜돈】런던(London 倫敦/圇墩), 영국의 수도. '륜돈'은 런던의 한자표기 '倫敦' 또는 '圇墩'을 우리말 한자음으로 읽은 것이다 ▌륜돈은영국도셩이니(학부역《틔셔신사》1897) ▌륜돈 倫敦(《국한회어》1895) ▌륜돈 倫敦 London(게일편《한영자전》1897) ▌륜돈젼도(倫敦全都) 각 신보관에 편젼ᄒᆞ니 좌션군의 명예가 일국에 굉장ᄒᆞ더라(이해조《철세계》1908) ▌간디 자서전(續),性階의 放逐을 무릅쓰고 륜돈유학의 길을 떠남(〈동광〉제24호 1931.8.4)

【륜돈셩】런던(London), 영국의 수도. '륜돈셩'은 런던의 한자표기 '倫敦城' 또는 '圇墩城'을 우리말 한자음으로 읽은 것이다 ▌만일영국륜돈셩에ᄆᆡ쳔인즁ᄆᆡ년이십인쥭ᄂᆞᆫ데비ᄒᆞ면거위갑졀이요(학부역《틔셔신사》1897) ▌륜돈셩에 잇ᄂᆞᆫ 박물원셔루가 텬하에 뎨일이라(〈독립신문〉1899.10.6)

【르멘이아】루마니아(Rumania), 유럽 동남부에 있는 공화국, '로마 인의 땅'이라는 의미이며, 로마 인들이 원주민과 공존하면서 그들을 로마화시킨 것에서 유래한다 ▌토이긔 쇽국 르멘이아와 셔-비아와(〈독립신문〉1897.3.13)

【르메리】로마(Rome), 로마국의 다른 이름 ▌르메리가싸와리야와셔로합ᄒᆞ미라(〈한성주보〉제2호 1886.2.1)

【르우메니야】루마니아(Rumania), 유럽 동남부에 있는 공화국 ▌르우메니야ᄂᆞᆫ오ᄇᆡᆨ이십구만이요(〈한성주보〉제4호 1886.2.22)

【른든】런던(London), 영국의 수도 ▌英吉利의諸大都會 圇墩(른든)(유길준《서유견문》1895 제19편)

【릐스본】리스본(Lisbon), 포르투갈의 수도이며, 유럽 대륙 대서양 연안의 양항(良港)이다 ▌포도아 셔울 릐스본이라(〈독립신문〉

1897.1.28)

【리쌔랴국】라이베리아(Liberia), 아프리카 서부에 위치한 나라로, 19세기 미국에서 해방된 노예들이 1847년 건국한 아프리카 최초 흑인공화국이다 ▌리쌔랴국 면적은 五万二千九百十七방리(<독립신문>1899.5.22)

【리바-풀地】리버풀(Liverpool), 잉글랜드 머지사이드(Merseyside) 주에 있는 항구 도시 ▌리바-풀地로브터加奈他西方에至코자ᄒᆞ면(《중등만국지지》1902 권3)

【리버플】리버풀(Liverpool), 잉글랜드 머지사이드 주(Merseyside)에 있는 항구 도시 ▌리버플과 누킈슬이란 여둛 큰 촌이 잇스니(한글본《ᄉᆞ민필지》1889) ▌海軍界의 大打擊在리버플 坂根領事發外務省發電(<동아일보>1921.4.11. 2면)

【리베리아】라이베리아(Liberia), 아프리카 서부에 위치한 나라로, 19세기 미국에서 해방된 노예들이 1847년 건국한 아프리카 최초 흑인공화국이다 ▌리베리아 穀物海岸(GRAIN COAST)地方을包括ᄒᆞᆫ共和國이니(《중등만국지지》1902 제3편) ▌中國,暹羅, 리베리아及山東에 關한 規定에 對하야(<동아일보>1921.8.31. 2면)

【리베리아국】라이베리아(Liberia), 아프리카 서부에 위치한 나라로, 19세기 미국에서 해방된 노예들이 1847년 건국한 아프리카 최초 흑인공화국이다 ▌리베리아국에셔 덕국에 샤죄ᄒᆞ엿다더라(<대한매일신보>1909.1.28)

【리스본】리스본(Lisbon), 포르투갈의 수도이며 유럽 대륙 대서양 연안의 양항(良港)이다 ▌利秀繁(리스본)(유길준《서유견문》1895 제20편) ▌리스본(葡萄牙 首都也라)(<태극학보>제3호 1906.10.24) ▌葡王弑逆陰謀 리스본電을 據ᄒᆞᆫ則(<대한협회회보>제2호 1908.5.25) ▌葡萄牙의 리스본과 西班牙의 매두릿드에 移하얏스며(<동아일보>1922.4.25. 1면) ▌「리스본」에는 革命이 勃發하고(<개벽>제67호 1926.3.1)

【리쓰쏜】리스본(Lisbon), 포르투갈의 수도 ▌船長을 차져볼양으로 리쓰쏜으로 갈새(<소년>제2년6권 1909.7.1)

【리오자네로】리우데자네이루(Rio de Janeiro), 브라질 리우데자네이루 주의 주도 ▌首府를리오자네로라名ᄒᆞ니(《소학만국지지》1895 제5편)

【리오쟈네이로】리우데자네이루(Rio de Janeiro), 브라질 리우데자네이루 주의 주도 ▌首府리오쟈네이로(RIO JANEIRO)ᄂᆞᆫ南米中第二大都會로(《중등만국지지》1902 권3)

【리틸리】이탈리아(Italy), 남부유럽 이탈리아 반도에 있는 공화국 ▌이등 나라ᄂᆞᆫ 오지리 리틸리 셔반아 요(<대조선독립협회회보>제3호 1896.12.31)

【립어풀】리버풀(Liverpool), 잉글랜드 머지사이드(Merseyside) 주에 있는 항구 도시 ▌立菸八(립어풀)此府ᄂᆞᆫ英吉利國의第二都會니(유길준《서유견문》1895 제19편)

【릿지몬드府】리치먼드(Richmond), 미국 버지니아(Virginia) 주의 주도 ▌릿지몬드府(RICHMOND)ᄂᆞᆫ쀌지니아州에在ᄒᆞ니(《중등만국지지》1902 권3)

ㅁ

【마계도니아】마케도니아(Macedonia), 남부 유럽 발칸 반도 중부에 있는 나라. 그리스어로 '고지대의 사람들'이라는 뜻이다 ❙ 녯젹 마계도니아 나라에 력산 대왕과(〈독립신문〉1898.12.7)

【마구다례나河】마그달레나 강(Río Magdalena), 콜롬비아의 서반부를 남북으로 흐르는 강 ❙ 國內의大河를마구다례나河라名ᄒᆞ야(《소학만국지지》1895 제5편)

【마넹아】마나과(Managua), 니카라과의 수도이며, 마나과주(州)의 주도 ❙ 尼加拉瓜首府마넹아(《소학만국지지》1895 제3편)

【마닐라】마닐라(Manila), 루손 섬 남서부에 있는 필리핀의 수도 ❙ 북편에 마닐라와 남편에 만다나오ㅣ란 촌이 잇고(한글본《ᄉᆞ민필지》1889) ❙ 그가 마닐라에 내린後 新聞에서 보온즉 그의 父親은 前마닐라 市長이었습니다(〈동아일보〉1930.9.2. 3면)

【ᄆᆞ닐라】마닐라(Manila), 루손 섬 남서부에 있는 필리핀의 수도 ❙ ᄆᆞ닐라 춍독 오지스 쟝군과(〈독립신문〉1899.10.6)

【마다가스가】마다가스카르(Madagascar), 아프리카 남동부 인도양에 있는 공화국 ❙ 마다가스가국 블란시국 쇽국이라(한글본《ᄉᆞ민필지》1889)

【ᄆᆞ다가스가】마다가스카르(Madagascar), 아프리카 남동부 인도양에 있는 공화국 ❙ ᄆᆞ다가스가 셔음이 불란셔 ᄶᅡ이 된 후로(〈독립신문〉1898.6.14)

【마ᄶᅡ가스갈】마다가스카르(Madagascar), 아프리카 남동부 인도양에 있는 공화국 ❙ 마ᄶᅡ가스갈(〈친목회회보〉제3호 1896.6)

【마달가ᄉᆞ가】마다가스카르(Madagascar), 아프리카 남동부 인도양에 있는 공화국 ❙ 불란셔ᄂᆞᆫ 마달가ᄉᆞ가를 병탄ᄒᆞ엿스며(〈독립신문〉1899.10.30)

【ᄆᆞ도리두】마드리드(Madrid), 스페인의 수도 ❙ 셔반아국 ᄆᆞ도리두도의 오젼 二시 二十六분 八秒(〈독립신문〉1899.9.22)

【마드라스】마드라스(Madras), 인도 동부의 도시 이름 ❙ 東海岸의마드라스(MADRAS)ᄂᆞᆫ人口四十二萬되ᄂᆞᆫ繁盛ᄒᆞᆫ貿易港이오(《중등만국지지》1902 권1)

【마드리드】마드리드(Madrid), 스페인의 수도 ❙ 셔반아 경셩 마드리드 통신을 본즉(〈독립신문〉1899.1.25) ❙ 鷹擊之勢로 마드리드(西國首府)에 驀入ᄒᆞ야(〈태극학보〉1907.3.24) ❙ 西國出征軍이 마드리드 特報에 依하면 모록코 出征의 西班牙軍은 再次 안제라地帶의 土民叛軍과 激戰中이라더라(〈동아일보〉1924.2.22. 1면) ❙ 스페인의 서울「마드리드」대학에 들어(〈삼천리〉제4권제12호 1932.12.1)

【마락가】모로코(Morocco 摩洛哥), 아프리카 서북부에 있는 입헌군주국. '마락가'는 Morocco의 중국식 한자표기 '摩洛哥'를 우리말 한자음으로 읽은 것이다 ❙ 마락가국 가사푸랑가시에셔 법국 소쇽되ᄂᆞᆫ(〈대한매일신보〉1908.4.24)

【마락가국】모로코(Morocco 摩洛哥國), 아프리카 서북부에 있는 입헌군주국. '마락가국'은 Morocco의 중국식 한자표기 '摩洛哥國'을 우리말 한자음으로 읽은 것이다 ❙ 그ᄶᅢ에 셔반아가 ᄆᆞᆺ츰 마락가국으로 더브러 싸호ᄂᆞᆫ 일이 잇셔(〈독립신문〉1899.11.18) ❙ 마락가국 가사푸랑가시에셔 법국 소쇽되ᄂᆞᆫ 외국 군ᄃᆡ의 병졸들이 폭동ᄒᆞᆷ을 니르킨 고로(〈대한매일신보〉1907.8.20)

【마락카】말라카(Malacca), 말레이시아의 말레이 반도 남부 서안에 위치하고 있는 항구 도시 ❙ 크기 次序로 말하면 마락카 다음에 우리 半島가 되나니(〈소년〉제1년2권 1908.12.1) ❙ 그로부터 9년후에는 和蘭이 지배하든 마락카를 탈취하고(〈대동아〉제14권3호 1942.3.1)

【마래】말레이시아(Malaysia), 아시아 동남

부에 있는 입헌군주국 ❙印度 마래(馬來)애급(埃及) 파레스타인 각디의 주요 도시 삼십개소에서 위원회를 열터이라(〈동아일보〉1920.9.13. 3면) ❙나종에 알고 보니 그는 마래(馬來群島)의 토인의 딸로 서양놈에게 팔리여 이곳으로 온 것이엇다(〈별곤건〉제46호 1931.12.1) ❙이것은 香港과 밋 西部 英領 마래地方 신가폴의 운명에 관한 문제를 동시적으로 제기됨으로(〈삼천리〉제7권6호 1935.7.1) ❙그처럼 우리도 마래에서 고무가 다나네 비률빈에서 설탕이 난다네 하면(〈대동아〉제14권3호 1942.3.1)

【마레이】 말레이시아(Malaysia), 아시아 동남부에 있는 입헌군주국 ❙각민족의 안면각도 마레이인 69도(〈개벽〉제5호 1920.11.1) ❙『싱가폴』島는『마레이』半島의 最南端에 적은 海峽을 隔하여 있는 섬인데(〈대동아〉제14권3호 1942.3.1)

【마로코국】 모로코(Morocco 摩洛哥), 아프리카 서북부에 있는 입헌군주국 ❙마로코국 매릴라 항구에 잇는 셔반아 군(〈대한매일신보〉1909.9.10)

【마사주셋쓰州】 매사추세츠 주(Massachusetts), 미국 뉴잉글랜드 지방 남부에 있는 주. 주도는 보스턴(Boston) ❙마사주셋쓰州의 보스톤(BOSTON)府는 國中第六位의 大都會니(《중등만국지지》1902 권3)

【마셰도니아】 마케도니아(Macedonia), 남부 유럽 발칸 반도 중부에 있는 나라. 그리스어로 '고지대의 사람들'이라는 뜻이다 ❙마셰도니아가 근일에 죵용ᄒᆞᆫ 경식이 낫하나니(〈독립신문〉1899.10.9)

【ᄆᆞ셰도니아】 마케도니아(Macedonia), 남부 유럽 발칸 반도 중부에 있는 나라. 그리스 어로 '고지대의 사람들'이라는 뜻이다 ❙ᄆᆞ셰도니아 문제에 ᄃᆡ ᄒᆞ야(〈독립신문〉1899.9.19)

【마스고】 모스크바(Moskva), 러시아 연방의 수도. 유럽 러시아의 중부, 모스크바 강 유역에 위치한다 ❙마스고에셔 눈ᄉᆡ돍에 크게 픠 ᄒᆞ야(〈독립신문〉1896.8.18)

【ᄆᆞ스고】 모스크바(Moskva), 러시아의 수도. 유럽 러시아의 중부, 모스크바 강 유역에 위치한다 ❙아라샤 이왕 셔울 ᄆᆞ스고를 ᄎᆞ지 ᄒᆞ엿ᄂᆞᆫᄃᆡ(〈독립신문〉1897.9.9)

【마스쾨】 모스크바(Moskva), 러시아의 수도. 유럽 러시아의 중부 모스크바 강 유역에 위치한다 ❙아라샤 마스쾨란 동리에셔(〈독립신문〉1896.6.13)

【ᄆᆞ스쾨】 모스크바(Moskva), 러시아의 수도. 유럽 러시아의 중부 모스크바 강 유역에 위치한다 ❙아라샤 셔울 셴트피더-스벌과 ᄆᆞ스쾨은 힝들이(〈독립신문〉1897.6.12)

【마스코】 모스크바(Moskva), 러시아의 수도. 유럽 러시아의 중부 모스크바 강 유역에 위치한다 ❙마스코라고 ᄒᆞᄂᆞᆫ 동리에셔 즉위식을 힝ᄒᆞᆯ터인ᄃᆡ(〈독립신문〉1896.4.16) ❙獨國共產黨도 마스코의 衝動을 受하야 獨共和國을 顚倒할 目的으로 루얼과 라인드랜드와 其他地方에 組織體를 設置하고(〈동아일보〉1925.1.17. 1면)

【마씨제세쓰州】 매사추세츠(Massachusetts) 주, 미국 뉴잉글랜드 지방 남부에 있는 주. 주도는 보스턴(Boston)이다 ❙마씨제세쓰州에셔는 大理石과 靑石 等 집 建造에 쓰는 石材를 出ᄒᆞ니(《국민소학독본》1895)

【마켄시 강】 매켄지 강(Mackenzie River), 캐나다 노스웨스트(Northwest Province) 주를 북서로 흐르는 강 ❙북에 마켄시란 강이 이쳔오ᄇᆡᆨ 리 되ᄂᆞᆫ(한글본《ᄉᆞ민필지》1889)

【막사과】 모스크바(Moskva), 러시아의 수도. 유럽 러시아의 중부 모스크바 강 유역에 위치한다 ❙莫斯科의 回想(막사과의 회상)(〈삼천리〉제4권3호 1932.3.1)

【만】 만주(Manchuria 滿洲), '만'은 '만주(滿洲)'의 줄임말이다 ❙만몽독립운동과 조선인 리해, 만몽의 특수성과 우리들(〈삼천리〉제3권11호 1931.11.1) ❙만보산 사건을 직후한

만몽 급 간도와 조선인 문제(〈별곤건〉제43호 1931.9.1)

【만닐나】 마닐라(Manila), 루손 섬 남서부에 있는 필리핀의 수도 ▌향항 칠월 십삼일 발만닐나민병들이(〈독립신문〉1898.7.22)

【문일나】 마닐라(Manila), 루손 섬 남서부에 있는 필리핀의 수도 ▌여송셔울문일나가 지금 여송 독립당 손에 들엇스며(〈독립신문〉 1898.5.7)

【만다나오】 민다나오 섬(Mindanao Island), 필리핀 제도 남쪽에 있는 섬 ▌마닐라와 남편에 만다나오ㅣ란 촌이 잇고(한글본《ᄉ민필지》1889)

【만일나】 마닐라(Manila), 루손 섬 남서부에 있는 필리핀의 수도 ▌미국이 만일나에 군ᄉ 오쳔명을 보닉려 ᄒ엿더니(〈독립신문〉 1898.5.21)

【만주】 만주(Manchuria 滿洲), 오늘날 중국의 동북 지방. 즉 요령성(遼寧省)·길림성(吉林省)·흑룡강성 및 내몽고자치구의 동부지역을 포괄해서 가리키는 말 ▌아라사는 죠션과 요동과 만주를 ᄎ지 ᄒ고 불란셔에셔는 청국 복건셩을 ᄎ지 ᄒ는딕(〈독립신문〉 1897.12.21) ▌북으로 만주의 野를 못 밟아 보고 남으로 玄海의 波를 구경치 못한 아모 경험업고(〈개벽〉제8호 1921.2.1) ▌부여인 조선인 女眞人 - 개괄적으로 말하면 만주인이나 조선인이 昔日로붙어 백의를 좋아한 것은(〈동광〉제16호 1927.8.5)

【만주국】 만주국(Manchuria 滿洲國), 일본이 1932년부터 1945년까지 중국 동북 3성에 세웠던 자신들의 괴뢰국가 ▌이 만주국의 새 국긔(國旗)는 누른 바탕에 청(靑), 적(赤), 백

모스크바

개화기 자료에서 모스크바(Moskva)를 표기하는 이름을 찾아낸 것은 지금까지 열여섯 종이나 있었다. 우선 이들을 들어보기로 한다.

- 한글표기: 마스고, ᄆ스고, 마스꼬, ᄆ스꼬, 마스코, 막사과, 모스코, 모스쿠바, 모쓰크애, 목ᄉ구, 미스꼬
- 한자표기: 麼士高城, 莫斯科, 幕斯科, 莫修科, 墨斯科

한글표기 11종 중 막사과와 목ᄉ구를 제외하면 모두 원음 Moskva를 우리말로 읽은 것이다. 한자표기는 모두 중국에서 음차(音借)한 것으로 오늘날 중국어에서는 이들 중 莫斯科(Mòsīkē)를 사용한다.

막사과(莫斯科)는 1895년에 간행된 《소학만국지지》에 처음 등장하며(莫斯科는此國의舊都로) 1920년대까지 쓰인 예가 보인다. 幕斯科는 《친목회회보》 제4호(1896.12.)에 용례가 나오는 것으로 보아 莫斯科와 함께 1890년대 중반이후 사용된 것으로 보인다. 한편 1896년 4월부터 발간된 〈독립신문〉에서는 '마스고'(1896.8.18.) 와 'ᄆ스고'(1897.9.9.), '마스꼬'(1896.6.13.), '마스코'(1896.4.16.), '모스코'(1898.10.6.), '미스꼬'(1896.5.26.) 등이 쓰이고 있다. 이를 보면 모스크바에 대한 표기는 개화기 초부터 원음표기와 한자표기가 병존했던 것 같다.

(白), 흑(黑) 사색을 가하엿스니(《별곤건》제50호 1932.4.1) ▌그 애가 참말인가 하고 그는 속으로 부르짖었다. "어서 나가! 만주국에서는 공산당을 죽이니깐."(강경애《소금》1934) ▌또는 만주국에 잇는 육군 대위 尹씨 등을 초빙해서 市*待**堂에서 시국에 대한 강연회를 개최하는 등(《삼천리》제10권5호 1938.5.1)

【만쥬】 만주(Manchuria 滿洲), 오늘날 중국의 동북지방. 즉 요령성(遼寧省) · 길림성(吉林省) · 흑룡강성 및 내몽고자치구의 동부지역을 포괄해서 가리키는 말 ▌북은 만쥬ㅣ오 동은 일본 하슈요 남은 동히요 셔는 황하슈ㅣ며(한글본《소민필지》1889) ▌죠션도 청국을 쳐 요동과 만쥬를 차지 ᄒᆞ고 빅샹팔억 만원을 밧을터이니(《독립신문》1896.8.4) ▌만일 청국으로론ᄒᆞ면만쥬몽고셔장신강을합ᄒᆞ야영리로솜빅십륙만방리가되더라(학부역《티셔신사》1897) ▌아셰아 북편을 모도 차지ᄒᆞ고 지금 만쥬와 요동이 아라샤손 쇽에 들엇고(《대조선독립협회회보》제6호 1897.2.15) ▌아라사 긔병과 보병과 포병 합 일만오쳔 명가량이 아라사 디경을 넘어 청국 만쥬 북방으로 왓다더라(《협셩회회보》제1권9호 1898.1.26) ▌청국에셔 됴약을 뎡ᄒᆞᆫ 바를 인ᄒᆞ야 만쥬텰도를 미슈ᄒᆞ라 ᄒᆞ엿더니(《대한매일신보》1904.10.6) ▌디경을 말ᄒᆞ면 븍에는 만쥬와 아시아 아리사요 동에는 일본이며 셔에는 황히요 남에는 일본히와 황히가 합ᄒᆞᆫ 곳이며(김필수《경세종》1910) ▌만쥬 滿洲 Manchuria(J. S.Gale《한영대자전》1931)

【만쥬국】 만주국(Manchuria 滿洲國), 1932부터 1945년까지 일본이 중국 동북 3성에 세웠던 자신들의 괴뢰국가 ▌기를 스고 나서 서 만쥬국의 출현을 위선 저해하려한 것이다(《별곤건》제60호 1933.2.1)

【만테늬그로】 몬테네그로(Montenegro), 발칸 반도의 남서부에 위치한 국가로서 1946년 구 유고슬라비아연방을 구성하는 공화국이었다 ▌셔-비아 벌게리아 만테늬그로 세나라히 동밍 ᄒᆞ야(《독립신문》1896.7.23)

【만테스타-】 맨체스터(Manchester), 영국 잉글랜드 북서부 그레이터맨체스터(Greater Manchester) 주의 주도 ▌만테스타-(MANCHESTAR)는 레바-풀府東三十哩內地에在ᄒᆞ니(《중등만국지지》1902 권2)

【만테스터】 맨체스터(Manchester), 영국 잉글랜드 북서부 그레이터맨체스터(Greater Manchester) 주의 주도 ▌滿棣秀太(만테스터)此府는亦蘭柱沙州의都會라(유길준《서유견문》1895 제19편)

【만트늬그로】 몬테네그로(Montenegro), 발칸 반도의 남서부에 위치한 국가로서 1946년 구 유고슬라비아연방을 구성하는 공화국이었다 ▌만트늬그로국과 터키국과 끄리스국이니(한글본《소민필지》1889)

【만향파】 밴쿠버(Vancouver 晩香坡), 캐나다 브리티시컬럼비아 주(British Columbia) 남서부에 있는 도시. '만향파'는 Vancouver의 중국식 한자표기 '晩香坡'를 우리말 한자음으로 읽은 것이다 ▌잠시 만향파에셔 류련ᄒᆞ다가(《독립신문》1889.9.27) ▌만향파와 호쥬와 상항과 향항과 파리 마와 일본 등디로 길을 통ᄒᆞ기가 인편ᄒᆞ고(《미일신문》1898.9.24) ▌만향파 폭동의 손해(《대한매일신보》1907.9.18)

【말나가】 말라카(Malacca), 말레이시아의 말레이 반도 남부 서안에 위치하고 있는 항구 도시 ▌남편에 케씌스와 세빌과 말나가ㅣ란 큰 포촌이 잇고(한글본《소민필지》1889)

【말릭 반도】 말레이 반도(Malay Peninsula), 동남아시아 인도차이나 반도에서 남쪽으로 돌출한 좁고 긴 반도 ▌영국이 셤라국늬와 말릭 반도에셔 륙히군간 군소샹에 위험이 나지 아니ᄒᆞ기로 ᄒᆞ고(《대한매일신보》1909.7.11)

【말레이】 말레이시아(Malaysia), 아시아 동남부에 있는 입헌군주국 ▌대양쥬에 횡힝ᄒᆞ미 말레이 인죵이 졈졈 진멸이 되어가며(《대한매일신보》1910.2.23) ▌원시뎍인 것은 말레이섬에 사는 토인들이 지금도 사용하는 야자여름으로 만든 시계인데(《동아일

보>1926.5.25. 3면) ❙말레이 폴리네시아 語族(Malayo-polynesian family)(<동광>제19호 1931.3.1) ❙뉴-란의 체포와 함께 말레이 반도 인도 비률빈 등지에서는 만흔 공산당원이 체포되엿다고전한다(<별곤건>제44호 1931.10.1)

【말타】몰타(Malta), 유럽 남부 지중해상에 있는 공화국 ❙南海中의말타(MALTA)ᄂᆞᆫ英領이러라(《중등만국지지》1902 권2) ❙「아덴」, 「말타」로 다시 英本國을 비최고(<동광>39호 1932.11.1)

【맛사추세쓰】매사추세츠 주(Massachusetts), 미국 뉴잉글랜드(New England) 지방 남부에 있는 주. 주도는 보스턴(Boston)이다 ❙淸敎徒가 맛사추세쓰道의 프리이마쓰에 上陸하던年(<소년>제3년1권 1910.1.15)

【ᄆᆞᆺ샤지유셋토】매사추세츠 주(Massachusetts), 미국 뉴잉글랜드 지방 남부에 있는 주. 주도는 보스턴(Boston)이다 ❙미국 ᄆᆞᆺ샤지유셋토 고을 남쪽 푸래인트리 디방에(<독립신문>1899.11.13)

【맛캔지-河】매켄지 강(Mackenzie River), 캐나다 노스웨스트(Northwest Province) 주를 북서로 흐르는 강 ❙맛캔지-河ᄂᆞᆫ二千哩長流로北冰洋에注ᄒᆞ나(《중등만국지지》1902 권3)

【ᄆᆡ다가스가】마다가스카르(Madagascar), 아프리카 남동부 인도양에 있는 공화국 ❙馬哥塞 ᄆᆡ다가스가(유길준《서유견문》1895 제1편) ❙ᄋᆞ프리가 셔음 ᄆᆡ다가스가와(<독립신문>1897.7.8) ❙馬哥塞 ᄆᆡ다가스가(<대한자강회월보>제11호 1907.5.25)

【ᄆᆡ다ᄀᆡ스가】마다가스카르(Madagascar), 아프리카 남동부 인도양에 있는 공화국 ❙불란셔 의회원에셔 ᄆᆡ다ᄀᆡ스가를 불란셔 쇽국으로 쟉졍ᄒᆞ고(<독립신문>1896.6.23)

【ᄆᆡ드릿】마드리드(Madrid), 스페인의 수도 ❙도셩을 의론컨대 일홈이 ᄆᆡ드릿이니(한글본《ᄉᆞ민필지》1889) ❙셔반아 셔울 ᄆᆡ드릿과(<독립신문>1897.1.28)

【ᄆᆡᆨ쓰코】멕시코(Mexico), 미국 서남부에 접하여 있는 연방공화국 ❙일인 로동쟈 칠십명이 ᄆᆡᆨ쓰코에 ᄃᆞ니ᄂᆞᆫ 빙표를 가지고(<대한매일신보>1907.8.23)

【ᄆᆡᆯ넬니이】마닐라(Manila), 루손 섬 남서부에 있는 필리핀의 수도 ❙十월三十일에 그곳을 ᄯᅥ나 장ᄎᆞ ᄆᆡᆯ넬니이라 ᄒᆞᄂᆞᆫ ᄯᅡ으로 향ᄒᆞᆯ식(<독립신문>1899.11.21)

【ᄆᆡᆫ체스터】맨체스터(Manchester), 영국 잉글랜드 북서부 그레이터맨체스터(Greater Manchester) 주의 주도 ❙북편에 ᄆᆡᆫ체스터와 쁘릿펏과 릿스와 역과(한글본《ᄉᆞ민필지》1889)

【ᄆᆡᆺ드릿드】마드리드(Madrid), 스페인의 수도 ❙馬斗賴(ᄆᆡᆺ드릿드)此府ᄂᆞᆫ西班牙의京城이니(유길준《서유견문》1895 제20편)

【ᄆᆡᆼᄆᆡ쥬】봄베이(Bombay), 인도 최대의 무역항. 1995년 이름이 봄베이(Bombay)에서 뭄바이(Mumbai)로 바뀌었다. 'ᄆᆡᆼᄆᆡ쥬'는 인도 봄베이의 한자표기 '孟買州'를 우리말 한자음으로 읽은 것이다 ❙인도 ᄆᆡᆼᄆᆡ쥬에 금년 롱ᄉᆞ이 잘못 되야(<독립신문>1899.9.15)

【먹시고】멕시코(Mexico), 미국 서남부에 접하여 있는 연방공화국 ❙일본셔 올ᄉᆞ월 ᄒᆞ로ᄂᆞᆯ ᄇᆞ터 먹시고와 포아에 새 공ᄉᆞ관을 ᄇᆡ셜ᄒᆞ게 ᄒᆞ엿더라(<독립신문>1896.12.29)

【메ᄶᅵ시ᄭᅩ】멕시코(Mexico), 미국 서남부에 접하여 있는 연방공화국 ❙메ᄶᅵ시ᄭᅩ(<친목회회보> 제2호 1896.3)

【메소ᄲᅩᆺ다미야】메소포타미아(Mesopotamia), 서아시아 티그리스 강과 유프라테스 강 사이의 지역 일대를 가리키는 명칭. 현재의 이라크를 중심으로 시리아의 북동부, 이란의 남서부가 포함된다 ❙此ᄂᆞᆫ古時메소ᄲᅩᆺ다미야(MESOPOTAMIA)의地러라(《중등만국지지》1902 권1)

【메소포타미아】메소포타미아(Mesopotamia), 서아시아 티그리스 강과 유프라테스 강 사이의 지역 일대를 가리키는 명칭. 현재의 이라크를 중심으로 시리아의 북동부, 이

란의 남서부가 포함된다 ❙아브라함은 메소포타미아에셔 례빅ᄒᆞ고 야곱과 요셥과 모세ᄂᆞᆫ ᄋᆡ급에셔 례빅ᄒᆞ엿시며(《신학월보》제2권5호 1902.5) ❙또 쌔쌔로 몸이 親히 퍼시아와 메소포타미아 사이로 出入하다가(《소년》제2년1권 1909.1.1) ❙최근 中亞 及 小亞에 赤化의 手를 伸하고 波斯 及 「메소포타미아」에서 露土兩國이 공동으로 動作할 가능성이 有한즉(《개벽》제29호 1922.11.1) ❙지금 波斯灣頭의 메소포타미아 지방에 건설되고(《별곤건》제15호 1928.8.1)

【메인河】 마인 강(Main River), 독일 중부를 흐르는 강. 라인 강의 최대 지류로 도나우 강과 유럽 운하를 연결하는 역할을 한다. ❙東으로來ᄒᆞᄂᆞᆫ메인河(MAIN)西으로來ᄒᆞᄂᆞᆫ모-졔루河(MOSELLE)를合ᄒᆞ야(《중등만국지지》1902 권2)

【멕스고】 멕시코(Mexico), 미국 서남부에 접하여 있는 연방공화국 ❙포추갈국과 멕스고국과 남아메리까 모든 나라와 일본국이 뎨 이층이오(한글본《ᄉᆞ민필지》1889) ❙이스바니아국과 포츄갈국과 멕스고국과 남아메리까 모든 늬그로국과 아시아 모든 나라가 뎨 삼층이오(《대한매일신보》1907.9.18)

【멕시코】 멕시코(Mexico), 미국 서남부에 접하여 있는 연방공화국 ❙墨西哥(麥時古) 멕시코(유길준《서유견문》1895 제1편) ❙베라쿠루스 멕시코市間鐵道는 革命軍에 占領되야 交通遮斷되얏더라(《동아일보》1920.5.6. 2면) ❙美國, 멕시코에 흐터 잇는 모든 도련님 아가씨께(《개벽》제17호 1921.11.1) ❙1926년-멕시코, 希臘, 알젠지나, 智利, 埃及, 벌마, 아프리카, 시리아, 팔늬스틘 등에서 이 사업이 확장이 되었다(《동광》제15호 1927.7.5)

【멘인겐】 뮌헨(München), 독일 남부 바이에른 주(Bavaria)의 주도. 알프스 북부의 이자르 강가에 위치한다 ❙岷仁見(멘인겐)此府ᄂᆞᆫ厚蘭布土東南四百二十里許에在ᄒᆞ야(유길준《서유견문》1895 제20편)

【멜나네시아】 멜라네시아(Melanesia), 오스트레일리아 북동쪽 남태평양의 약 180° 경선에 연이어 있는 섬 ❙멜나네시아(MELANESIA)(《중등만국지지》1902 권3)

【멜누보룬】 멜버른(Melbourne), 오스트레일리아 남동부 해안에 있는 항구 도시. 오스트레일리아 제2의 도시이며 빅토리아 주의 주도이다 ❙首府멜누보룬(MELBOURNE)은州의東南角엘니뿌海港(PORT PHILLIP)에建ᄒᆞ니(《중등만국지지》1902 권3)

【멜번】 멜버른(Melbourne), 오스트레일리아 남동부 해안에 있는 항구 도시. 오스트레일리아 제2의 도시이며 빅토리아 주의 주도이다 ❙멜번과 ᄋᆡ들네드ㅣ란 포구가 잇고(한글본《ᄉᆞ민필지》1889)

【멧카府】 메카(Mecca), 사우디아라비아의 도시로, 이슬람의 창시자인 무함마드의 출생지로서 이슬람권에서는 성지로 추앙받는 곳 ❙멧카府(MECCA)ᄂᆞᆫ紅海岸에在ᄒᆞ니(《중등만국지지》1902 권1)

【멕시고】 멕시코(Mexico), 미국 서남부에 접하여 있는 연방공화국 ❙아메리가 안에ᄂᆞᆫ 멕시고에 가ᄂᆞᆫ 공ᄉᆞ가 이등 공ᄉᆞ인ᄃᆡ(《독립신문》1897.1.28)

【면뎐】 미얀마(Myanmar 緬甸), 동남아시아의 인도차이나 반도와 인도 대륙 사이에 있는 나라. '면뎐'은 미얀마의 중국식 한자표기 '緬甸'을 우리말 한자음으로 읽은 것이다 ❙영국과 청국이 다시 면뎐 일ᄉᆞ둘에 약죠를 ᄒᆞ엿ᄂᆞᆫᄃᆡ(《독립신문》1897.6.15) ❙영국 정부에셔 청국 정부에 허락 밧아 면뎐셔 브터 운남셩 ᄭᆞ지 쳘도를 놋케ᄒᆞ고(《미일신문》1898.4.27) ❙이 부처는 인도와 섬라의 두 나라 사이에 잇는 면뎐(緬甸)이라하는 나라 베구땅에 잇는 것이니 (《동아일보》1921.5.15. 3면) ❙世界各國弱少民族의 生活相, 東洋情趣의 면뎐(《별건곤》제32호 1930.9.1) 현대중국어 표기 ➡ 缅甸

【면뎐국】 미얀마(Myanmar 緬甸國), '면뎐국'은 미얀마의 중국식 한자표기 '緬甸國'을 우리말 한자음으로 읽은 것이다 ❙셤라국 분각 ᄯᅡ와 면뎐국 랑곤 ᄯᅡ히 일즉 영국 사름의

ᄀᆡ항 통샹ᄒᆞ미 되고(《이언(易言)》1883년) ▎면뎐국 緬甸國(《국한회어》1895) ▎면뎐국 緬甸國 Burmah(게일편《한영자전》1897) ▎면뎐국에 묘인(苗人)이 잇서 글도 알지 못ᄒᆞ고 우샹도 ᄆᆞᆫᄃᆞᆯ지 아니ᄒᆞ야 그 유젼ᄒᆞᄂᆞᆫ 풍쇽이 예수교로 더브러 거의 ᄀᆞᆺ더니(〈신학월보〉제6권5·6호 1909.6) 현대중국어 표기 ➡ 缅甸国

【면젼】 미얀마(Myanmar 緬甸), 동남아시아의 인도차이나 반도와 인도 대륙 사이에 있는 나라. '면젼'은 미얀마의 중국식 한자표기 '緬甸'을 우리말 한자음으로 읽은 것이다 ▎아셰아쥬에영국속국인도와접게ᄒᆞᆫ각국은과히잡병대리아부한셩특면젼셜극이라(학부역《틔셔신사》1897) ▎필경 구라파 강국에 독립권을 ᄲᅢᆺ겨 면젼이나 안남 모양이 될터이니(〈독립신문〉1897.2.4) ▎몸과 집을 보호ᄒᆞᄂᆞᆫ 양칙이니 안남이나 면젼이 되랴면 될 터이요(〈대조선독립협회회보〉제6호 1897.2.15) ▎영국쇽디 면젼셔 텰도를 노아 운남셩으로 드러가게 ᄒᆞ라(〈협셩회회보〉제1권5호 1898.1.30) 현대중국어 표기 ➡ 缅甸

【면젼국】 미얀마(Myanmar 緬甸國), 동남아시아의 인도차이나 반도와 인도 대륙 사이에 있는 나라. '면젼국'은 미얀마의 중국식 한자표기 '緬甸國'을 우리말 한자음으로 읽은 것이다 ▎면젼국은 청국 쇽국으로 몃히를 이다가(〈대조선독립협회회보〉제6호 1897.2.15) 현대중국어 표기 ➡ 缅甸国

【명고옥】 나고야(Nagoya 名古屋), 일본 아이치 현(Aichiken, 愛知県)의 현청소재지 ▎일본 명고옥 통신을 거ᄒᆞᆫ즉(〈대한매일신보〉1907.12.15) ▎대판 35,000관, 명고옥 1만, 그 값이 34,000여원이엇다 한다(〈동광〉제22호 1931.6.1) ▎판갓다 돌아오는 도중에 명고옥엘나려서(〈삼천리문학〉제1집 1938.1.1)

【모나고】 모나코(Monaco), 유럽 프랑스 남동부 지중해에 면한 입헌군주제 국가 ▎모나고(MONAGO)共和國(《중등만국지지》1902 권2) ▎세계에 제일 적은 王國은 地中海岸에 잇는 모나고라는나라인데(〈별건곤〉제7호 1927.7.1)

【모나코】 모나코(Monaco), 유럽 프랑스 남동부 지중해에 면한 입헌군주제 국가 ▎모나코(〈친목회회보〉 제5호 1897.6) ▎예컨대「모나코」(Monaco)(伊佛間 獨立國)의 佛蘭西에 대함과

미얀마

인도차이나 반도와 인도 대륙 사이에 있는 나라로서 중국에서는 예부터 미얀마를 '緬甸'이라 불러왔다. 우리나라에는 조선시대에 중국으로부터 '緬甸'의 존재가 알려진 듯하다. 조선왕조실록 헌종 11년(1670년) 윤 2월 8일자에는 동지사(冬至使) 민정중(閔鼎重) 등이 청나라에 사신으로 갔다가 돌아와 청나라의 정세를 왕에게 보고하는 기사가 나오는데 여기서 미얀마를 가리키는 '면전(緬甸)'이 나온다(李定國, 定國戰敗死, 可望降於淸, 永曆奔緬甸國). 또 연행록 중 하나인《경오연행록(庚午燕行錄)》(1750) 권2에도 '緬甸' 관련 기사가 나온다(今中國地方 西北至甘肅 西南至緬甸).《日省錄》정조12년(1788) 8월12일 기사에도 평안 감사 김이소(金履素)가 청나라에 다녀온 재자관(齎咨官) 홍명복(洪命福)의 수본(手本)을 등서(謄書)한 것을 보고하는 기사에서 '緬甸'이 언급되어 있다(上諭及瞻禮岱宗上諭竝謄書上送緬甸國在雲南外極). 이러한 기록으로 볼 때 미얀마의 호칭 '緬甸'은 18세기 중반 이후 조선에 알려진 것으로 보인다.

(《개벽》제29호 1922.11.1) ▍족고만 나라『모나코』는 세계각국사람을모아다가노름을붓처 놋코(《별건곤》제8호 1927.8.17) ▍늬가 모나코에 잇슬 때에 미처 다니든 뻴부로카-허는 녀석(《삼천리》제5권4호 1933.4.1)

【모라고국】모로코(Morocco), 아프리카 서북부에 있는 입헌군주국. 지브롤터 해협을 사이에 두고 에스파냐와 마주 보고 있다 ▍터키국과 모라고국과 알지리아와 두네스와 트레블리와 이즙국과 만트늬그로국과 아시아 모든 나라가 데 삼층이오(한글본《ᄉᆞ민필지》1889) ▍터키국과 모라고국과 오지리아와 두네스와 트레불니와 ᄋᆡ급국과 만트 데 ᄉᆞ층 디위에 잇다(《대한매일신보》1907.9.18)

【모로코】모로코(Morocco), 아프리카 서북부에 있는 입헌군주국. 지브롤터 해협을 사이에 두고 에스파냐와 마주 보고 있다 ▍청국과 모로코에ᄂᆞᆫ 녯 법ᄃᆡ로 잔혹ᄒᆞᆫ 형벌을 쓰나 나라(《독립신문》1898.9.26) ▍모로코베이낫센 토민에 ᄃᆡᄒᆞ야 토벌군을 파송ᄒᆞᆯ 일을(《대한매일신보》 1907.12.8)

【모로스코】모로코(Morocco), 아프리카 서북부에 있는 입헌군주국. 지브롤터 해협을 사이에 두고 에스파냐와 마주 보고 있다 ▍영국 군함 두쳑도 ᄯᅩᄒᆞᆫ 모로스코로 나아가라ᄂᆞᆫ 명령을 밧엇다더라(《대한매일신보》 1907.8.9)

【모로코국】모로코(Morocco), 아프리카 서북부에 있는 입헌군주국. 지브롤터 해협을 사이에 두고 에스파냐와 마주 보고 있다 ▍셔반아국 로동쟈 ᄉᆞ명은 모로코국에셔(《대한매일신보》1908.9.10)

【모록코】모로코(Morocco), 아프리카 서북부에 있는 입헌군주국. 지브롤터 해협을 사이에 두고 에스파냐와 마주 보고 있다 ▍摩洛哥 모록코(유길준《서유견문》1895 제1편) ▍이태리는 모록코, 트리폴리條約의 利益을 保全하고자(《동아일보》1921.3.2. 1면) ▍다시 박다-드와 모록코에서 왕래하다가(《개벽》제43호 1924.1.1) ▍알제리아, 튜니스, 모록코 等 北亞弗利加 식민지는(《별곤건》제32호 1930.9.1)

【모롯고】모로코(Morocco), 아프리카 서북부에 있는 입헌군주국. 지브롤터 해협을 사이에 두고 에스파냐와 마주 보고 있다 ▍모롯고(《한성주보》제6호 1886.3.8)

【모롯크國】모로코(Morocco), 아프리카 서북부에 있는 입헌군주국. 지브롤터 해협을 사이에 두고 에스파냐와 마주 보고 있다 ▍英領디부라루탈(GIBRALTAR)은亞弗利加의모롯크國과相對ᄒᆞ야(《중등만국지지》1902 권2)

【모릇코국】모로코(Morocco), 아프리카 서북부에 있는 입헌군주국. 지브롤터 해협을 사이에 두고 에스파냐와 마주 보고 있다 ▍모릇코국 면젹은 三十一万三千五百 방리(《독립신문》1899.5.22)

【모삼쎄그】모잠비크(Mozambique), 아프리카 대륙 동남부에 있는 공화국 ▍모삼쎄그(《한성주보》제6호 1886.3.8)

【모삼빅】모잠비크(Mozambique), 아프리카 대륙 동남부에 있는 공화국 ▍모삼빅과 소팔라ㅣ란 포츄갈국이 엇기를 시작 여러 ᄶᅢ히 잇ᄉᆞ니다(한글본《ᄉᆞ민필지》1889)

【모삼빅큐】모잠비크(Mozambique), 아프리카 대륙 동남부에 있는 공화국 ▍其間은모삼빅큐海峇(MOZAMBIQUE)이오(《중등만국지지》1902 권3)

【모스코】모스크바(Moskva), 러시아 연방의 수도. 유럽 러시아의 중부, 모스크바 강 유역에 위치한다 ▍아라샤 황뎨가 모스코에 거동을 ᄒᆞ실ᄉᆡ(《독립신문》1898.10.6) ▍로국 모스코 디방 회의소 회쟝 트루벳스고이 친왕이(《대한매일신보》1905.2.13) ▍露西亞 모스코府(Moscow)에 侵入ᄒᆞ엿슬 ᄯᅢ에(《대한흥학보》제13호 1910.5.20) ▍그 녀왕은 원래 모스코 부근에서 화려한 궁궐 속에서 위염잇는 생활을 하고 잇든 바(《동아일보》1920.6.27. 3면) ▍모스코의 郊外. 인사롭의 下宿(《개벽》제7호 1921.1.1)

【모스쿠바】 모스크바(Moskva), 러시아 연방의 수도. 유럽 러시아의 중부, 모스크바 강 유역에 위치한다 ▌과격파선전자금으로 모스쿠바에 오억 루불의 금화를 새로히 준비하야 선전계획을 차곡차곡 실행하고(〈동아일보〉1920.9.15. 3면) ▌보고십은 곳은 예루살넴·나이아가라·알푸스타리스·모스쿠바·론돈 等地(〈삼천리〉제8권2호 1936.2.1) ▌「余는 워털루에서 죽을 것이엇다. 그러치 안으면 모스쿠바-에서…」(〈삼천리〉제10권5호 1938.5.1)

【모쓰크빠】 모스크바(Moskva), 러시아 연방의 수도. 유럽 러시아의 중부, 모스크바 강 유역에 위치한다 ▌親舊로더부러 모쓰크빠의 旗亭에 노라서(〈소년〉제1년2권 1908.12.1)

【모우리튜스島】 모리셔스(Mauritius), 아프리카 동쪽 인도양 남서부에 있는 섬나라 ▌마아스가레네群島는馬島의東모우리튜스(MAURITIUS)島보루본(BOURBON)及附近諸島의總稱이오(《중등만국지지》1902 권3)

【목ᄉᆞ구】 모스크바(Moskva), 러시아의 수도 ▌법인이ᄃᆡ회ᄒᆞ야이르되셕일아라ᄉᆞ목ᄉᆞ구도셩에셔ᄃᆡ픽ᄒᆞᆫ셜치ᄅᆞᆯᄒᆞ얏다ᄒᆞ더라(학부역《틔셔신사》1897)

【목셔가】 멕시코(Mexico), 미국 서남부에 접하여 있는 연방공화국 ▌근일에 일본과 셤라가 ᄒᆞᆫ 죠약이 목셔가와 일본 죠약 ᄀᆞᆺᄒᆞᆫᄃᆡ 다ᄆᆞᆫ ᄒᆞᆫ 죠견이 더 ᄒᆞ니(〈독립신문〉1898.5.31) ▌빅림던보를 거ᄒᆞᆫ즉 향쟈 목셔가의 혁명당이 니러나(〈대한매일신보〉1910.6.28)

【목카】 메카(Mecca), 이슬람의 창시자인 무함마드의 출생지로서 사우디아라비아 히자즈(Hejaz) 지방에 있다 ▌멕가와 회회교 시작ᄒᆞᆫ 곳 목카ㅣ란 촌이 잇고(한글본《ᄉᆞ민필지》1889)

【몬싸나-】 몬태나주(Montana), 미국 서부에 있는 주 이름 ▌몬싸나-(〈친목회회보〉 제6호 1897.12)

【몬데데구로】 몬테네그로(Montenegro), 유럽 남동부 발칸 반도 아드리아 연안에 위치한 공화국 ▌몬데데구로란黑山은松樫檜等의森林이 國의全面을蔽ᄒᆞ니라(《소학만국지지》1895 제3편)

【몬데뷔데오】 몬테비데오(Montevideo), 우루과이(Uruguay)의 수도. 세인트폴강 하구에 있는 무역항이다 ▌首府몬데뷔데오는拉不拉地江에瀕ᄒᆞᆫ貿易의中心이오(《소학만국지지》1895 제5편)

【몬로뷔아】 몬로비아(Monrovia), 라이베리아(Liberia)의 수도 ▌首府는몬로뷔아(MONROVIA)라云ᄒᆞ더라(《중등만국지지》1902 권3)

【몬테늬그로】 몬테네그로(Montenegro), 유럽 남동부 발칸 반도 아드리아 연안에 위치한 공화국 ▌셔-비아와 벌게리아와 몬테늬그로 제국들은(〈독립신문〉1897.4.27) ▌몬테늬그로국이 샤과ᄒᆞ기를 기ᄃᆞ린다더라(〈대한매일신보〉1908.6.13)

【몬테예데오】 몬테비데오(Montevideo), 우루과이(Uruguay)의 수도 ▌首府몬테예데오(MONTEVIDEO)는라부라다河口에建ᄒᆞ고(《중등만국지지》1902 권3)

【몬트리-르】 몬트리올(Montreal), 캐나다 퀘벡주(Quebec)에 있는 도시. 세인트로렌스강 유역에 위치한 캐나다 최대의 도시이다 ▌滊船으로몬트리-르(MONTREAL)로브터웰난드(WELLAND)運河ᄅᆞᆯ溯上ᄒᆞ야(《중등만국지지》1902 권3)

【몬틔니크로侯國】 몬테네그로(Montenegro) 유럽 남동부 발칸 반도 아드리아 연안에 위치한 공화국 ▌몬틔니크로(MONTENEGRO)侯國(《중등만국지지》1902 권2)

【몸바사】 몸바사(Mombasa), 동아프리카의 인도양 해안에 면한 케냐의 해양 무역도시 ▌소마리와 짤라와 몸바사와 영국이 엇기를 시작(한글본《ᄉᆞ민필지》1889)

【몽】 몽고(Mongolia 蒙), 아시아의 중앙 내륙에 있는 국가. '몽'은 '몽고'의 중국식 한자 표기 '蒙古'의 줄임말이다 ▌만보산 사건을

직후한 만몽 급 간도와 조선인 문제(〈별곤건〉제43호 1931.9.1) ▌만몽독립운동과 조선인 리해, 만몽의 특수성과 우리들(〈삼천리〉제3권11호 1931.11.1) ▌13년에는 소위 로몽조약(露蒙條約)이라는 것이 성립되여 몽고의 독립을 승인하며(〈별곤건〉제57호 1932.11.1)

【몽고】몽고(Mongolia 蒙古), 아시아의 중앙 내륙에 있는 국가 ▌몽고 蒙古(파리외방선교회 한국선교단《한불자전》1880) ▌몽고ㅅ 사ᄅᆞᆷ들은 살ㅅ빗치 좀 누르며(한글본《ᄉᆞ민필지》1889) ▌몽고 蒙古(《국한회어》 1895) ▌만일청국으로론ᄒᆞ면만쥬몽고셔장신강을합ᄒᆞ야영리로ᄉᆞ빅ᄉᆞ십륙만방리가되더라(학부역《틔셔신사》1897) ▌죠션 일본 만쥬 몽고가 모도 ᄒᆞᆫ 죵ᄌᆞ요(〈독립신문〉1897.4.6) ▌간신히 몸을 ᄲᅵ쳐 몽고로 다라낫다가(〈대한매일신보〉1907.9.27) ▌아모리 별에 별 수단과 방법을 가진 사람이라도「아랍비야」와 몽고 사막가튼 지방에서는 할 여지가 업겟다(〈개벽〉제11호 1921.5.1) ▌몽고 蒙古 Mongolia(J.S.Gale《한영대자전》1931)
현대중국어 표기➡ 蒙古

【몽고국】몽고(Mongolia 蒙古國), 아시아의 중앙 내륙에 있는 국가 ▌혜원셩으로븟허 뎐긔션을 셜시ᄒᆞ야 몽고국 모든 변방을 건너 바로 경셩에 다하시니(한글판《이언(易言)》1883) ▌Mongolia 몽고국(G.H.Jones《영한자전(An English-Korean Dictionary)》KYO BUN KWAN, 1914)

【무-레-河】머리 강(Murray River), 오스트레일리아 남동부를 흐르는 강 ▌무-레-하(MURRAY)ᄂᆞᆫ本土第一大河로第一交通路니根源을濠洲알푸스山에셔發ᄒᆞ야(《중등만국지지》1902 제3편)

【묵서가】멕시코(Mexico 墨西哥), 미국 서남부에 접하여 있는 연방공화국. '묵서가'는 멕시코의 중국식 한자표기 '墨西哥'를 우리말 한자음으로 읽은 것이다 ▌서백리에 거주하는 동포가 16만 명 가량, 기타의 북미(北米) 묵서가(墨西哥), 기타 각국에 약2만 명이 잇다고 함으로(〈별곤건〉제36호 1931.1.1)

【묵셔가】멕시코(Mexico 墨西哥), 미국 서남부에 접하여 있는 연방공화국. '묵셔가'는 멕시코의 중국식 한자표기 '墨西哥'를 우리말 한자음으로 읽은 것이다 ▌묵셔가ᄂᆞᆫ 일쳔 ᄉᆞ십 만명 가량이라(〈독립신문〉1896.5.30) ▌이르ᄂᆞᆫ곳에묵셔가민쥬ㅣ도망ᄒᆞ고나라에ᄉᆞ룸이업더라(학부역《틔셔신사》1897) ▌묵셔가로 말ᄒᆞᆫᄃᆡ도 우리 싀골셔 셔울 올나오기 보다 얼마 더 아니 힘을 드리면 넉넉히 드러가고(김용준《월하가인》1912)

【묵셔가국】멕시코(Mexico 墨西哥國), 미국 서남부에 접하여 있는 연방공화국. '묵셔가국'은 멕시코의 중국식 한자표기 '墨西哥國'을 우리말 한자음으로 읽은 것이다 ▌묵셔가국 墨西哥國 Mexico(게일편《한영자전》1897) ▌묵셔가국의 독립 뎨가 九월 六일인ᄃᆡ 일본 쥬차ᄒᆞᆫ 각국 공ᄉᆞ가 묵셔가 공ᄉᆞ를 ᄎᆞ져 보앗다더라(〈독립신문〉1899.10.3) ▌일본인민이 묵셔가국 디경을 넘어 미국에 드러왓다ᄒᆞ야 항의를 ᄒᆞ니(〈대한매일신보〉1907.7.2)

【믁셔가】멕시코(Mexico 墨西哥), 미국 서남부에 접하여 있는 연방공화국, '믁셔가'는 멕시코의 한자표기 '墨西哥'를 우리말 한자음으로 읽은 것이다 ▌믁셔가에ᄲᅢ앗고ᄯᅩᄂᆡ디에토민이왕왕히그토디ᄅᆞᆯ미국에밧치고미국인민이되기ᄅᆞᆯ원ᄒᆞ니(학부역《틔셔신사》1897) ▌믁셔가와 담판을 시작ᄒᆞ엿ᄂᆞᆫᄃᆡ(〈대한매일신보〉1907.7.13)

【미】미국(United States of America 美/米), 북아메리카 대륙의 캐나다와 멕시코 사이에 있는 나라. '미'는 '미국'이 줄어든 말이다 ▌일본에 ᄶᅡ흘좀 빌엿다고 동ᄆᆡᆼ제국을 다 굿치 ᄃᆡ접ᄒᆞ자면 영 미 법 덕 아 오 의 일 졔국을 다 공평이 빌녀주어야 ᄒᆞᆯ터이니(〈협셩회회보〉제1권12호 1898.1.26) ▌미일 량국이 다섯히 안(파나마 운하를 다 기통하기 젼)에 기젼이 되리라 ᄒᆞ엿다더라(〈대한매일신보〉1907.7.13) ▌금일의 영미 양국과 如한대는 공산제도가 실현된다 할지라도(〈개벽〉제11호 1921.5.1) ▌영미양국은 마침내 동양함대와 륙군의 상해출동을 명령하는 동시에(〈별곤건〉제50호 1932.4.1)

【미공강】메콩 강(Mekong River), 인도차이나 지역의 메콩 강은 티베트 고원에서 발원하여 중국의 운남성, 미얀마, 태국, 라오스, 캄보디아, 베트남을 관통하는 세계에서 12번째로 긴 강이다▌ᄉᆞ면에 젹은산이 만코 동에는미공강이 잇고(한글본《ᄉᆞ민필지》1889)

【미구로네시아】미크로네시아(Micronesia), 태평양 필리핀 제도 동쪽, 적도 북쪽에 있는 서태평양에 자리 잡고 있는 여러 섬들. 지금은 미크로네시아연방공화국(Federated States of Micronesia)을 구성하고 있다▌미구로네시아 赤道線以北파푸아島와日本國小笠原島間에在ᄒᆞᆫ無數ᄒᆞ島嶼ᄅᆞᆯ總稱ᄒᆞᆷ이니(《중등만국지지》1902 제3편)

【미국】미국(United States of America 美國/米國), 북아메리카 대륙의 캐나다와 멕시코 사이에 있는 나라▌이졔 아라ᄉᆞ와 다못 영국 미국과 보국 법국과 오국 일국 모ᄃᆞᆫ 나라히 ᄒᆡ샹으로 닷토와 단니니(《이언(易言)》1883)▌모밀과 감ᄌᆞ요 털셕은 금 은 동 텰과 셕탄과 셕유며 셕유가 미국 대ᄋᆞᆷ 뎨일 만흐니라(한글본《ᄉᆞ민필지》1889)▌셔바나 인민이 미국 사ᄅᆞᆷ들을 ᄃᆡᄒᆞ야 실녜 ᄒᆞᆫ지 만이 잇ᄂᆞᆫ고로(〈독립신문〉1896.4.7)▌이ᄋᆞᆨ고미국이법국에쥬찰ᄒᆞᄂᆞᆫᄉᆞ신을보ᄂᆡ니(학부역《티셔신사》1897)▌○답 미국(美國)이뎨일이니라(《디구략론》1897)▌미국의 신내각(〈대조선독립협회회보〉제10호 1897.4.15)▌월젼에 미국 대통령 어마니가 도라가신 젼보가 오매(〈협성회회보〉1898.1.22)▌외부에ᄂᆞᆫ 미국인으로 고문관을 고빙ᄒᆞ고(〈대한매일신보〉1904.8.16)▌이번 올째 그 집에서 사위가 미국갓다 ᄒᆞᄂᆞᆫ 말을 듯고(육정수《송뢰금》1908)▌미국 칸터기 굴 속에 못이 잇ᄂᆞᆫᄃᆡ 물 고기가 잇서(김필수《경세종》1910)▌여긔는 엇의냐 ᄒᆞ면 미국 누육 마젹싱 공원이라(김교제《비행선》1912)▌지금 미국셔 화셩돈에 잇셔 크게 상업을 ᄒᆞᄂᆞ니(김용준《월하가인》1912)▌영국 군ᄉᆞ를 물니치고 미국으로 영국 긔반 羈絆에셔 버셔나(《성산명경》최병헌 1914)▌미국의 수입을 仰함과 如함이 그 一例라(〈개벽〉제10호 1921.4.1)▌미국 米國 America - the Unite States(J.S.Gale《한영대자전》1931)

【미국합중국】미국(United States of America), 북아메리카 대륙의 캐나다와 멕시코 사이에 있는 나라▌만주사변 상해사건에 잇서서 일본군의 발동이 미국합중국에 끼친 영향이 컷다는 것은 말할 여지가 업다(〈삼천리〉제4권5호 1932.5.15)

【미네소따-】미네소타(Minnesota), 미국 중북부에 있는 주 이름▌미네소따-(〈친목회회보〉 제6호 1897.12)

【미니소탑】미네소타(Minnesota), 미국 중북부에 있는 주 이름▌미국에새디방녯시잇스니욱화와감사사와니파사ᄀᆡᆨ과미니소탑이라(학부역《티셔신사》1897)

【미란】밀라노(Milano), 이탈리아 롬바르디아주(Lombardia)의 주도. 영어로는 milan이라 한다. '미란'은 밀라노의 한자표기 '美蘭'을 우리말 한자음으로 음독한 것이다▌미란과후로렌수等도다有名ᄒᆞᆫ都市ㅣ라(《소학만국지지》1895 제3편)

【미란府】밀라노(Milano), 이탈리아 롬바르디아주(Lombardia)의 주도▌미란府(MILAN)ᄂᆞᆫ坡河流域의大都니人口가四十三万이오(《중등만국지지》1902 제2편)

【미리견】미국(United States of America 米利堅/美利堅), 북아메리카 대륙의 캐나다와 멕시코 사이에 있는 나라. '미리견'은 미국의 한자표기 '米利堅' 또는 '美利堅'을 우리말 한자음으로 읽은 것이다▌미리견 美利堅(《국한회어》1895)▌미리견 美利堅 An American -a citizen of the United States(게일편《한영자전》1897)▌대한 을미년에 파리셩과 미리견 두 희쟝회에셔 셔로 내기 약됴를 ᄒᆞ엿ᄂᆞᆫᄃᆡ(〈독립신문〉1899.1.27)▌자칭 문명ᄒᆞᆫ 사람이라 ᄒᆞᄂᆞᆫ 자ᄂᆞᆫ 구라파 미리견에 졔일만 ᄒᆞ니 우슈운 일이로다(〈호남학보〉1908.7.25)▌의복은 미리견 졔도 갓고 단겨간 지는 십분죵이 밋쳐 못 되얏습니다(김교제《비행선》1912)▌미리견 米利堅 An American -a citizen of the United

States(J.S.Gale《한영대자전》1931)

【미셔셕비강】 미시시피 강(Mississippi River), 미국 중앙부를 흐르는 세계에서 세 번째로 긴 강 ▎미국의 미셔셕비강은 빅의 나는 리를 본토의셔 독단ᄒᆞ니(《이언(易言)》1883)

【미슈리】 미주리(Missouri), 미국 중부의 주 이름. 주도(州都)는 제퍼슨시티(Jefferson City)이다 ▎미국 미슈리 디방에 잇ᄂᆞᆫ 커읔쓰 빌과 류톤 ᄶᅡ에 회리 바람이 대단히 이러나(〈독립신문〉1899.5.8)

【미스긔】 모스크바(Moskva), 러시아의 수도. 유럽 러시아의 중부, 모스크바 강 유역에 위치한다 ▎오날 아라사 황뎨 직위례를 아라샤 미스긔에셔 힝ᄒᆞᄂᆞᆫ딕(〈독립신문〉1896.5.26)

【미스시피】 미시시피(Mississippi), 미국 중앙부를 흐르는 세계에서 세 번째로 긴 강 ▎미국 큰 강 미스시피가 넘어 그 근쳐에 잇ᄂᆞᆫ 면화밧시 모도 씻기여(〈독립신문〉1897.4.20)

【미시간 못】 미시간 호(Michigan Lake), 미국 북동부에 있는 담수호. 북아메리카의 5대호 중 3번째로 크며, 호수 전체가 미국 내에 들어와 있는 유일한 호수이다 ▎쉬커고와 미시간 못ㅅ ᄀᆞ히라 신신낫듸와 센트불이란 촌이 잇고(한글본《ᄉᆞ민필지》1889)

미국(美國/米國)

미국은 조선 말 최초로 국교를 수립한 나라이자 우리와는 여러 가지로 관계가 깊었던 나라이다. 그래서 그런지 개화기에는 미국을 지칭하는 이름이 많았다. 개화기 미국을 가리키는 이름을 들어보기로 한다.

- 한글표기: 대미국, 미, 미국, 미리견, 미합중국, 미합즁국, 북미쥬합즁국, 북미합즁국, 북아메리가합즁국, 북미합중국, 북아메리가합즁국, 북아메리까합즁국, 北아메리카合衆國, 유나이뎃되스데도, 유나이텟드스텟즈, 합중국, 합즁국, 화긔국
- 한자표기: 美國, 大亞美理駕合衆國, 米, 米國, 美, 美國, 米利堅, 美利堅, 美合衆國, 北米合衆國, 北美合衆國, 北阿美利加洲合衆國, 阿美利加, 亞米利駕, 亞米利加合衆國, 亞美利加合衆國, 合衆國, 花旗國, 花旂國

이들 이름은 하나하나 사연이 있는 이름이지만 모두 다룰 여유가 없으므로 여기서는 美國과 米國을 중심으로 살펴보기로 한다. 현재 한자문화권에서는 미국을 한자로 어떻게 표기하고 있을까?

- 중국, 대만, 한국: 美國
- 일본, 북한: 米國

위와 같이 美國은 한국과 중국 대만에서 사용하고 米國은 일본과 북한에서 사용한다. 美國과 米國은 모두 19세기 중엽 이후 중국에서 쓰기 시작한 이름으로 똑같이 미국(the United States of America)을 뜻한다. 그런데 왜 일본과 북한에서는 米國을

【미시간洲】 미시간(Michigan) 주, 미국 중북부에 있는 주 ▌최근 米國「미시간」洲「그랜래피즈」의「토머스 메델스」의 보고에 의하면(《동광》제20호 1931.4.1) ▌미시간州 순회재판소에서는(《삼천리》제6권제5호 1934.5.1)

【미시시비 강】 미시시피 강(Mississippi River), 미국 중앙부를 흐르는 세계에서 세 번째로 긴 강 ▌흔가온대 미시시비란 강이 멕스고 하슈로 드러가고(한글본《ᄉ민필지》1889) ▌미시시비와(오하요)兩江을 逆流而上ᄒ며(《서우》제7호 1907.6.1)

【미시십피】 미시시피(Mississippi River), 미국 중앙부를 흐르는 세계에서 세 번째로 긴 강 ▌미시십피河口에近ᄒᆫ三稜洲中에늬우오올네안(NEW ORLEANS)은(《중등만국지지》1902 권3)

【미시십피河】 미시시피 강(Mississippi River), 미국 중앙부를 흐르는 세계에서 세 번째로 긴 강 ▌미시십피河의 米人의 自由航行을 拒하고 新共和國과 折衝하는 等(《동아일보》1921.5.10. 1면)

【미싱안州】 미시간(Michigan) 주, 미국 중북부에 있는 주 ▌미싱안州으로 出ᄒᆫ 거시 殊多ᄒ고(《국민소학독본》1895)

【미우네치府】 뮌헨(Munich), 독일 남부

사용할까? 여기에는 여러 가지 오해와 속설이 있다. 우선 미국을 米國이라고 표기하는 데 대하여 ①미국이 쌀이 많이 나기 때문이다. ②미국 지도가 쌀 모양으로 생겼기 때문이다. ③미국은 '아름다운(美) 나라'가 아니기 때문이다 등 속설이 난무하고 있다. 그러나 ①과 ②의 설은 전혀 사실에 반한다. 왜냐하면 19세기 말 중국에서는 미국을 표기하는데 美國과 米國을 다 사용했고 우리나라와 일본에서도 아무런 구별 없이 사용했기 때문이다. ③의 설은 태평양전쟁 발발 이후라면 어느 정도 관련이 있을 법하다. 태평양전쟁 때 일본은 미국과 영국을 '귀축미영(鬼畜米英)', '귀축미제(鬼畜米帝)'라 하여 미국을 욕하고 멸시하였는데 그런 분위기 속에서 나라 이름에 '美'를 쓸 수 없었을 것이다. 북한에서 미국을 한자로 표기할 때 '米國'이라 쓰는 것도 그런 맥락에서 이해할 수 있다.

앞에서 적은 대로 '米國'은 19세기 말 우리나라 기록에도 보인다. 조선 말 문신 이유원(李裕元, 1814~1888)의 《가오고략(嘉梧藁略)》(연대 미상)에는 '米國'을 사용하고 있고(卽聞象譯輩所傳. 則米國書契之在於東萊者. 使之上來云. 此是大事也), 박영효의 《사화기략(使和記略)》(9월 10일자 기록)에도 '美國' 대신에 '米國'이라 적은 예가 있다(訪英國全權公使, 米國全權公使, 意大利代理公使). 1890년대 이후에는 '米國'의 사용이 더욱 빈번해지며 1910년 일제에게 국권을 침탈당할 때까지는 수를 셀 수 없을 만큼 많은 자료에 '米國'이 보인다. 1910년 이후에는 일제의 영향으로 '米國'이 '美國'보다 더 많이 사용되다가 해방 후 '美國'으로 바뀌었다.

결국 '美國'이나 '米國'은 중국에서 미국(the United States of America)을 한자로 음역하는 과정에서 생긴 표기일 뿐 다른 의미는 없다고 보는 것이 옳을 것이다.

바이에른(Bavaria) 주의 주도 ▌미우네치府(MUNICH)는王國의首都오또帝國第二位의首府니(《중등만국지지》1902 권2)

【미주】미주(America 美洲/米洲), 아메리카 대륙. '미주'는 America의 한자표기 '美洲/米洲'를 우리말 한자음으로 읽은 것이다 ▌새로운 미주에서도 금주운동이 이와가치 왕성하야 일반 백성에게 금주령을 반포하얏는대(〈동아일보〉1920.7.29. 3면) ▌此 桑港은 미주 대륙의 관문인 고로(〈개벽〉제31호 1923.1.1) ▌미주 대륙에 잇는 우리 재산을 다 모으면 얼마나 되겟느냐고요?(〈동광〉제31호 1932.3.5) ▌南米는 적도이남에 있는 미주의 하나인대 여행하기에 불편한 것은 누구나 잘 아는 바이다(〈개벽〉신간 제1호 1934.11.1)

【미쥬】미주(America 美洲), '미쥬'는 America의 한자표기 '美洲/米洲'를 우리말 한자음으로 읽은 것이다 ▌최후에는미쥬의나긔산을어드니이산은텬반이다금은이응결ᄒᆞ고쟝이숨쳔리라(학부역《티셔신사》1897) ▌남북 미쥬에 토산지물과 졔죠지물을 버려노코빅셩의게 뵈엿는딕(〈신학월보〉제1권11호 1901.9) ▌영국 정부에셔 예산이 부족홈을 인ᄒᆞ야 미쥬 식민디에 인지셰를 반포ᄒᆞ니(〈대한매일신보〉1907.8.7) ▌한 픽는 구쥬(歐洲)로 건너가고 한 픽는 미쥬(美洲)로 건너와셔(김교제《비행선》1912) ▌美洲(미쥬) '米洲'와 同(《총독부조선어사전원본》1918)

【미지깐】미시간(Michigan) 주, 미국 중북부에 있는 주 ▌미지깐(〈친목회회보〉 제6호 1897.12)

【미지간호】미시간 호(Michigan Lake), 미국 북동부에 있는 담수호 ▌又미지간湖(MICHIGAN)휴론(HURON)에리-湖(ERIE)온타리오湖(ONTARIO)의五大湖는水路가相通ᄒᆞ야(《중등만국지지》1902 권3)

【미쿠로네시아】미크로네시아(Micronesia), 오스트레일리아 서태평양상에 있는 연방국 ▌미쿠로네시아(MICRONESIA)(《중등만국지지》1902 권3)

【미합즁국】미국(United States of America 美合衆國), 북아메리카 대륙의 캐나다와 멕시코 사이에 있는 나라 ▌미합즁국 사름 둘즁에 졍신병학(精神病學 psychiatria) 교ᄉᆞ가 ᄒᆞ나히오 브레실 사름이 ᄒᆞ나히오(《경향보감》권4 1906-1910)

【민넷소다】미네소타(Minnesota), 미국 중서부에 있는 주 ▌미국 북방 민넷소다에 잇는 토죵들이 란을 일으켜(〈독립신문〉1898.10.17)

【밀누우오-크】밀워키(Milwaukee), 미국 위스콘신(Wisconsin) 주 동부에 있는 도시 ▌미지간湖西의밀누우오-크(MILWAUKEE)는穀物大材家畜의市場이니(《중등만국지지》1902 권3)

【밀란】밀라노(Milano), 이탈리아 롬바르디아(Lombardia) 주의 주도. '밀란'은 밀라노(Milano)의 한자표기 '密蘭'을 우리말 한자음으로 읽은 것이다 ▌북에는 두린과 밀란과 젠오아ㅣ란 포촌과(한글본《ᄉᆞ민필지》1889) ▌午前9시 40분에 밀란을 떠나 베니스로 向하엿다(〈삼천리〉제6권 제11호 1934.11.1)

【밀셜셜피】미시시피(Mississippi) 주, 미국 중남부에 있는 주로 주도(州都)는 잭슨이다 ▌기외작이가와아랍파마와밀셜셜피와노의ᄉᆞ나와복눅리달다셧싱이분분이ᄌᆞ퇴ᄒᆞ고(학부역《티셔신사》1897)

【밋슈리강】미주리 강(Missouri River), 미국 중북부를 흐르는 강 ▌오하요와 밋슈리와 아간사스와 으렛이란 강이 다 미시시비강에로 드러가고(한글본《ᄉᆞ민필지》1889)

ㅂ

【ᄲᅢᆨ구닷드】 바그다드(Baghdad), 이라크의 수도. 티그리스 강 중류에 있다 ▌ᄲᅢᆨ구닷드(BAGDAD)는沿水地方의都邑이니昔日回教法王의首都府라(《중등만국지지》1902 권1)

【바놈빈】 프놈펜(Phnum Penh), 캄보디아의 수도. 메콩 강과 톤레사프 강 합류지점에 있다 ▌首府를바놈빈이라ᄒᆞ니라(《소학만국지지》1895 제1편)

【바데비아】 바타비아(Batavia), 현 인도네시아 수도 자카르타(Jakarta)의 옛 이름 ▌諸島中港市의最盛ᄒᆞᆫ者는바데비아와수라비야와보루네오島의폰듸아낫구와수마도라島西岸의파단구等이라(《소학만국지지》1895 제6편)

【바라궤국】 파라과이(Paraguay), 남아메리카 중앙에 있는 내륙 공화국 ▌칠릐국과 아젠듼합즁국과 바라궤국과 유루궤국이니라(한글본《ᄉᆞ민필지》1889)

【ᄲᅡ라계】 파라과이(Paraguay), 남아메리카 중앙에 있는 내륙 공화국 ▌ᄲᅡ라계(〈친목회회보〉 제6호 1897.12)

【ᄲᅡ쎌논】 바빌론(Babylon), 바빌로니아(Babylonia)의 수도로서 번영했던 고대 도시 ▌ᄲᅡ쎌논에서 이러난美術과工藝가(〈소년〉제2년8권 1909.9.1)

【바스포르스】 보스포루스(Bosporus), 흑해와 마르마라 해(Marmara Sea)를 잇고, 아시아와 유럽을 나누는 터키의 해협 ▌론돈삼월이십일 발 아라샤 군ᄉᆞ 일대듸가 바스포르스 항구를 지내여 크레테로 갓다더라(〈독립신문〉1897.3.27)

【ᄲᅡ스보러스】 보스포루스 해협(Bosporus Straits), 터키의 서부, 마르마라 해(Marmara Sea)와 흑해를 연결하는 해협 ▌ᄲᅡ스보러스ㅣ란 믈목ㅅ에 컨스탄틔노플이란 포구가잇고(한글본《ᄉᆞ민필지》1889)

【바시빗그】 태평양(Pacific Ocean), 대서양 · 인도양 · 남극해 · 북극해와 함께 5대양을 이루는 큰 바다 ▌바시빗그(〈한성주보〉 제4호 1886.2.22)

【바시힛그】 태평양(Pacific Ocean), 대서양 · 인도양 · 남극해 · 북극해와 함께 5대양을 이루는 큰 바다 ▌바시힛그는太平洋이요(〈한성주보〉제2호 1886.2.1)

【ᄲᅡ실로나】 바르셀로나(Barcelona), 스페인 동북부의 카탈루냐(Catalonia) 지방에 있는 항구 도시 ▌동편에 ᄲᅡ실로나ㅣ 란큰촌이 잇고(한글본《ᄉᆞ민필지》1889)

【ᄲᅡ이가르湖】 바이칼 호수(Lake Baikal), 러시아 시베리아 남동쪽에 있는 세계에서 가장 오래되고 가장 깊은 호수 ▌高地는東南方되는蒙古境이니中央은ᄲᅡ이가르湖(BAIKAL)라(《중등만국지지》1902 권1)

【바이갈湖】 바이칼 호수(Lake Baikal), 러시아 시베리아 남동쪽에 있는 세계에서 가장 오래되고 가장 깊은 호수 ▌바이갈湖는알다이山脉의北邊에有ᄒᆞ니(《소학만국지지》1895 제1편)

【바타뷔-】 바타비아(Batavia), 네덜란드의 옛 이름 ▌和蘭은舊名은바타뷔-(BATAVI)라稱하더니今名으로改ᄒᆞ니(《중등만국지지》1902 제2편)

【ᄲᅡ타예아】 바타비아(Batavia), 현 인도네시아 수도 자카르타(Jakarta)의 옛 이름. 원래는 네델란드의 옛 이름이었다 ▌ᄲᅡ타예아(BATAVIA)는瓜哇의西北海岸에在ᄒᆞ니(《중등만국지지》1902 권3)

【바하마群島】 바하마 군도(Bahamas), 미국의 플로리다 반도 남동쪽에서 히스파니올라(Hispaniola)섬에 이르기까지 약 800km에 걸쳐서 약 700개의 섬과 2,000여 개의 산호초로 이루어진 여러 섬들 ▌바하마群島(全面積이五千四百五十方哩)폴노리다半島東南에在ᄒᆞᆫ五百餘되는群島니(《중등만국지지》1902 권3)

【싸하마】 바하마(Bahama), 북아메리카의 동쪽 대서양상에 있는 입헌군주국 ▍싸하마(〈한성주보〉제22호 1886.6.31)

【박닷드】 바그다드(Baghdad), 이라크의 수도 ▍그 거름을 나아가 박닷드 동북 쟈브하에 달ᄒᆞ고 ᄯᅩ 나아가 파샤만을 칙량ᄒᆞᆫ다 이른다니(〈독립신문〉1899.10.23)

【반고크】 방콕(Bangkok 盤谷), 타이의 수도. '반고크'는 방콕의 한자표기 '盤谷'을 일본어 발음으로 읽은 것이다 ▍中華民國廣西省 南華에서 佛領 인도(하이노) 暹羅(반고크) 馬來반도(신가뽀-ㄹ) 보르네오島(크칭) 타와오에서 승선하야(〈삼천리〉제9권4호 1937.5.1)

【반곡】 방콕(Bangkok 盤谷), 타이의 수도. '반곡'은 방콕의 중국식 한자표기 '盤谷'을 우리말 한자음으로 읽은 것이다 ▍륙월 이일에 반곡부에셔 일본 ᄃᆡ리공ᄉᆞ와 셤라 외부 대신이 의결ᄒᆞ야 불일간에 반포 되리라 ᄒᆞ더라(〈믹일신문〉1898.6.16) ▍오ᄂᆞᆫ 십팔일에 셤라국 반곡으로 향ᄒᆞ야 츌발ᄒᆞᆫ다더라(〈대한매일신보〉1909.11.14) ▍上海 반곡(盤谷) 란공(蘭貢) 카라치- 테-리- 빡다드 히랍(希臘) 라마(羅馬) 파리(巴里) 론돈(倫敦) 아이스란트 뉘유파운드랜드 등 디방을 지나서(〈동아일보〉1920.8.21. 3면)

【반큐버-】 밴쿠버(Vancouver), 캐나다 브리티시컬럼비아(British Columbia) 주 남서부에 있는 도시 ▍카나다 화륜션 엠쌔례쓰어프차이나를 타고 반큐버-로 가아미리가로 구라파에 갓다더라(〈독립신문〉1896.5.5)

【발가리아】 불가리아(Bulgaria), 동부 유럽 발칸 반도의 남동부에 있는 나라 ▍동구東歐풍셜에 이르되 발가리아가 금년 봄에 병비를 十分 정돈ᄒᆞ고(〈독립신문〉1899.9.19)

【발누틔모아-부(府)】 볼티모어(Baltimore), 미국 메릴랜드(Maryland) 주에 있는 도시 ▍마일난드州의발누틔모아-府ᄂᆞᆫ(BALTIMORE) 졔스사꼐익크灣(CHESSAPEAKE)頭에在ᄒᆞ니(《중등만국지지》1902 권3)

【발세로나】 바르셀로나(Barcelona), 스페인 동북부의 카탈루냐(Catalonia) 지방에 있는 항구 도시 ▍地中海의要港되ᄂᆞᆫ발세로나(BARCELONA)ᄂᆞᆫ其形勢가首府보다反勝ᄒᆞ니(《중등만국지지》1902 권2) ▍발세로나會議의 決議로써 交通專門委員會의 議에 附한 事項(〈동아일보〉1921.8.6. 2면) ▍그중에도 가다로니아의 首府 발세로나가튼 곳에서는(〈삼천리〉제15호 1931.5.1)

【발아리】 불가리아(Bulgaria), 동부 유럽 발칸 반도의 남동부에 있는 나라 ▍발아리에 三千八百八十三명(〈독립신문〉1899.5.17) ▍발아리의 국민개로주의에 대한 일고(〈개벽〉제27호 1922.9.1)

【발이긔리아】 불가리아(Bulgaria), 동부 유럽 발칸 반도의 남동부에 있는 나라 ▍발이긔리아인이ᄯᅩᄒᆞᆫ그포학을견ᄃᆡ지못ᄒᆞ거ᄂᆞᆯ영국이돌왕을쵀촉ᄒᆞ야각싱을안돈ᄒᆞ라불연이면위틔ᄒᆞ리라(학부역《틔셔신사》1897)

【발치머-】 볼티모어(Baltimore), 미국 남부 메릴랜드 주 중부의 도시 ▍波士頓발치머-等은모다大西洋岸의要都ㅣ라(《소학만국지지》1895 제3편)

【발칸】 발칸(Balkan), 유럽 대륙 동남부에 있는 반도. 동부 유럽과 중남부 유럽 중동과 아시아를 잇는 관문 역할을 하는 곳이다 ▍터군ᄉᆞ와 벌갈리아 군ᄉᆞ가 발칸 디방에셔 셔로 맛나 네시 동안을 싸왓ᄂᆞᆫᄃᆡ(〈독립신문〉1899.4.18) ▍希臘은 발칸半島 南端에 在ᄒᆞ야(〈서우〉제10호 1907.9.1) ▍발칸半島와 네사린드의 各樣 分離統一의 運動이 모다 此 主義로서 出한 것이라(〈동아일보〉1921.4.21. 1면) ▍다시 박다-드와 모록코에서 왕래하다가 畢竟은 발칸반도에서 大風雨를 振作케 하얏스며(〈개벽〉제43호 1924.1.1) ▍그러므로 만주를 동양의 발칸이나, 동양의 중앙 유롭을 아니 만들랴면(〈동광〉제25호 1931.9.4)

【샐간】 발칸(Balkan), 유럽 대륙 동남부에 있는 반도. 동부 유럽과 중남부 유럽 중동과 아시아를 잇는 관문 역할을 하는 곳이다 ▍론돈

뎐보를 거흔즉 쏄간반도의 형셰는 써비아의 왕태즈가 양위흐고(《대한매일신보》1909.4.2)

【쌜트海】 발트 해(Baltic Sea), 유럽 대륙과 스칸디나비아 반도 사이에 있는 바다 ▌泰西로 더부러 交通하랴하면 쌜트海을 거티디아니하면(《소년》제1년2권 1908.12.1)

【쌜틕海】 발트 해(Baltic Sea), 유럽 대륙과 스칸디나비아 반도 사이에 있는 바다 ▌이 쯧을 이루랴하면 쌜틕海가아니면 黑海에 求하다아니하면(《소년》제1년2권 1908.12.1)

【방콕】 방콕(Bangkok), 타이의 수도 ▌죠션 셔울과 셤나 셔울 방콕과 파샤 셔울 테혀란에 가는 공스들은 삼등 공스라(《독립신문》1897.1.28) ▌방콕까지 四千五百粁臺北에 一泊하기로 되어 잇다(《동아일보》1939.1.19. 1면)

【빅긔이】 벨기에(Belgium), 서유럽의 북해에 면해 있는 입헌군주제 국가. 수도는 브뤼셀(Brussel)이며 영어로는 벨지움(Belgium)이라 한다 ▌오지리 셔반아 포도아 이틸이 빅긔이 뎨국이요(《독립신문》1897.1.26)

【빅루기】 벨기에(Belgium), 서유럽의 북해에 면해 있는 입헌군주제 국가. 수도는 브뤼셀(Brussel)이며 영어로는 벨지움(Belgium)이라 한다 ▌빅루기(《한성주보》제5호 1886.3)

【빅님】 베를린(Berlin 伯林), 독일의 수도. '빅님'은 베를린의 중국식 한자표기 '伯林'을 우리말 한자음으로 읽은 것이다 ▌덕국 빅님의 오젼三시 五十八분 三十二초(《독립신문》1899.9.21)

【빅리의】 벨기에(Belgium), 서유럽의 북해에 면해 있는 입헌군주제 국가. 수도는 브뤼셀(Brussel)이며 영어로는 벨지움(Belgium)이라 한다 ▌청국 정부에셔 북경 한구(北京 漢口) 털로를 빅리의(白耳義)회샤에 허락 흐야 놋케 흐엿다더라(《독립신문》1898.8.15)

【백림】 베를린(Berlin 伯林), 독일의 수도. '백림'은 '베를린'의 중국식 한자표기 '伯林'을 우리말 한자음으로 읽은 것이다 ▌자기의 힘으로 돈을 벌어서 독일 백림에 이태동안 유학을 하고(이광수《무정》1917) ▌만일 그럿타면 간판을 얼는 떼여 질머지고 백림이나 뉴욕을 향하시는 것이(《별곤건》제11호 1928.2.1) ▌바로 독일 서울 백림의 교외에 잇사외다.(《삼천리》제6호 1930.5.1) ▌1895년에 창립. 백림에 설치. 이 會는 非정치단체와 非工人단체의 本位로 조직된 것인데(《동광》제34호 1932.6.2)

【빅림】 베를린(Berlin 伯林), 독일의 수도. '빅림'은 '베를린'의 중국식 한자표기 '伯林'을 우리말 한자음으로 읽은 것이다 ▌덕국(德國)셔울일홈이무어시뇨 ○답 빅림(答伯林)이라흐느니라(《디구략론》1897) ▌구미 각국 도셩 즁에 덕국 셔울 빅림이 그즁 죠용흐다 흐니(《독립신문》1899.1.14) ▌황족 즁에 친왕 흐나를 특히 대스로 차흐야 빅림에 파숑홀 일(《신학월보》제1권3호 1901.2) ▌빅림 각 신문에는 히동 밍 파공이 보통 동밍 파공이 아니라 혁명의 셩질을 가진 쟈-라고 의론흐엿고(《대한매일신보》1905.1.26) ▌오일 젼에 덕국 빅림으로셔 빅를타고 건너와(김교제《비행선》1912)

【빅이의】 벨기에(Belgium 白耳義), 서유럽의 북해에 면해 있는 입헌군주제 국가. '빅이의'는 벨기에의 한자표기 '白耳義'를 우리말 한자음으로 읽은 것이다 ▌빅이의에 삼쳔 오빅 팔십 이 모일 영국에 이만 일쳔 이빅 십칠 모일(《독립신문》1898.5.5) ▌만일 자쥬권이 잇스면 빅이의(白耳義)와 갓흔 흔젹은 나라라도 셰계샹에 붓그럼이 업는지라(《미일신문》1898.12.24) ▌호북 긔계국에셔는 일본인이 다스직흐고 덕국인과 이태리인과 빅이의인들이 되임흔다는 통신이 잇다더라(《대한매일신보》1908.2.19) ▌쪠렐씨는 미국에쁜만 아니라, 영국에나 독일에나, 빅이의에나, 불난셔에나, 오스추리아에나(《태서문예신보》제2호 1918.10.13) ▌빅이의 白耳義 Belgium(J.S.Gale《한영대자전》1931)

【빈구버】 밴쿠버(Vancouver), 캐나다 브리티시컬럼비아 주(British Columbia) 남서부에 있는 도시. 밴쿠버라는 이름은 1792년 태평양 연안을 탐험한 조지 밴쿠버 선장의 이

름에서 딴 것이다 ▎북편에도 셤이 만코 셔편에 ᄇᆡᆫ구버와 쳔 리 되는 셤 젹은 셤이 만코(한글본《ᄉᆞ민필지》1889)

【밴실바니야】 펜실베니아(Pennsylvania), 미국 북동부에 있는 주. 주도(州都)는 해리스버그(Harrisburg)이다 ▎法國經濟雜誌에據ᄒᆞᆫ즉北美合衆國[밴실바니야]에셔石油産出額은前年에比ᄒᆞ면一万[바랠](一바랠은大約我國六斗七升)餘이오(〈관보〉제201호 1895.11.1)

【ᄇᆡᆫ콕】 방콕(Bangkok), 타이의 수도 ▎론돈 십일월 팔일 발 아라샤에셔 쉬 셤라 셔울 ᄇᆡᆫ콕다가 공ᄉᆞ관을 ᄇᆡ셜 ᄒᆞᆫ다더라(〈독립신문〉1897.11.13)

【버마】 미얀마(Myanmar), 동남아시아의 인도차이나 반도와 인도 대륙 사이에 있는 나라. 1998년 나라 이름이 버마에서 미얀마로 바뀌었다 ▎緬甸 버마(유길준《서유견문》1895 제1편) ▎緬甸버마(〈대한자강회월보〉제11호 1907.5.25) ▎英印圓卓會議全員委員會는 버마를 印度로부터 分離하자는 原則을 可決하얏다(〈동아일보〉1930.12.6. 1면)

【버밍힝】 버밍엄(Birmingham), 영국 중서부 웨스트미들랜드(West Midlands) 주의 주도 ▎영국 식민 대신이 버밍힝셔 연설 ᄒᆞ는ᄃᆡ(〈독립신문〉1898.2.5)

【빼밍함】 버밍엄(Birmingham), 영국 중서부 웨스트미들랜드(West Midlands) 주의 주도 ▎ᄯᅩ ᄒᆞᆫ가온대는빼밍함이란큰촌이잇고(한글본《ᄉᆞ민필지》1889)

【버스던港】 보스턴(Boston), 미국 매사추세츠 주의 주도. 매사추세츠 만 연안에 자리한 뉴잉글랜드 최대의 중심지이다 ▎英人이 맛춤ᄂᆡ그罪를 다스려 버스던港을 封鎖ᄒᆞ니(《국민소학독본》1895)

【번】 베른(Bern), 스위스의 수도이자, 베른(Bern)주의 주도 ▎희랍 셔울 ᄋᆡ슨스와 셔샤 셔울번과(〈독립신문〉1897.1.28)

【번뇌주옐아】 베네수엘라(Venezuela), 남 남아메리카 대륙 북부에 있는 공화국 ▎미국과 영국 ᄉᆞ이에 번뇌주옐아 디경 일 ᄉᆡᆼᄃᆞᆰ에 ᄒᆞᆫ 동안 두나라가 싸홈이 될듯 ᄒᆞ더니(〈독립신문〉1896.12.26)

【번이쥬엘라】 베네수엘라(Venezuela), 남아메리카 대륙 북부에 있는 공화국 ▎아라샤 셔울 대학교 만국 공법교샤 마튼씨를 미국과 영국 ᄉᆞ이에 번이쥬엘라 디경 일노 ᄌᆡ판 ᄒᆞ는ᄃᆡ ᄌᆡ판관으로 ᄲᆞᆸ앗다더라(〈독립신문〉1897.10.19)

【벌갈리아】 불가리아(Bulgaria), 동부 유럽 발칸 반도의 남동부에 있는 나라 ▎터 군ᄉᆞ와 벌갈리아 군ᄉᆞ가 발칸 디방에셔 셔로 맛나 네시 동안을 싸왓는ᄃᆡ(〈독립신문〉1899.4.18)

【쌜가리아】 불가리아(Bulgaria), 동부 유럽 발칸 반도의 남동부에 있는 나라 ▎토이기와 쌜가리아 량국간에 긔젼ᄒᆞ기를 쥰비ᄒᆞᆫ다는 풍셜이 잇다더라(〈대한매일신보〉 1908.10.9)

【벌게리아】 불가리아(Bulgaria), 동부 유럽 발칸 반도의 남동부에 있는 나라 ▎벌게리아 님군 버듸낸 폐하는 불란셔 셔울 ᄑᆡ리스에 가셧다더라(〈독립신문〉1896.5.26)

【벌괄이아】 불가리아(Bulgaria), 동부 유럽 발칸 반도의 남동부에 있는 나라 ▎貿易場의 스닥으府ᄭᆞ지 倂ᄒᆞ야 벌괄이아 ᄯᆞ흘 襲擊ᄒᆞ야(《국민소학독본》1895)

【벌누치스탄】 발루치스탄(Baluchistan), 파키스탄 남서부에 있는 주 ▎인도 변방에 영국 군ᄃᆡ들이 벌누치스탄에 들어가 젼션을 셰우랴는ᄃᆡ(〈독립신문〉1898.1.22)

【벌닌】 베를린(Berlin), 독일의 수도 ▎伯林(벌닌)此府는日耳曼의京城이니(유길준《서유견문》1895 제20편) ▎덕국 경셩 벌닌셔 말ᄒᆞ기를 아라샤와 덕국과 오디리와 이ᄐᆡ리 네 나라이 쟝ᄎᆞ 오디리 경셩 비에나에 ᄒᆞᆫ 회를 열듯 ᄒᆞ다더라(〈독립신문〉1899.2.23)

【벌인】 베를린(Berlin), 독일의 수도 ▎덕국 셔울 벌인셔 온 편지를 보니(〈독립신문〉1896.1.28)

【범아국】 미얀마(Myanmar), 버마국. 동남아시아의 인도차이나 반도와 인도 대륙 사이에 있는 나라. 1998년부터 나라 이름이 미얀마로 바뀌었다 ▌디경을 의론컨대 북은 범아국이오 동은 안남국이오(한글본《ᄉᆞ민필지》1889)

【법】 프랑스(France 法), 유럽 서부 대서양 연안에 위치한 공화제 국가, '법'은 '법국(法國)'이 줄어든 말 ▌쥬차 영 덕 아 의 법 오 공ᄉᆞ관 참셔관 리용교(〈독립신문〉1897.10.12) ▌아라사 신문에 말ᄒᆞ엿스되 영 법 덕 아가 동맹일을 담판ᄒᆞ여 셔로 공평ᄒᆞ게 난호자고 ᄒᆞ엿다더라(〈협셩회회보〉제1권10호 1898.1.26) ▌그후에 영 법 셔반아 등국이 신민디를 닷토와 수십 년 젼쥥을 지낸 후에 식민디 십삼쥬가 모도 영국에 ᄎᆞ지가 되니(〈대한매일신보〉1907.8.7)

【법국】 프랑스(France 法國), '법국'은 프랑스의 중국식 한자표기 '法國'을 우리말 한자음으로 읽은 것이다 ▌그 후의 영국과 법국이 셔로 싸흔 지 빅 년에 밋촌지라(《이언(易言)》1883) ▌칠십 년 젼에 영국 법국 미국이 군ᄉᆞ를 보내아(한글본《ᄉᆞ민필지》1889) ▌英法 兩國이 戰端을 열ᄆᆡ 西班牙國이 또ᄒᆞᆫ 법국과 合ᄒᆞ고(《국민소학독본》1895) ▌법국 法國(《국한회어》1895) ▌법국 ᄉᆞ관이 쳔 이십 군ᄉᆞ ᄉᆞ만 이쳔 이빅 다삿(〈독립신문〉1896.4.25) ▌그즁에 영국(英國)과 덕국(德國)과 법국(法國)과 아라ᄉᆞ국(俄羅斯國)이 데일(第一)이니라(《디구략론》1897) ▌그 빅셩은 법국을 겁너야 거의 팔공산 초목이다(학부역《틔셔신사》1897) ▌법국 法國 France(게일편《한영자전》1897) ▌법국 도셩 파리스에 파견ᄒᆞ야 평화 약됴를 뎡ᄒᆞᆫ다더라(〈미일신문〉1898.8.17) ▌법국셔 온 ᄉᆞ신은 나파륜의 아쟝으로(〈신학월보〉제1권4호 1901.3) ▌법국 령ᄉᆞ와 일본 령ᄉᆞ가 루ᄎᆞ 담판ᄒᆞ엿스되(〈대한매일신보〉1904.11.26) ▌법국 파리셩을 한 번 가자 ᄒᆞ면 경비가 만아 가지는 못 ᄒᆞ더래도(육정수《송뢰금》1908) ▌셩피득ᄉᆞ는 법국황뎨의 주필(駐蹕)ᄒᆞ엿던 곳인고로(민준호《옥호긔연》1911) ▌우리 와싱톤이나 법국 파리와 막상막하가 될지라(김교제《비행선》1912) ▌France 법국(法國) 불란셔(佛蘭西)(G.H.Jones《영한자전(An English-Korean Dictionary)》KYO BUN KWAN, 1914) ▌나폴레옹이 법국 황제인 줄은 알지마는(이광수《무정》1917) ▌이 영사관원 중 법국영사와 가튼 이는 그 전브터 吾黨의 革命事業을 잘 이해한 관계상(〈개벽〉제59호 1925.5.1) 현대중국어 표기➡ 法国

【법난셔】 프랑스(France 法蘭西), '법난셔'는 프랑스(France)의 중국식 한자음역표기 '法蘭西'를 우리말 한자음으로 읽은 것이다 ▌대져 법난셔 대젼 후에 통국 인민이 그리히 를 깁히 알고 국경을 정돈코ᄌᆞ ᄒᆞ야 비로소 신법을 세웟더라(학부역《틔셔신사》1897) ▌나라를 부지ᄒᆞᆯ ᄉᆡᆼ각들만 ᄒᆞᄂᆞ니 그러ᄒᆞᆫ 고로 태셔 제국에 영길리라 법난셔라 아라샤라(〈미일신문〉1898.12.12) ▌이는 곳 법난셔 파리부 대의원 학사 좌선군의 장슈촌이라(이해조《철세계》1908)

【법란서】 프랑스(France 法蘭西), '법란서'는 프랑스(France)의 중국식 한자음역표기 '法蘭西'를 우리말 한자음으로 읽은 것이다 ▌넷적 법란서국에 두 사름이 잇ᄉᆞ니(〈신학월보〉제2권7호 1902.7)

【법란셔】 프랑스(France 法蘭西), '법란셔'는 프랑스(France)의 중국식 한자음역표기 '法蘭西'를 우리말 한자음으로 읽은 것이다 ▌텬쥬괴니 의대리와 오마가와 븍비리아와 법란셔와 일ᄉᆞ파리아와 포도아와 비리시 등 일곱 나라히 좃ᄎᆞ 힝ᄒᆞ고(《이언(易言)》1883) ▌의대리와 오마가와 븍비리아와 법란셔와 일ᄉᆞ파리아와 포도아와 비리시 등 일곱 나라히 좃ᄎᆞ 힝ᄒᆞ고(한글본《ᄉᆞ민필지》1889) ▌그런 고로 법란셔의 웅ᄒᆞᆫ 바롬이 만고에 잇지 안ᄒᆞᆫ빅 되엿스나(〈독립신문〉1899.3.18) ▌법란셔 파려부 세셰리경 삼십이호 고등 기예 학교 마극포ᄉᆞᄆᆡᆼ 션싱 계ᄒᆞ라 ᄒᆞ여(이해조《철세계》1908)

【법발로】 버펄로(Buffalo), 미국 뉴욕 주의 서부에 있는 도시. 나이애가라강의 최상류

이리 호(湖)의 북동 연안에 있다 ▌북편에 법발로와 이리 못ㅅ ㄱ히라 쉬커고와 미시간 못ㅅ ㄱ히라(한글본《ᄉᆞ민필지》1889)

【베네싸ᄅᆞ】 베네수엘라(Venezuela), 남아메리카 대륙 북부에 있는 공화국 ▌베네싸ᄅᆞ(〈친목회회보〉제5호 1897.6)

【베네수일나국】 베네수엘라(Venezuela), 남아메리카 대륙 북부에 있는 공화국 ▌걸넘비아국과 베네수일나국과 기아나와 쌘레실국과 엑궤도국과 비루국과 블늬비아국과 칠릐국과 아젠듼합즁국과 바라궤국과 유루궤국이니(한글본《ᄉᆞ민필지》1889)

【베네스예라】 베네수엘라(Venezuela), 남아메리카 대륙 북부에 있는 공화국 ▌加利比安海에ᄂᆞᆫ다리옌(DARIEN)베네스예라(VENEZUELA)兩灣이有ᄒᆞ고(《중등만국지지》1902 권3)

【예네스엘라】 베네수엘라(Venezuela), 남아메리카 대륙 북부에 있는 공화국 ▌예네스엘라(VENEZUELA)(《중등만국지지》1902 권3)

【베네쥬엘나】 베네수엘라(Venezuela), 남아메리카 대륙 북부에 있는 공화국 ▌미국과 영국 ᄉᆞ이에 베네쥬엘나 일 ᄉᆡᆼ닭에 직판ᄒᆞ쟈ᄂᆞᆫ 약죠를 모도 쓰더 고쳐(〈독립신문〉1897.3.30)

【예네티아】 베네치아(Venice), 이탈리아 베네토(Veneto) 주의 주도이며 '물의 도시'로 불린다. 영어로는 베니스(Venice)라고 한다 ▌이탈늬가오國으로서롬싸르듸와예네티아를쌔앗아오고(〈소년〉제2년10권 1909.11.1)

【쎄닌】 베냉(Benin), 아프리카 서부 기니 만에 면한 나라 ▌쎄닌(BENIN)은共히奴隷海岸(SLAVE COAST)內地에在ᄒᆞᆫ小獨立國이니(《중등만국지지》1902 권3)

【베라쿠르쓰】 베라쿠르즈(Veracruz), 멕시코시티의 외항으로 멕시코 최대의 무역항이다 ▌베라쿠르쓰(VERACRUZ)ᄂᆞᆫ太西洋岸의要港이오(《중등만국지지》1902 권3)

【베루구례도】 베오그라드(Beograd), 세르비아의 수도 ▌首府베루구례도ᄂᆞᆫ多惱와세부兩河間에有ᄒᆞᆫ要害의地ㅣ라(《소학만국지지》1895 제3편)

【베루국】 페루(Peru), 남아메리카 중부 태평양 연안에 있는 나라 ▌디경을 의론컨대 북은 베루국과 엑궤도국과 골롬비아국과 베네쉬일나국과 기아나와 대셔양이오(한글본《ᄉᆞ민필지》1889) ▌베루국(〈친목회회보〉제6호 1897.12)

【베룬府】 베른(Bern), 베른 주(州)의 주도 ▌베룬府ᄂᆞᆫ그首府의之次니(《중등만국지지》1902 제2편)

【쎄르린】 베를린(Berlin), 독일의 수도 ▌쎄르린(〈한성주보〉제2호 1886.2.1)

【예르사이유】 베르사유(Versailles), 프랑스 중북부 이블린 주의 주도, 17세기 말~18세기에 지어진 부르봉 왕조의 호화스러운 궁전과 정원으로 유명하다 ▌十四日夜에 싸쓰틔유 陷落의 報가 예르사이유府에 達하매(〈소년〉제2년10권 1909.11.1)

【쎄르즈무】 벨기에(Belgium), 서유럽의 북해에 면해 있는 입헌군주제 국가. 수도는 브뤼셀(Brussel). 영어로는 벨지움(Belgium)이라 한다 ▌쎄르즈무(〈한성주보〉제5호 1886.3.1)

【베른】 베른(Bern), 스위스의 수도이자, 베른 주의 주도. 구 시가지 전체가 세계문화유산으로 지정되어 있다 ▌이러케 혁명적 무산청년의 인터내슌낼의 부활이 歐洲전쟁 중에서 되엿나니 이것이 곳 1915년 4월에 열닌 베른회의이다(〈개벽〉제51호 1924.9.1) ▌베른會議가 이에서 생기고 國際靑年日은 이 會議에서 생기게 된 것이다(〈동아일보〉1924.9.4. 1면) ▌책코슬로바키야 西瑞(베른) 佛蘭西(파리-) 영국(론돈)(〈삼천리〉제8권6호 1936.6.1)

【쎄를닌】 베를린(Berlin), 독일의 수도 ▌生地와밋 쎄를닌大學에서 地理學을 배호면서도(〈소년〉제2년1권 1909.1.1)

【베시아】 페르시아(Persia), B.C.6세기부터 A.D.7세기까지 이란 고원을 지배했던 나라 ▮또 베시아국이며 셔는 유로바와 기스비안 못시며(한글본《스민필지》1889)

【쌔이링구海峽】 베링 해협(Bering Strait), 유라시아 대륙 동단의 시베리아와 북아메리카 대륙 서단의 알래스카 사이에 있는 해협 ▮東部에 쌔이링구半島가出ᄒᆞ야北米大陸과 쌔이링구海峽을挾ᄒᆞᆯ 쑨이오(《중등만국지지》1902 권1)

【벤에쥬멜나】 베네수엘라(Venezuela), 남아메리카 대륙 북부에 있는 공화국 ▮彬崖朱越那 벤에쥬멜나(유길준《서유견문》1895 제1편)

【벨크라드】 베오그라드(Beograd), 세르비아의 수도 ▮都邑 首府벨크라드(BELGRADE)는澳境多腦河畔에在ᄒᆞ니(《중등만국지지》1902 권2)

【벨기윰】 벨기에(Belgium), 서유럽의 북해에 면해 있는 입헌군주제 국가. 수도는 브뤼셀(Brussel). 영어로는 벨지움(Belgium)이라 한다 ▮쌔릿탠 벨기윰 갓흔나라는 그 키기가 本土로만 말하면 우리나라보다 뎍으되(〈소년〉제1년1권 1908.11.1) ▮워터룰노는 벨기윰국 쌔룻셀府의 南四十里에 잇난 一小川이니(〈소년〉제2년5권 1909.5.1)

【벨누치스탄】 발루치스탄(Baluchistan), 이란 남동부에서 파키스탄 남서부의 지역 ▮此外에도鱉累稺斯坦(벨누치스탄)과古親支那와土基斯坦과(유길준《서유견문》1895 제1편)

【벨루기스단】 발루치스탄(Baluchistan), 이란 남동부에서 파키스탄 남서부의 지역 ▮벨루기스단국과 압간이스단국과 아리비아국과 아시아터키와 베시아국이니라(한글본《스민필지》1889)

【벨지암】 벨기에(Belgium), 서유럽의 북해에 면해 있는 입헌군주제 국가. 수도는 브뤼셀(Brussel). 영어로는 벨지움(Belgium)이라 한다 ▮벨지암국은 폭원이 북위션 ᄉᆞ십구 되 그리브터 오십삼 되그리ᄭᆞ지요(한글본《스민필지》1889) ▮白耳義 벨지암(유길준《서유견문》1895 제1편) ▮벨지암 이란 나라이 잇ᄉᆞ니 우리나라에 비ᄒᆞ면 삼분지일쯤 되ᄂᆞᆫ 적은 나라이되(〈협성회회보〉 제4권 1898.1.22) ▮白耳義 벨지암(〈대한자강회월보〉제11호 1907.5.25)

【벨꽈스트】 벨파스트(Belfast), 영국 북아일랜드의 수도 ▮벨꽈스트(《중등만국지지》1902 권2)

【벵가르灣】 벵골만(Bay of Bengal), 인도양 동북부에 있는 큰 만. 인도 동부와 미얀마 및 말레이 반도 사이에 있다 ▮印度洋中央에突出ᄒᆞᆫ前印度半島로쎠벵가르(BENGAL)灣(東)과亞剌比亞海(西)를兩分ᄒᆞ고(《중등만국지지》1902 권1)

【변늬스】 베네치아(Venice), 이탈리아 베네토(Veneto) 주의 주도이며 물의 도시로 불린다. 영어로는 베니스(Venice)라고 한다 ▮이탤늬 변늬스에 각국 ᄉᆞ신들이 모하 인도에 셩힝ᄒᆞᄂᆞᆫ 젼념병을 쇼멸ᄒᆞᆯ 계칙들을 의론ᄒᆞᆫ다더라(〈독립신문〉1897.2.9)

【변늬주엘나】 베네수엘라(Venezuela), 남아메리카 대륙 북부에 있는 공화국 ▮미국과 영국 ᄉᆞ이에 변늬주엘나 일 셕돍에 싸흠이 될듯ᄒᆞ더니(〈독립신문〉1897.2. 4)

【변실바니아州】 펜실베이니아(Pennsylvania) 주, 미국의 동북부에 있는 주 이름. 주도(州都)는 해리스버그이며 최대 도시는 필라델피아이다 ▮변실바니아州에셔 堀出ᄒᆞᄂᆞᆫ 炭과 鐵은 그 三分의 一을 當ᄒᆞ고(《국민소학독본》1895)

【변이주엘아】 베네수엘라(Venezuela), 남아메리카 대륙 북부에 있는 공화국 ▮미국과 영국 ᄉᆞ이에 변이주엘아 일은 잘 담판이 되여 간다더라(〈독립신문〉1896.5.12)

【별루기스단국】 발루치스탄(Baluchistan), ①이란 남동부에서 파키스탄 남서부의 지역. ② 파키스탄 남서부의 주 ▮도셩을 의론컨대 별루기스단국 도셩은 일홈이 길랏시니라(한글본《스민필지》1889)

【별지암】벨기에(Belgium), 서유럽의 북해에 면해 있는 입헌군주제 국가. 수도는 브뤼셀(Brussel). 영어로는 벨지움(Belgium)이라 한다 ▌○별지암국은 五 ○둑은 十二 ○쌔러실국은 五 ○ ᄆᆡᆨ시칸은 二명이라더라(〈독립신문〉1899.4.19)

【별지음】벨기에(Belgium), 서유럽의 북해에 면해 있는 입헌군주제 국가. 수도는 브뤼셀(Brussel). 영어로는 벨지움(Belgium)이라 한다 ▌오스트리아와 별지음과 할낸 졔국에 솟고(〈독립신문〉1896.8.18) ▌별지음 사ᄅᆞᆷ이 ᄒᆞ나이요 이ᄐᆡ리 사ᄅᆞᆷ이 ᄒᆞ나이요 청인이 둘이요(〈미일신문〉1898.4.23)

【베네쥬아灣】베네수엘라 만(Gulf of Venezuela), 베네수엘라 북서부 카리브 해에 있는 만 ▌西印度諸島ᄂᆞᆫ 合衆國의 弗羅利多半島로 南亞米利加洲의 베네쥬아灣에 向ᄒᆞ고(《소학만국지지》1895 제4편)

【베르샤】페르시아(Persia), 고대 이란에 존재했던 방대한 제국 이름 ▌베르샤(〈한성주보〉제3호 1886.2.15)

【보】프러시아(Prussia 普), '보'는 프러시아(Prussia)의 한자표기인 보국(普國)의 줄임말이다 ▌영국이오ᄉᆞ마가의군ᄉᆞᄅᆞᆯ결련ᄒᆞ야보법냥국과대전ᄒᆞᆷ은보법냥국이오국에셔계위ᄒᆞᆫ인군이불합ᄒᆞ다ᄒᆞᆷ이러니(학부역《틔셔신사》1897) ▌보불전장 씌에 어늬날 밤에난 나폴늬온이 자기 군ᄃᆡ의 방비한 상황을 감시하느라고(〈태서문예신보〉제6호 1918.11.9) ▌파리코뮌(Paris Commune) ; 巴里콤뮨 1870년 보불전쟁(普佛戰爭:Farnco-Prussian War, 프로이센-프랑스전쟁)에서 프랑스(佛國)가 크게 패하여(최록동 편《현대신어석의》1922) ▌본래 무도장으로 쓰던 것으로 보불전쟁 끄테 프란스가 알사스, 로렌을 일는 조약에 도장찍고도 떠이취제국의 건국식을 행한 곳도 바루 이자리요(〈동광〉제4호 1926.8.1)

【보고다】보고타(Bogota), 콜롬비아의 수도 ▌首府ᄅᆞᆯ보고다라名ᄒᆞ야(《소학만국지지》1895 제5편)

【보ᄭᅩ타】보고타(Bogota), 콜롬비아의 수도 ▌首府ᄂᆞᆫ보ᄭᅩ타(BOGOTA)라云ᄒᆞ니(《중등만국지지》1902 권3)

【보국】프러시아(Prussia 普國), 유럽 동북부와 중부에 있었던 지방 및 그 지방에 있었던 나라. '보국'은 프러시아의 한자표기 '普國'을 우리말 한자음으로 읽은 것이다 ▌영국미국과 보국 법국과 오국 일국 모든 나라ᄂᆞᆫ 약됴ᄅᆞᆯ 셰우고(《이언(易言)》1883) ▌한락비와혹식과나소와번복네ᄶᅡ흘버혀보국에속ᄒᆞ더라(학부역《틔셔신사》1897) ▌모긔쟝군(毛奇將軍)은근본보국사ᄅᆞᆷ으로(〈독립신문〉1899.8.11)

【보노스ᄋᆡ리스】부에노스아이레스(Buenos Aires), 아르헨티나의 수도 ▌도셩을 의론컨대 일홈이 보노스ᄋᆡ리스ㅣ니(한글본《ᄉᆞ민필지》1889)

【보로사】프러시아(Prussia 普魯斯), 유럽 동북부와 중부에 있었던 지방 및 그 지방에 있었던 나라. '보로사'는 프러시아의 한자표기 '普魯斯'를 우리말 한자음으로 읽은 것이다 ▌보로사와일이만은다덕국의옛일홈이니(학부역《틔셔신사》1897) ▌오스트리아를 처물닌 후에 보로사(普魯士)를 위협하고 멀니 북국의 아라사를 치다가(〈동아일보〉1921.5.5. 3면)

【보로ᄉᆞ】프러시아(Prussia 普魯斯), 유럽 동북부와 중부에 있었던 지방 및 그 지방에 있던 나라. '보로ᄉᆞ'는 프러시아의 한자표기 '普魯斯'를 우리말 한자음으로 읽은 것이다 ▌파란국은아라ᄉᆞ오지리아보로ᄉᆞ숨국이합병ᄒᆞ야멸ᄒᆞᆫ빈되야(학부역《틔셔신사》1897) ▌보로ᄉᆞ 普魯斯 Prussia(게일편《한영자전》1897) ▌죠고마ᄒᆞᆫ 보로ᄉᆞ로 ᄒᆞ야금 렬국에 ᄆᆡᆼ쥬가 되게 ᄒᆞ고 ᄯᅩ 그 렬국이 합ᄒᆞ야 덕국 황뎨국이 되야(〈독립신문〉1898.8.16) ▌녯적에 보로ᄉᆞ와 희랍국이 법국과 토이기의 긔반을 당ᄒᆞᆷ이 오ᄂᆞᆯ날 한국 경계와 ᄀᆞᆺ흘 ᄲᅮᆫ이리오마ᄂᆞᆫ(〈대한매일신보〉1908.2.9) ▌보로ᄉᆞ와일이만지방을연합ᄒᆞ야불셰不世ᄒᆞᆫ 위업偉業으로 세계에 빗나게 ᄒᆞ던 비ᄉᆞ막과(《성산명경》최병헌

1914) ▌보로亽 普魯斯 Prussia(J.S.Gale《한영대자전》1931)

【보로사국】 프러시아(Prussia 普魯斯國), 유럽 동북부와 중부에 있었던 지방 및 그 지방에 있던 나라. '보로사국'은 프러시아국의 한자표기 '普魯斯國'을 우리말 한자음으로 읽은 것이다 ▌덕국이 황뎨국 되기 젼에 비스막씨가 보로사국 위원으로 후라크포라 ᄒᆞᄂᆞᆫ ᄯᅡ에 갓슬 ᄯᅢ에(〈독립신문〉1899.1.23)

【보로亽국】 프러시아(Prussia 普魯斯國), 유럽 동북부와 중부에 있던 지방 및 그 지방에 있었던 나라. '보로亽국'은 프러시아국의 한자표기 '普魯斯國'을 우리말 한자음으로 읽은 것이다 ▌보로亽국 왕이 법국 대궐에셔 일통 된 덕국 대황뎨 위에 나아가게 ᄒᆞ엿스니(〈독립신문〉1898.8.16) ▌보로亽국 직경은 셰입이 亽빅만방인ᄃᆡ(〈대한매일신보〉1910.1.16)

【보로샤】 프러시아(Prussia 普魯斯國), 유럽 동북부와 중부에 있었던 지방 및 그 지방에 있었던 나라. '보로샤'는 프러시아(Prussia)의 한자표기 '普魯斯'를 우리말 한자음으로 읽은 것이다 ▌몃十년 젼에 보로샤와 법란셔가 ᄊᆞ홀 ᄯᅢ에(〈독립신문〉1899.7.7)

【보루네오】 보르네오 섬(Borneo Island), 동남아시아 말레이 제도에 있는 섬 ▌보루네오는 비률빈군도의 서남쪽 적도(赤道) 우 걸처 잇는 섬임니다(〈동아일보〉1925.9.5. 3면)

【보루네오島】 보르네오 섬(Borneo Island), 동남아시아 말레이 제도에 있는 섬 ▌수라비야와보루네오島의폰듸아낫구와수마도라島西岸의파단구等이라(《소학만국지지》1895 제6편)

【색루네오】 보르네오(Borneo), 동남아시아 말레이 제도에 있는 섬 ▌北색루네오(南洋색루네오의 일부니)(〈소년〉제2년6권 1909.7.1)

【보르네오】 보르네오 섬(Borneo Island), 동남아시아 말레이 제도에 있는 섬 ▌重要ᄒᆞᆫ者ᄂᆞᆫ스마트라(SUMATRA)瓜哇(JAVA)보르네오(BORNEO)西列伯(CELEBES)等이오(《중등만국지지》1902 제3편)

【보르츠깔】 포르투갈(Portugal), 유럽 서남부 이베리아반도 서단에 있는 공화국 ▌보르츠깔(〈한성주보〉제3호 1886.2.15)

【보리비아】 볼리비아(Bolivia), 아메리카 중앙부 브라질 남서부에 있는 나라 ▌보리비아(〈대한민보〉제39호 1909.7.27) ▌보리비아 及 秘露間에 戰爭이 잇고(〈동아일보〉1920.6.5. 4면)

【색리비아】 볼리비아(Bolivia), 아메리카 중앙부 브라질 남서부에 있는 나라 ▌색리비아(〈친목회회보〉제6호 1897.12)

【색리피야】 볼리비아(Bolivia), 아메리카 중앙부 브라질 남서부에 있는 나라 ▌색리피야(〈친목회회보〉제5호 1897.6.)

【보수포라수海峽】 보스포루스 해협(Bosphorus Straits), 터키의 서부, 마르마라해(Marmara Sea)와 흑해를 연결하는 해협 ▌首府君士坦丁은보수포라수海峽에臨ᄒᆞ야歐亞兩大洲의咽喉ㅣ 되야(《소학만국지지》1895 제3편)

【보스니아】 보스니아(Bosnia), 남부 유럽 발칸 반도 서부에 있는 나라 ▌1875년에 보스니아와 헤르제고비나의 2州에서 率先하야 土耳其에 대하야 叛旗를 들 때(〈개벽〉제43호 1924.1.1) ▌또는 塞維爾 청년의 보스니아에서의 권총일발이 세계대전의 도화선 된 것과 가티(〈별건곤〉제32호 1930.9.1)

【보스든】 보스턴(Boston), 미국 매사추세츠 주의 주도. 매사추세츠 만 연안에 자리한 뉴잉글랜드 최대의 중심지이며, 아메리카 메갈로폴리스 북부의 중심이기도 하다 ▌피라델피아와 보스든과 블셕모와 잘쓰던이란 포촌이 잇고(한글본《亽민필지》1889)

【보스톤】 보스턴(Boston), 미국 매사추세츠 주의 주도. 매사추세츠 만 연안에 자리한 뉴잉글랜드 최대의 중심지이며, 아메리카 메갈로폴리스 북부의 중심이기도 하다 ▌英國人이 怒ᄒᆞ야 보스톤 港을 封鎖ᄒᆞ고 船舶의 出內貿易을 禁ᄒᆞ니(〈대한학회월보〉제2호

1908.3.25) ▌新聞職工罷業 諸新聞社 植字工 數百名은 同盟罷業을 行하야 混亂을 極하엿다더라(보스톤 十四日發)(〈동아일보〉1921.6.17. 2면) ▌電信도 1844년에 華盛頓 보스톤 間을 米人 모르스式에 의하야 架設된 것이(〈개벽〉제43호 1924.1.1) ▌이미 英國의「보스톤」「쉬카고」「뉴욕」「클리블란드」등에서 실시되고(〈동광〉제15호 1927.7.5)

【보스튼】보스턴(Boston), 미국 매사추세츠 주의 주도. 매사추세츠 만 연안에 자리한 뉴잉글랜드 최대의 중심지이며, 아메리카 메갈로폴리스 북부의 중심이기도 하다 ▌寶樹墩(보스튼)此府ᄂᆞᆫ約紐府의東北方에在ᄒᆞ야(유길준《서유견문》1895 제19편) ▌보스튼에서는 二千名의 허-버-드大學生이 밤마다 近隣의 大學의 女學生에게 달려가서(〈동아일보〉1937.7.3. 3면)

【뽀스톤】보스턴(Boston), 미국 매사추세츠 주의 주도. 매사추세츠 만 연안에 자리한 뉴잉글랜드 최대의 중심지이며, 아메리카 메갈로폴리스 북부의 중심이기도 하다 ▌마사주셋쓰州의뽀스톤(BOSTON)府ᄂᆞᆫ國中第六位의大都會니(《중등만국지지》1902 권3)

【보스포루스】보스포루스 해협(Bosphorus Straits), 터키의 서부, 마르마라 해(Marmara Sea)와 흑해를 연결하는 해협 ▌巴幹半島ᄂᆞᆫ亞細亞土耳其와보스포루스(BOSPORUS)及다-다네루스(DARDANELLES)의兩海峽을隔ᄒᆞᆫ歐洲東端諸國의総稱이니(《중등만국지지》1902 권2)

【뽤란시아항】발렌시아(Valencia), 에스파냐 동부 발렌시아 자치지방 발렌시아 주의 주도에 있는 항구 ▌前港南部海岸에在ᄒᆞᆫ뽤란시아(VALENCIA)港도地中海의貿易港이오(《중등만국지지》1902 제2편)

【뽀-카라】부하라(Bukhara), 우즈베키스탄 중부의 주. 주도는 부하라이다 ▌都邑뽀-카라(BOKHARA)府ᄂᆞᆫ시아河域을占ᄒᆞ고(《중등만국지지》1902 권1)

【뽀헤미야】보헤미아(Bohemia), 체코의 서부 지역 ▌뽀헤미야州의首都ᄂᆞᆫ푸래-쿠(PRAGUE)라(《중등만국지지》1902 권2)

【본府】본(Bonn), 독일 노르트라인베스트팔렌(Nordrheinwestfalen) 주에 있는 도시. 서기 2000년까지 독일연방공화국(서독)의 임시 수도였다 ▌본府(BONN)에ᄂᆞᆫ有名ᄒᆞᆫ大學校가有ᄒᆞ고(《중등만국지지》1902 권2)

【볼가河】볼가 강(Volga River), 러시아 서부를 남쪽으로 흐르는 유럽 제일의 강 ▌볼가河(VOLGA)下流의아스토라간平地에ᄂᆞᆫ(《중등만국지지》1902 권2)

【뽈늬비아】볼리비아(Bolivia), 남아메리카 중서부에 있는 공화국 ▌남은 뽈늬비아국과 대셔양이오(한글본《ᄉᆞ민필지》1889)

【볼니비야】볼리비아(Bolivia), 남아메리카 중서부에 있는 공화국 ▌拔利比亞 볼니비야(유길준《서유견문》1895 제1편) ▌拔利比亞 볼니비야(〈대한자강회월보〉제11호 1907.5.25)

【뽈니비아】볼리비아(Bolivia), 남아메리카 중서부에 있는 공화국 ▌동은 브레실국이오 또 뽈니비아국이오(한글본《ᄉᆞ민필지》1889)

【볼드-府】보르도(Bordeaux), 프랑스 남서부에 있는 항구도시 ▌볼드-府(BORDEAUX)를過ᄒᆞ야지론드灣으로브터海에入ᄒᆞ니(《중등만국지지》1902 권2)

【볼틕】발트 해(Baltic Sea), 유럽 북부, 본토와 스칸디나비아 반도 사이의 바다 스웨덴, 덴마크, 독일, 폴란드, 러시아, 핀란드에 둘러싸여 있다 ▌셔는 덕국과 볼틕이란 하슈와 쉬덴국이며(한글본《ᄉᆞ민필지》1889) ▌쳥국 공ᄉᆞ의게 말 ᄒᆞ기를 쳥국셔 병함들을 볼틕바다(아라샤 셔울 곳가히 셔편에 잇ᄂᆞᆫ 바다)로 보ᄂᆡ고(〈독립신문〉1899.5.10)

【볼란시국】프랑스(France), 유럽 서부 대서양 연안에 위치한 공화제 국가 ▌기아나 영국과 네데란스국과 볼란시국 쇽방이니라(한글본《ᄉᆞ민필지》1889)

【볼리예아】볼리비아(Bolivia), 남아메리카 중서부에 있는 공화국 ❙볼리예아(BOLIVIA)(《중등만국지지》1902 권3)

【봄베】봄베이(Bombay), 인도 최대의 무역항. 1995년 이름이 봄베이(Bombay)에서 뭄바이(Mumbai)로 바뀌었다 ❙인도 봄베등디에 유힝ᄒᆞᄂᆞᆫ 흑ᄉᆞ병이(〈독립신문〉1897.3.6) ❙特히 봄베州知事選擧會에서는 全員 六十人中에 二十五人을 選出하야(〈동아일보〉1923.2.2. 1면) ❙나는 구월 사일에 마츰내 「봄베」를 떠나 인도양 우의 한 선객이 되엇다(〈동광〉제24호 1931.8.4)

【봄베이】봄베이(Bombay), 인도 최대의 무역항. 1995년 이름이 봄베이(Bombay)에서 뭄바이(Mumbai)로 바뀌었다 ❙西海岸의 봄베이(BOMBAY)ᄂᆞᆫ 人口가 八十萬이오(《중등만국지지》1902 권1) ❙봄베이의 印度人區域에서 同盟休業을 行하야(〈동아일보〉1922.4.19. 2면) ❙例컨대 봄베이 근방 都會에서 1人의 勞働者가 그 家族을 扶養함에는(〈개벽〉제37호 1923.7.1) ❙봄베이의 목면회사는 1920년-21년도에 천6백만磅의 이익을 내엇다(〈동광〉제25호 1931.9.4)

【봉천】선양(Shenyang 瀋陽), 중국 랴오닝성의 성도. 봉천(奉天)은 선양의 옛 이름이다 ❙마적 오쳔명이 밤즁에 안ᄀᆡ가 대단이 끼인 ᄯᅢ을 승극ᄒᆞ야 봉쳔 북방셔 평가에 흐터져 잇ᄂᆞᆫ 아병을 격습ᄒᆞ야(〈대한매일신보〉1904.8.16)

【뵈수비어스】베수비오산(Vesuvius Mountain), 이탈리아 나폴리만 연안에 있는 산. 높이 1,281m. 나폴리 동쪽 12km 지점에 있는 현무암질의 2중식 활화산 ❙이타리 남방에 잇ᄂᆞᆫ 뵈수비어스라 하ᄂᆞᆫ 화산이 다시 터져셔(〈독립신문〉1898.9.24)

【뷰다페쓰드府】부다페스트(Budapest), 헝가리의 수도. 도나우 강을 중심으로 부다와 페스트로 나누어져 있다 ❙뷰다페쓰드府 愛國者 씌익 銅像(〈소년〉제2년5권 1909.5.1)

【부-단】부탄(Bhutan), 아시아 서남부 히말라야산맥 동부에 있는 왕국 ❙卽넷파-르(NEPAL) 부-단(BUTAN)가시메르(CASHMER)시기무(SIKKIM)等이니다(《중등만국지지》1902 권1)

【뷰단】부탄(Bhutan), 아시아 서남부 히말라야산맥 동부에 있는 왕국 ❙뷰단국 면젹은 一万六千八百방리(〈독립신문〉1899.5. 4)

【부라실】브라질(Brazil), 남아메리카 중동부 대서양 연안에 있는 공화국. 수도는 브라질리아(Brasilia). 남아메리카에서 가장 넓은 나라이다 ❙부라실과 묵셔가라 부라실은 일쳔 이빅 삼십 삼만 삼쳔명이요(〈독립신문〉1896.5.30)

【부라씰】브라질(Brazil), 남아메리카 중동부 대서양 연안에 있는 공화국. 수도는 브라질리아(Brasilia). 남아메리카에서 가장 넓은 나라이다 ❙南米부라씰(BRAZIL)亞弗利加,東印度等에屬地가有ᄒᆞ더니(《중등만국지지》1902 제2편)

【부라질】브라질(Brazil), 남아메리카 중동부 대서양 연안에 있는 공화국. 수도는 브라질리아(Brasilia). 남아메리카에서 가장 넓은 나라이다 ❙부라질 셔울 뤼오에 가ᄂᆞᆫ 공ᄉᆞ가 이등 공ᄉᆞ인ᄃᆡ 년봉이 금젼으로 일만 이쳔원이오(〈독립신문〉1897.1.28) ❙南赤道流」空度-南20間還流,부라질流「南20-40,西20-50(〈태극학보〉제15호 1907.11.24) ❙「부라질」의 獨立記念祭가 有하다(〈개벽〉제29호 1922.11.1) ❙米國,알켄진 共和國,부라질,오-스트라리아 등에서 그 징후를 보엿섯다(〈동광〉제21호 1931.5.1)

【부라질國】브라질(Brazil), 남아메리카 중동부 대서양 연안에 있는 공화국. 수도는 브라질리아(Brasilia). 남아메리카에서 가장 넓은 나라이다 ❙「부라질國」도援兵十萬名을派送ᄒᆞ고(〈관보〉제244호 1896.2.10) ❙南米 부라질國에 在留ᄒᆞᆫ 伊太利人에 對ᄒᆞ야(〈대조선독립협회회보〉제5호 1897.1.31)

【부란덴불크】브란덴부르크(Brandenburg), 독일 브란덴부르크 주 포츠담(Potsdam)의 중심 도시 ▌其國은元來부란덴불크(BRADNENBURG)大公國이러니(《중등만국지지》1902 권2)

【쑤란덴쑤르흐】 브란덴부르크(Bradnenburg), 독일 브란덴부르크주 포츠담의 중심 도시 ▌한노펠에서 쑤란덴쑤르흐에 이르러서(〈소년〉제1년2권 1908.12.1)

【부랏세루】 브뤼셀(Brussels), 벨기에의 수도 ▌首府는부랏세루(BRUSSELS)니(《중등만국지지》1902 권2)

【쑤러실국】 브라질(Brazil), 남아메리카 중동부 대서양 연안에 있는 공화국. 수도는 브라질리아(Brasilia)이며 남아메리카에서 가장 넓은 나라이다 ▌쑤러실국은 五十 믹시칸은二명이라더라(〈독립신문〉1899.4.19)

【부레실】 브라질(Brazil), 남아메리카 중동부 대서양 연안에 있는 공화국. 수도는 브라질리아(Brasilia)이며 남아메리카에서 가장 넓은 나라이다 ▌공 영ᄉ관을 새로 하와이 부레실 먹시고 청국 유챵힝카오 둥디와 덕국 항구에들 빅셜 ᄒ다더라(〈독립신문〉1896.12.29) ▌남아 메리까에 부레실국이 잇ᄂ듸(김필수《경세종》1910)

【부로두웨】 브로드웨이(Broadway), 미국 뉴욕 주 뉴욕의 거리. 타임스 스퀘어를 중심으로 하는 거리에는 뮤지컬을 비롯한 쇼 관련 극장이 많으며, 특히 이 부근의 극장가만을 브로드웨이라고 부르기도 한다 ▌그 北東에 부로두웨라 ᄒᄂ 廣街가 잇서(《국민소학독본》1895)

【쑤룻셀】 브뤼셀(Brussels), 벨기에의 수도 ▌워터룰노는 벨기움국 쑤룻셀府의 南四十里에 잇난一小川이니(〈소년〉제2년5권 1909.5.1)

【부리스벤】 브리즈번(Brisbane), 오스트레일리아 퀸즐랜드주(Queensland)의 주도 ▌首府부리스벤(BRISBANE)은州의東南海濱에在ᄒ고(《중등만국지지》1902 권3)

【부리스톨府】 브리스톨(Bristol), 미국 뉴욕 주 온타리오 카운티에 있는 마을 ▌부리스톨海岔에臨ᄒ부리스톨府(BRISTOL)도亦是貿易港이니(《중등만국지지》1902 권2)

【쑤리탠國】 브리튼(Britain), 영국을 이루는 큰 섬. 잉글랜드, 웨일스, 스코틀랜드를 통틀어 이르는 말 ▌닉케르 모닌 等이 쑤리탠國憲法의 規模를 依仿하야(〈소년〉제2년4권 1909.4.1)

【부린수벤】 브리즈번(Brisbane), 오스트레일리아 퀸즐랜드(Queensland) 주의 주도 ▌퀸수란도의首府를부린수벤이라稱ᄒ니(《소학만국지지》1895 제6편)

【쑤릿탠】 브리튼(Britain), 영국을 이루는 큰 섬. 잉글랜드, 웨일스, 스코틀랜드를 통틀어 이르는 말 ▌쑤릿탠 벨기움 갓흔나라는 그 키기가 本土로만 말하면 우리나라보다 덕으되(〈소년〉제1년1권 1908.11.1) ▌現世界上에 屬地甲富는쑤리탠國(〈소년〉제2년6권 1909.7.1)

【부예노스아이레스】 부에노스아이레스(Buenos Ayres), 아르헨티나의 수도 ▌首府부예노스아이레스는拉不拉他江南岸에有ᄒ야(《소학만국지지》1895 제5편) ▌首府부예노스아이레스(BUENOS AYRES)는라푸라다河口에在ᄒ야(《중등만국지지》1902 권3)

【부예니스港】 베네치아(Venice), 이탈리아 베네토(Veneto) 주의 주도이며 물의 도시로 불린다. 영어로는 베니스(Venice)라고 한다 ▌부예니스港(VENIS)은아드리아틔크海頭羣島中에在ᄒ야(《중등만국지지》1902 권2)

【북간도】 북간도(North Gando 北間島), 우리나라에서 두만강 중하류의 중국 지역을 이르는 곳, 중국 길림성(吉林省) 동남부 지역으로 중국 현지에서 연길도(延吉道)라고 부르는 지역으로 일제 강점기에 우리나라 사람이 많이 살았던 곳이다. 서간도(압록강 상류 백두산 일대)와 동간도(두만강 중하류 일대, 혼춘(琿春) · 왕청(汪清) · 연길(延吉) · 화룡(和龍)의 네 현(縣)로 나뉘어지는데 동간도는 북간도로도 불린다 ▌얼굴 컴컴하던 김종렬 군은 북간도 등지로 갔다는데(《무정》 이광수 1917) ▌북간도에서는 조쌀 한 말에 30

전-1원 50전이면 일개월을 宿泊할 수 잇다 한다(《개벽》제12호 1921.6.1) ▌압록강 건너 서간도와 두만강 건너 북간도에 살고 滿鐵沿線과 吉林各縣에도 많이 삶니다(《동광》제31호 1932.3.5)

【북경】 베이징(Beijing 北京), 중국의 수도. 정식 명칭은 베이징직할시 ▌청국 쟝ᄉᆞᄒᆞᄂᆞᆫ 빅셩들이 회샤를 모화 북경 힝카오 ᄉᆡᆼ지 쳘도 노흘 경영을 ᄒᆞᆫ다더라(《독립신문》 1896.4.16) ▌북경잇ᄂᆞᆫ 영국공ᄉᆞ 남작 ᄆᆡᆨ단을씨가 청국정부에 죠회ᄒᆞ고(《협셩회회보》 1898.1.30) ▌북경 신부와 슈ᄉᆞ들이 츙직ᄒᆞᆫ 모양과 열심의 근졀홈을 찬미ᄒᆞ고(《긔해일긔》 민아오스딩감준 1905) ▌소시젹의 북경을 드러가셧다가 ᄉᆞ가지고 오신것인ᄃᆡ(민준호《옥호긔연》1911) ▌북경에 니르러 젼일 팔녀가 잇든 쥬인을 ᄎᆞᄌᆞ(민준호《행락도》1912)

【북구】 북유럽(Northern Europe), 유럽의 북부 지역을 가리키는 말로 노르웨이, 스웨덴, 핀란드, 덴마크, 아이슬란드 등 5개국이 포함된다. '북구'는 북유럽을 의미하는 한자표기 '北歐'를 우리말 한자음으로 읽은 것이다 ▌정말농촌급교육, 북구의 최이일소도국로써 지상의 악원 국민교육실시자 그란드 윗치 씨의 위업(《동광》제7호 1926.11.1) ▌F·E·싯란파아 작(북구 분란 작가)(《삼천리》제12권7호 1940.7.1)

【북극】 북극(the Arctic), 북극점을 중심으로 펼쳐지는 고위도 지방 ▌북극 北極(《한불자전》1880) ▌남극과 북극에는 남빙양이라 북빙양이라 닐ᄋᆞ며(한글판《ᄉᆞ민필지》1889) ▌북극 北極(《국한회어》1895) ▌너나 훌 것 업시 ᄉᆞ룸마다 북극 한대디방으로 더워 피란을 가노라고(《현미경》민준호 1912) ▌north pole 북극(北極)(G.H.Jones《영한자전(An English-Korean Dictionary)》KYO BUN KWAN, 1914) ▌털로 몸을 싸고 북극탐험을 나아가며. 희군복장을 ᄒᆞ고「샏드」를 저으며, 못박은 신을 신고(《태서문예신보》제5호 1918.11.2) ▌북극에 又妖鳥가 有하야 풍파를 起하니 神人이 南의 焦熱界로부터 火片을 投하야써 세계의 火를 造하니 日月이 卽是이라 하니라(《개벽》제1호 1920.6.25) ▌開闢社 2층에는 편집실에 북극의 白熊모양으로 혼자 들어 앉아서 連해 연방 담배를 피여 물고는(《동광》제24호 1931.8.4)

【북대서양】 북대서양(North Atlantic Ocean), 북반구에서 북미 대륙과 유럽-아프리카 대륙 사이의 해양 ▌미국 북 대셔양 함ᄃᆡ가 남방으로 나려가(《독립신문》1898.5.7)

【북미】 북미(North America 北美/北米), 미국과 캐나다를 아우르는 이름. '북미'는 북아메리카를 의미하는 한자표기 '北美/北米'를 우리말 한자음으로 읽은 것이다 ▌오날은 북미 공화 합즁국 독립 ᄒᆞᆫ지 일ᄇᆡᆨ 이십 일년 환갑이라(《독립신문》1896.7.4) ▌이 수효를 북미 무산계급 전체와 비교하여 본다면 아조 적은 파센트를 차지합니다(《개벽》제72호 1926.8.1) ▌북미에 오아서 고학생 살림을 시작하기는 지금으로 5년 전이다(《동광》제6호 1926.10.1) ▌또 북미의 「휴-론」족은 11의 씨족으로 난우어 잇섯댓는데(《별곤건》제19호 1929.2.1)

【북미쥬】 북미 대륙(North America 北美洲/北米洲), 미국과 캐나다를 아우르는 대륙. '북미쥬'는 북아메리카를 의미하는 한자표기 '北美洲/北米洲'를 우리말 한자음으로 읽은 것이다 ▌북미쥬 합즁국 남방은 긔후가 더운 고로 힘 드ᄂᆞᆫ 일 ᄒᆞ기가 괴롭고(《독립신문》1897.10.16) ▌대 북미쥬 ᄌᆞ원 션교 학ᄉᆡᆼ의 대의회(《신학월보》제2권6호 1902.6) ▌ᄇᆡᆨ인종은 유로바와 북미쥬 북편에 만히 잇고(《셩산명경》최병헌 1914)

【북미쥬합즁국】 미국(United States of America), 북아메리카 대륙의 캐나다와 멕시코 사이에 있는 48주와 알래스카 및 하와이의 2주로 구성된 연방공화국. 원래 영국령 북아메리카 대륙을 의미했으나 미국과 캐나다로 분리된 후로는 미국을 가리키는 말이 되었다 ▌이젼에 북미쥬 합즁국 화승돈이라 ᄒᆞᄂᆞᆫ 사ᄅᆞᆷ은(《독립신문》1897.10.16)

【북미합중국】 미국(United States of

America), 북아메리카 대륙의 캐나다와 멕시코 사이에 있는 48주와 알래스카 및 하와이의 2주로 구성된 연방공화국 ▎그대에 북미합중국은 남의 압제 밋혜 잇서 만모와 군욕이 잠심하야(《신학월보》제3권8호 1903.8) ▎北米合衆國 뉘유욕港 自由神像(북미합중국 뉘유욕항 자유신상)(《대한학회월보》제2호 1908.3.25) ▎貿易高가 最多한 國은 일본, 중국, 북미합중국의 三國인데(《개벽》제8호 1921.2.1) ▎또 西印度에 잇는 「센트로마스, 센트긔욘」島는 1917년에 약5천만불의 갑스로써 북미합중국에 讓與하엿다 한다(《동광》제7호 1926.11.1) ▎소비에트 연방과 북미합중국 영사관도 삼림과 같이 고요한데 오직 마당에 나무들만이 하얗게 눈을 무릅쓰고 섰을 뿐이다(이광수《흙》1932) ▎노-스, 다고다라하는 곳은 북미합중국의 중앙부북방에 잇서 한서의 차가 심한곳이의다(《삼천리》제6권11호 1934.11.1)

【북미합즁국】 미국(United States of America), 북아메리카 대륙의 캐나다와 멕시코 사이에 있는 48주와 알래스카 및 하와이의 2주로 구성된 연방공화국 ▎지금 북미 합즁국은 영국 하란 불란셔 사룸들이 차지 ᄒᆞ야 살되(《독립신문》1896.7.7) ▎북미합즁국은 남양에 여러 셤을 탐험ᄒᆞ기 위ᄒᆞ야 원정ᄃᆡ를 파견ᄒᆞ기로 쥰비 즁이라더라(《대한매일신보》1909.8.21) ▎사람을 가득히 실코 북미합즁국 늬우욕 항구로 거만스러웁게 듸뚱거리며 드러오ᄂᆞᆫ 기션 우에 빗초엿다(《태서문예신보》제1호 1918.9.26)

【북빙양】 북극해(the Arctic Ocean 北氷洋), 북극을 중심으로 북아메리카, 유라시아 두 대륙에 둘러싸인 해역 ▎남극과 북극에는 남빙양이라 북빙양이라 닐ᄋᆞ며(한글본《ᄉᆞ민필지》1889) ▎북빙양은 낫이 길기를 삼개월 반이오(《미일신문》1898.12.1) ▎일홈은 태평양太平洋과 대셔양大西洋과 인도양印度洋과 북빙양北氷洋과 남빙양南氷洋이며(《성산명경》최병헌 1914) ▎습긔에 저즌 공긔는 북빙양 근처이나 다를 것이 업시 사람의 살을 뚤코 드러왓지마는(《동아일보》1923.4.21. 4면) ▎사철 눈보라만 치는 것이 북빙양(北氷洋)의 경색(景色)이라 하면(《별건곤》제20호 1929.4.1)

【북아그짓그】 북빙양(the Arctic Ocean 北氷洋), 북극점을 중심으로 유라시아와 북아메리카로 둘러싸인 바다 ▎북아그짓그(《한성주보》제2호 1886.2.1)

【북아메리가】 북아메리카(North America), 아메리카 대륙(남북 아메리카)의 북반부 ▎북아메리가(《한성주보》제1호 1886.1.25)

【북아미리가주】 북아메리카(North America), 아메리카 대륙(남북 아메리카)의 북반부 대륙 ▎북아미리가주 北阿美利加洲 노트아메리카(《대한자강회월보》제11호 1907.5.25)

【북아메리ᄀᆞ】 북아메리카(North America), 아메리카 대륙(남북 아메리카)의 북반부 ▎금 만히 난ᄃᆡᄂᆞᆫ 남쪽 ᄋᆡ푸리ᄀᆞ 북 아메리ᄀᆞ 오스트랠리아라(《독립신문》1896.11.28)

【북아메리가합즁국】 미국(United States of America), 원래 영국령 북아메리카 대륙을 의미했으나 미국과 캐나다로 분리된 후로는 미국을 가리키는 말이 되었다 ▎북아메리가합즁국(미국) 탁지 대신이 一千八百九十九년도 예산을 국회에 졔츌ᄒᆞ엿ᄂᆞᆫᄃᆡ(《독립신문》1899.7.26)

【북아메리까합즁국】 미국(United States of America), 원래 영국령 북아메리카 대륙을 의미했으나 미국과 캐나다로 분리된 후로는 미국을 가리키는 말이 되었다 ▎금년 四월 이후로 북 아메리까 합즁국으로 이사 ᄒᆞᄂᆞᆫ ᄌᆞ이 ᄆᆡ일 五百인에 나리지 아니 ᄒᆞ니(《독립신문》1899.9.14)

【北아메리카合衆國】 미국(United States of America), 원래 영국령 북아메리카 대륙을 의미했으나 미국과 캐나다로 분리된 후로는 미국을 가리키는 말이 되었다 ▎北아메리카合衆國은 西曆一千四百九十二년에 콜넘버쓰等 勇敢한 少年諸人의 冒險探索한 結果로(《소

년〉제2년1권 1909.1.1)

【북아미리가】 북아메리카(North America), 아메리카 대륙(남북 아메리카)의 북반부 ▎북아미리가 北阿美利加(《국한회어》 1895) ▎죵락은 구라파나 북아미리가의 죵락은안이요(김교제《비행선》1912)

【북아비리가쥬】 북아프리카(North Africa), 아프리카 대륙의 사하라 사막 이북을 가리키는 총칭 ▎법병이북아비리가쥬를 칠새(학부역《티셔신사》1897)

【북해】 북해(North Sea 北海), 유럽 대륙, 영국, 노르웨이에 둘러싸인 대서양의 연해 ▎북해 北海(《국한회어》1895) ▎아라샤 정부에셔 북해로 브터 흑해 ᄭᆞ지 통ᄒᆞ야 운하(運河)를 팔터인ᄃᆡ(《독립신문》1898.6.30) ▎그가 어떠케 그러케 멀고 먼 북해의 끗까지 갓단 말인가(《개벽》제25호 1922.7.10) ▎외로운 몸으로 목숨을 내여놋코북해의 어름판을 정복하고(《별건곤》제11호 1928.2.1)

【북히】 북해(North Sea 北海), 유럽 대륙과 영국 노르웨이에 둘러싸인 대서양의 연해 ▎구라파쥬일경은북으로북히에이르고(학부역《티셔신사》1897) ▎아라샤 정부에셔 북히로 븟터 홍히 ᄭᆞ지 통ᄒᆞ야(《미일신문》1898.7.1) ▎긔력이 능히 태산을 ᄭᅵ고 북히를 건너 ᄯᅱ지라도 ᄎᆞᆷ 도의 리치를 알지 못ᄒᆞ면(《신학월보》제2권7호 1902.7) ▎태산을 엽헤 ᄭᅵ고 북히바다

남극해(南極海)와 북극해(北極海)의 여러 가지 명칭

개화기에는 남극해(The Antarctic Ocean)와 북극해(The Arctic Ocean)를 부르는 이름이 여러 가지 있어서 오늘날 이름처럼 되기까지는 많은 시간이 걸렸다. 먼저 남극해를 나타내는 표기를 보자.

- 남대양: 〈독립신문〉 1897.7.8.
- 남빙양: 〈한성주보〉 제2호(1886.2.1.)
- 남아그짓그: 〈한성주보〉 제2호(1886.2.1.)
- 안틔악틱크: 《서유견문》 1895
- 南極海: 《서유견문》 1895
- 南大洋: 〈대한학회월보〉 제3호(1908.4.25.)
- 南氷洋: 〈한성주보〉 제2호(1886.2.1.)
- 南冰洋: 《디구략론》 1897
- 南極洋: 〈대조선독립협회회보〉 제7호(1897.2.28.)

북극해도 남극해와 마찬가지로 표기가 다양하다.

- 북빙양: 한글본 《ᄉᆞ민필지》 1889
- 븍빙양: 《디구략론》 1897
- 븍빙히: 게일편 《한영자전》 1897
- 악틕크: 《서유견문》 1895
- 北極海: 《서유견문》 1895
- 北氷洋: 한문본 《士民必知》 1895
- 北冰洋: 《디구략론》 1897
- 北極洋: 〈대조선독립협회회보〉 제7호(1897.2.28.)

이와 같이 개화기 초에 남극해와 북극해를 가리키는 이름이 많았던 이유는 무엇일까? 아마도 그것은 이들 바다의 존재를 알려준 외국 자료의 출처가 대부분 중국 일본이었다는 것과 관계가 깊다고 본다.

도 건너쒿거시오(《성산명경》최병헌 1914)

【북해도】북해도(Hokkaido 北海道), 일본 본토 북쪽에 있는 섬 이름 ▌북해도에 포ᄃᆡ지을 돈이 오십 삼만 이천 십륙원이요(〈독립신문〉1897.4.10) ▌저대로 내어버려 두면 마침내 북해도의 '아이누'나 다름없는 종자가 되고 말 것 같다(이광수《무정》1917) ▌이 초상은 선생의 북해도로부터 도라오와 형용의 憔悴가 정히 심할 그때의 것인 듯 함니다(〈개벽〉제3호 1920.8.25) ▌나도 북해도까지 갈 것 업시 동경서 김씨와 가티 잇게 되엿다(〈별곤건〉제5호 1927.3.1) ▌"화선일 만날랴면 대판으로 가야지 북해도로 가면 화선이가 거까지 따러올까."(이근영《고향 사람들》1936)

【분란】핀란드(Finland 芬蘭), 북유럽 발트해 연안에 있는 스칸디나비아 국가. '분란'은 Finland의 중국식 한자표기 '芬蘭'을 우리말 한자음으로 읽은 것이다 ▌분란 디방은 ᄆᆡ년 륙월 이십일일은 낫이 길기를 이십ᄉᆞ졈죵이오 겨을에ᄂᆞᆫ 낫이 겨우 이졈죵이오(〈ᄆᆡ일신문〉제1권84호 1898.2.2) ▌과혹ᄒᆞᆫ 슈단을 베픈즉 분란 디방의 인민은 그 압뎨ᄒᆞᆷ을 괴로히 녁혀 불평ᄒᆞᆫ 쇼ᄅᆡ가 도쳐에 셔로 들니거ᄂᆞᆯ(〈독립신문〉1899.9.14)

【불】프랑스(France 佛), 유럽 서부 대서양 연안에 위치한 공화제 국가. '불'은 프랑스의 한자표기 '불란서(佛蘭西)'의 줄임말 ▌暹羅에셔 英佛의 紛紜(섬나에셔 영불의 분운)(〈대조선독립협회회보〉제6호 1897.2.15) ▌그 후 1856년에 영불 양국은 更히 其軍을 연합하야 天津을 占하고(〈개벽〉제20호 1922.2.8) ▌보불전쟁 ᄭᅳ테 프란스가 알사스, 로렌을 일는 조약에 도장찍고도(〈동광〉제4호 1926.8.1) ▌더구나 카이젤의 복벽(復辟)에 대하여서는 영불의 간섭도 잇슬 터이다(〈별곤건〉제60호 1933.2.1)

【불ᄭᅡ리야】불가리아(Bulgaria), 유럽 동남부 발칸 반도의 동부에 있는 공화국 ▌其中에 土耳其 불ᄭᅡ리야 羅馬尼亞, 塞爾維 몬테네구로의 諸國이 有ᄒᆞ니(《중등만국지지》1902 권2)

【불국】프랑스(France 佛國), 유럽 서부 대서양 연안에 위치한 공화제 국가. '불국'은 프랑스의 한자표기 '불란서국(佛蘭西國)'의 줄임말 ▌로국 황뎨와 불국 대통령이 셔로 모하ᄃᆡ접ᄒᆞᄂᆞᆫ 일과(〈독립신문〉1897.4.8) ▌나팔윤은 의긔를 내어서『나는 불국황뎨임니다. 내 의견에 틀님은 업습니다.』이와가티 말할 때에(〈별건곤〉제26호 1930.2.1) ▌독일逆스파이에게 잡혀서 총살을 당한 스파이는 불국의 배반자이고(〈동광〉제27호 1931.11.10)

【불난셔】프랑스(France 佛蘭西), 유럽 서부 대서양 연안에 위치한 공화제 국가. '불난셔'는 프랑스의 한자표기 '佛蘭西'를 우리말 한자음으로 읽은 것이다 ▌ᄋᆡ급 일 ᄭᅡᄃᆞᆰ에 영국 ᄒᆞ고 불난셔 ᄒᆞ고 ᄃᆡ단이 시비가 잇슬 모양 인ᄃᆡ(〈독립신문〉1896.4.7) ▌안남도 이왕에ᄂᆞᆫ 청국 쇽국이더니 년젼에 불난셔 쇽국이 되엿고(〈대조선독립협회회보〉1897.2.15) ▌운남과 광동 광셔는 불난셔에 드리고 위ᄒᆡ위는 영국과 일본 ᄉᆞ이에 공돌녀 놋코(〈ᄆᆡ일신문〉1898.4.26) ▌ᄲᅡ렐씨ᄂᆞᆫ 미국에ᄲᅮᆫ만 아니라, 영국에나 독일에나, ᄇᆡᆨ이의에나, 불난셔에나, 오스추리아에나, 아라사에나, 지나에나, 인도에나- 쉬웁과 말하자면 온 셰계 우에 잇ᄂᆞᆫ 쳘광의 잇ᄂᆞᆫ 곳을 조곰도 주져치 아니하고 다 말할 수 잇다(〈태서문예신보〉제2호 1918.10.13) ▌영국에셔 독일에셔 불난셔에셔 모다 수공업이나 가내공업은 근대의 대공업으로 진보한 것이 사실이고(〈개벽〉제40호 1923.10.1) ▌불난셔 佛蘭西 France(J.S.Gale《한영대자전》1931)

【불란서】프랑스(France 佛蘭西), 유럽 서부 대서양 연안에 위치한 공화제 국가. '불란서'는 프랑스의 한자표기 '佛蘭西'를 우리말 한자음으로 읽은 것이다 ▌아라샤가 덕국과 불란서와 합ᄒᆞ여 ᄀᆞ지고 동양에 와셔 권리를 ᄎᆞ지 ᄒᆞ랴ᄂᆞᆫ 뜻이요(〈독립신문〉1897.9.7) ▌청국 ᄇᆡᆨ성들이 불란서가 ᄃᆡ만을 취ᄒᆞ랴ᄂᆞᆫ 뜻을 알고 깃버ᄒᆞ야 일본이 물너 가고 불란셔가 차지ᄒᆞ면 ᄆᆡ우 됴켓다ᄒᆞ니(〈ᄆᆡ일신문〉1898.1.26) ▌불란서라 하는 나라 양반들이 우리 개구리의 우는 소리를 듣기 싫다고 백성

들을 불러 개구리를 다 잡으라 하다가(안국선《금수회의록》1908) ▌담언 영국이나 불란서 ᄲᅮᆫ만 아니라, 독일 륙군총독 빨?세이 ᄇᆡᆨ작의 부인도 역시 미국 부인일이다(〈태서문예신보〉제5호 1918.11.2) ▌최근 불란서에서 발달한 공동책무의 사상은(〈개벽〉제10호 1921.4.1)

【불란셔】 프랑스(France 佛蘭西), 유럽 서부 대서양 연안에 위치한 공화제 국가. '불란셔'는 프랑스의 한자표기 '佛蘭西'를 우리말 한자음으로 읽은 것이다 ▌불란셔 佛蘭西(파리외방선교회한국선교단《한불자전》1880) ▌민영환씨와 슈원 윤치호씨ᄂᆞᆫ 샹ᄒᆡ 가셔 불란셔 우편션을 타고 아라샤로 가랴고 ᄒᆞ엿더니(〈독립신문〉1896.5.5) ▌불란셔가 그 원슈를 갑흐량으로 ᄆᆡ년 ᄉᆡᆼ비병을 륙십 만명 가량을 쥰비 ᄒᆞ야 두고(〈대조선독립협회회보〉제3호 1896.12.31) ▌불란셔 정부에셔 군함 ᄒᆞᆫ쳑을 동양으로 보내여 아라사 함ᄃᆡ을 도으라 ᄒᆞ엿다더라(〈협성회회보〉1898.1.8) ▌불란셔 대통령 포올씨가 ᄉᆞ리 양씨를 청 ᄒᆞ야 ᄂᆡ각을조직 ᄒᆞ라 ᄒᆞ엿다더라(〈ᄆᆡ일신문〉1898.6.27) ▌덕국과 불란셔국과 오스드리아국과 영길리국과 노웨쉬덴국과 덴막국과 합즁국이 뎨 일층이오(〈대한매일신보〉1907.9.18) ▌불란셔 사ᄅᆞᆷ 예슈교 목ᄉᆞ 몃 명이 구경 온 것을 보셧지오(이해조《구의산》1911) ▌France 법국(法國 불란셔(佛蘭西))(G.H.Jones《영한자전(An English-Korean Dictionary)》KYO BUN KWAN, 1914) ▌十七세기 말엽에, 불란셔에 유명하든 윤리학(倫理學)자(〈태서문예신보〉제3호 1918.10.19)

【불아즐】 브라질(Brazil), 남아메리카 중동부 대서양 연안에 있는 공화국 ▌셔인도와 불아즐 베네쥬엘나에 가ᄂᆞᆫ 샤ᄉᆞ 젼신과(〈독립신문〉1898.6.11)

【불안셔】 프랑스(France 佛蘭西), '불안셔'는 프랑스의 한자표기 '佛蘭西(불란서)'의 음독에서 온 말이다 ▌불안셔에셔ᄂᆞᆫ 일억 일쳔 만원이요 아라샤에셔ᄂᆞᆫ 륙쳔 만원이요(〈독립신문〉1897.1.12)

【붓카리스트】 부쿠레슈티(Bucharest), 루마니아의 수도 ▌首府ᄂᆞᆫ 붓카리스트(BUCHAREST)라(《중등만국지지》1902 권2)

【쀄-사이루】 베르사유(Versailles), 프랑스 중북부 이블린 주의 주도 17세기 말~18세기에 지어진 부르봉 왕조의 호화스러운 궁전과 정원으로 유명하다 ▌佛蘭西政府ᄂᆞᆫ巴里의西三里되ᄂᆞᆫ 쀄-사이루(VERSAILLES)에在ᄒᆞ니(《중등만국지지》1902 권2)

【쀄스쀄우스】 베수비오 산(Vesuvius Mountain), 이탈리아 서부 나폴리 만을 끼고 솟아 오른 화산. 서기 79년 8월24일 대폭발하여 쇄설물이 폼페이시를 매몰시킨 것으로 유명하다 ▌火山의著名ᄒᆞᆫ者ᄂᆞᆫ 네-푸루스灣(NAPLES)에臨ᄒᆞᆫ 쀄스쀄우스(VESUVIUS)大火山이라(《중등만국지지》1902 권2)

【뷕토리아湖】 빅토리아 호(Victoria Lake), 아프리카대륙 중동부 고원 지대에 있는 아프리카 최대 세계 3위의 민물 호수 ▌本源은 赤道直下에在ᄒᆞᆫ 뷕토리아湖(VICTORIA)에셔 發ᄒᆞ야(《중등만국지지》1902 권3)

【브라셀】 브뤼셀(Brussels), 벨기에의 수도 ▌富羅泄(브라셀)此府ᄂᆞᆫ白耳義의京城이니(유길준《서유견문》1895 제20편) ▌白耳義브라셀에 移接케 되얏다가 更히 同國에서 放逐되야(〈동아일보〉1923.9.10. 1면)

【브라질】 브라질(Brazil), 남아메리카 중동부 대서양 연안에 있는 공화국. 수도는 브라질리아(Brasilia)이며 남아메리카에서 가장 넓은 나라이다 ▌巴西 브라질(유길준《서유견문》1895 제1편) ▌남아메리가 브라질에 잇ᄂᆞᆫ 불란셔 공ᄉᆞ 피손씨를 청국 쥬찰 ᄒᆞᄂᆞᆫ 공ᄉᆞ로 명 ᄒᆞ엿다더라(〈독립신문〉1898.1. 4) ▌國際聯盟理事會는 上部 실레시아問題에 關한 審議를 白耳義, 브라질, 中國, 西班牙의 非常任代表者에 託하야(〈동아일보〉1921.9.4. 2면) ▌朝鮮米와 南洋의 고무, 브라질의 코피와 米國의 면화 문제와는 다르다고 본다(〈동광〉제37호 1932.9.1)

【브라질국】 브라질(Brazil), 남아메리카 중

동부 대서양 연안에 있는 공화국. 수도는 브라질리아(Brasilia)이며 남아메리카에서 가장 넓은 나라이다 ▎작년에 대한 와셔 잇던 샤픽씨는 남아미리가 브라질국 공ᄉᆞ가 되엿다더라(〈독립신문〉1898.7.22)

【브레실국】 브라질(Brazil), 남아메리카 중동부 대서양 연안에 있는 공화국. 수도는 브라질리아(Brasilia)이며 남아메리카에서 가장 넓은 나라이다 ▎북은 가릐비안하슈ㅣ오 동은 기아나오 남은 브레실국이오(한글본《ᄉᆞ민필지》1889)

【쁘레실】 브라질(Brazil), 남아메리카 중동부 대서양 연안에 있는 공화국. 수도는 브라질리아(Brasilia)이며 남아메리카에서 가장 넓은 나라이다 ▎기아나와 쁘레실국과 엑궤도국과 비루국과 블늬비아국과 칠릐국과 아젠틘합즁국과 바라궤국과 유루궤국이니라(한글본《ᄉᆞ민필지》1889)

【븍경】 베이징(Beijing 北京), 중국의 수도 ▎청국(淸國)셔울일홈이무어시뇨 ○답 븍경(答北京)이라ᄒᆞᄂᆞ니라(《디구략론》1897) ▎경오의 노적이 븍경을 침노ᄒᆞ니 황뎨 원슝환이 잘 막ᄌᆞᄅᆞ디 못ᄒᆞᆫ다 ᄒᆞ샤 잡아다가 죽이시다(〈대한매일신보〉1907.9.10) ▎븍경 北京 The northern capital-Peking(게일편《한영자전》1911)

【븍극】 북극(The North pole), 북극점을 중심으로 펼쳐지는 고위도 지방 ▎븍극 北極(게일편《한영자전》1897) ▎유명ᄒᆞᆫ 븍극 탐험가 미국 ᄒᆡ군 쇼좌 페리이 씨ᄂᆞᆫ 븍극 탐험 ᄎᆞ로 려ᄒᆡᆼ을 쥰비ᄒᆞ야 불일ᄂᆡ로 츌발ᄒᆞᆯ 터이라 ᄒᆞ엿더라(〈대한매일신보〉1908.7.9) ▎븍극의 인종이 남극의 도회를 거니는 창부(倡婦)에게 어머니라고 절하는 때의 ᄉᆞ일일 것이다(〈동광〉 제10호 1927.2.1) ▎이십오일에 븍극탐험가(北極探險家) 노빌레소장을 구조한 서뎐 瑞典 비행가 톤-베루구대위는(〈동아일보〉1928.6.28. 5면)

【븍빙양】 북빙양(The Arctic Ocean 北氷洋/北冰洋), 북극을 이루는 바다. 북극해(北極海)라고도 한다 ▎유롭프븍편(歐羅巴北偏)에 엇던대양이잇ᄂᆞ뇨 ○답 븍빙양(答北冰洋)이 잇ᄂᆞ니라(《디구략론》1897) ▎아라사의폭원은 븍으로븍빙양에이르고남으로디즁ᄒᆡ에이르고(학부역《텨셔신사》1897) ▎븍빙양 北冰洋 The Aretic Ocean(게일편《한영자전》1897) ▎븍빙양, 일홈은 태평양太平洋과 대셔양大西洋과 인도양印度洋과 븍빙양北氷洋과 남빙양南氷洋이며(〈신학월보〉제5권제1호 1907.1) ▎세계에서 뎨일 사람에게 리로운 땅, 즉 건강디는 로서아의 대륙 븍방의 븍빙양 가운데 잇는노바쩸뿌라섬이라(〈동아일보〉 1929.10.26 5면)

【븍빙ᄒᆡ】 북빙양(The Arctic Ocean 北氷洋), 북극을 이루는 바다. 북극해(北極海)라고도 한다 ▎븍빙ᄒᆡ 北氷海 The north polar sea(게일편《한영자전》1897)

【븍아미리가】 북아메리카(North America), 아메리카 대륙의 북반부 ▎븍아미리가 北阿美利加 North America(게일편《한영자전》1897)

【븍아미리까】 북아메리카(North America), 아메리카 대륙의 북반부 ▎디방(地方)일홈이무어시뇨 ○답 아셔아(答亞西亞)와유롭프(歐羅巴)와아프리까(亞非利加)와오스를렬랴(澳大利亞)와남아미리까(南亞米利加)와븍아미리까(北亞米利加)니라(《디구략론》 1897)

【블늬비아】 볼리비아(Bolivia), 남아메리카 중서부에 있는 공화국 ▎쁘레실국과 엑궤도국과 비루국과 블늬비아국과 칠릐국과 아젠틘합즁국과 바라궤국과 유루궤국이니라(한글본《ᄉᆞ민필지》1889)

【블란셔】 프랑스(France 佛蘭西), 유럽 서부 대서양 연안에 위치한 공화제 국가 ▎영길리에셔 ᄋᆡ급을 오ᄅᆡ 차지 ᄒᆞ고 잇ᄂᆞᆫ거슨 블란셔에셔 죠하 아니 ᄒᆞᄂᆞᆫ ᄉᆡ둙이라 ᄒᆞ얏더니(〈독립신문〉1897.2.20)

【블란시국】 프랑스(France), 유럽 서부 대서양 연안에 위치한 공화제 국가 ▎국셰를 의론컨대 아라사국 대ᄋᆞᆷ 블란시국과 ᄀᆞᆺᄒᆞ며

(한글본《ᄉᆞ민필지》1889)

【블릭】 흑해(The Black Sea), 유럽 남동부와 아시아 사이에 있는 내해 ▌남에는 기스비안 블릭이란 두 못 ᄉᆞ이에 고기서스ㅣ란 산이 잇고(한글본《ᄉᆞ민필지》1889)

【블릭하슈】 흑해(The Black Sea), 유럽 남동부와 아시아 사이에 있는 내해 ▌동은 블릭하슈ㅣ오 남은 디즁히와 쓰리스국이오(한글본《ᄉᆞ민필지》1889)

【블씌모】 볼티모어(Baltimore), 미국 남부 메릴랜드 주 중부의 도시 ▌피라델피아와 보스든과 블씌모와 잘쓰던이란 포촌이 잇고(한글본《ᄉᆞ민필지》1889)

【쓰레실국】 브라질(Brazil), 남아메리카 중동부 대서양 연안에 있는 공화국. 수도는 브라질리아(Brasilia)이며 남아메리카에서 가장 넓은 나라이다 ▌베네수일나국과 기아나와 쓰레실국과 엑궈도국과 비루국과 블늬비아국과 칠릐국과 아젠틘합즁국과 바라궤국과 유루궤국이니라(한글본《ᄉᆞ민필지》1889)

【브로클닌】 브루클린(Brooklyn), 미국 뉴욕시에 있는 자치구 ▌그 東方에 흘으는 이스더江 對岸에 브로클닌이라 ᄒᆞᄂᆞᆫ 附가 잇서(《국민소학독본》1895)

【쁘리스털】 브리스틀(Bristol), 영국 잉글랜드 남서부 에이번 주의 주도이며 항만 공업 도시 ▌엥길란드 남편에 폿스멋과 프릐멋과 쁘리스털이란 세 큰 촌이 잇고(한글본《ᄉᆞ민필지》1889)

【쓰리질】 브라질(Brazil), 남아메리카 중동부 대서양 연안에 있는 공화국. 수도는 브라질리아(Brasilia)이며 남아메리카에서 가장 넓은 나라이다 ▌쓰리질(〈친목회회보〉제3호 1896.6)

【블늬비아】 볼리비아(Bolivia), 남아메리카 중서부에 있는 공화국 ▌엑궈도국과 비루국과 블늬비아국과 칠릐국과 아젠틘합즁국과 바라궤국과 유루궤국이니라(한글본《ᄉᆞ민필지》1889)

【씌다픽스트】 부다페스트(Budapest), 헝가리의 수도. 도나우 강을 중심으로 부다와 페스트로 나누어져 있다 ▌도셩은 일홈이 씌다픽스트ㅣ니 헝게리아 셔편이오(한글본《ᄉᆞ민필지》1889)

【비여나】 빈(Vienna), 오스트리아의 수도. 오스트리아의 북동쪽 도나우(Donau) 강변에 위치한다. 영어로는 비엔나(Vienna)라고 한다 ▌오디리 셔울 비여나인듸 오십 ᄉᆞ년 전에 처음으로 뭘 잡ᄂᆞᆫ 포쥬를 열고(〈독립신문〉1898.6.18)

【비국】 벨기에(Belgium 比國), 서유럽의 북해에 면해 있는 입헌군주제 국가. '비국'은 벨기에의 한자표기 '比利時國'의 약칭 '比國'을 우리말 한자음으로 음독한 것이다 ▌그남어지 사ᄅᆞᆷ들이 다 비국 령ᄉᆞ의게 의지ᄒᆞ야 보호ᄒᆞᆫ지라(〈미일신문〉제1권 125호 1898) ▌외부에셔 비국 공관에 죠회ᄒᆞ되(〈대한매일신보〉1905.1.26)

【비랍빈】 필리핀(Philippines), 서태평양 서쪽에 있는 7000여 개의 섬으로 이루어진 공화국 ▌각국에셔 ᄒᆞ기을 미국에셔 비랍빈 여러셤을 뎜거ᄒᆞ여야 싱령을 구ᄒᆞ겟다 ᄒᆞ나(〈미일신문〉1898.9.23)

【비로】 페루(Peru 秘魯), 남아메리카 중부 태평양 연안에 있는 나라. '비로'는 페루(Peru)의 중국식 한자음역어 '秘魯'를 우리말 한자음으로 읽은 것이다 ▌드ᄅᆞ미 고파와 비로와 아만라(모다 디명) 등 쳐에 즁국 사ᄅᆞᆷ을 함몰ᄒᆞ기를 일 년의 천만으로 헬지라(《이언(易言)》1883)

【비로국】 페루(Peru), 남아메리카 중부 태평양 연안에 있는 나라. '비로국'은 페루(Peru)의 중국식 한자음역어 '秘魯國'을 우리말 한자음으로 읽은 것이다 ▌비로국 毗魯國 Peru(게일편《한영자전》1897)

【비루국】 페루(Peru), 남아메리카 중부 태평양 연안에 있는 나라 ▌엑궈도국과 비루국

과 블늬비아국과 칠릐국과 아젠된합즁국과 바라궤국과 유루궤국이니라(한글본《ᄉᆞ민필지》1889)

【비루밍함府】버밍엄(Birmingham), 영국 잉글랜드 중부 웨스트미들랜드 주에 있는 도시 ▍비루밍함府(BIRMINGHAM)平原中央에 在ᄒᆞ니(《중등만국지지》1902 권2)

【비륜빈】필리핀(Philippines 比律賓), 서태평양 서쪽에 있는 7000여 개의 섬으로 이루어진 공화국 ▍상항에셔 츌발ᄒᆞᆫ 후에 비륜빈에 가셔 두어ᄃᆞᆯ 지톄ᄒᆞᆯ 뜻을 그 나라 정부에셔 발표ᄒᆞ엿다더라(〈대한매일신보〉1908.3.1) ▍그만현 비륜빈총독 웃드씨의 말로 실현이 되지 못하엿다는데(〈동아일보〉1925.12.12. 2면)

【비률빈】필리핀(Philippines 比律賓), 서태평양 서쪽에 있는 7000여 개의 섬으로 이루어진 공화국. '비률빈'은 Philippines의 중국식 한자표기 '比律賓'을 우리말 한자음으로 읽은 것이다 ▍미국 정부에셔 비률빈도ᄉᆞ이에 해뎌 젼션을 더옥 부셜ᄒᆞ기로 결뎡ᄒᆞ엿다더라(〈독립신문〉1899.7.31) ▍日本과 北亞米利加合衆國의 領地 비률빈 群島가 有ᄒᆞ고(〈태극학보〉제7호 1907.2.24) ▍미국 정부에셔는 일긔년 안에 태평양 함ᄃᆡ를 더ᄒᆞ야 비률빈과 포와에 포ᄃᆡ를 확쟝ᄒᆞ기로 결뎡ᄒᆞ얏더라(〈대한매일신보〉1907.7.5) ▍저 멀고 멀은 印度, 비률빈, 뽀네오島, 써마트라島, 濠洲 등지까지 가서 過冬을 하고(〈별건곤〉제1호 1926.11.1)

【쎄르마】미얀마(Myanmar), 동남아시아의 인도차이나 반도와 인도 대륙 사이에 있는 나라. 지금은 나라 이름이 '미얀마'로 바뀌었다 ▍쎄르마(〈한성주보〉제1호 1886.1.25)

【비리시】벨기에(Belgium 比利時), 서유럽의 북해에 면해 있는 입헌군주제 국가. '비리시'는 벨기에의 중국식 한자음역어 '比利時'를 우리말 한자음으로 읽은 것이다 ▍법란셔와 일ᄉᆞ파리아와 포도아와 비리시 등 일곱 나라히 좃ᄎᆞ 힝ᄒᆞ고(《이언(易言)》1883) ▍죠션이 영국 보다는 크고 비리시보다 아홉 갑졀이 크고(〈독립신문〉1896.5.30) ▍하란의인국은 비리시라(학부역《틔셔신사》1897) ▍셔셰챵 씨가 비리시국회샤에 교셥ᄒᆞᆫ 외채 오쳔만량 모집ᄒᆞᄂᆞᆫ 일을 정부회의에 뎨츌ᄒᆞ엿더니(〈대한매일신보〉1907.11.9) ▍법국으로셔 이대리 셔반아 비리시 등국에 퍼진 인죵이라(이해조《철세계》1908) ▍비리시 比利時 Belgium(J. S.Gale《한영대자전》1931)

【비리의】벨기에(Belgium), 서유럽의 북해에 면해 있는 입헌군주제 국가이다 ▍미국사ᄅᆞᆷ이 삼인이요 비리의 사ᄅᆞᆷ이 일인이요 이탈리사ᄅᆞᆷ이 일인이요(〈독립신문〉1898.7.25)

【쎄링】베링 해(Bering Sea), 북태평양 북부에 있는 바다 ▍동은 오컷스그ㅣ란 바다와 쎄링 하슈와 태평양이오(한글본《ᄉᆞ민필지》1889)

【비산딘府】비잔틴(Byzantine), 콘스탄티노플(지금의 이스탄불) ▍其形勝이歐洲의第一이니卽古昔비산딘府라(《중등만국지지》1902 권2)

【비슈비엇 화산】베수비오 산(Vesuvius Mountain), 나폴리 근처에 있는 화산 이름 ▍또 비슈비엇 화산ㅅ 근쳐에 밤페이란 큰 촌이 잇더니(한글본《ᄉᆞ민필지》1889)

【비스게이灣】비스케이 만(Bay of Biscay), 서유럽 해안에 뻗어 있는 북대서양의 넓은 만 ▍난틔(NANTES)港을過ᄒᆞ야비스게이灣에 入ᄒᆞ니全長이五百三十哩오(《중등만국지지》1902 권2)

【비스마-크羣島】비스마르크 군도(Bismarck Archipelago), 파푸아뉴기니(Papua New Guinea)의 화산섬무리 ▍비스마-크羣島는新貌列顚,新愛蘭,아드밀나르틔及附近諸島를總稱홈이니(《중등만국지지》1902 권3)

【비에나】빈(Vienna), 오스트리아의 수도. 오스트리아의 북동쪽 도나우(Donau)강 변에 위치한다 ▍덕국 황뎨가 오지리 황뎨를 오지리 셔울 비에나에 가셔셔 ᄆᆡ우 졍답게 맛나 보셧다니(〈독립신문〉1896.4.30) ▍墺京(비에나) 一百三十六萬四千五百四十八人(〈대조선독립협회회보〉제10호 1897.4.15) ▍비에나로부

터 來한 報道를 依한 즉(〈동아일보〉1921.4.2. 2면) ▎그 다음에는 비에나로 가서 中等學校와 大學을 優秀한 성적으로 졸업하얏다(〈동광〉 제18호 1931.2.1)

【쎄와】비와호(Lake Biwa 琵琶湖), 일본 시가현 중앙부에 있는 일본 최대의 호수 ▎나라 ᄒᆞᆫ가온대 쎄와ㅣ 란 큰 못시 잇고(한글본《ᄉᆞ민필지》1889)

【비율빈】필리핀(Philippines 比律賓), 서태평양 서쪽에 있는 7000여 개의 섬으로 이루어진 공화국. '비율빈'은 필리핀의 일본식 한자표기 '比律賓'을 우리말 한자음으로 읽은 것이다 ▎가령 비율빈으로 말하면 「비율빈변호사협회」라는 것과 中國이면 「중화민국변호사협회」라는 것이 다 잇섯습니다(〈삼천리〉제3호 1929.11.13) ▎그러나 이와 반대로 일본(日本)이나 비율빈(比律賓)은 물론이요(〈별곤건〉제40호 1931.5.1)

【비쥬】아프리카(Africa 斐洲), 동반구의 남서부에 있으며 남북 양반구에 걸친 세계 제2의 대륙. '비쥬'는 아프리카의 한자표기 '亞斐利加洲' 또는 '阿斐利加洲'의 줄임말을 우리말 한자음으로 음독한 것이다 ▎미쥬와 비쥬와 ᄋᆡ급과 파란과 인도와 유태에 젹시가 여산ᄒᆞ고 귀셩이 랑쟈ᄒᆞᆫ 것이 모다 이 마귀의 ᄉᆡᆼ둙이라(〈대한매일신보〉1908.4.2) ▎파샤와 ᄋᆡ급과 비쥬의 븍방 디경이 밋친 바람의 소탕홈을 맛는 것 ᄀᆞᆺ고(〈신학월보〉제7권2·3호 1909.3)

【빅도리아】빅토리아(Victoria), 캐나다 남서부 브리티시컬럼비아 주의 주도. 밴쿠버 섬에 위치한 항구 도시 ▎셔편에 빅도리아와 빈구버ㅣ 란 포구가 잇스며(한글본《ᄉᆞ민필지》1889)

【빽토리아大瀑布】빅토리아(Victoria), 캐나다 남서부 브리티시컬럼비아(British Columbia) 주의 주도. 밴쿠버 섬에 위치한 항구 도시 ▎有名ᄒᆞᆫ빽토리아大瀑布를成ᄒᆞ니 此ᄂᆞᆫ英國探撿家리뺑스톤氏(LIVINGSTONE)가 비로소撿出ᄒᆞᆫ者오(《중등만국지지》1902 권3)

【빈랑】페낭(Pinang 賓郞), 말레이 반도 서부와 피낭 섬으로 이루어진 지역. '빈랑'은 Pinang의 중국식 한자음역어 '賓郞'을 우리말 한자음으로 읽은 말이다 ▎또 셩가파와 빈랑셔와 신구금산 등 쳐에 화인이 다 즉 수십만이오(《이언(易言)》1883)

【빈립빈】필리핀(Philippines), 서태평양 서쪽에 있는 7000여 개의 섬으로 이루어진 공화국 ▎미국과 빈립빈 나라의 ᄊᆞ홈이 지금ᄭᆞ지 잇섯스나(〈독립신문〉1899.8.25)

【쎌마】미얀마(Myanmar), 동남아시아의 인도차이나 반도와 인도 대륙 사이에 있는 나라. 1998년 나라 이름이 버마에서 미얀마로 바뀌었다 ▎쎌마(〈한성주보〉제2호 1886.2.1)

【빗스불구】피츠버그(Pittsburgh), 미국 펜실베이니아 주에 있는 상공업 도시 ▎빗스불구시에셔 뎐보 빅달부로 ᄉᆡᆼ활ᄒᆞ든 가네기씨가 근셰에 니르러 부쟈가 되엿ᄂᆞᆫ지라(〈대한매일신보〉1907.10.6)

ㅅ

【사갈린 섬】사할린(Sakhalin), 러시아 연방 공화국 사할린 주에 속하는 섬. 수도는 유즈노사할린스크(Yuzhno-Sakhalinsk). 일본에서는 이 섬을 가라후토(樺太)라고 부른다 ❙ 아라사에 속ᄒᆞᆫ 사갈린 셤 셔편 바다로 들어 갓ᄂᆞᆫᄃᆡ(〈독립신문〉1899.4.27)

【사나府】사나(Sana), 예멘의 수도. 6세기경 메카에 대항하여 기독교도들이 건설한 도시이다 ❙ 사나府(SANA)ᄂᆞᆫ回敎寺院이多ᄒᆞ고(《중등만국지지》1902 권1)

【사듸니아】사르데냐(Sardegna) 섬, 이탈리아 반도 서쪽 해상에 있는 지중해에서 두 번째 큰 섬 ❙ 셔에는사듸니아ㅣ란 큰 셤이 잇고(한글본《ᄉᆞ민필지》1889)

【싸라왁】사라왁(Sarawak), 칼리만탄 섬(Kalimantan) 북서부에 있는 말레이시아의 주 ❙ 싸라왁(또한 쏘르네오島의 일부니)(〈소년〉제2년6권 1909.7.1)

【사루듸니아】사르데냐(Sardegna) 섬, 이탈리아 반도 서쪽 해상에 있는 지중해에서 두 번째 큰 섬 ❙ 此國은사루듸니아王이統一ᄒᆞᆫ時에(《중등만국지지》1902 권2) ❙ 때맛참『사루듸니아』王『에마뉴엘』2세 明君이라(〈삼천리〉제5권제10호 1933.10.1)

【사르엔河】살윈 강(Salween River), 티베트에서 발원하여 중국을 돌아 미얀마와 타이로 흘러들어가는 강 ❙ 西에이라와듸-河(IRAWADYR)와東에사르엔河(SALVENR)의二大水가ᄒᆞ야(《중등만국지지》1902 권1)

【사마리아】사마리아(Samaria), 기원전 890년경부터 북이스라엘 왕국의 수도로 건설되었던 도시 ❙ 예루사름과 사마리아에 셩교를 젼ᄒᆞ시매 ᄇᆡᆨ셩은 밋어 조ᄎᆞᄃᆡ(《쥬년쳠례광익》민아오스딩 감준 1899) ❙ ᄒᆞ너ᄂᆞᆫ 실노 사마리다노와 사마리다노ᄂᆞᆫ 곳 사마리아국 사름이라(《신약젼셔》성경번역위원회 1900) ❙ 사마리아 우물가헤 곤ᄒᆞ야 안ᄌᆞ신 거술 보면 사름이시오(〈신학월보〉제1권1호 1900.1)

【사모아】사모아(Samoa), 오세아니아 남태평양 서사모아 제도의 섬들로 구성된 의회공화국 ❙ 피지와 사모아와 소사이듸와 길벗과 마쉘과가롤닌과 산드위츠국과 마귀사스ㅣ란 셤이 잇고(한글본《ᄉᆞ민필지》1889) ❙ 사모아(〈친목회회보〉제5호 1897.6) ❙ 태평양 셤에 사모아라 ᄒᆞᄂᆞᆫ 셤이 잇ᄂᆞᆫᄃᆡ(〈독립신문〉1899.1.30) ❙ 卽 南洋에 棲息ᄒᆞᄂᆞᆫ 鯨鯢一隊가 사모아 近海에 鰹鰤等을 巡獵ᄒᆞᆯ 目的으로(〈대한흥학보〉제11호 1910.3.20) ❙ 사모아島에 在한 中國勞働者 雇傭契約을 改訂하엿다는 苦情을 述하얏는대(〈동아일보〉1920.7.10. 2면) ❙ 中國에는 손대지 안으되 갓가운 사모아를 분할하고(〈별곤건〉제29호 1930.6.1)

【사모이】사모아(Samoa), 오세아니아 남태평양 서사모아 제도의 섬들로 구성된 의회공화국 ❙ 사모이(〈한성주보〉제4호 1886.2.22)

【사바나 강】사바나 강(Savannah River), 미국 동남부에 있는 강 ❙ 동편에 컨너듸컷과 헛손과 보도막과 사바나ㅣ란 강이 대셔양에로 드러가고(한글본《ᄉᆞ민필지》1889)

【사버리아】시베리아(Siberia), 러시아 우랄산맥에서 태평양 연안에 이르는 북아시아 지역. 러시아어로는 시비르(Sibir)라고 한다 ❙ 만쥬와 사버리아 동편 남계를 지나(〈독립신문〉1899.4.28)

【ᄉᆞ베리아】시베리아(Siberia), 러시아 우랄산맥에서 태평양 연안에 이르는 북아시아 지역. 러시아어로는 시비르(Sibir)라고 한다 ❙ 아라사 공ᄉᆞ 뭇투닌씨ᄂᆞᆫ 여러 해를 ᄉᆞ베리아 변방에셔 셰관쟝 노릇 ᄒᆞ던이인ᄃᆡ(〈독립신문〉1898.1.22)

【사벼리아】시베리아(Siberia), 러시아 우랄산맥에서 태평양 연안에 이르는 북아시아 지역. 러시아어로는 시비르(Sibir)라고 한다 ❙ 구라파에셔 ᄒᆡ삼위로 오ᄂᆞᆫ 사벼리아 쳘도와 연속ᄒᆞ게 허락ᄒᆞ고(〈독립신문〉1897.1.14)

【사사리】사사리(Sassari), 이탈리아 남부 사르데냐 자치주 북부에 있는 도시 ▌그 히딕가 식듸니아 히변 사사리로 도박 ᄒᆞ엿다더라(《독립신문》1899.5.2)

【사우트아메리카】남아메리카(South America), 아메리카 대륙의 남쪽 지역 ▌南阿美利加洲사우트아메리카八千九百十萬方里(유길준《서유견문》1895 제1편)

【ᄉᆞ이베리아】시베리아(Siberia), 러시아 우랄 산맥에서 태평양 연안에 이르는 북아시아 지역 ▌아라샤 정부에셔 ᄉᆞ이베리아 셰관 위원 믹투닌씨를 대한 쥬찰 ᄒᆞᄂᆞᆫ(《독립신문》1897.12.21)

【사ㅣ비리아】시베리아(Siberia), 러시아 우랄 산맥에서 태평양 연안에 이르는 북아시아 지역 ▌사ㅣ비리아 짜흔 아라사국이 죄인들을 뎡빅 보ᄂᆡᄂᆞᆫ 곳이니(한글본《ᄉᆞ민필지》1889)

【사이암】샴(Siam), 타이(Thailand) 왕국의 옛 이름으로 '샴(siam)'이라고도 한다 ▌暹羅사이암(유길준《서유견문》1895 제1편)

【사이필우스島】키프로스(Cyprus), 지중해 동부에 있는 섬나라. 사이프러스 또는 키프로스라고도 함 ▌사이필우스島(CYPRUS)ᄂᆞᆫ英國에讓與ᄒᆞ고(《중등만국지지》1902 권2)

【ᄊᆞ인프란씨스코】샌프란시스코(San Francisco), 미국 캘리포니아 주 서부에 있는 도시. 현재 로스앤젤레스에 이어 태평양 연안 제2의 도시이다 ▌六월 十七일에 겨오 ᄊᆞ인프란씨스코에 득달 ᄒᆞ야(《독립신문》1899.11.21)

【ᄉᆞᄌᆞ국】스리랑카(Sri Lanka), 남부 아시아 인도의 남쪽 인도양에 있는 섬나라. 산스크리트 이름인 심할라드비파(Simhaladvipa: 사자섬)에서 유래한다 ▌ᄉᆞᄌᆞ국 獅子國 Ceylon(게일편《한영자전》1897)

【사쿠라멘토】새크라멘토(Sacramento), 미국 캘리포니아 주의 주도 ▌桑港의東에사쿠라멘토(SACRAMENTO)가有ᄒᆞ니(《중등만국지지》1902 권3)

【사하라】사하라(Sahara), 아프리카 대륙 북부에 있는 사막. 사하라는 아랍어로 '황무지', '불모지'라는 뜻의 사흐라에서 유래하였다 ▌사하라(《한성주보》제6호 1886.3.8) ▌赤道北에在ᄒᆞᆫ沙漠은사하라(SAHARA)沙海云ᄒᆞᄂᆞᆫ義라라云ᄒᆞ고(《중등만국지지》1902 권3) ▌其廣大ᄒᆞᆫ 表面은 사하라 沙漠을 見ᄒᆞᆷ과 恰似ᄒᆞ니(《태극학보》제13호 1907.9.24) ▌사하라沙漠도 可히 開拓ᄒᆞ여슬지니(《대한흥학보》제5호 1909.7.20) ▌世界에-第一넓은사하라 沙漠도 괜치 아니 할 것이다(《개벽》제18호 1921.12.1)

【사히】사해(Dead Sea 死海), 이스라엘과 요르단에 걸쳐 있는 염호. 호수의 염분이 23~25%로 일체의 생물이 살지 못하기 때문에 사해(死海)라는 이름이 붙었다 ▌갈닐니 바다와 사히 바다 ᄉᆞ이에 잇ᄂᆞᆫ 싸히니 신약에ᄂᆞᆫ 픠리아라 ᄒᆞ엿ᄂᆞ니라(《신학월보》제1권12호 1901.10)

【ᄉᆞ히】사해(Dead Sea 死海), 이스라엘과 요르단에 걸쳐 있는 염호. 호수의 염분이 23~25%로 일체의 생물이 살지 못하기 때문에 사해(死海)라는 이름이 붙었다 ▌홀로 ᄉᆞ히 가희 ᄒᆞᆫ 나무 열믹 잇서 것 ᄎᆞᆫ 심히 아름다오나(뮈텔《셩경직해》1892) ▌ᄉᆞ히 死海 The Dead Sea(게일편《한영자전》1897) ▌시험ᄒᆞ야 유대국에 잇ᄂᆞᆫ(ᄉᆞ히)를 보건ᄃᆡ 다른 물과 샹통치 못ᄒᆞᆷ으로 잇ᄂᆞᆫ 바 물이 다 썩어져 죽은 물이라 칭ᄒᆞ게 되엿스니(《대한매일신보》1907.10.26)

【산더밍어】산도밍고(San Domingo), 현 아이티(Haiti) 공화국의 옛 이름 ▌海地ᄂᆞᆫ산더밍어라도稱하니(《소학만국지지》1895 제3편)

【산도밍】산도밍고(San Domingo), 현 아이티(Haiti) 공화국의 옛 이름 ▌바와 이스바니아국 쇽방 헤듸와 이 싸헤 젹은 두나라히 잇스니 헤듸와 산도밍ㅣ니라(한글본《ᄉᆞ민필지》1889)

【산도윗지諸島】사우스조지아 사우스

샌드위치 제도(South Georgia and the South Sandwich Islands), 남대서양에 있는 영국의 해외 영토로, 공식 명칭은 사우스조지아 사우스샌드위치 제도이다 ▌羣島中에가로린諸島와산도윗지諸島外에는다歐洲諸國의領地에屬ᄒᆞ니라(《소학만국지지》1895 제6편)

【산드밍코】산도밍고(San Domingo), 현 아이티(Haiti) 공화국의 옛 이름 ▌산드밍코(〈친목회회보〉제5호 1897.6)

【산쏘밍오】산토도밍고(Santo Domingo), 도미니카공화국(Dominica)의 수도. 카리브해(海)에 면하는 항만 도시이다 ▌山道明澳 산쏘밍오(유길준《서유견문》1895 제1편)

【산듸에고】샌디에이고(San Diego), 미국 캘리포니아 주 남서부에 있는 도시 ▌짤빅스던과 셔편에 산듸에고와 산브란시스고와 시아들이란 포구가 잇스며(한글본《ᄉᆞ민필지》1889)

【산마리共和國】산마리노(San Marino), 유럽 남부 이탈리아 반도의 중북부에 있는 공화국 ▌산마리共和國(〈친목회회보〉제2호 1896.3)

【산마리노】산마리노(San Marino), 유럽 남부 이탈리아 반도의 중북부에 있는 공화국 ▌山馬利路 산마리노(유길준《서유견문》1895 제1편) ▌삼월오일은 산마리노공화국의 독립긔념데일(獨立紀念祭日인데)(〈동아일보〉1928.2.12. 2면)

【산마리노共和國】산마리노(San Marino), 유럽 남부 이탈리아 반도의 중북부에 있는 공화국 ▌산마리노(SAN MARINO)共和國(《중등만국지지》1902 권2)

【싼마리노國】산마리노(San Marino), 유럽 남부 이탈리아 반도의 중북부에 있는 공화국 ▌중앙이달늬 속에 잇서 獨立한 싼마리노國은(〈소년〉제1년1권 1908.11.1)

【산브란시스고】샌프란시스코(San Francisco), 미국 캘리포니아 주 서부에 있는 도시. 현재 로스앤젤레스에 이어 태평양 연안 제2의 도시이다 ▌짤빅스던과 셔편에 산듸에고와 산브란시스고와 시아들이란 포구가잇스며(한글본《ᄉᆞ민필지》1889)

【산살바더아】산살바도르(San Salvador), 중앙아메리카에서 가장 작은 국가인 엘살바도르의 수도이며, 산살바도르 주에 위치한다 ▌三薩瓦多首府 산살바더아(《소학만국지지》1895 제3편)

【산살베다】산살바도르(San Salvador), 중앙아메리카에서 가장 작은 국가인 엘살바도르의 수도이며, 산살바도르 주에 위치한다 ▌聖撒排多 산살베다(유길준《서유견문》1895 제1편) ▌聖撒排多 산살베다(〈대한자강회월보〉제11호 1907.5.25)

【산살베더】산살바도르(San Salvador), 중앙아메리카에서 가장 작은 국가인 엘살바도르의 수도이며, 산살바도르 주에 위치한다 ▌과데마라국과 흔두레스국과 산살베더국과 늬가라과국과 거스다리가국과 또 벨리스ㅣ 란싸히니(한글본《ᄉᆞ민필지》1889)

【산살빠돌】산살바도르(Sansalvador), 중앙아메리카에서 가장 작은 국가인 엘살바도르의 수도이며, 산살바도르 주에 위치한다 ▌金剛河口南岸에在ᄒᆞᆫ산살빠돌(SANSALVADOR)이오(《중등만국지지》1902 권3)

【싼지바-】잔지바르(Zanzibar), 탄자니아 잔지바르 주의 주도 ▌싼지바-의北東으로브터亞剌比亞海에突出ᄒᆞᆫ海角地니(《중등만국지지》1902 권3)

【산지아고】산티아고(Santiago), 칠레의 수도. 칠레 중앙부 안데스 산맥과 해안산맥 사이에 전개된 분지 위에 있으며, 이 나라의 정치, 산업, 문화, 관광을 대표하는 거대 도시이다 ▌동뎐을 거ᄒᆞᆫ즉 미국 함듸는 산지아고에 도착ᄒᆞ야(〈대한매일신보〉1908.4.24)

【산치아고】산티아고(Santiago), 칠레의 수도. 칠레 중앙부 안데스 산맥과 해안산맥 사이에 전개된 분지 위에 있으며, 이 나라의 정치, 산업, 문화, 관광을 대표하는 거대 도시

이다 ▎首府산치아고에는人口가二十萬이오(《소학만국지지》1895 제5편) ▎산치아고 一日發 昨夜中 連續的으로 地震이잇서(〈동아일보〉1928.12.3. 1면)

【산틔야고】 산티아고(Santiago), 칠레의 수도. 칠레 중앙부 안데스 산맥과 해안산맥 사이에 전개된 분지 위에 있으며, 이 나라의 정치, 산업, 문화, 관광을 대표하는 거대 도시이다 ▎산틔야고를 써낫는듸 그 방향은 몰은다더라(〈독립신문〉1898.5.28)

【산프란스시고】 샌프란시스코(San Francisco), 미국 캘리포니아 주 서부에 있는 도시. 현재 로스앤젤레스에 이어 태평양 연안 제2의 도시이다 ▎동편에도 간뒨스와 ㅂ리나히바와 산프란스시고ㅣ 란 강이 대셔양에로 드러가고(한글판《ㅅ민필지》1889)

【산프란시스고】 샌프란시스코(San Francisco), 미국 캘리포니아 주 서부에 있는 도시. 현재 로스앤젤레스에 이어 태평양 연안 제2의 도시이다 ▎루이 스氏는 以上의 主張을 가지고 一九三四年 산프란시스고에 開催된 勞働 總同盟大會에 臨하엿으나(〈동아일보〉1937.6.6. 3면)

【산프란시스코】 샌프란시스코(San Francisco), 미국 캘리포니아 주 서부에 있는 도시. 현재 로스앤젤레스에 이어 태평양 연안 제2의 도시이다 ▎그것은 분명히 산프란시스코 신문이다(〈동광〉제8호 1926.12.1) ▎李相伯君을 마네저로 早大籠球米洲遠征團은 去廿七日朝 산프란시스코에 到着되엇는데(〈동아일보〉1927.12.31. 2면)

【산프란씨스코】 샌프란시스코(San Francisco), 미국 캘리포니아 주 서부에 있는 도시. 현재 로스앤젤레스에 이어 태평양 연안 제2의 도시이다 ▎合衆國의 「산프란씨스코」에 下陸하야(〈삼천리〉제4권12호 1932.12.1)

【산할】 산후안(San Juan), 미국령인 푸에르토리코(Puerto Rico) 연방의 수도이자 최대 도시 ▎首府는산할(SAN JUAN)이라云ᄒᆞ며(《중등만국지지》1902 권3)

【산허쟈바】 산호세(San José), 코스타리카의 수도 ▎哥斯德里加 首府 산허쟈바(《소학만국지지》1895 제3편)

【산흐-세】 산호세(San José), 코스타리카의 수도 ▎首府ᄅᆞᆯ산흐-세(SANOSJE)라稱ᄒᆞ며(《중등만국지지》1902 권3)

【살듸니아】 사르데냐(Sardegna), 이탈리아 남부의 자치 주. 이탈리아 반도 서쪽 지중해에서 두 번째 큰 섬이다 ▎其大ᄒᆞᆫ者는살듸니아(SARDINIA)니(《중등만국지지》1902 권2)

【살지니아】 사르데냐(Sardegna), 이탈리아 남부의 자치 주. 이탈리아 반도 서쪽 지중해에서 두 번째 큰 섬이다 ▎몬져 살지니아 撒底尼亞국 군ᄉᆞ로 ᄊᆞ화 一월지 ᄂᆡ에 크게 파ᄒᆞ고(〈독립신문〉1899.8.26)

【살쳬니아】 사르데냐(Sardegna), 이탈리아 남부의 자치 주. 이탈리아 반도 서쪽 지중해에서 두 번째 큰 섬이다 ▎살쳬니아는더욱화가장ᄎᆞ이르니니이졔도모흠이올타ᄒᆞ고(학부역《티셔신사》1897)

【살톄니아국】 사르데냐(Sardegna), 이탈리아 남부의 자치 주. 이탈리아 반도 서쪽 지중해에서 두 번째 큰 섬이다 ▎먼져살톄니아국의원에잇다가다시각국을유력ᄒᆞ고(학부역《티셔신사》1897)

【삼알칸드】 사마르칸트(Samarkand), 우즈베키스탄 중동부에 있는 사마르칸트 주의 주도. 중앙아시아 최고(最古) 도시의 하나이다 ▎삼알칸드(SAMARCAND)는古詩亞細亞ᄅᆞᆯ倂呑ᄒᆞ고(《중등만국지지》1902 권1)

【살윈강】 살윈 강(Salween River), 중국과 미얀마 연방에 걸쳐 흐르는 큰 강 ▎가온대는살윈이란강이 잇고(한글본《ㅅ민필지》1889)

【상항】 샌프란시스코(San Francisco 桑港), '상항'은 샌프란시스코의 한자표기 '桑港'을 우리말 한자음으로 읽은 것이다 ▎만향파와 호쥬와 상항과 향항과 파리 마와 일본 등디로 길을 통ᄒᆞ기가 인편ᄒᆞ고(〈ᄆᆡ일신문〉1898.8.12) ▎칠월 십오일게는 미국 상항에 도

착ᄒᆞ겟다고ᄒᆞ엿더라(《독립신문》 1898.8.12) ▌상항던보(《대한매일신보》1907.7.2) ▌합즁국에 상항은 셰계에 유명ᄒᆞᆫ 항큰구라(이해조《철세계》1908) ▌전함대총출동으로 상항(桑港)에서 포와(布哇)로 포와에서 비률빈으로(《별곤건》제61호 1933.3.1)

【ᄉᆡ듸니아】사르데냐(Sardegna), 이탈리아 남부 지중해에서 두 번째 큰 섬 ▌이태리 대군쥬와 왕후ᄭᅴ셔 ᄉᆡ듸니아 셤음에 가셔(《독립신문》1899.5.2)

【ᄉᆡ베리아】시베리아(Siberia), 러시아 우랄 산맥에서 태평양 연안에 이르는 북아시아 지역. 러시아어로는 시비르(Sibir)라고 한다 ▌ᄉᆡ베리아(《친목회회보》제5호 1897.6)

【새쎄리야】시베리아(Siberia), 러시아 우랄 산맥에서 태평양 연안에 이르는 북아시아 지역. 러시아어로는 시비르(Sibir)라고 한다 ▌골온새쎄리야요(《한성주보》제2호 1886.2.1)

【ᄉᆡ비야】세르비아(Serbia), 유럽 남동부 발칸 반도 중앙부에 위치하고 있는 나라 ▌구라파 ᄉᆡ비야국 공ᄉᆞᄂᆞᆫ 이믜 몬테늬그로국 슈부셋렌야에셔 퇴거ᄒᆞ엿스나(《대한매일신보》1908.6.13)

【ᄉᆡᆨ이유】세르비아(Serbia 塞耳維), 'ᄉᆡᆨ이유'는 세르비아의 중국식 한자표기 '塞耳維'를 우리말 한자음으로 읽은 것이다 ▌ᄉᆡᆨ이유에 五百七十五명(《독립신문》1899.5.17)

【ᄉᆡᆫ도밍고】산도밍고(San Domingo), 현 아이티공화국(Haiti)의 옛 이름 ▌코스다카와 ᄉᆡᆫ도밍고와 헤타이 보다 네 갑졀이 크고(《독립신문》1896.5.30)

【샐베도-】사우바도르(Salvador), 브라질 바이아주(Bahia)의 주도. 브라질 제4의 대도시이다 ▌셔반구로 가면 샐베도-보다 열세 갑졀이 크고(《독립신문》1896.5.30)

【샤모아】사모아(Samoa), 오세아니아 남태평양 서사모아 제도의 섬들로 구성된 의회공화국 ▌샤모아 셔음에셔 영 미 덕 셰 나라의 협의 위원이 그 셔음 나라의 님군을 폐ᄒᆞ고(《독립신문》1899.10.7)

【샤므】샴(Siam), 타일랜드(Thailand) 왕국의 옛 이름 ▌샤므(《한성주보》제3호 1886.2.15)

【샨드윗지群島】하와이 제도(Hawaiian Islands), 예전에 하와이 제도에 대하여 부르던 이름. 1778년 영국의 탐험가 선장이었던 쿠크(Cook)가 하와이 제도를 발견하였을 때 붙였던 이름이다 ▌布哇(HAWAII)又샨드윗지群島(《중등만국지지》1902 권3)

【샹히】상하이(Shanghai 上海), 중국 양쯔강(Yangtze River) 하구에 있는 중국 최대 도시 ▌동편에 누황과 텬진과 티푸와 샹히와 부챠오와 홍콩과 에모이와 닝보와 솨토ㅣ란 포구가 잇스며(한글판《ᄉᆞ민필지》1889) ▌민영환씨와 슈원 윤치호씨ᄂᆞᆫ 샹히 가셔(《독립신문》1896.5.5) ▌군함 ᄒᆞᆫ 척은 샹히로 가고(《협성회회보》1898.1.15) ▌또 샹히(上海) 근쳐에셔 이런 ᄋᆞ히를 산과 밧헤 가셔 ᄇᆞ린다더라(《신학월보》제1권3호 1901.2) ▌샹히 뎐보를 거ᄒᆞᆫ즉(《대한매일신보》1907.7.3) ▌만일 합의치 안이ᄒᆞ면 샹히로 건너가 보아야 되ᄂᆞᆫ(육정수《송뢰금》1908) ▌샹히 上海 Shanghai(J.S.Gale《한영대자전》1931)

【서】스페인(Spain 西), 유럽의 남서쪽 끝 이베리아 반도에 위치한 나라. '서'는 '서반아(西班牙)'가 줄어진 말 ▌큐-바 자체(自體)의 독립운동은 미서전쟁(米西戰爭)으로 되고 말엇다(《별곤건》제67호 1933.11.1)

【서간도】서간도(西間島), 간도를 동간도(두만강 중하류 일대, 혼춘(琿春)·왕청(汪淸)·연길(延吉)·화룡(和龍)의 네 현)와 서간도(압록강 상류 백두산 일대)로 나눌 때 서쪽 간도에 해당되는 지역 ▌중국 서간도(西間島)와 만주 상해 각디로 도라다니며 견혀 배일운동에 견력을 다하고 (《동아일보》1920.7.8. 3면) ▌서간도 通化縣에 在住하는 조선인 내지 시찰단원 일행 20명은(《개벽》제23호 1922.5.1) ▌현해탄을 건너가며 북간도 서간도 등지로 향하야(《별곤건》제37호 1931.2.1) ▌압록강 건너 서간도와 두만강 건너 북간도에 살고(《동광》제31호 1932.3.5)

【서구】서양(the West, the Occident), ①서양을 이루는 유럽과 북아메리카를 통틀어 이르는 말. ②서유럽(West Europe 西歐), 유럽의 서부 지역. 보통은 베넬룩스(Benelux) 3국과 영국 · 아일랜드 · 프랑스를 가리키나 스위스와 독일 오스트리아를 포함시키기도 한다. '서구'는 서유럽을 의미하는 한자표기 '西歐'를 우리말 한자음으로 읽은 것이다 ▎현대 문명이라 함은 주로 서구인의 문명을 지칭함이다(《개벽》제20호 1922.2.8) ▎오즉 五六世紀頃 서구에서는 아즉도 覇王的美術國을 건설함에 급급하든 시대에(《개벽》제27호 1922.9.1) ▎基督敎徒의 서구 문명을 輸入促進식힌 一事와 기타의 郡部에 잇서(《개벽》제51호 1924.9.1) ▎서구에 체류하시기 약5년 만에 오랫동안 그리웁든 이 강산을 차저 도라오시였읍니다(《삼천리》제10권5호 1938.5.1)

【서뎐】스웨덴(Sweden 瑞典), 유럽 북부 스칸디나비아 반도에 있는 입헌군주국. '서뎐'은 '스웨덴'의 중국식 한자표기 '瑞典'을 우리말 한자음으로 읽은 것이다 ▎丁抹 서뎐(瑞典)의 각국에 대하야 상업용의 통신취급을 개시하고(《동아일보》1920.8.15. 3면) ▎밋상 멀끔한 美國人, 활게 내두르는 서뎐이나 노위사람, 엉댕이 내두르는 불란서 女子, 졈잔을 빼는 英國아해들(《개벽》제38호 1923.8.1)

【서뎐국】스웨덴(Sweden 瑞典國), 유럽 북부 스칸디나비아 반도에 있는 입헌군주국. '서뎐국'은 '스웨덴'의 중국식 한자표기 '瑞典國'을 우리말 한자음으로 읽은 것이다 ▎보국에린근ᄒᆞᆫ서뎐국의보ᄆᆡ난아일경과밋난인하겻ᄒᆡ잇ᄂᆞᆫ디방을버혀보국에속ᄒᆞ고(학부역《티셔신사》1897) ▎그래서 서뎐국에서 우리나라로 온 것 갓습듸다(《동아일보》1921.7.26. 4면)

【서반아】에스파냐(España 西班牙), 유럽의 남서쪽 끝 이베리아 반도에 위치한 나라. '서반아'는 'España'의 중국식 한자표기 '西班牙'를 우리말 한자음으로 읽은 것이다 ▎비리시와의대리와파와리아와살극ᄉᆡᆼ과마가와한낙비와서반아등대소각국이(학부역《티셔신사》1897) ▎서반아와 미국의 큐바 독립에 대한 분쟁(《독립신문》1897.1.21) ▎서반아 정부의 전과를 개코져 ᄒᆞᆷ이라(《대조선독립협회회보》제7호 1897.2.28) ▎서반아에서 미국정부에 편지ᄒᆞ고 말ᄒᆞ되 규바 일을 미국에 합당ᄒᆞ도록 조쳐ᄒᆞ마고 ᄒᆞ엿스나(《ᄆᆡ일신문》제1권4호 1898.4.30)

【서백리아】시베리아(Siberia), 러시아 우랄산맥에서 태평양 연안에 이르는 북아시아 지역. 러시아어로는 시비르(Sibir)라고 한다 ▎이와가티 서백리아의 황야에 잇는 간에도 조곰도 쉬지안코(《개벽》제44호 1924.2.1) ▎가쥬-사가 서백리아로 정배갈지라도(《만국부인》제1호 1932.10.1)

【서양】서양(The West 西洋), 유럽과 남북아메리카의 여러 나라를 통틀어 이르는 말. 원래는 중국에서 보아 외국이 있는 지역을 가리키는 말에서 비롯되었다 ▎서양교 밋는 사람들의 애민 정신(《독립신문》1897.6.5) ▎서양 西洋 Foreign contries in general(게일 편《한영자전》1897) ▎서양으로 말ᄒᆞ면 셔문 베드로ᄂᆞᆫ 로마에셔 젼도ᄒᆞᆫ 후에 그 교도들이 형샹을 ᄆᆞᆫᄃᆞ러 그렴ᄒᆞ엿거니와(《신학월보》제2권9호 1902.9) ▎동양과 서양에 잇ᄂᆞᆫ 청국 류학ᄉᆡᆼ 시험대신은 의부샹셔 량돈언과 학부시랑 엄슈와 리부시랑 당경슝 제씨로 셔임ᄒᆞ엿다더라(《대한매일신보》1909.2.16) ▎이 사ᄅᆞᆷ 그것은 릴본사ᄅᆞᆷ들이 서양서적을 번역ᄒᆞᆫ 싸ᄃᆞᆰ에 우리나라 문자과ᄂᆞᆫ 좀 달지마ᄂᆞᆫ 뜻은 한가지니 자ᄂᆡ 보ᄂᆞᆫ 것과 갓치 요(《서북학회월보》제19호 1910.1.1) ▎문을 반즘 열고 서양식으로 머리을 갈나트러 뒤로 붓친 二十ᄂᆡ외로 보이ᄂᆞᆫ 녀ᄌᆞ가 얼골을 반즘 내다보더니(《태서문예신보》제7호 1918.11.16) ▎서양인 광산액이 其次에 位하며 終末에 吾 朝鮮人의 광산액이 됨을 見할지라(《개벽》제10호 1921.4.1)

【서역】서역(The Western Regions 西域), 옛날 중국에서 그들의 서쪽 나라들을 일컫는 말 ▎서역 西域(《국한회어》1895) ▎그의 영역이 점차 西邊으로 확장하니 外邦諸國과의 교섭이 大興하야 서역의 문화도 조차 수입되

다(《개벽》제26호 1922.8.1) ▌서천 서역국만큼 이나 아득히 멀고, 염라대왕이 사는 나라보다도 더 무서운 곳이었다(심훈《영원의 미소》1933)

【西인도諸島】 서인도 제도(West Indies), 중앙아메리카 동쪽과 카리브 해를 둘러싼 남 · 북아메리카 대륙 사이에 산재해 있는 크고 작은 섬들의 총칭 ▌惑西인도諸島를 劫迫하고(《소년》제2년1권 1909.1.1)

【서해】 서해(The Western sea 西海), 한반도 서쪽에 있는 바다로, 대한민국에서는 서해(西海)라 하고 중국에서는 황해(黃海)라 한다 ▌별 증거가 업고 김윤거는 서해로 배장사를 나가서 아즉까지 드러오지 아니하엿는대(《동아일보》1921.6.28. 3면) ▌남부 一端은 서해에 濱하엿슴으로 해산물도 젹지 안케 난다(《개벽》제39호 1923.9.1) ▌舟를 서해에 航하더니 海州 延平島에 至하야(《별곤건》제1호 1926.11.1) ▌그는 자긔의 아버지를 차저 보랴고 상선을 어더타고 서해바다로 갓더니(《개벽》신간 제3호 1935.1.1)

【서히】 서해(The Western sea 西海), 한반도 서쪽에 있는 바다로, 대한민국에서는 서해(西海)라 하고 중국에서는 황해(黃海)라 한다 ▌서히 西海(《국한회어》1895)

【세네가르】 세네갈(Senegal), 아프리카 서부 기니비사우와 모리타니 사이에 있는 나라 ▌세네감비아 세네가르 감비아兩海의流域地方에在ᄒᆞ니(《중등만국지지》1902 제3편)

【센】 센강(Seine River), 프랑스 북서부를 흐르는 강 ▌북에는 센이란 강이 북하슈믈ㅅ목에로 통ᄒᆞᆫ 포구ㅣ오(한글본《ᄉᆞ민필지》1889)

【센다이】 센다이(Sendai 仙臺), 일본 미야기현(Miyagi ken 宮城県)의 현청소재지 ▌북동편에 요고하마와 센다이와 도교와 수루가와 낭오야와 고븨란 포구가 잇고(한글본《ᄉᆞ민필지》1889)

【센도헤레나】 세인트헬레나(Saint Helena), 아프리카 대륙 앙골라(Angola) 서쪽 해안으로부터 2,800km 떨어진 남대서양 가운데에 있는 섬으로 나폴레옹의 유배지로 유명하다 ▌센도헤레나(《한성주보》제6호 1886.3.8)

【센토로렌스河】 세인트로렌스 강(Saint Lawrence River), 북아메리카 동부를 흐르는 강 ▌케베크(QUEBEC)州는늬우부룬스윅크의西센토로렌스河의西邊을跨ᄒᆞ니(《중등만국지지》1902 권3)

【센트루이스】 세인트루이스(Saint Louis), 미국 미주리(Missouri) 주에 있는 도시. 미시시피 강과 미주리 강의 합류점에 위치하는 상공업 도시이다 ▌密斯會利미시십피河畔의 센트루이스(ST,LOUIS)는鐵의工業이盛ᄒᆞ며(《중등만국지지》1902 권3)

【쎈트페터스색르흐】 상트페테르부르크(Saint Petersburg), 러시아 북서부 핀란드만 안쪽에 있는 도시 이름 ▌여시아 서울 쎈트, 페터스색르흐의 東南四百里쯤되난데 잇스니(《소년》제1년1권 1908.11.1)

【쎈트헬레나】 세인트헬레나(Saint Helena), 아프리카 대륙 앙골라(Angola) 서쪽 해안으로부터 2,800 km 떨어진 남대서양 가운데에 있는 섬으로 나폴레옹의 유배지로 유명하다 ▌마폴네온갓흔豪傑도 쎈트헬레나에서는 디난일을 追懷하고서(《소년》제1년1권 1908.11.1)

【센피더-스붉】 상트페테르부르크(Saint Petersburg), 러시아 북서부 핀란드만 안쪽에 있는 도시 이름. 제정(帝政) 러시아 때는 페테르스부르크라는 이름으로 불렸고 1914년 페트로그라드(Petrograd)로 불렸다 ▌리홍쟝씨는 아라사셔울 센피더-스붉에 니르러 아라샤 정부에셔 딕졉을 잘 ᄒᆞᆫ다더라(《독립신문》1896.5.14)

【셀비아國】 세르비아(Serbia), 세르비아 남동부 유럽의 발칸 반도 중앙부에 위치하고 있는 나라 ▌셀비아國(《친목회회보》제3호 1896.6)

【셉폐루드】 셰필드(Sheffield), 영국 잉글랜드 사우스요크셔 주에 있는 도시 ▌毛織製造府라其南에三十四萬人口가有흔셉폐루드(SHEFFIELD)府가有ᄒᆞ니(《중등만국지지》1902 권2)

【셔】 스웨덴(Sweden 瑞典), '셔'는 스웨덴(Sweden)의 한자표기 '瑞典'의 우리말 음독 '셔전'을 줄인 말이다 ▌아라사는단묵셔젼냥국과화친ᄒᆞ미단셔냥국이쏘흔법국에붓는지라(《소학만국지지》1895 제1편)

【셔공】 사이공(Saigon 西貢), 호찌민시(Ho Chi Minh)의 예전 이름. '셔공'은 사이공의 중국식 한자표기 '西貢'을 우리말 한자음으로 음독한 것이다 ▌월남 셔공 등 쳐의 가량 삼십만이오(《이언(易言)》1883)

【셔뎐】 스웨덴(Sweden 瑞典), 유럽 북부 스칸디나비아 반도에 있는 입헌군주국. '셔뎐'은 Sweden의 중국식 한자표기 '瑞典'을 우리말 한자음으로 읽은 것이다 ▌근년구쥬각국에ᄆᆡ년쥭는ᄉᆞᄅᆞᆷ총슈가셔뎐단믁외에영국이가장적으며(학부역《틔셔신사》1897) ▌덕국셔 이만 오쳔 삼ᄇᆡᆨ 삼십 삼명이요 셔뎐셔 일만 팔쳔 팔ᄇᆡᆨ 이십 일명이오(《독립신문》1897.1.12)

【셔뎐국】 스웨덴(Sweden 瑞典國), 유럽 북부 스칸디나비아 반도에 있는 입헌군주국. '셔뎐국'은 Sweden의 중국식 한자표기 '瑞典國'을 우리말 한자음으로 읽은 것이다 ▌즉 청국과 셔뎐국간에 톄결흔 통샹 됴약은 ᄀᆞ쟝 친밀흔 나라의 됴약으로 령ᄉᆞ 직판권ᄭᆞ지 셔뎐국에 허ᄒᆞ엿다더라(《대한매일신보》1908.7.9) ▌十九세기 말엽에 셔뎐국에 유명한 발명가 노벨(NOBEL)씨라난 사람이 잇셧다(《태서문예신보》제3호 1918.10.19)

【셔리아】 시리아(Syria), 아시아 서부 지중해 연안에 있는 공화국 ▌또셔리아를파ᄒᆞ야토국의관할홈은다공평흔일이요(학부역《틔셔신사》1897) ▌바울노가 여러날 잇다가 형데를 리별ᄒᆞ고 ᄇᆡ ᄐᆞ고 셔리아로 갈ᄉᆡ(《신약젼셔》성경번역위원회 1900) ▌이 셔리아왕 살미리ᄉᆞ가 그 셩을 멸망ᄒᆞ고 그 ᄇᆡᆨ셩들을 다 파비륜에 종누룻 식힌지라(《신학월보》제2권5호 1902.5)

【셔반나】 스페인(Spain 西班牙), 유럽의 남서쪽 끝 이베리아 반도에 위치한 나라이다. '셔반나'는 Spain의 한자음역어 '西班牙'를 우리말로 음독한 데서 온 것이다 ▌셔반나에 이런 무리흔 일을 ᄒᆞ기는 미국의게 큰 봉변 홀터으요 교바는 아죠 일어ᄇᆞ릴너라(《독립신문》1896.5.21)

【셔반아】 스페인(Spain 西班牙), '셔반아'는 España의 중국식 한자음역어 '西班牙'를 우리말 한자음으로 읽은 것이다 ▌규바 인병올 셔반아 역적으로 아니 ᄃᆡ졉ᄒᆞ고(《독립신문》1896.4.7) ▌오지리 리틸리 셔반아 요 데 삼등 나라는(《대조선독립협회회보》제3호 1896.12.31) ▌의대리하란셔반아각국이쏘다법국을겁니야(학부역《틔셔신사》1897) ▌셔반아 사ᄅᆞᆷ들이 흔것ᄀᆞᆺ단말이 잇서 미국사ᄅᆞᆷ들이 ᄆᆡ우 써든다더라(《협셩회회보》제1권11호 1898.3.12) ▌미국 셔울셔 미국 관원 과 셔반아 관원 이 량국 의 평화홀 ᄉᆞ건에 ᄃᆡᄒᆞ야(《ᄆᆡ일신문》1898.7.17) ▌이번에 셔반아 황족이 동양을 유람ᄒᆞ고(《대한매일신보》1907.7.5) ▌법국으로셔 이대리 셔반아 비리시 등국에 퍼진 인죵이라(이해조《철세계》1908) ▌셔반아 공사ᄭᆞ지 지ᄂᆡ인 몸으로(《태서문예신보》제1호 1918.9.26) ▌셔반아 西班牙 Spain(J.S.Gale《한영대자전》1931)

【셔반아국】 스페인(Spain 西班牙國), '셔반아국'은 España의 중국식 한자음역어 '西班牙國'을 우리말 한자음으로 음독한 것이다 ▌셔반아국이 니ᄅᆞᄃᆡ 법국이 홀노 악흔 일홈의 쳐ᄒᆞ야 그 실샹 화란을 바닷다 ᄒᆞ고(《이언(易言)》1883) ▌순조십팔십구이십년에셔반아국과의대리소속나파나사국이다졔도를곳쳐(학부역《틔셔신사》1897) ▌셔반아국 녀인 일구 오디리국 남인 일명 희랍국 남인 이명 청국 남인 ᄉᆞᄇᆡᆨ 이십명 도합 집은 팔ᄇᆡᆨ ᄉᆞ십 팔호요(《독립신문》1897.3.16) ▌셔반아국 젼보에 말ᄒᆞ되(《대한매일신보》1907.5.23)

【셔빅리아】 시베리아(Siberia 西伯利亞), 러시아 우랄 산맥에서 태평양 연안에 이르는 북아시아 지역 ▌또한길은동으로시작ᄒᆞ야셔빅리아와흡극도흑룡강일ᄃᆡ로가게ᄒᆞ고(학부역《티셔신사》1897) ▌금년에 아라사 정부에셔 예산을 뎡 ᄒᆞ엿ᄂᆞᆫᄃᆡ 셔빅리아 텰도 건츅비가 二千万 들어불(돈 일흠)이요(《독립신문》1899.3.10) ▌피득보뎐보에 말ᄒᆞ되 아라ᄉᆞ 교통대신이 셔빅리아 텰도 부셜ᄒᆞᆯ ᄉᆞ건을 의회에 뎨츌ᄒᆞ엿ᄂᆞᆫᄃᆡ(《대한매일신보》1908.2.6) ▌셔빅리아 西伯利亞 Siberia(J.S.Gale《한영대자전》1931)

【셔사】 스위스(Switzerland 瑞士), 유럽 중부 내륙에 있는 공화국. '셔사'는 스위스의 중국식 한자표기 '瑞士'를 우리말 한자음으로 읽은 것이다 ▌오사마가와의대리와파란과셔사와하란등모든속국군ᄉᆡ또ᄒᆞᆫ ᄉᆞᆷ십ᄉᆞᆷ만이너문지라(학부역《티셔신사》1897)

【셔비야】 세르비아(Serbia), 남동부 유럽의 발칸 반도 중앙부에 위치하고 있는 나라 ▌西比亞셔비야(유길준《서유견문》1895 제1편)

【셔—비아】 세르비아(Serbia), 남동부 유럽의 발칸 반도 중앙부에 위치하고 있는 나라 ▌셔—비아와 벌게리아와 몬테늬그로 졔국들은(《독립신문》1897.4.27)

【셔비리아】 시베리아(Siberia), 러시아 우랄 산맥에서 태평양 연안에 이르는 북아시아 지역 ▌평화죠약과셔비리아에 아라샤텰도의 ᄉᆞ정과 아라샤와 일본에셔 해군과 군함을 완비 ᄒᆞᆯ 일들이(《독립신문》1897.4.8) ▌로국 셔비리아 션츌의원들이 동밍ᄒᆞ고(《대한매일신보》1908.1.14)

【써비아】 세르비아(Serbia), 남동부 유럽의 발칸 반도 중앙부에 위치하고 있는 나라 ▌론돈 뎐보를 거ᄒᆞᆫ즉 써비아국에셔 국회를 ᄒᆞ엿ᄂᆞᆫᄃᆡ(《대한매일신보》1908.10.17) ▌歐洲大戰의 火蓋가 써비아나라 한 청년의 손을 비러서 열닌후(《개벽》제46호 1924.4.1) ▌巴爾幹半島를 念慮한 결과가「써비아의」한 靑年의 움지김으로 因하야(《별곤건》제12·13호 1928.5.1) ▌國會首領중에 써비아의 偵探이 잇다는 고발이 잇엇다(《동광》제19호 1931.3.1)

【셔비야】 세르비아(Serbia), 남동부 유럽의 발칸 반도 중앙부에 위치하고 있는 나라 ▌西比亞셔비야(유길준《서유견문》1895 제1편)

【쎠비아】 세르비아(Serbia), 남동부 유럽의 발칸 반도 중앙부에 위치하고 있는 나라 ▌빅림 뎐보를 거ᄒᆞᆫ즉 쎠비아국은 오디리국에셔 뎨츌ᄒᆞᆫ 안건에 ᄃᆡᄒᆞ야 회답ᄒᆞ엿ᄂᆞᆫᄃᆡ(《대한매일신보》1909.3.24)

【셔사】 스위스(Switzerland 瑞士), 유럽 중부 내륙에 있는 공화국. '셔사'는 스위스의 중국식 한자표기 '瑞士'를 우리말 한자음으로 읽은 것이다 ▌법병이삼십삼만이오오사마가와의대리와파란과셔사와하란등모든속국군ᄉᆡ또ᄒᆞᆫ ᄉᆞᆷ십ᄉᆞᆷ만이너문지라(학부역《티셔신사》1897)

【셔ᄉᆞ】 스위스(Switzerland 瑞士), 유럽 중부 내륙에 있는 공화국. '셔ᄉᆞ'는 스위스의 중국식 한자표기 '瑞士'를 우리말 한자음으로 읽은 것이다 ▌라마국왕은 교쥬를 셔ᄉᆞ국의 보ᄂᆡ믹 그 나라 사ᄅᆞᆷ이 구타ᄒᆞ야 쫏치ᄃᆡ(《이언(易言)》1883) ▌셔ᄉᆞ국 대신의 죠회와 ᄒᆡ 공문 쵸건을 번력 ᄒᆞ여 보ᄂᆡ노라(《독립신문》1897.9.14) ▌셔ᄉᆞ 빅이의 갓흔 젹은 나라도 강국 ᄉᆞ이에 쳐ᄒᆞ야 독립권을직희여셔 대등국으로 힝세ᄒᆞ고(《믹일신문》1899.3.8) ▌인명을 쟝슈케 ᄒᆞ겟ᄂᆞ뇨 ᄒᆞᄂᆞᆫ 문뎨를 연구ᄒᆞ기 위ᄒᆞ야셔ᄉᆞ국 졔네부아에 만국빅십ᄌᆞ샤를 셜립ᄒᆞ엿ᄂᆞᆫᄃᆡ(《대한매일신보》1908.5.7)

【셔ᄉᆞ국】 스위스(Switzerland 瑞士國), 유럽 중부 내륙에 있는 공화국. '셔ᄉᆞ국'은 스위스의 중국식 한자표기 '瑞士國'을 우리말 한자음으로 읽은 것이다 ▌라마국왕은 교쥬를 셔ᄉᆞ국의 보ᄂᆡ믹(《이언(易言)》1883) ▌만국 통우 공회에 참례 ᄒᆞ야 든 일노 셔ᄉᆞ국 대신이 본 대신의게 지죠 ᄒᆞ고(《독립신문》1897.9.14) ▌문뎨를 연구ᄒᆞ기 위ᄒᆞ야 셔ᄉᆞ국 졔네부아에 만국빅십ᄌᆞ샤를 셜립ᄒᆞ엿ᄂᆞᆫᄃᆡ(《대한매일신보》1908.5.7)

【셔양】서양(The West 西洋), 유럽과 남북아메리카의 여러 나라를 통틀어 이르는 말. 원래는 중국에서 보아 외국이 있는 지역을 가리키는 말에서 비롯되었다 ▌함풍 팔 년 십일 월에 즁국과 셔양이 약됴를 다시 뎡ᄒᆞᆯ식(《이언(易言)》1883) ▌셔양ㅅ 량반은 다 이와 ᄀᆞᆺᄒᆞ니라(한글판《ᄉᆞ민필지》1889) ▌European 셔양(언더우드편《한영자전(AN ENGLISH-KOREAN DICTIONARY)》1890) ▌병인년에 셔양병션ᄉᆞ경으로 대원군의게 편지ᄒᆞ엿더니(《치명일긔》1895) ▌셔양물건과 청국물건을 파ᄂᆞᆫᄃᆡ 샹등 셔양 슐과 각ᄉᆡᆨ 담ᄇᆡ가 만히 잇더라(〈독립신문〉1897.4.7) ▌셔양 사ᄅᆞᆷ의 경계로 말ᄒᆞ면 ᄇᆡᆨ셩 된자의 직칙이 극히 즁대ᄒᆞᆫ 것이 그나라의 흥망 셩쇠가 젼혀 ᄇᆡᆨ셩의게 달닌고로(〈협셩회회보〉제1권5호 1898.1.30) ▌대한에셔 년수ᄅᆞᆯ 보기ᄂᆞᆫ 륙갑으로 보되 셔양셔ᄂᆞᆫ ᄇᆡᆨ년식으로 보니 이 새ᄒᆡᄂᆞᆫ 쥬강ᄉᆡᆼ 스물ᄌᆡ ᄇᆡᆨ년이라(〈신학월보〉제1권2호 1901.1) ▌셔양 렬강에셔 한국을 위ᄒᆞ야 호쇼ᄒᆞ기ᄂᆞᆫ ᄇᆞᆫᄃᆞ시 업스리라(〈대한매일신보〉1907.7.5) ▌눈이 노랏코 코가 놉달안 셔양 의원이 손에다 쇈족ᄒᆞᆫ 못갓흔 것을 들고 눈을 뒤집어 보며(육정수《송뢰금》1908) ▌셔양 쇽담에 말ᄒᆞ기를 ᄆᆞᆯ을 물 가에 ᄭᅳ을고 갈 수ᄂᆞᆫ 잇서도 억지로 물 먹게 ᄒᆞᆯ 수는 업다 ᄒᆞ니(김필수《경세종》1910) ▌우리 ᄌᆞ민의 평ᄉᆡᆼ 력ᄉᆞ를 셔양 녀ᄌᆞ와 비교ᄒᆞᆫ 즉 엇지 ᄀᆡ탄ᄒᆞᆫ 일이 안이오(《목단화》김교제 1911)

【셔역】서역(The Western Regions 西域), 옛날 중국에서 그들의 서쪽 나라들을 일컫는 말. 인도국의 의미로도 쓰였다 ▌셔역 西域(파리외방선교회한국선교단《한불자전》1880) ▌화셜 녯젹 셔역에 쳔츅국이라 ᄒᆞ는 나라이 잇쓰니(이동《유옥역젼》1885) ▌몽고국이 잇셔 븍방을 호위ᄒᆞ고 신강과 회뷔(디명) 셔역에 번병이 되고(《易言(이언)》1883) ▌셔역 西域 Western regions(게일편《한영자전》1897) ▌셔역 회회교에 니르러셔ᄂᆞᆫ 처음에ᄂᆞᆫ 쌜니 힝ᄒᆞ엿스나(〈신학월보〉제6권5·6호 1909.6) ▌셔역 西域 Western Regions(J.S.Gale《한영대자전》1931)

【셔인도】서인도(West Indies 西印度), 남·북아메리카 대륙 사이에 있는 크고 작은 많은 섬들로 이루어진 지역을 말한다. 1만 2000여 개의 섬으로 이루어졌고 콜럼버스가 1492년 제1차 항해 때 산살바도르 섬에 상륙한 이래 그곳을 인도의 일부라고 오인한 데서 '서인도'라는 호칭이 생겼다 ▌남북아메리ᄭᅡ 어으름에 셔인도ㅣ란 오십 여 셤이 련ᄒᆞ야 잇고(한글본《ᄉᆞ민필지》1889)

【셔장】티베트(Tebet, Tibet 西藏), '셔장'은 티베트(tebet, tibet)의 중국식 한자표기 '西藏'을 우리말 한자음으로 읽은 것이다 ▌만일청국으로론ᄒᆞ면만쥬몽고셔장신강을합ᄒᆞ야영리로ᄉᆞᄇᆡᆨᄉᆞ십륙만방리가되더라(학부역《티셔신사》1897) ▌안에 대한과 청국과 일본과 면젼과 셤라와 안남과 인도와 셔장과 파샤등 모든 나라이 잇고(〈독립신문〉1899.10.20) ▌셔장 西藏 Tibet(J.S.Gale《한영대자전》1931)

【셔장국】티베트(Tebet, Tibet 西藏國), '셔장국'은 티베트(tebet, tibet)의 중국식 한자표기 '西藏國'을 우리말 한자음으로 읽은 것이다 ▌셔장국 西藏國 Tibet(게일편《한영자전》1897) ▌셔장국 글ᄌᆞ를 인 ᄒᆞ야 말 ᄒᆞᄂᆞᆫ 음을 조차 쓰게 글ᄌᆞ들을 어리셕은 아ᄒᆡ라도 하로 동안ᄆᆞᆫ ᄇᆡ호면 다 알게 만드샤(〈독립신문〉1899.4.22)

【셔쟝】티베트(Tebet, Tibet 西藏), '셔쟝'은 티베트(tebet, tibet)의 중국식 한자표기 '西藏'을 우리말 한자음으로 읽은 것이다 ▌신강과 회뷔(디명) 셔역에 번병이 되고 셜산과 총령이며 셔쟝과 쳥ᄒᆡ 등디가 다 판도의 드러(《이언(易言)》1883) ▌오직 셔쟝 西藏은 지금ᄭᆞ지 풍긔가 열니지 못 ᄒᆞ야 외국 사ᄅᆞᆷ들이 다른 나라와 ᄀᆞᆺ치 그 디방에 들어가 거졉 ᄒᆞᄂᆞᆫ이가 업ᄂᆞᆫ지라(〈독립신문〉 1899.9.28)

【셔젼】스웨덴(Sweden 瑞典), '셔젼'은 스웨덴(sweden)의 한자표기 '瑞典'을 우리말 한자음으로 읽은 것이다 ▌단묵셔젼냥국과화친ᄒᆞᄆᆡ단셔냥국이ᄯᅩᄒᆞᆫ법국에붓ᄂᆞᆫ지라(학부역《티셔신사》1897) ▌셔젼 셔울 스닥홈과 졍

말셔울코픈헤근과(〈독립신문〉1897.1.28)

【셔히】서해(The Yellow Sea 西海), 한반도 서쪽에 있는 바다로, 대한민국에서는 서해(西海)라 하고 중국에서는 황해(黃海)라 한다 ▌셔히 西海 The Yellow Sea(게일편《한영자전》1897)

【셕란】스리랑카(Sri Lanka 錫蘭), '셕란'은 Sri Lanka의 한자표기 '錫蘭'을 우리말 한자음으로 읽은 것이다 ▌납피가셕란을쳐셔납파라를죽이고그아우를셰워 왕을 삼으니(〈독립신문〉1899.11.6)

【셕란국】스리랑카(Sri Lanka 錫蘭國), '셕란국'은 Sri Lanka의 한자표기 '錫蘭國'을 우리말 한자음으로 읽은 것이다 ▌셕란국 錫蘭國 Ceyon(게일편《한영자전》1897)

【셕란도】스리랑카 섬(Sri Lanka 錫蘭島), '셕란도'는 Sri Lanka의 한자표기 '錫蘭島'를 우리말 한자음으로 읽은 것이다 ▌셕란도 錫蘭島 Ceyon(게일편《한영자전》1897) ▌인도와 면뎐과 셕란도(錫蘭島)와 기외에 다른 청국 속디를 류람ᄒᆞ야(〈독립신문〉1898.7.26)

【션도비다스버릉】상트페테르부르크(Saint Petersburg), 러시아 북서부, 핀란드 만 안쪽에 있는 도시 ▌아라ᄉᆞ국(俄羅斯國)서울일홈이무어시뇨 ○답 션도비다스버릉(答聖比得堡)이라ᄒᆞᄂᆞ니라(《디구략론》1897)

【셤나】타일랜드(Thailand 暹羅), '셤나'는 타이(Thailand)의 중국식 한자표기 '暹羅'를 우리말 한자음으로 읽은 것이다 ▌미국공ᄉᆞ 쎅렷씨ᄂᆞᆫ 셤나에 가ᄂᆞᆫ 길에 죠션을 귀경 ᄒᆞ러 일젼에 미국 공ᄉᆞ관에 와서 유ᄒᆞ더라(〈독립신문〉1896.5.26)

【셤라】타일랜드(Thailand 暹羅), '셤라'는 타이(Thailand)의 중국식 한자표기 '暹羅'를 우리말 한자음으로 읽은 것이다 ▌셤라 대군쥬 폐하ᄂᆞᆫ 이ᄃᆞᆯ 열ᄉᆞ흔날 ᄌᆞ긔 군함을 타고(〈독립신문〉1897.4.29) ▌영국과 셤라의 톄결ᄒᆞᆫ 됴약은 이믜 발포되엿ᄂᆞᆫ디(〈대한매일신보〉1909.7.11) ▌셤라 暹羅 Siam(J.S.Gale《한영대자전》1931)

【셤라국】타일랜드(Thailand 暹羅國), '셤라국'은 타일랜드의 한자표기 '暹羅國'을 우리말 한자음으로 읽은 것이다 ▌불란셔와ᄊᆞ홈ᄒᆞ야 안남을 쏏기고 셤라국이 죠공을 보ᄂᆡ지 안코(〈독립신문〉1899.5.5) ▌셤라국 황뎨폐하씌셔 월햄씨에 궁에셔 덕국 황뎨씌 친절히 후ᄒᆞ게 ᄃᆡ졉홈을 밧엇다더라(〈대한매일신보〉1907.8.16)

【셥나】타일랜드(Thailand 暹羅), '셥나'는 타이(Thailand)의 한자표기 '暹羅'를 우리말 한자음으로 읽은 데서 온 말이다 ▌셥나님군이 금년에 영국 녀황 폐하를 보이랴고 논돈으로간다더라(〈독립신문〉1897.2.2)

【셥나국】타일랜드(Thailand 暹羅國), '셥나국'은 타이(Thailand)의 한자표기 '暹羅國'을 우리말 한자음으로 읽은 데서 온 말이다 ▌셥나국이 청국 죠공을 보내지 안코(〈독립신문〉1896.8.1)

【셩피득보】상트페테르부르크(Saint Petersburg), '셩피득보'는 상트페테르부르크의 예전 한자표기 '聖彼得堡'를 우리말 한자음으로 읽은 것이다 ▌아라샤셔울셩 피득보 통신에 말ᄒᆞ엿스되(〈독립신문〉1899.3. 4) ▌작일에 셩피득보에셔 경찰 관리가 혁명당회ᄅᆞᆯ 구축ᄒᆞ고(〈대한매일신보〉1905.2.13)

【셰네-河】센 강(Seine River), 유럽 프랑스 북서부를 흐르는 강 ▌首府巴里(PARIS)ᄂᆞᆫ셰네-河兩岸을跨ᄒᆞ야(《중등만국지지》1902 권2)

【셰네가르】세네갈(Senegal), 서부 아프리카 기니비사우와 모리타니 사이에 있는 나라 ▌셰네가르河畔에ᄂᆞᆫ佛國植民地가有ᄒᆞ고(《중등만국지지》1902 권3)

【셰-뉘河】센 강(Seine River), 유럽 프랑스 북서부를 흐르는 강 ▌셰-뉘河(SFINE)ᄂᆞᆫ東部山地에셔發源ᄒᆞ야(《중등만국지지》1902 제2편)

【셰뤼야】시리아(Syria), 아시아 서부 지중해 연안에 있는 공화국 ▌世累野(셰뤼야)曰巨馬斯坦曰巴禮斯坦(팔네스탄)曰(유길준《서유견

문》1895 제1편)

【셰르쎄야국】 세르비아(Serbia), 유럽 남동부 발칸 반도 중앙부에 위치하고 있는 나라 ▌셰르쎄야국 쇼학교 六千六百八쳐(《독립신문》1899.4.24)

【셰르의】 세르비아(Serbia), 유럽 남동부 발칸 반도 중앙부에 위치하고 있는 나라 ▌셰르의(《한성주보》제2호 1886.2.1)

【셰바나】 스페인(Spain 西班牙), '셰바나'는 스페인(Spain)의 중국식 음역 표기 '西班牙'를 우리말 한자음으로 음독한 데서 온 말이다 ▌미국 샹션 ᄒᆞ나히 총과 탄환을 실고 교바 독립당의게 팔너 가다가 셰바나 군함이 그ᄇᆡ을 잡어 ᄇᆡ에잇ᄂᆞᆫ 관인과 인부들을 쥭엿다(《독립신문》1896.5.21)

【셰비아】 세르비아(Serbia), 남동부 유럽의 발칸 반도 중앙부에 위치하고 있는 나라 ▌헝거리국과 루마니아국과 셰비아국과 만트늬그로국과 터키국과 쯔리스국이니(한글본《ᄉᆞ민필지》1889)

【셰야만】 독일(Germany), 유럽의 중앙부에 위치한 독일연방공화국 ▌셰야만은日耳曼이요(《한성주보》제2호 1886.2.1)

【셰인트혈느나】 세인트 헬레나 섬(Saint Helena), 아프리카 대륙 앙골라(Angola) 서쪽 해안으로부터 2,800 km 떨어진 남대서양 가운데에 있는 섬으로 나폴레옹의 유배지로 유명하다 ▌워터-루에셔 픽ᄒᆞ고 영국 슈ᄉᆞ 졔독의게 붓잡혀 셰인트 혈느나로 다시 규양가셔(《독립신문》1896.8.18)

【셴르누이스】 세인트루이스(Saint Louis), 미국 미주리(Missouri) 주에 있는 도시. 미시시피 강과 미주리 강의 합류점에 위치하는 상공업 도시이다 ▌미국 셴르누이스란 동리에셔 큰바람이 니러나(《독립신문》1896.6.13)

【셴트 피더-븕】 상트페테르부르크(Saint Petersburg), 러시아 북서부 핀란드 만 안쪽에 있는 도시 이름. 제정(帝政) 러시아 때는 페테르스부르크라는 이름으로 불렸고 1914년 페트로그라드(Petrograd)로 불렸다 ▌아라샤셔울 셴트 피더-븕 신문에 말ᄒᆞ기을(《독립신문》1896.9.19)

【셴트피더스 벅】 상트페테르부르크(Saint Petersburg), 러시아 북서부 핀란드 만 안쪽에 있는 도시 이름. 제정(帝政) 러시아 때는 페테르스부르크라는 이름으로 불렸고 1914년 페트로그라드(Petrograd)로 불렸다 ▌불란셔 대통령 포어씨ᄂᆞᆫ 아랴샤 셔울 셴트피더스벅으로 ᄯᅥ나갓ᄂᆞᆫᄃᆡ(《독립신문》1897.8.31)

【소격난】 스코틀랜드(Scotland 蘇格蘭), 영국 본토인 그레이트브리튼 섬 북부의 지방. '소격난'은 영국 스코틀랜드의 한자표기 '蘇格蘭'을 우리말 한자음으로 읽은 말이다 ▌소격난의격납ᄉᆞ항구ᄂᆞᆫ이졔오십이만이오(학부역《틔셔신사》1897)

【소련】 소련(Soviet Union 蘇聯), 소비에트 사회주의 공화국 연방. 1922년 12월 30일부터 1991년 12월 26일까지 유라시아 북부에 존재하였던 세계 최초의 공산주의 국가였다 ▌만주에서의 열강의 각축은 동시에 열강과 소련의 대립을 의미하는 것이며(《동광》제27호 1931.11.1) ▌혹은 소련 자체의 世界革命主義의 포기의 전제라 하야 회심의 만족을 표명하기도 하고(《개벽》신간 제2호 1934.12.1) ▌그러나 소련의 外交界는 今日 세계의 어느 국가다보도 중요성을 띄였으며(《삼천리》제8권8호 1936.8.1)

【소로몬羣島】 솔로몬 군도(Solomon Islands), 멜라네시아(Melanesia) 중앙부에 위치하는 도서군 ▌소로몬羣島ᄂᆞᆫ英獨條約을因ᄒᆞ야東部諸島ᄂᆞᆫ英國에屬ᄒᆞ고(《중등만국지지》1902 권3)

【소마리】 소말리아(Somalia), 아프리카 북동부 인도양에 면해 있는 나라 ▌소마리(《한성주보》제6호 1886.3.8) ▌소마리와 짤라와 몸바사와 영국이 엇기를 시작(한글본《ᄉᆞ민필지》1889)

【소말니】 소말리아(Somalia), 아프리카 북

동부 인도양에 면해 있는 나라 ▌亞剌比亞의 南에突出ᄒᆞᆫ一角은소말니(SOMALI)海角이니(《중등만국지지》1902 권3)

【소뷔야】소피아(Sofia), 불가리아의 수도. 불가리아 서부 소피아 분지에 있으며 유럽에서 가장 오래된 도시 중 하나이다 ▌首都ᄂᆞᆫ 소뷔야(SOFIA)니人口가三萬이오(《중등만국지지》1902 권2)

【소아셰아】소아시아(Asia Minor), 아시아 대륙의 서쪽 끝, 흑해 · 마르마라해 · 에게해 · 지중해 등에 둘러싸인 반도 ▌셔으로소아셰아와밋셔리아ᄯᅡ을어드며(학부역《팀셔신사》1897) ▌영국셔ᄂᆞᆫ 그ᄃᆡ신 덕국의 소아셰아(小亞細亞) 식민(植民) 경칙을 인가 ᄒᆞ기로 쟉뎡 ᄒᆞ엿다더라(〈독립신문〉1898.9.12) ▌브리기와 밤빌니아ᄂᆞᆫ 소아셰아 쥬에 잇ᄉᆞ며(〈신학월보〉제1권7호 1901.6) ▌소아셰아 분란(〈대한매일신보〉1909.4.25)

【소아시아】소아시아(Asia Minor), 아시아 대륙의 서쪽 끝, 흑해 · 마르마라해 · 에게해 · 지중해 등에 둘러싸인 반도 ▌아시아ᄂᆞᆫ 소아시아 ᄉᆞᆺ 물가에 잇ᄂᆞᆫ 도이니라(〈신학월보〉제2권4호 1902.4) ▌三倍되난 소아시아와(〈소년〉제1년2권 1908.12.1) ▌그 주요한 자를 묻연 육용으로는 白耳義種, 과타고니아 種이 잇서 소아시아 高燥地에 産하고(〈동광〉제9호 1927.1.1) ▌삽포는 기원전 7세기말경 소아시아 해안「레스보스」島의「에레소스」邑에서 낳는데(〈삼천리〉제11권1호 1939.1.1)

【쇼아셰아】소아시아(Asia Minor), 아시아 대륙의 서쪽 끝, 흑해 · 마르마라해 · 에게해 · 지중해 등에 둘러싸인 반도 ▌빅림 뎐보ᄅᆞᆯ 거ᄒᆞᆫ 즉 토이기 졍부ᄂᆞᆫ 쇼아셰아 디방에 잇ᄂᆞᆫ 관부ᄅᆞᆯ 긔량ᄒᆞ야 렬국ᄃᆡ표쟈의게 만족ᄒᆞᆫ 보증을 주고(〈대한매일신보〉1909.5.16)

【솔노몬諸島】솔로몬 제도(Solomon Islands), 멜라네시아 중앙부에 위치하는 도서군. 남태평양 뉴기니 섬의 동북쪽에 위치한 섬의 무리로 이루어진다 ▌비스마-크羣島(BISMARCK) 솔노몬諸島(SOLOMON) 산타쿠루-쓰(SANTACRUZ)(《중등만국지지》1902 권3)

【숑화강】쑹화강(Songhua 松花江), 중국 만주의 지린(吉林) · 헤이룽장(黑龍江) 두 성을 관류하는 강 ▌아라ᄉᆞ 관원과 청국 관원이 위원회를 조직ᄒᆞ고 청국 숑화강 항로에 관ᄒᆞᆫ ᄉᆞ건을 협의ᄒᆞᄂᆞᆫ 즁이라더라(〈대한매일신보〉1909.12.15)

【수짠】수단(Sudan), 아프리카 동북부에 위치한 공화국. 아프리카에서 면적이 가장 넓은 나라이다 ▌수짠(〈한성주보〉제6호 1886.3.8)

【수단】수단(Sudan), 아프리카 동북부에 위치한 공화국. 아프리카에서 면적이 가장 넓은 나라이다 ▌蘇丹 수단(유길준《서유견문》1895 제1편) ▌영국 군ᄉᆞ가 아비리가 동북방 수단 츄쟝(酋長) 갈이파의 군ᄉᆞ와 다섯시 동안을 격젼 ᄒᆞ야(〈독립신문〉1898.9.12)

【수루가】쓰루가(Tsuruga 敦賀), 일본 후쿠이 현(Fukui ken 福井縣) 중앙부에 있는 도시 ▌동편에 요고하마와 센다이와 도교와 수루가와 낭오야와 고븨란 포구가 잇고(한글본《ᄉᆞ민필지》1889)

【수마도라島】수마트라 섬(Sumatra Island), 인도네시아 대순다 열도(Greater Sunda Island)에 딸린 섬 ▌보루네오島의폰듸아낫구와수마도라島西岸의파단구等이라(《소학만국지지》1895 제6편)

【수에스】수에즈(Suez), 이집트의 수에즈 운하 남단에 있는 도시 ▌수에스촌은홍ᄒᆡㅅᄀᆞ헤 잇ᄂᆞᆫᄃᆡ 그ᄉᆞ이가 륙디 삼ᄇᆡᆨ 리라(한글본《ᄉᆞ민필지》1889)

【수웨덴】스웨덴(Sweden), 유럽 북부 스칸디나비아 반도에 있는 입헌군주국 ▌선생은 수웨덴人으로 西曆千八百六十五年에(〈소년〉제2년1권 1909.1.1)

【쉬덴】스웨덴(Sweden), 유럽 북부 스칸디나비아 반도에 있는 입헌군주국 ▌아라사국과 노웨국과 쉬덴국과 덴막국과(한글본《ᄉᆞ민필지》1889) ▌영길리국과 노웨쉬덴국과 덴막국과 합즁국이 뎨 일층이오(〈대한매일신보〉

1907.9.18) ▌데이취, 프란쓰, 이탈리, 쉬덴, 러시아 등 여러 나라로 爲始하여(〈동광〉제18호 1927.2.1)

【쉬쓰국】스위스(Switzerland), 유럽 중부 내륙에 있는 공화국 ▌우리나라의 숙종대왕(肅宗大王) 38년 6월 28일에 쉬쓰국(瑞西國) 쩨네빠에 나아서(〈동광〉제14호 1927.6.1)

【쉬커고】시카고(Chicago), 미국 일리노이(Illinois) 주 북동부에 있는 도시 ▌편에 법발로와 이리 못ㅅ ㄱ히라 쉬커고와 미시간 못ㅅ ㄱ히라 신신낫듸와 센트불이란 촌이 잇고(한글본《ᄉᆞ민필지》1889)

【쉿스란드】스위스(Switzerland), 유럽 중부 내륙에 있는 공화국 ▌동은 덕국과 쉿스란드국과 이다리아국이오(한글본《ᄉᆞ민필지》1889)

【슈단】수단(Sudan), 아프리카 동북부에 위치한 공화국. 아프리카에서 면적이 가장 넓은 나라이다 ▌동편 히변에 누비아와 슈단과 아베시니아와 이다리아국이 엇기를 시작(한글본《ᄉᆞ민필지》1889)

【슈마드라 섬】수마트라 섬(Sumatra Island), 인도네시아 대순다 열도(Greater Sunda Island)에 딸린 섬 ▌슈마드라 셤 동남에 자바ㅣ란셤이 잇서(한글본《ᄉᆞ민필지》1889)

【슈비리어】슈피리어(Superior Lake), 미국과 캐나다 국경에 걸쳐 있는 세계에서 가장 큰 담수호 ▌동남편 합즁국 ᄉᆞ이에 슈비리어와 쳔 리 되는 못 휴런과 팔빅 리 되는 못(한글본《ᄉᆞ민필지》1889)

【슈에스】수에즈(Suez), 아시아와 아프리카 두 대륙의 경계인 이집트의 시나이 반도 서쪽에 건설된 세계 최대의 운하로 지중해의 포트사이드(Port Said) 항구와 홍해의 수에즈(Suez) 항구를 연결하고 있다 ▌이프리가와 아셰아 연쇽 되기는 암아 젹해와 디즁해 목졍이 슈에스로 연속이 되겟더라(〈독립신문〉1898.3.26)

【슈헤스운하】수에즈 운하(Suez Canal), 아시아와 아프리카 두 대륙의 경계인 이집트의 시나이 반도 서쪽에 건설된 세계 최대의 운하로 지중해의 포트사이드(Port Said) 항구와 홍해의 수에즈(Suez) 항구를 연결하고 있다 ▌이급 슈헤스 운하가 쟝이 계오 삼빅리 밧긔는 아니 되는디(〈독립신문〉1898.5.31)

【스간듸나뷔야】스칸디나비아(Scandinavia), 북유럽의 스칸디나비아 반도를 중심으로 한 문화 · 역사적 지역을 일컫는 말로 지금은 덴마크, 노르웨이, 스웨덴 3국에 덴마크까지 포함시킨다 ▌스간듸나뷔야(《중등만국지지》1902 권2)

【스간듸나뷔야半島】스칸디나비아 반도(Scandinavia Peninsula), 북유럽의 스칸디나비아 반도를 중심으로 한 문화 · 역사적 지역을 일컫는 말로 지금은 덴마크, 노르웨이, 스웨덴 3국에 덴마크까지 포함시킨다 ▌스간듸나뷔야半島(《중등만국지지》1902 권2)

【스간지나비아】스칸디나비아(Scandinavia), 북유럽의 스칸디나비아 반도를 중심으로 한 문화 · 역사적 지역을 일컫는 말로 지금은 덴마크, 노르웨이, 스웨덴 3국에 덴마크까지 포함시킨다 ▌스간지나비아(〈친목회회보〉제5호 1897.6)

【스단레瀑布】보요마 폭포(Boyoma Falls), 아프리카 콩고민주공화국(Democratic Republic of the Congo)의 키상가니(Kisangani) 남쪽에 있는 7개의 폭포. 예전에는 스탠리 폭포라 하였으나 지금은 보요마 폭포라고 한다 ▌中流以上은스단레瀑布(STANLEY FALLS)로브터 處處에壯大ᄒᆞᆫ瀑布ᄅᆞᆯ成ᄒᆞᆫ故로(《중등만국지지》1902 권3)

【스마트라】수마트라 섬(Sumatra Island), 인도네시아 대순다 열도(Greater Sunda Islands)에 딸린 섬 ▌重要ᄒᆞᆫ者ᄂᆞᆫ스마트라(SUMATRA)瓜哇(JAVA)보르네오(BORNEO)西列伯(CELEBES)等이오(《중등만국지지》1902 제3편) ▌英皇儲殿下 日本御來訪 日字가 切迫하야 南洋 英領中 스마트라와 彼南에 寄港치 못하얏슴으로(〈동아일보〉1922.4.14. 2면)

【스마도라島】수마트라 섬(Sumatra Island), 인도네시아 대순다 열도(Greater Sunda Islands)에 딸린 섬 ▎馬來半島와스마도라(SUMATRA)島間에(《중등만국지지》1902 권1)

【스베인】스페인(Spain), 유럽의 남서쪽 끝 이베리아 반도에 위치한 나라 ▎스베인(〈한성주보〉제22호 1886.6.31)

【스볘인】스페인(Spain), 유럽의 남서쪽 끝 이베리아 반도에 위치한 나라 ▎스볘인(〈한성주보〉제2호 1886.2.1)

【스위든】스웨덴(Sweden), 유럽 북부 스칸디나비아 반도에 있는 입헌군주국 ▎端西 스위든(유길준《서유견문》1895 제1편) ▎두나라 직판관들이 스위든 대군쥬 아스가 폐하 다려

스페인

스페인을 왜 서반아(西班牙)라 부를까? 우리나라 대학의 스페인어문학과 명칭을 살펴보면 크게 네 가지 부류로 나눌 수 있다.

- 스페인어과: 단국대 인문과학대학, 조선대 외국어대학 등
- 서반어어과: 한국외국어대학 서양어대학 등
- 서어서문과: 서울대 인문대학, 고려대 문과대학 등
- 스페인중남미학과: 계명대, 부산외대 서양어대학 등

스페인어학과의 다양한 이름은 우리나라 사람들이 스페인을 어떻게 부르는가가 잘 나타난 것으로 보아도 무방할 것이다. 지면 관계상 여기서는 '서반아(西班牙)'를 문제로 삼고자 한다.

스페인은 유럽 남부 이베리아 반도에 위치한 입헌군주제 나라로 정식 명칭은 '에스파냐 왕국(Reino de Espana)'이다. 영어로는 'Kingdom of Spain'이라 하며 간략하게 Spain이라고도 한다. 에스파냐(España)는 그 지역에서 오랫동안 불러온 속칭이다. 스페인을 '서반아(西班牙)'로 표기하게 된 것은 16세기 말 유럽에서 전해진 라틴어 Hispania에서 유래한다. Hispania는 이베리아 반도 전체를 뜻하는 말인데 이 Hispania를 당시 중국어 음으로 표기한 것이 西班牙(Xībānyá)이다.

우리나라 문헌에 西班牙가 처음 등장하는 것은 박영효의 일본 사행록《사화기략(使和記略)》(1882년 9월 16일자)이다(午刻, 出横濱, 晤白耳義, 荷蘭, 西班牙三公使, 自外務省, 送英語通事吉田要作與俱, 回路歷晤神奈川縣令, 午後七時還署). 이후 1890년대가 되면《사민필지》(1895),《중등만국지지》(1902),《국민소학독본》(1895) 등 지리학 도서와 교과서에 나오며,〈관보〉(137호 1896.8.14.)와〈대한유학생회학보〉(제3호 1907.5.25.) 등 잡지에도 빈번하게 사용된다.

중국어 '서반아(西班牙)'가 수백 년이 지난 지금도 우리나라에서 사용되고 그것도 대학의 학과 명칭에까지 쓰인다니 놀라운 일이다.

이일을 쟉정 ᄒᆞ야 달나고 ᄒᆞ량으로(《독립신문》1896.12.26) ▌西으로 스위든을 往攻하여야 할디(《소년》제1년2권 1908.12.1) ▌和蘭 스위든 埃及 킵프로스 아비시니아 아프라카를 定向업시 遍歷하엿슬 때에(《동아일보》1925.7.10. 7면)

【스위쓰】스위스(Switzerland), 유럽 중부 내륙에 있는 공화국 ▌가당 有益한 벗 스위쓰人 阿某에게 付託하야(《소년》제1년2권 1908.12.1) ▌즉 영국식 캇테이지, 스위쓰 캇테이지 그 他에도 數種의 別이 잇는대(《개벽》제33호 1923.3.1) ▌古로마帝國의 레티아(Rhactia) 地方語로서 이제의 스위쓰 東部와 아드리아海 부근지방에 행하는 말(《동광》제19호 1931.3.1) ▌코론타이 녀사는 최근에 노루웨 駐劄公使에서 스위쓰 駐劄公使로 옴것다고 함니다(《삼천리》제3권11호 1931.11.1)

【스위쓸낸드】스위스(Switzerland), 유럽 중부 내륙에 있는 공화국 ▌스위쓸낸드에 잇슬 째에 乘馬를 팔아서(《소년》제3년7권 1910.7.15)

【스윗절난드】스위스(Switzerland), 유럽 중부 내륙에 있는 공화국 ▌瑞典 스윗절난드(유길준《서유견문》1895 제1편)

【스이덴】스웨덴(Sweden), 유럽 북부 스칸디나비아 반도에 있는 입헌군주국 ▌스이덴(《한성주보》제4호 1886.2.22)

【스이츠란또】스위스(Switzerland), 유럽 중부 내륙에 있는 공화국 ▌스이츠란또(《한성주보》제4호 1886.2.22)

【스이텐】스웨덴(Sweden), 유럽 북부 스칸디나비아 반도에 있는 입헌군주국 ▌스이텐(《한성주보》제5호 1886.3.1)

【스칸데나삐아】스칸디나비아(Scandinavia), 북유럽의 스칸디나비아 반도를 중심으로 한 문화 · 역사적 지역을 일컫는 말로 지금은 덴마크, 노르웨이, 스웨덴 3국에 덴마크까지 포함시킨다 ▌北歐「스칸데나삐아」신화 태초에 세계는 冰寒界 焦熱界 2界로 分하엿는대(《개벽》제1호 1920.6.25)

【스칸듸나비아】스칸디나비아(Scandinavia), 북유럽의 스칸디나비아 반도를 중심으로 한 문화 · 역사적 지역을 일컫는 말로 지금은 덴마크, 노르웨이, 스웨덴 3국에 덴마크까지 포함시킨다 ▌五十年前에 스칸듸나비아人 루릭을 迎入하야 王을 삼으니(《소년》제1년1권 1908.11.1) ▌其 物價는 金塊一千萬磅을 에스토니아를 經由하던지 스칸듸나비아 各銀行貯金으로부터 支拂할 豫定이라 云々(《동아일보》1920.7.22. 2면) ▌러시아의 체호프, 스칸듸나비아의 스트린드베르흐와 가튼 작가는(《개벽》제19호 1922.1.10) ▌지금으로 붙어 일만오천년 전에 스칸듸나비아 앞에 얼음이 녹아 뒤로 물러간 곳을 택하여(《동광》제12호 1927.4.1)

【스캇틀낸】스코틀랜드(Scotland), 영국을 구성하는 연합왕국(잉글랜드 · 스코틀랜드 · 웨일스 · 북아일랜드)의 하나로, 그레이트브리튼(Great Britain)섬의 북부 지역을 차지한다 ▌영국 인구가 아일낸 스캇틀낸 병ᄒᆞ야 삼쳔 칠빅 칠십 삼만 이쳔 구빅 이십 이명이요(《독립신문》1897.6.19)

【스컷란드】스코틀랜드(Scotland), 영국을 구성하는 연합왕국(잉글랜드 · 스코틀랜드 · 웨일스 · 북아일랜드)의 하나로, 그레이트브리튼(Great Britain)섬의 북부 지역을 차지한다 ▌스컷란드 디형은 큰 산이 만하 극히 험ᄒᆞ고 동편에 뒤드와씌란 강이 북하슈로 드러가고(한글본《ᄉᆞ민필지》1889)

【스코틀낸드】스코틀랜드(Scotland), 영국을 구성하는 연합왕국(잉글랜드 · 스코틀랜드 · 웨일스 · 북아일랜드)의 하나로, 그레이트브리튼(Great Britain)섬의 북부 지역을 차지한다 ▌그곳을 지나가던 스코틀낸드사람의 船人이 우리말노 通譯을 하여주어(《소년》제2년3권 1909.3.1)

【스코틀란드】스코틀랜드(Scotland), 영국을 구성하는 연합왕국(잉글랜드 · 스코틀랜드 · 웨일스 · 북아일랜드)의 하나로, 그

레이트브리튼(Great Britain)섬의 북부 지역을 차지한다 ▌론돈던보를거흔즉영국스코틀란드 역부동밍위원들은(《대한매일신보》 1908.9.10) ▌이 片紙는 스코틀란드의 아버된에서 왓다(《동아일보》1926.6.5. 3면)

【스탄레瀑布】보요마 폭포(Boyoma Falls), 아프리카 콩고민주공화국(Democratic Republic of the Congo)의 키상가니(Kisangani) 남쪽에 있는 7개의 폭포. 예전에는 스탠리 폭포라 하였으나 지금은 보요마 폭포라고 한다 ▌其上流스탄레瀑布(STANLEY FALLS)에至ᄒᆞ기ᄭᆞ지(《중등만국지지》1902 권3)

【쓰틧트카-트】슈투트가르트(Stuttgart), 독일 남부 바덴뷔르템베르크(Baden-Wurttemberg) 주의 주도 ▌首都쓰틧트카-트(STUTTGART)는中央農産地를控ᄒᆞ고人口가十四萬이러라(《중등만국지지》1902 권2)

【스톡호룸】스톡홀름(Stockholm), 스웨덴의 수도. 발트 해에 면한 스웨덴 최대의 도시이다 ▌그 서울 스톡호룸府에서 나니(《소년》제2년1권 1909.1.1) ▌1917년 초에는 黨의 本部를 瑞典府 스톡호룸(Stockholm)에 옴기고(《개벽》제46호 1924.4.1)

【스톳크호-룸】스톡홀름(Stockholm), 스웨덴의 수도. 발트 해에 면한 스웨덴 최대의 도시이다 ▌瑞典의首府스톳크호-룸(STOCKHOLM)은마라렌湖(MALAREN)가海를通ᄒᆞᆫ口의七個島上에在ᄒᆞ니(《중등만국지지》1902 권2)

【스트라스부루크府】스트라스부르(Strasbourg), 프랑스 동부, 독일과 국경을 접한 알자스 지방의 도시. 한때 독일 땅이었으므로 '슈트라스부르크'(독일어)라고도 한다 ▌스트라스부루크府(STRASSBURG)는来因河上流西岸에在ᄒᆞ니人口가十二萬이오(《중등만국지지》1902 권2)

【스파타】스파르타(Sparta), 고대 그리스의 펠로폰네소스(Peloponnesos) 반도에 위치한 도시 국가 ▌古代 希臘「스파타」의 隆盛이 전혀 왕족「리커꺼쓰」의 法則勵行에 基함인 것은(《개벽》제12호 1921.6.1) ▌스파타의 어머니들은 戰地에 내보내는 愛子에게 큰 널쪼각을주면서(《삼천리》제10권8호 1938.8.1)

【스파-타】스파르타(Sparta), 고대 그리스의 펠로폰네소스(Peloponnesos) 반도에 위치한 도시 국가 ▌往昔라코니아(LACONIA)의都邑되얏든스파-타(SPARTA)와競爭ᄒᆞ야歐洲現今開明의基源된地오(《중등만국지지》1902 제2편)

【스페인】스페인(Spain), 유럽의 남서쪽 끝 이베리아 반도에 위치한 나라 ▌西班牙 스페인(유길준《서유견문》1895 제1편) ▌스페인의 海軍으로 協力하야(《소년》제2년1권 1909.1.1) ▌스페인, 콜씨카로 몃 주일간 여행도 하엿다(《개벽》제19호 1922.1.12) ▌스페인, 콜씨카 갓튼 곳으로 멧週間 旅行도 하엿습니다(《동아일보》1924.12.8. 6면) ▌들은 은전을 수다히 가지고 오는데 대개 스페인 돈과 홀랜드 돈이다(《동광》제17호 1931.1.1)

【시기무】시킴(Sikkim), 인도 동부에 있는 주. 주도는 캉토크(Gangtok). 영국에 이어 인도의 보호를 받고 있던 왕국이었으나 1975년 국민투표로 인도의 한 주가 되었다 ▌即넷파-르(NEPAL)부-단(BUTAN)가시메르(CASHMER)시기무(SIKKIM)等이니다(《중등만국지지》1902 권1)

【시나】중국(China), 중국을 의미하는 '支那'의 일본식 발음 'しな'(시나)에서 온 말이다 ▌淸國(支那) 챵이나(시나)(유길준《서유견문》1895 제1편) ▌淸國支那 챵이나 시나(《대한자강회월보》제11호 1907.5.25)

【시나이半島】시나이 반도(Sinai Peninsula), 이집트 북동부, 홍해에 돌출한 반도 ▌아라비아半島에 잇난 시나이半島에 드러와(《소년》제2년8권 1909.9.1)

【시도니-】시드니(Sydney), 오스트레일리아 뉴사우스웨일스(New South Wales)주의 주도 ▌首府는시도니라(《소학만국지지》1895 제6편) ▌시도니-(《친목회회보》제5호 1897.6)

【시라러온】시에라리온(Sierra Leone), 아

프리카 서부 대서양 연안에 있는 공화국 ▌其南시라러온(SIERA LFON)은英國의屬地오(《중등만국지지》1902 권3)

【시라레온】 시에라리온(Sierra Leone), 아프리카 서부 대서양 연안에 있는 공화국 ▌西方亞弗利加植民地ᄂᆞᆫ간비아와시라레온의二니라(《소학만국지지》1895 제2편)

【시론】 실론(Ceylon), 스리랑카(Sri Lanka)의 예전 이름으로 남부 아시아 인도의 남쪽 인도양에 있는 섬나라. 18세기 말부터 영국 식민지로 지내다 1948년 영국연방 자치령으로 독립하였고 1972년 국명을 실론(Ceylon)에서 스리랑카공화국으로 바꾸면서 영국연방에서 완전히 독립하였다 ▌향항 영국 식민디 공부 총감을 인도 근쳐 시론 식민디로 옴겻다더라(〈독립신문〉1897.4.1)

【시리야】 시리아(Syria), 소아시아의 터키와 접하며 메소포타미아평야의 유프라테스 강 상류에 위치한 서아시아 국가 ▌山勢ᄂᆞᆫ西南의시리야地方에走ᄒᆞ야(《중등만국지지》1902 권1)

【시베리아】 시베리아(Siberia), 러시아 우랄산맥에서 태평양 연안에 이르는 북아시아 지역 ▌天山山脈에 連ᄒᆞᆫ 諸山脈 北에 在ᄒᆞᆫ 시베리아 平原에는 늬나, 엔이셔이, 오보, 三大河가 貫流ᄒᆞ니(〈태극학보〉제6호 1907.1.24) ▌우리는 먼저 시베리아의 매운 바람과 白海의 사나운 물ㅅ결에 몸성히 잘 자기를 축수하오며(〈소년〉제2년1권 1909.1.1) ▌그리고 백만장자로되 동리사촌을 버리고 멀니 「시베리아」의 殺人兒를 달내여 死後 부귀를 貪하야(〈개벽〉제39호 1923.9.1) ▌다만 활동 사진 갓흔데서 보는 「시베리아」의 눈 덥힌 벌판을 지나가는듯한 생각 뿐이엇습니다(〈별곤건〉제1호 1926.11.1)

【시시리島】 시칠리아(Sicilia), 이탈리아 남서부 지중해에 있는 섬 이름. 이탈리아 남서부에 있는 지중해 최대의 섬으로 영어로는 시실리섬(Sicily Island)이라고 한다 ▌시시리島(〈한성주보〉제17호 1886.5.24) ▌再起ᄒᆞ야시시리島(SICILY)가되고(《중등만국지지》1902 권2)

【시실리 섬】 시칠리아(Sicilia), 이탈리아 남서부 지중해에 있는 섬 이름. 이탈리아 남서부에 있는 지중해 최대의 섬으로 영어로는 시실리 섬(Sicily Island)이라고 한다 ▌남에는 시실리란 큰 셤과 비슈비엇이란 화산이 잇고(한글본《ᄉᆞ민필지》1889)

【시아들】 시애틀(Seattle), 미국 워싱턴 주 중부에 있는 항만 도시 ▌셔편에 산듸에고와 산브란시스고와 시아들이란 포구가 잇스며(한글본《ᄉᆞ민필지》1889)

【씨아틀】 시애틀(Seattle), 미국 워싱턴 주 중부에 있는 항만 도시 ▌상항 특별 뎐보를 거ᄒᆞᆫ즉 ᄅᆡ월 십오일에ᄂᆞᆫ 씨아틀 근쳐에셔 일본을 빈쳑ᄒᆞᄂᆞᆫ 회를 ᄒᆞ고(〈대한매일신보〉1907.10.18) ▌기선을 타고 米國 西北便 씨아틀이나 西便으로 桑港에 상륙을 하야(〈별곤건〉제21호 1929.6.23) ▌「리버사이드市」 비행장을 출발하야 「씨아틀」로 급행햇다고 한다(〈동광〉제26호 1931.10.4)

【시에라네온】 시에라리온(Sierra Leone), 아프리카 서부 대서양 연안에 있는 공화국 ▌아프리가 셔편 바다ㅅ ᄀᆞ헤 세늬감비아와 시에라네온과 라비리아국과 민쥬국이라(한글본《ᄉᆞ민필지》1889)

【시예틀】 시애틀(Seattle), 미국 워싱턴 주 중부에 있는 항만 도시 ▌其北시예틀(SEATTLE)은大北鐵道의起點이오(《중등만국지지》1902 권3)

【시카고】 시카고(Chicago), 미국 일리노이(Illinois) 주 북동부에 있는 도시 ▌미국 시카고라 ᄒᆞᄂᆞᆫ 큰 도셩 쟝ᄉᆞ ᄒᆞᄂᆞᆫ 사ᄅᆞᆷ들이 닷호아가며 부엉이를 구ᄒᆞ야 둔다더라(〈독립신문〉1899.1.24) ▌형식과 선형은 지금 미국 시카고대학 사년생인데(《무정》이광수 1917) ▌세계에 제일 유명한 시카고 屠牛場에서는(〈개벽〉제11호 1921.5.1) ▌시카고에서 최근에 「赤子市場」이라는 것이 폭로되엿다(〈별곤건〉제20호 1929.4.1)

【시카코】시카고(Chicago), 미국 일리노이(Illinois) 주 북동부에 있는 도시 ▌1869年에 시카코의 技師 챠뉴트가 미시ᄭᅡᆫ湖의 南方 ᄯᅮ엔산에서(〈소년〉제3년2권 1910.2.15)

【신가뽀-ㄹ】싱가포르(Singapore), 아시아 동남부 말레이 반도 최남단에 있는 공화국 ▌馬來반도(신가뽀-ㄹ) 보르네오島(크칭) 타와오에서 승선하야(〈삼천리〉제8권6호 1936.6.1)

【신가파】싱가포르(Singapore 新嘉坡), 아시아 동남부 말레이 반도 최남단에 있는 공화국. '신가파'는 Singapore의 한자음역어 '新嘉坡'를 우리말 한자음으로 읽은 것이다 ▌신가파와 빈랑셔 등 쳐의 가량수십만이오(《이언(易言)》1883) ▌븍경졍부에셔 신가파에 잇ᄂᆞᆫ 청국 령ᄉᆞ의게 뎐훈ᄒᆞ기를(〈대한매일신보〉1908.2.11) ▌신가파(新嘉坡) 페난(檳榔) 등지로 도라다니다가(〈동광〉제32호 1932.4.1) ▌1월23일부터 신가파에서 열닌 영제국 극동군사회의는(〈별곤건〉제70호 1934.2.1)

【신금산】멜버른(Melbourne 新金山), 오스트레일리아 남동부 해안에 있는 항구 도시. 오스트레일리아 제2의 도시이며 빅토리아 주의 주도이다. '신금산'은 호주 Melbourne의 중국식 의역어 '新金山'을 우리말 한자음으로 읽은 것이다 ▌셩가파와 빈랑셔와 신구금산등 쳐에 화인이 다즉 수십만이오(《이언(易言)》1883) ▌또신금산을엇고일명은오사쳘니아쥬라최후에ᄂᆞᆫ미쥬의나긔산을어드니(학부역《티셔신사》1897)

【신신낫듸】신시내티(Cincinnati), 미국 오하이오 주 남서부에 있는 도시 ▌북편에 법발로와 이리 못ᄉᆞ ᄀᆞ히라 쉬커고와 미시간 못ᄉᆞ ᄀᆞ히라 신신낫듸와 센트불이란 촌이 잇고(한글본《ᄉᆞ민필지》1889)

【신호】고베(Kobe 神戶), 일본 효고 현의 현청소재지, '신호'는 고베의 한자표기 '神戶'를 우리말 한자음으로 읽은 것이다 ▌일본신호에 뎨이 ᄒᆡ물박람회를 쉬히 버린다더라(〈독립신문〉1896.4.14) ▌일본 원로대신 대외즁신 씨가 신호 샹업 회의소에셔 연셜ᄒᆞ되(〈대한매일신보〉1908.1.24) ▌일젼에 파송ᄒᆞᆫ 김모ᄂᆞᆫ 그사이 신호에 하륙을 ᄒᆞ엿스ᄭᅡ(육정수《송뢰금》1908) ▌이 양반도 이제는 머리를다시기르고 신호(神戶)에 가서 새로은 꿈을 꾸고 잇다(〈별곤건〉제9호 1927.10.1) ▌나도 녀급들 헌테서 드른 말이지만 신호(神戶) 엇든 후네나리깅(船成金)은 2천원을 던저주더래요(〈삼천리〉제7권10호 1935.11.1)

【실넌】실론(Ceylon), 스리랑카(Sri Lanka)의 옛 이름. 원래 영연방국의 하나였으나 1972년에 나라 이름을 스리랑카로 바꾸고 영연방에서도 탈퇴하였다 ▌남편에 실넌이란 큰 셤과 팔ᄇᆡᆨ 리 되ᄂᆞᆫ 셤(한글본《ᄉᆞ민필지》1889)

【실론】실론(Ceylon), 스리랑카(Sri Lanka)의 옛 이름. 원래 영연방국의 하나였으나 1972년에 나라 이름을 스리랑카로 바꾸고 영연방에서도 탈퇴하였다 ▌인도와 실론셔ᄂᆞᆫ 이 즘승을 사ᄅᆞᆷ의 집마다 두고 쇼 부리듯기 부리고(〈독립신문〉1897.7.1) ▌다음에 西으로 기우러져서 실론,印度에 빗치고 다시 더 西으로 기우러저서 아덴과 말타에 빗치고(〈삼천리〉제5권4호 1933.4.1)

ㅇ

【아】러시아(Russia 俄), 유럽 동부 및 아시아 중 · 북부에 있는 나라. '아'는 러시아의 한자표기 '俄國' 또는 '俄羅斯'의 약칭 '俄'를 우리말 한자음으로 읽은 것이다 ▌군ᄉᆞᄅᆞᆯ거나리고돌국을향ᄒᆞ야진발ᄒᆞᆯᄉᆡ아돌냥국분계처에슈로ᄂᆞᆫ단우파강이요(학부역《틔셔신사》1897 권20절8) ▌죠션이 죠곰치라도 아 일 양국에 이 약죠ᄃᆡ로 시ᄒᆡᆼ ᄒᆞᆯ 일은 업ᄉᆞᆫ즉(〈독립신문〉1897.3.4) ▌국즁 각 항구와 각 포구와 쳥 일아 삼국 각 항구에 무ᄋᆡ 통ᄒᆡᆼ ᄒᆞ야(〈독립신문〉1899.4.6) ▌본월 십일에 려슌항외에서 일아 량국 함ᄃᆡ가 크게 츙돌ᄒᆞ엿다ᄂᆞᆫ 말이 잇다 ᄒᆞ엿더라(〈대한매일신보〉1904.8.16) ▌경을 칠 놈 들 이번 일아젼쟝에 뒤여지지도 안이ᄒᆞ고어나구석에서 ᄯᅩ 왓고나(육정수《송뢰금》1908)

【아국】러시아(Russia 俄國), 유럽 동부 및 아시아 중 · 북부에 있는 걸쳐 있는 나라.'아국'은 '아라사국(俄羅斯國)'의 준말 '俄國'을 우리말 한자음으로 음독한 것이다 ▌아국 공ᄉᆞ ᄯᆞ라 간 김도일 의원 면본관(〈독립신문〉1896.11.17) ▌토국서울군ᄉᆞ단졍은변ᄒᆞ야아국피득나보가될터이며(학부역《틔셔신사》1897) ▌아라샤에 가셔 살ᄯᆡ에 아라샤에 호적ᄒᆞ엿다ᄒᆞ니 아국 사ᄅᆞᆷ이오(〈협셩회회보〉제1권9호 1898.2.16) ▌이ᄃᆞᆯ 륙일 아국 공ᄉᆞ가 궁ᄂᆡ부 대신 리ᄌᆡ슌씨 집에 왓다ᄂᆞᆫᄃᆡ(〈ᄆᆡ일신문〉1898.9.7) ▌아국 긔병과 보병이 혹 삼ᄉᆞᄇᆡᆨ명 오륙ᄇᆡᆨ명식 연일 도강ᄒᆞ야(〈대한매일신보〉1904.9.5) ▌료양 봉텬이 일아젼ᄌᆡᆼ에 함낙된 후 아국의 동양 근거디로 만젼볼ᄑᆡᄒᆞ게 굿게 싸코(육정수《송뢰금》1908) ▌俄國(아국) '俄羅斯'의 약칭(《총독부조선어사전원본》1918) ▌아국에 대해서는 조선통치 及 내정문제에도 심대한 관계가 잇는 것이다(〈동광〉제25호 1931.9.4) ▌아국 俄國 Russia(J.S.Gale《한영대자전》1931)

【아남】베트남(Vietnam), 동남아시아의 인도차이나 반도 동부에 있는 나라 ▌安南아남(유길준《서유견문》1895 제1편)

【아다란짓그】대서양(Atlantic Ocean), 대서양 · 인도양 · 남극해 · 북극해와 함께 5대양을 이루는 큰 바다 ▌아다란짓그ᄂᆞᆫ大西洋이요(〈한성주보〉제2호 1886.2.1 지구전도)

【아덴】아테네(Athens), 그리스의 수도 ▌희랍국 아덴의 오젼 四시 十六분(〈독립신문〉1899.9.21) ▌戰爭의 原因 當時 希臘(기리샤)에 스파루다, 아덴 兩國이 益益發達ᄒᆞ야 勢力을 振ᄒᆞ고(〈대한학회월보〉제5호 1908.6.25) ▌雅典(아덴)은 選擧九알코아於貴族中ᄒᆞ야 以成貴族政治러니(〈대한협회회보〉제3호 1908.6.25) ▌고대 아덴사람 한아에게 노예가 넷식 돌아간다고 그들을 가르처 자유인이라 하엿음니다(〈개벽〉제72호 1926.8.1) ▌스엣스, 아덴은 歐羅巴로부터 印度에 通하는 길직힘이 되고(〈삼천리〉제17호 1931.7.1)

【아뗀쓰】아테네(Athens), 그리스의 수도 ▌七十二歲ᄯᆡ에 아뗀쓰에서 刑問을 밧고(〈소년〉제2년9권 1909.10.1)

【아덴港】아덴(Aden), 아라비아 반도 서남단 예멘(Yemen)의 국제 무역항 ▌良港은 마랏가海峽의 싱가풀港과紅海近傍의 아덴港이니라(〈태극학보〉제7호 1907.2.24)

【아드리아틔크海】아드리아 해(Adriatic Sea), 지중해 북부 이탈리아 반도와 발칸 반도 사이에 있는 좁고 긴 해역 ▌부예니스港(VENIS)은아드리아틔크海頭羣島中에在ᄒᆞ야(《중등만국지지》1902 권2)

【아라바마】앨라배마(Alabama) 주, 미국 남동부에 있는 주. 주도(州都)는 몽고메리이다 ▌아라바마(〈친목회회보〉제6호 1897.12)

【아라비아】아라비아(Arabia 亞剌比亞), 아시아 서남부 페르시아 만, 인도양, 아덴 만, 홍해에 둘러싸여 있는 지역 ▌아라비아이 ᄯᅡ ᄒᆞᆫ 쪽이 오만이란 나라ㅣ니라(한글본《ᄉᆞ민필지》1889) ▌일허 버린 젹은 ᄇᆡ를 ᄎᆞ지러 아라

비아와 쇼코트라 해변을 뒤져도(《독립신문》 1897.7.27) ▌그 쥬지인즉 토이긔국과 아라비아와 파사국과 아프리가쥬 잇는 여러 나라와(《신학월보》제1권3호 1901.2) ▌우리의 十八倍되난 아라비아와(《소년》제1년2권 1908.12.1) ▌世界上 最大半島는 아시아大陸 西方에 잇는「아라비아」半島니(《서북학회월보》제13호 1909.6.1) ▌아라비아인은 그네의 가젓던 영토도, 富도, 학술도, 명예도, 다 일허버리고 (《개벽》제19호 1922.1.10) ▌아라비아 亞剌比亞 Arabia(J.S.Gale《한영대자전》1931)

【아라쎄야】아라비아(Arabia 亞剌比亞), 아시아 서남부 페르시아 만, 인도양, 아덴 만, 홍해에 둘러싸여 있는 지역 ▌아라쎄야(《한성주보》제3호 1886.2.15)

【아라사】러시아(Russia 俄羅斯), 유럽 동부 및 아시아 중 · 북부에 있는 나라. '아라사'는 Russia의 중국식 한자표기 '俄羅斯'를 우리말 한자음으로 읽은 것이다 ▌아라사국은 유로바 모든 나라 즁에 뎨일 큰 나라히라(한글본《스민필지》1889) ▌뎐하씌셔 경운궁에 거동ᄒᆞ셔셔 왕태 후펴하셔 문안ᄒᆞ시고 아라사 공ᄉᆞ관으로 환어ᄒᆞ시다(《독립신문》1896.4.14) ▌아라사와오사마가와영길리슴국이또서로화친을정ᄒᆞ야법인을치고(학부역《티셔신사》1897) ▌근일에 아라사 군함이 월미도에 와셔 슌히 ᄒᆞᆫ다더라(《협성회회보》 1898.1.1) ▌음력 륙월 십칠일에 젼군부 협판 쥬셕면 씨가 륜션을 타고 아라사로 향ᄒᆞ야 갓다 ᄒᆞᄂᆞᆫ듸(《ᄆᆡ일신문》1899.8.19) ▌아라사 황후의 외조모ㅣ오 그 외에도 적은 나라와 만히 결혼ᄒᆞ엿슨즉(《신학월보》제1권4호 1901.3) ▌영국은 아라사로 더부러 인도 지방에셔 싸와(《대한매일신보》1904.10.6) ▌을츅년 아라사 빅올 때에 홍도마와 의론ᄒᆞ고 이 일을 부대부인끠 알외니라(육정수《송뢰금》1908) ▌이쌔 아라사 형편이 그러ᄒᆞ다 홈이라(이해조《철세계》1908) ▌저난 어렷슬 ᄯᅢ에 그 부친을 ᄯᅡ러 아라사 셔울 쌍트로그람에 가셔 유학하엿스며(《태서문예신보》제3호 1918.10.19) ▌푸르시아의 푸레데릭大王, 아라사의 표틀大帝의 일생의 사업은 실로 그 나라의 중추계급의 조성에 在하엿나니(《개벽》제13호 1921.7.1)

【아라ᄉᆞ】러시아(Russia 俄羅斯), 유럽 동부 및 아시아 중 · 북부에 있는 나라. '아라ᄉᆞ'는 '러시아'(Russia)의 중국식 한자표기 '俄羅斯'를 우리말 한자음으로 음독한 말이다 ▌법국을 니긔고 영국과 아라ᄉᆞ 각 국이 근릭에 다시 효측ᄒᆞ야(《이언(易言)》1883) ▌파란국은아라ᄉᆞ오지리아보로ᄉᆞ슴국이합병ᄒᆞ야 멸ᄒᆞᆫ빅되야(학부역《티셔신사》1897) ▌다른 공ᄉᆞᄂᆞᆫ 다 왓스나 아라ᄉᆞ 공ᄉᆞᄂᆞᆫ 청ᄒᆞᆫ 청쳡도 밧지 아니 ᄒᆞ고(《독립신문》1898.2.19) ▌아ᄂᆞᆫ 즁에 미국 덕국 아라ᄉᆞ국과 기외에 쇼쇼ᄒᆞᆫ 국들이 그 녀황의 일홈을 찬숑치 안ᄂᆞᆫ 쟈ㅣ 업더라(《신학월보》제1권4호 1901.3) ▌아라ᄉᆞ 령ᄉᆞ관 통ᄉᆞ 죠광현은 이십젼에 쟝가드러 그 안히와 십여 년을 동거ᄒᆞ더니(《대한매일신보》 1907.10.26) ▌아라ᄉᆞ가 셰계 강국이라(이해조《철세계》1908) ▌아라ᄉᆞ 俄羅斯 Russia(J.S.Gale《한영대자전》1931)

【아라ᄉᆞ국】러시아(Russia 俄羅斯國), 유럽 동부 및 아시아 중 · 북부에 있는 나라. '아라ᄉᆞ국'은 '러시아'의 중국식 한자표기 '俄羅斯國'을 우리말 한자음으로 읽은 것이다 ▌믈며 아라ᄉᆞ국은 셔븍에 누에 먹듯 ᄒᆞ며(《이언(易言)》1883) ▌그즁에영국(英國)과덕국(德國)과법국(法國)과아라ᄉᆞ국(俄羅斯國)이뎨일(第一)이니라(《디구략론》1897) ▌아ᄂᆞᆫ 즁에 미국 덕국 아라ᄉᆞ국과 기외에 쇼쇼ᄒᆞᆫ 국들이 그 녀황의 일홈을 찬숑치 안ᄂᆞᆫ 쟈ㅣ 업더라(《신학월보》제1권4호 1901.3) ▌아라ᄉᆞ 국이 년젼에 동양에셔 화패를 당ᄒᆞᆫ 후로 그 리익의 손해를 회복ᄒᆞ기 위ᄒᆞ야 셰력을 확쟝코져 ᄒᆞᆫ다더라(《대한매일신보》1908.5.12)

【아라샤】러시아(Russia 俄羅斯), 유럽 동부 및 아시아 중 · 북부에 있는 나라. '아라샤'는 러시아(Russia)의 중국식 한자표기 '俄羅斯'에서 온 말이다 ▌다른 나라이 아라샤를 방조ᄒᆞ야 영국에 구익만 되게 ᄒᆞᄂᆞᆫ 거시(《독립신문》1896.4.7) ▌만일 덕국 오지리 이탤리가 합력ᄒᆞ야 불란셔 던지 아라샤를 범ᄒᆞ

면(《대조선독립협회회보》제3호 1896.12.31) ❙영국 의관 ᄒᆞ나이 아라샤와 영국이 동양 일에 평화케 담판 ᄒᆞᄂᆞᆫ것이 맛당 ᄒᆞ다고 연셜 ᄒᆞ엿다더라(《협성회회보》제1권7호 1898.2.12) ❙일젼에 아라샤 ᄉᆞ관 칠인이 각기 ᄆᆞᆯ을 타고 남대문으로 드러와 졍동으로 가더라(《ᄆᆡ일신문》1898.8.23) ❙다른 나라이 아라샤를 방조ᄒᆞ야 영국에 구ᄋᆡ만 되게 ᄒᆞᄂᆞᆫ 거시(《대한매일신보》1904.10.4)

【아라셔】러시아(Russia 俄羅斯), 유럽 동부 및 아시아 중 · 북부에 있는 나라. '아라셔'는 러시아(Russia)의 중국식 한자표기 '俄羅斯'에서 온 말이다 ❙긔계 샤관 우레노후씨와 약죠ᄒᆞᆫ 글 두장을(아라셔 글 ᄒᆞᆫ장 한문 ᄒᆞᆫ장)보내오니(《독립신문》1897.1.14)

【아라스가】알래스카(Alaska), 캐나다 북쪽에 있는 미국 최대의 주이다 ❙아라스가(《친목회회보》제6호 1897.12)

【아랍비아】아라비아(Arabia), 아시아와 아프리카를 잇는 서아시아의 사막으로 이루어진 지역. '아랍비아'는 Arabia의 중국식 한자표기 '亞拉比亞'를 우리말 한자음으로 읽은 것이다 ❙그 나라이 여러 ᄒᆡ를 홍왕ᄒᆞ다가 후에 아랍비아 회회 교인이 파ᄉᆞ국 사ᄅᆞᆷ을 싸화 이긔매(《신학월보》제7권6호 1907.6)

【아렉산드리아】알렉산드리아(Alexandria), 이집트 북부 알렉산드리아주의 주도. 기원전 331년 알렉산더 대왕이 이집트 원정 때 나일 강 하구에 건설하고 자신의 이름을 따서 도시 이름을 붙였다 ❙아렉산드리아와 쌈이엣다와 수에스와 포셋이란 큰 촌이 잇스며(한글본《ᄉᆞ민필지》1889) ❙아렉산드리아發聯合郵信(《동아일보》1934.4.25. 6면)

【아루부수】알프스(Alps), 유럽의 중남부에 있는 큰 산계에 있는 산으로 스위스, 프랑스, 이탈리아, 오스트리아에 걸쳐 있다 ❙歐洲에 第一高峰이라ᄒᆞᄂᆞᆫ富蘭克峰은實노아루부수支脉中에有ᄒᆞ니라(《소학만국지지》1895 제3편)

【아루쎈딘】아르헨티나(Argentina), 남아메리카 대륙 남동부에 있는 연방제 공화국 ❙아루쎈딘(《친목회회보》제5호 1897.6)

【아리비아】아라비아(Arabia), 아시아와 아프리카를 잇는 서아시아의 사막으로 이루어진 지역 ❙벨루기스단국과 압간이스단국과 아리비아국과 아시아터키와 베시아국이니라(한글본《ᄉᆞ민필지》1889)

【아리쏘나】애리조나(Arizona), 미국 남서부에 있는 주 ❙아리쏘나(《친목회회보》제6호 1897.12)

【아마심강】아마존 강(Amazon), 남아메리카의 서쪽 안데스 산맥에서 발원하여 적도를 따라 동쪽으로 흘러 대서양으로 들어가는 강으로, 유수량과 유역 면적이 세계에서 가장 크다 ❙파셔국 아마심강은 비로ᄉᆞ 히셔 발원ᄒᆞ여 파셔국으로 드러가나(《이언(易言)》1883)

【아마존】아마존 강(Amazon), 남아메리카의 서쪽 안데스 산맥에서 발원하여 적도를 따라 동쪽으로 흘러 대서양으로 들어가는 강으로, 유수량과 유역 면적이 세계에서 가장 크다 ❙此外歐洲大陸에 住ᄒᆞᄂᆞᆫ(아마존)이라 稱ᄒᆞᄂᆞᆫ 蟻ᄂᆞᆫ 全혀 奴隷ᄅᆞᆯ 依賴ᄒᆞ야 生活ᄒᆞ고(《서북학회월보》제16호 1909.10.1) ❙南米의 熱帶地方(아마존. 오리노고 兩下流域)의 濕潤林을 原産地로 하는(《별곤건》제60호 1933.2.1) ❙주로 아마존과 고부라江 유역에 흘너 잇는 전설과 신화를 基調로 敍事詩가튼 것을 만히 씨섯지오(《삼천리》제8권6호 1936.6.1)

【아메니아】아르메니아(Armenia), 아시아 서부 및 러시아 남부에 있는 공화국 ❙아메니아에 잇ᄂᆞᆫ 셩교 ᄒᆞᄂᆞᆫ ᄇᆡᆨ셩들을 도와 주라고 ᄒᆞ엿더라(《독립신문》1897.1.19)

【아메리가】아메리카(America), 남 · 북아메리카 대륙 전체에 대한 총칭 ❙남방 ᄋᆡ프리가 일과 아메리가 일이 아직도 결말이 안나스나(《독립신문》1896.4.11) ❙남북 아메리가 亞美利加와 오스드렐리아奧斯達利亞요(《성산명경》최병헌 1914) ❙쉽게 성욕을 채우는 아메리가식 첨단 연애가 생긴다(《동광》제24호

1931.8.4) ▌比島가 1941년 以後 아메리가의 시장을 점차로 이러버리게 된다면 日本에 시장을 펴지 않으면 않될 것이다. 그러나 이 시장은 결코 無價로 어찌지는 못할 것이다(〈삼천리〉제11권1호 1939.1.1)

【아메리까】 아메리카(America), 남·북아메리카 대륙 전체에 대한 총칭 ▌유로바 셔편과 아메리까 동편 ᄉᆞ이는 대셔양이라 닐ᄋᆞ고(한글본《ᄉᆞ민필지》1889) ▌구라파와 아메리까 졔국의 부강 문명이 이를 조ᄎᆞ 시작됨을 알지니라(〈대한매일신보〉1909.9.10) ▌몃 ᄇᆡᆨ년 젼에 유로바나 아메리까나 다 캄캄ᄒᆞᆫ 밤과 ᄀᆞᆺ치 문명치 못ᄒᆞ고(김필수《경세종》1910)

【아메리가합즁국】 미국(United States of America), 북아메리카 대륙의 캐나다와 멕시코 사이에 있는 나라 ▌아메리가 합즁국 남쪽에 잇ᄂᆞᆫ 규바라 ᄒᆞᄂᆞᆫ 섬은(〈독립신문〉1896.4.7)

【아메리카】 아메리카(America), 남·북아메리카 대륙 전체에 대한 총칭 ▌텬하제국 즁에 유로바와 아메리카 나라 밧긔 뎨일 놉흔 나라가 업다(〈대한매일신보〉1907.9.18) ▌그러나 아메리카의 勞働者들은 臟腑업고 精神업난 바삭이가 아니라(〈소년〉제2년1권 1909.1.1) ▌又 更히 歐洲현대문명으로 化하야 그가 又 아메리카 及 동양제국에 파급하는 形跡과(〈개벽〉제7호 1921.1.1) ▌그 통에 우리 『아메리카』까지 갈 사람들도 뒤숭숭해서 잠을 못 잣습니다(〈동광〉제5호 1926.9.1) ▌그 중 한 가지는 아메리카의 소위 쮸-크가족의 통계인데(〈별곤건〉제11호 1928.2.1)

【아메리카合衆國】 미국(United States of America), 북아메리카 대륙의 캐나다와 멕시코 사이에 있는 나라 ▌口繪第三葉은 아메리카合衆國 東北方에 잇난 나야가라 瀑布니(〈소년〉제1년1권 1908.11.1)

【아메손】 아마존 강(Amazon River), 남아메리카의 서쪽 안데스 산맥에서 발원하여 적도를 따라 동쪽으로 흘러 대서양으로 들어가는 강 ▌북편에 아메손이란 강이 쟝은 일만일쳔륙ᄇᆡᆨ리요(한글본《ᄉᆞ민필지》1889)

【아미니아】 아르메니아(Armenia), 아시아 서부 및 러시아 남부에 있는 공화국으로 정식 명칭은 Republic of Armenia이다 ▌아라랏 산은 아미니아 나라에 쇽ᄒᆞ엿더니 지금은 토이긔국에 쇽ᄒᆞ엿ᄂᆞ니라(〈신학월보〉제1권9호 1901.8)

【아미리가】 아메리카(America), 남·북아메리카 대륙 전체에 대한 총칭 ▌아미리가 阿美利哥(《국한회어》1895) ▌화륜션 엠쁘례쓰 어프 차이나를 타고 반큐버-로가 아미리가로 구라파에 갓다더라(〈독립신문〉1896.5.5) ▌아미리가, 亞美利哥 America(게일편《한영자전》1897) ▌아미리가에ᄂᆞᆫ 젹인죵이오 남양군도에ᄂᆞᆫ 황흑인죵이더라(〈협셩회회보〉제1권3호 1898.1.15) ▌남부 아미리가에 삼십만 리오(〈대한매일신보〉1907.7.5) ▌예젼에 골놈보쓰가 아미리가 대륙이나 발견ᄒᆞᆫ 듯이(김교제《비행선》1912)

【아미리개】 아메리카(America), 남·북아메리카 대륙 전체에 대한 총칭 ▌아셰아와 구라파와 아미리개와 아비리가와 욱대리아에 다 잇ᄉᆞ니(《텬로력뎡》1895)

【아미리견】 아메리카(America 亞美利堅), 남·북아메리카 대륙 전체에 대한 총칭. '아미리견'은 America의 중국식 음역표기 '亞美利堅'을 우리말 한자음으로 읽은 것이다 ▌아미리견 阿美利堅(《국한회어》1895) ▌아미리견 亞美利堅 An American(게일편《한영자전》1897)

【아베시니아】 아비시니아((Abyssinia), 에티오피아의 옛 이름 ▌슈단과 아베시니아와 이다리아국이 엇기를 시작(한글본《ᄉᆞ민필지》1889)

【아부까니스단】 아프가니스탄(Afghanistan), 아시아 중앙부에 있는 공화국으로 정식 명칭은 아프가니스탄 이슬람공화국(Islamic Republic of Afghanistan)이다 ▌아부까니스단(〈한성주보〉제3호 1886.2.15)

【아부한】 아프가니스탄(Afghanistan 阿富

汗), 아시아 중앙부에 있는 공화국. '아부한'은 '아프가니스탄'의 중국식 한자표기 '阿富汗'을 우리말 한자음으로 읽은 것이다 ▎인도븍편아부한(나라 일홈) 변방 디경에 획칙을 란만이 ᄒᆞ야 디경을 뎡ᄒᆞ야 방슈ᄒᆞ니(《이언(易言)》1883) ▎헌종팔년에아부한에ᄂᆡ란이이러(학부역《틔셔신사》1897) ▎아라샤와 아부한 ᄉᆞ이에 동ᄆᆡᆼ 약죠를 ᄆᆡᄌᆞᆺ다 ᄒᆞᆷ은 임의 드럿거니와(〈독립신문〉1899.9.9) ▎구경도 하기전에 아부한이라는 인도 서편에 잇는 나라와 둘재번 전쟁이 이러낫섯다(〈동아일보〉1921.7.4. 4면)

【아부한슈단국】아프가니스탄(Afghanistan), 아시아 중앙부에 있는 공화국 ▎아부한슈단국 면젹은 二十七万八千방리(〈독립신문〉1899.5.4)

【아불리가】아프리카(Africa), 아시아 대륙에 이어 세계에서 두 번째로 큰 대륙. 동쪽은 인도양, 서쪽은 대서양, 북쪽은 지중해에 면해 있으며, 육대주의 하나이다 ▎아불리가에 일만 오쳔리라더라(〈대한매일신보〉1907.7.5) ▎남자를 마음대로 부리는 녀성의 천국, 최근 아불리가에서 발견(〈별곤건〉제70호 1934.2.1)

【아불이가주】아프리카주(Africa), 아시아 대륙에 이어 세계에서 두 번째로 큰 대륙. 동쪽은 인도양, 서쪽은 대서양, 북쪽은 지중해에 면해 있으며, 육대주의 하나이다 ▎아불이가주 阿弗利加注 압흐리카(〈대한자강회월보〉제11호1907.5.25)

【아비리가】아프리카주(Africa 亞非利加), 아시아 대륙에 이어 세계에서 두 번째로 큰 대륙. 동쪽은 인도양, 서쪽은 대서양, 북쪽은 지중해에 면해 있으며, 육대주의 하나이다, '아비리가'는 Africa의 중국식 한자표기 '亞非利加'를 우리말 한자음으로 읽은 것이다 ▎아셰아와 구라파와 아미리개와 아비리가와 욱대리아에 다 잇ᄉᆞ니(《텬로력뎡》1895) ▎아비리가 阿非利哥(《국한회어》1895) ▎법국이 즁병으로ᄡᅥ아리젹에둔찰ᄒᆞ고아비리가북방을농낙ᄒᆞ나(학부역《틔셔신사》1897) ▎아셰아와 아비리가 미ᄀᆡ화ᄒᆞᆫ 디방에ᄂᆞᆫ 호젹 법이 모호 ᄒᆞ야 사실 ᄒᆞ기가 극란 ᄒᆞ며(〈독립신문〉1898.8.16) ▎아비리가의 남방은 영국에 속ᄒᆞ고(〈신학월보〉제6권5·6호 1909.6) ▎아비리가 阿非利加 Africa(J.S.Gale《한영대자전》1931)

【아비리가쥬】아프리카주(Africa), 아시아 대륙에 이어 세계에서 두 번째로 큰 대륙. 동쪽은 인도양, 서쪽은 대서양, 북쪽은 지중해에 면해 있으며, 육대주의 하나이다. '아비리가쥬'는 Africa의 중국식 한자표기 '亞非利加洲'를 우리말 한자음으로 읽은 것이다 ▎ᄋᆡ급은아비리가쥬에잇ᄂᆞᆫ나라이라(학부역《틔셔신사》1897) ▎구쥬 각국 사ᄅᆞᆷ들이 근년에 아비리가쥬를 난호아 가지고(〈독립신문〉1898.8.31)

【아쎄시니아】아비시니아(Abyssinia), 에티오피아의 옛 이름 ▎아쎄시니아(〈친목회회보〉제3호 1896.6)

【아사마】아사마 산(Asamayama 淺間山), 일본 나가노 현(Nagano ken 長野県)과 군마 현(Gunma ken 群馬県)의 경계에 있는 3중식 성층 활화산 ▎가온대는 푸지와 아사마와 시로ㅣ 란산이 잇고(한글본《ᄉᆞ민필지》1889)

【아세아】아시아(Asia), 동반구의 북부에 있으며 유라시아 대륙의 중부와 동부를 차지하는 세계 최대의 대륙. '아세아'는 Asia대륙의 중국식 한자표기 '亞細亞'를 우리말 한자음으로 읽은 것이다 ▎아세아 亞細亞 東洋(《국한회어》1895) ▎濠洲의 亞細亞人을 排斥이라(호주의 아세아인을 배척이라)(〈대조선독립협회회보〉제5호 1897.1.31) ▎또 아세아 극동에 중국과 우리 나라는 고래로 문명국이라 자칭하고 례의국이라 자존하며(〈신학월보〉제4권5호 1904.5) ▎副僧正「로차-쓰」博士의 亞細亞人支配論을 讀하고(부승정「로차-쓰」박사의 아세아인 지배론을 독하고)(〈개벽〉제14호 1921.8.1) ▎아세아에는 이같이 優強한 나라는 달리 없고 日本은 세계 三強國의 一에 列한다고 한다(〈동광〉제17호 1931.1.1)

【아세아주】아시아주(Asia), 동반구의 북부

에 있으며 유라시아 대륙의 중부와 동부를 차지하는 세계 최대의 대륙 ▌아세아주 亞細亞洲에 시야(〈대한자강회월보〉제11호 1907.5.25) ▌우리ᄂᆞᆫ 아세아주 외에 구라파가 잇ᄂᆞᆫ 것도 안다(〈태서문예신보〉제1호 1918.9.26) ▌아세아주의ᄂᆞᆫ 민족주의(〈삼천리〉제13권6호 1941.6.1)

【아세아쥬】 아시아 대륙(Asia), 동반구의 북부에 있으며 유라시아 대륙의 중부와 동부를 차지하는 세계 최대의 대륙 ▌대셔양을 건너셔 아메리가쥬ᄅᆞᆯ 확장ᄒᆞ고 인ᄒᆞ여 태평양을 건너셔 아세아쥬를 흔들어 노코(〈대한매일신보〉1908.9.10)

【아셔아】 아시아(Asia), 동반구의 북부에 있으며 유라시아 대륙의 중부와 동부를 차지하는 세계 최대의 대륙 ▌인도국(印度國)이 어ᄃᆡ잇ᄂᆞ뇨 ○답 아셔아남편(答亞西亞南偏)에 잇ᄂᆞ니라(《디구략론》1897) ▌요한은 아셔아의 잇ᄂᆞᆫ 닐곱 교회에 편지 ᄒᆞ노니(《신약젼셔》1900) ▌아셔아의 유바랍젹 고탑과 애급의 금자탑도 이 탑의 반을 당치 못ᄒᆞ렷다(김교제《비행선》1912)

【아셰아】 아시아(Asia 亞細亞), 동반구의 북부에 있으며 유라시아 대륙의 중부와 동부를 차지하는 세계 최대의 대륙 ▌방금에 아셰아 대쥬 외에 그나마 ᄉᆞ대쥬 각 국 인군이 간간이 셔로 모혀 ᄆᆡᆼ셰ᄒᆞ야(《이언(易言)》1883) ▌아셰아와 구라파와 아미리개와 아비리가와 욱대리아에 다 잇ᄉᆞ니(《텬로력뎡》1895) ▌아셰아 형셰도 강ᄒᆞ여질터이니(〈독립신문〉1896.4.18) ▌구라파 안에 잇ᄂᆞᆫ 토이긔ᄂᆞᆫ 본ᄅᆡ 아셰아 서편에셔 넘어가셔(〈대조선독립협회회보〉제3호 1896.12.31) ▌이에구라파아셰아의무역이ᄐᆡ반이나의ᄃᆡ리상고장악중에잇스니(학부역《ᄐᆡ셔신사》1897) ▌미루어 보건ᄃᆡ 아셰아나 구라파 졍톄가 비록 다르나(〈ᄆᆡ일신문〉1898.8.25) ▌셩신이 아셰아에셔 도ᄅᆞᆯ 젼치 말나 ᄒᆞ시거ᄂᆞᆯ(《신약젼셔》성경번역위원회 1900) ▌구라파에 이십여만 리오 아셰아에 오만 리오(〈대한매일신보〉1907.7.5) ▌이ᄯᅢ 아셰아와 구라파와 아미리ᄭᅡ와 본쥬 아미리ᄭᅡ 각 디방에 뎐보 빗발치듯 드러와(이해조《철세계》1908) ▌아셰아 동반구에 대한이라는 나라는(김필수《경세종》1910) ▌아셰아 亞細亞 Asia(J.S.Gale《한영대자전》1931)

【아셰아쥬】 아시아(Asia 亞細亞洲), 동반구의 북부에 있으며 유라시아 대륙의 중부와 동부를 차지하는 세계 최대의 대륙 ▌구라파쥬의ᄂᆞᆫ 영국 보국과 아셰아 쥬의ᄂᆞᆫ 일본과 파ᄉᆞ국이 셔귀여(《이언(易言)》1883) ▌동으로 아셰아쥬에 이르고(학부역《ᄐᆡ셔신사》1897) ▌ᄋᆡ프리가쥬 흑인과 아셰아쥬 황인들을 사다가 죵을 ᄉᆞᆷ아 모든 천역을 식히ᄂᆞᆫᄃᆡ(〈독립신문〉1897.10.16) ▌대한국 대황뎨 폐하ᄭᅴ 됴흠을 뭇ᄌᆞ오며 우리 두 나라이 ᄒᆞᆷᄭᅴ 아셰아쥬에 잇셔셔(〈ᄆᆡ일신문〉제1권233호 1898.2.3)

【아소】 아소 산(Aso Mountain 阿蘇山), 일본 규슈(Kyushu) 중앙부에 있는 활화산 ▌남에는 맛슈와 아소와 가와ㅣ란 산이 잇고(한글본《ᄉᆞ민필지》1889)

【아센틔나】 아르헨티나(Argentina), 남아메리카 대륙 남동부에 있는 연방제 공화국 ▌남아메리가 남방에 잇ᄂᆞᆫ 아센틔나와 칠리 량국이 국계로 닷혼다 ᄒᆞ더니(〈독립신문〉1898.10.1)

【아스터담】 암스테르담(Amsterdam), 네덜란드의 수도이자 최대의 도시 ▌巖秀攄淡(아스터담) 此府ᄂᆞᆫ 來丁의北方九十里許에 在ᄒᆞ야(유길준《서유견문》1895 제20편)

【아ᄉᆞᆫ손】 아순시온(Asunción), 파라과이의 수도 ▌首府아ᄉᆞᆫ손은人口ㅣ二萬五千이有ᄒᆞᆫ小都會라(《소학만국지지》1895 제5편)

【아시리아국】 아시리아(Assyria), 메소포타미아 북부 지역에서 티그리스 강 상류를 중심으로 번성했던 고대 국가 ▌동편에 부소라와 박닷과 녜ㅅ 아시리아국 셔울이니 유명ᄒᆞ니라(한글본《ᄉᆞ민필지》1889)

【아시아】 아시아(Asia), 동반구의 북부에 있으며 유라시아 대륙의 중부와 동부를 차지하는 세계 최대의 대륙 ▌아시아에 거ᄒᆞᄂᆞᆫ 쟈 유ᄃᆡ와 히리니 사ᄅᆞᆷ이 다 쥬의 도ᄅᆞᆯ 들엇ᄂᆞᆫ

지라(로쓰역《예수셩교젼셔》1887) ▍아시아 남편과 아프리가 동편과 오스드렐랴 서편(한글본《ᄉᆞ민필지》1889) ▍아시아쥬동양즁에 대죠션국분명ᄒᆞ다(〈독립신문〉1896.10.31) ▍이 디방은 아시아와 아프리가와 으로바 삼대쥬의 통ᄒᆞᆫ 큰 거리라(《쥬년쳠례광익》민아오스딩 감준 1899) ▍두 ᄒᆡ를 ᄀᆞᆺ치 ᄒᆞ니 아시아에 사ᄂᆞᆫ 빅셩과 유대와 헬녀니 사ᄅᆞᆷ이 다 쥬의 도ᄅᆞᆯ 듯ᄂᆞᆫ 지라(《신약젼셔》성경번역위원회 1900) ▍그中 아시아大陸에 잇난 큰 것으로 이를디라(〈소년〉제1년2권 1908.12.1) ▍븍에는 만쥬와 아시아 아리사요(김필수《경세종》1910) ▍일홈은 아시아亞細亞와 유로바歐羅巴와 아프리가亞非利加와 남북 아메리가亞美利加와 오스드렐리아奧斯達利亞요(최병헌《성산명경》1914) ▍대개 보면 아시아에서는 英語를 만히 배운다고 하니(〈개벽〉제22호 1922.4.1)

【아열란드】 아일랜드(Ireland), 유럽 서부 대서양상에 있는 공화국. 수도는 더블린(Dublin)이다 ▍셔편 젹은 셤은 아열란드ㅣ오(한글본《ᄉᆞ민필지》1889)

【아열린드】 아일랜드(Ireland), 유럽 서부 대서양상에 있는 공화국. 수도는 더블린(Dublin)이다 ▍또 아열린드의 ᄌᆞ치를 허락ᄒᆞᆷ은 영국을 분렬케 ᄒᆞᆷ이라고 론평ᄒᆞ얏다더라(〈대한매일신보〉1910.1.11)

【아우쑤쓰쌔르흐】 아우크스부르크(Augsburg), 독일 남부, 바이에른 주 남부의 도시 ▍그後 아우쑤쓰쌔르흐에서 反對便에게 困難을 當함애(〈소년〉제2년9권 1909.10.1)

【아이란】 아일랜드(Ireland), 유럽 서부 대서양상에 있는 공화국. 수도는 더블린(Dublin)이다 ▍우리아이란은별로이의원을 세워빅셩을편케ᄒᆞᆫ다ᄒᆞ며(학부역《티셔신사》1897) ▍英國人의 經濟思想의 發達ᄒᆞᆫ 것은 임에 大 푸리튼, 아이란 聯合王國이 建設된 時로부터(〈대한흥학보〉제6호 1909.10.20)

【아이란드】 아일랜드(Ireland), 유럽 서부 대서양상에 있는 공화국. 수도는 더블린(Dublin)이다 ▍결혼생활하게 하고자 아이란드 태생의 쾌남 아딴오마레를 신랑의 후보자로 다려다두엇다(〈동아일보〉1927.5.9. 3면) ▍日本과 開戰을 할 때에는 아메리카 艦隊를 桑港灣內 메아아이란드 軍港 또는 布哇의 眞珠港에 집중한다(〈동광〉제30호 1932.1.25) ▍이예츠가「아이란드」사람이건만 그가 자기의 작품 제작에 영어를 사용하엿기 때문에 우리는 그것을 영문학이라고 하는 것이요(〈삼천리〉제8권8호 1936.8.1)

【아이스란드】 아이슬란드(Iceland), 북대서양과 북극해를 가르는 섬으로 된 공화국 ▍대셔양 북편에 아이스란드ㅣ라 ᄒᆞᄂᆞᆫ 큰 셤이 잇스니(한글본《ᄉᆞ민필지》1889) ▍아이스란드 에 鹿走만 是事ᄒᆞ얏던들 競爭梯下千萬丈에 墮落ᄒᆞᆫ 民族이라(〈대한흥학보〉제11호 1910.3.20) ▍世界一週飛行機의 根據地를 設定키 爲하야 아이스란드 及 굴리시란드에 赴하는 途中當地에 倒着하얏더라(〈동아일보〉1924.5.29. 1면)

【아일낸】 아일랜드(Ireland), 유럽 서부 대서양상에 있는 공화국. 수도는 더블린(Dublin)이다 ▍영국 인구가 아일낸 스긋틀낸 병ᄒᆞ야 삼천 칠빅 칠십 삼만 이쳔 구빅 이십 이명이요(〈독립신문〉1897.6.19)

【아젠뒨합즁국】 아르헨티나(Argentine Republic), 남아메리카 대륙 남동부에 있는 연방제 공화국 ▍아젠뒨 합즁국은 폭원이 남위셔 이십이 듸그리브터 오십이 듸그리ᄭᆞ지요(한글본《ᄉᆞ민필지》1889)

【아쉔타인국】 아르헨티나(Argentine Republic), 남아메리카 대륙 남동부에 있는 연방제 공화국 ▍남아메리카 아쉔타인국은 쏠리비아국과 국졔샹 관계를 ᄭᅳᆫ켓노라고 위협ᄒᆞ엿다더라(〈대한매일신보〉1909.7.21)

【아젠텬】 아르헨티나(Argentine), 남아메리카 대륙 남동부에 있는 연방제 공화국 ▍亞然丁 아젠텬(유길준《서유견문》1895 제1편)

【아젠틴】 아르헨티나(Argentine), 남아메리카 대륙 남동부에 있는 연방제 공화국 ▍남미 아젠틴국 무경부 당원은 경시 총감의

튼 마챠에 폭렬탄을 던져셔(《대한매일신보》 1909.11.18) ▌南米아젠틴의 首都 뿌에노스·아이레스에서 十二月二十日 基督敎의 感謝가 擧行되어(《동아일보》1934.11.28. 1면)

【아젼】아테네(Athens 雅典), 그리스의 수도. '아젼'은 '아테네'의 중국식 한자표기인 '雅典'을 우리말 한자음으로 읽은 것이다 ▌아젼(雅典)의 이치리으ᄂᆞᆫ 파ᄉᆞ(波斯)에 도망ᄒᆞ고 도라와셔 써 일국의 명장이 되엿거ᄂᆞᆯ(《독립신문》1898.5.5)

【아젠틔나】아르헨티나(Argentine), 남아메리카 대륙 남동부에 있는 연방제 공화국 ▌남아메리가 남편에 잇ᄂᆞᆫ 아젠틔나와 칠리 량국이 국계(國界)로 인ᄒᆞ야 쟝ᄎᆞ 싸홈을 시작ᄒᆞ랴ᄒᆞ며(《독립신문》1898.9.27)

【아쥬】아시아주(Asia 亞州), '아쥬'는 아시아주(亞細亞州)의 약칭 ▌아쥬에 잇ᄂᆞᆫ 각국을 샹고ᄒᆞ여 보건ᄃᆡ 토이긔국은 셔방 극변에 잇셔 희회교를 죠죵ᄒᆞᄂᆞᆫ 나라이오(《독립신문》1899.9.19) ▌(政策)이 지극히 비밀ᄒᆞ기는 아쥬(亞洲)의 잡ᄆᆡᆼ특 갓흔 디방이 업도다(김교제《비행선》1912) ▌亞 州(아쥬) '亞細亞'의 약칭(조선총독부《조선사서원고》1918)

【아카폴누코】아카풀코(Acapulco), 멕시코 게레로 주(Guerrero)에 있는 항구도시 ▌아카폴누코(ACAPULCO)ᄂᆞᆫ 太平洋의 佳港이니(《중등만국지지》1902 권3)

【아푸리ᄭᆞ】아프리카(Africa), 아시아 대륙에 이어 세계에서 두 번째로 큰 대륙. 동쪽은 인도양, 서쪽은 대서양, 북쪽은 지중해에 면해 있으며, 육대주의 하나이다 ▌태고 시절에ᄂᆞᆫ ᄇᆡᆨ셩들이 ᄂᆞᆯ노 쓰홈ᄒᆞ기를 아푸리ᄭᆞ 속에 잇ᄂᆞᆫ 야만과 ᄀᆞᆺ더니(《독립신문》1899.8.5)

【아프리가】아프리카(Africa), 아시아 대륙에 이어 세계에서 두 번째로 큰 대륙. 동쪽은 인도양, 서쪽은 대서양, 북쪽은 지중해에 면해 있으며, 육대주의 하나이다 ▌아시아 남편과 아프리가 동편과 오스드렐랴 셔편 ᄉᆞ이는 인도양이라 닐ᄋᆞ고(한글본《ᄉᆞ민필지》1889) ▌이탈니 군ᄉᆞ는 ᄋᆡ비신니아 군ᄉᆞᄒᆞ고 아프리가 에셔 싸홈ᄒᆞ다가 대패ᄒᆞ엿ᄂᆞᆫᄃᆡ(《독립신문》1896.4.7) ▌론돈 이월 팔일발 아프리가 슈단 ᄉᆞ세가 대단히 위태ᄒᆞᆫ 고로(《협셩회회보》제1권8호 1898.2.19) ▌이 디방은 아시아와 아프리가와 으로바 삼대 쥬의 통ᄒᆞᆫ 큰 거리라(《쥬년쳠례광익》민아오스딩 감준 1899) ▌일홈은 아시아亞細亞와 유로바歐羅巴와 아프리가亞非利加와 남북 아메리가亞美利加와 오스드렐리아奧斯達利亞요(최병헌《성산명경》1914) ▌압델·크림은 아프리가 北端의 港 메리라 村의 게지(裁判官)의 家에서 生한 壯年의 快男兒엿다(《별곤건》제25호 1930.1.1)

【아프리ᄭᅡ】아프리카(Africa), 아시아 대륙에 이어 세계에서 두 번째로 큰 대륙. 동쪽은 인도양, 서쪽은 대서양, 북쪽은 지중해에 면해 있으며, 육대주의 하나이다 ▌아프리ᄭᅡㅅ 속 모든 나라와 태평양 셤ㅅ 속 모든 나라와(한글판《ᄉᆞ민필지》1889) ▌아셔아(答亞西亞)와 유롭프(歐羅巴)와 아프리ᄭᅡ(亞非利加)와 오스를렬랴(澳大利亞)와 남아미리ᄭᅡ(南亞米利加)와 븍아미리ᄭᅡ(北亞米利加)니라(《디구략론》1897) ▌九년 풍샹에 쳔ᄇᆡᆨ가지 간신 함을 지ᄂᆡ고 아프리ᄭᅡ와 남북 아메리ᄭᅡ와 아셰아의 四대쥬를 위션 편답ᄒᆞ고(《독립신문》1899.10.28) ▌리비아ᄂᆞᆫ 아프리ᄭᅡ 대쥬 북방에 잇ᄉᆞ니(《신학월보》제1권7호 1901.6) ▌아프리ᄭᅡ와 오스드렐랴속 모든 ᄶᅡ흔 나라와 일본국이 뎨 이층이오(《대한매일신보》1907.9.18) ▌흑 반물집 고용인가 아프리ᄭᅡ 흑인죵인가 아시오리다마는(김필수《경세종》1910)

【아ᄲᅳ리카】아프리카(Africa), 아시아 대륙에 이어 세계에서 두 번째로 큰 대륙. 동쪽은 인도양, 서쪽은 대서양, 북쪽은 지중해에 면해 있으며, 육대주의 하나이다 ▌아시아 유롭파 아ᄲᅳ리카 三大陸 사이에(《소년》제2년4권 1909.4.1)

【아흐리가】아프리카(Africa), 아시아 대륙에 이어 세계에서 두 번째로 큰 대륙. 동쪽은 인도양, 서쪽은 대서양, 북쪽은 지중해에 면해 있으며, 육대주의 하나이다 ▌아흐리가는 亞非利加요(《한성주보》제2호 1886.2.1 지구전도)

【악틱크】북극해(The Arctic Ocean 北極海), 북빙양이라고도 하며 북극을 중심으로 하여 유라시아 대륙과 북아메리카 대륙에 둘러싸여 있는 바다 ▌北極海 악틱크(유길준《서유견문》1895 제2편)

【안고라】앙골라(Angola), 아프리카 서남부의 대서양 연안에 있는 공화국 ▌葡萄牙領 안고라 下幾內亞의內部를占ᄒᆞ야(《중등만국지지》1902 제3편)

【안남】베트남(Vietnam 安南), 동남아시아의 인도차이나 반도 동부에 있는 나라. '안남'은 중국인이 베트남을 가리켜 부른 명칭으로, '安南'을 우리말 한자음으로 읽은 것이다 ▌죠션과 안남이 ᄯᅩ 번방이 되니(《이언(易言)》1883) ▌안남 安南 國名(《국한회어》1895) ▌청국셔 불란셔 사ᄅᆞᆷ의게 허 ᄒᆞ되 안남 근쳐에 잇ᄂᆞᆫ 청국 디방에 불란셔에셔 쟝ᄉᆞ ᄒᆞᄂᆞᆫ 회샤들을 시작 ᄒᆞ고(〈독립신문〉1897.6.26) ▌대양쥬의 여러 셤을 뎜령ᄒᆞ고 안남을 뎜탈ᄒᆞ여 청국 남방을 엿보며(〈대한매일신보〉1910.2.23)

【안남국】베트남(Vietnam 安南國), 동남아시아의 인도차이나 반도 동부에 있는 나라. '안남국'은 Vietnam의 중국식 한자표기 '安南國'을 우리말 한자음으로 읽은 것이다 ▌남은 쳥국희와 안남국과 범아국과 인도 ᄶᅡ히요(한글판《ᄉᆞ민필지》1889) ▌빅림 뎐보를 거ᄒᆞᆫ즉 안남국 임군은 법국의게 잡힌 빈되고(〈대한매일신보〉1907.8.7)

【안데스 산】안데스 산(Andes Mountains), 남아메리카 대륙 서부에 있는 세계에서 가장 긴 산맥 ▌안데스산중, 아마손 河의 奧ㅁ에 잇는「문도루-구」와「히비아-로스」는(〈별곤건〉제7호 1927.7.1)

【안도라】안도라(Andorra), 유럽 서남부 이베리아 반도에 위치한 작은 내륙국 ▌安道羅 안도라獨立안도라國(ANDORRA)은피레니-

베트남

베트남은 중국 남부의 변방국으로 중국 사람들은 베트남을 安南, 越南, 交阯國 등으로 불러왔다. 이들 이름은 우리나라에도 전해져 신라국 최치원의《계원필경집(桂苑筆耕集)》(886년) 16권에 '安南'과 '交趾' 나오는 것으로 보아(交趾四封. 圖經詳矣. 然而管多生獠. 境邇諸蕃. 略採俚譚. 用標方誌. 安南之爲府也) 9세기 후반에는 베트남의 존재를 알았던 것으로 보인다. '交趾國'에 대한 기록은 조선왕조실록 세조5년(1459년) 11월 5일자 기사에도 보인다. 당일 기사에는 명나라에 사은사(謝恩使)로 다녀온 박원형(朴元亨)과 부사(副使) 이승소(李承召)가 세조 임금에게 복명(復命)하는 내용이 적혀 있는데 두 사람은 명나라 황제가 조선에서 올린 표문(表文)이 교지국(交趾國) 표문보다 더 잘 썼다고 칭찬했다는 기사를 싣고 있다(詞意順, 作文甚好 朝鮮有文人矣 近日交趾國上表甚好, 今來表箋尤好). '越南'이란 이름은 19세기 초에 그 이름이 보인다. 조선왕조실록 순조3년(1803년) 11월 5일자 기사에는 서장관 홍석주(洪奭周)가 명나라에 다녀온 후 보고서(聞見別單)를 올린 기사가 실려 있다. 이 기사에는 완복영(阮福暎)이 당시 베트남의 지배자 완광찬(阮光纘)을 쳐서 새로 '越南'이라는 나라를 세웠다라고 적고 있다. 이처럼 베트남의 존재는 중국을 통하여 알게 되었던 것으로 볼 수 있다.

ㅅ山中佛國地境에 介入흔 一小國이러라(《중등만국지지》1902 권2)

【안람】 베트남(Vietnam 安南), '안람'은 Vietnam의 중국식 한자표기 '安南'을 우리말 한자음으로 읽은 것이다 ▎불란셔가 싸홈 ᄒᆞ야 안람을 ᄲᅢ앗고 셥나국이 청국 죠공을 보내지 안코(〈독립신문〉1896.8.4)

【안람국】 베트남(Vietnam 安南國), 중국인이 베트남을 가리켜 부른 명칭, '안람국'은 베트남의 중국식 한자표기 '安南國'에서 온 말이다 ▎안람국 安南國(파리외방선교회한국선교단《한불자전》1880)

【안튀-티피府】 앤트워프(Antwerp), 벨기에 북부의 제2의 도시 ▎안튀-티피府(ANTWERP)는 시켈트下流에 在ᄒᆞ니(《중등만국지지》1902 제2편)

【안틔악틱크】 남극해(Antarctic Ocean 南極海), 남극 대륙을 둘러싸고 있는 해역. 남빙양(南氷洋)이라고도 한다 ▎南極海 안틔악틱크(유길준《서유견문》1895 제2편)

【알나스가】 알래스카(Alaska), 북아메리카 북서쪽 끝에 있는 미국의 주 ▎셔북 ᄒᆡ변에 알나스가ㅣ 란 ᄯᅡ히 본ᄃᆡ 아라사국 ᄯᅡ히더니(한글본《ᄉᆞ민필지》1889)

【알나쓰가】 알래스카(Alaska), 북아메리카 북서쪽 끝에 있는 미국의 주 ▎미국셔 아라샤에 산 ᄯᅡ 알나쓰가에 큰 금광을 ᄎᆞᄌᆞᆺ다더라(〈독립신문〉1897.8.28)

【알메니아地】 아르메니아(Armenia), 아시아 서부 및 러시아 남부에 있는 공화국 ▎高地部는 小亞細亞,알메니아(ARMENIA)地라(《중등만국지지》1902 권1)

【알루쉬안】 알류샨 열도(Aleutian Islands), 미국 알래스카 주의 화산 열도 ▎셔편에 알루쉬안이란 여러 셤이 련ᄒᆞ고(한글본《ᄉᆞ민필지》1889)

【앏】 알프스(Alps), 유럽의 중남부에 있는 큰 산계로 스위스 프랑스 이탈리아 오스트리아에 걸쳐 있다 ▎앏이란 큰 산이 이다라아국 ᄉᆞ이에 잇고(한글본《ᄉᆞ민필지》1889)

【알유틔안列島】 알류샨 열도(Aleutian Islands), 미국 알래스카 주의 화산 열도로, 북태평양과 베링해 사이에서 러시아의 캄챠카반도에 이르기까지 많은 섬들이 활의 등처럼 퍼져 있다 ▎其西北角으로브터西에連續흔 알유틔안列島(ALEUTIAN)는(《중등만국지지》1902 권3)

【알메니야】 아르메니아(Armenia, Republic of Armenia), 아시아 서부 및 러시아 남부에 있는 공화국 ▎알메니야(〈친목회회보〉제5호 1897.6)

【알베리트湖】 앨버트 호(Albert), 우간다와 콩고민주공화국 국경에 있는 호수 ▎湖北에는 알베리트湖(ALBERT)가 有ᄒᆞ니(《중등만국지지》1902 권3)

【알사스로-렌】 알자스로렌(Alsace-Lorraine), 프랑스 동부 라인강 서쪽 연안에 펼쳐진 지대 ▎帝領알사스,로-렌은 千八百七十一年大皇帝八年辛未에 佛國을 戰勝ᄒᆞ야 得흔 地라(《중등만국지지》1902 권2)

【알쩨리야】 알제리(Algeria), 아프리카 북단 지중해 연안에 있는 공화국 ▎알쩨리야(〈한성주보〉제6호 1886.3.8)

【알센진國】 아르헨티나(Argentina), 남아메리카 대륙 남동부에 있는 연방제 공화국 ▎알센진國(〈친목회회보〉제3호 1896.6)

【알젠틘共和國】 아르헨티나(Argentina), 남아메리카 대륙 남동부에 있는 연방제 공화국 ▎南은 烏兒圭와 알젠틘共和國과 巴拉圭를 隣ᄒᆞ고(《소학만국지지》1895 제5편)

【알지뤼야】 알제리(Algeria), 아프리카 북단 지중해 연안에 있는 공화국 ▎此外에도 謁支累亞(알지뤼야)는 佛蘭西에 屬ᄒᆞ고 瞿樂果等地는 英吉利의 版圖에 入ᄒᆞ고(유길준《서유견문》1895 제1편)

【알지리아】 알제리(Algeria), 아프리카 북

단 지중해 연안에 있는 공화국 ▎터키국과 모라고국과 알지리아와 두네스와(한글본《ᄉᆞ민필지》1889)

【알지-스】 알제리(Algeria), 아프리카 북단 지중해 연안에 있는 공화국 ▎首府알지-스(ALGIERS)ᄂᆞᆫ地中海濱에 在ᄒᆞ니(《중등만국지지》1902 권3)

【알칸사스】 아칸소(Arkansas) 주, 미국 남부에 있는 주 ▎中流에셔密斯增利(MISSOURI) 알칸사스(ARKANSAS)紅河(RED)오하이오(OHIO)等의長大ᄒᆞᆫ支流ᄅᆞᆯ合ᄒᆞ야(《중등만국지지》1902 권3)

【알타이】 알타이(Altai) 지방, 러시아 시베리아 남서부에 있는 지방 ▎북에ᄂᆞᆫ알타이와 긴간과 야블로이란 산과 ᄉᆡ비란 모ᄅᆡ밧치 잇고(한글본《ᄉᆞ민필지》1889) ▎고로 고류 알타이 등디에 잇ᄂᆞᆫ(〈대한매일신보〉 1910.3.9) ▎우랄, 알타이계통에 속하는 언어는 그러하나(〈개벽〉제42호 1923.12.1) ▎알타이(Altai)族은 울겐(Bai, Yulgen)이란 神에게 犧牲을 올릴 때에는(〈동광〉제11호 1927.3.5)

【알푸스】 알프스(Alps), 유럽의 중남부에 있는 큰 산계로 스위스, 프랑스, 이탈리아, 오스트리아에 걸쳐 있다 ▎아드리아텟크海岸도亦알푸스의支脈이오(《중등만국지지》1902 권2) ▎愛蘭民族은 本來 알푸스 中央에서 起한 케ㄹ트族인대(〈동아일보〉 1920.4.9. 1면)

【알푸스山脈】 알프스 산맥(Alps), 유럽의 중남부에 있는 큰 산계로 스위스, 프랑스, 이탈리아, 오스트리아에 걸쳐 있다 ▎其中央을 貫流ᄒᆞ니坡河ᄂᆞᆫ알푸스山脈의雪水ᄅᆞᆯ集ᄒᆞ야 源을作ᄒᆞ고(《중등만국지지》1902 권2)

【알프쓰산】 알프스(Alps), 유럽의 중남부에 있는 큰 산계에 있는 산으로 스위스, 프랑스, 이탈리아, 오스트리아에 걸쳐있다 ▎伯林電을 據ᄒᆞᆫ 즉 端西國軍用輕氣球ᄂᆞᆫ 알프쓰山을 踰ᄒᆞ얏다더라(〈대동학회월보〉제6호 1908.7.25) ▎하루 사이에 알프쓰산을 넘을 때(〈개벽〉제12호 1921.6.1) ▎알프쓰 산에 달이 빗치고(〈별곤건〉제2호 1926.12.1)

【암쓰테르담】 암스테르담(Amsterdam), 네덜란드의 수도이자 최대의 도시 ▎八日을 묵은 뒤에 암쓰테르담(홀랜드國名市)으로 向하야 떠나니라(〈소년〉제1년2권 1908.12.1)

【압간이스단】 아프가니스탄(Afghanistan), 아시아 중앙부에 있는 공화국 ▎남은 청국과 압간이스단국이오(한글본《ᄉᆞ민필지》1889)

【압바라치안산】 애팔래치아 산맥(Appalachian Mountains), 북아메리카의 동부를 북동에서 남서로 뻗어 있는 산맥 ▎동편에 압바라치안이라 산이 오쳔삼ᄇᆡᆨ 리를 련ᄒᆞ고(한글본《ᄉᆞ민필지》1889)

【압파라지안山脉】 애팔래치아 산맥(Appalachian Mountains), 북아메리카의 동부를 북동에서 남서로 뻗어 있는 산맥 ▎압파라지안山脉의餘脉이高原을成ᄒᆞ니(《중등만국지지》1902 권3)

【앙고라】 앙고라(Angora), 터키의 수도 앙카라(Ankara)의 옛 이름. ▎此 種은 小亞細亞 앙고라 地方에 産出홈(〈대한흥학보〉제3호 1909.5.20) ▎土耳其 高原地帶인「앙고라」에 신정부를 수립하야 閣員을 선거케하는 민주공화제를 선포하며(〈별곤건〉제27호 1930.3.1) ▎케말·파샤가 통솔하는 국민당은, 艱難奮鬪, 앙고라정부를 건립하고, 재차 土耳其를 이르키고 국제적 자유평등의 지위를 회복하엿다(〈삼천리〉제7권10호 1935.11.1)

【앙골라】 앙골라(Angola), 아프리카 서남부의 대서양 연안에 있는 공화국 ▎로왕고와 강고와 앙골라와 벵궐라와 다마라와 나마콰ㅣ란 여러 디방이 잇스니(한글본《ᄉᆞ민필지》1889) ▎佛飛行家 프랭크린,뿌이욘氏ᄂᆞᆫ 앙골라에 到着하야 多數官憲에게 大歡迎을 受하엿더라(〈동아일보〉 1925.3.27. 1면)

【애굽】 이집트(Egypt 埃及), 아프리카 동북부에 있는 공화국. '애굽'은 이집트의 중국식 한자표기 '埃及'을 우리말 한자음으로 읽은 과정에서 온 것이다 ▎하나님의 명령을 밧아 이스라엘 백성을 애굽에서 인도하야(〈신학월보〉제4권3호 1904.3) ▎예수를 해ᄒᆞ

리니. 그 흉계에 들지 말고. 애굽으로 쐴니 가소(게일번역《연경좌담》1923) ▎지중해 연안의 식민지가 위태롭고 영국의 애굽이며 지중해의 제해권이 자미 업고(〈별곤건〉제57호 1932.11.1)

【이굽】이집트(Egypt 埃及), 아프리카 동북부에 있는 공화국. '이굽'은 이집트의 중국식 한자표기 '埃及'을 우리말 한자음으로 읽은 것이다 ▎헤롯이 죽으미 쥬의 사쟈 이굽에셔 요셉의게 현몽ᄒᆞ여 갈오ᄃᆡ(로쓰역《예수셩교젼셔》1887) ▎오직 모세를 좇차 이굽으로 나온 무리가 다 아니뇨(《신약젼셔》성경번역위원회 1900)

【애굽국】이집트(Egypt 埃及), 아프리카 동북부에 있는 공화국. '애굽국'은 이집트의 중국식 한자표기 '埃及國'을 우리말 한자음으로 읽은 것이다 ▎애굽국 차자 가셔. 죵적을 감촌 것도. 하ᄂᆞ님 쯧이시오(게일번역《연경좌담》1923)

【이급】이집트(Egypt 埃及), 아프리카 동북부에 있는 공화국. '이급'은 이집트의 중국식 한자표기 '埃及'을 우리말 한자음으로 읽은 것이다 ▎모쇼를 좇차 이급으로 나간 뭇사름이 안이냐(로쓰역《예수셩교젼셔》1887) ▎토이기 졍부ᄂᆞᆫ 이급 님군과 영국 졍부를 미안니 넉이ᄂᆞᆫ(〈독립신문〉1896.4.9) ▎이급은아비리가쥬에잇ᄂᆞᆫ나라이라(학부역《티셔신사》1897) ▎이에 이스라엘이 이급에 드러가고 야곱이 함쌔에셔 나그내가 되엿도다(알렉산더피터스번역《시편촬요》1898) ▎론돈 일월 ᄉᆞ일 발 영국 졍부에셔 이급으로 군ᄉᆞ를 더 보ᄂᆡ여(〈협성회회보〉1898.1.15) ▎브리기아와 밤빌니아와 이급과 구레네에 갓가온 리비아 여러 디방에 사ᄂᆞᆫ 사름과(〈신학월보〉제1권7호 1901.6) ▎금번의 구라파와 인도국과 이급나라를 시찰ᄒᆞ고 온 길이라더라(〈대한매일신보〉1907.10.20) ▎여보, 이 잡지에 이급에셔ᄂᆞᆫ 열네살에 국왕은 되여도 쟝가ᄂᆞᆫ 二十세가 되지 아니ᄒᆞ면 못갓다고 ᄒᆞ엿스니 왼일이오」(〈태서문예신보〉제6호 1918.11.9)

【이급국】이집트(Egypt 埃及國), 아프리카 동북부에 있는 공화국. '이급국'은 이집트의 중국식 한자표기 '埃及國'을 우리말 한자음으로 읽은 것이다 ▎이급국은영국이그속국인도국단니ᄂᆞᆫ길이라(학부역《티셔신사》1897) ▎태셔의 ᄀᆡ벽 ᄒᆞᆷ이 몬져 이급국으로브터 희리니국에 이르고 희리니국으로브터 로마국에 흥황 ᄒᆞᆷ과 엇던 나라(〈독립신문〉1899.6.27) ▎답 이스라엘 빅셩이 이급국에셔 나올 쌔에(〈신학월보〉제2권4호 1902.4) ▎일본국은 지금 일층국에 잇슬듯 터키국과 모라고국과 오지리아와 두네스와 트레불니와 이급국과 만트 뎨 ᄉᆞ층 디위에 잇다(〈대한매일신보〉1907.9.18)

【이듸스산】안데스 산맥(Andes Mountains), 남아메리카 대륙의 서부, 남태평양 연안을 따라 남북으로 뻗은 세계 최장의 산맥이다 ▎셔편에 이듸스산이 잇고(한글본《ᄉᆞ민필지》1889)

【이란】아일랜드(Ireland 愛蘭), '이란' 은 아일랜드의 한자표기 '愛蘭'을 우리말 한자음으로 음독한 것이다 ▎영국 쇽국 이란에다가 ᄂᆡ치ᄂᆞᆫ ᄌᆞ쥬ᄒᆞᆯ 졍부를 주ᄌᆞ고(〈독립신문〉1898.4.7) ▎영국 속국 이란에다가 ᄂᆡ치는 자쥬ᄒᆞᆯ 졍부를 주자고 영국 하의원에 의안이 잇ᄂᆞᆫᄃᆡ(〈미일신문〉제1권1호 1898.4.9) ▎빅인죵즁에 이란과 사미특과 헴이특 인죵이 잇고(〈신학월보〉제5권1호 1907.7)

【이렌스】아테네(Athens), 그리스의 수도 ▎동편에 커린트와 이자이나와 이렌스ㅣ란 포구가잇고(한글본《ᄉᆞ민필지》1889)

【이버듼】에버턴(Everton), 리버풀의 한 지역 ▎동편에 썬씌와 이버듼이란 큰 촌이 잇고(한글본《ᄉᆞ민필지》1889)

【이베시니야】아비시니아(Abyssinia), 에티오피아의 옛 이름 ▎阿排時尼亞 이베시니야(유길준《서유견문》1895 제1편)

【이비시니아】아비시니아(Abyssinia), 에티오피아의 옛 이름 ▎영국 외부 대신 커손씨가 연셜 ᄒᆞ되 영국과 이비시니아 ᄉᆞ이에 밀

약이 잇시나(〈독립신문〉1897.1.5)

【익스란】아이슬란드(Iceland 愛斯蘭), 유럽 서북부 북대서양상에 있는 공화국. '익스란'은 아이슬란드의 중국식 한자표기 '愛斯蘭'을 우리말 한자음으로 읽은 것이다 ▌익스란 愛斯蘭Iceland(게일편《한영자전》1897) ▌익스란 愛斯蘭Iceland(J.S.Gale《한영대자전》1931)

【익슨스】아테네(Athens), 고대 그리스의 도시국가 중 하나. 옛 이름은 아텐스. 올림픽의 발상지로 유명한 도시 ▌희랍 셔울 익슨스와 셔샤 셔울 번과(〈독립신문〉1897.1.28)

【익텐스】아테네(Athens), 고대 그리스의 도시국가 중 하나. 올림픽의 발상지로 유명한 도시이다 ▌셩을 의론컨대 일홈이 익텐스ㅣ니 나라(한글본《소민필지》1889)

【익이란】아일랜드(Ireland 愛爾蘭), 유럽 서부 대서양상에 있는 공화국으로 수도는 더블린(Dublin)이다, '익이란'은 Ireland의 중국식 음역표기 '愛爾蘭'을 우리말 한자음으로 읽은 것이다 ▌영국 익이란 디방을 두고 말 홀지라도(〈독립신문〉1899.7.31)

【익푸리가】아프리카(Africa), 아시아 대륙에 이어 세계에서 두 번째로 큰 대륙. 동쪽은 인도양, 서쪽은 대서양, 북쪽은 지중해에 면해 있으며, 육대주의 하나이다 ▌셔반아가 익푸리가에 죠고마흔 쇽디가 잇고(〈독립신문〉1897.1.21)

【익푸리ᄀ】아프리카(Africa), 아시아 대륙에 이어 세계에서 두 번째로 큰 대륙. 동쪽은 인도양, 서쪽은 대서양, 북쪽은 지중해에 면해 있으며, 육대주의 하나이다 ▌익푸리ᄀ 흑인들이 구라파 빅인들을 디흐야 란을 니리키는 고로(〈독립신문〉1896.8.11)

【인듸스산】안데스 산맥(Andes Mountains), 남아메리카 대륙의 서부, 남태평양 연안을 따라 남북으로 뻗은 세계 최장의 산맥이다 ▌이 나라 인듸스 산이 미우 놉하 긔운이 젹은 고로(한글본《소민필지》1889)

【일식스】알자스(Alsace), 프랑스 북동부 라인 강 왼쪽 연안의 지방. 주도(州都)는 스트라스부르(Strasbourg)이다 ▌불란셔 경부에셔 덕국에 일허 버린 두 나라 일식스와 로련을 엇더케 덕국과 잘 의론 흐야(〈독립신문〉1897.10.5)

【일셰스】알자스(Alsace), 프랑스 북동부, 라인 강 왼쪽 연안의 지방. 주도(州都)는 스트라스부르(Strasbourg)이다 ▌일쳔 팔빅 칠십일년에 불란셔와 싸홈 흐야 일셰스와 로렌을 불란셔에셔 쎄셔 덕국 쇽디를 만들고(〈독립신문〉1897.3.25)

【일제리아】알제리(Algeria), 아프리카 북단 지중해 연안에 있는 공화국 ▌익프리가 일제리아라 흐는 나라에셔는(〈독립신문〉1897.6.29)

【일프】알프스(Alps), 유럽의 중남부에 있는 큰 산계로 스위스, 프랑스, 이탈리아, 오스트리아에 걸쳐 있다 ▌埃乙布 일프 此山은衆山이合흔者니(유길준《서유견문》1895 제1편)

【입흐ᄀ니스탄】아프가니스탄(Afghanistan), 아시아 중앙부에 있는 공화국 ▌阿富汗 입흐ᄀ니스탄(유길준《서유견문》1895 제1편)

【입흐리카】아프리카(Africa), 아시아 대륙에 이어 세계에서 두 번째로 큰 대륙. 동쪽은 인도양, 서쪽은 대서양, 북쪽은 지중해에 면해 있으며, 육대주의 하나이다 ▌아불이가주 阿弗利加洲 입흐리카(〈대한자강회월보〉제11호 1907.5.25)

【잇틀닌틱크】대서양(Atlantic Ocean), 유럽 및 아프리카 대륙과 남 · 북아메리카 대륙 사이에 있는 대양 ▌大西洋 잇틀닌틱크(유길준《서유견문》1895 제2편)

【양자강】양쯔 강(Yangtze River 楊子江), 중국 대륙 중앙부를 횡단하는 중국에서 가장 긴 강. 長江(장강)이라고도 한다 ▌양자강에셔 대략 오빅마일 가량을 더 가셔 한구(漢口) 근쳐에 한양(漢陽) 쳘광이라는 광이 잇습니다(〈태서문예신보〉제2호 1918.10.13) ▌現중국21

行省중에 양자강, 황하강 하류를 통하야 중원 대륙의 全局이 吳씨의 掌握 중에 在하며(《개벽》제53호 1924.11.1) ▌洋洋한 양자강의 물이 잇지만은 수도의 부설이 아직 재정 관계로 시작도 못된 으늘이니까(《별곤건》제18호 1929.1.1) ▌중국은 양자강과 황하(黃河)까에 문명의 중심이 모여 잇고(《삼천리》제5권3호 1933.3.1)

【어셰아이야】오세아니아(Oceania), 남태평양의 여러 섬을 총칭하는 말 ▌어셰아이야(《한성주보》제1호 1886.1.25)

【어스트렐늬야】오스트레일리아(Australia), 오세아니아 남태평양과 인도양 사이에 있는 연방국 ▌大洋洲 어스트렐늬야 一千五十七萬三千四十六方里(유길준《서유견문》1895 제1편)

【어스트뤼야】오스트리아(Austria), 유럽 대륙 중앙에 있는 내륙국 ▌墺地利 어스트뤼야(유길준《서유견문》1895 제1편)

【언데리오】온타리오호(Lake Ontario), 북아메리카 동쪽, 미국과 캐나다의 국경에 있는 호수 ▌이리와 팔빅 리 되는 못 언데리오ㅣ란 못시 칠빅 리 되는 못 잇고(한글본《ᄉ민필지》1889)

【에듼바-府】에든버러(Edinburgh), 영국 스코틀랜드의 중심 도시. 스코틀랜드 행정 · 문화의 중심지이며, 옛 스코틀랜드 왕국의 수도이다 ▌에듼바-府(EDINBURGH)는 蘇州의 首都니쯔-스海峽에臨ᄒ고丘陵을據ᄒ야야建設ᄒ니風景이佳良ᄒᆫ府라(《중등만국지지》1902 권2)

【에드리아틱】아드리아 해(Adriatic Sea), 지중해 북부 이탈리아 반도와 발칸 반도 사이에 있는 좁고 긴 해역 ▌동편에 또 아드듸쥬와 포ㅣ란 두 강이 에드리아틱 하슈로 드러가고(한글본《ᄉ민필지》1889)

【에루베】엘베 강(Elbe River), 중부 유럽을 북쪽으로 흘러 북해로 흘러가는 강 ▌國都伯靈은普魯士王國의中央에루베와오데루兩河中間에處ᄒ야(《소학만국지지》1895 제3편)

【에르베江】엘베 강(Elbe River), 중부 유럽을 북쪽으로 흘러 북해로 흘러가는 강 ▌쓰레스덴市는 에르베江岸에 잇스니(《소년》제2년5권 1909.5.1)

【에르사렘】예루살렘(Jerusalem), 이스라엘의 수도. 유대교와 그리스도교 이슬람교가 탄생한 도시이며 현재는 이스라엘이 점령하고 있지만 국제법상 어느나라 소유도 아니다 ▌라르바(우벨베) 포-토스탄소-지아리비아(멕카) 埃及(에르사렘) 토르코(리-타리스)(《삼천리》제8권6호 1936.6.1)

【에모이】아모이(Amoy 厦門), 중국 푸젠성(Fujian 福建省) 아모이만의 아모이 섬에 있는 항구도시 ▌부챠오와 홍콩과 에모이와 닝보와 솨토ㅣ란 포구가 잇스며(한글본《ᄉ민필지》1889)

【에베레쓰도峰】에베레스트 산(Mount Everest), 인도 북동쪽, 네팔과 중국(티베트) 국경에 솟아 있는 높이 약 8,848m의 세계 최고봉 ▌其中最高ᄒᆫ에베레쓰도峰(EVEREST)은二萬九千尺이오(《중등만국지지》1902 권1)

【에시야】아시아(Asia), 동반구의 북부에 있으며 유라시아 대륙의 중부와 동부를 차지하는 세계 최대의 대륙 ▌亞細亞洲 에시야 一億八千二百六十四萬二千一百三十方里(유길준《서유견문》1895 제1편)

【에지브도】이집트(Egypt), 아프리카 동북부에 있는 공화국 ▌에지브도(《한성주보》제6호 1886.3.8)

【에집트】이집트(Egypt), 아프리카 동북부에 있는 공화국 ▌에집트에 이러난 古文化가(《소년》제2년8권 1909.9.1) ▌그는 墳墓의 繃帶에 싸여 잇는 에집트 木乃伊(Mumy)가티 보엿습니다(《개벽》제15호 1921.9.1) ▌서양으로 말한다 해도 에집트의 크레오피트라女王도 미인인 동시에 毒婦이엿고(《별곤건》제7호 1927.7.1) ▌이상 세 가지 말은 다 에집트말임(《동광》제19호 1931.3.1)

【에쿠아돌】에콰도르(Ecuador), 남아메리카 대륙 북서부의 공화국 ❙其中智利의 中央되ᄂᆞᆫ 亞坤加瓦(ACONCAGUA)에쿠아돌(EQUADOR)의 침보라쏘(CHIMBORAZO)及코토팍시(COTOPAXI)ᄂᆞᆫ(《중등만국지지》1902 권3)

【에픠루스】에피루스(Epirus), 그리스의 북서부에 있는 지방 ❙ᄃᆡ 토이긔 군ᄉᆞᄂᆞᆫ 에픠루스로 나간다더라(〈독립신문〉1897.5.1)

【에피루스】에피루스(Epirus), 그리스의 북서부에 있는 지방 ❙희랍 군ᄉᆞ들이 에피루스로 나가(〈독립신문〉1897.4.27)

【엑궤도국】에콰도르(Ecuador), 남아메리카 서북부에 있는 공화국 ❙남은 엑궤도국이오 셔는 태평양이며(한글본《ᄉᆞ민필지》1889)

【엣인벅】에든버러(Edinburgh), 영국 스코틀랜드의 중심 도시. 스코틀랜드 행정 · 문화의 중심지이며, 옛 스코틀랜드 왕국의 수도이다 ❙일홈이 엣인벅이니 꼿포구ㅅ ᄀᆞ히오(한글본《ᄉᆞ민필지》1889)

【여송】루손(Luzon 呂宋), '여송'은 필리핀의 중국식 한자표기 '呂宋'을 우리말로 음독한 것이다 ❙여송셔 ᄂᆡ란이 ᄯᅩ 이러나 셔반아 관인들을 내여 ᄶᅩᆺ고(〈독립신문〉1898.3.24) ❙포아국을 미국에 붓치기로 동의ᄒᆞ고 여송과 규바와 포토리코를 차지 ᄒᆞ자고 의론이 만히되고(〈ᄆᆡ일신문〉1898.6.12)

【여송국】루손(Luzon 呂宋國), '여송국'은 필리핀의 중국식 한자표기 '呂宋國'을 우리말로 음독한 것이다 ❙영국 의원 리로슌이라 ᄒᆞᄂᆞᆫ 사ᄅᆞᆷ이 소 여송국으로 붓터 우두 ᄒᆞᄂᆞᆫ 아희를 ᄇᆡ에 실고 오문 ᄯᅡ에 와셔(〈독립신문〉1897.5.8)

【여숑】루손(Luzon 呂宋), '여숑'은 필리핀의 중국식 한자표기 '呂宋'을 우리말로 음독한 것이다 ❙아셰아 쇽에ᄂᆞᆫ 필늬빈 셤들이라(여숑이라) 이셤들이 디면은 십일만 ᄉᆞ쳔 삼ᄇᆡᆨ 륙십 방리인ᄃᆡ(〈독립신문〉1897.1.21) ❙영국과 일본이 군함을 여숑으로 보ᄂᆡ여 ᄊᆞ홈 구경도 ᄒᆞ고(〈ᄆᆡ일신문〉1898.5.10) ❙아프리ᄭᅡ 쥬와 인도국과 여숑 군도와 청국 이 네 나라에 회당 ᄒᆞ나식 건축ᄒᆞ라 ᄒᆞ엿더라(〈신학월보〉제5권2호 1907.2)

【영】영국(United Kingdom), '영'은 '영국'을 줄인 말이다 ❙쥬차 영 덕 아 의 법 오 공ᄉᆞ관 참셔관 리용교(〈독립신문〉1897.10.12) ❙금일의 영미 양국과 如한대는 공산제도가 실현된다 할지라도(〈개벽〉제11호 1921.5.1) ❙그 후 1856년에 영불 양국은 更히 其軍을 연합하야 天津을 占하고(〈개벽〉제20호 1922.2.8) ❙영미양국은 마침내 동양함대와 륙군의 상해출동을 명령하는 동시에(〈별곤건〉제50호 1932.4.1)

【영경】런던(London), 영국의 수도 ❙영경륜돈으로말ᄒᆞ야도지금은인구ㅣ ᄉᆞᄇᆡᆨ만이로되(학부역《틔셔신사》1897)

【영국】영국(United Kingdom 英國), '영국'의 중국식 한자표기 '英國'을 우리말 한자음으로 읽은 것이다 ❙건륭 년간에 그 셰직 ᄯᅩ 영국 셔원에(글 ᄇᆡ호ᄂᆞᆫ 집) 니ᄅᆞ러 학업을 련습ᄒᆞᆫ 지 수 년에(《이언(易言)》1883) ❙온 텬하에 영국보다 더 됴케 ᄒᆞᆫ 길이 업고(한글판《ᄉᆞ민필지》1889) ❙다 영국 사ᄅᆞᆷ이오 본ᄯᅡ 사ᄅᆞᆷ은 ᄉᆞ만 명이니라(《텬로력뎡》1895) ❙ᄋᆡ급 일 ᄭᅡᄃᆞᆰ에 영국 ᄒᆞ고 불난셔 ᄒᆞ고 ᄃᆡ단이 시비가 잇슬 모양 인ᄃᆡ(〈독립신문〉1896.4.7) ❙ᄒᆞᆫ 돈은 영국 근슈로 이쳔 ᄉᆞᄇᆡᆨ근 이요(〈대조선독립협회회보〉 1896.11.30) ❙그즁에 영국(英國)과 덕국(德國)과 법국(法國)과 아라ᄉᆞ국(俄羅斯國)이 뎨일(第一)이니라(《디구략론》1897) ❙ᄋᆡ급국은영국이그속국인도국단니ᄂᆞᆫ길이라(학부역《틔셔신사》1897) ❙영국 英國 Great Britian; the British Empire(게일편《한영자전》1897) ❙영국이 팔ᄇᆡᆨ 삼십칠만 륙천 이ᄇᆡᆨ 삼십 일방이오(〈협셩회회보〉제1권1호 1898.1.1) ❙대한 ᄆᆡ일신보 샤법어학교 압혜 젼 영국인 셜 필림집 자리오(〈대한매일신보〉 1904.8.16) ❙그런고로 영국 문학박사 판스라 하는 사람이 말하기를(안국선《금수회의록》1908) ❙왕ᄃᆡ츈이 영국으로 와셔 그 죵형의 ᄌᆞ본으로 각죵 물품을 무역ᄒᆞ야 가지고(김용준《월하가인》1912) ❙영국 녀황

빅도리아는 예수교 신쟈로 신약셩경 新約聖經의 말솜을 가져 빅셩을 다스리미(《성산명경》최병헌 1914) ▎England 영국(G.H.Jones)《영한자전(An English-Korean Dictionary)》 Kyobunkwan, 1914) ▎워털루에서 영국 장수 웰링턴에게 패하여 대서양 중 세인트헬레나라는 외로운 섬에서 나폴레옹이 죽었단 말을 역사 교사에게 들었으나(이광수《무정》1917) ▎1851년에 영국에서 20세 이상 40세 이하의 미혼여자가 백 사십만 칠천人餘와(〈개벽〉제4호 1920.9.25) ▎England 영국 英國(H.G.Underwood《영선자전》1925)

【영길리】 영국(England 英吉利), 영국의 한자표기 중 하나인 '英吉利'를 우리말 한자음으로 읽은 것이다 ▎녯 젹에 영길리 디경이 칠국의 난호여 각각 츄쟝이(괴슈라) 잇스되(《이언(易言)》1883) ▎아라샤와 불난셔가 합ᄒᆞ야 영길리와 이틱이를 ᄋᆡ프리가에셔 막으라ᄂᆞᆫ 증거가 잇다고 ᄒᆞ엿더라(〈독립신문〉 1896.5.5) ▎아라사와오사마가와영길리숨국이쏘서로화친을졍ᄒᆞ야법인을치고(학부역《티셔신사》1897) ▎영길리 英吉利 England(게일편《한영자전》1897) ▎덕국과 불란셔국과 영길리국과 오스드리아국과 이태리아국과 이스바니아국과 아메리싸 합즁국이 뎨일이라 ᄒᆞ고(〈대한매일신보〉 1907.9.18) ▎단연 우세한 영길리 국민의 아들들로 이십여명을 헤이고(〈삼천리〉제4권4호 1932.4.1) ▎세계 제1의 해군국 영길리의 상선학교에 어떠케 감히 일개 무명의 「코리안」이 뜻을 이룰 수 잇섯스랴!(〈별곤건〉제65호 1933.7.1)

【영길리국】 영국(England 英吉利國), 영국의 한자표기 '英吉利國'을 우리말 한자음으로 읽은 것이다 ▎영국에 샹하의원이(영길리국 관원 잇ᄂᆞᆫ 마올 일홈) 샹고를 모흐고 금ᄒᆞ며 직물 수쳔만을 녀여 모다 물너 도라보ᄂᆡ고(《이언(易言)》1883) ▎합즁국은 十분의 二三이오 영길리국은 十분의 一二분즘 되고(〈독립신문〉1899.10.10) ▎덕국과 불란셔국과 오스드리아국과 영길리국과 노웨쉬덴국과 덴막국과 합즁국이 뎨 일층이오(〈대한매일신보〉 1907.9.18)

【에니세이河】 에니세이 강(Enisei River), 러시아 중부를 북으로 흘러 북극해로 들어가는 큰 강 ▎中央은에니세이河(YENISEI)오(《중등만국지지》1902 권1)

【예루사렘】 예루살렘(Jerusalem), 이스라엘의 수도. 유대교와 그리스도교 이슬람교가 탄생한 도시이며 현재는 이스라엘이 점령하고 있지만 국제법상 어느 나라 소유도 아니다 ▎텬하에 뎨일 오랜 촌이라 베룻과 예루사렘이란촌이 잇고(한글본《ᄉᆞ민필지》1889)

【예루사름】 예루살렘(Jerusalem), 이스라엘의 수도. 유대교와 그리스도교 이슬람교가 탄생한 도시이며 현재는 이스라엘이 점령하고 있지만 국제법상 어느 나라 소유도 아니다 ▎쥬ㅣ 예루사름 셩뎐에 들어가 모든 이롤 ᄀᆞᄅᆞ치시고 나오실ᄉᆡ(뮈텔《셩경직해》1892) ▎어려셔브터 예루사름에 어진 스승 가마니엘의게 빅화 학문이 크게 일우매(《쥬년쳠례광익》민아오스딩 감준 1899)

【예루살넴】 예루살렘(Jerusalem), 이스라엘의 수도. 유대교와 그리스도교 이슬람교가 탄생한 도시이며 현재는 이스라엘이 점령하고 있지만 국제법상 어느 나라 소유도 아니다 ▎헤롯왕과 온 예루살넴이 듯고소동ᄒᆞ여(《신약젼셔》성경번역위원회 1900) ▎쏘 어ᄂᆞ 날에ᄂᆞᆫ 예루살넴을 ᄂᆞ려다 보시고 우셧ᄉᆞ며(〈신학월보〉제1권1호 1900.1) ▎승동례배당에서 금일 상오십일시 예루살넴消息이란 문뎨로 李明植씨가 강연(〈동아일보〉 1920.9.12. 3면) ▎빅셩의 몸 술넝술넝. 예루살넴 소동ᄒᆞᆫ다(게일번역《연경좌담》1923) ▎「예루살넴」은 이른 아츰부터 잠이 깨여(〈동광〉제30호 1932.1.25)

【예루살임】 예루살렘(Jerusalem), 이스라엘의 수도. 유대교와 그리스도교 이슬람교가 탄생한 도시이며 현재는 이스라엘이 점령하고 있지만 국제법상 어느 나라 소유도 아니다 ▎예수가 유딕 벳니임에 나니 박사 수인이 동방으로붓터 예루살임에 닐으러 갈오딕(로쓰역《예수셩교젼셔》1887)

【예시아】아시아(Asia), 동반구의 북부에 있으며 유라시아 대륙의 중부와 동부를 차지하는 세계 최대의 대륙 ▌예시아는 亞細亞요(〈한성주보〉제2호 1886.2.1 지구전도)

【예시아니아】오스트레일리아(Australia), 호주 대륙을 포함한 남태평양의 여러 섬을 총칭하는 말. ▌예시아니아ᄂᆞᆫ大洋洲요(《한성주보》제2호 1886.2.1 지구전도)

【예시야】아시아(Asia), 동반구의 북부에 있으며 유라시아 대륙의 중부와 동부를 차지하는 세계 최대의 대륙 ▌예시야디략(《한성주보》제2호 1886.2.1)

【예지부도】이집트(Egypt), 아프리카 동북부에 있는 공화국 ▌예지부도(挨及)와아셔아(亞西亞)ᄉᆞ이무숨유명(有名)ᄒᆞᆫ바다가잇ᄂᆞ뇨 ○답 홍히(咨紅海)란바다가잇ᄂᆞ니라(《디구략론》1897)

【예지브도】이집트(Egypt), 아프리카 동북부에 있는 공화국 ▌예지브도(〈한성주보〉제4호 1886.2.22)

【옌이세이河】예니세이 강(Enisei River), 러시아 중부를 북류하여 북극해로 들어가는 큰 강 ▌東은레나(LENA)河오中央은옌이세이(YENISEI)河오西ᄂᆞᆫ오비(OBI)河라(《중등만국지지》1902 권1)

【옝길란드】잉글랜드(England), 영국을 구성하는 4개 지역 가운데 가장 중요한 지역. 수도는 런던이다 ▌남편은 옝길란드ㅣ라 ᄒᆞ고 동편은 스컷란드ㅣ라 ᄒᆞ고(한글본《ᄉᆞ민필지》1889)

【옝길리】잉글랜드(England), 영국을 구성하는 4개 지역 가운데 가장 중요한 지역. '옝길리'는 England의 한자표기 '英吉利'를 우리말 한자음으로 읽은 것이다 ▌옝길리국은 폭원이 북위션 오십 듸그리브터 륙십 듸그리ᄭᆞ지요(한글본《ᄉᆞ민필지》1889)

【오】오스트리아(Austria), 유럽 대륙 중앙에 있는 내륙국. '오'는 오스트리아(Austria)의 한자표기인 '오국(墺國)'이 줄어든 말 ▌쥬차 영 덕 아 의 법 오 공ᄉᆞ관 참셔관 리용교(〈독립신문〉1897.10.12) ▌아 법 오 삼국에 륜쥬 輪駐ᄒᆞᆯ 대한 공ᄉᆞ 리범진씨가 미국에 쥬차 ᄒᆞ엿던 공ᄉᆞ로셔 젼임 轉任 ᄒᆞ엿고(〈독립신문〉1899.5.3)

【오구란도】오클랜드(Auckland), 뉴질랜드 북섬에 있는 도시 ▌都府의大者ᄂᆞᆫ北島의오구란도와首府왜린돈과南島의구리수쟈나等이라(《소학만국지지》1895 제6편)

【오국】오스트리아(Austria 墺國), 유럽 대륙 중앙에 있는 내륙국. '오국'은 오스트리아(Austria)의 예전 한자표기인 '墺大利國'의 줄임말 '墺國'을 우리말 한자음으로 읽은 것이다 ▌오국 졍승 안득랍이 법국 사ᄅᆞᆷ이 교쥬의 노례 되믈 감슈ᄒᆞᄂᆞᆫ 양으로(《이언(易言)》1883) ▌오국은오지리아라(학부역《티셔신사》1897) ▌오국 황후ᄭᅴ셔 의국에 가셧다가(〈믹일신문〉1898.9.23) ▌오국의 야만 ᄒᆡᆼ위를 낫낫치 론박ᄒᆞ니 오국 대신이 항거ᄒᆞ야 왈(〈독립신문〉1899.8.25) ▌오국의 야만 ᄒᆡᆼ위를 낫낫치 론박ᄒᆞ니(〈대한매일신보〉1907.7.5) ▌이탈늬가 오國으로서 롬빠르듸와 뻬네틔아를 쌔앗아오고(〈소년〉제2년10권 1909.11.1) ▌아모죠록 인민을 무휼ᄒᆞ며 인덕ᄒᆞᆫ 뎡ᄉᆞ를 백셩에게 베푸러 오국명장 뢰쳬ᄌᆞ구(賴遽子荀)를 쳐셔(민준호《옥호긔연》1911) ▌또 제관 유탑륜은 오국간신이라 중벌을 할터이니 모든 백성은 피하라(〈별곤건〉제60호 1933.2.1)

【오-다-河】오데르 강(Oder), 체코 북쪽 오데르스케브르히 산지에서 발원해 폴란드 슐레지엔(Schlesien) 지방을 북서쪽으로 흘러 지류 나이세 강(Neisse River)과 합류한 뒤 독일 · 폴란드 국경을 이루며 북쪽으로 흘러가는 강 ▌오-다-河(ODER)도澳國에셔發源ᄒᆞ야(《중등만국지지》1902 권2)

【오대리】오스트리아(Austria), 유럽 대륙 중앙에 있는 내륙국 ▌본월 十七일에 오대리 황후를 쟝ᄉᆞ 지ᄂᆡᄂᆞᆫᄃᆡ 례식이 믹오 쟝ᄒᆞ엿다더라(〈독립신문〉1898.9.24)

【오대리국】오스트리아(Austria), 유럽 대

륙 중앙에 있는 내륙국 ▎오대리국 奧大利國 Austria(게일편《한영자전》1897)

【오대리아】 오스트리아(Austria), 유럽 대륙 중앙에 있는 내륙국. '오대리아'는 Austria의 한자표기 '澳大利亞'를 우리말 한자음으로 읽은 것이다 ▎오대리아 澳大利亞 Austria(게일편《한영자전》1897)

【오디리아】 오스트레일리아(Australia), '오디리아'는 Australia의 중국식 한자표기 '奧大利亞'를 우리말 한자음으로 읽은 것이다 ▎오디리아 奧大利亞(《국한회어》1895) ▎오디리아에는 一万三千八百八十九영리라더라(《독립신문》1898.8.25) ▎남양에 큰 셤을 ᄎᆞ져엇으니 일홈은 오디리아라(《신학월보》제6권5·6호 1909.6)

【오데】 오데르 강(Oder), 체코 북쪽 오데르 스케브르히 산지에서 발원해 폴란드 슐레지엔 지방을 북서쪽으로 흘러 지류 나이세 강(Neisse River)과 합류한 뒤 독일 · 폴란드 국경을 이루며 북쪽으로 흘러가는 강 ▎비스쥴나와 오데란 강은 볼틱 하슈로 통ᄒᆞᆫ 포구요(한글본《ᄉᆞ민필지》1889)

【오데루】 오데르 강(Oder), 체코 북쪽 오데르스케브르히 산지에서 발원해 폴란드 슐레지엔 지방을 북서쪽으로 흘러 지류 나이세 강(Neisse River)과 합류한 뒤 독일 · 폴란드 국경을 이루며 북쪽으로 흘러가는 강 ▎國都伯靈은普魯士王國의中央에루베와오데루兩河中間에處ᄒᆞ야(《소학만국지지》1895 제3편)

【오데샤】 오데사(Odessa), 우크라이나 오데사주의 주도 ▎이달 십일에 일본 쟝괴에셔 아라샤 샹션을 타고 아라샤 오데샤로 향ᄒᆞᆫ다더라(《독립신문》1897.4.10)

【오데잇사】 오데사(Odessa), 우크라이나 오데사주의 주도 ▎론돈 一월 二十七일 발 아라샤 남방 오데잇사라 ᄒᆞᄂᆞᆫ 싸에 아라샤 진위디가 잇ᄂᆞᆫ듸(《독립신문》1899.2.7)

【오뎃사항】 오데사항(Odessa), 흑해의 북해안에 있는 항구도시이며 흑해 연안 최대의 무역항이다 ▎오뎃사ㅣ란 포구는 블릭 못세로 통ᄒᆞ고(한글본《ᄉᆞ민필지》1889) ▎俄國「오뎃사」港浚渫工事라(《관보》제337호 1896.5.28) ▎오뎃사港(ODESSA)은南部의貿易을管ᄒᆞ고(《중등만국지지》1902)

【오디리】 오스트리아(Austria 墺地利/奧地利), 유럽 대륙 중앙에 있는 내륙국. '오디리'는 Austria의 중국식 한자표기 '墺地利' 또는 '奧地利'를 우리말 한자음으로 읽은 것이다 ▎아라샤와 오디리와 덕국이 의론ᄒᆞ고 곳 희랍으로 편지 ᄒᆞ야(《독립신문》1897.3.6) ▎오디리가 일쳔 삼빅 칠십이만 이쳔 일빅 구십구 프로인이요(《협성회회보》1898.1.1) ▎륙년 동안에 법국 대통령과 오디리국 황후와 이태리국 황뎨와 지금 미국 대통령을 살히ᄒᆞ엿ᄂᆞ니라(《신학월보》제1권11호 1901.9) ▎덕국과 오디리국 ᄉᆞ이에 됴인ᄒᆞᆫ 신결 샹업 됴약의 대지ᄂᆞᆫ 공포ᄒᆞ엿다더라(《대한매일신보》1905.2.13) ▎오디리 奧地利 Austria(J.S.Gale《한영대자전》1931) ▎저번에 일어난 불란서(佛蘭西)의 대폭동과 오디리(墺地利)의 혁명운동쯤을 아는 것 가지고는(《별곤건》제72호 1934.4.1)

【오디리아국】 오스트리아(Austria), 유럽 대륙 중앙에 있는 내륙국 ▎파사년싱과희ᄉᆞ가비나싱은오디리아국에관할식이고(학부역《티셔신사》1897)

【오란다】 네덜란드(Netherlands), 유럽 서부에 있는 입헌군주제 국가. '오란다'는 홀란드(Holland)의 일본식 발음 'オランダ'에서 온 말이다. 홀란드(Holland)는 원래 네덜란드의 서부지역을 가리키는 말이나 네덜란드의 다른 이름으로도 쓰였다 ▎오란다(《한성주보》제5호 1886.3.1) ▎스캇트란드 뗜듸에서 알베트,쫀,크라머라 하는 오란다 사람이 월헐늠,패슬라라는 여자와 결혼식을 하엿는데(《동아일보》1926.7.9. 3면)

【오런쥬ᄌᆞ유국】 오렌지 자유국(Orange Free State), 한때 남아프리카 공화국에 존재했하던 나라로서 1910년 남아프리카 연방

에 편입되어 오렌지 자유주로 변경되었고, 지금은 자유주라는 이름으로 존재한다 ❙ 오런쥬ᄌᆞ유국 의회에셔 춍과 밋 군물에 쓸 돈 七十六万원 지츌홀 안건을 가ᄒᆞ다고 결뎡ᄒᆞ얏스니(《독립신문》1899.10.7)

【오레노코 강】 오리노코 강(Orinoco), 베네수엘라를 흐르는 남아메리카 대륙 북부에 있는 강 ❙ 흔가온대 오레노코ㅣ란 강이 삼쳔오빅리 되는 강 대셔양에로 드러가고(한글본《ᄉᆞ민필지》1889)

【오렌지국】 오렌지 자유국(Orange Free State), 한때 남아프리카 공화국에 존재했던 나라 ❙ 남편에 오렌지국과 드란스발국과 또 여러 디방이 잇고(한글본《ᄉᆞ민필지》1889)

【오렌지自由國】 오렌지 자유국(Orange Free State), 한때 남아프리카 공화국에 존재했던 나라 ❙ 오렌지自由國 橘河와其支流쫘-알(VAAL)間에在흔獨立國이니(《중등만국지지》1902 제3편)

【오리노고河】 오리노코 강(Orinoco), 베네수엘라를 흐르는 남아메리카 대륙 북부에 있는 강 ❙ 卽亞馬孫(AMAZON)오리노고(ORINOCO)라플나타(LAPATAL)等의巨大흔河를涵養ᄒᆞ더라(《중등만국지지》1902 권3)

【오림푸스山】 올림푸스 산(Olympus Mountain), 그리스에서 가장 높은 산으로 그리스 북부 테살리아 지방과 마케도니아의 경계에 위치한다 ❙ 아듸리야틱크海岸도亦알푸스의支脉이오希臘境에至ᄒᆞ야오림푸스(OLYMPUS)山의高가九千七百五十尺이니(《중등만국지지》1902 권2)

【오마가】 오스트리아(Austria), 유럽 대륙 중앙에 있는 내륙국 ❙ 텬쥬괴니 의대리와 오마가와 븍비리아와 법란셔와 일ᄉᆞ파리아와 포도아와 비리시 등 일곱 나라히 좇ᄎᆞ 힝ᄒᆞ고(《이언(易言)》1883)

【오만】 오만(Oman), 아시아 아라비아반도의 동남단에 있는 왕국 ❙ 아라비아 이 ᄶᅡ흔 쪽이 오만이란 나라ㅣ니라(한글본《ᄉᆞ민필지》1889) ❙ 烏滿 오만(유길준《서유견문》1895 제1편) ❙ 오만국 면젹은 八万一千방리(《독립신문》1899.5.4) ❙ 모스게트(MOSCAT)는오-만地方의都邑이오(《중등만국지지》1902 권1)

【오문】 마카오(Macao 澳門), 중국 난하이(南海) 유역 주장(珠江) 삼각주의 서쪽에 있는 특별행정구. 원래 포르투갈의 식민지였으나 1999년 중국에 반환되었다. '오문'은 마카오의 한자표기 '澳門'을 우리말 한자음으로 읽은 것이다 ❙ 향항과 오문의 물화는 놀노 만코 즁국 각 쳐의 싱애는 놀노 박ᄒᆞ니(《이언(易言)》1883) ❙ 오문 澳門 Macao(게일편《한영자전》1897) ❙ 쳥국 광동 오문 하문 등디에셔 혹샤병이 류힝ᄒᆞ는 고로(《독립신문》1899.7.1) ❙ 오문에셔 군긔를 슈입ᄒᆞ려 ᄒᆞ던 청국 상민을 ᄉᆞ형에 쳐ᄒᆞ라고 총독에게 엄히 명령ᄒᆞ엿다더라(《대한매일신보》1908.3.24)

【오비河】 오비강(Ob' River), 서부 시베리아 저지를 흐르는 강 ❙ 東은레나(LENA)河오中央은옌이세이(YENISEI)河오西는오비(OBI)河라(《중등만국지지》1902 권1)

【오사가】 오사카(Osaka 大阪), 일본 긴키(近畿) 지방 오사카 부(大阪府)의 부청 소재지 ❙ 교도와 네ㅅ 셔울이니라 오사가와 고븨란 큰촌이 잇고(한글본《ᄉᆞ민필지》1889)

【오사마가】 오스트리아(Austria), 유럽 대륙 중앙에 있는 내륙국 ❙ 돌궐이그강홈을밋고드듸여대병을보닉여오ᄉᆞ마가국의유야랍도셩을치더라오사마가는오지리아국이라(학부역《틔셔신사》1897)

【오ᄉᆞ마가】 오스트리아(Austria), 유럽 대륙 중앙에 있는 내륙국 ❙ 영국이오ᄉᆞ마가의군ᄉᆞ를결련ᄒᆞ야보법냥국과대전홈은(학부역《틔셔신사》1897)

【오사쳘니아쥬】 오스트레일리아(Australia), 오세아니아 남태평양과 인도양 사이에 있는 연방국 ❙ 쏘신금산을엇고일명은오사쳘니아쥬라(학부역《틔셔신사》1897)

【오셰아니아】 오세아니아(Oceania), 호

주 대륙을 포함한 남태평양의 여러 섬을 총칭하는 말. ▌오세아니아(《한성주보》제2호 1886.2.1 지구전도)

【오슈트리아】 오스트리아(Austria), 유럽 중부에 있는 공화국 ▌오슈트리아ᄉᆞ관 륙빅 십일 군ᄉᆞ 일만 일쳔 팔빅 구십칠(〈독립신문〉 1896.4.25)

【오스드렐랴】 오스트레일리아(Australia), 오세아니아 남태평양과 인도양 사이에 있는 연방국 ▌이는 오스드렐랴 짜히라 이 사롬들은 멜레라 일홈ᄒᆞ니(한글본《ᄉᆞ민필지》1889)

【오스드로헝게리국】 오스트리아헝가리제국(Empire of Austria-Hungary), 19세기 후반에 성립된 오스트리아-헝가리 국가체제. 1867년부터 1918년까지 존속했던 합스부르크 왕가의 국가이다 ▌오스드로헝게리국은 두 나라가 합ᄒᆞ고 ᄒᆞᆫ 님금이 계시니(한글본《ᄉᆞ민필지》1889)

【오스드렐리아】 오스트레일리아(Australia), 오세아니아 남태평양과 인도양 사이에 있는 연방국 ▌일홈은 아시아亞細亞와 유로바歐羅巴와 아프리가亞非利加와 남북 아메리가亞美利加와 오스드렐리아奧斯達利亞요(최병헌《성산명경》1914)

【오스드리아】 오스트리아(Austria), 유럽 중부에 있는 공화국 ▌옝길리국과 오스드리아국과 이다리아국과 이스바니아국과 아메리싸 합즁국이 특별히 뎨일이라 ᄒᆞ고(한글본《ᄉᆞ민필지》1889)

【오스츄리아】 오스트리아(Austria), 유럽 중부에 있는 공화국 ▌○포츄갈은 五 ○오스츄리아국은 五 ○별지암국은 五(〈독립신문〉1899.4.19) ▌콘웰(Russell H. Conwell)씨ᄂᆞᆫ 오스츄리아(奧國 AUSTRIA)에셔 여섯달에 十만을 줄 터이니 와서 연셜을 ᄒᆞ여달나고 청홀 썩에 거졀ᄒᆞ엿셧다(〈태서문예신보〉제13호 1919.1.1)

【오스트낼리아】 오스트레일리아(Australia), 오세아니아 남태평양과 인도양 사이에 있는 연방국 ▌오스트낼리아속에 잇ᄂᆞᆫ 토종은 ᄋᆡ프리가 속에 잇ᄂᆞᆫ 흑인죵과 비스름ᄒᆞ게 싱겻ᄂᆞᆫᄃᆡ(〈독립신문〉1897.6.24)

【오스트랠니아】 오스트레일리아(Australia), 오세아니아 남태평양과 인도양 사이에 있는 연방국 ▌미국과 오스트랠니아에 이런 새들이 잇스나 ᄋᆡ프리가 새 ᄆᆞᆫ큼은 크지 못ᄒᆞ고(〈독립신문〉1897.7.8)

【오스트리아】 오스트리아(Austria), 유럽 중부에 있는 공화국 ▌불란셔 국긔를 독일연방과 이탈이와 오스트리아와 별지음과 할낸 제국에 쏫고(〈독립신문〉1896.8.18) ▌오스트리아 서울 웬나에 이르러(〈소년〉제1년2권 1908.12.1) ▌그 곳에서 1년 2년 지나가다 맛침내 화려한 오스트리아의 서울 웬시에서 굉장한 화촉의 의식을 거행하야(〈별곤건〉제2호 1926.12.1) ▌아돌프 히틀러 君은 1889년 4월 20일 오스트리아의 一村에서 출생햇으니(〈동광〉제22호 1931.6.1)

【오쓰트리아】 오스트리아(Austria), 유럽 중부에 있는 공화국 ▌터어키에게 對하야 폴난드 오쓰트리아 攻守同盟을 締結하얏슨則(〈소년〉제1년2권 1908.12.1)

【오스틀렬랴】 오스트레일리아(Australia), 오세아니아 남태평양과 인도양 사이에 있는 연방국 ▌디방(地方)일홈이무어시뇨 ○답 아셔아(答亞西亞)와유롭프(歐羅巴)와아프리싸(亞非利加)와오스틀렬랴(澳大利亞)와남아미리싸(南亞米利加)와북아미리싸(北亞米利加)니라(《디구략론》1897)

【오오쓰트랠늬아】 오스트레일리아(Australia), 오세아니아 남태평양과 인도양 사이에 있는 연방국 ▌惑은 오오쓰트랠늬아에 羊을 치라가고(〈소년〉제2년1권 1909.1.1)

【오오쓰트리아】 오스트리아(Austria), 유럽 중부에 있는 공화국 ▌오오쓰트리아와 프루시아 兩國은 當時 유로파 中原의 兩覇國(〈소년〉제3년3권 1910.3.15)

【오우스도리아】 오스트리아(Austria), 유

럽 중부에 있는 공화국 ▎오우스도리야(〈한성주보〉제4호 1886.2.22)

【오지리】 오스트리아(Austria), 유럽 중부에 있는 공화국. '오지리'는 Austria의 중국식 한자표기 '墺地利' 또는 '奧地利'를 우리말 한자음으로 읽은 것이다 ▎오지리 사름은 ᄒᆞ나인듸 사나희요(〈독립신문〉1896.12.22) ▎데 이등 나라는 오지리 리탈리 셔반아 요(〈대조선독립협회회보〉제3호 1896.12.31) ▎덕국과 오지리와 이탈리 세나라가 동밍ᄒᆞᆫ 것은 다시 일천구ᄇᆡᆨ십ᄉᆞ년 륙월ᄭᆞ지 계쇽ᄒᆞ기로 ᄒᆞ엿다더라(〈대한매일신보〉1907.7.21) ▎각지에서 일어나는 혁명군을 거느리고 이탈리의 독립을 공포하고 오지리와 용감히 싸우었읍니다(〈동광〉제15호 1927.7.5) ▎독일백임대학세균학교수 한-ㄴ, 오지리유야납대학화학교수 푸롬(〈별곤건〉제12·13호 1928.5.1)

【오지리아】 오스트리아(Austria), 유럽 대륙 중앙에 있는 내륙국. '오지리아'는 Austria의 한자표기 '墺地利亞' 또는 '奧地利亞'를 음독한 말이다 ▎파란국은아라ᄉᆞ오지리아보로ᄉᆞ 숨국이합병ᄒᆞ야멸ᄒᆞᆫ비되야(학부역《티셔신사》1897) ▎본국은 지금 일층국에 잇슬듯 터키국과 모라고국과 오지리아와 두네스와 트레불니와 ᄋᆡ급국과 만트 데 ᄉᆞ층 디위에 잇다 ᄒᆞᄂᆞ니(〈대한매일신보〉1907.9.18)

【오지리아국】 오스트리아(Austria), 유럽 대륙 중앙에 있는 내륙국. '오지리아국'은 Austria의 한자표기 '墺地利亞國' 또는 '奧地利亞國'을 음독한 말이다 ▎오사마가는오지리아국이라(학부역《티셔신사》1897)

【오컷스그】 오호츠크해(Sea of Okhotsk), 아시아 대륙 북동쪽 북태평양 부속해에 딸린 바다 ▎동은오컷스그ㅣ란바다와쎄링하슈와 태평양이오(한글본《ᄉᆞ민필지》1889)

【오-클난드市】 오클랜드(Auckland), 뉴질랜드 북섬에 있는 도시 ▎北島의北部에在ᄒᆞᆫ 오-클난드市(AUCKLAND)는船泊을碇繫ᄒᆞᄂᆞᆫ要港이오(《중등만국지지》1902 권3)

【오타와】 오타와(Ottawa), 남 온타리오 주(Province de l'Ontario)에 위치한 캐나다의 수도 ▎오타와(OTTAWA)河畔의오타와府ᄂᆞᆫ首府니(《중등만국지지》1902 권3)

【오투만帝國】 오스만 제국(Osman Empire / Ottoman Empire), 13세기 말 이후 셀주크 투르크에 대신하여 소아시아(아나톨리아)를 중심으로 형성된 이슬람 국가(1299~1922) ▎오투만帝國(OTTOMANEMPIRE)이라稱ᄒᆞ니(《중등만국지지》1902 권1)

【오퍼토】 아베이루(Aveiro), 포르투갈 북서부의 주. 대서양에 면함. 현도는 아베이루 ▎鰲浦(오퍼토) 此府ᄂᆞᆫ利秀繁北方六百里許에在ᄒᆞ야(유길준《서유견문》1895 제20편)

【오하요】 오하이오(Ohio), 미국 중북부의 주. 주도는 콜럼버스 ▎오하요와 밋슈리와 아간사스와 으렛이란 강이 다 미시시비강에로 드러가고(한글본《ᄉᆞ민필지》1889) ▎싸휠드가 그 故鄕 오하요州의 國會議員에 選擇ᄒᆞᆫ바ㅣ 되야(《국민소학독본》1895) ▎미국 오하요 쇼통영 윌임 ᄆᆡᆨ컨늬씨을 공화당에셔 대통영 가음으로 쟉정 ᄒᆞ엿다더라(〈독립신문〉1896.7.2) ▎米國 下議院에셔 議員노롯도 여러히ᄒᆞ고오하요 란나라大統領으로두동을ᄲᅩᆸ혀ᄂᆞᆫ듸(〈대조선독립협회회보〉제2호 1896.12.15) ▎오하요도에 가셔 ᄌᆞ긔 당파의 정치가들을 모와 금번에 대통령 천거ᄒᆞᆯ 일과 후보쟈 ᄐᆡᆨ뎡ᄒᆞᆯ 일을 의론ᄒᆞᆫ다더라(〈대한매일신보〉1908.1.26) ▎僥倖 L氏의 周旋과 C氏의 努力으로 桑港을 出發하야『오하요』州 웨슬네안大學으로 向하게 되엇다(〈개벽〉제21호 1922.3.1)

【오하이오】 오하이오(Ohio), 미국 중북부에 있는 주. 주도는 콜럼버스 ▎紐約과 미싱안과 뉴졀시와 오하이오 等 諸州에셔(《국민소학독본》1895) ▎알칸사스(ARKANSAS)紅河(RED)오하이오(OHIO)等의長大ᄒᆞᆫ支流를合ᄒᆞ야(《중등만국지지》1902 권3) ▎저ᄂᆞᆫ 봄에ᄂᆞᆫ 오하이오(Ohio)에 엇더ᄒᆞᆫ 사름이 나를 청ᄒᆞ야 ᄌᆞ긔의 큰 공장을 구경식히며 말ᄒᆞ기를(〈태서문예신보〉제13호 1919.1.1) ▎米國에는「인꾸

란트」지방까지 更히 남으로는「오하이오」 지방까지 장시간 氷河의 下에 무텨잇든 것 입니다(〈개벽〉제26호 1922.8.1) ▎그는 1847年 2 越 11日亞米利加 오하이오 洲生(〈동광〉제28호 1931.12.1)

【오하이오州】오하이오(Ohio) 주, 미국 중북부에 있는 주. 북쪽으로 미시간 주와 이리 호(湖), 동쪽으로 펜실베이니아 주 · 웨스트버지니아 주가 있다 ▎오하이오州의쿨니벨란드市(CLEVELAND)는(《중등만국지지》1902 권3)

【옥란드】오클랜드(Auckland), 뉴질랜드 북섬에 있는 도시 ▎북에 옥란드와 동편에 웰링던과남편에 던이듼이란촌이 잇고(한글본 《ᄉᆞ민필지》1889)

【옥스퍼드】옥스퍼드(Oxford), 영국 잉글랜드 옥스퍼드셔카운티(Oxfordshire county)의 도시 ▎同氏의 使命은 英國 옥스퍼드 及 킴쁘리지 兩大學의 共同으로 基督教 鼓吹의 一大學을 淸國 漢口에 設立홀 計劃이라더라(〈대동학회월보〉제14호 1909.3.25) ▎本國에 도라가서 다시 옥스퍼드(oxford)대학에 입학하야 수년간 공부하다가(〈별곤건〉제35호 1930.12.1) ▎英國 옥스퍼드 大學生으로 法界와 宗教界에 從事하는 人士의 學校成績과 出世後 成功과의 關係가 下表와 같음을 찾을 수 잇다(〈동광〉제39호 1932.11.1)

【옥스포드】옥스퍼드(Oxford), 영국 잉글랜드 옥스퍼드셔카운티(Oxfordshire county)의 도시 ▎該業에 從事하는 동안에 옥스포드와밋 隣近 郡県으로 旅行할 必要가 有한 것을 利用하야(최남선역《자조론》1918) ▎1907-10까지 英國「옥스포드」대학에서 哲學을 연구한 후 다시 獨逸伯林大學硏究院에서 1년 硏究하고 귀국하야(〈동광〉제30호 1932.1.25)

【옥스포-드】옥스퍼드(Oxford), 영국 잉글랜드 옥스퍼드셔카운티(Oxfordshire county)의 도시 ▎켐뿌릿지 大學은 1853년 런던 대학은 同76年 옥스포-드 大學은 同78年에 각각 이 延長事業을 시작하엿다(〈별곤건〉제28호 1930.5.1) ▎現 옥스포-드大學教授인 애드와-드 톰손이「印度의 再建」이란 冊에서(〈삼천리〉제17호 1931.7.1)

【옥스풀드】옥스퍼드(Oxford), 영국 잉글랜드 옥스퍼드셔카운티(Oxfordshire county)의 도시 ▎卽英倫의옥스풀드(OXFORD)캄부리지(CAMBRIDGE)兩大學과(《중등만국지지》1902 권2)

【온타리오洲】온타리오(Ontario) 주, 캐나다 남동부에 있는 주 ▎온타리오(ONTARIO)州는 케베크의西에 在ᄒᆞ고(《중등만국지지》1902 제3편)

【온타리오湖】온타리오 호(Lake Ontario), 북아메리카 동쪽, 미국과 캐나다의 국경에 있는 호수 ▎온타리오湖(ONTARIO)의 五大湖는 水路가相通ᄒᆞ야(《중등만국지지》1902 권3)

【옷도만】오스만 제국(Osman Empire), 13세기 말 이후 셀주크 투르크에 대신하여 소아시아를 중심으로 번성했던 이슬람 국가(1299~1922) ▎土耳其帝國은一名은옷도만이라(《소학만국지지》1895 제3편)

【와고민쑤】오하이오(Ohio) 주, 미국 중북부에 있는 주. 주도는 콜럼버스이다 ▎와고민쑤(〈친목회회보〉제6호 1897.12)

【와르샤】바르샤바(Warszawa), 폴란드의 수도이자 마조비에츠키에(Mazowieckie) 주의 주도이다 ▎一千七百二年에는 폴京 와르샤를 攻下하야(〈소년〉제1년2권 1908.12.1) ▎델리텔레그라프紙 와르샤特電은 蘇支間에 十五萬梃의 小銃賣却交涉이 成立되었다는 旨左와 如히 쎈세이쇼날하게 報道하고 있다 (〈동아일보〉1938.5.12. 1면)

【와승돈】워싱턴(Washington), 미국의 수도. 정식 명칭은 '워싱턴 컬럼비아 특별구'이며, 워싱턴 D.C.로 약칭된다 ▎미국 신문을 보니 미국 셔울 와승돈 잇ᄂᆞᆫ 이가 그 신문샤에 편지 ᄒᆞ고 말 ᄒᆞ되(〈독립신문〉1897.1.26) ▎미국 와승돈셔 온 젼보에 말ᄒᆞ엿스되(〈미일신문〉1898.1.26)

【와신돈】 워싱턴(Washington), 미국의 수도. 정식 명칭은 '워싱턴 컬럼비아 특별구'이며, 워싱턴 D.C.로 약칭된다 ▌와신돈(《친목회회보》제6호 1897.12)

【와싱튼】 워싱턴(Washington), 미국의 수도. 정식 명칭은 '워싱턴 컬럼비아 특별구'이며, 워싱턴 D.C.로 약칭된다 ▌華盛敦와싱튼 此府는 合衆國京城이라(유길준《서유견문》1895 제19편) ▌와싱튼 3×K局에서는 映畵필림을 텔레비전존으로 放送한다구 傳합니다(《동아일보》1929.2.6. 3면)

【왜국】 일본(Japan 倭國), 예전에 한국과 중국에서 일본을 가리키던 호칭. 흔히 일본을 낮잡아 부르는 말로 쓰인다 ▌왜국 倭國(파리외방선교회한국선교단《한불자전》1880) ▌왜국 倭國Japan(게일편《한영자전》1897) ▌일본은 왜국이라 ᄒᆞ야 릉멸이 녁이며(《독립신문》1899.6.5) ▌고구려의 광긔토왕과 신라 문무왕이 칼을 만지미 왜국 종족이 다리를 썰고 도망ᄒᆞ엿스며(《대한매일신보》1910.4.23) ▌근년에 왜국(今 日本)으로부터 담배가 츰으로 조선에 드러와 심으기를 시작하얏다(《별곤건》제38호 1931.3.1) ▌왜국 倭國Japan(J.S.Gale《한영대자전》1931)

【왜니수】 베네치아(Venice), 이탈리아 베네토(Veneto) 주의 주도. 영어로는 베니스(Venice)라 한다 ▌또ᄒᆞᆫ 風景이 絶佳ᄒᆞ며 왜니수와미란과후로렌수等도다 有名ᄒᆞᆫ 都市ㅣ라(《소학만국지지》1895 제3편)

【왜린돈】 웰링턴(Wellington), 뉴질랜드의 수도 ▌都府의 大者는 北島의 오구란도와 首府 왜린돈과 南島의 구리수쟈나等이라(《소학만국지지》1895 제6편)

【요고하마】 요코하마(Yokohama 横浜), 일본 본토 가나가와 현(Kanagawa ken 神奈川県)에 있는 도시 ▌동편에 요고하마와 센다이와 도교와 수루가와 낭오야와 고븨란 포구가 잇고(한글본《ᄉᆞ민필지》1889)

【요단강】 요르단 강(Jordan River), 서아시아의 요르단 지구대인 팔레스타인의 동쪽 가장자리를 남으로 흐르는 하천 ▌이 때에 예루살넴과 온 유대와 요단강 ᄉᆞ방에셔 다 나아와(《신약젼셔》성경번역위원회 1900) ▌나죵에는 그 요단강 근쳐에 잇는 산쳔이 다 케난에 쇽ᄒᆞ엿ᄂᆞ니라(《신학월보》제1권9호 1901.8)

【요세마이토谿】 요세미티 국립공원(Yosemite National Park), 미국 캘리포니아 주에 있는 국립공원 ▌黃石公園(YELLOWSTONE NATIONAL PARK)及요세마이토谿(YOSEMITE VALLEY)等이 其一이오(《중등만국지지》1902 권3)

【우라지오스구】 블라디보스토크(Vladivostok), 러시아 연해주 지방에 있는 항만도시 ▌우라지오스구(《친목회회보》제2호 1896.3)

【우간다】 우간다(Uganda), 아프리카 동부에 있는 공화국 ▌영국이 ᄋᆡ프리가우간다에 쳘도를 놋ᄂᆞᆫ뒤 삼ᄇᆡᆨ리 가량은 다되엿다더라(《독립신문》1897.10.7)

【우루계】 우루과이(Uruguay), 남아메리카 동남부에 있는 공화국 ▌우루계(《친목회회보》제6호 1897.12)

【우루쑤예】 우루과이(Uruguay), 남아메리카 동남부에 있는 공화국 ▌우루쑤예는 伯西爾의 南端라부라다河口北岸에 在ᄒᆞᆫ 南米中最小ᄒᆞᆫ 國이니(《중등만국지지》1902 권3)

【우이니베크】 위니펙(Winnipeg), 캐나다 매니토바(Manitoba) 주의 주도 ▌즉 가나다 우이니베크에셔 밍렬ᄒᆞᆫ ᄇᆡ일운동이 니러나셔(《대한매일신보》1907.9.1)

【우진】 옥스퍼드(Oxford 牛津), 영국 잉글랜드 옥스퍼드셔카운티(Oxfordshire county)의 도시. '우진'은 Oxford의 중국식 음역표기 '牛津'를 우리말 한자음으로 읽은 것이다 ▌필자 영국우진대학교수 톰슨-(Edward Tomson)(《삼천리》제13호 1931.3.1)

【우카라이나】 우크라이나(Ukraine), 유럽 동부에 있는 공화국 ▌南으로 우카라이나 方面으로 向하니(《소년》제2년1권 1909.1.1)

【우트렛트】 위트레흐트(Utrecht), 네덜란드 위트레흐트 주(Utrecht)의 주도 ▎우트렛트(UTRECHT)ᄂᆞᆫ鐵道가四達ᄒᆞᆫ地러라(《중등만국지지》1902 제2편)

【우폴누島】 우폴루 섬(Upolu Island), 남태평양 사모아에 딸린 섬 ▎우폴누島(UPOLU)에 在ᄒᆞ며(《중등만국지지》1902 권3)

【욱대리아】 오스트레일리아(Australia) 주, 오스트레일리아 대륙 ▎아셰아와 구라파와 아미리개와 아비리가와 욱대리아에 다 잇ᄉᆞ니(《텬로력뎡》1895)

【운남】 윈난(Yunnan 雲南), 중국 남서부에 있는 성 ▎이는 운남에셔 뎜이 늙어 산이 븨다 ᄒᆞᄂᆞᆫ 말솜이 홍샹 이시민뎌(《이언(易言)》1883) ▎영국 속디 면뎐셔 쳘도를 노하 청국 운남싱으로 들어 가게 ᄒᆞ라(〈독립신문〉1898.1.25) ▎운남과 광동 광셔는 불난셔에 드리고 위히위는 영국과 일본 ᄉᆞ이에 공돌녀 놋코(〈미일신문〉1898.4.26) ▎운남 혁명당(〈대한매일신보〉1908.5.7)

【워쉥던】 워싱턴(Washington), 미국의 수도. 메릴랜드 주와 버지니아 주 사이에 끼어 있으며 포토맥 강 연변에 있다 ▎도셩을 의론컨대 일홈이 워쉥던이니(한글본《ᄉᆞ민필지》1889)

【워쉥톤】 워싱턴(Washington), 미국의 수도. 메릴랜드 주와 버지니아 주 사이에 끼어 있으며 포토맥 강 연변에 있다 ▎이일에 늬우요크에 도착ᄒᆞ야 지금 워쉥톤에 체류ᄒᆞᄂᆞᆫ 즁인ᄃᆡ(〈대한매일신보〉1910.1.9)

【워탈누】 워털루(Waterloo), 벨기에 중부, 브라반트(Brabant) 주 중부의 도시. 브뤼셀 남남동쪽 구릉에 있음 ▎팔십여년 젼에 워탈누에셔 법국 군ᄉᆞ와 대젼 ᄒᆞᆯ젹에(〈독립신문〉1898.9.13)

【워터-루】 워털루(Waterloo), 벨기에 중부, 브라반트(Brabant) 주 중부의 도시. 브뤼셀 남남동쪽 구릉에 있음 ▎나포륜이 다시 영국과싸홈을시작ᄒᆞ야워터-루에셔 픠ᄒᆞ고(〈독립신문〉1896.8.18)

【워터룰노】 워털루(Waterloo), 벨기에 중부, 브라반트(Brabant) 주 중부의 도시. 브뤼셀 남남동쪽 구릉에 있음 ▎워터룰노는 벨기움국 색루셀府의 南四十里에 잇난 一小川이니(〈소년〉제2년5권 1909.5.1)

【워-틸로-】 워털루(Waterloo), 벨기에 중부 브라반트(Brabant) 주 중부의 도시. 브뤼셀 남남동쪽 구릉에 있음 ▎또有名ᄒᆞᆫ워-틸로-(WATERLOO)로始ᄒᆞ야(《중등만국지지》1902 권2)

【원늬벡】 위니펙(Winnipeg), 캐나다 매니토바(Manitoba) 주의 주도 ▎ᄒᆞᆫ가온대 원늬벡과 셔편에 빅도리아와 빈구버ㅣ란 촌이 잇고(한글본《ᄉᆞ민필지》1889)

【월남】 베트남(Vietnam), 동남아시아의 인도차이나 반도 동부에 있는 나라. '월남'은 Vietnam의 중국식 한자음역어 '越南'을 우리말 한자음으로 읽은 것이다 ▎월남셔공등쳐의 가량 삼십만이오 고파와 비로의 각 십여만이오(《이언(易言)》1883) ▎인도 월남(印度越南)과 ᄋᆡ급파사(埃及 波斯)를 보면 알지니 엇지 경계치 아니리요(〈독립신문〉1898.12.15) ▎월남망국ᄉᆞ 著作者 리상익(〈관보〉제4370호 1909.5.7)

【월남국】 베트남(Vietnam 越南國), '월남국'은 Vietnam의 중국식 한자음역어 '越南國'을 우리말 한자음으로 읽은 것이다 ▎월남국의 지낸 일과 파란국의 참혹ᄒᆞᆫ 형샹을 면키 어려울지라(〈대한매일신보〉1907.7.2)

【월소-府】 바르샤바(Warszawa), 폴란드의 수도이자 마조비에츠키에(Mazowieckie) 주의 주도 ▎波蘭王國의首府되얏든월소-府(WARSAW)에人口가四十九萬이오(《중등만국지지》1902 권2)

【웟털루】 워털루(Waterloo), 벨기에 중부, 브라반트(Brabant) 주 중부의 도시. 브뤼셀 남남동쪽 구릉에 있음 ▎월닝톤 장군을 보니여 웟털루란 따에셔 크게 ᄊᆞ화 나파륜이 사

로 잡히엿스니(〈독립신문〉1899.3.18)

【웨네쎄라國】 베네수엘라(Venezuela), 남아메리카 대륙 북부에 있는 공화국 ▌웨네쎄라國(〈친목회회보〉제3호 1896.6)

【웬나】 빈(Vienna), 오스트리아의 수도. 오스트리아의 북동쪽 도나우(Donau) 강변에 위치한다. 영어로는 비엔나(Vienna)라고 한다 ▌오스트리아 서울 웬나에 이르러(〈소년〉제1년2권 1908.12.1)

【웰街】 월가(Wall Street), 미국 뉴욕 맨해튼섬 남쪽 끝에 있는 금융 밀집 구역 ▌웰街는 股券를 賣買ᄒᆞᄂᆞᆫ 집이 聯續ᄒᆞ고(《국민소학독본》1895)

【웨니펫크】 위니펙 호(Winnipeg Lake), 캐나다 매니토바(Manitoba) 주에 있는 호수 ▌本洲의 湖沼ᄂᆞᆫ 北部地方에 大熊湖(GREATREAR)大奴湖(GREAT SLAVE)아타바스카(ATHABASCA)웨니펫크湖(WINNIPEG)等이 有ᄒᆞ니(《중등만국지지》1902 권3)

【웰링던】 웰링턴(Wellington), 뉴질랜드 북섬의 남쪽 끝에 있는 지방자치지역 ▌북에 옥란드와 동편에 웰링던과 남편에 던이뒨이란촌이 잇고(한글본《ᄉᆞ민필지》1889)

【웰스】 웨일스(Wales), 영국, 그레이트브리튼 섬 남서부의 반도 지역. 영국을 구성하는 4개 지역의 하나임. 중심 도시 카디프(Cardiff) ▌동편은 스컷란드ㅣ라 ᄒᆞ고 셔편은 웰스ㅣ라 ᄒᆞ며(한글본《ᄉᆞ민필지》1889)

【위늬셔랍국】 베네수엘라(Venezuela), 남아메리카 대륙 북부에 있는 공화국 ▌의과타이국과 위늬셔랍국으로 ᄒᆞᆫ ᄃᆡ 모혀 드러가 파셔국 수천리를 쎄쳐 드러가니(《이언(易言)》1883)

【위해위】 웨이하이(Weihai 威海), 중국 산둥성(Shandong 山東省) 옌타이(Yantai 煙臺) 지구에 있는 도시 ▌지금 청국 위해위와 여슌구에 잇ᄂᆞᆫ 일본 군ᄉᆞ들은(〈독립신문〉1897.3.25) ▌위해위에 류쥬 ᄒᆞ든 일본 함ᄃᆡ즁에 여덜 쳑은 장ᄎᆞᆺ 부산과 졔물포 등디로 향ᄒᆞᆫ다더라(〈ᄆᆡ일신문〉1898.6.3) ▌위해위총독(威海衛總督) 쫀손씨가 말함을 듯건대(〈동아일보〉1920.7.5. 3면)

【위히위】 웨이하이(Weihai 威海), 중국 산둥성(Shandong 山東省) 옌타이(Yantai 煙臺) 지구에 있는 도시 ▌위히위에 류쥬 ᄒᆞ든 일본 함ᄃᆡ즁에 여덜 쳑은 장ᄎᆞᆺ 부산과 졔물포 등디로 향ᄒᆞᆫ다더라(〈ᄆᆡ일신문〉1898.8.16)

【윈늬벡】 위니펙 호(Winnipeg Lake), 캐나다 매니토바(Manitoba) 주에 있는 호수 ▌가온대 아다비스가와 윈늬벡이란 큰 못시 잇고(한글본《ᄉᆞ민필지》1889)

【유까탄반도】 유카탄 반도(Yucatan Peninsula), 중앙아메리카에서 대서양을 향하여 동북쪽으로 돌출한 반도로, 고대 마야 문명이 번성했던 곳이다 ▌墨西其灣은 西印度諸島及유까탄(YUGATHAN)半島가 擁ᄒᆞ야(《중등만국지지》1902 권3)

【유구국】 류큐국(Kingdom of Ryukyu 琉球國), 일본 오키나와 현에 있던 옛 왕국으로, 류큐는 현재 오키나와(沖繩)의 옛 지명이다 ▌일본이 청국셔 ᄲᆡ슨 유구국은 츙승현을 ᄆᆞᆫ드럿ᄂᆞᆫᄃᆡ(〈독립신문〉1897.1.12) ▌년젼에 유구국을 일본에 ᄲᅢᆺ기며(〈대조선독립협회회보〉제6호 1897.2.15) ▌하나는 유구국(琉球國) 왕으로 잇다가 도라오고 하나는 란지궁 사건을 피해 도라오다가(〈별곤건〉제10호 1927.12.20)

【유나이뎃되스데도】 미국(United States of America), 북아메리카 대륙의 캐나다와 멕시코 사이에 있는 나라 ▌유나이뎃되스데도ᄂᆞᆫ 美利堅이라(〈한성주보〉제2호 1886.2.1)

【유나이텟드스텟즈】 미국(United States of America), 북아메리카 대륙의 캐나다와 멕시코 사이에 있는 나라 ▌合衆國(花旋國) 유나이텟드스텟즈(유길준《서유견문》1895 제1편)

【유다국】 유대국(Judea 猶太國), 고대 팔레스타인에 있던 유대 인의 왕국 ▌옛날유다국(猶太國)이어ᄃᆡ잇셧ᄂᆞ뇨 ○답 아셰아셔편(答亞西亞西偏)에 잇셧ᄂᆞ니라(《디구략론》1897)

▍유다국 사람들은 이런 병을 그 사람 죄의 모본이 된다 하나니라(〈신학월보〉제4권4호 1904.4)

【유더아국】유대국(Judea 猶太國), 고대 팔레스타인에 있던 유대 인의 왕국 ▍또 즁고 때에 유더 아국 사름이 이국에 사로 잡히여 갓더니(뮈텔《셩경직해》1892) ▍셩의회 시작ᄒᆞ기 젼에 유더아국 갈멜회 슈ᄉᆞㅣ 셩모를 특별이 공경ᄒᆞ고 ᄉᆞ랑ᄒᆞ야 셤기더니(《쥬년쳠례광익》민아오스딩 감준 1899) ▍녯적에 집도국사오나온 님금이 유더아국 사름을 멸코져 하니(《셩경직히》1892-1897) ▍유더아국으로조차 에디오비아 등 나라희 니ᄅᆞ러 셩교를 젼ᄒᆞ실ᄉᆡ 힝ᄒᆞ신 바(《쥬년쳠례광익》민아오스딩 감준 1899)

【유라궤】우루과이(Uruguay), 남아메리카 동남부에 있는 공화국 ▍猶羅貴 유라궤(유길준《서유견문》1895 제1편)

【유랄 산】우랄 산(Ural Mountains), 러시아 북부를 북에서 남으로 뻗어 있는 산맥 ▍동에는 유랄이란 산이 잇고(한글본《ᄉᆞ민필지》1889)

【유로바】유럽(Europe), 아시아 대륙의 서쪽에 있는 대륙으로, 북쪽은 북극해, 서쪽은 대서양, 남쪽은 지중해와 접해 있는 대륙 ▍남은 아프리가ㅣ라 닐ᄋᆞ고 셔북 간은 유로바ㅣ라 닐ᄋᆞ고(한글본《ᄉᆞ민필지》1889) ▍텬하국 즁에 유로바와 아메리카 나라 밧긔 뎨일 놉흔 나라가 업다(〈독립신문〉1899.2.2) ▍텬하국 즁에 유로바와 아메리카 나라 밧긔 뎨일 놉흔 나라가 업다(〈대한매일신보〉1907.9.18) ▍몃 ᄇᆡᆨ 년젼에 유로바나 아메리ᄶᅡ나 다 캄캄ᄒᆞᆫ 밤과 ᄀᆞᆺ치 문명치 못ᄒᆞ고(김필수《경세종》1910) ▍ᄇᆡᆨ인종은 유로바와 북미쥬 북편에 만히 잇고(최병헌《성산명경》1914) ▍탕크. 탕크를 처음 사용한 것은 유로바 대전 때 일이다(〈동광〉제22호 1931.6.1)

【유로부】유럽(Europe), 아시아 대륙의 서쪽에 있는 대륙으로, 북쪽은 북극해, 서쪽은 대서양, 남쪽은 지중해와 접해 있는 대륙 ▍유로부(〈한성주보〉제1호 1886.1.25)

【유로파】유럽(Europe), 육대주의 하나로 동쪽은 우랄 산맥 · 아랄 해 · 카스피 해 · 흑해 따위를 경계로 하여 아시아 대륙과 접하고 있으며, 남쪽은 아프리카 대륙과 지중해를 사이에 두고 있는 대륙 ▍北아메리카와 유로파를 돌아다니다가신 本會設立委員長 尹致昊氏는(〈소년〉제3년4권 1910.4.15) ▍우리의 땅을 조각으로 난우어 六大洲라하니 東에「아시아」요, 西에「유로파」,「아푸리카」및 南北「아메리카」며(〈동아일보〉1920.4.1. 5면) ▍太西洋을 건느어 유로파를 돌아 본국에 돌아오아 오래 그리던 조국의 땅을 밟을 때에(〈동광〉제12호 1927.4.1) ▍철학과 문학은「리센샤드」學位를 엇은 뒤에「유로파」를 遊覽하니(〈삼천리〉제4권2호 1932.12.1)

【유롭파】유럽(Europe), 아시아 대륙의 서쪽에 있는 대륙으로, 북쪽은 북극해, 서쪽은 대서양, 남쪽은 지중해와 접해 있는 대륙 ▍곳 五洋(南北 氷洋, 印度洋, 太西洋, 亞多羅洋, 太平洋)六洲(亞細亞, 유롭파(歐)아푸리카(亞弗利加) 오세아니아(濠), 南北亞美利加)에 分ᄒᆞ니라(〈태극학보〉제15호 1907.11.24) ▍여시아란 나라는 原來 유롭파 北方의 野蠻나라로(〈소년〉제1년2권 1908.12.1)

【유롭프】유럽(Europe), 아시아 대륙의 서쪽에 있는 대륙으로, 북쪽은 북극해, 서쪽은 대서양, 남쪽은 지중해와 접해 있는 대륙 ▍歐羅巴洲 유롭프 三千三百三十三萬三千六百八十方里(유길준《서유견문》1895 제1편) ▍디방(地方)일홈이무어시뇨 ○답 아셔아(答亞西亞)와유롭프(歐羅巴)와아프리ᄶᅡ(亞非利加)와오스를렬라(澳大利亞)와남아미리ᄶᅡ(南亞米利加)와븍아미리ᄶᅡ(北亞米利加)니라(《디구략론》1897) ▍구라파쥬 歐羅巴洲 유롭프(〈대한자강회월보〉제11호 1907.5.25)

【유루궤국】우루과이(Uruguay), 남아메리카 동남부에 있는 공화국 ▍셔편에 유루궤국과 디경ᄒᆞᆫ 유루궤 강이 잇고(한글본《ᄉᆞ민필지》1889)

【유야납】빈(Vienna 維也納), '유야납'은 오

스트리아의 수도 Vienna의 중국식 한자표기 '維也納'을 우리말 한자음으로 읽은 것이다 ❙오국 군ᄉᆞ 八万명을 함몰ᄒᆞ고 유야납 경셩에 들어 가니(〈독립신문〉1899.8.26) ❙덕국 졍부ᄂᆞᆫ 유야납 졍부에 향ᄒᆞ야 죠회ᄒᆞ엿다더라(〈대한매일신보〉1908.12.5) ❙푸롬 독일백임대학세균학교수 한-ㄴ, 오지리유야납대학화학교수푸롬(〈별곤건〉제12·13호 1928.5.1)

【유야랍】빈(Vienna 維也納), 오스트리아의 북동쪽 도나우(Donau) 강변에 위치한다. '유야랍'은 Vienna의 중국식 한자표기 '維也納'을 우리말 한자음으로 읽은 것이며 영어로는 비엔나(Vienna)라고 한다 ❙오국의강토ᄂᆞᆫ벽원령셩ᄒᆞ야원방에란이잇스면유은랍도셩에셔유은랍은유야랍이라(학부역《틔셔신사》1897) ❙오디리의 셔울 유야랍에셔 각국의회가 되야(〈독립신문〉1898.12.7) ❙유야랍 등 중요도시는 일시 무정부(無政府)상태에 빠지고 말엇다(〈별곤건〉제71호 1934.3.1)

【유올닌스】뉴올리언스(New Orleans), 미국 루이지애나(Louisiana) 주에 있는 항구 도시. 루이지애나 주(州)의 최대 도시로 미시시피 강 어귀에서 160km 상류에 위치한다 ❙미국 남방 큰 항구 유올닌스에 황열 병이 ᄉᆡᆼ겻다더라(〈독립신문〉1897.10.9)

【유욕】뉴욕(New York), 미국 뉴욕 주에 있는 미국 최대의 항구도시 ❙미국 유욕 사ᄂᆞᆫ 부ᄌᆞ 마튼씨ᄂᆞᆫ(〈독립신문〉1897.3.25)

【유은랍】빈(Vienna), 오스트리아의 수도. 오스트리아의 북동쪽 도나우(Donau) 강변에 위치하며 영어로는 비엔나(Vienna)라고 한다 ❙오국의강토ᄂᆞᆫ벽원령셩ᄒᆞ야원방에란이잇스면유은랍도셩에셔유은랍은유야랍이라(학부역《틔셔신사》1897)

【유질낸】뉴질랜드(New Zealand), 오스트레일리아 대륙에서 남동쪽으로 약 2,000km 떨어져 있는 섬나라 ❙오스트랠니아셔음유질낸에 새가 이왕에 잇다가 지금은 멸죵이 되고(〈독립신문〉1897.7.8)

【유태국】유대국(Judaea 猶太國), 고대 팔레스티나에 있던 유대인의 왕국. '유태국'은 Judaea의 중국식 음역어 '猶太國'을 우리말 한자음으로 읽은 것이다 ❙유태국에 큰 졀긔 잇ᄉᆞ니 일홈은 넘ᄂᆞᆫ 졀이라(《훈아진언》1894) ❙유태국, 猶太國 Judea(《한영자전》게일편 재판 1897) ❙숄노문왕 후에 유태국 사ᄅᆞᆷ들이 분국ᄒᆞ엿시니(〈신학월보〉제1권11호 1901.9) ❙녯적에 유태국은 종교로써 디구샹에 신셩ᄒᆞᆫ 나라이 되엿고(〈대한매일신보〉1907.11.9) ❙예수가 유태국에 나신 거슨(《성산명경》최병헌 1914) ❙유태국 猶大國 Judaea(J.S.Gale《한영대자전》1931)

【유ᄐᆡ국】유대국(Judaea 猶太國), 고대 팔레스타인에 있던 유대인의 왕국. '유ᄐᆡ국'은 Judaea의 중국식 음역어 '猶太國'을 우리말 한자음으로 읽은 것이다 ❙유ᄐᆡ국 猶太國(《국한회어》1895) ❙셔으로소아셰아와밋셔리아ᄲᅡ을어드며유ᄐᆡ국도셩야로살ᄂᆡᆼ은텬쥬교와긔독교인이다(학부역《틔셔신사》1897) ❙펴ᄂᆞᆺ코ᄭᅮ짓ᄂᆞᆫ것이 쇽으로ᄉᆞ랑ᄒᆞᄂᆞᆫ것보다ᄂᆞᆺ다유ᄐᆡ국(〈독립신문〉1898.711)

【유프레듸스】유프라테스 강(Euphrates River), 티그리스 강과 함께 메소포타미아 지역을 흐르는 주요 강 ❙동에는타이그리스와 유프레듸스ㅣ란 강이 이 두 강ㅅ 근쳐에 사ᄅᆞᆷ의 시작 조샹이 나 계시더니라(한글본《ᄉᆞ민필지》1889)

【유-후레-트】유프라테스 강(Euphrates River), 티그리스 강과 함께 메소포타미아 지역을 흐르는 주요 강 ❙大都의古蹟을擧ᄒᆞ면유-후레-트河中流左岸은巴比倫城이든處오(《중등만국지지》1902 권1)

【의】이탈리아(Italy 意/義), 남부 유럽 이탈리아 반도에 있는 공화국으로 수도는 로마(Rome)이다. '의'는 '의국(意國/義國)'이 줄어든 말 ❙쥬차 영 덕 아 의 법 오 공ᄉᆞ관 참셔관 리용교(〈독립신문〉1897.10.12)

【의과타이국】에콰도르(Ecuador), 남아메리카 대륙 북서부의 공화국 ❙물골시 난호여

의과타이국과 위닉셔랍국으로 흔 디 모혀 드러가(《이언(易言)》1883)

【의국】이탈리아(Italy 意國/義國), 남부 유럽 이탈리아 반도에 있는 공화국으로 수도는 로마(Rome)이다. '의국'은 이탈리아의 한자표기 '意大里國' 또는 '義大里國'이 줄어든 말이다 ❙ 기즁셰졔리희도ㅣ 또흔의국남방에잇스니(학부역《틔셔신사》1897) ❙ 우리도 본을 밧겟노라 ᄒᆞ고 의국 사름을 압셰우고 다니면셔 길을 쳑량 ᄒᆞ여 표를 ᄒᆞ고(〈독립신문〉1897.10.28) ❙ 만일 의국셔 그 일노말믹암아 병력으로 위협홀지라도 젼정을 열지언뎡(〈미일신문〉1899.3.31)

【의다리】이탈리아(Italy), 남부 유럽 이탈리아 반도에 있는 공화국으로 수도는 로마(Rome)이다 ❙ 의다리국이 ᄉᆞ쳔 십칠만 칠쳔 일빅 칠십팔 이르요(〈협성회회보〉1898.1.1) ❙ 의다리 북방이 다 법국의 쇽디가 됨이(〈독립신문〉1899.8.26)

【의대리】이탈리아(Italy 意大里), 남부 유럽 이탈리아 반도에 있는 공화국으로 수도는 로마(Rome)이다. '의대리'는 Italy의 중국식 한자표기 '意大里'를 우리말 한자음으로 읽은 것이다 ❙ 의대리 意大利(《국한회어》1895) ❙ 법국동남디경이니의대리렬방경나아국에 속흔싸이라(학부역《틔셔신사》1897) ❙ 의대리 意大利Italy(게일편《한영자전》1897) ❙ 의대리 사름 컬럼버씨는 셔력 一千八百七十년간에 디구의 둥근것을 비로쇼 씨닷고 셔반아 왕후의 힘을비러(〈독립신문〉1899.5.19) ❙ 녯젹에 의대리 즁흥공신 가부이 씨가 파리셩의 렬국회의를 당ᄒᆞ야(〈대한매일신보〉1907.7.5) ❙ ᄌᆞ쥬독립이 되게 ᄒᆞ던 화셩돈 華盛頓과 의대리意大利 졍치를 기혁改革ᄒᆞ야(《성산명경》최병헌 1914)

【의ᄃᆡ리】이탈리아(Italy 意大里), 남부 유럽 이탈리아 반도에 있는 공화국으로 수도는 로마(Rome)이다. '의ᄃᆡ리'는 Italy의 중국식 한자표기 '意大里'를 우리말 한자음으로 읽은 것이다 ❙ 이에구라파아셰아의무역이틱반이나의ᄃᆡ리상고장악중에잇스니(학부역《틔셔신사》1897)

【의대리국】이탈리아(Italy 意大里國), '의대리국'은 이탈리아(Italy)의 중국식 한자표기 '意大里國'을 우리말 한자음으로 읽은 것이다 ❙ 의대리국은 교당 칠십여 간을 ᄌᆞ무고(《이언(易言)》1883) ❙ 쟝릭 오년 후에 우희는 의대리국 셔울노 모도 모히기로 각국위원이 의뎡 ᄒᆞ엿시며(〈독립신문〉1897.9.2) ❙ 의대리국 즁에 이곳흔 인걸이 잇슬 줄은 뜻ᄒᆞ지 못ᄒᆞ엿다 ᄒᆞ더니(〈대한매일신보〉1907.7.5)

【의탤리】이탈리아(Italia, Italy), 남부 유럽 이탈리아 반도에 있는 공화국으로 수도는 로마(Rome)이다 ❙ 영국 덕국 아라샤 의탤리 법국 오지리 각국에 가셔 편의 ᄒᆞ게 쥬찰 ᄒᆞ고(〈독립신문〉1897.1.14)

【으라키산】록키(Rocky), 북아메리카 서부를 남북으로 뻗은 대산맥 ❙ 디형을 의론컨대 나라ᄉ 가온대는 으라키산이오(한글본《ᄉᆞ민필지》1889)

【이국】이탈리아(Italy 伊國), '이국'은 '伊太利國'의 준말 '伊國'을 우리말 한자음으로 읽은 것이다 ❙ 이국 사름이 친압히 거쳐ᄒᆞ야 듯는 바를 놉히고 ᄒᆞ습흔 바의 익으믹(《이언(易言)》1883) ❙ 또 즁고 때에 유더 아국 사름이 이국에 사로 잡히여 갓더니(뮈텔《셩경직해》1892) ❙ 영국 덕국 법국 이국 네나라 말노 잉무식를 ᄀᆞᄅᆞ친다더라(〈대한매일신보〉1907.7.2)

【이다리국】이탈리아(Italy), 남부 유럽 이탈리아 반도에 있는 공화국으로 수도는 로마(Rome)이다 ❙ 유로바의 이다리국과 아셰아의 대한국은 디형이 셔로 곳것마는 강약이 셔로 곳지 못 홈은 무숨 ᄭᆞ둙인고(〈독립신문〉1899.6.19) ❙ 이다리국 력비다산에 큰 굴이 잇고 굴속에 십여 리 되는 물이 잇고(〈대한매일신보〉1909.11.9)

【이다리아】이탈리아(Italy), 남부 유럽 이탈리아 반도에 있는 공화국으로 수도는 로마(Rome)이다 ❙ 이다리아(〈한성주보〉제4호 1886.2.22)

【이다리야】이탈리아(Italy), 남부유럽 이탈리아 반도에 있는 공화국으로 수도는 로마(Rome)이다 ▎이다리야는伊太利요(〈한성주보〉제2호 1886.2.1)

【이달늬】이탈리아(Italy), 남부 유럽 이탈리아 반도에 있는 공화국으로 수도는 로마(Rome)이다 ▎중앙이달늬 속에 잇서 獨立한 싼마리노國은(〈소년〉제1년1권 1908.11.1) ▎이달늬 統一이 實現되기전에(〈소년〉제2년2권 1909.4.1)

【이달리아】이탈리아(Italy), 남부 유럽 이탈리아 반도에 있는 공화국으로 수도는 로마(Rome)이다 ▎쉿슬란드국과 이달리아국과 오스드리아 헝거리국과(한글본《스민필지》1889)

【이ᄃᆞ리야】이탈리아(Italy), 남부유럽 이탈리아 반도에 있는 공화국으로 수도는 로마(Rome)이다 ▎이ᄃᆞ리야(〈한성주보〉제17호 1886.5.24)

【이덴벅】에든버러(Edinburgh), 스코틀랜드의 수도 ▎伊丹堡(이덴벅)此府ᄂᆞᆫ亦一繁華ᄒᆞᆫ都會니(유길준《서유견문》1895 제19편)

【이라와듸-河】이라와디 강(Irrawaddy River), 미얀마 중북부를 남쪽으로 흐르는 강 ▎蘭郡府(RANGOON)ᄂᆞᆫ이라와듸-河口에在ᄒᆞ니東西兩洋의通商中點이라(《중등만국지지》1902 권1)

【이라와듸강】이라와디 강(Irrawaddy River), 미얀마 중북부를 남쪽으로 흐르는 강 ▎셔에는 이라와듸 강이 잇고(한글본《스민필지》1889)

【이르크트크府】이르쿠츠크(Irkutsk), 러시아 시베리아의 이르쿠츠크 주의 주도. 시베리아 초원로를 따라 그 연변에 세워진 도시들 가운데에서 400년의 역사를 가진 오래된 도시다 ▎쏘이르크트크(IRUKUTSK)府ᄂᆞᆫ東部政廳이有ᄒᆞ고(《중등만국지지》1902 권1)

【이리노스】일리노이(Illinois) 주, 미국 중서부에 있는 주. 주도(州都)는 스프링필드(Springfield) ▎其外에 이리노스와 미셰리州에셔ᄂᆞᆫ銅을出ᄒᆞ며(《국민소학독본》1895)

【이스레일】이스라엘(Israel), 아시아 서남부에 있는 공화국 ▎넷날예지부도(挨及)란나라에셔엇던사ᄅᆞᆷ들이종노릇ᄒᆞ엿ᄂᆞ뇨 ○답 이스레일(荅尼塞列)사ᄅᆞᆷ의죠샹(祖上)이종노릇ᄒᆞ엿ᄂᆞ니라(《디구략론》1897)

【이스바니아】스페인(Spain), 유럽의 남서쪽 끝 이베리아 반도에 위치한 나라이다 ▎그리스국과 이스바니아국과 포추갈국과 멕스고국과 남아메리까 모든 나라와(한글본《스민필지》1889) ▎텬쥬강ᄉᆡᆼ 후 일쳔이ᄇᆡᆨ여년에 이스바니아 나라히 회회 뎍국의 ᄲᅢ앗긴바ㅣ 된지 ᄉᆞᄇᆡᆨ여 년에 니ᄅᆞ니(《쥬년쳠례광익》민아오스딩 감준 1899) ▎外國侵略, 이스바니아繼承의 役(〈서북학회월보〉제9호 1909.2.1)

【이즙국】이집트(Egypt), 아프리카 동북부에 있는 공화국 ▎두네스와트레블리와이즙국과 만트늬그로국과 아시아 모든 나라가데삼층이오(한글본《스민필지》1889)

【이즙드국】이집트(Egypt), 아프리카 동북부에 있는 공화국 ▎북편에 이즙드국과모라고국과쏘여러 디방이 잇고(한글본《스민필지》1889)

【이집트】이집트(Egypt), 아프리카 동북부에 있는 공화국 ▎埃及 이집트(유길준《서유견문》1895 제1편)

【이쿼더】에콰도르(Ecuador), 남아메리카 서북부에 있는 공화국 ▎厄瓜多 이쿼더(유길준《서유견문》1895 제1편)

【이타리】이탈리아(Italy), 남부 유럽 이탈리아 반도에 있는 공화국으로 수도는 로마(Rome)이다 ▎이타리 무 정부당 루신니가 본월 쵸십일에 오디리 황후를 암살 ᄒᆞ엿ᄂᆞᆫ듸(〈독립신문〉1898.9.21) ▎ᄇᆡᆨ림 뎐보를 거ᄒᆞᆫ즉 이타리 남편 알푸쓰 디방에 큰 물이 나셔(〈대한매일신보〉1907.10.26) ▎구라파로 건너가서 불국 독일 이타리 등디를 순유한 후 중국으로 도라와서(〈동아일보〉1925.10.13. 5면)

【이탈니】이탈리아(Italy), 남부 유럽 이탈리아 반도에 있는 공화국으로 수도는 로마(Rome)이다 ❙ 이탈니 군ᄉᆞ는 ᄋᆡ비신니아 군ᄉᆞᄒᆞ고 아프리가 에셔 싸홈 ᄒᆞ다가 대패 ᄒᆞ엿ᄂᆞᆫᄃᆡ(〈독립신문〉1896.4.7) ❙ 이탈니의 큰 화가 미켈란제로는(〈개벽〉제26호 1922.8.1)

【이탈이】이탈리아(Italy), 남부 유럽 이탈리아 반도에 있는 공화국으로 수도는 로마(Rome)이다 ❙ 아마 덕국과 오지리와 이탈이 세 나라히 동ᄆᆡᆼ지국이 된다더라(〈독립신문〉1896.4.30)

【이태리】이탈리아(Italy 伊太利), 남부 유럽 이탈리아 반도에 있는 공화국으로 수도는 로마(Rome)이다 ❙ 이태리령사 급 함장의 비명(〈대조선독립협회회보〉제6호 1897.2.15) ❙ 청국 쥬차흔 이태리 공ᄉᆞ 라두시—씨가 북경에 당도 ᄒᆞ엿ᄂᆞᆫᄃᆡ(〈독립신문〉1899.7.29) ❙ 이태리 디진후 쇼식(〈대한매일신보〉1907.11.03) ❙ 사회혁명주의의 진화발달은 불란서 이태리에서 見케 되엇도다(〈개벽〉제12호 1921.6.1) ❙ 이태리 伊太利 Italy(J.S.Gale《한영대자전》1931) ❙ 팟쇼의 나라 이태리의 여핫생은 용감한 기상이 풍부하고(〈만국부인〉제1호 1932.10.1)

【이ᄐᆡ리】이탈리아(Italy), 남부 유럽 이탈리아 반도에 있는 공화국으로 수도는 로마(Rome)이다 ❙ 이ᄐᆡ리 ᄉᆞ관 팔ᄇᆡᆨ 군ᄉᆞ 이만 이쳔 ᄉᆞᄇᆡᆨ 십오(〈독립신문〉1896.4.25) ❙ 국과 오지리와 이ᄐᆡ리 세나라가 동ᄆᆡᆼᄒᆞᆫ 것은 다시 일쳔구ᄇᆡᆨ십ᄉᆞ년 륙월ᄭᆞ지 계쇽ᄒᆞ기로 ᄒᆞ엿다더라(〈대한매일신보〉1907.7.21) ❙ 이ᄐᆡ리라 ᄒᆞᄂᆞᆫ 나라가 반도국(半島國)으로 조션과 흡ᄉᆞᄒᆞ다 ᄒᆞ니 그곳으로나 가 잇스리라(민준호《옥호긔연》1911) ❙ 이년 되든 ᄒᆡ 여름에 져ᄂᆞᆫ 이ᄐᆡ리 로마에셔 전념병에 걸리여(〈태서문예신보〉제2호 1918.10.13)

【이ᄐᆡ리국】이탈리아(Italy), 남부 유럽 이탈리아 반도에 있는 공화국으로 수도는 로마(Rome)이다 ❙ 이ᄐᆡ리국인즉 과연 형셰를 비러 갓치 춤츄ᄂᆞᆫ거시 아니리요(〈ᄆᆡ일신문〉1899.3.31) ❙ 이ᄐᆡ리국에셔 청국에 해군 분ᄃᆡ를 죠직 ᄒᆞ고 또 청국 안에 이ᄐᆡ리국 령ᄉᆞ를 더 느린다더라(〈독립신문〉1899.4.24)

【이ᄐᆡ이】이탈리아(Italy), 남부 유럽 이탈리아 반도에 있는 공화국으로 수도는 로마(Rome)이다 ❙ 아라사와 불난셔가 합ᄒᆞ야 영길리와 이ᄐᆡ이를 ᄋᆡ프리가에셔 막으라ᄂᆞᆫ 증거가 잇다고 ᄒᆞ엿더라(〈독립신문〉1896.5.5)

【이틸네】이탈리아(Italy), 남부 유럽 이탈리아 반도에 있는 공화국으로 수도는 로마(Rome)이다 ❙ 伊太利 이틸네(유길준《서유견문》1895 제1편)

【이탤리】이탈리아(Italy), 남부 유럽 이탈리아 반도에 있는 공화국으로 수도는 로마(Rome)이다 ❙ 이탤리셔ᄂᆞᆫ 이쳔 오ᄇᆡᆨ 만원이요 일본셔ᄂᆞᆫ 칠쳔 오ᄇᆡᆨ 만원이더라(〈독립신문〉1897.1.12)

【이틸리】이탈리아(Italy), 남부 유럽 이탈리아 반도에 있는 공화국으로 수도는 로마(Rome)이다 ❙ 포도아 보다 세 갑절이 크고 이틸리와 거진 ᄀᆞᆺ고(〈독립신문〉1896.5.16)

【이틸이】이탈리아(Italy), 이탈리아 반도에 있는 공화국 ❙ 불란셔 국긔를 독일 연방과 이틸이와 오스트리아와 별지음과 할낸 졔국에 ᄭᅩᆺ고 셰계즁에 뎨일 두려워 ᄒᆞᄂᆞᆫ 권을 가져스니(〈독립신문〉1896.8.18)

【인ᄭᅳ리스】영국(United Kingdom), 유럽 대륙 서북쪽 대서양상에 위치한 입헌왕국 ❙ 인ᄭᅳ리스ᄂᆞᆫ 英吉利요(〈한성주보〉제2호 1886.2.1)

【인그리스】영국(United Kingdom), 유럽 대륙 서북쪽 대서양상에 위치한 입헌왕국 ❙ 인그리스(〈한성주보〉제1호 1886.1.25)

【인더스강】인더스 강(Indus River), 인도 북서부 갠지스 · 브라마푸트라와 함께 인도 지방의 3대 강을 이루고 있는 강 ❙ 편에 나바다와 인더스ㅣ란 강이 잇고(한글본《ᄉᆞ민필지》1889)

【인도】인도(India 印度), 남부 아시아 히말

라야산맥 남쪽에 있는 공화국 ▌왕ᄌᆡ이 말을 듯고 ᄃᆡ경ᄒᆞ여 ᄉᆡᆼ각ᄒᆞ되 인도왕의 ᄯᆞᆯ리라 ᄒᆞ고 나를 속인 미인이 곳 이 산에 잇ᄂᆞᆫ 뇨괴로다 ᄒᆞ고(《이언(易言)》1883) ▌아시아 남편 인도 온 ᄯᆞ와 범아 ᄒᆞᆫ 쪽과 오스드렐랴 온 ᄯᆞ와(한글본《ᄉᆞ민필지》1889) ▌ᄋᆡ급을파ᄒᆞ면인도ᄂᆞᆫ ᄌᆞ연직희지못헐거시오(학부역《ᄐᆡ셔신사》1897) ▌영국 경영 에일넷산더-씨를 인도 근쳐 영국 식민디에 칙양관 춍감을 명 ᄒᆞ엿더라(〈독립신문〉1897.3.27) ▌인도 변방에서 영국 군ᄉᆞ와란민들이 루ᄎᆞ 졉젼 ᄒᆞ엿ᄂᆞᆫᄃᆡ 영국ᄉᆞ관 삼인이죽고 여럿이 샹ᄒᆞ엿다더라(〈협성회회보〉제1권1호 1898.1.1) ▌영국은 아라사로 더부러 인도 지방에셔 싸와(〈대한매일신보〉1904.10.6) ▌十五倍半되난 인도와(〈소년〉제1년 2권 1908.12.1) ▌내가 참다 못ᄒᆞ야 인도 방언과(印度方言) 넬팔 토음으로 시험을 ᄒᆞ니(김교제《비행선》1912) ▌인도는 어떠한 문화를 바라던지 埃及은 어떠한 문화를 원하던지(〈개벽〉제10호 1921.4.1) ▌인도 印度 India(J.S.Gale《한영대자전》1931)

【인도국】 인도(India 印度國), 남부 아시아

이탈리아

이탈리아는 개화기에 표기 방식이 가장 많았던 나라로 48종에 달한다. 개화기 우리 문헌에 나타난 이탈리아의 표기방식을 모두 들어보기로 한다.

- 한글표기: 리틸리, 의, 의국, 의다리, 의대리, 의ᄃᆡ리, 의대리국, 의탤리, 이국, 이다리국, 이다리아, 이다리야, 이달늬, 이달리아, 이ᄃᆡ리야, 이타리, 이탈니, 이탈이, 이태리, 이ᄐᆡ리, 이ᄐᆡ리국, 이ᄐᆡ이, 이틸네, 이탤리, 이틸리, 이틸이 (26종)
- 한자표기: 大義國, 大義大利國, 義, 意, 意國, 義國, 意大里, 意大利, 義大利, 義太利, 意大里國, 意大利國, 意太利, 伊, 伊國, 伊大利亞, 以太利, 以太利國, 伊太利, 伊太里, 伊太利國, 伊太利亞 (22종)

이탈리아의 표기 방식이 이렇게 많았던 이유는 무엇일까? 그 이유로는 아마도 개화기에 우리나라에 이탈리아가 소개될 때 이탈리아어 이름과 영어 이름이 함께 소개되었을 것이라는 점을 들 수 있다. 즉 영어 Italy와 이탈리아어 Italia가 함께 들어와 우리말로는 처음부터 '이탤리', '이탈리아'라고 부를 수밖에 없었던 것이다. 이러한 현상은 도시 이름에서도 나타난다. 예를 들면 베니스와 베네치아, 밀란과 밀라노, 네이플스와 나폴리 등이 그것이다. 이들 도시 이름은 우리나라에서 지금도 영어 이름과 이탈리아 이름이 사용되고 있다.

또 하나 이유는 이탈리아를 소개한 자료의 출처 때문일 것이다. 개화기 신문 기사나 지리서, 계몽서 등은 많은 수가 중국과 일본 자료를 출처로 하고 있다. 이 때문에 개화기 외국지명 표기는 흡사 중국과 일본의 표기 전시장처럼 보이기도 한다. 한 나라를 여러 가지 방식으로 표기하는 것은 당시 사정으로 보아 어쩔 수 없는 일인지 모르나 그것이 48여 가지나 된다는 것은 좀 너무 심하다.

히말라야산맥 남쪽에 있는 공화국 ▮인도국(印度國)이어듸잇느뇨 ○답 아셰아남편(答亞西亞南偏)에잇느니라(《디구략론》1897) ▮인도국에 엇던 풍쇽과 엇던 량반이 잇다가 지금 엇던 곤란을 당ᄒᆞ나뇨(〈독립신문〉1897.10.6) ▮인도국, 印度國 India(게일편《한영자전》1897) ▮근본 인도국 엇던 붓텨의 눈알이라 갑슨 ᄉᆞ십오만원을 주고사고(〈협셩회회보〉제1권6호 1898.2.5) ▮옛젹에 인도국 졍반왕ᄯᅢ에 그 나라히 젼일ᄒᆞᆫ 도가 업슴으로(〈ᄆᆡ일신문〉1898.5.29) ▮영국셔는 인도국에셔 오래도록 샹지홈에 조곰도 두려울 거시 업고(〈대한매일신보〉1904.10.6) ▮넷젹 인도국 사ᄅᆞᆷ의 학문을 불진ᄃᆡ(최병헌《성산명경》1914)

【인도양】 인도양(Indian Ocean 印度洋), 남아시아 · 아프리카 · 오스트레일리아에 접하면서 남쪽으로 남극대륙까지 뻗어 있는 대양 ▮셔편 ᄉᆞ이는 인도양이라 닐ᄋᆞ고(한글본《ᄉᆞ민필지》1889) ▮태평양과 인도양을 건너며(〈독립신문〉1896.10.24) ▮답 태평양(答太平洋)과대셔양(大西洋)과인도양(印度洋)과븍빙양(北冰洋)과남빙양(南冰洋)이니라(《디구략론》1897) ▮인도양, 印度洋 The Indian Ocean(게일편《한영자전》1897) ▮디구리스河와 베루시야灣의 연안을 經하야 인도양으로 出하엿슴니다(〈개벽〉제1호 1920.6.25) ▮인도양 印度洋 The Indian Ocean(J.S.Gale《한영대자전》1931)

【인듸야】 인도(India), 남부아시아 히말라야산맥 남쪽에 있는 공화국 ▮印度 인듸야(유길준《서유견문》1895 제1편)

【인ᄯᅵ안】 인도양(Indian Ocean 印度洋), 남아시아 · 아프리카 · 오스트레일리아에 접하면서 남쪽으로 남극대륙까지 뻗어 있는 대양 ▮인ᄯᅵ안은 印度洋이요(《한성주보》제2호 1886.2.1 지구전도)

【일】 일본(Japan 日本), '일'은 '일본'이 줄어든 말 ▮데이는 일 로 양국이 죠션 외치 내는 일을 구완ᄒᆞ여 주는일 외에는(〈독립신문〉1897.3.1) ▮중립지대의 설치를 일중양국에 제언하고(〈별곤건〉제50호 1932.4.1) ▮동경 일독문화협회 주임 강세형(〈삼천리〉제13권6호 1941.6.1)

【일본】 일본(Japan 日本), 아시아 대륙 북동에서 남서 방향으로 이어지는 일본 열도를 차지하고 있는 섬나라 ▮일본 日本(파리외방선교회한국선교단《한불자전》1880) ▮일본과 신금산과 태평양과 단향산 등 쳐의 혹 만 명도 되며(《이언(易言)》1883) ▮일본 주경공ᄉᆞ 니하영씨는 그젹게 일본으로 갓다더라(〈독립신문〉1896.4.7) ▮일본 日本 Japan(《한영자전》게일편 재판 1897) ▮일본 병함 여셧쳑이 대한으로 힝ᄒᆞ여 온다 더라(〈협셩회회보〉제1권2호 1898.1.8) ▮근일 소문을 드른즉 일본셔 각도 각군에 역부 모집ᄒᆞ라(〈대한매일신보〉1904.8.16) ▮나도 일본이나 한 번 가 보앗으면(육정수《송뢰금》1908) ▮동에는 일본이며 셔에는 황히요(김필수《경세종》1910) ▮누가 일본이나 청국 갓흔 ᄃᆡ로 가는 사람이 잇셔 젼별ᄒᆞ려 나아온 모양이오(《쌍옥적》김용준1911) ▮현행 일본 헌법에 대하야 試觀하면(〈개벽〉제10호 1921.4.1) ▮일본 日本 Japan(J.S.Gale《한영대자전》1931)

【일본국】 일본국(Japan 日本國), 아시아 대륙 북동에서 남서 방향으로 이어지는 일본 열도를 차지하고 있는 섬나라 ▮이스바니아국과 포추갈국과 멕스고국과 남아메리까 모든 나라와 일본국이 데 이층이오(한글본《ᄉᆞ민필지》1889) ▮일본국 日本國(《국한회어》1895) ▮경슈는 부평 부ᄉᆞ ᄯᅢ에 무혈젼을 지엿스니 일본국에 붓치랴는 ᄆᆞᄋᆞᆷ이 림의 나타낫스니(〈독립신문〉1897.7.21) ▮학부에셔 ᄂᆡ부로 죠회 ᄒᆞ기를 이왕 일본국에 유학 ᄒᆞ든 학도들을(〈ᄆᆡ일신문〉1899.3.24) ▮일본국에 ᄂᆡ각 시찰노 가 잇는 고원식 씨와(〈대한매일신보〉1907.7.3) ▮그러케 왕쳥되게 뭇다가는 나죵에 셔양국이 몃 리니 일본국이 몃 리니 뭇깃소구려(민준호《마상루》1911) ▮평소에 생각하던 것과도 딴판 틀리는 일본국이다(〈개벽〉제12호 1921.6.1)

【일본해】 동해(East Sea 東海), 아시아 대륙 북동부 한반도 및 러시아 연방령 연해 지방과 일본 열도 · 사할린 섬 등으로 둘러싸인

태평양의 연해. 일본에서는 동해를 '일본해(Japan Sea)'로 부른다 ▌비가오고 날이 침울한 리유인 즉 이른날 황해부근에서 이러난 고긔압이 동으로 흘너 일본해의 이르고(〈동아일보〉1920.4.25. 3면) ▌大正 7년부터 일본해 횡단선로가 개시된 후, 일본과 관계가 밀접하고(〈개벽〉제54호 1924.12.1) ▌그러나 그들은 언제나 물건들을 가지고 일본해를 돌아 아무어강으로 올라와 가지고(〈동광〉제17호 1931.1.1) ▌대마도(對馬島)바다에는 역시 아라사군함으로 일본해 해전에 침몰된 빨틱함대의 회게선 나치모고호-이 배에는 금화가 일억원이나 실려 잇다고 한다(〈별곤건〉제61호 1933.3.1) ▌그것을 일본해에 잇글어 낙차 3,000 척을 이용하여 十七,八萬 키로왔트의 전력을 이르키고 있다(〈삼천리〉제10권10호 1938.10.1)

【일본히】동해(East Sea 東海), 아시아 대륙 북동부 한반도 및 러시아 연방령 연해 지방과 일본 열도 · 사할린 섬 등으로 둘러싸인 태평양의 연해. 일본에서는 동해를 '일본해(Japan Sea)'로 부른다 ▌디경을 의론컨대 동남북은 태평양이오 셔는 일본히며(한글본《ᄉ민필지》1889) ▌일월 십일일에 일본군함 샹반호가 일본히에셔 셕탄 륙쳔오빅돈을 싯고 히삼위로 향ᄒᆞᆫ 영국 륜션 로슈쬬호를 잡고(〈대한매일신보〉1905.1.21) ▌동에는 일본이며 셔에는 황히요 남에는 일본히와 황히가 합ᄒᆞᆫ 곳이(김필수《경세종》1910)

【일셰리아】알제리(Algeria), 아프리카 북단 지중해 연안에 있는 공화국 ▌일셰리아(〈친목회회보〉제3호 1896.6)

【일ᄉ파리아】에스파냐(España), 스페인(Spain). '일ᄉ파리아'는 España의 중국식 음역어 '日斯巴尼亞'를 우리말 한자음으로 읽은 데서 온 말이다 ▌의대리와 오마가와 븍비리아와 법란셔와 일ᄉ파리아와 포도아와 비리시 등 일곱 나라히 좃추 힝ᄒᆞ고(《이언(易言)》1883)

【일셰스와르렌】알자스로렌(Alsace-Lorraine), 프랑스 동부 라인강 서쪽 연안에 펼쳐진 지대 ▌불란셔 황뎨 나폴륜 뎨 삼셰를 쳐셔 일셰스와르렌을 ᄎᆞ지 ᄒᆞ고(〈독립신문〉1898.3.19)

【일이만】독일(Deutschland 日耳曼), '일이만'은 독일의 중국식 한자표기 '日耳曼'을 우리말 한자음으로 읽은 것이다 ▌일이만 日耳曼國名(《국한회어》1895) ▌보로사와일이만은다덕국의옛일흠이니(학부역《티셔신사》1897) ▌일이만 日耳曼Deutschland Germany(게일편《한영자전》1897) ▌오국과 일이만 디경에 셔 크게 ᄊᆞ화 익이니(〈독립신문〉1899.8.26) ▌그런즉 련텰촌 쥬의가 일이만 사ᄅᆞᆷ만 쓰고 우리 라젼사ᄅᆞᆷ은 젼 금ᄒᆞ니 비밀 계획이 잇슴을 가히 알지요(이해조《철세계》1908) ▌보로ᄉ와일이만 지방을 연합ᄒᆞ야(《성산명경》최병헌 1914)

【입흐리카】아프리카(Africa), 아시아 대륙에 이어 세계에서 두 번째로 큰 대륙. 동쪽은 인도양, 서쪽은 대서양, 북쪽은 지중해에 면해 있으며, 육대주의 하나이다 ▌阿弗利加洲 입흐리카(유길준《서유견문》1895 제1편)

【잇틀닌틱크】대서양(Atlantic Ocean), 유럽 및 아프리카 대륙과 남 · 북아메리카 대륙 사이에 있는 대양 ▌大西洋 잇틀닌틱크(유길준《서유견문》1895 제2편)

【잉글랜드】잉글랜드(England), 영국을 구성하는 4개 지역 가운데 가장 중요한 지역. 수도는 런던이다 ▌餘生을 마칠 곳을 잉글랜드로 定하얏소이다(〈소년〉제2년6권 1909.7.1) ▌未幾에 잉글랜드와 웨일쓰地方 溝梁調査의 命을 受하야(최남선역《자조론》1918) ▌英國「잉글랜드」에 在한 塚墓 중에는 3실로 구획하야 벽면이 곡선형으로 조성된 자-有하나(〈개벽〉제25호 1922.7.10) ▌이것이 역시 잉글랜드 도매조합의 본을 따라 설립한 것이므로(〈동광〉제38호 1932.10.1)

ㅈ

【자메카】 자메이카(Jamaica), 북아메리카 카리브 해상에 있는 입헌군주국 ▌영국 속도 자메카 사름들이 미국에 부속 ᄒᆞ기를 청원 ᄒᆞ랴 ᄒᆞ나(〈독립신문〉1898.9.7)

【쟈메이카】 자메이카(Jamaica), 북아메리카 카리브 해상에 있는 입헌군주국 ▌쟈메이카는 英國에 屬ᄒᆞ고(《중등만국지지》1902 제3편)

【자바】 자바 섬(Java Island), 인도네시아의 중심을 이루는 섬. 인도네시아어로는 자와 섬(Jawa Island)이라고 한다 ▌슈마드라 셤 동남에 자바ㅣ란 셤이 잇서 폭원이 남위션 여숫 듸그리브터 여듧 듸그리ᄭᆞ지니(한글판〈ᄉᆞ민필지〉1889) ▌英國를 出發ᄒᆞ야 수마트라, 자바, 모루카쓰 諸島에 至ᄒᆞ야(〈대한학회월보〉제1호 1908.2.25) ▌신가파(新嘉坡) 페난(檳榔) 등지로 도라다니다가 다시 자바(荷屬爪哇)로 류랑하엿지만(〈동광〉제32호 1932.4.1)

【쟈바】 자바 섬(Java Island), 인도네시아의 중심을 이루는 섬. 인도네시아어로는 자와 섬(Jawa Island)이라고 한다 ▌安南, 泰國, 緬甸, 印度, 쟈바, 수마투라, 呂宋은 다 긴 역사를 가젓으나(〈대동아〉제14권3호 1942.3.1)

【잔지바】 잔지바르(Zanzibar), 탄자니아 잔지바르 주의 주도 ▌익프리ㄱ 잔지바 님군을 쫏차내고 켈닛스 님군이 된거슬(〈독립신문〉1896.9.12)

【잡판】 일본(Japan), 아시아 대륙 북동에서 남서 방향으로 이어지는 일본 열도를 차지하고 있는 섬나라 ▌日本 잡판(유길준《서유견문》1895 제1편)

【전지바】 잔지바르(Zanzibar), 탄자니아 잔지바르주의 주도 ▌孱支排 전지바(유길준《서유견문》1895 제1편)

【제노와】 제노바(Genova), 이탈리아 북서 해안에 있는 도시. 영어로는 제노아(Genoa)라고 한다 ▌곳 伊太利國 제노와 ᄯᅡ에 生ᄒᆞᆫ 구리스도화거론부스니라(《국민소학독본》1895)

【젠오아】 제노바(Genova), 이탈리아 북서 해안에 있는 도시 영어로는 제노아(Genoa)라고 한다 ▌북에는 두린과 밀란과 젠오아ㅣ란 포촌과(한글본《ᄉᆞ민필지》1889),

【져만에】 독일(Germany), 유럽의 중부의 공화국 ▌日耳曼 져만에(유길준《서유견문》1895 제1편)

【졍말】 덴마크(Denmark 丁抹), '졍말'은 덴마크(Denmark)의 중국식 한자표기 '丁抹'을 우리말 한자음으로 읽은 것이다 ▌졍말공쥬 누이사는 사움븕립페 셰즈 프레드릭씨게로 혼인을 ᄉᆞ월 초구일에 졍말 셔울 코편헤근셔 힝 ᄒᆞ엿는ᄃᆡ(〈독립신문〉1896.4.14) ▌데 삼등 나라는 토이긔 스위든 노웨 하란 별짐 그리스 셔샤 포도아 졍말 이라(〈대조선독립협회회보〉제3호 1896.12.31)

【졔네바】 제네바(Geneva), 스위스 제네바 주(州)의 주도(州都) ▌오디리 황후가 셔ᄉᆞ국 졔네바를 류람 ᄒᆞ시다가 긱뎜에셔 부두로 가실 동안에(〈독립신문〉1898.9.21)

【졔네쫘】 제네바(Geneva), 스위스 제네바 주(州)의 주도(州都) ▌首府졔네쫘는同名湖의 西端에在ᄒᆞ니(《중등만국지지》1902 제2편)

【졔네바湖】 제노바 호(Geneva Lake), 스위스 남서부, 프랑스와의 국경에 있는 호수. 레만 호(Lake Leman)의 다른 이름이다 ▌凡二十五湖라其大ᄒᆞᆫ者는西佛境에졔네바湖(GENEVA)가有ᄒᆞ니(《중등만국지지》1902 권2)

【졔네화】 제네바(Geneva), 스위스 제네바 주(州)의 주도(州都) ▌本社從西曆一千八百六十三年十月,瑞西國 졔네화府開設萬國會議議決(《조선왕조실록》고종42년 1905.10.27) ▌第三條 本社는西曆一千八百六十三年十月瑞西國졔네화府에開設ᄒᆞᆫ萬國會議議決과(〈관보〉제3284호 1905.10.31)

【쩨네바】제네바(Geneva), 스위스 제네바 주(州)의 주도(州都) ▎再昨年 瑞西國 쩨네바에셔 調印훈 改正赤十字條約은 各各必要훈 節次를 經훈야 兩三日中에 發表훈다더라(〈대동학회월보〉제5호1908.6.25)

【쩨르사렘】예루살렘(Jerusalem), 이스라엘의 수도. 유대교와 그리스도교 이슬람교가 탄생한 도시이며 현재는 이스라엘이 점령하고 있지만 국제법상 어느 나라 소유도 아니다 ▎쩨르사렘(YERUSALEM)은古猶太地요(《중등만국지지》1902 권1)

【쪼한늬쓰쌜크】요하네스버그(Johannesburg), 남아프리카공화국 가우텡(Gauteng) 주에 있는 도시 ▎其附近의쪼한늬쓰쌜크(JOHANNESBURG)는金礦業의中心을占훈야繁華훈都會러라(《중등만국지지》1902 권3)

【중】중국(China 中國), '중국'이 줄어든 말 ▎일본의 리익에 관한 일중조약을 새로히 해결하기 위하야 그 긔본문(基本文)을 작성할 것(〈별곤건〉제57호 1932.11.1)

【중국】중국(China 中國), 고대로부터 중화인민공화국에 이르는 모든 중원의 나라를 통칭하는 말. '중화인민공화국(中華人民共和國)'의 약칭 ▎아세아 극동에 중국과 우리나라는 고래로 문명국이라 자칭하고 례의국이라 자존하며(〈신학월보〉제4권5호 1904.5) ▎又는 중국을 稱함도 아니요. 但 조선을 稱함이니(〈개벽〉제10호 1921.4.1) ▎그는 중국 사람이 읽을 중국의 소학이지마는 이것은 조선 사람이 읽을 조선의 소학입니다(〈동광〉제11호 1927.3.5) ▎내가 임이 중국을 조와햇섯든 까닭인지는 몰으나 한참이나 멍하고 서서 이리저리 살피다가(〈만국부인〉제1호 1932.10.1)

【즁국】중국(中國), 고대로부터 중화인민공화국에 이르는 모든 중원의 나라를 통칭하는 말. '중화인민공화국(中華人民共和國)'의 약칭 ▎즁국 中國(파리외방선교회한국선교단《한불자전》1880) ▎이덕의 법의 즁국 법을 변훈믄 듯지 못훈괘라(《이언(易言)》1883) ▎또 싱각건대 즁국 글ᄉᆞᄌᆞ로는 모든 사룸이 뽈니 알며 널니 볼 수가 업고(한글판《ᄉᆞ민필지》1889) ▎중국 즁국(언더우드편《한영자전》1890) ▎지금즁국신강셔븍방이라(학부역《티셔신사》1897) ▎즁국, 中國 Middle Kingdom -China(게일편《한영자전》1897) ▎셰계 각국 즁에 고국을 말훈거드면 一은 아셰아에 즁국이오(〈독립신문〉1899.2.2) ▎십 여 년에 즁국 글과 말을 널니 통훈야 붉히고(민아오스딩 감준《긔해일긔》1905) ▎공민왕 팔년 칠월에 즁국 평쟝ᄉᆞ 벼슬훈 화니젹이라 훈는 사룸이(〈대한매일신보〉1907.7.21) ▎그러나 본래 즁국은 물이 너무 흐러여서 우리나라에서 강에 나가 노는 것 만한 홍취는 엇기가 힘들 것이다(〈개벽〉제38호 1923.8.1) ▎즁국, 中國 Middle Kingdom -China(J.S.Gale《한영대자전》1931)

【즁아미리가】중앙아메리카(Central America), 남 · 북아메리카 대륙을 연결하는 좁은 지대 ▎이에 즁아미리가 잇고 즁아미리가 남아미리 ᄉᆞ이에 닛가라과라 훈는 해협이 잇서(〈독립신문〉1899.1.31)

【즁앙아메리가】중앙아메리카(Central America), 남 · 북아메리카 대륙을 연결하는 좁은 지대 ▎즁앙 아메리가 쇽에는 다셧 나라를 병 훈여 여셧 갑졀이요(〈독립신문〉1896.5.30)

【즁앙아셰아】중앙아시아(Central Asia), 중앙아시아의 범위는 일정하지 않지만 일반적으로 카자흐스탄, 키르기스스탄, 우즈베키스탄, 타지키스탄, 투르크메니스탄 등이다 ▎즁앙 아셰아의 아랴샤 쇽디에 ᄉᆞ빅 십 칠만 오쳔 일빅 일명이요(〈독립신문〉1897.8.21) ▎로국 즁앙 아셰아 령토에 광업과 그밧긔 여러 실업이 아즉 발달이 되지 못훈는딕(〈대한매일신보〉1909.7.11)

【지】지나(China 支那), 중국 본토의 다른 명칭. '지'는 '지나(支那)'가 줄어든 말 ▎余는 일본의 진정한 동기를 이해하며 일지양국에 잇서서 공통할 이상에 공명하는 지나인이 많음을 확신합니다(〈삼천리〉제10권1호

1938.1.1)

【지나】지나(China 支那), 중국 본토의 다른 명칭. 최초로 중국을 통일한 '진(秦)'의 음(chi'n)에서 온 말로 알려져 있다 ▌녯적 지나 宋時에 司馬溫公이란 ᄉᆞ룸이 잇스니(학부편《신정심상소학》1896) ▌만국샹에빗치나고 지나국을압두로다(《독립신문》1896.8.1) ▌支那의 關稅와 製造稅(지나의 관세와 제조세)(《대한매일신보》제6호 1897.2.15) ▌지나 녜적에 밍ᄌᆞ의 어렷슬 ᄯᅢ ᄉᆞ젹을 듯지 못ᄒᆞ엿ᄂᆞᆫ가 밍ᄌᆞ와 ᄀᆞᆺ흔 이로도 인류의 샹례를 버셔나지 못ᄒᆞ여(《대한매일신보》1909.4.2) ▌지나(支那) 사람덜도 그 쇼문을 듯고 엇더케 구경ᄒᆞ고 십던지 글을 짓기를(김용준《쌍옥적》1911) ▌지나의 녯 사ᄅᆞᆷ의 렬녀ᄂᆞᆫ 불경이부라 ᄒᆞᄂᆞᆫ 말을 잘못 히셕ᄒᆞ야(민준호《홍도화》1912) ▌지나(支那)①淸國(청국). ②中華民國(즁화민국)(심의린《보통학교 조선어 사전》1925) ▌지나 支那 China(J.S.Gale《한영대자전》1931)

【지리】칠레(Chile 智利), 남아메리카 남서부에 있는 공화국. '지리'는 Chile의 중국식 한자표기 '智利'를 우리말 한자음으로 읽은 것이다 ▌지리 진 작년에 二万一千九百돈(《독립신문》1899.9.11) ▌지리 智利 Chile(J.S.Gale《한영대자전》1931)

【지부라루탈海峽】지브롤터(Gibraltar), 에스파냐의 이베리아 반도 남단에서 지브롤터 해협을 향하여 남북으로 뻗어 있는 반도로 영국의 직할 식민지 ▌其峽間을지부라루탈(GIBRALTAR)이라云ᄒᆞ고(《중등만국지지》1902 권2)

【지부랄타】지브롤터(Gibraltar), 에스파냐의 이베리아 반도 남단에서 지브롤터 해협을 향하여 남북으로 뻗어 있는 반도로 영국의 직할 식민지 ▌영국정부에서 디즁히에잇ᄂᆞᆫ 지부랄타 포대로 군ᄉᆞ를 더보닉엿다더라(《협성회회보》1898.1.22) ▌지부랄타에서 델손을 이기고 승〻댱구하야 압길이 더욱히 광명되어 가든 길에(《동아일보》1921.5.5. 3면) ▌『지부랄타』와『예쓰』運河와『말래』海峽(新嘉坡軍港所在地)은(《개벽》제55호 1925.1.1)

【지부랄타르】지브롤터(Gibraltar), 에스파냐의 이베리아 반도 남단에서 지브롤터 해협을 향하여 남북으로 뻗어 있는 반도로 영국의 직할 식민지 ▌이에 지부랄타르 말타 시이푸라스 埃及 아덴 폐림 스단 等이 西으로부터 印度에 至하는 通路上에(《동아일보》1920.8.31. 1면) ▌우리가 지부랄타르 海峽에 도착하얏슬 때에(《삼천리》제7권5호 1935.6.1)

【지부랄타海峽】지브롤터(Gibraltar), 에스파냐의 이베리아 반도 남단에서 지브롤터 해협을 향하여 남북으로 뻗어 있는 반도로 영국의 직할 식민지 ▌去十五日同地에 着ᄒᆞ야 一週間 滯任ᄒᆞᆫ 後 지부랄타海峽을 經ᄒᆞ야 本月(一月)下旬에 本國으로 歸航ᄒᆞᆫ다더라(《대동학회월보》제12호 1909.1.25)

【지불올타】지브롤터(Gibraltar), 에스파냐의 이베리아 반도 남단에서 지브롤터 해협을 향하여 남북으로 뻗어 있는 반도로 영국의 직할 식민지 ▌영국 졍부에셔 디즁해에 잇ᄂᆞᆫ 영국 포디 지불올타로 군ᄉᆞ를 더 보닛다더라(《독립신문》1898.1.18)

【지브롤타】지브롤터(Gibraltar), 에스파냐의 이베리아 반도 남단에서 지브롤터 해협을 향하여 남북으로 뻗어 있는 반도로 영국의 직할 식민지 ▌덕국 친왕 헨늬씨가 영국 포디 지브롤타에 이름의 게셔 영국 포디 쟝관이 ᄆᆞ져 져녁에 즌치 ᄒᆞ엿다더라(《독립신문》1898.1.4)

【지중해】지중해(Mediterranean Sea), 유럽 대륙과 아프리카로 둘러싸인 바다 ▌주석 ᄶᅢ는주 강생 五十八년이나 六十년이오 ᄶᅡ은 지중해 가온대 멜니데라(《신학월보》제3권8호 1903.8) ▌그러나 그는 나폴레옹이 법국 황제인 줄은 알지마는 원래 지중해 중에 있는 코르시카 섬 사람인 줄은 모른다(《무정》이광수 1917) ▌구라파에 지중해가 업섯드면 구라파의 今日은 참으로 의문일 것이외다(《개벽》제23호 1922.5.1) ▌알파인족, 지중해족 및 놀뒥족이 셋으로 이 셋 종족의 영혼은 개성화 되

었으니(〈동광〉제12호 1927.4.1) ▎멀고 먼 지중해 가온대의 무인도로 귀양을 보냇고(〈별건곤〉제19호 1929.2.1) ▎메츨 동안 지중해와 홍해를 지내다가 기선이 우리들을 「아라비아」 사막 해안에다가 던지고 말 때에(〈삼천리〉제3권제11호 1931.11.1)

【지카고】 시카고(Chicago), 미국 일리노이 주 북동부에 있는 도시 ▎池家皐(지카고)此府는合衆國의第五都會라稱ᄒᆞᄂᆞᆫ者니(유길준《서유견문》1895 제19편)

【지쁘랄타】 지브롤터(Gibraltar), 에스파냐의 이베리아 반도 남단에서 지브롤터 해협을 향하여 남북으로 뻗어 있는 반도로 영국의 직할 식민지 ▎惑은 지쁘랄타를 侵掠하고(〈소년〉제2년1권 1909.1.1)

【진주만】 진주만(Pearl Harbor 眞珠灣), 미국 하와이 주 오아후 섬, 호놀룰루의 서쪽에 위치한 만. '진주만'은 Pearl Harbor의 일본식 한자표기 '眞珠灣'에서 온 말이다 ▎U·P기자는 금년 중의 최대의 사건으로 左記의 10사건을 들었는데 過般 우리 해군의 진주만 공격을 그 필두에 두었다(〈삼천리〉제14권1호 1942.1.1) ▎湊川에서 전사한 大楠公의 정신, 爆彈三勇士의 정신, 하와이 진주만 공격의 九軍神의 정신,-이것이 皇軍의 정신입니다(〈대동아〉제14권5호 1942.7.1)

ㅊ

【차-드湖】차드 호(Lake Chad), 아프리카 중서부에 있는 호수 ▌又殆히洲의中央에차-드湖(CHAD)라云ᄒᆞᆫ一大湖가有ᄒᆞ니(《중등만국지지》1902 권3)

【차이나】중국(China), 중국의 영어식 표기 China에서 온 말이다 ▌西洋人은차이나(CHINA)라稱ᄒᆞ니(《중등만국지지》1902 권1) ▌차이나 메일 신문에 일본인이 청국에셔 져의 불교를 젼파ᄒᆞᄂᆞᆫ 힝동에 ᄃᆡᄒᆞ야 말ᄒᆞ엿스되(〈대한매일신보〉1905.1.21)

【창이나】중국(China), 중국의 영어식 표기 China에서 온 말이다 ▌淸國(支那) 창이나(시나)(유길준《서유견문》1895 제1편) ▌淸國支那 창이나 시나(〈대한자강회월보〉제11호 1907.5.25)

【챠이나】중국(China), 중국의 영어식 표기 China에서 온 말이다 ▌「챠이나, 프레쓰」紙는 天津에서 1千名以上의 暴徒가 市政府, 公安局, 津浦線 中央停車場을 襲擊하고(〈동광〉제30호 1932.1.25)

【청】청나라(Qing 淸), 만주족의 누르하치가 세운 왕조로 중국 최후의 왕조(1636~1912년) ▌그해 7월 28일에 풍도(豐島) 부근 해상에서 일청 양국의 해군이 서로 충돌을 시작하야(〈별곤건〉제44호 1931.10.1)

【청국】청나라(Qing 淸國), 만주족의 누르하치가 세운 왕조로 중국 최후의 왕조(1636~1912년) ▌만일청국으로론ᄒᆞ면만쥬몽고셔장신강을합ᄒᆞ야야영리로ᄉᆞ빅ᄉᆞ십륙만방리가되더라(학부역《티셔신사》1897) ▌일본이 청국셔 ᄲᅢ슨 유구국은 츙승현을 ᄆᆞᆫ드럿ᄂᆞᆫᄃᆡ(〈독립신문〉1897.1.12) ▌그 남자는 청국말을 하는 양인이라(이인직《혈의 누》1906) ▌아직 청국ᄶᅡ에 잇는지 죠션ᄶᅡ으로 드러왓는지 몰오는터이라(민준호《행낙도》1912)

【쳔츅국】천축국(India 天竺國), 중국에서 인도를 부르던 옛 명칭 ▌화셜 녯젹 서역에 쳔츅국이라 ᄒᆞᄂᆞᆫ나라이 잇쓰니(이동《유옥역젼》1885) ▌혹 쳔츅국(天竺國)에도 달ᄒᆞ야(〈신학월보〉제6권3호 1908)

【쳥】청나라(Qing 淸國), 만주족의 누르하치가 세운 왕조로 중국 최후의 왕조(1636~1912년) ▌한쳥 조야은 몬져 ᄉᆞᆷ안 쇼건과 크게 ᄒᆞᆫ가지고 죠곰만 다른듯 ᄒᆞ며(〈독립신문〉1899.9.20) ▌다만 한쳥 양국을 돌녀 보ᄂᆡ며 ᄯᅩ ᄒᆞᆫ 다른 나라이 아라샤를 방조ᄒᆞ야(〈대한매일신보〉1904.10.6)

【쳥국】청나라(Qing 淸國), 만주족의 누르하치가 세운 왕조로 중국 최후의 왕조(1636~1912년) ▌디경을 의론컨대 북은 쳥국이오 동은 범아국과 인도양이오 남도 인도양이오 셔도 인도양이며 ᄯᅩ 벌루기스단과 압간니스단국이며(《ᄉᆞ민필지》(한글본1889) ▌일본셔ᄂᆞᆫ 륙군대쟝 산현유붕씨가 가고 쳥국셔ᄂᆞᆫ 니홍쟝 씨가 갓다더라(〈독립신문〉1896.4.7) ▌쳥국(淸國)이어ᄃᆡ잇ᄂᆞ뇨 ○답아셔아동편(答亞西亞東偏)에잇ᄂᆞ니라(《디구략론》1897) ▌아라사 신문들이 덕국이 쳥국 교쥬ᄎᆞ지 ᄒᆞᄂᆞᆫ것을 대단이 됴치안케 말ᄒᆞ나(〈협셩회회보〉제1권1호 1898.1.1) ▌군부대신 심샹훈씨가 쟝ᄎᆞᆺ 젼권 대신으로 쳥국에 간다ᄂᆞᆫᄃᆡ(〈믹일신문〉1898.8.19) ▌음력 칠월 일일에 아병 오십여 명이 쳥국ᄶᅡᆼ 분구에 ᄅᆡ도ᄒᆞᆫ 일은 이왕 보고ᄒᆞ엿거니와(〈대한매일신보〉1904.9.5) ▌쟝슈촌 셜시ᄒᆞᆯ ᄯᅢ 맛참 쳥국인 슈만 명이 미국인의 ᄶᅩ긴 바되야(이해조《철세계》1908) ▌쳥국은 중화(中華)라(정윤수《초목필지》1909) ▌누가 일본이나 쳥국 갓흔 ᄃᆡ로 가는 사람이 잇셔 젼별ᄒᆞ려 나아온 모양이오(김용준《쌍옥적》1911) ▌조션과 달니 복색붓터 셔투른 쳥국 ᄉᆞ름이 달나고 ᄒᆞ닛가(김용준《월하가인》1912) ▌엇던 쳥국 ᄉᆞ람이 ᄶᅡ라 온다(《향락도》민준호 1912) ▌쳥국 淸國 China(J.S.Gale《한영대자전》1931)

【쳥나라】청나라(Qing 淸國), 만주족의 누르하치가 세운 왕조로 중국 최후의 왕조(1636~1912년) ▌경셔로 브터 텬ᄌᆞ셔지 다 쳥 나라 글이요 대한은 통감 ᄒᆞᆫ칙이 업스니

(《독립신문》1898.5.21) ▌원나라와 청나라 임군굿흔 이젹으로 빈쳑ᄒᆞᄂᆞᆫ 인죵이라도 졋만 먹이면 노래를 부르고 츔을 츄어셔(《대한매일신보》1908.7.23) ▌청나라, 清國 The present chinese dynasty(게일편《한영자전》1911) ▌청나라 清國 China(J.S.Gale《한영대자전》1931)

【쵀드】차드(Chad), 아프리카 중북부 내륙에 있는 공화국 ▌법국셔ᄂᆞᆫ 와대싸져미와 쵀드라 ᄒᆞᄂᆞᆫ 회슈 동편과 북편 디방을 차지 ᄒᆞ엿다더라(《독립신문》1899.4.4)

【치리】칠레(Chile), 남아메리카 남서부에 있는 공화국 ▌그사이 南米에서 가장 유력한 ABC(알젠티나 부라질, 치리) 열강의 중재를 위시하야(《개벽》신간 제1호 1934.11.1)

【치카고】시카고(Chicago), 미국 일리노이(Illinois) 주 북동부에 있는 도시 ▌저 궁향소촌이 모다 미국에 치카고시와 굿치 번셩 ᄒᆞ기를 바랄지라(《독립신문》1896.7.23) ▌此額中 치카고 大學校에 四千二百六十四萬元과 紐育敎育會에 八千六百万元를 寄附ᄒᆞ얏스되(《대한자강회월보》제10호 1907.4.25) ▌미국 치카고 각 텰도 화부ᄂᆞᆫ 공젼을 느려 달나고 동밍파공을 ᄒᆞ엿슴으로(《대한매일신보》 1910.3.20) ▌「사-치라이트」외에 「치카고」에서 발행하는 따운(Down)「일리노」주 「미란」에서 발행하는 「레일·스피릿터-」(Rail Splitter)가 잇다(《별곤건》제7호 1927.7.1) ▌이 사람의 홈으런 때문에 치카고 대학이 勝戰을 하엿다(《동광》제23호 1931.7.5)

【치카코】시카고(Chicago), 미국 일리노이(Illinois) 주 북동부에 있는 도시 ▌리륙월에 미국 치카코 셩에셔 미국 국회를 홀 터인ᄃᆡ(《대한매일신보》1908.3.10)

【치푸랄달】지브롤터(Gibraltar), 에스파냐의 이베리아 반도 남단에서 지브롤터 해협을 향하여 남북으로 뻗어 있는 반도로 영국의 직할 식민지 ▌영국 해협 함ᄃᆡ가 홀디에 치푸랄달에셔 발션 ᄒᆞ라ᄂᆞᆫ 명령을 밧음은(《독립신문》1899.11.9)

【칠늬】칠레(Chile), 남아메리카 남서부에 있는 공화국 ▌智利 칠늬(유길준《서유견문》1895 제1편) ▌일본 졍부에셔 미국에 잇ᄂᆞᆫ 일본 공ᄉᆞ를 명 ᄒᆞ야 남 아메리가에 잇ᄂᆞᆫ 공화국 칠늬와 통샹 약죠를 ᄒᆞ라고 ᄒᆞ엿다더라(《독립신문》1897.8.17)

【칠릐】칠레(Chile), 남아메리카 남서부에 있는 공화국 ▌비루국과 블늬비아국과 칠릐국과 아젠뒨합즁국과 바라궤국과 유루궤국이니라(한글본《ᄉᆞ민필지》1889)

【칠리】칠레(Chile), 남아메리카 남서부에 있는 공화국 ▌피루와 칠리에 가ᄂᆞᆫ 공ᄉᆞ들이 이등공ᄉᆞ 인ᄃᆡ 년봉이 금젼으로 만원이오(《독립신문》1897.1.28)

ㅋ

【카나다】 캐나다(Canada), 북아메리카 대륙 북부에 있는 국가. 영국연방의 일원 ▌일본 횡빈으로 가 카나다 화륜션 엠쑤레쓰어프 차이나를 타고 반큐버-로 가 아미리가로 구라파에 갓다더라(《독립신문》1896.5.5) ▌국민을 경셩ᄒᆞ여 카나다와 인도ᄀᆞ흔 큰 디방을 엇어 령디를 ᄉᆞᆷ엇스며(《대한매일신보》1909.6.8) ▌카나다에서 起한 英佛人間의 衝突(《개벽》제68호 1926.4.1) ▌1877년-「休暇를 이용한 學校」라는 名稱으로 「카나다」 몬트리올에서 처음으로 開學이 되었다(《동광》제15호 1927.7.5)

【카나리 셤】 카나리아 제도(Canary Islands), 아프리카 북서부 대서양에 있는 에스파냐령 화산 제도 ▌남대양에 잇ᄂᆞᆫ 카나리 셤즁 치넬프 셤에셔ᄂᆞᆫ 화산을 발견ᄒᆞ엿다더라(《대한매일신보》1909.11.25)

【카듸즈】 카디즈(Cadiz), 스페인 남서부의 항구 도시 ▌哥杜朱(카듸즈) 此府ᄂᆞᆫ 細勃府鐵路 二百三十里許에據ᄒᆞ야(유길준《서유견문》1895 제20편)

【카스타뤼익카】 코스타리카(Costa Rica), 중미 남부에 위치한 공화국으로 북쪽으로 니카라과, 남쪽으로 파나마와 접해 있다 ▌즁앙 아메리가 한투라스 고터메일나 늬카로가 카스타뤼익카 네 나라이 합 ᄒᆞ야 ᄒᆞᆫ 나라이 되야 일홈을 즁앙 아메리가 공화국이라 ᄒᆞ고(《독립신문》1897.10.26)

【카시미르】 카슈미르(Kashmir), 인도 북서부에서 파키스탄 북동부까지의 지역 이름 ▌淸人 蒙古人 카시미르人等이(《소년》제2년1권 1909.1.1)

【카쑬府】 카불(Kabul), 아프가니스탄의 수도 ▌都邑카쑬府(KABUL)ᄂᆞᆫ 阿國北部山麓에風景이 佳絶ᄒᆞᆫ處를占ᄒᆞ니(《중등만국지지》1902 권1)

【칼남비아】 콜롬비아(Colombia), 남아메리카 대륙의 북서쪽 끝에 있는 나라 ▌哥倫比 칼남비아(유길준《서유견문》1895 제1편)

【칼늬포늬아】 캘리포니아(California), 미국 서부의 주. 태평양 연안에 있으며 남쪽으로 멕시코와 접경한다. 주도(州都)는 새크라멘토(Sacramento) ▌미국 칼늬포늬아쥬에셔 션거ᄒᆞᆫ 국회의원 셰이쓰 씨의 뎨츌ᄒᆞᆫ 동양 이민의 졔한ᄒᆞᄂᆞᆫ ᄉᆞ건을 대통령이 찬조ᄂᆞᆫ 아니ᄒᆞ엿스나(《대한매일신보》1907.12.8) ▌惑은 칼늬포늬아 一帶의 짱으로 葡萄와 牟麥의 耕作을 하라가난者ㅣ(《소년》제2년1권 1909.1.1)

【칼늬포늬아쥬】 캘리포니아(California), 미국 서부의 주. 태평양 연안에 있으며 남쪽으로 멕시코와 접경한다. 주도(州都)는 새크라멘토(Sacramento) ▌미국 칼늬포늬아쥬에셔 션거ᄒᆞᆫ 국회의원 셰이쓰 씨의 뎨츌ᄒᆞᆫ 동양 이민의 졔한ᄒᆞᄂᆞᆫ ᄉᆞ건을 대통령이 찬조ᄂᆞᆫ 아니ᄒᆞ엿스나(《대한매일신보》1907.12.08)

【칼니또룬이아灣】 캘리포니아 만(Gulf of California), 멕시코 북서단의 태평양 쪽에 북에서 남동 방향으로 좁고 길게 난 만 ▌西岸一帶ᄂᆞᆫ太平洋에瀕ᄒᆞ고칼니또룬이아灣(CALIFORNIA)은南으로브터突入ᄒᆞ야(《중등만국지지》1902 권3)

【칼크다】 콜카타(Kolkata), 인도 동부 서벵골 주의 주도. 옛 명칭은 캘커타(Calcutta)이다. 영국 식민지 시대 때 수도였다 ▌인도 칼크다에 큰 디동이 이틀 십삼일에 이러나 오분 동안을 흔드ᄂᆞᆫ듸(《독립신문》1897.6.22)

【칼노라도강】 콜로라도 강(Colorado River), 미국 남서부를 흐르는 강. 로키 산맥에서 발원하여 콜로라도 주, 유타 주, 애리조나 주, 네바다 주, 캘리포니아 주를 거쳐 멕시코령 캘리포니아 만(灣)으로 흘러든다 ▌셔편에 칼노라도와 컬넘비아ㅣ란 강이 태평양에로 드러가고(한글본《ᄉᆞ민필지》1889)

【캄보듸아】 캄보디아(Cambodia), 인도차이나 반도 남쪽 메콩 강 하류에 위치한 인민

공화제 국가 ▎基斯坦과新嘉坡의諸島와甘保杜野(캄보듸야)와葛南菲野며(유길준《서유견문》1895 제1편)

【캄탓카】 캄차카 반도(Kamchatka peninsula), 러시아 극동에 있는 험준한 산악 지형으로 이루어진 반도 ▎二倍됴곰不足한 캄탓카와(〈소년〉제1년2권 1908.12.1)

【키나다】 캐나다(Canada), 북아메리카 대륙 북부에 있는, 영국연방 내의 연방국가 ▎청국셔 십오만 쓰럼지를 보닛고 키나다에셔 구십만 쓰럼지를 보내엿다더라(〈독립신문〉1897.6.1) ▎키나다 쟝로회에셔 두헤 동안에 세례 밧은 형데의 수효는 함흥 원산 합ᄒᆞ야 이십인이오(〈신학월보〉제1권8호 1901.7) ▎(킵킵쁘리론)島(키나다)[루이씨니아]等地러니(대한유학생회학보>제1호 1907.3.3)

【키늬아】 케냐(Kenya, The Republic of Kenya), 아프리카 동부 인도양 연안에 있는 공화국 ▎키늬아에 야만들이 기화ᄒᆞᆫ 사름들이 그ᄶᅡ에 와셔 사는거슬 헤 ᄒᆞ랴 ᄒᆞ는 고로(〈독립신문〉1896.8.11)

【컨스탄틔노플】 콘스탄티노플(Constantinople), 오늘날의 이스탄불. 발칸 반도와 아나톨리아, 흑해와 지중해 사이의 보스포루스(Bosphorus) 반도의 전략적 위치에 있다 ▎도셩을 의론컨대 컨스탄틔노플이니 ᄲᅡ스보러스 믈ㅅ목ㅅ ᄀᆞ히오(한글본《ᄉᆞ민필지》1889)

【컨턱기】 켄터키(Kentucky), 미국 남부의 주. 주도는 프랭크퍼트(Frankfort) ▎미국 컨턱기 메이피일이란 동리셔 라련스씨 부인이 ᄋᆞ히를 ᄒᆞᆫ번에 다셧슬 낫는ᄃᆡ(〈독립신문〉1896.6.20)

【케베크】 퀘벡(Quebec), 캐나다 동부 퀘벡(Quebec) 주의 주도 ▎케베크(QUEBEC)州는 늬우부룬스윅크의西센토로렌스河의西邊을跨ᄒᆞ니(《중등만국지지》1902 권3)

【켄탁키-】 켄터키(Kentucky) 주, 미국 중남부에 있는 주 ▎켄탁키-(KENTUCKY)(《중등만국지지》1902 제3편)

【코론보府】 콜롬보(Colombo), 스리랑카의 행정적 수도. 실론 섬의 남서해안 켈라니 강(江) 하구에 위치한다 ▎마나르(MANAR)에는 眞珠를出ᄒᆞ코론보府(COLOMBO)는西岸에在ᄒᆞ니人口가十二萬七千이오(《중등만국지지》1902 권1)

【코롬비아】 콜롬비아(Colombia), 남아메리카 북서부에 있는 공화국 ▎太平洋에는콜로라-드(COLORADO)코롬비아(COLOMBIA)유콘(YUKON)三大河가流入ᄒᆞ며(《중등만국지지》1902 권3)

【코루시카】 코르시카 섬(Corsica Island), 지중해 북부 사르데냐 섬 북쪽 보니파시오 해협 사이에 있는 프랑스령 섬 ▎次는코루시카(CORSICA)니只分水嶺이오(《중등만국지지》1902 권2)

【코르도바】 코르도바(Cordoba), 에스파냐 남부 코르도바 주의 주도 ▎南米中第一都會處오코르도바(CORDOMA)及로사리오(ROSARIO)도重要ᄒᆞᆫ市場으로貿易이盛ᄒᆞ며(《중등만국지지》1902 권3)

【코스ᄃᆞ리카】 코스타리카(Costa Rica), 중미 남부에 위치한 공화국으로 북쪽으로 니카라과, 남쪽으로 파나마와 접해 있다 ▎코스ᄃᆞ리카(〈친목회회보〉제5호 1897.6)

【코스다카】 코스타리카(Costa Rica), 중미 남부에 위치한 공화국으로 북쪽으로 니카라과, 남쪽으로 파나마와 접해 있다 ▎코스다카와 산도밍고와 헤타이 보다 네 갑절이 크고(〈독립신문〉1896.5.30)

【코스타뤼가】 코스타리카(Costa Rica), 중미 남부에 위치한 공화국으로 북쪽으로 니카라과, 남쪽으로 파나마와 접해 있다 ▎高斯太樓哥 코스타뤼가(유길준《서유견문》1895 제1편)

【코스타리카】 코스타리카(Costa Rica), 중미 남부에 위치한 공화국으로 북쪽으로 니카라과, 남쪽으로 파나마와 접해 있다 ▎코

스타리카(COSTA RICA)(人口는二十四萬)는尼加拉瓦南에在훈共和國이니(《중등만국지지》1902 권3) ▌米國弩級戰艦 펜실바니아號는 巴奈馬 코스타리카 間의 爭議에 對한 米國政府의 宣言實行을 監視하기 爲하여(〈동아일보〉1921.8.26. 2면)

【코스타릭카】 코스타리카(Costa Rica), 중미 남부에 위치한 공화국으로 북쪽으로 니카라과, 남쪽으로 파나마와 접해 있다 ▌릭카록아 샐벼도와 코스타릭카에 가는 공스가 훈나힌디 년봉이 만원이오(〈독립신문〉1897.1.28)

【코카슈스】 캅카스(Kavkaz), 러시아 남부, 카스피 해와 흑해 사이에 있는 산계 · 지역의 총칭. 영어로는 코카서스(Caucasus) · 코카시아라고도 한다 ▌코카슈스에 구빅 칠십 이만 삼천 오빅 오십이명이요(〈독립신문〉1897.8.21)

【코펀헤근】 코펜하겐(Copenhagen), 덴마크의 수도 ▌이대신은지금아라샤공스로정말셔울 코펀헤근에 쥬찰 흐얏는디 곳 아라샤셔울 셴트피더-스벍으로 간다더라(〈독립신문〉1897.1.26)

【코편헤근】 코펜하겐(Copenhagen), 덴마크의 수도 ▌정말셔울코편헤근셔 힝 흐엿는디(〈독립신문〉1896.4.14)

【코픈헤근】 코펜하겐(Copenhagen), 덴마크의 수도 ▌셔샤셔울 번과 셔젼셔울 스닥홈과 정말셔울 코픈헤근과 포도아셔울 리스본이라(〈독립신문〉1897.1.28)

【콘스탠틔노불】 콘스탄티노플(Constantinople), 오늘날의 이스탄불(Istanbul). 비잔틴제국 이후 1500년간, 동방 그리스도교 세계와 이슬람 세계의 정치 · 문화 · 종교의 중심지의 하나였다. 고대 그리스 · 로마시대는 비잔티온(Byzantion), 비잔티움(Byzantium), 비잔틴시대는 콘스탄티노폴리스(Constantinopolis), 영어명 콘스탄티노플(Constantinople)라고 하였다 ▌토이긔 셔울 콘스탠틔노불을 추지 흐야 게다가 아랴사셔울을빅셜 흐고(〈독립신문〉1897.9.9)

【콘스탄틔노풀】 콘스탄티노플(Constantinople), 오늘날의 이스탄불(Istanbul) ▌콘스탄틔노풀에는 형세가 더욱 위험흐야 쟝교가 만히 암살을 당흐고 근위디 병뎡은 완젼흔 젼투쥰비를 시작흐니(〈대한매일신보〉1909.4.25)

【콘스탠틔노플】 콘스탄티노플(Constantinople), 오늘날의 이스탄불(Istanbul) ▌二萬은콘스탠틔노풀에 八萬은 시리아에 八萬은 모로코에 駐屯케하고자 하노라(〈동아일보〉1921.11.26. 2면)

【콘쓰탄티노플】 콘스탄티노플(Constantinople), 오늘날의 이스탄불(Istanbul) ▌大蓋異教徒를 콘쓰탄티노플(터京)로서 驅逐하랴함은(〈소년〉제1년2권 1908.12.1)

【콜논】 쾰른(Köln), 독일 서부, 노르트라인베스트팔렌(Nordrhein-Westfalen) 주 남서부의 도시 ▌汨論(콜논)此府는日耳曼의第三等都會라(유길준《서유견문》1895 제20편)

【콜놈비아】 콜롬비아(Colombia), 남아메리카 북서부에 있는 공화국 ▌콜놈비아에 새로 금광을 추줏는디 금이 대단히 만히 나는 고로(〈독립신문〉1897.7.29)

【콜로라-드】 콜로라도(Colorado), 미국 중서부에 있는 주. 주도(州都)는 덴버이다 ▌太平洋에는콜로라-드(COLORADO)코롬비아(COLOMBIA)유콘(YUKON)三大河가流入흐며(《중등만국지지》1902 권3)

【콩고】 콩고(Republic of the Congo), 아프리카 대륙의 중서부, 대서양 연안에 있는 나라 ▌북경 칠월 삼십일 발 비리시 공스 가 콩고(아비리가 속 에 잇는 싸) 일노 인연 흐야(〈미일신문〉1898.8.15) ▌同電을 據흔즉 白耳義議會는 콩고國 合併案을 可決흐얏더다라(〈대동학회월보〉제8호 1908.9.25) ▌佛領콩고의 광대한 땅을 獨逸애 割與하고(〈개벽〉제43호 1924.1.1)

【큐바】 쿠바(Cuba), 중앙아메리카 카리브해 서부 서인도 제도에 있는 나라 ▌일 셔반

아에셔 죵시 큐바를 쇽디로 대졉 ᄒᆞ야 ᄂᆡ란이 졍돈치 못 ᄒᆞ거드면(《독립신문》1896.12.26) ▌미국셔 인민들이 셔반아와 긔혀히 싸호고 큐바를 미국셔 아른테 ᄒᆞᄂᆞᆫ거시 맛당ᄒᆞ다고 의론들이 분분ᄒᆞ다더라(《믹일신문》1898.4.9) ▌큐바人 딸미치아人 퓐人 스로박人 히브류人 시라아人 마꾸얄人 멕시코人 리세니아人 等 異人種의 人民이 活動함을 見할지라(《동아일보》1920.6.6. 2면) ▌그리하야 큐바 필닙핀의 주민이 西班牙의 虐政에 不堪하야 叛亂을 니르킴을 奇貨로 삼아(《개벽》제43호 1924.1.1)

【큐인슬닌드】 퀸즐랜드(Queensland), 오스트레일리아 북동쪽 해안을 따라 약 450km에 걸쳐 뻗어 있으며, 주로 열대 우림으로 이루어져 있다 ▌큐인슬닌드 本洲의 北東角을 占ᄒᆞ고(《중등만국지지》1902 제3편)

【큐인스랜드】 퀸즐랜드(Queensland), 오스트레일리아 북동쪽 해안을 따라 약 450km에 걸쳐 뻗어 있으며, 주로 열대 우림으로 이루어져 있다 ▌태평양쇽 큐인스랜드라 ᄒᆞᄂᆞᆫ 셔음 해변에셔(《독립신문》1899.4.4)

【큐토】 키토(Quito), 에콰도르의 수도 ▌首府 큐토(QUITO)ᄂᆞᆫ 九千五百尺高原에 在ᄒᆞ니(《중등만국지지》1902 제3편)

【크레테】 크레타(Crete), 그리스의 13주 가운데 하나이며, 그리스에서는 가장 큰 섬이자, 지중해에서 5번째로 큰 섬으로 면적은 8,336 평방킬로미터이다 ▌ᄂᆡ 일노써 크레테에 너를 머루러써 이즈러디물 졍이 ᄒᆞ고(로쓰역《예수셩교젼셔》1887) ▌믹시돈이아 빅셩들이 토이긔 졍부를 기여히 긔혁 ᄒᆞ량으로 크레테 ᄯᅡ에셔 ᄂᆡ란을 니ᄅᆞ키고(《독립신문》1896.12.29)

【크리미아】 크리미아(Crimea), 흑해 북부 연안에 위치한 러시아 소속의 반도이다 ▌아라샤와 일쳔 팔빅 오십 ᄉᆞ년에 크리미아에셔 큰 싸홈을 ᄒᆞ고(《독립신문》1897.9.9) ▌크리미아戰爭은 土耳其를 保護하기 爲하야 싸혼 것이니(《동아일보》1920.8.30. 1면) ▌크리미아 전쟁이 종결되야 巴里條約이 성립된지 8년 후오(《개벽》제43호 1924.1.1)

【크리트도】 크레타 섬(Crete Island), 에게해(Aegean Sea) 남단에 있는 그리스 섬 ▌희랍국 졍부에셔 크리트도 합병문데를 렬국회의에 데츌코져홈을 영국과 아라사와 법국과 이태리 제국에 향ᄒᆞ야 청구ᄒᆞ엿다더라(《대한매일신보》1908.10.20)

【클니블난드】 클리블랜드(Cleveland), 미국 미시시피 주 볼리바르카운티(Bolivar County)에 있는 도시 ▌遺骸ᄅᆞᆯ 클니블난드 ᄯᅡ에 葬홀 ᄯᅢ에 靈前에 供花幾千이 燦然ᄒᆞ고(《국민소학독본》1895)

【키리만자로】 킬리만자로 산(Mount Kilimanjaro), 동아프리카의 케냐와 탄자니아 사이에 있는 아프리카에서 가장 높은 산 ▌南緯三度에 在ᄒᆞᆫ 키리만자로(KILIMANJARO) 高峰은 一萬九千尺에 達ᄒᆞ고(《중등만국지지》1902 권3)

【키에ᅋ】 키예프(Kiev), 우크라이나의 수도 ▌쏘한 키에ᅋ로 退却하게되얏고(《소년》제2년 1권 1909.1.1)

ㅌ

【타스마니아】타스마니아(Tasmania), 호주의 동남부, 빅토리아(Victoria) 바로 남쪽에 있는 큰 섬 ▌타스마니아(TASMANIA)(《중등만국지지》1902 권3) ▌타스마니아島는 海陝으로 陸地와隔하엿다(〈동아일보〉1920.6.16. 4면)

【타이그리스강】티그리스 강(Tigris River), 터키와 이라크에 걸쳐 흐르는 강 ▌동에는 타이그리스와 유프레듸스ㅣ란 강이 이 두 강ㅅ 근쳐에 사ᄅᆞᆷ의 시작 조샹이 나 계시더니라(한글본《ᄉᆞ민필지》1889)

【타희틔】타이티(Tahiti), 남태평양 프랑스령 폴리네시아에 속한 소시에테 제도(Society Islands)에서 가장 큰 섬 ▌其最大島타희틔(TAHITI)ᄂᆞᆫ南洋의樂園이라稱ᄒᆞᆫ美島니(《중등만국지지》1902 권3)

【ᄐᆡ만】타이완(Taiwan 臺灣), 중국 본토의 남동 해안에서 160km 떨어진 곳에 있는 섬 ▌ᄐᆡ만이 임의 일본 관할이 되엿ᄂᆞᆫ 고로(〈ᄆᆡ일신문〉1898.9.19)

【ᄐᆡᆨ사스】텍사스 주(Texas), 미국 중남부에 있는 주. 주도(州都)는 오스틴이다 ▌미국 ᄐᆡᆨ사스 디병에 잇ᄂᆞᆫ 인민 수쳔명은(〈대한매일신보〉1910.3.10)

【ᄐᆡᆨᄉᆡ쓰】텍사스(Texas) 주, 미국 중남부에 있는 주. 주도(州都)는 오스틴이다 ▌일젼에 ᄐᆡᆨᄉᆡ쓰 늬우글린든 디방에셔 미국 관인의게 잡혓ᄂᆞᆫᄃᆡ(〈대한매일신보〉1907.8.23)

【태서】서양(the West), 서양 또는 서양 제국을 의미하는 개화기의 용어 ▌태서각국 泰西各國(《국한회어》1895) ▌태서 각국에서ᄂᆞᆫ 정부에 놉흔 관원들이 ᄋᆡ쵸에ᄂᆞᆫ 쳔역들을 만히 하야 비샹 간고備嘗艱苦아니 ᄒᆞᆫ이가 업슬ᄲᅮᆫ더러(〈독립신문〉1899.11.23 2면) ▌태서 제국의 백성들은 다 눈으로 본 후에 밋엇나뇨 아니라(〈신학월보〉권4 1904) ▌나는 태서(泰西)의 에티켓으로 차 한잔을 마실 적의 포즈에 대하여도 세심하고 세심한 용의가 필요하다(이상《종생기》1937)

【태셔】서양(the West), 서양 또는 서양 제국을 의미하는 개화기의 용어 ▌태셔 각국은 남녀를 무론ᄒᆞ고 칠팔 세 되면 몬져 텬하 각국 디도와 풍쇽을 ᄀᆞᄅᆞ친 후에 다른 공부를 시작ᄒᆞ니(한글판《ᄉᆞ민필지》1889) ▌텬국은 태셔 근본 글에 닐ᄋᆞᄃᆡ 바라디소ㅣ라 ᄒᆞ니(뮈텔《셩경직해》1892) ▌죠션에 대쇼 인민은 크고 젹은 일 간에 ᄂᆞᆷ을 쇽이지 말고 거즛말 아니 ᄒᆞᄂᆞᆫ ᄒᆡᆼ실을 본 밧으면 태셔 각국 사ᄅᆞᆷ들이 죠션 사ᄅᆞᆷ들을 ᄇᆡᄇᆡ나 낫게 알터이요(〈독립신문〉1896.6.27) ▌일본은 근년에 구습을 모다 바리고 태셔 각국에 죠흔 법과 학문을 힘 딜여 ᄇᆡ혼 ᄉᆡᆨᄃᆞᆰ에(〈대조선독립협회회보〉제6호 1897.2.15) ▌태셔제국이 날노 부강지역에 나아가ᄂᆞᆫ것은 ᄇᆡᆨ셩이 ᄇᆡᆨ셩의 직칙을 ᄒᆡᆼᄒᆞᆷ이오(〈협셩회회보〉제1권10호 1898.3.5) ▌현금 셰계에 구미졔국 정치가들은 분분히 말ᄒᆞ되 태셔 정치만 올코 등양 정치ᄂᆞᆫ 올치 못ᄒᆞᆫ고로(〈ᄆᆡ일신문〉제1권102호 1898.8.25) ▌청국 황뎨ᄭᅴ셔 죠칙ᄒᆞ시기를 젼혀 태셔 각국의 방법으로써 ᄀᆡ혁ᄒᆞᆷ을 실시ᄒᆞ라 ᄒᆞ시ᄂᆞᆫ 고로(〈대한매일신보〉1907.10.1)

【ᄐᆡ서】서양(the West), 서양 또는 서양 제국을 의미하는 개화기의 용어 ▌ᄐᆡ서 졔국에 이젼 ᄉᆞ긔와 요ᄉᆞ이 새로 나ᄂᆞᆫ 신문을 광구ᄒᆞ여 고금을 비교ᄒᆞ며 그 근원을 궁구 ᄒᆞ야(〈ᄆᆡ일신문〉제1권3호 1898.4.12) ▌반갑다 절겁다. ᄐᆡ서문예신보야 너의 부르지즈ᄂᆞᆫ 소리에 깁히 든 잠이 ᄭᆡ엿다(〈태서문예신보〉제13호 1919.1.1)

【ᄐᆡ셔】서양(the West), 서양 또는 서양 제국을 의미하는 개화기의 용어 ▌과연 우리나라 ᄂᆡ각 대신 되신이 들은 권리와 직칙이 ᄐᆡ셔 졔국 대신네들 보다 몃ᄇᆡ가 더ᄒᆞ도다(〈협셩회회보〉제1권5호 1898.1.30) ▌ᄐᆡ셔제국에 ᄉᆞ신을 가면 한문을 가지고 ᄒᆡᆼ셰 ᄒᆞ겟쇼(〈ᄆᆡ일신문〉제1권63호 1898.6.21) ▌우리 나라 아희들도 ᄐᆡ셔 문명ᄒᆞᆫ 나라 아희들과 ᄀᆞᆺ치 되야(〈독립신문〉1898.12.24) ▌뎌 문명를 ᄐᆡ셔 모든 나라

들이 녀인의 권셰를 놉혀주며 고등ᄒᆞᆫ 함문뎡도로 녀학교를 만히 셜립ᄒᆞ여(〈태극학보〉제1호 1906.8.24) ▎ᄐᆡ셔의 녀ᄌᆞ들은 농상공업(農商工業)과 기타 졔반 ᄉᆞ업의 발명 연구홈을 남ᄌᆞ에게 양두치 안코(김교제《목단화》1911) ▎어늬날 저녁 후에 K군과 장긔를 두고 잇셧슬 ᄯᅢ에 ᄐᆡ셔문예신보가 ᄇᆡ달이 되엿습니다(〈태서문예신보〉제6호 1918.11.9)

【태서양】대서양(Atlantic Ocean 太西洋), 유럽 및 아프리카 대륙과 남·북아메리카 대륙 사이에 있는 대양. '대서양'의 다른 이름 ▎그가 태평양의 禍가 되던지 태서양의 禍가 되던지 태서양 中亞米加측이던지(〈개벽〉제2호 1920.7.25) ▎그들에게 태서양을 건느라 하면 길이 멀음과 사납음을 핑계하고 주저 않으리라(〈동광〉제10호 1927.2.1) ▎華盛頓紐育 諸都市를 보고 태서양을 건너 영국으로 갓습니다(〈별곤건〉제7호 1927.7.1)

【태셔양】대서양(Atlantic Ocean 太西洋), 유럽 및 아프리카 대륙과 남·북아메리카 대륙 사이에 있는 대양. '대서양'의 다른 이름 ▎이에 닛가라과라 ᄒᆞᄂᆞᆫ 해협이 잇서 태셔양과 태평양을 격졀ᄒᆞ야 무역 왕ᄅᆡ 통로가 어려운 고로(〈독립신문〉1899.1.31) ▎미국 함ᄃᆡᄂᆞᆫ 일ᄎᆞ 태평양에 도착ᄒᆞ엿다가 다시 태셔양으로 도라갈지 도라가지 아니홀지 미국 ᄒᆡ군셩에셔 의론ᄒᆞᄂᆞᆫ 즁인ᄃᆡ(〈대한매일신보〉1908.1.26)

【태평양】태평양(Pacific Ocean), 대서양·인도양·남극해·북극해와 함께 5대양을 이루는 큰 바다 ▎태평양과 단향산 등 쳐의 혹 만 명도 되며 혹 만 명이 못 되며(《이언(易言)》1883) ▎아시아 동편과 아메리까 셔편 ᄉᆞ이는 태평양이라 닐ᄋᆞ고(한글본《ᄉᆞ민필지》1889) ▎아라사에셔도 태평양가에 항구 ᄒᆞ나를 엇어(〈독립신문〉1896.5.2) ▎다ᄉᆞᆺ대양즁(大洋中)에어ᄃᆡ가데일(第一)크뇨 ○답 태평양(答太平洋)이데일(第一)크니라(《디구략론》1897) ▎미국 슌양함 와신톤과 ᄯᅦ네시ᄂᆞᆫ 태평양 함ᄃᆡ의 셰력을 강ᄒᆞ게 ᄒᆞ기 위ᄒᆞ야 그 방면으로 파송ᄒᆞᆫ다더라(〈대한매일신보〉1907.7.5) ▎일홈은 태평양太平洋과 대셔양大西洋과 인도양印度洋과 북빙양北氷洋과 남빙양南氷洋이며(《성산명경》최병헌 1914) ▎서부 삼림은 다시 태평양 연안을 연장하야 그 면적이 4억6천3백만 에이커에 달한다(〈개벽〉제11호 1921.5.1)

【ᄐᆡ평양】태평양(Pacific Ocean), 대서양·인도양·남극해·북극해와 함께 5대양을 이루는 큰 바다 ▎동으로아셰아쥬에이르고셔으로ᄐᆡ평양에이르니(학부역《ᄐᆡ셔신사》1897) ▎미국 졍부에셔 ᄐᆡ평양 젼신회샤에 해마다 십만원식을 이십년을 두고 허급ᄒᆞ야(〈ᄆᆡ일신문〉1898.5.3) ▎미국이 포와국 경셩 호놀느를 포ᄃᆡ로 방비 ᄒᆞ야 ᄐᆡ평양에 엄즁ᄒᆞᆫ 군ᄃᆡ(軍地)를 믄든다 ᄒᆞᆫ다더다(〈독립신문〉1898.8.3) ▎셔편으로 ᄐᆡ평양을 굽어 보면(이해조《철세계》1908) ▎인도양 너른 바다와 ᄐᆡ평양 오만리를 삽시간에 지나 뉴욕 산쳔을 다시 구경ᄒᆞ니라(김교제《비행선》1912) ▎산의 ᄃᆡ장부가 되야 가슴을 ᄐᆡ평양 바다갓치 너그럽게 가지고(김용준《월하가인》1912) ▎아모 말도 아니ᄒᆞ고 담언 ᄐᆡ평양의 동편 언덕을 가리킬 터이다(〈태서문예신보〉제5호 1918.11.2)

【터계】터키(Turkey), 아시아 서부에 있는 공화국 ▎土耳基 터계(유길준《서유견문》1895 제1편)

【터어킈】터키(Turkey), 아시아 서부에 있는 공화국 ▎紅海로서 以東에는 전에 터어킈國이 가지고잇던 것을 七十年前에 ᄲᅢ아서 가진(〈소년〉제2년6권 1909.7.1)

【터어키】터키(Turkey), 아시아 서부에 있는 공화국 ▎이에 斷定코 먼뎌 터어키의 이쏘앤를티니 이는 大蓋(〈소년〉제1년2권 1908.12.1) ▎터어키 俚言에는 方塲 잇는 機會를 일치마시오. 한 番 놋치면 오지 아니한다 라 하니(〈동아일보〉1920.5.24. 4면)

【터키】터키(Turkey), 아시아 서부에 있는 공화국 ▎셰비아국과 만트늬그로국과 터키국과 ᄭᅳ리스국이니 나라가 강ᄒᆞ고(한글본《ᄉᆞ민필지》1889)

【터키스단】 투르키스탄(Turkestan), 파미르 고원을 중심으로 한 좁은 뜻의 중앙아시아 지역 ▌남편 터키스단ㅅ 사름들은 이리뎌리 옴겨 가며 쟝막을 치고 살며(한글본《ᄉᆞ민필지》1889)

【테네란】 테헤란(Tehran), 이란의 수도. 엘부르즈 산맥 남쪽 기슭의 이란 고원에 위치한다 ▌都邑 테네란府(TENERAN)ᄂᆞᆫ 本國首府오(《중등만국지지》1902 권1)

【테넷시-】 테네시(Tennessee) 주, 미국 남동부에 있는 주 ▌테넷시-(〈친목회회보〉제6호 1897.12)

【테혀란】 테헤란(Tehran), 이란의 수도. 엘부르즈 산맥 남쪽 기슭의 이란 고원에 위치한다 ▌파샤 셔울 테혀란에 가ᄂᆞᆫ 공ᄉᆞ들은 삼등 공ᄉᆞ라 판리 공ᄉᆞ라 칭ᄒᆞ고(〈독립신문〉 1897.1.28)

【템스하】 템스(Thames) 강, 영국 잉글랜드 중남부를 흐르는 강 ▌유명ᄒᆞᆫ 템스하(THAMES)라서북부의병릉에셔발원ᄒᆞ야동으로평지간에원류ᄒᆞ야(《중등만국지지》1902 권2)

【텐말그우】 덴마크(Denmark), 유럽 북부 북해 연안의 유틀란트 반도 및 그 동쪽 해상의 부속 도서로 구성된 입헌군주국 ▌텐말그우(〈한성주보〉제4호 1886.2.22)

【텬진】 톈진(Tianjin 天津), 중국 허베이 지구에 있는 중앙 직할시 ▌텬진브터 남경을 지나 닝보ᄭᆞ지ᄂᆞᆫ 믄ᄃᆞᆫ 강이니라(한글본《ᄉᆞ민필지》1889) ▌텬진셔 불란셔 텬쥬교ᄉᆞ들이 새

태평양(太平洋)이라는 명칭

태평양(Pacific ocean)은 아시아와 오스트리아 대륙, 남극, 남북아메리카 대륙에 둘러싸인 세계 최대의 바다이다. 그 이름의 유래는 포르투갈 출신인 스페인 항해가 마젤란(Ferdinand Magellan)이 1520-1521년 세계일주 항해 도중 마젤란 해협(칠레 남부와 티에라델푸에고 제도 사이에 있는, 태평양과 대서양을 연결하는 해협)을 빠져나왔을 때 거친 대서양에 비하여 파도가 없는 바다를 'El Mare Pacificum'(평온한 바다. 영어로는 Pacific Ocean)이라고 부른 데에서 유래한다. 1602년에 간행된 마테오리치의《곤여만국전도(坤輿萬國全圖)》에는 태평양이라는 이름이 쓰이지 않고 '大東洋' 또는 '寧海(평온한 바다)'라 하였다. 1852년에 발간된 100권본《해국도지(海國圖志)》에도 이를 계승하여 태평양을 '大東洋'으로 부르고 있다. '태평양(太平洋)'이라는 이름이 문헌상에 나타나는 것은 영국인 선교사 뮤어헤드(William Muirhead, 1822-1900)가 1853년에 중국에서 발행한《地理全志(지리전지)》(1953)부터이다.《地理全志》는 1847년에 중국에 온 영국인 선교사 뮤어헤드(William Muirhead, 1822-1900)가 발간한 책으로 뮤어헤드는《地理全志》이외에《대영국지(大英國志)》를 편찬하여 19세기 중엽 중국에 현대역사학, 지리학, 지질학 등의 학문을 소개하는 데 공헌한 사람이다. '태평양(太平洋)'은 일본에도 전해져 '寧海', '靜海'(잠잠한 바다)와 함께 사용되었으나 19세기 중반 이후는 '태평양(太平洋)'이 주로 쓰이게 되었다.

로 례비당을 짓ᄂᆞᆫ듸(《독립신문》1897.6.19) ▎잠츈훤 씨ᄂᆞᆫ ᄉᆞ오일젼에 위원 이명을 텬진에 파견ᄒᆞ야(《대한매일신보》1907.5.23) ▎텬진으로 잇ᄂᆞᆫ 소아들을 ᄉᆡ 정신 ᄉᆡ ᄉᆞ상이 들도록 ᄒᆞ쟈면(구영학《설중매》1908) ▎본ᄅᆡ 풍부ᄒᆞᆫ 텬진이 ᄌᆞ연 드러나 이왕 잘못ᄒᆞᆫ 일을 후회ᄒᆞ야(민준호《옥호긔연》1911)

【토국】 터키(Turkey 土國). 아시아 대륙 서쪽 끝에 있는 나라. '토국'은 Turkey의 중국식 표기 '土耳其國'의 준말 '土國'을 우리말로 음독한 것이다 ▎라만일귀황의말과갓들진된토국ᄉᆞ분일은다아라사에ᄶᅡ히되고(학부역《티셔신사》1897) ▎금번에 영국과 토국이 싸홈을 ᄒᆞᄂᆞᆫ듸(《독립신문》1899.11.1) ▎토국의 신경치(《대한매일신보》1909.5.16)

【토란쓰앨】 트란스발(Transvaal). 현재의 남아프리카 공화국의 발 강 북쪽 또는 그 주변의 땅. 영국 지배를 싫어한 보아인들이 1830년대 여기에 트란스발공화국을 세웠으나 1902년 보아전쟁에서 패함으로써 없어졌다 ▎舊名은토란쓰앨(TRANSVAAL)이오림포포(LIMPOPO)바-르兩河間을占ᄒᆞ니(《중등만국지지》1902 권3)

【토론토】 토론토(Toronto). 캐나다 온타리오 주의 주도. 온타리오 호(湖) 북쪽 연안에 있는 캐나다 제1의 도시이다 ▎토론토府(TORONTO)ᄂᆞᆫ온타리오湖에臨ᄒᆞ니(《중등만국지지》1902 권3) ▎「토론토」는 加奈佗聯邦 第2의 都會로서(《개벽》46호 1924.4.1)

【토이긔】 터키(Turkey 土耳其). 아시아 서부에 있는 공화국. '토이긔'는 Turkey의 중국식 한자표기 '土耳其'를 우리말 한자음으

우리나라 기록에는 19세기 말까지 '대동양(大東洋)'만 보일뿐 '태평양(太平洋)'은 보이지 않는다. 조선의 문신 이익(李瀷)이 지은《跋職方外紀》(성호전집 55권 수록)에는 '自此以西至地底一半皆爲西 以東至地底一半皆爲東 而大西洋一邊 卽大東洋也'라 하여 '대동양'이 나오며 안정복의《순암집(順菴集)》(1741)에도 '據利泰西萬國圖. 其國之東. 卽大東洋'에도 역시 '대동양'이 나온다.

우리나라 기록에 '태평양'이 보이는 것은 1880년대 이후부터이다. '태평양'은 이헌영(李𨯶永)의 일본 사행기록《일사집략(日槎集略)》(1881)에 처음 보이며(丑正揚錨 行三百餘里而當大洋 卽太平洋). 이어서 박대양(朴戴陽)의 일본 사행기록《동사만록(東槎漫錄)》(1884)에도 그 예가 보인다(地方官來言自此至橫濱 將過太平洋遠江灘 若非迅快船 必難利涉). 또 우리나라 최초의 근대적 신문인 《漢城旬報》 제1호(1883년 10월 1일. 음력)의 '論洲洋'에 태평양이 나오는 것으로 보아 1880년대에는 이미 '태평양(太平洋)'이라는 지명이 알려진 것으로 보인다(海則有五大洋 一曰太平洋). 유길준의《서유견문(西遊見聞)》(1895) 제2편 〈世界의海〉에는 '太平洋(大東洋) 퓌시픽크'라 나와 있는데 이는 태평양이 예전에 쓰이던 '大東洋'의 새로운 이름이고 Pacific Ocean을 가리킨다는 의미로 해석된다.

1880년대 이후 쓰기 시작한 '태평양'은 일본에 다녀온 사람들의 기록에 주로 등장한다. 이런 점으로 미루어 보아 일본어 '太平洋(たいへいよう)'과 관련이 있어 보인다.

로 읽은 것이다 ▮미시돈이아 빅셩들이 토이긔 정부를 기여히 기혁 ᄒᆞ랴으로(〈독립신문〉1896.5.30) ▮아라샤 와 토이긔 ᄂᆞᆫ 군쥬국이라(〈대조선독립협회회보〉제3호 1896.12.31) ▮요사이 경성시내에 사는 토이긔와 희랍 사람들은 본국이나 혹은 청국으로 각각 이사 준비를하는 자가 적지아니하다(〈동아일보〉1920.4.25. 3면)

【토이긔국】터키(Turkey 土耳其國), 아시아 서부에 있는 공화국. '토이긔국'은 Turkey의 중국식 한자표기 '土耳其國'을 우리말 한자음으로 읽은 것이다(〈독립신문〉1899.5.4) ▮토이긔국 죠졍이 아직도 야만의 인심이 잇ᄉᆞ니(〈신학월보〉제1권3호 1901.2)

【토이기】터키(Turkey 土耳其), 아시아 서부에 있는 공화국, '토이기'는 Turkey의 중국식 한자표기 '土耳其'를 우리말 한자음으로 읽은 것이다 ▮토이기 정부에셔 아라샤와 불난셔에 쳥ᄒᆞ여 영국 군ᄉᆞ가 그리 못가게 ᄒᆞ랴 ᄒᆞ더라(〈독립신문〉1896.4.6) ▮토이기와 파ᄉᆞ국은 나라의셔 취듸ᄒᆞ미 과히 즁ᄒᆞ므로(《이언(易言)》1883) ▮아라ᄉᆞ와토이기젼징이이러(학부역《티셔신사》1897) ▮토이기등국 회회교인이 八千만만 인이요(〈신학월보〉제2권10호 1902.10) ▮파ᄉᆞ히만에셔 영국과 로국이 토이기와 파ᄉᆞ국 ᄉᆞ이에 일이 잇슬 ᄯᅢ에(〈대한매일신보〉1907.10.20) ▮토이기의 옛서울 컨스탄티노플에서는(〈동광〉제24호 1931.8.4) ▮토이기 土耳其 Turkey(J.S.Gale《한영대자전》1931)

【투니스】튀니지(Tunisia), 아프리카 북부 지중해 연안에 있는 공화국 ▮杜尼斯 투니스(유길준《서유견문》1895 제1편)

【트란스바】트란스발(Transvaal), 현재의 남아프리카 공화국의 발 강 북쪽 또는 그 주변의 땅. 영국 지배를 싫어한 보아인들이 1830년대 여기에 트란스발공화국을 세웠으나 1902년 보아전쟁에서 패함으로써 없어졌다 ▮土蘭斯拔 트란스바(유길준《서유견문》1895 제1편)

【트란쓰발】트란스발(Transvaal), 현재의 남아프리카 공화국의 발 강 북쪽 또는 그 주변의 땅. 영국 지배를 싫어한 보아인들이 1830년대 여기에 트란스발공화국을 세웠으나 1902년 보아전쟁에서 패함으로써 없어졌다 ▮十五日 接見前트란쓰발, 大臣和蘭人쎡터헤너리뮤렐(《조선왕조실록》순종2년 1909.4.15)

【트릐볼네】트리폴리(Tripoli), 북아프리카 중앙부 지중해 연안에 있는 리비아의 수도이다 ▮ᄯᅩ 두니ᄊᆞ와 트릐볼네와 ᄲᅡ카ㅣ란 세 ᄶᅡ흔 터키국 쇽방이니(한글본《ᄉᆞ민필지》1889)

【트림풀늬】트리폴리(Tripoli), 북아프리카 중앙부 지중해 연안에 있는 리비아의 수도이다 ▮杜立八利 트림풀늬(유길준《서유견문》1895 제1편)

【트리포리】트리폴리(Tripoli), 북아프리카 중앙부 지중해 연안에 있는 리비아의 수도이다 ▮트리포리 名義上으로土耳其의屬國이니(《중등만국지지》1902 제3편)

【티벳트】티베트(Tibet), 중국 남서부에 있는 티베트 족(族) 자치구 ▮造次에도 티벳트를 잇지아니하며(〈소년〉제2년1권 1909.1.1) ▮흰 벽 붉은 채색 푸른 선으로 꾸민 티벳트식의 훌늉한 건물이다(〈별곤건〉제32호 1930.9.1)

【티티카카湖畔】티티카카 호반(Lake Titicaca), 페루와 볼리비아 국경지대에 있는 호숫가 ▮티티카카湖畔에在ᄒᆞᆫ고ᄯᅩ一萬三千尺되ᄂᆞᆫ高處에포토시(POTOSI)라云ᄒᆞᆫ都會가有ᄒᆞ니(《중등만국지지》1902 권3)

【티티가가】티티카카 호(Lake Titicaca), 페루와 볼리비아 국경지대에 있는 호수 ▮秘露西境에티티가가라ᄒᆞᄂᆞᆫ大湖가有ᄒᆞ니라(《소학만국지지》1895 제5편)

【티티카카】티티카카 호(Lake Titicaca), 페루와 볼리비아 국경지대에 있는 호수 ▮더욱 利한 것은 티티카카湖上의 물의 엇지 찬지(〈동아일보〉1925.8.2. 4면)

【팁벳트】티베트(Tibet), 중국 남서부에 있는 티베트 족(族) 자치구 ▮西藏 팁벳트(유길준《서유견문》1895 제1편)

ㅍ

【파나마】 파나마(Panama), 북아메리카 남부에 있는 공화국 ▎즁아메리가 파나마 토요를 뚤으랴고 칙량 홀 부비 금젼으로 一千万원을 지츌 ᄒᆞ자고(〈독립신문〉1899.4.5) ▎미국과 파나마(〈대한흥학보〉제11호 1910.3.20) ▎흰 두루마기에 파나마 모자를 쓴 사나희가(민준호《재봉춘》1912) ▎엽헤서 따라 나오던 파나마 모자의 노랑구두 두어친구(〈별곤건〉제18호 1929.1.1)

【파나마 운하】 파나마 운하(Panama Canal), 남아메리카와 북아메리카 대륙을 연결하는 파나마 지협을 종단하여 태평양과 대서양을 잇는 약 80㎞ 길이의 운하 ▎파나마 운하를 급히 뚤을 필요가 싱긴 고로(〈대한매일신보〉1907.7.16) ▎其他 銀行法 改正 파나마運河工事 黑人開發 等 諸 問題에 對ᄒᆞ야 確言ᄒᆞ얏다더라(〈대동학회월보〉제14호 1909.3.25) ▎세계의 유명한 파나마 운하 개통의 全費가 八億萬에 불과하엿다 하니(〈개벽〉제9호 1921.3.1) ▎墨米전쟁과 파나마運河의 開鑿이 즉 이 實例이다(〈개벽〉제68호 1926.4.1) ▎파나마 운하 巴拿馬運河 The Panama Canal(J.S.Gale《한영대자전》1931)

【파라궤】 파라과이(Paraguay), 남아메리카 중부에 있는 내륙국 ▎동남에 파라궤와 필고마요ㅣ란 강이 잇스며(한글판《ᄉᆞ민필지》1889) ▎把羅貴 파라궤(유길준《서유견문》1895 제1편) ▎把羅貴 파라궤(〈대한자강회월보〉제11호 1907.5.25) ▎和蘭國 諾威國 파라궤國 波斯國 살바돌國 西班牙國(〈동아일보〉1920.6.7. 1면)

【파라쑤예】 파라과이(Paraguay), 남아메리카 중부에 있는 내륙국 ▎파라쑤예(PARAGUAY)(《중등만국지지》1902 권3)

【파라셰에국】 파라과이(Paraguay), 남아메리카 중부에 있는 내륙국 ▎남아미리카 파라셰에국에셔는 혁명 운동이 니러낫다더라(〈대한매일신보〉1909.10.17)

【파란】 폴란드(Poland 波蘭), 유럽 중부 발트 해(Baltic Sea)에 면해 있는 공화국. '파란'은 Poland의 중국식 한자표기 '波蘭'을 우리말 한자음으로 읽은 것이다 ▎오사마가와의 대리와파란과셔사와하란등모든속국군식또ᄒᆞᆫ숨십ᄉᆞ만이너문지라(학부역《틔셔신사》1897) ▎파란은 一千五百八十五년 十二월 二十一일을 곳쳐 八十六년 一월 一일을 삼고(〈독립신문〉1899.2.2) ▎파란국은 구라파주에서 적지 아닌 나라로서(〈신학월보〉제3권8호 1903.8) ▎셔북으로 분란 삼싱을 숨키고 남으로 파란국을 멸ᄒᆞ며(〈대한매일신보〉1908.7.18) ▎원릭 파란 사람인 조셰프 콘랏드를 영문단에 느어 말ᄒᆞᄂᆞᆫ 것이 좀 괴도에 버셔나ᄂᆞᆫ 듯ᄒᆞ나(〈태서문예신보〉제4호 1918.10.26)

【파란국】 폴란드(Poland 波蘭國), 유럽 중부 발트 해에 면해 있는 공화국. '파란국'은 Poland의 중국식 한자표기 '波蘭國'을 우리말 한자음으로 읽은 것이다 ▎파란국은아라ᄉᆞ오지리아보로ᄉᆞ숨국이합병ᄒᆞ야멸ᄒᆞᆫ빅되야(학부역《틔셔신사》1897) ▎그후 ᄌᆞ손이 ᄃᆡᄃᆡ로 피득의 유언을 직히여 셔북으로 분란 삼싱을 숨키고 남으로 파란국을 멸ᄒᆞ며(〈독립신문〉1898.3.31) ▎파란국은 구라파주에서 적지 아닌 나라로서 일조에 망하야(〈신학월보〉제3권8호 1903.8) ▎월남국의 지낸 일과 파란국의 ᄎᆞᆷ혹ᄒᆞᆫ 형샹을 면키 어려울지라(〈대한매일신보〉1907.7.2) ▎파란국 波蘭國 Poland(J.S.Gale《한영대자전》1931)

【파려】 파리(Paris 巴黎), 프랑스 수도. '파려'는 프랑스 수도 파리(Paris)의 중국식 음역어 '巴黎'를 우리말로 음독한 것이다 ▎보국과 법국이 셔로 빠홀 ᄯᅢ를 보건ᄃᆡ 보국 사룸이 엇지 능히 파려 도셩에(법국 경셩이라) 돌입ᄒᆞ며(《이언(易言)》1883) ▎빅녕과 파려 신문들은 말ᄒᆞ기를 이러ᄒᆞᆫ 연셜이 방금 ᄉᆞ셰에 히믄 잇지 유익지ᄂᆞᆫ 못ᄒᆞ다고 ᄒᆞ엿다더라(〈독립신문〉1898.5.21) ▎그 신ᄉᆞᄂᆞᆫ 법국파려의학ᄉᆞ 좌션군인ᄃᆡ 영국 발릐돈부에 와셔 위싱ᄉᆞ를 연구ᄒᆞ니(이해조《철세계1908) 현대중국어 표기 ➡ 巴黎

【파려셩】파리(Paris 巴黎城), 프랑스 수도. '파려셩'은 프랑스 수도 파리(Paris)의 중국식 음역어 '巴黎城'을 우리말로 음독한 것이다 ▌정부에셔 ᄇᆡᆨ셩을 미워ᄒᆞ야 군ᄉᆞ 三万명을 파려셩 밧게 류진 식히고 ᄇᆡᆨ셩의 권세를 압졔코져 ᄒᆞ더니(《독립신문》1899.8.25)

【ᄫᅪ로-島】패로 제도(Faroe Islands), 영국과 아이슬란드 사이의 작은 섬 ▌ᄫᅪ로-島(FAROE) 氷洲(ICELAND)綠洲(GREENLAND)等이라(《중등만국지지》1902 권2)

【파리】파리(Paris 巴里), 프랑스 수도. '파리'는 프랑스 수도 파리(Paris)의 중국식 음역어 '巴里'를 우리말로 음독한 것이다 ▌巴里(파리) 此府ᄂᆞᆫ 佛蘭西의 京城이라(유길준《서유견문》1895 제20편) ▌아라샤 황뎨 폐하와 황후 폐하ᄭᅴ셔 구월에 불란셔 셔울 파리에 구경 ᄒᆞ러 가신다더라(《독립신문》1896.8.20) ▌법국파리에잇스니진실로긔이ᄒᆞᆫ일이러라(학부역《ᄐᆡ셔신사》1897) ▌법국(法國)셔울일홈이무어시뇨 ○답 파리(答巴里)라ᄒᆞᄂᆞ이라(《디구략론》1897) ▌부협판 민영찬으로 법국 파리경도 만국 박물회 ᄌᆡ한셩 본국 박물ᄉᆞ무 부원을 명ᄒᆞ시다(《ᄆᆡ일신문》1898.6.16) ▌법국 파리에 잇ᄂᆞᆫ 타임쓰 신문 통신원은(《대한매일신보》1907.5.23) ▌와싱톤이나 법국 파리와 막샹막하가 될지라(김교제《비행선》1912) ▌첨으로 법률을 연구하기 위하야 파리로 갓는데(《개벽》제10호 1922.1.10) ▌책코슬로바키아國民委員會를 조직하야 본부를 파리에 두고(《동광》제19호 1931.3.1)

【파리府】파리(Paris), 프랑스 수도 ▌그들이 파리府에 두군대 集會處를 가졌스니(《소년》제3년7권 1910.7.15)

【파리셩】파리(Paris), 프랑스 수도 ▌파리셩에 군인 음모가 아혹 ᄒᆞ며 군ᄉᆞ 四万명이 모혀 드ᄂᆞᆫ 일이 이샹 ᄒᆞ다더라(《독립신문》1898.10.22) ▌녯적에 의대리 즁흥공신 가부이 씨가 파리셩의 렬국 회의를 당ᄒᆞ야(《대한매일신보》1907.7.5) ▌법국 파리셩을 한 번 가자 ᄒᆞ면 경비가 만아 가지ᄂᆞᆫ 못 ᄒᆞ더래도(육정수《송뢰금》1908) ▌一千九百 년에 법국 파리셩에 유대인 의회가 잇섯ᄂᆞᆫ대(《신학월보》제7권4·5호 1909.5)

【파리스】파리(Paris), 프랑스 수도 ▌일쳔구ᄇᆡᆨ년에 불난셔 셔울 파리스에 만국 박남회를 버릴터인ᄃᆡ(《독립신문》1896.4.25) ▌젼권 위원 오인식만 법국 도셩 파리스 에 파견 ᄒᆞ야 평화 약됴 를뎡 ᄒᆞᆫ다더라(《ᄆᆡ일신문》1898.7.17) ▌파리스 뎐보를 거ᄒᆞᆫ즉(《대한매일신보》1907.10.18) ▌이 전쟁이 希臘과 토로이간에 이러난 원인은 다만 헤렌이 파리스에게 빼앗기여 갓다는 것 뿐이다(《별곤건》제19호 1929.2.1) ▌파리스에서 일어나서 불똥이 라인을 넘어 오기 쉽단 말야(《동광》제34호 1932.6.2)

【파뮤다스諸島】버뮤다 제도(Bermuda Islands), 북대서양 서부에 있는 영국령 자치식민지 ▌파뮤다스諸島ᄂᆞᆫ 大西洋中의 一羣島ㅣ니(《소학만국지지》1895 제3편)

【파미르】파미르 고원(Pamir Plateau), 중앙아시아의 남동부에 위치한 고원 ▌夢寐에도 파미르를 생각하고(《소년》제2년1권 1909.1.1) ▌東北 파미르의 경계는 1895년에 協定이 되얏스며(《개벽》제43호 1924.1.1)

【파비룬】바빌론(Babylon 巴比倫), 바그다드의 남쪽 80km 지점에 있던 메소포타미아의 고대 도시 ▌녯적에 아슐 파비룬 파ᄉᆞ 이급 희랍 라ᄆᆞ등 렬국 즁에(《독립신문》1899.8.5) ▌하ᄂᆞ님이 큰 셩 파비룬을 ᄉᆡᆼ각ᄒᆞ샤 ᄌᆞ긔의 진노ᄒᆞ신 독쥬를 잔에 부어 맛기니(《신약젼셔》성경번역위원회 1900) ▌아셔리아 왕이 사마리아 셩을 이긔고 그 ᄇᆡᆨ셩을 파비룬에 종노릇 식힌 후에(《신학월보》제2권4호 1902.4) ▌파비룬巴比倫Babylon(J.S.Gale《한영대자전》1931)

【파ᄉᆞ】페르시아(Persia 波斯), '파ᄉᆞ'는 페르시아(Persia)의 중국식 한자음역어 '波斯'를 우리말 한자음으로 읽은 것이다 ▌동양에 와셔 청국 파ᄉᆞ 안남 면뎐 셤라 제국을 보거드면(《독립신문》1898.4.5) ▌파ᄉᆞ왕의 원졍(《대한매일신보》1908.7.9)

【파ᄉᆞ국】 페르시아(Persia 波斯國), '파ᄉᆞ국'은 페르시아(Persia)의 중국식 한자음역어 '波斯國'을 우리말 한자음으로 읽은 것이다 ▌아셰아쥬의ᄂᆞᆫ 일본과 파ᄉᆞ국이 셔귀여 셔로 구원ᄒᆞᄂᆞ니(《이언(易言)》1883) ▌파ᄉᆞ국 波斯國(게일편《한영자전》1897) ▌파ᄉᆞ국은 또ᄒᆞᆫ 회교의 지파이라 경치를 보잘것이 업고(〈독립신문〉1899.9.19) ▌영국과 로국이 토이기와 파ᄉᆞ국 ᄉᆞ이에 일이 잇슬 ᄯᅢ에ᄂᆞᆫ(〈대한매일신보〉1907.10.20) ▌셔남을 향ᄒᆞ야 파ᄉᆞ국에 니르니(〈신학월보〉제7권6호 1909.6)

【파ᄉᆞ돈】 보스턴(Boston 波士敦), 미국 매사추세츠(Massachusetts) 주의 주도. '파ᄉᆞ돈'은 미국 보스턴(Boston)의 중국식 한자음역어 '波士敦'을 우리말 한자음으로 음독한 것이다 ▌파ᄉᆞ돈 ᄯᅡ에 사ᄂᆞᆫ ᄋᆞ히들이 연못가에 모히여 어름 조각을 가지고 희롱 ᄒᆞ난지ᄅᆞ(〈독립신문〉1899.11.17) ▌합즁국 파ᄉᆞ돈(波士敦 Boston) 대쥬교 디방에 슈원 ᄒᆞ나와 신픔 학교 ᄒᆞ나흔 미구에 긔원식을 ᄒᆞ겟다 ᄒᆞ며(〈경향보감〉제2권 1906-1910) ▌어셔 날이 ᄇᆰ아야 파ᄉᆞ돈 착렬거로 대양의 륜션을 타고 하로 밧비 집에를 가지(김용준《월하가인》1912)

【파ᄉᆞ히만】 페르시아 만(Persian Gulf), 아라비아 반도의 북동쪽, 이란과의 사이에 있는 넓은 만. '파ᄉᆞ히만'은 페르시아 만의 중국식 한자표기 '波斯海灣'을 우리말 한자음으로 읽은 것이다 ▌파ᄉᆞ히만에셔 영국과 로국이 토이기와 파ᄉᆞ국 ᄉᆞ이에 일이 잇슬 ᄯᅢ에ᄂᆞᆫ(〈대한매일신보〉1907.10.20)

【파샤국】 페르시아 제국(Persian Empire), 이란 고지대를 중심으로 서아시아, 중앙아시아, 코카서스 지방을 포함하는 넓은 지역을 통치하던 고대 제국 ▌안남과 청국 남방 디경과 파샤국과 청국에 잇ᄂᆞᆫ거시 도합 이쳔 일ᄇᆡᆨ 오십 영리더라(〈독립신문〉1897.7.10) ▌아젼국 알씨ᄲᅡ드는 파샤국에 도망ᄒᆞ엿 다가(〈미일신문〉1898.5.3) ▌샹고 ᄯᅢ에 파샤국 사ᄅᆞᆷ과 인도국 사ᄅᆞᆷ과 덕국 사ᄅᆞᆷ들은 닐곱 수로 거륵ᄒᆞᆫ 수를 뎡ᄒᆞ엿다 ᄒᆞ며(〈신학월보〉제7권4·5호 1909.5)

【파셔】 브라질(Brazil 巴西), 남아메리카 중동부 대서양 연안에 있는 공화국. '파셔'는 브라질의 중국식 한자음역어 '巴西'를 우리말 한자음으로 읽은 것이다 ▌남아미리가쥬니 그 안에 파셔와 비로와 지리등 모든 나라이 잇스며(〈독립신문〉1899.10.20)

【파셔국】 브라질(Brazil 巴西國), 남아메리카 중동부 대서양 연안에 있는 공화국. '파셔국'은 브라질의 중국식 한자음역어 '巴西國'을 우리말 한자음으로 읽은 것이다 ▌파셔국 아마심강은 비로 ᄯᅡ히셔 발원ᄒᆞ여 파셔국으로 드러가나(《이언(易言)》1883) ▌파셔국 巴西國 Brazil(게일편《한영자전》1897) ▌파셔국 巴西國Brazil(J.S.Gale《한영대자전》1931)

【파타꼬니아】 파타고니아(Patagonia), 남아메리카 대륙의 남쪽 끝. 남위 약 39° 이남의 지역 ▌南은파타꼬니아(PATAGONIA)平原이라稱ᄒᆞ고(《중등만국지지》1902 권3)

【팔네스탄】 팔레스타인(Palestine), 이스라엘을 중심으로 한 지중해의 동해안 일대를 가리키는 지역명 ▌巴禮斯坦(팔네스탄)(유길준《서유견문》1895 제1편)

【파뮤다스諸島】 버뮤다 제도(Bermuda Islands), 북대서양 서부에 있는 영국령 자치 식민지 ▌파뮤다스諸島ᄂᆞᆫ大西洋中의一羣島ㅣ니合衆國의東方六百里에有ᄒᆞ고(《소학만국지지》1895 제4편)

【팜파쓰】 팜파스(Pampas), 아르헨티나를 중심으로 하는 대초원 ▌其東北部팔나河地域은팜파쓰(PAMPAS)라稱ᄒᆞ니(《중등만국지지》1902 권3)

【픽리스】 파리(Paris), 프랑스 수도 파리의 영어식 발음에서 온 말 ▌벌게리아 님군 버듸낸 뎌하ᄂᆞᆫ 불란셔 셔울 픽리스에 가셧다더라(〈독립신문〉1896.5.26)

【픽시픽크】 태평양(Pacific Ocean), 대서양·인도양·남극해·북극해와 함께 5대양을 이루는 큰 바다 ▌太平洋(大東洋) 픽시픽크(유길준《서유견문》1895 제2편)

【팬실베니아】 펜실베이니아 주(Pennsylvania), 미국 북동부에 있는 주. 주도(州都)는 해리스버그(Harrisburg)이며 최대 도시는 필라델피아(Philadelphia)이다 ▌미국 팬실베니아에 모조나힐 셕탄광이 문허져셔 역부 칠십 명이 뭇쳐 죽고(〈대한매일신보〉 1907.12.10)

【핑려호】 팽려호(pénglǐhú 彭蠡湖), 중국 장시성(Jiangxi, 江西省) 북부에 있는 호수 이름. 지금은 鄱阳湖라고 한다 ▌청국에무ᄉᆞᆷ호슈가잇ᄂᆞ뇨 ○답 ᄒᆞ나흔동정호(洞庭湖)요ᄒᆞ나흔핑려호(彭蠡湖)니라(《디구략론》1897)

【퍼모사】 포모사(formosa), '포모사'는 대만을 지칭하는 말로, 1517년 태평양을 항해하다 대만을 방문한 한 포르투갈인이 경치에 감탄하여 '아름다운 섬(Iiha formosa)'이라고 한 데서 유래됐다 ▌퍼모사 ㅣ 란셤과 젹은 못시 만코(한글본《ᄉᆞ민필지》1889)

【퍼시아】 페르시아(Persia), 고대의 이란. 고대에 존재했던 방대한 제국으로 오늘날의 이란 지역이 그 중심이었다 ▌토이긔국의 병은 十분의 七八이오 퍼시아국은 십분의 六七이오(〈독립신문〉1899.10.10) ▌ᄯᅩ ᄯᅢᄯᅢ로 몸이 親히 퍼시아와 메소포타미아 사이로 出入하다가(〈소년〉제2년1권 1909.1.1) ▌이ᄂᆞᆫ 퍼시아 사람ᄲᅮᆫ만 아니라, 인류의 력ᄉᆞ가 시작ᄒᆞ기 젼부터 이제ᄭᆞ지 어나 곳에든지 잇난 것일다(〈태서문예신보〉제4호 1918.10.26) ▌「埃及」「波斯」「希臘」대신에 「이집트」「퍼시아」「그리스」로쓰면알아볼사람이얼마나될는지(〈별곤건〉제28호 1930.5.1)

【퍼시야】 페르시아(Persia), 고대의 이란. 고대에 존재했던 방대한 제국으로 오늘날의 이란 지역이 그 중심이었다 ▌波斯 퍼시야(유길준《서유견문》1895 제2편) ▌波斯 퍼시야(〈대한자강회월보〉제11호 1907.5.25)

【페난】 페낭(Pinang), 말레이시아 서부의 주 이름 ▌신가파(新嘉坡) 페난(檳榔) 등지로 도라다니다가 다시 자바(荷屬爪哇)로 류랑하엿지만(〈동광〉제32호 1932.4.1) ▌이리하여 싱가폴·페난, 마락카 등은 1886년 페난 政廳下에 통일되여 同96년 政廳을 싱가폴에 옮겨 직할령으로지배했다(〈대동아〉제14권3호 1942.3.1)

【페낭】 페낭(Pinang), 말레이시아 서부의 주 이름 ▌보르네오島(크칭) 타와오에서 승선하야 쟈바-島(스라바야) 馬來반도(페낭) 인도(칼갇다, 폼페이)(〈삼천리〉제8권6호 1936.6.1)

【페터스쌕르흐】 상트페테르부르크(Sankt-Peterburg), 러시아 북서부, 핀란드만 안쪽에 있는 도시. 러시아 제2의 도시이다 ▌네빠江口에 새로 페터스쌕르흐라 일홈한 서울을 세우고(〈소년〉제1년2권 1908.12.1)

【펜실베늬아쥬】 펜실베이니아(Pennsylvania) 주, 미국 북동부에 있는 주. 주도(州都)는 해리스버그(Harrisburg)이며 최대 도시는 필라델피아이다 ▌미국 펜실베늬아쥬 마리나 탄광에 폭발탄이 터져셔 광부 이ᄇᆡᆨ 칠십 오명이 즉ᄉᆞᄒᆞ엿다더라(〈대한매일신보〉 1908.12.5)

【포도아】 포르투갈(Portugal 葡萄牙), '포도아'는 포르투갈(Portugal)의 중국식 한자음역어 '葡萄牙'를 우리말 한자음으로 읽은 것이다 ▌덕국은 야소교의 모히ᄂᆞᆫ 바ᄅᆞᆯ 쫏ᄎᆞ니며 포도아와 셔반아ᄂᆞᆫ 다 젼교ᄒᆞᄂᆞᆫ 무리의 ᄌᆡ산을 젹몰ᄒᆞ야 관가로 드리며(《이언(易言)》1883) ▌포도아 보다 세 갑졀이 크고(〈독립신문〉1896.5.30) ▌데 삼등 나라ᄂᆞᆫ 토이긔 스위든 노웨 하란 별짐 그리스 셔샤 포도아 졍말 이라(〈대조선독립협회회보〉제3호 1896.12.31) ▌포도아에나아가둔찰ᄒᆞ야셔포낭국을구원ᄒᆞᆯ시(학부역《틔셔신사》1897) ▌포도아 왕과 태ᄌᆞ의 암살ᄒᆞᆫ 거ᄉᆞᆯ 찬양ᄒᆞᄂᆞᆫ 모양이오(〈대한매일신보〉1908.3.14) ▌포도아 葡萄牙 Portugal(J. S.Gale《한영대자전》1931) ▌밤낫의 구별이 업시 러시아, 미국, 불란서, 포도아, 영국 어느 것이든지(〈별곤건〉제66호 1933.9.1)

【포도아국】 포르투갈(Portugal 葡萄牙國), '포도아국'은 포르투갈(Portugal)의 중국식 한자음역어 '葡萄牙國'을 우리말 한자음으로 읽은 것이다 ▌오문(섬 일홈)ᄒᆞᆫ 섬은 ᄯᅩᄒᆞᆫ 포도아국의 븟치엿고(《이언(易言)》1883) ▌포

도아국 남인 일명 셔반아국 녀인 일구 오디리국 남인 일명(《독립신문》1897.3.16) ▌파와도에 잇는 청국 샹민들이 포도아국 샹민의게 되ᄒᆞ야 몰화을 비쳑ᄒᆞᆫ다는 통신이 잇고(《대한매일신보》1909.1.28)

【포루트리코】푸에르토리코(Puerto Rico), 서인도 제도(카리브 해)의 대앤틸리스 제도(Greater Antilles)에 있는 미국의 자치령 ▌포루트 리코는 地味가 甚히 肥沃ᄒᆞ고(《중등만국지지》1902 권3)

【포르트갈】포르투갈(Portugal), 유럽 남서부, 이베리아 반도 서부의 공화국 ▌포르트갈말과 스페인말과 ᄯᅳ랑쓰말노 우리들은 웃더한 사람이냐고 뭇난듯하나(《소년》제2년 3권 1909.3.1)

【포올클난드諸島】포클랜드 제도(Falkland Islands), 남대서양에 있는 영국령의 제도 ▌포올클난드諸島(FALKLAND ISLANDS)(《중등만국지지》1902 권3)

【포와】하와이(Hawaii 布哇), 미국 하와이주 가운데 가장 큰 섬. 하와이 왕국의 발상지이며, 관광지로 유명하다. '포와'는 하와이(Hawaii)의 중국식 한자음역표기 '布哇'를 우리말 한자음으로 읽은 것이다 ▌합즁국에 의뢰 ᄒᆞ고 포와 나라 형편을 보라(《독립신문》1898.1.20) ▌미국 샹의원에셔 포와일을 의론ᄒᆞ는ᄃᆡ(《협셩회회보》제1권8호 1898.2.19) ▌드르미 절원ᄒᆞᆫ 히즁에 포와와 상항이란 ᄶᅡ이 잇셔 청인들이 만히 우거ᄒᆞ얏는ᄃᆡ(《대한매일신보》1907.7.3) ▌김쥬ᄉᆞ도 샹업으로 목젹을 삼아 원산으로 왓다가 ᄯᅳᆺ과 ᄀᆞᆺ지 안인 일이 잇서 포와로 갓다네 그려(《송뢰금》육정수 1908)

【포와국】하와이(Hawaii 布哇國), '포와국'은 하와이(Hawaii)의 중국식 한자음역표기 '布哇國'을 우리말 한자음으로 읽은 것이다 ▌포와국에 이쥬ᄒᆞᆫ 일본 사ᄅᆞᆷ이 삼만명이요(《독립신문》1898.6.4) ▌동월 팔일 에 포와국 셔울 에 니르럿 눈ᄃᆡ(《믹일신문》1898.8.20) ▌년젼에 대한 사ᄅᆞᆷ들이 포와국(美國占領)에 감은 셰샹이 다 아는 바어니와(《신학월보》제5권1호 1907.1)

【포와도】하와이 섬(Hawaii 布哇島), '포와도'는 하와이(Hawaii) 섬의 중국식 한자음역표기 '布哇島'를 우리말 한자음으로 읽은 것이다 ▌다만 붉은 손 흰 쥬먹으로 거연히 포와도로 향ᄒᆞ더니(《신학월보》제4권9호 1904.9) ▌또 삼ᄉᆞ년 이ᄅᆡ에는 포와도에 류쥬ᄒᆞ엿던 한국 사ᄅᆞᆷ이 상항으로 건너가는 쟈가 날노 더ᄒᆞ고(《대한매일신보》1907.7.3) ▌온다 간다 말 업시 포와도로 간 후로(육정수《송뢰금》1908) ▌포와도 布哇島 Hawaii(J.S.Gale《한영대자전》1931)

【포쥬걸】포르투갈(Portugal), 유럽 서남부 이베리아 반도 서단에 있는 공화국 ▌葡萄牙 포쥬걸(유길준《서유견문》1895 제1편)

【포츄갈】포르투갈(Portugal), 유럽 서남부 이베리아 반도 서단에 있는 공화국 ▌이스바니아국과 포츄갈국과 쉿슬란드국과(한글본《ᄉᆞ민필지》1889) ▌희리니와 포츄갈 보다도 크고 금 은동 텰과 셕탄과 물산이 한량 업시 잇스니(《독립신문》1899.7.17)

【포-틀난드】포틀랜드(Portland), 미국 메인주 남서부에 있는 도시 ▌오데곤州의 포-틀, 난드(PORT-LAND)는 日本郵船의 碇泊處오(《중등만국지지》1902 권3)

【포河】포강(Po River), 이탈리아 북부를 흐르는 강. 이탈리아에서 가장 긴 강으로 알프스 산중의 몬테비소에서 발원하여 동쪽과 북동쪽으로 흘러 토리노 · 키바소를 지나 아드리아 해로 흐른다 ▌亞爾畢斯와 亞畢尼兩山脉間에 포河ㅣ有ᄒᆞ니(《소학만국지지》1895 제3편)

【ᄲᅩᆯ클난드諸島】포클랜드 제도(Falkland Islands), 남아메리카 마젤란 해협(Strait of Magellan)의 동쪽 760km, 남대서양에 있는 영국령의 제도 ▌ᄲᅩᆯ클난드諸島(FALKLAND)此諸島는(《중등만국지지》1902 권3)

【폴난드】폴란드(Poland), 유럽 중부 발트해(Baltic Sea)에 면해 있는 공화국 ▌터어키

에게 對하야 폴난드 오쓰트리아 攻守同盟을 締結하얏슨則(《소년》제1년2권 1908.12.1) ▎젊은 포오틴풀라스가 폴난드로부터 凱旋하고 돌아오는 것입니다(《개벽》제30호 1922.12.1) ▎폴난드는 이번 歐洲大戰後에 1개 독립국이 되어서(《삼천리》제5권1호 1933.1.1)

【폴낸드】폴란드(Poland), 유럽 중부 발트 해(Baltic Sea)에 면해 있는 공화국 ▎폴낸드 廢王의 싹소늬軍을 쌔치고(《소년》제2년1권 1909.1.1) ▎폴낸드와 개전이 되자 즉시 배급제를 썻는데(《대동아》제14권3호 1942.3.1)

【폴노리다】플로리다(Florida) 주, 미국 남동쪽 끝에 있는 주 ▎폴노리다半島東南에在흔五百餘되는羣島니(《중등만국지지》1902 권3)

【폴니네시아】폴리네시아(Polynesia), 오세아니아 동쪽 해역에 분포하는 수천 개 섬들의 총칭 ▎폴니네시아(POLYNESIA)(《중등만국지지》1902 권3)

【뽈클난드諸島】포클랜드 제도(Falkland Islands), 남대서양에 위치한 영국의 해외 영토로 아르헨티나와 영토분쟁을 하는 곳이다 ▎뽈클난드諸島(FALKLAND) 此諸島는火地島北東에在흔英領이오(《중등만국지지》1902 제3편)

【폿스마우스】포츠머스(Portsmouth), 잉글랜드 남부 햄프셔(Hampshire) 주에 있는 도시 이름 ▎영국 폿스마우스 군항에셔 슈뢰정이 폭렬되여 파손되엿눈딕 부샹쟈가 이명이라더라(《대한매일신보》1909.11.25)

【폿스멋】포츠머스(Portsmouth), 잉글랜드 남부 햄프셔(Hampshire) 주에 있으며, 여름 휴양지로 이름난 사우스시(South sea)에 인접해 있다 ▎옝길란드 남편에 폿스멋과 프릐멋과 쁘리스텰이란 세 큰 촌이 잇고(한글본《ᄉ민필지》1889)

【폿즈담】포츠담(Potsdam), 독일 브란덴부르크(Brandenburg) 주의 주도. 독일의 수도 베를린에서 남서쪽으로 25km 떨어진 곳, 하펠 강(Havel River) 연변에 위치해 있다 ▎布朱淡(폿즈담)此府는岷仁見北方에在흐야(유길준《서유견문》1895 제20편)

【푸루시아】프로이센(Preussen), 유럽 동북부와 중부에 있었던 지방 및 그 지방에 있었던 나라. 프러시아(Prussia)라고도 한다 ▎그런지라 普通教育으로 世界의 模範되난 푸루시아國에서는(《소년》제2년10권 1909.11.1)

【푸지】후지 산(Fujisan 富士山), 일본 시즈오카 현(Shizuoka ken 静岡県) 북동부와 야마나시 현(Yamanashi ken 山梨県) 남부에 걸쳐 있는 산 ▎가온대는 푸지와 아사마와 시로ㅣ란 산이 잇고(한글본《ᄉ민필지》1889)

【푸쿠오가】후쿠오카(Fukuoka 福岡), 일본 규슈 후쿠오카 현 북서부에 있는 도시 ▎남편에 푸쿠오가와 사가와 구무모도와 나가사기란 큰 촌이 잇고(한글본《ᄉ민필지》1889)

【프란쓰】프랑스(France), 유럽 대륙의 서부, 지중해와 대서양 사이에 위치하며, 유럽에서 3번째로 큰 나라이다 ▎佛蘭西 프란쓰(유길준《서유견문》1895 제1편) ▎얼토당토 아니한 프란쓰 사람(佛蘭西人)의 손을 말미암아 비롯이 되엇스니(《동아일보》1922.9.6. 1면)

【ᅃ랑쓰】프랑스(France), 유럽 대륙의 서부, 지중해와 대서양 사이에 위치하며, 유럽에서 3번째로 큰 나라이다 ▎이 아래 그림은 ᅃ랑쓰(俗에 이른바 法國)란 나라의 外圍線이라(《소년》제1년1권 1908.11.1)

【프랑펏】프랑크푸르트(Frankfurt), 독일 헤센(Hessen) 주에 있는 상업 중심 도시 ▎편에 컬론과 갈스루어와 스트라스벅과 프랑펏이란 네 큰 촌이 잇고(한글본《ᄉ민필지》1889)

【프랑포어트】프랑크푸르트(Frankfurt), 독일 헤센(Hessen) 주에 있는 상업 중심 도시 ▎厚蘭布土(프랑포어트)此府는汨論의東南에處흐야(유길준《서유견문》1895 제20편)

【프로시아】프로이센(Preussen), 유럽 동북부와 중부에 있었던 지방 및 그 지방에 있었던 나라. 프러시아(Prussia)라고도 한다 ▎八十年에는 여시아 프로시아 홀난드 덴마특 스

위덴等나라로부터『武裝的中立同盟』을 組織하야(〈소년〉제2년1권 1909.1.1) ▌過般再選된 프로시아 首相 쁘라운氏 는(〈동아일보〉1925.2.8. 1면)

【피더스빼그】 상트페테르부르크(Saint Petersburg), 러시아 북서부, 핀란드만 안쪽에 있는 도시. 러시아 제2의 도시다 ▌됴셩을 의론컨대 일홈은 피더스빼그ㅣ니(한글본《ᄉᆞ민필지》1889)

【피득나보】 상트페테르부르크(Saint Petersburg), 러시아 북서부, 핀란드만 안쪽에 있는 도시. '피득나보'는 Saint Petersburg의 한자표기 '彼得羅堡'를 우리말 한자음으로 읽은 것이다 ▌토국서울군ᄉᆞ단졍은변ᄒᆞ야아국피득나보가될터이며(학부역《틔셔신사》1897)

【피득보】 상트페테르부르크(Saint Petersburg 彼得堡), 러시아 북서부, 핀란드 만 안쪽에 있는 도시. '피득보'는 Saint Petersburg의 중국식 한자표기 '彼得保'를 우리말 한자음으로 읽은 것이다 ▌본월 십이일에 밧은 귀죠회ᄂᆡ에 귀국에셔 대ᄉᆞ를 아경 피득보에 보낸다 ᄒᆞᄂᆞᆫ 일은(〈협셩회회보〉1898.3.19) ▌귀국이 쟝ᄎᆞ 큰 ᄉᆞ신을 아라샤 셔울 피득보에 파송 ᄒᆞ기로 빅엿다 ᄒᆞ온바(〈독립신문〉1898.3.19) ▌아라샤 피득보ᄂᆞᆫ 낫이 십구졈죵이오 낫이 지극히 ᄶᆞ룬 ᄯᅢ에ᄂᆞᆫ 겨우 오졈죵 ᄲᅮᆫ이오(〈ᄆᆡ일신문〉1898.12.2) ▌피득보의 통신을 거ᄒᆞᆫ 즉(〈대한매일신보〉1907.10.1)

【피레니-스山脉】 피레네 산맥(Pyrénées), 프랑스와 스페인의 국경을 이루는 산맥 ▌西班牙와接ᄒᆞᆫ境에ᄂᆞᆫ피레니-스山脉이橫ᄒᆞ야(《중등만국지지》1902 제2편)

【피렌체】 피렌체(Firenze), 이탈리아 중부 토스카나(Toscana) 주의 주도. 영어로는 플로렌스(Florence)라고 한다 ▌그 때에 「피렌체」 시에는 「페리」라는 작곡가가 나서(〈개벽〉제32호 1923.2.1)

【피루】 페루(Peru), 남아메리카 중부 태평양 연안에 있는 나라 ▌秘魯 피루(유길준《서유견문》1895 제1편)

【피루국】 페루(Peru), 남아메리카 중부 태평양 연안에 있는 나라 ▌南亞米利加에 뷔라실, 칠니, 피루外 數箇國이니(〈대한자강회월보〉제3호 1906.9.25) ▌남미쥬 피루국과 이쿠에도국은 여러 ᄒᆡ를 국경 문데로 인ᄒᆞ야 형세가 위급ᄒᆞᆫᄃᆡ(〈대한매일신보〉1910.5.29)

【피지】 피지(Fiji), 남태평양 서부 멜라네시아의 남동부에 있는 국가 ▌피지와 사모아와 소사이듸와 길벗과 마쉴과가롤닌과 산드위츠국과 마귀사스ㅣ란 셤이 잇고(한글본《ᄉᆞ민필지》1889)

【피라덜피아】 필라델피아(Philadelphia), 미국 펜실베이니아 주의 동쪽 끝에 있는 도시 ▌피라덜피아와 보스든과 블씌모와 잘쓰던이란 포촌이 잇고(한글본《ᄉᆞ민필지》1889)

【피렌이스】 피레네 산맥(Les Pyrénées), 유럽 남서부, 프랑스와 에스파냐 양국의 국경을 이루는 산맥 ▌블란시국 ᄉᆞ이에 피렌이스ㅣ란큰산이 잇스며(한글본《ᄉᆞ민필지》1889)

【핀란드】 핀란드(Finland), 유럽 북부 스칸디나비아 반도에 있는 공화국 ▌士官을 養成하고 因하야 핀란드地方을 攻略하고(〈소년〉제1년2권 1908.12.1) ▌약 1週日간 합숙할 예정이라고 하며, 北歐「핀란드」에 가서는 약 1個月練習을 할 계획이라고 합니다(〈삼천리〉제8권1호 1936.1.1)

【휜랜드】 핀란드(Finland), 유럽 북부 스칸디나비아 반도에 있는 공화국 ▌軍艦 三十餘隻을 派遣하야 휜랜드를 襲擊하야(〈소년〉제2년2권 1909.4.1)

【필나델피府】 필라델피아(Philadelphia), 미국 펜실베이니아 주의 동쪽 끝에 있는 도시 ▌필나델피府(PHILADELPHIA)ᄂᆞᆫ國內第三大都니(《중등만국지지》1902 권3)

【필나델피야】 필라델피아(Philadelphia), 미국 펜실베이니아 주의 동쪽 끝에 있는 도시 ▌必邦達彼亞필나델피야此府ᄂᆞᆫ合衆國의

第二都會라(유길준《서유견문》1895 제19편)

【필늬빈】 필리핀(Philippines), 서태평양 서쪽에 있는 7000여 개의 섬으로 이루어진 공화국 ▎필늬빈 셤 이스바니아국 쇽방이라(한글본《스민필지》1889)

【필라달피아】 필라델피아(Philadelphia), 미국 펜실베이니아 주의 동쪽 끝에 있는 도시 ▎필라달피아에셔는 죽은 쟈가 십여명이라더라(〈대한매일신보〉1910.6.28)

【필뢰빈】 필리핀(Philippines), 서태평양 서쪽에 있는 7000여 개의 섬으로 이루어진 공화국 ▎셤 북편에 필뢰빈이란 셤이 잇서 크고 젹은 일쳔이빅 셤이 련ᄒᆞ엿시니(한글본《ᄉᆞ민필지》1889)

【필리핀】 필리핀(Philippines), 서태평양 서쪽에 있는 7000여 개의 섬으로 이루어진 공화국 ▎동남에 필리핀이란 셤 이십과 태평양에 몃 셤을 엇어 ᄎᆞ지ᄒᆞ니라(한글본《ᄉᆞ민필지》1889) ▎南部에 필리핀 과 其南諸島를 除ᄒᆞ고(〈태극학보〉제7호 1907.2.24) ▎븍미 합즁국도 홀연 셔반아를 니긘 후로 필리핀을 뎜령ᄒᆞ고(〈대한매일신보〉1910.2.23) ▎항공모함 한 척으로 된 남진함대를 필리핀으로 보내여(〈별곤건〉제52호 1932.6.1)

ㅎ

【하고다뎨】하코다테(Hakodate 函館), 일본 홋카이도의 남부에 있는 시 ▎일본에항구가며치뇨 ○답ᄒᆞ나흔ᄭᅩᄇᆡ(神戶)요ᄒᆞ나흔나가사기(長崎)요ᄯᅩ도하고다뎨(函館)외니가다(新潟)란두항구가잇ᄂᆞ니라(《디구략론》1897)

【하노-바-】하노버(Hanover), 독일 북부, 니더작센(Niedersachsen) 주의 주도 ▎하노-바-(HANOVER)府ᄂᆞᆫ 예-셰루河支流의貿易地니人口가十六萬이오(《중등만국지지》1902 권2)

【하늘를루】호놀룰루(Honolulu), 미국 하와이 주 오아후 섬 남동부에 있는 하와이 주의 주도 ▎도셩은 일홈이 하늘를루ㅣ오(한글본《ᄉᆞ민필지》1889)

【하도손江】허드슨 강(Hudson River), 미국 북동부, 뉴욕 주 동부의 강 ▎西邊에 흘으ᄂᆞᆫ 하도손江 對岸에 제세라 ᄒᆞᄂᆞᆫ 府가 잇고(《국민소학독본》1895)

【하란】네덜란드(Holland 荷蘭), '하란'은 네덜란드의 다른 이름인 Holland의 중국식 음역어 '荷蘭'을 우리말 한자음으로 읽은 것이다 ▎영국과 덕국과 단국과 하란과 셔위돈과 로위와 셔셔 등 일곱 나라히 좇ᄎᆞ 힝ᄒᆞ고(《이언(易言)》1883) ▎하란 보다 여ᄃᆞᆲ 갑절이 크고 졍말과 셔샤 보다 여셧 갑졀이 크고(〈독립신문〉1896.5.30) ▎뎨 삼등 나라ᄂᆞᆫ 토이긔 스위든 노웨 하란 별짐 그리스 셔샤 포도아 졍말이라(〈대조선독립협회회보〉제3호 1896.12.31) ▎의대리하란셔반아각국이ᄯᅩ다법국을겁ᄂᆡ야(학부역《티셔신사》1897) ▎하란 졍부에셔ᄂᆞᆫ 호쥬 늬우ᄭᅵ늬아 도에 잇ᄂᆞᆫ 하란 령토와 덕국령토를 뎡계ᄒᆞ기 위ᄒᆞ야(〈대한매일신보〉1909.8.21) ▎하란 荷蘭 Holland(J.S.Gale《한영대자전》1931) 현대중국어 표기 ➡ 荷兰

【하란국】네덜란드(Holland 荷蘭國), '하란국'은 네덜란드의 다른 이름인 Holland의 중국식 음역어 '荷蘭國'에서 온 말이다 ▎하란국의셔 물 다ᄉᆞ리ᄂᆞᆫ 법을 샹고ᄒᆞ니(《이언(易言)》1883) ▎하란국 荷蘭國 Holland(게일편《한영자전》1897) ▎하란국의 만국 평화회의에 ᄉᆞ신으로 황칙을 봉승ᄒᆞ고(〈대한매일신보〉1908.1.26) ▎하란국 荷蘭國 Holland(J.S.Gale《한영대자전》1931) 현대중국어 표기 ➡ 荷兰国

【하바로부스가】하바롭스크(Khabarovsk), 러시아 극동부 하바롭스크 지방의 행정 중심도시 ▎하바로부스가에 二百三十八 번호인ᄃᆡ 남이 三千二十명이고(〈독립신문〉1899.10.23)

【하반아】아바나(La Habana), 쿠바의 수도. 쿠바 섬의 북서 해안, 멕시코만(灣)에 면하는 항구도시로, 카리브 해(海) 지역 최대의 도시이다 ▎미국 철갑션 메인이 규바 항구 하반아에셔 슈뢰포가 터져(〈독립신문〉1898.2.22) ▎미국과 셔반아 사이에 싸홈이 시작되야 규바 항구 하반아를 미국 군함 들이 에워ᄊᆞ고(〈ᄆᆡ일신문〉1898.4.27)

【하와이】하와이(Hawaii) 주, 미국 하와이 주 가운데 가장 큰 섬. 하와이 왕국의 발상지이며, 관광지로 유명하다 ▎이돈은 공 영ᄉᆞ관을 새로 하와이 부레실먹시고 청국 유챵힝 카오 둥디와 덕국 항구에들 ᄇᆡ셜 ᄒᆞᆫ다더라(〈독립신문〉1896.12.29) ▎미국 졍부에셔도 보죠금을 주고 하와이 졍부에셔도 보죠금을 준다고 ᄒᆞ엿더라(〈독립신문〉1897.1.7) ▎白和景 하와이 白允景 仁港(〈관보〉제3498호 1906.7.6) ▎미국 영디 하와이 골로아 한인 룡쟝유(육정수《송뢰금》1908) ▎바다밋혜 디진이 이셧ᄂᆞᆫᄃᆡ 하와이와 믁셔가ᄉᆡᆺ지 디진이 잇셧다더라(〈대한매일신보〉1909.10.26) ▎惑은 하와이로 砂糖을 農作하라가며(〈소년〉제2년1권 1909.1.1) ▎그보다 더 멀리 하와이, 美國, 멕시코에 흐터 잇는 모든 도련님 아가씨께(〈개벽〉제17호 1921.11.1)

【하이지共和國】아이티공화국(Haiti), 북아메리카 카리브 해에 있는 공화국 ▎하이지共和國(〈친목회회보〉제6호 1897.12)

【한구】한커우(Hankow 漢口), 중국 후베이

성(Hubei 湖北省) 우한시(Wuhan 武漢)에 있는 도시 ▌청국 졍부에셔 비리스로 돈 비는 거슬 허락 ᄒᆞ야 그 돈을 ᄀᆞ지고 한구에 텰도를 놋는다더라(〈독립신문〉1897.6.3) ▌범위가 텬진과 한구 등디ᄭᆞ지 확장이 된다더라(〈대한매일신보〉1908.4.24)

【한두나스】온두라스(Honduras), 중앙아메리카 중부에 있는 공화국 ▌과타멀나와 한두나스 두 나라에 공ᄉᆞ ᄒᆞ나를 보내는ᄃᆡ(〈독립신문〉1897.1.26)

【한두라스】온두라스(Honduras), 중앙아메리카 중부에 있는 공화국 ▌헤타이 보다 네 갑졀이 크고 늬코록가와 한두라스 보다 갑졀이라(〈독립신문〉1896.5.28)

【할난드】네덜란드(Netherlands), 유럽 서부에 있는 입헌군주제 국가. '할난드'는 네덜란드의 다른 이름 Holland에서 온 말이다 ▌荷蘭 할난드(유길준《서유견문》1895 제1편)

【할낸】네덜란드(Netherlands), '할낸'은 네덜란드의 다른 이름 Holland에서 온 말이다 ▌오스트리아와 별지음과 할낸 졔국에 ᄭᅩᆺ고 셰계즁에 뎨일 두려워 ᄒᆞ는 권을 가져스니(〈독립신문〉1896.8.18)

【할란국】네덜란드(Netherlands), '할란국'은 네덜란드의 다른 이름 Holland에서 온 말이다 ▌네데란스국은 옛 할란국이라(한글판《ᄉᆞ민필지》1889)

【홈바루구】함부르크(Hamburg), 독일 북부에 있는 도시로, 독일 최대의 무역항이자 베를린에 이은 독일 제2의 도시이다 ▌홈바루구와부레수로와도레수덴等의諸都市가또한有名ᄒᆞᆫ繁都ㅣ라(《소학만국지지》1895 제3편)

【함벅】함부르크(Hamburg), 독일 북부에 있는 도시로, 독일 최대의 무역항이자 베를린에 이은 독일 제2의 도시이다 ▌咸福(함벅) 此府는伯林北四百九十里許에在ᄒᆞ야(유길준《서유견문》1895 제20편)

【함벅그】함부르크(Hamburg), 독일 북부에 있는 도시로, 독일 최대의 무역항이자 베를린에 이은 독일 제2의 도시이다 ▌함벅그에셔는 한란표가 찬 곳으로四도에 이르고(〈독립신문〉1899.5.5)

【합리빈】하얼빈(Harbin 哈爾濱), 중국 헤이룽장성(Heilongjiang)의 성도 ▌합리빈에셔 근일에 ᄯᅥ나온 청국사ᄅᆞᆷ의 말드른즉(〈대한매일신보〉1905.1.21)

【합아나】아바나(La Habana), 쿠바의 수도 ▌首府합아나는世界中第一의砂糖貿易場이라(《소학만국지지》1895 제3편)

【합이빈】하얼빈(Harbin 哈爾濱), 중국 헤이룽장 성(Heilongjiang)의 성도. '합이빈'은 하얼빈의 한자표기 '哈爾濱'을 우리말 한자음으로 음독한 것이다 ▌구로팟긴 쟝군이 합이빈으로 퇴귀홈을 당ᄒᆞ여 도로 국황뎨ᄭᅴ셔는 평화를 쳥치 아니ᄒᆞ기로 결심을 확뎡ᄒᆞ셧다 ᄒᆞ엿더라(〈대한매일신보〉1908.2.11) ▌합이빈에서 이비-ㄴ손(〈개벽〉제43호 1924.1.1) ▌합이빈에서 신경으로 애아를 안고 울면서 표랑하든 때의 나의 슬픔의 기록(〈삼천리〉제12권4호 1940.4.1)

【합중국】미국(United States 合衆國), '합중국'은 미국의 중국식 의역표기 '合衆國'을 우리말 한자음으로 읽은 것이다 ▌合衆國의 新撰大統領이라(합중국의 신찬대통령이라)(〈대조선독립협회회보〉제2호 1896.12.15) ▌뉴욕 自由의 美人像 리벌티와 프리덤을 謳歌하는 양끼의 합중국은 서방에는 동을 향하야 黃金門을 열엇고(〈개벽〉제26호 1922.8.1) ▌경제적 장해로는 합중국과 구주연맹 혹은 미국 각주와 구주 각국을 서로 비교한다는 것은 큰 오류라는 것이다(〈별곤건〉제34호 1930.11.1) ▌「組織化된 資本主義」「景氣變動 없는 經濟」를 초래함에는 합중국의 例에 의하야 달성될 줄만 믿엇든 것이다(〈동광〉제21호 1931.5.1)

【합즁국】미국(United States 合衆國), '합즁국'은 미국의 즁국식 의역표기 '合衆國'을 우리말 한자음으로 읽은 것이다 ▌벨지암국과 쉿슬란드국과 이다리아국과 합즁

합중국(合衆國)

합중국(合衆國 United States)이란 다음 두 가지의 의미를 가진다. 하나는 두 개 이상의 주(州)나 나라가 연합된 단일국가이고 또 하나는 '미합중국(United States of America)'의 생략형으로 미국을 가리키는 말이기도 하다. 다른 이름으로는 '연합주들', '연합국', '연방'이란 말이 유사한 이름일 것이다. 합중국이라는 용어는 청나라 때 광동순무(廣東巡撫) 정율채(鄭矞采)가 1844년 3월 조정에 올린 상주문 가운데에 처음 나오는 것으로 알려졌다(千葉: 2010 p.181). 정율채의 상주문 일부를 소개한다.

> 由領事福士 稟請進見投遞夷文 查閱譯漢 內開伊奉本國正統領派爲亞墨理駕合衆國全權公使善 定宜大臣前來與中華大臣商議兩兩國民人相交章程 立定和好條約

공식적으로 合衆國이라는 이름이 쓰인 것은 미국과 청국 사이에 1844년에 체결된 왕샤조약(望厦條約)이다. 이후 합중국이라는 나라 이름은 한국과 일본에 전해졌으며 실제 사용은 일본이 한국보다 빠르다. 1854년 3월 미국과 일본 사이에 맺어진 미일화친조약(정식명칭은 日本國米利堅合衆國和親條約)에 합중국이 쓰인 것이다(亞墨利加合衆國と帝國日本兩國の人民誠實不朽の親睦を取り結ひ兩國人民の交親を旨とし向後可守箇條相立候ため合衆國より全權マッゼウ、カルブレズ、ペルリを日本に差越し日本君主よりは全權林大學頭井戶對馬守伊澤美作守鵜殿民部少輔を差遣し勅諭を信して雙方左の通取極候).

우리나라에서 '合衆國'이 사용된 예는 이헌영의 일본 사행기록인《일사집략(日槎集略)》(1881)이 가장 빠르다. 아래 기사는 이헌영이 일본 세관을 방문했을 때 일본인 세관국장 하치스카 모치아키(蜂須賀茂韶)와 문답한 내용을 적은 것이다.

> 我曰. 各國通商年條. 各爲幾何. 彼曰. 嘉永七年. 改元安政元年. 甲寅 始與亞米利加合衆國. 取結條約.

'合衆國'은 한미수호조약에도 나온다. 1882년 5월 22일 한국과 미국은 근대적인 국교를 수립하는 조약을 맺게 되는데 다음과 같이 동 조약의 전문(前文)에 '合衆國'이 나온다.

> 大亞美理駕合衆國切欲敦崇和互惠顧彼此人民是以

1890년대가 되면 '合衆國'은《서유견문》(1895, 是時에合衆國全權使가來聘홈이

我邦이報聘ᄒᆞᄂᆞᆫ禮ᄅᆞᆯ議ᄒᆞ야)과《국민소학독본》(1895, 紐約은 北阿米利加洲 合衆國 紐約洲의 貿易 大都오), 〈관보〉 제199호(1895.12.17, 阿米利加에셔ᄂᆞᆫ合衆國亞爾然丁共和國加拿陀伯剌西爾及墨西其이오), 《소학만국지지》(1895, 西印度諸島ᄂᆞᆫ合衆國의弗羅利多半島로) 등 교과서와 신문 계몽서 등에 쓰여 많은 사람들에게 익숙한 이름이 되어 갔다. 그리고 그 의미는 거의가 미국을 가리키는 것으로 쓰였다.

국이 뎨 일층이오(한글본《ᄉᆞ민필지》1889) ▎합즁국 合衆國(《국한회어》1895) ▎아메리가 합즁국 남쪽에 잇ᄂᆞᆫ 규바라 ᄒᆞᄂᆞᆫ 섬은(〈독립신문〉 1896.4.7) ▎합즁국 合衆國 The United States(게일편《한영자전》1897) ▎지금 합즁국 안에 ᄶᅩ쥐아 싱이니라(〈신학월보〉제3권1호 1903.1) ▎합즁국을 위ᄒᆞ야 츙실ᄒᆞᆫ 공훈이 잇ᄂᆞᆫ 슈ᄉᆞ뎨독 쌔씨를 속히 ᄒᆡ안으로 불너오ᄂᆞᆫ 거시 필요ᄒᆞ다 ᄒᆞ엿스며(〈대한매일신보〉1907.8.7) ▎합즁국 셔안은 바다 십리를 격ᄒᆞ고(이해조《철세계》1908) ▎븍아메리까에 합즁국이 잇ᄂᆞᆫᄃᆡ(김필수《경세종》1910) ▎쥭을지언졍 당당ᄒᆞᆫ 합즁국 인민으로 야만국 신민은 아니 되겟쇼(김교제《비행선》1912) ▎합즁국 合衆國 The United States(J.S.Gale《한영대자전》1931)

【항가뤠】 헝가리(Hungary), 유럽 중동부 내륙에 있는 공화국 ▎匈牙利 항가뤠(유길준《서유견문》1895 제1편)

【항가리】 헝가리(Hungary), 유럽 중동부 내륙에 있는 공화국 ▎항가리라ᄒᆞᄂᆞᆫ짜에ᄂᆞᆫ 만키가구ᄇᆡᆨ만명에일으고(학부역《티셔신사》 1897) ▎『상류가정에서 주인의 寢上의 반을 빌녀줍니다.』하고 야릇한 광고가 항가리-부다베수트의 엇던 신문에 낫습니다(〈별곤건〉제16·17호 1928.12.1) ▎미레의 그림갓치 田園에 취미가 풍부하면서 집시 기분이 찬 항가리-보헤미안다가보고 십헛다(〈삼천리〉제4권3호 1932.3.1)

【항가리아】 헝가리(Hungary), 유럽 중동부 내륙에 있는 공화국 ▎서방 유일의 專制國으로 佛國, 툴키, 항가리아 등의 국민운동에 항상 帝政派를 도우든 러시아의 현상을(〈개벽〉제40호 1923.10.1) ▎그날밤 윤과 박이 리스트이 「항가리아광상곡」제육번을 열심히 타고(〈별곤건〉제61호 1933.3.1) ▎항가리아 모르낼(원작), 金岸曙(역)(〈삼천리〉제3권1호 1931.11.1)

【ᄒᆡ난】 하이난다오(Hainandao 海南島), 중국 레이저우(雷州) 반도 남쪽 남중국해에 있는 중국 제2의 섬 ▎청국ᄒᆡ로 드러가ᄂᆞᆫ 간텬이란 강과 인도 짜흘 지나 인도양에로 드러가ᄂᆞᆫ 브라마푸드라ㅣ 란 강과 ᄒᆡ난이란 셤이 잇고(한글본《ᄉᆞ민필지》1889)

【ᄒᆡ디】 아이티(Haiti), 북아메리카 카리브해에 있는 공화국 ▎ᄒᆡ디(〈한성주보〉제22호 1886.6.31)

【ᄒᆡ삼위】 블라디보스토크(Vladivostok 海参崴), 러시아 연해주 지방에 있는 항만도시, 'ᄒᆡ삼위'는 Vladivostok의 중국어 표기 '海参崴'를 우리말 한자음으로 읽은 것이다 ▎농샹공부 쥬ᄉᆞ 들이 우톄 분국일노 ᄒᆡ삼위를 갓다더라(〈독립신문〉1896.4.28) ▎지금 ᄒᆡ삼위에 잇ᄂᆞᆫ 아라사 군ᄉᆞ가 륙만명이라더라(〈협성회회보〉1898.1.22) ▎우리 나라에ᄂᆞᆫ 그와 달나 ᄒᆡ삼위 근쳐와 흥룡강 등디와 ᄇᆡᆨ두산 셔ᄇᆡᆨ으로 나션동 이라 쳥학동이라(〈ᄆᆡ일신문〉 1898.9.12) ▎ᄒᆡ삼위 함ᄃᆡ 발동(〈대한매일신보〉 1904.10.6)

【ᄒᆡ숨위】 블라디보스토크(Vladivostok 海参崴), 러시아 연해주 지방에 있는 항만도시. 'ᄒᆡ숨위'는 Vladivostok의 중국어 표기 '海参崴'를 우리말 한자음으로 읽은 것이다 ▎ᄒᆡ숨위 海蔘威 Vladivostok(게일편《한영자전》1897) ▎ᄒᆡ숨위에 잇ᄂᆞᆫ 한국 사ᄅᆞᆷ의 수효ᄂᆞᆫ 십만여호라(〈대한매일신보〉1907.7.16)

【희아】헤이그(Hague 海牙), 네덜란드의 서부에 있는 네덜란드 정부기관 소재지이며, 조이트홀란트 주의 주도. '희아'는 Hague의 중국식 한자표기 '海牙'를 우리말 한자음으로 읽은 것이다 ▌희아부평화회의에셔일인의잔학홈을호쇼ᄒᆞᄂᆞᆫ한국대의를빅쳑ᄒᆞ얏다더라(《대한매일신보》1907.7.3)

【힘벅】함부르크(Hamburg), 독일 북부에 있는 도시로, 독일 최대의 무역항이자 베를린에 이은 독일 제2의 도시이다 ▌이탤리 대군쥬가 구월 삼일에 덕국 힘벅 항구를 득달ᄒᆞ니(《독립신문》1897.9.9)

【향항】홍콩(Hong Kong 香港), 중국 화난(華南)지구 남부의 특별행정구. 홍콩 섬주룽(九龍) 반도 및 이에 딸린 섬들로 이루어짐 ▌양인의 쥬관ᄒᆞᄂᆞᆫ 향항과 오문(다포구 일홈) 일을 샹고ᄒᆞ야 보니 츄리 밧ᄂᆞᆫ 젼례 업ᄂᆞᆫ지라(《이언(易言)》1883) ▌빅샹을 여러 쳔만원을 물고 향항을 영국의게 ᄲᅢ앗기고(《독립신문》1896.4.6) ▌야만의 풍속을 지금ᄭᆞ지 슝샹ᄒᆞᄂᆞᆫ ᄲᅡ닭에 영국이 향항을 차지ᄒᆞ고 아라샤가 아셰아 북편을 모도 차지ᄒᆞ고(《대조선독립협회회보》제6호 1897.2.15) ▌청국 정부에셔 영국 향항 샹희은힝과 덕국 아라사 은힝에 청국 히관과 ᄂᆡ디 디셰를 뎐당잡히고 이쳔만원을 너푼변으로 어덧다더라(《협셩회회보》제1권10호 1898.3.5) ▌향항 뎐보를 거ᄒᆞᆫ즉(《대한매일신보》1908.2.11) ▌그 탓으로 국내에 편히 지나지 못하고 멀리 향항(香港) 상해 등지로 류랑하다가(《별곤건》제64호 1933.6.1)

【허더맛구河】포토맥 강(Potomac River), 미국 동부를 흐르는 강 ▌首府華盛頓은허더맛구河畔에잇고(《소학만국지지》1895 제3편)

【허듸손】허드슨(Hudson), 캐나다 북동부에 있는 만 ▌셔반아 포환이 허듸손의 화약고를 터쳐셔 위관 ᄒᆞ나와 슈군 여셧이 죽고(《독립신문》1898.5.19)

【헤웨이】하와이(Hawaii), 미국 하와이 주 가운데 가장 큰 섬. 하와이 왕국의 발상지이며, 관광지로 유명하다 ▌布哇 헤웨이(유길준《서유견문》1895 제1편)

【헤타이】아이티(Haiti 許太伊), 북아메리카 카리브 해에 있는 공화국. '헤타이'는 Haiti의 한자표기 '許太伊'에서 온 말이다 ▌코스다카와 산도밍고와 헤타이 보다 네 갑졀이 크고(《독립신문》1896.5.30)

【허틔이】아이티(Haiti 許太伊), 북아메리카 카리브 해에 있는 공화국, '허틔이'는 Haiti의 한자표기 '許太伊'에서 온 말이다 ▌許太伊 허틔이(유길준《서유견문》1895 제1편)

【헛손】허드슨 강(Hudson River), 미국 뉴욕주 동부를 흐르는 강 ▌북편에 헛손이란 하슈와 여러 셤이 잇고(한글본《ᄉᆞ민필지》1889) ▌늬유욕浦는 헛손江東岸에 잇난(《소년》제2년5권 1909.5.1)

【헝거리】헝가리(Hungary), 유럽 중동부 내륙에 있는 공화국 ▌이달리아국과 오스드리아 헝거리국과 루마니아국과 셰비아국과 만트늬그로국과 터키국과 ᄭᅳ리스국이니 나라가 강ᄒᆞ고(한글본《ᄉᆞ민필지》1889)

【형그리】헝가리(Hungary), 유럽 중동부 내륙에 있는 공화국 ▌형그리ᄂᆞᆫ 一千五百八十六년 十二월二十一일을 곳쳐 八十七년 一월 一일을 삼고(《독립신문》1899.2.2)

【헤루세고비나】헤르체고비나(Hercegovina), 보스니아헤르체고비나 남부의 지방 ▌敦士尼亞와헤루세고비나兩地方을墺國에讓ᄒᆞ고(《소학만국지지》1895 제3편)

【헤루셰이고비나】헤르체고비나(Hercegovina), 보스니아헤르체고비나 남부의 지방 ▌영국과 이태리와 덕국이 보스니야와 헤루셰이고비나 합병ᄒᆞᄂᆞᆫ 일을 동의ᄒᆞ엿ᄂᆞᆫᄃᆡ(《대한매일신보》1909.4.17)

【헤익ᄉᆞ】헤이그(Hague), 네덜란드의 서부에 있는 네덜란드 정부기관 소재지이며, 조이트홀란트(Zuid Holland) 주의 주도 ▌赫久(헤익ᄉᆞ) 此府ᄂᆞᆫ荷蘭의京城이니(유길준《서유견문》1895 제20편)

【헤타이】아이티(Haiti 許太伊), 북아메리카 카리브 해에 있는 공화국. '헤타이'는 Haiti의 한자표기 '許太伊'에서 온 말이다 ▎덕국 군함 두쳑이 헤타이에 가서 벌금 십만원을 여듧시 안으로 내라 ᄒᆞ고(〈독립신문〉 1897.12.14)

【호굴난드諸島】포클랜드 제도(Falkland Islands), 남대서양에 있는 영국령의 제도(諸島) ▎호굴난드諸島ᄂᆞᆫ 데라텔후에고島東北의잇ᄂᆞᆫ東西二大島와數多ᄒᆞᆫ島嶼를合稱ᄒᆞ미니(《소학만국지지》1895 제5편)

【호놀눌누府】호놀룰루(Honolulu), 미국 하와이 주 오아후 섬 남동부에 있는 하와이 주의 주도 ▎오아후-島中의호놀눌누府(HONOLULU)ᄂᆞᆫ當國首府니(《중등만국지지》1902 권3)

【호놀룰누港】호놀룰루 항(Honolulu), 미국 하와이 주 오아후 섬 남동부에 호놀룰루에 있는 항구 ▎하와이島의 호놀룰누港은 極東에 이르난 中樞地니(〈소년〉제2년1권 1909.1.1)

호주

왜 오스트레일리아(Australia)를 호주(濠洲/豪洲)라고 부를까? 어릴 때 늘 느꼈던 의문 중 하나이다. 개화기 우리나라의 오스트레일리아에 대한 명칭은 '어스트렐늬야, 오드리아, 오사쳘니아쥬, 오스드렐랴, 오스드렐리아, 오스트낼리아, 오스트랠니아, 오스틀렬랴, 오오쓰트랠늬아, 욱대리아, 호주, 호쥬, 奧大利亞, 澳大利亞, 奧大里亞洲, 奧斯達利亞, 澳斯德拉里亞洲, 墺斯亞, 澳洲, 澳太利洲, 濠, 濠洲, 豪洲, 濠太剌利亞洲, 濠太利, 濠太利亞洲, 濠太剌利' 등 27개나 있었다.

이들 중 요사이 쓰이는 이름은 '오스트레일리아'와 '호주(濠洲)' 정도가 되지 않을까 한다. 호주(濠洲)는 오스트레일리아를 표시하는 '濠太剌利洲' 또는 '濠太利亞洲'를 줄여서 부른 이름이다(한 자로 줄일 때는 '호(濠)'라고 한다). 우리나라에서 '호주(濠洲)'가 쓰인 것은 1890년대부터이다. 다음 예를 보기로 하자.

- 濠州及加里福尼에ᄂᆞᆫ[메돗구]부루고니유](葡萄樹名)及日本葡萄의移植을試ᄒᆞ고(〈관보〉 제146호(1895.8.24.)
- 濠洲의 亞細亞人을 排斥이라(〈대조선독립협회회보〉 제5호(1897.1.31.)
- 만향파와 호쥬와 상항과 향항과 파리 마와 일본 등디로 길을 통ᄒᆞ기가 인편ᄒᆞ고(〈미일신문〉 (1898.9.24.)
- 파푸아諸島 濠洲大陸의北方도르레쓰海峽을隔ᄒᆞ야(《중등만국지지》 1902)

참고로 중국과 일본에서 오스트레일리아를 어떻게 부르는지 살펴보자면, 중국에서는 호주를 '澳大利亚' 또는 '澳洲'라 한다. 모두 다 19세기부터 쓰인 이름이다. 일본에서는 '豪州'라 한다. 제2차 세계대전 전까지는 '豪州'와 '豪洲', '濠洲'가 쓰였으나 1946년 새로운 표기법이 만들어지면서 오늘날은 '豪州'가 표준 표기법으로 되어 있다.

【호드손河】 허드슨 강(Hudson river), 미국 뉴욕 주 동부를 흐르는 강 ▎콘네쿠틔카트(CONNECTICUT)호드손(HUDSON)델나웨-(DELAWARE)等의河가東南流ᄒᆞ야(《중등만국지지》1902 권3)

【호르란또】 네덜란드(Netherlands), 유럽 서부에 있는 입헌군주제 국가, '호르란또'는 네덜란드의 다른 이름 Holland의 일본식 발음에서 온 말이다 ▎호르란또(〈한성주보〉제4호 1886.2.22)

【호주】 오스트레일리아(Australia 濠洲), '호주'는 Australia의 중국식 한자표기 '濠洲'를 우리말 한자음으로 읽은 것이다 ▎崔浩烈씨의 호주유학이며, 具滋玉, 吳天錫씨(其外 성명 미상)의 미국유학 등은(〈개벽〉제19호 1922.1.10) ▎위선 호주(濠洲)에 해군을 늘니고 신가파(新嘉坡)에 군항(軍港)을 완전히 만들 작정이다(〈별곤건〉제70호 1934.2.1) ▎상대국은 만주 支那는 물론 호주, 인도, 남북미국, 亞弗利加, 중앙亞細亞, 歐羅巴의 여러 나라 등, 실로 64개 국의 다수에 달한다(〈삼천리〉제10권8호 1938.8.1)

【호쥬】 오스트레일리아(Australia 濠洲), '호쥬'는 Australia의 중국식 한자표기 '濠洲'를 우리말 한자음으로 읽은 것이다 ▎만향파와 호쥬와 상항과 향항과 파릐 마와 일본 등디로 길을 통ᄒᆞ기가 인편ᄒᆞ고(〈믹일신문〉1898.9.24) ▎호쥬의 국민병(〈대한매일신보〉1908.2.6) ▎동뎐보를 거ᄒᆞᆫ 즉 호쥬닉각은 총ᄉᆞ직을 ᄒᆞ엿다더라(〈대한매일신보〉1909.6.5) ▎호쥬濠洲Australia(J.S.Gale《한영대자전》1931)

【혼놀루루】 호놀룰루(Honolulu), 미국 하와이 주 오아후 섬 남동부에 있는 하와이주의 주도 ▎포와국 도셩 혼놀루루에 도착 ᄒᆞ고(〈독립신문〉1898.8.12)

【혼눌느】 호놀룰루(Honolulu), 미국 하와이 주 오아후 섬 남동부에 있는 하와이 주의 주도 ▎미국이 포와국 경셩 혼눌느를 포딕로 방비 ᄒᆞ야 틱평양에 엄중ᄒᆞᆫ 군디(軍地)를 문든다 ᄒᆞᆫ다더다(〈독립신문〉1898.8.3)

【혼두라쓰】 온두라스(Honduras), 중앙아메리카 중부에 있는 공화국 ▎英領혼두라쓰(BRITISH HONDURAS)(面積은七千五百方哩人口는三萬一千)瓦地馬拉의東에在ᄒᆞ니(《중등만국지지》1902 권3)

【혼듀라스】 온두라스(Honduras), 중앙아메리카 중부에 있는 공화국 ▎混斗羅斯 혼듀라스(유길준《서유견문》1895 제1편)

【혼쥬라스共和國】 온두라스공화국(Honduras), 중앙아메리카 중부에 있는 공화국 ▎혼쥬라스共和國(〈친목회회보〉제6호 1897.12)

【혼지유라스共和國】 온두라스공화국(Honduras), 중앙아메리카 중부에 있는 공화국 ▎혼지유라스共和國(〈대한민보〉 제10호 1909.6.23)

【홀난드】 네덜란드(Netherlands), 홀란드(Holland)는 원래 네덜란드의 서부 지역을 가리키는 말이나 네덜란드의 다른 이름으로도 쓰였다 ▎八十年에는 예시아 프로시아 홀난드 덴마특 스위덴 等나라로부터『武裝的中立同盟』을 組織하야(〈소년〉제2년1권 1909.1.1)

【홀낸드】 네덜란드(Netherlands), 홀란드(Holland)는 원래 네덜란드의 서부 지역을 가리키는 말이나 네덜란드의 다른 이름으로도 쓰였다 ▎先時에 페터가 홀낸드사람 팀메르만을 雇聘하야 海軍의 일을 익히고(〈소년〉제1년2권 1908.12.1)

【홍가리】 헝가리(Hungary), 유럽 중동부 내륙에 있는 공화국 ▎뿌다페쓰드는 또나우江兩岸에 걸친 홍가리國 京城이니(〈소년〉제2년5권 1909.5.1) ▎쳇코국은 1918년 오스토리, 홍가리로부터 독립된 신흥국인 만치(〈삼천리〉제3권10호 1931.10.1)

【홍콩】 홍콩(Hong Kong 香港), 중국 대륙의 남동부에 있는 특별행정구 ▎청국 남편 홍콩 근쳐에 몃 젹은 셤을 엇어 ᄎᆞ지ᄒᆞ니라(한글본《ᄉᆞ민필지》1889) ▎다시 홍콩 샹해 은힝

에 돈을 빌냥으로 쥬션 흔다더라(《독립신문》1897.11.2) ▎홍콩(香港)이며 칼캇타 근처의 청국사람의 거리와 가튼 공기가 이곳에서도 흐는다(《별곤건》제71호 1926.7.1)

【홍히】 홍해(The Red Sea 紅海), 아프리카 대륙과 아라비아 반도 사이에 있는 좁고 긴 바다. '홍해'는 영어 The Red Sea의 중국식 번역어 '紅海'를 우리말 한자음으로 음독한 것이다 ▎디방을 의론컨대 아시아 셔편 홍히ㅅ ㄱ와 아프리가 북편 디즁히ㅅㄱ와(한글본《ᄉ민필지》1889) ▎수로는 홍히로 디즁히 싸지 본국비셜니히에 이르니(학부역《티셔신사》1897) ▎예지부도(挨及)와 아셔아(亞西亞)ᄉ이 무슴 유명(有名)흔 바다가 잇ᄂ뇨 ○답 홍히(答紅海)란 바다가 잇ᄂ니라(《디구략론》1897) ▎아라샤 졍부에셔 북히로 붓터 홍히 ᄭ지 통ᄒ야 바다흘 파려 ᄒᄂᄃ(《미일신문》1898.7.1) ▎그들이 하이산을 써나 홍히길노 이동 쌍을 돌나갈식(《신학월보》제2권11호 1902.11)

【횡빈】 요코하마(Yokohama 橫濱), 일본 본토 가나가와 현(Kanagawa ken 神奈川縣)에 있는 도시. '횡빈'은 요코하마의 한자표기 '橫濱'을 우리말 한자음으로 읽은 것이다 ▎빅를 노쳐 일본 횡빈으로 가 카나다 화륜션 엠쌔레쓰어프 차이나를 타고 반큐버-로 가(《독립신문》1896.5.5) ▎일본 횡빈셔 이졔 텰도신문을 발간홀 계획이 잇ᄂᄃ(《대한매일신보》1907.10.20) ▎하로밤을 닷주고 셧다가 횡빈으로 써나는ᄃ(육정수《송뢰금》1908) ▎그런데 그 갑은 신호나 횡빈의 생사취인시장에서 결정이 되는 것이니까(《별곤건》제40호 1931.5.1) ▎대판서 횡빈까지 나왓든 멧멧 친구(《동광》제24호 1931.8.4)

【화긔국】 미국(United States of America 花旗國), 중국에서 예전에 미국을 가리키던 말 중 하나. '화긔국'은 미국의 중국식 한자표기 '花旗國'을 우리말 한자음으로 읽은 것이다 ▎화긔국 花旗國 The land of the flowery flag - the United States(게일편《한영자전》1897) ▎화긔국 花旗國 The land of the flowery flag - the United States(J.S.Gale《한영대자전》1931)

【화란】 네덜란드(Holland 和蘭), '화란'은 네덜란드(Netherlands)의 한자음역어 '和蘭'을 우리말 한자음으로 읽은 것이다 ▎그 실샹 화란을 바닷다 ᄒ고 미국이 니ᄅᄃ 법국이 세 번 크게 어ᄌ러워 수빅만 인명이 ᄉ망지환을 당ᄒ미(《이언(易言)》1883) ▎화란 말은 아모것도 모로는 쇼견이 열녀 리치를 가지고(《독립신문》1896.6.30) ▎신가파통신을 거흔즉 화란국 령토 쓰마를싸와둥 여러 셤에셔 인심이 산란ᄒ야 반란이 니러남으로(《대한매일신보》1908.6.5) ▎파란·화란·백이의를 려행하고서(《개벽》제36호 1923.6.1) ▎화란 和蘭 Holland(J.S.Gale《한영대자전》1931) ▎즉 화란의 상선「젠타호」갑판 우에서 공중을 날르는 유령선의 노인에게로부터 편지를 바든 학자풍의 사나히엿다(《별곤건》제55호 1932.9.1)

【화란국】 네덜란드(Netherlands 和蘭國), '화란국'은 네덜란드(Netherlands)의 한자음역어인 '和蘭國'을 우리말 한자음으로 읽은 것이다 ▎화란국 졍부에셔는 슈마도라 ᄒᄂ 북동北東 언덕 셴비란 물 길에 륜션 항힝ᄒ기 편케 ᄒ고져 ᄒ야(《독립신문》1899.8.16) ▎화란국 령토 쓰마를싸와둥 여러 셤에셔 인심이 산란ᄒ야 반란이 니러남으로(《대한매일신보》1908.6.5) ▎기왕 영국이나 화란국 사람들은 남자 교육에 대하여서까지 등한시하였었으나(《대동아》제14권3호 1942.3.1)

【화바나】 아바나(La Habana), 쿠바의 수도. 쿠바 섬의 북서 해안, 멕시코 만(灣)에 면하는 항구도시로, 카리브 해(海) 지역 최대의 도시이다 ▎규바 경셩 화바나 레빅당에 뭇엇더니(《독립신문》1899.1.28)

【화셩돈】 워싱턴(Washington 華盛頓), 미국의 수도. '화셩돈'은 Washington의 중국식 한자음역표기 '華盛頓'에서 온 말 ▎영병이 곳 화셩돈에 들어가 궁젼을 웅거ᄒ야 볼모ᄉ고(학부역《티셔신사》1897) ▎국닉 명 승지디에 구경 식히고 망간에 화셩돈에 도라와 합동 칙ᄌ에 화압 ᄒ겟ᄂᄃ(《독립신문》1897.9.2) ▎미국히군경이 륙월 이십구일에 화셩돈에셔 써나셔(《대한매일신보》1907.7.2) ▎국도는 華

盛頓(화셩돈)이니라(정윤수《樵木必知》1909) ❙ 지금 미국셔 화셩돈에 잇셔 크게 상업을 ᄒᆞᄂᆞ니(김용준《월하가인》1912) ❙ 긔반 羈絆에셔 버셔나 ᄌᆞ쥬독립이 되게 ᄒᆞ던 화셩돈 華盛頓과(최병헌《성산명경》1914) ❙ 화셩돈 華盛頓 Washington(J.S.Gale《한영대자전》1931)

【화승돈】 워싱턴(Washington 華盛頓), 미국의 수도. '화승돈'은 Washington의 중국식 한자음역표기 '華盛頓'에서 온 말 ❙ 의화군 뎐하ᄂᆞᆫ 무ᄉᆞ히 화승돈에 득달ᄒᆞ셧ᄂᆞᆫᄃᆡ(《독립신문》1897.8.19)

【화태】 사할린 섬(Sakhalin 樺太), 러시아 사할린 주 쿠릴 열도에 있는 섬. 일본에서는 가라후토(樺太)라고 부른다. 19세기에 러시아가 일본과 영유권 다툼을 하다가 일본이 쿠릴 열도와의 교환을 조건으로 러시아에 이양되었다가 1905년 일본이 점령한 후 포츠머스 조약에 따라 북위 50° 이남을 차지했다. 1945년 일본이 패전한 뒤 함께 완전한 러시아 땅이 되었다 ❙ 한국 통감부와 ᄃᆡ만 총독부와 관동 도독부와 화태 민경청의 명년도 예산은 일쳔일ᄇᆡᆨ만환인ᄃᆡ(《대한매일신보》1907.11.12) ❙ 나는 거긔서 또다시 어름을 헤치며 가는 배를 타고서 화태까지 왓다(《개벽》제52호 1924.10.1) ❙ 그 까닭은 가령 조선이나 화태것튼 땅이 업서진다 할지라도 日本의 국토는 다소 적어질 뿐으로(《삼천리》제6호 1930.5.1)

【활쳘로】 워털루(Waterloo), 벨기에의 브뤼셀 동남부에 있는 지역 이름. 이곳에서 나폴레옹이 전투에서 패배한 것으로 유명하다 ❙ 활쳘로전징후에승전ᄒᆞᆫ쳡보가ᄉᆞᆷ일후에야겨우영경에일으니(학부역《틔셔신사》1897)

【황하슈】 황하강(Yellow River 黃河江), 쿤룬 산맥에서 시작해 황해로 흘러드는 5,400㎞에 이르는 강 ❙ 황하슈를 건너 싸핫ᄉᆞ며 진시황의 만리쟝셩이니라(한글본《ᄉᆞ민필지》1889)

【황ᄒᆡ】 황해(Yellow Sea 黃海), 중국 동부 해안과 한반도 사이에 있는 바다로 한국에서는 서해라고 부른다 ❙ 한반도ᄂᆞᆫ 셔편에 황ᄒᆡ가 잇셔셔 ᄒᆡ변에 굴곡ᄒᆞᆫ 곳이 만코(《대한매일신보》1909.1.28) ❙ 동에는 일본이며 셔에는 황ᄒᆡ요 남에는 일본ᄒᆡ와 황ᄒᆡ가 합ᄒᆞᆫ 곳이(김필수《경세종》1910)

【후란구후-루드】 프랑크푸르트(Frankfurt), 독일 헤센 주(州)에 있는 도시로 라인 강 줄기인 마인 강 하류에 있다 ❙ 발멘(BARMEN)及메인河畔의후란구후-루드(FRANKFURD)十八萬諸府니(《중등만국지지》1902 권2)

【후로렌수】 피렌체(Firenze), 이탈리아 중부, 토스카나(Toscana) 주의 주도. 영어로는 플로렌스(Florence)라고 한다 ❙ 또ᄒᆞᆫ風景이絶佳ᄒᆞ며왜니수와미란과후로렌수等도다有名ᄒᆞᆫ都市ㅣ라(《소학만국지지》1895 제3편)

【후로렌수府】 피렌체(Firenze), 이탈리아 중부, 토스카나(Toscana) 주의 주도. 영어로는 플로렌스(Florence)라고 한다 ❙ 후로렌수府(FLORENCE)ᄂᆞᆫ近來ᄭᆞ지首府되얏든處니(《중등만국지지》1902 제2편)

【후아】 후에(Hué 順化), 베트남 중부에 있는 도시이며, 베트남 마지막 왕조의 수도였다 ❙ 도셩을 의론컨대 일홈이 후아ㅣ니 나라ㅅ가온대요(한글본《ᄉᆞ민필지》1889)

【휘릿빈諸島】 필리핀 제도(Philippine Islands), 필리핀국을 구성하는 여러 섬들 ❙ 휘릿빈諸島ᄂᆞᆫ臺灣南에잇ᄂᆞᆫ一叢島라(《소학만국지지》1895 제6편)

【휴런】 휴런 호(Lake Huron), 북아메리카 대륙, 미국과 캐나다의 접경에 있는 호수 ❙ 이에 슈비리어와 휴런과 이리와 언데리오ㅣ란 못시 잇고(한글본《ᄉᆞ민필지》1889)

【흉아리】 헝가리(Hungary 匈牙利), 유럽 중동부 내륙에 있는 공화국. '흉아리'는 헝가리(Hungary)의 중국식 한자음역표기 '匈牙利'를 우리말 한자음으로 음독한 말이다 ❙ 오디리와 흉아리국 황뎨 폐하의 탄일은 八월 十五일(《독립신문》1899.4.18) ❙ 흉아리국에셔

국회의원의 총션거ᄅᆞᆯ 거힝ᄒᆞ엿ᄂᆞᆫᄃᆡ(《대한매일신보》1905.2.13) ▎흉아리 凶牙利 Hungary(J. S.Gale《한영대자전》1931) ▎그리하야 오지리는 공화국이 되고 흉아리는 그대로 군주국가로 되기로 하엿는데 부다뻬스트는 흉아리 서울이다(《삼천리》제11권1호 1939.1.1)

【흐란스】프랑스(France), 유럽 대륙의 서부, 지중해와 대서양 사이에 위치하며, 유럽에서 3번째로 큰 나라이다 ▎흐란스(《한성주보》제3호 1886.2.15)

【흑룡강】흑룡강(Amur River 黑龍江), 러시아 시베리아 남동부에서 발원하여 중국 둥베이(東北:滿洲)의 국경을 따라 동류하고 하바롭스크 부근에서 북동류하여 오호츠크해로 흘러드는 강 ▎한길은동으로시작ᄒᆞ야셔ᄇᆡᆨ리아와흡극도흑룡강일ᄃᆡ로가게ᄒᆞ고(학부역《틔셔신사》1897) ▎흑룡강 철로 놋ᄂᆞᆫᄃᆡ 청국 모군들이 쳔여명이나 다라난 고로(《독립신문》1898.6.18) ▎만영승이라 ᄒᆞᄂᆞᆫ 사ᄅᆞᆷ은 흑룡강 쟝군 막하의 영관이라(《대한매일신보》1907.9.27) ▎11일 흑룡강성 내 300여 년 內居住 동포를 省에서 驅逐決議(《별곤건》제37호 1931.2.1) ▎東三省즉 길림,흑룡강,요녕의3성을가르킴이요(《동광》제27호 1931.11.10)

【흑해】흑해(Black Sea 黑海), 유럽 남동부와 아시아 사이에 있는 내해. '흑해'는 영어 Black Sea의 번역어 '黑海'를 우리말 한자음으로 읽은 것이다 ▎토이긔에셔 흑해로 드러가ᄂᆞᆫ 바다에ᄂᆞᆫ 각국 군함들이 못 다니게 약죠ᄒᆞ야(《독립신문》1897.3.13) ▎지중해와 ᄯᅩ흑해를 차착이 업시 잘 거렷더라(《신학월보》제3권10호 1903.10) ▎흑해를 英國 함대의 위력 하에 두려고 하는 것이나(《개벽》제61호 1925.7.1) ▎폴랜드는「발틱해」에서 흑해에 통하는 대국을 꿈꾸고 잇다는 것이라 한다(《동광》제36호 1932.8.1)

【흑ᄒᆡ】흑해(Black Sea 黑海), 유럽 남동부와 아시아 사이에 있는 내해. '흑ᄒᆡ'는 영어 Black Sea의 번역어 '黑海'를 우리말 한자음으로 읽은 것이다 ▎이졔영아양국이흑ᄒᆡ전징ᄒᆞᆫ ᄉᆞ젹을보면전장에셔죽은ᄌᆞᄂᆞᆫ불과이쳔뉵ᄇᆡᆨ인이오(학부역《틔셔신사》1897) ▎아라사 ᄒᆡ군대신이 흑ᄒᆡ에 잇ᄂᆞᆫ 함ᄃᆡ아령관의게 명ᄒᆞ야 군함 십일쳑을 모도 수리ᄒᆞ고 외양에 나아가 싸호기로 쥰비ᄒᆞ고 다시 령을 기다리라고 ᄒᆞ엿더라(《협셩회회보》제1권5호 1898.1.30) ▎무시아ᄂᆞᆫ 아시아 북이요 비ᄃᆡ니아ᄂᆞᆫ 흑ᄒᆡ남이라(《신학월보》제2권8호 1902.8) ▎로국에셔ᄂᆞᆫ 흑ᄒᆡ와 보루지즈구ᄒᆡ를 련락ᄒᆞ기 위ᄒᆞ야 운하를 ᄀᆡ통ᄒᆞ기에 착슈ᄒᆞ엿다더라(《대한매일신보》1909.3.19)

【흔두레스국】온두라스(Honduras), 중앙아메리카 중부에 있는 공화국 ▎과데마라국과 흔두레스국과 산살베더국과 ᄂᆡᆨ가라과국과 거스다리가국과 ᄯᅩ 벨릐스ㅣ란 ᄶᅡ히니(한글본《ᄉᆞ민필지》1889)

【희랍】그리스(Greece 希臘), 유럽 동남부 발칸 반도의 남단에 있는 공화국. '희랍'은 Greece의 중국식 한자음역어 '希臘'을 우리말 한자음으로 읽은 것이다 ▎ᄯᅩ하나ᄒᆞᆫ ᄀᆞᆯ온 희랍괴니 쇼아셰아와 구라파에 동아라ᄉᆞ와 희랍국 등 네 나라히 좃ᄎᆞ 힝ᄒᆞ니(《이언(易言)1883》 ▎희랍과돌국이셔로젼징ᄒᆞᆯᄯᅢ에완연이드러나니(학부역《틔셔신사》1897) ▎희랍보다 다섯 갑절이 크고(《독립신문》1896.5.30) ▎희랍대군주ᄭᅴ셔 ᄆᆞ거를 타고 길노 나가다가(《협셩회회보》제1권11호 1898.3.12) ▎한반도의 면젹은 희랍 반도에 비ᄒᆞ면 크고(《대한매일신보》 1909.1.28) ▎희랍인으로써 역사상에 光榮잇는『쿠르투르』를 자기네들이 소유한 국민이라고 자처하얏다(《개벽》제10호 1921.4.1)

【희랍국】그리스(Greece 希臘國), 유럽 동남부 발칸 반도의 남단에 있는 공화국. '희랍국'은 Greece의 한자음역어 '希臘國'을 우리말 한자음으로 음독한 것이다 ▎희랍국에셔ᄂᆞᆫ 이ᄉᆞ기로와 격물학을 창시ᄒᆞᆫ 셩현들이 나셧스며(《이언(易言)》1883) ▎아라샤와 희랍국셔에ᄂᆞᆫ 희랍교라고 ᄒᆞᄂᆞᆫ거슬 ᄒᆞᄂᆞᆫᄃᆡ 구교와 비수름 ᄒᆞ더라(《독립신문》1897.1.26) ▎월젼에 희랍국 임금이 ᄆᆞ거를 타고 지나ᄂᆞᆫᄃᆡ

(〈미일신문〉1898.6.15) ❙희랍국 말에 미시아라 ᄒᆞᄂᆞᆫ 뜻은 긔독이라(〈신학월보〉제2권10호 1902.10) ❙희랍국은 젼에 학슐로써 리웃 나라에 젼파ᄒᆞ엿고(〈대한매일신보〉1907.11.9)

【희리니】그리스(Greece), 유럽 동남부 발칸 반도의 남단에 있는 공화국 ❙희리니와 포츄갈 보다도 크고 금 은동 텰과 셕탄과 물산이 한량 업시 잇스니(〈독립신문〉1899.7.17) ❙마게도냐ᄂᆞᆫ 희리니 북편에 잇ᄂᆞᆫ 나라인ᄃᆡ(〈신학월보〉제2권8호 1902.8)

【희망봉】희망봉(Cape of Good Hope 希望峰/喜望峰), 남아프리카 공화국 웨스턴케이프 주 남서안에 있는 곳 ❙트란스발노 말ᄒᆞ면 희망봉 디경에 잇ᄂᆞᆫ 홀란드 사름들 ᄉᆡ지 도아 주러 온다 ᄒᆞ나(〈독립신문〉1899.10.30) ❙엇던 학자의 書中에는 年에 의하야 희망봉으로부터 近한 緯度에서 1度를 隔하기까지 氷塊가 유입한다 하나니(〈개벽〉제3호 1920.8.25) ❙懷疑의 深濠에서 해매다가 환희의 희망봉을 바라 달리는 기쁨이야 더 말할 바 없으리라(〈동광〉제31호 1932.3.5) ❙희망봉 喜望峯 The Cape of Good Hope(J.S.Gale《한영대자전》1931)

【흰두구쉬 산】힌두쿠시(Hindu Kush Mountains), 파미르 고원에서 남서쪽으로 뻗은 남아시아의 큰 산맥 ❙북에는 흰두구쉬란 산이 잇고(한글본《ᄉᆞ민필지》1889)

【히라델히야】필라델피아(Philadelphia), 미국 펜실베이니아(Pennsylvania) 주의 동쪽 끝에 있는 도시 ❙製鐵이 殊盛ᄒᆞᆫ ᄃᆡᄂᆞᆫ 히라델히야와 빗벌구의 二府니 그 일홈이 海外에 轟聞ᄒᆞᆫ니라(《국민소학독본》1895)

【히말나야】히말라야(Himalayas), 인도 대륙 북쪽에서 중앙아시아 고원 남쪽을 동서로 길게 연결하는 만년설의 산맥 ❙南은히말나야(HIMALAYA)大山脈이擁抱ᄒᆞ고(《중등만국지지》1902 권1) ❙그中히말나야山으로 넘어온 族屬이(〈소년〉제2년1권 1909.1.1)

【히스파니아】에스파냐(España), 스페인의 옛 이름 ❙西班牙ᄂᆞᆫ元來히스파니아(HISPANIA)라稱ᄒᆞ니(《중등만국지지》1902 제2편)

【힌두-쿠쓰山脈】힌두쿠시 산맥(Hindu Kush Mountains), 파미르 고원(Pamir Plat)에서 남서쪽으로 뻗은 남아시아의 큰 산맥 ❙中央高地의西端힌두-쿠쓰山脈으로브터(《중등만국지지》1902 권1)

【힌쥬구슈山脉】힌두쿠시 산맥(Hindu Kush Mountains), 파미르 고원(Pamir Plat)에서 남서쪽으로 뻗은 남아시아의 큰 산맥 ❙힌쥬구슈山脉은國内에連亘ᄒᆞ고헬문도河ᄂᆞᆫ그南麓으로發源ᄒᆞ야國中을貫流ᄒᆞ니라(《소학만국지지》1895 제1편)

【힘벅】함부르크(Hamburg), 독일 북부에 있는 도시로, 독일 최대의 무역항이자 베를린에 이은 독일 제2의 도시이다 ❙덕국 황뎨와 이탤리 대군쥬가 덕국 힘벅에셔 ᄆᆞᆫ나 관병ᄒᆞᆫ 후에(〈독립신문〉1897.10.21)

2. 한자표기편

ㄱ

【佳那多 가나다】 캐나다(Canada), 북미 대륙 미국 북쪽에 있는 영연방국 ▌此外에도北阿美利加洲의佳那多라ᄒᆞᄂᆞᆫ地方은(유길준《서유견문》1895 제1편)

【加拿達 가나달】 캐나다(Canada), 북미 대륙 미국 북쪽에 있는 영연방국 ▌加拿達(《한성순보》1884.1.18)

【加拿大 가나대】 캐나다(Canada), 북아메리카 대륙 북부에 있는 영연방국 ▌加拿大 澳洲諸殖民地도 擧皆自治의 政이 되여 今日에 直至ᄒᆞ도록 其幾가 未息ᄒᆞ얏스니(《태극학보》제3호 1906.10.24) ▌使英人으로 非虐待美屬이면 則今日之美國이 猶澳州 加拿大也오(《호남학보》제3호 1908.8.25) ▌往在西歷一千八百二十五年[我純祖 乙酉]에 加拿大法人種 若干名이 謀欲脫英人之 羈絆ᄒᆞ야(《대한협회회보》제11호 1909.2.25) 현대중국어 표기 ➡ 加拿大

【加奈里諸島 가나리제도】 카나리아 제도(Canary Islands), 아프리카 북서부 대서양에 있는 에스파냐령 화산 제도 ▌西班牙領地ᄂᆞᆫ摩洛哥中의一小部分과加奈里諸島ㅣ라(《소학만국지지》1895 제2편) ▌加奈里諸島 메듸라島南에在ᄒᆞᆫ西班牙領이니金絲鳥와葡萄를産出ᄒᆞ고(《중등만국지지》1902)

【加拿陀 가나타】 캐나다(Canada), 북아메리카 대륙 북부에 있는 영연방국 ▌加拿陀를 向하야 更히 華盛頓으로 가고자 한다(《동아일보》1921.11.25. 1면)

【加拿他 가나타】 캐나다(Canada), 북아메리카 대륙 북부에 있는 영연방국 ▌加拿他(《한성순보》제19호 1884.4.25 美國誌略續稿) ▌加拿他(《한성주보》제23호 1886.6.4 集錄 各國屬地一覽表) ▌加拿他(《사민필지》1895 권2)

【加拿太 가나태】 캐나다(Canada), 북아메리카 대륙 북부에 있는 영연방국 ▌加拿太(《한성순보》제14호 1884.3.8 美國誌略續稿) ▌本瀛船세이안丸은 加拿太고롬바州에서 日本人을 密輸ᄒᆞᆫ 事로 加拿太官憲의게 抑留되얏다더라(《대한매일신보》1906.10.31) ▌其加拿太에셔 東洋人을 排斥홈이 決코 人種上偏見에 因홈이 아니오(《황성신문》1907.10.10) ▌埃及과 加拿太가 權利索還흘 心事ᄂᆞᆫ 同ᄒᆞ련만은(《대한협회회보》제2호 1908.5.25)

【加那特 가나특】 캐나다(Canada), 북아메리카 대륙 북부에 있는 영연방국 ▌加那特(《한성주보》제28호 1886.9.13 西報彙譯)

【加奈多 가내다】 캐나다(Canada), 북아메리카 대륙 북부에 있는 영연방국 ▌加奈多政府ᄂᆞᆫ 醫藥에 供ᄒᆞᄂᆞᆫ 外鴉片의 輸入, 製造, 販賣를 禁止흘 法案을 提出ᄒᆞ얏다더라(《대동학회월보》제6호 1908.7.25) ▌이 운동이 英國에서는 初步라고도 할만하나 美國과 加奈多에서는 과거 30여년간에 크게 進步하였읍니다(《동광》제11호 1927.3.5) ▌加奈多의 엇든 新聞에 이런 廣告가 나섯다(《삼천리》제15호 1931.5.1)

【加乃非安河 가내비안하】 카리브 해(Caribbean Sea), 중앙아메리카, 남아메리카 북부, 대앤틸리스 제도와 소앤틸리스 제도로 둘러싸인 바다 ▌加乃非安河(《사민필지》1895 권2 危地馬拉)

【加奈陀 가내타】 캐나다(Canada), 북아메리카 대륙 북부에 있는 영연방국 ▌英領加奈陀輸出 九千八百四十一萬七千二百九十六磅(《대조선독립협회회보》제13호 1897.5.31) ▌加奈陀에 二萬四千噸이오 外他各國에 四萬八千一百噸이더라(《대한자강회월보》제13호 1907.7.25) ▌答曰 此ᄂᆞᆫ 北美 加奈陀 近海에 多産ᄒᆞᄂᆞᆫ 者인ᄃᆡ 其 名은 로브로다(《태극학보》제18호 1908.2.24) ▌英領加奈陀 큐바에서 總選擧를 行ᄒᆞᆫ 經過를 見ᄒᆞᆫ 즉 同島의 能히 自治政治를 行홈을 證明홈이라더라(《대한학회월보》제7호 1908.8.25) ▌加奈陀(《대한민보》제2호 1909.6.13) ▌北京에서 병들어 누엇던「럿셀」씨는 이번 英國加奈陀로 돌아가는 길에 日本을 차잣는데(《개벽》제14호 1921.8.1) ▌印度國民會議派의 주장은 최초愛蘭, 加奈陀같은 自治領의 자격 획득으로

부터 단연 印度의 獨立으로 飛躍하앗다(《동광》제18호 1931.2.1)

【加奈他 가내타】 캐나다(Canada), 북미 대륙 미국 북쪽에 있는 영연방국 ▌加奈他(CANADA)又新開地附(《중등만국지지》1902 제3편) ▌加奈他 濠洲 好望角及亞米利加十三洲의 殖民과 如홈이오(《대한학회월보》제8호 1908.10.25) ▌현재의,加奈他,濠州,新西蘭,南阿는 완전히 독립한 일종의 국가로서, 제국 내의 법률상 지위는 英本國과 一分의 差違가 업다(《개벽》제41호 1923.11.1)

【加奈太 가내태】 캐나다(Canada), 북미 대륙 미국 북쪽에 있는 영연방국 ▌加奈太는亞拉加와갓치本洲의全北部를占ᄒᆞ고其面積이歐羅巴大륙과略同ᄒᆞ니라(《소학만국지지》1895 제3편) ▌英國領地 加奈太(亞米利加洲合衆國之北에 在)고롬바아州 州會에서(《대조선독립협회회보》제11호 1897.4.30) ▌世界各國의銅産額을比較ᄒᆞ면左와如홈 加奈太 一九,三六○(《관보》제4291호 1909.2.3) ▌亞米利加, 加奈太, 伊太利, 瑞西에서 시위 운동이 니러낫다(《개벽》제51호 1924.9.1)

【哥多瓦 가다와】 코르도바(Cordova), 에스파냐 남부 안달루시아 지방 가운데에 있는 도시 ▌哥多瓦 此府는馬斗賴西南에在ᄒᆞ야(유길준《서유견문》1895 제20편)

【哥多瓦府 가다와부】 코르도바(Cordova), 에스파냐 남부, 안달루시아 지방 가운데에 있는 도시 ▌此府는西班牙南方의一大府니文那山과禮堡茶山의間에處ᄒᆞ야哥多瓦府로從ᄒᆞ야(유길준《서유견문》1895 제20편)

【哥杜朱 가두주】 카디즈(Cadiz), 스페인 남서부의 항구 도시 ▌哥杜朱(카듸즈) 此府는細勃府鐵路二百三十里許에據ᄒᆞ야(유길준《서유견문》1895 제20편)

【哥羅高覽 가라고람】 카라코람(Karakoram Mountain), 카라코람 산맥의 중앙부에 있는 산. 높이 8,611m. 발토로 빙하 북쪽에 솟아 있는 고봉으로 에베레스트산에 이은 세계 제2의 고봉이다 ▌哥羅高覽에는荅長二萬八千一百八尺(유길준《서유견문》1895 제1편) ▌喜馬拉(崑崙山)哥羅高覽, 趙越蘭(《대한협회회보》제8호 1908.11.25)

【哥羅拉度州 가라랍도주】 콜로라도 주(State of Colorado), 미국 중서부에 있는 주, 미국의 주 이름 ▌哥羅拉度州(《한성순보》제12호 1884.2.17 美國誌略)

【加羅拉仁諸島 가라랍인제도】 캐롤라인(Caroline)제도, 태평양 중서부, 미크로네시아에 있는 섬의 무리. 미국령이며 대부분이 산호초이다 ▌加羅拉仁諸島(《한성주보》제23호 1886.7.5 各國屬地一覽表)

【哥羅斯德 가라사덕】 글로스터(Gloucester), 영국 서남부에 있는 상공업 도시 ▌哥羅斯德(《한성순보》제6호 1883.12.20 英國誌略)

【加洛 가락】 그라츠(Graz), 오스트리아 슈타이어마르크(Steiermark)주의 주도 ▌加洛(《사민필지》1895 권1 奧地利亞 凶牙里)

【加拉拿太 가랍나태】 그라나다(Granada), 에스파냐 남부 안달루시아(Andalusia) 자치지방(autonomous community)의 그라나다주의 주도 ▌加拉拿太 此府는哥多瓦東南三百五十里許에在ᄒᆞ니(유길준《서유견문》1895 제20편)

【哥倫比 가륜비】 콜롬비아(Columbia), 남아메리카 북서부에 있는 공화국 ▌哥倫比 칼남비아(유길준《서유견문》1895 제1편) ▌哥倫比(《사민필지》1895 권2 亞美利加 總論) ▌又曰厄瓜多와哥倫比의 安道秀라 ᄒᆞ나니라(《대한협회회보》제5호 1908.8.25) ▌哥倫比元老院에서 此 條約의 批準을 拒ᄒᆞ는 同時에(《대한흥학보》제11호 1910.3.20)

【可崙比亞 가륜비아】 콜롬비아(Columbia), 남아메리카 대륙의 북서쪽 끝에 있는 공화국 ▌可崙比亞(《사민필지》1895 권2 可崙比亞)

【哥倫比亞 가륜비아】 콜롬비아(Columbia), 남아메리카 북서부에 있는 공화국 ▌委內瑞拉은西으로哥倫比亞에接ᄒᆞ고(《소학만국

지지》1895 제5편) ▌近來哥倫比亞與墨西哥 秘魯 西亞細亞 歐羅巴及阿非利加數處亦有產金之鑛(〈대조선독립협회회보〉제11호 1897.4.30) ▌에쿠아돌은哥倫比亞의南에在ᄒᆞ니(《중등만국지지》1902) ▌哥倫比亞의 面積은 五十萬四千七百七十三方里요(〈서북학회월보〉제3호 1908.8.1) 현대중국어 표기➡ 哥伦比亚

【哥里蘭 가리란】 그린란드(Greenland) 섬, 북아메리카 북동부 대서양과 북극해 사이에 있는 세계 최대의 섬 ▌哥里蘭은本洲의東北에잇ᄂᆞᆫ陸地ㅣ니(《소학만국지지》1895 제3편)

【加利福尼亞 가리복니아】 캘리포니아(California) 주, 미국 서부 태평양에 면한 주. 주도(州都)는 새크라멘토이다 ▌此半島의內部에잇ᄂᆞᆫ灣曲을加利福尼亞灣이라ᄒᆞ니라(《소학만국지지》1895 제3편)

【加利福尼州 가리복니주】 캘리포니아(California) 주, 미국 서부, 태평양에 면한 주. 주도(州都)는 새크라멘토이다 ▌加利福尼州(〈한성순보〉제12호 1884.2.17 美國誌略)

【加利比安 가리비안】 캐리비안(Caribbean), 남아메리카 대륙 북해안, 중앙아메리카 동해안과 멕시코 일부에 접하는 대서양의 내해 ▌加利比安(CARIBBEAN)海ᄂᆞᆫ南에在ᄒᆞ니(《중등만국지지》1902)

【哥斯德里加 가사덕리가】 코스타리카(Costa Rica), 중미 남부에 위치하며 북쪽으로 니카라과, 남쪽으로 파나마와 접해 있다 ▌哥斯德里加 首府 산허쟈바(《소학만국지지》1895 제3편)

【哥秀比安海 가수비안해】 카스피 해(Caspian Sea), 러시아 남부에서 이란 북부에 걸쳐 있는 세계에서 가장 큰 호수 ▌阿片仁山의北方과哥秀比安海의西方에現出ᄒᆞ고(유길준《서유견문》1895 제1편)

【加洲 가주】 캘리포니아(California) 주, 미국 서부, 태평양에 면한 주 ▌加洲排日案 華盛頓電을據ᄒᆞᆫ즉美國加州議會에셔日本人의五年以上不動產所有權을禁止ᄒᆞᆫ다ᄂᆞᆫ法案을經過ᄒᆞᆫ故로(〈대한학회월보〉제10호 1907.4.25) ▌加洲(〈대한민보〉제78호 1909.9.14) ▌開闢은 加洲大學에서 初對面(〈별곤건〉제30호 1930.7.1) ▌米國 加洲를 향하야 가는 길에(〈동광〉제32호 1932.4.1)

【加州 가주】 캘리포니아(California) 주, 미국 서부, 태평양에 면한 주 ▌美國加州上議院에셔 經議ᄒᆞᆫ 案件中에 日本學童이 同地方小學校에 入學年限은 十歲로 定ᄒᆞ얏다더라(〈대한자강회월보〉제9호 1907.3.25) ▌美艦隊ᄂᆞᆫ 加州의「막다테나」港을 出發ᄒᆞ얏다더라(〈대동학회월보〉제2호 1908.3.25) ▌桑港은 東洋을 向하야 터진 黃金門을 열고 안즌 加州의 一大都會라(〈개벽〉제21호 1922.3.1) ▌加州法律을 참고로 들면 加州 義務教育年限은 8년 간으로써(〈동광〉제20호 1931.4.1)

【加布兒 가포아】 카불(Kabul), 아프가니스탄의 수도 ▌加布兒(〈한성순보〉제7호 1883.12.29 英人演說)

【加罅寬尼 가하관니】 캘리포니아(California) 주, 미국 서부, 태평양에 면한 주 ▌加罅寬尼(〈한성주보〉제26호 1886.9.6 總核巨物)

【干尼低吉州 간니저길주】 코네티컷(Connecticut) 주, 미국 북동부 뉴잉글랜드(New England) 지방에 있는 주 이름 ▌干尼低吉州(〈한성순보〉제12호 1884.2.17)

【間島 간도】 간도(間島), 중국 길림성(吉林省) 동남부 지역으로 중국 현지에서 연길도(延吉道)라고 부르는 지역. 일제 강점기에 우리나라 사람이 많이 살았던 곳이다. 서간도(압록강 상류 백두산 일대)와 동간도(두만강 중하류 일대, 혼춘(琿春)·왕청(汪淸)·연길(延吉)·화룡(和龍)의 네 현)로 나뉘어지는데 동간도는 북간도로도 불린다 ▌命北間島勤務警視 姜根道(〈관보〉제4165호 1908.9.1) ▌日 淸談利開始 滿洲 問題에 其 因되ᄂᆞᆫ 撫順及 間島外 六件에 對ᄒᆞ야 日 淸 談判을 北京에셔 開始ᄒᆞ얏다더라(〈대한협회회보〉제10호 1909.1.25) ▌本月 三日부터 日本公使 伊集院氏와 該公館에셔 會見ᄒᆞ야 間島問題 及 其他 懸案을 一括ᄒᆞ야 第三回 交涉을 開始ᄒᆞ얏다더

라(《대동학회월보》제13호 1909.2.25) ▌대저 間島는 倍達나라 예터의 일부분임과 동시 우리와는 퍽 깁흔 관계와 인연이 잇는 지대이엇다(《개벽》제13호 1921.7.1) ▌슬금슬금 南北滿洲나 西伯利亞나 西北間島로 漂浪을 하다가 되놈의 심술구진 心事에 驅逐을 당하게 되니(《별곤건》제11호 1928.2.1) ▌女시인 毛允淑양은 間島의 明信女學校에서 교편을 잡고 잇드니 제2학기부터 서울 培花여학교에 일보시게 되엇다 합니다(《만국부인》제1호 1932.10.1)

【干薩州 간살주】 캔자스(Kansas) 주, 미국 중앙부에 있는 주. 주도(州都)는 토피카(Topeka)이다 ▌干薩州(《한성순보》제12호 1884.2.17 美國誌略)

【干西丹瑞湖 간서단서호】 콘스탄츠 호(Lake Constance), 유럽 독일, 스위스, 오스트리아에 걸쳐 있는 호수. 본래 로마 제국의 황제 콘스탄티우스 클로루스의 이름에서 유래하여 콘스탄츠 호(Lake Constance)로 알려졌으나, 독일어권에서는 보덴 호(Boden Lake)로 바꿔 부르게 되었다 ▌干西丹瑞湖(《사민필지》1895 권1 瑞西)

【干支斯 간지사】 갠지스(Ganges), 인도 북부를 동서로 가로질러 벵골 만(灣)으로 흘러드는 강 ▌답 싼지쓰(答 干支斯)란강(江)이잇ᄉᆞ되(《디구략론》)1897)

【干池秀 간지수】 갠지스(Ganges), 인도 북부를 동서로 가로질러 벵골 만(灣)으로 흘러드는 강 ▌干池秀 五千二百八十里 六百二十七萬九千六百十方里(유길준《서유견문》1895 제2편)

【柬蒲寨 간포채】 캄보디아(Cambodia), 인도차이나 반도 서남부에 있는 베트남, 라오스, 타이와 국경이 접해 있으며 정식 국가 명칭은 캄보디아 왕국(Kingdom of Cambodia)이다 ▌柬蒲寨(《한성순보》제1호 1883.10.31 安南與法人講和) ▌柬蒲寨도쏘ᄒᆞᆫ安南의一洲ㅣ라(《소학만국지지》1895 제1편) ▌安南,柬蒲寨에 對하야 佛語 普及政策으로써 民族性의 抹殺을 期하얏스나(《동아일보》 1921.5.4. 2면) 현대중국어 표기 ➡ 柬埔寨

【葛貂多 갈갓다】 콜카타(Kolkata), 인도 동부 서벵골 주의 주도. 옛 명칭은 캘커타(Calcutta)이다. 영국 식민지 시대 때 수도였다 ▌인도국셔울일홈이무어시뇨 ○답 갈갓다(葛貂多)라ᄒᆞᄂᆞ니라(《디구략론》1897)

【曷那 갈나】 칼라(Calah), 고대 아시리아(Assyria) 유적 ▌曷那(《사민필지》1895 권2 亞非利加東界)

【葛那澳 갈나오】 칼라오(Callao), 남미 페루의 서해안 도시 ▌波勢가八十尺의高에至ᄒᆞ야 葛那澳의城府와人民을沈溺ᄒᆞ고(유길준《서유견문》1895 제1편)

【葛南比亞江 갈남비아강】 컬럼비아 강(Columbia River), 미국과 캐나다의 태평양 안 지방을 흐르는 강 ▌石太面土江과柵瑚阿緊江과葛南比亞江이며(유길준《서유견문》1895 제2편)

【葛老羅道 갈로라도】 콜로라도(Colorado), 미국 중서부에 있는 주, 주도(州都)는 덴버이다 ▌合衆國의葛老羅道江及石太面土江과(유길준《서유견문》1895 제2편)

【葛尼布尼亞州 갈니포니아주】 캘리포니아(California) 주, 미국 서부 태평양에 면한 주. 주도(州都)는 새크라멘토(Sacramento)이다 ▌此港은葛尼布尼亞州의咽喉니(유길준《서유견문》1895 제1편)

【葛羅富利亞 갈라부리아】 칼라브리아(Calabria), 이탈리아 남부를 차지하는 주(州). 칼라브리아라는 지명은 고대 로마시대에는 현재의 풀리아 주 남부 아드리아 해(海)와 타란트 만(灣) 사이에 있는 지방을 가리켰다 ▌伊太利國葛羅富利亞의地震에二百餘村落을破毁ᄒᆞ야(유길준《서유견문》1895 제1편)

【葛排比安 갈배비안】 카리브 해(Caribbean Sea), 남아메리카 대륙 북해안, 중앙아메리카 동해안과 서인도제도에 둘러싸인 대서양의 내해 ▌葛排比安의海와墨西哥의海項으로流入ᄒᆞᆫ後에(유길준《서유견문》1895 제2편)

【葛阿比安河 갈아비안하】 카리브 해(Caribbean Sea), 남아메리카 대륙 북해안, 중앙아메리카 동해안과 서인도제도에 둘러싸인 대서양의 내해 ▌葛阿比安河(《사민필지》1895 권2 亞美利加 總論)

【甘保杜亞 감보두아】 캄보디아(Cambodia), 동남아시아의 인도차이나 반도 남서부에 있는 나라 ▌甘保杜亞〔物産〕魚香藥材象牙犀角樹膠무딕소(유길준《서유견문》1895)

【甘保杜亞江 감보두아강】 캄보디아(Cambodia) 강, 베트남과 캄보디아를 흐르는 강으로 메콩 강(Mekong River)의 주요 지류이다 ▌甘保杜亞江과菸羅臥多江은印度의在ᄒᆞ니房傑의海臂에流入ᄒᆞ고(유길준《서유견문》1895 제2편)

【甘保杜野 감보두야】 캄보디아(Cambodia), 동남아시아의 인도차이나 반도 남서부에 있는 나라 ▌新嘉坡의諸島와甘保杜野(캄보듸야)와葛南菲野며(유길준《서유견문》1895 제1편)

【甘比亞江 감비아강】 감비아 강(Gambia River), 서아프리카 중부를 흐르는 강 ▌先匡傑江과甘比亞江은各其發源ᄒᆞᄂᆞᆫ地名을隨ᄒᆞ야稱ᄒᆞ고(유길준《서유견문》1895 제2편)

【勘察加 감찰가】 캄차카(Kamchatka), 러시아 북동부의 주. 캄차카 반도 일부를 차지함. 주도는 페트로파블롭스크캄차츠키이다 ▌쎄링海峽에서下流ᄒᆞᄂᆞᆫ寒流ᄂᆞᆫ露領勘察加를從ᄒᆞ야(〈태극학보〉제25호 1908.10.24) ▌勘察加에勞農軍을派遣할이라는懸案은(〈동아일보〉1921.5.27. 2면) ▌동포들은우렁찬「싸이렌」한마듸에동해의怒濤를가르며북으로동으로북해의勘察加까지(〈삼천리〉제1호 1929.6.12)

【監札加隷 감찰가예】 캄차카(Kamchatka), 러시아 북동부의 주 ▌監札加隷(〈한성주보〉제32호 1886.10.11)

【堪察德加 감찰덕가】 캄차카(Kamchatka), 러시아 북동부의 주 ▌堪察德加(〈한성주보〉제29호 1886.9.20 續瀛海各國統)

【甲谷他 갑곡타】 콜카타(Kolkata), 인도 동부 서벵골 주의 주도. 옛 명칭은 캘커타(Calcutta)이다. 영국 식민지 시대 때 수도였다 ▌甲谷他ᄂᆞᆫ英領印度의首府ㅣ라(《소학만국지지》1895 제1편)

【羌古 강고】 콩고(Republic of the Congo), 아프리카 대륙의 중서부, 대서양 연안에 있는 나라 ▌羌古(《사민필지》1895 권2 阿非利加洲總論)

【康斯但提 강사단제】 콘스탄티노플(Constantinople), 현재의 이스탄불(Istanbul)로 터키 최대의 도시이다. 도시가 형성된 기원전 660년 그리스시대에는 비잔티움(Byzantium)이라고 불렀으며 서기 330년 콘스탄티누스가 동로마제국의 수도로 삼으면서 콘스탄티노플(Constantinople)이라고 불렀다 ▌康斯但提(〈한성주보〉제31호 1886.10.4 瀛海各國統考)

【改羅 개라】 카이로(Cairo), 이집트 나일 강 하류의 삼각주 남쪽 끝에 있는 도시 ▌改羅ᄂᆞᆫ首府니人口가三十七萬이오(《중등만국지지》1902 제3편)

【開羅 개라】 카이로(Cairo), 이집트의 수도. 나일 강 하류의 삼각주 남쪽 끝에 있다 ▌開羅(〈한성주보〉제30호 1886.9.27 德律風具譯略)

【改羅府 개라부】 카이로(Cairo), 이집트의 수도. 나일 강 하류의 삼각주 남쪽 끝에 있다 ▌改羅府(CAIRO)附近으로브터低地에下ᄒᆞ야二大流及數多小派에別ᄒᆞ야(《중등만국지지》1902)

【介羅府 개라부】 카이로(Cairo), 이집트의 수도. 나일 강 하류의 삼각주 남쪽 끝에 있다 ▌介羅府(〈한성순보〉제16호 1884.3.27 英王演說)

【介路 개로】 카이로(Cairo), 이집트의 수도. 나일 강 하류의 삼각주 남쪽 끝에 있다 ▌介路(〈한성순보〉제2호 1883.11.10 英兵駐埃及)

【開西比安 개서비안】 카스피 해(Caspian Sea), 러시아 남부에서 이란 북부에 걸쳐 있는 세계에서 가장 큰 호수 ▌開西比安(《사민필지》1895 권1 俄羅斯)

【喀斯皮安海 객사피안해】카스피 해(Caspian Sea), 러시아 남부에서 이란 북부에 걸쳐 있는 세계에서 가장 큰 호수 ▎喀斯皮安海(〈한성순보〉제2호 1883.11.10 歐羅巴洲)

【鋸蓋時亞 거개시아】코카시아(Caucasia), 러시아 남부, 카스피해와 흑해(黑海) 사이에 있는 산계 · 지역의 총칭. 영어로는 코카서스(Caucasus) · 코카시아라고도 한다 ▎俄羅斯國에附屬ᄒᆞᆫ地方은曰鋸蓋時亞曰沙耳比利亞曰中亞細亞의 全幅이라(유길준《서유견문》1895 제1편)

【巨麟蘭得 거린란득】그린란드(Greenland) 섬, 북아메리카 북동부 대서양과 북극해 사이에 있는 세계 최대의 섬 ▎巨麟蘭得(《사민필지》1895 권2 巨麟蘭得)

【巨麟蘭得島 거린란득도】그린란드섬(Greenland), 북아메리카 북동부 대서양과 북극해 사이에 있는 세계 최대의 섬 ▎巨麟蘭得島(《사민필지》1895 권1 丁抹)

【巨馬崙山 거마륜산】카메룬 산(Mount Cameroon), 서아프리카의 최고봉 ▎排亞土羅의海口ᄂᆞᆫ其地方에巨馬崙山이平地에行ᄒᆞ야突起ᄒᆞᆫ者니(유길준《서유견문》1895 제1편)

【居伯羅島 거백라도】키프로스(Cyprus) 섬, 지중해 동부에 있는 섬나라로 소아시아와 인접해 있다 ▎居伯羅島(〈한성순보〉제2호 1883.11.10 歐羅巴洲)

【巨浦港 거포항】콘스탄티노플 항(Constantinople), 터키 이스탄불(Istanbul)항의 옛 이름 ▎巨浦港(《사민필지》1895 권1 土耳其)

【乾他伐利安 건타벌리안】칸타브리아(Cantabria), 스페인의 자치주로서 산탄데르가 주도이다 ▎乾他伐利安(《사민필지》1895 권1 西班牙)

【建太蓁州 건태기주】켄터키(Kentucky) 주, 미국 중남부에 있는 주 ▎建太蓁州(〈한성순보〉제12호 1884.2.17 美國誌略)

【劍橋 검교】케임브리지(Cambridge), 옥스퍼드와 더불어 영국에서 가장 오랜 역사와 전통을 자랑하는 대학이 있는 도시. '劍橋'는 Cambridge의 일본식 한자표기 '劍橋(けんきょう)'를 우리말 한자음으로 읽은 것이다 ▎그 劍橋大學의 法科大學에 잇는 故舊 朴錫胤君을 先着으로 맛나자는 까닭이외다(〈삼천리〉제3호 1929.11.13) ▎牛津8 劍橋3 人氣의 陸上競技(〈동아일보〉1933.4.2. 2면) ▎閔大植氏로 말하면 일즉 英京劍橋大學 경제학부를 마치고 도라온 이로 歸鮮 제1착 사업이 父祖의 은행업을 繼함이엇다(〈삼천리〉제5권9호 1933.9.1) 현대중국어 표기 ➡ 剑桥

【格大卡 격대잡】콜카타(Kolkata), 인도 동부 서벵골 주의 주도로서 전에는 캘커타(Calcutta)라 하였으나 지금은 콜카타(Kolkata)로 부른다. 영국 식민지 시대 때 수도였다 ▎格大卡(〈한성주보〉제30호 1886.9.27 德律風具譯略)

【格辣司哥 격랄사가】글래스고(Glasgow), 영국, 스코틀랜드 중부, 스트래스클라이드(Strathclyde)주의 스코틀랜드 최대의 도시 ▎格辣司哥(〈한성순보〉제34호 1884.9.19 歷覽英國鐵廠記略 續前卷)

【堅達基 견달기】캔터키(Kentucky), 미국 중남부에 있는 주 ▎堅達基(〈한성주보〉제26호 1886.9.6 總核巨物)

【堅枝斯 견지사】갠지스(Ganges), 인도 북부를 동서로 가로질러 벵골 만(灣)으로 흘러드는 강 ▎喜馬拉은西藏의南方에起ᄒᆞ야堅枝斯의高原을向ᄒᆞ야南行ᄒᆞ야(유길준《서유견문》1895 제1편)

【京都 경도】교토(Kyoto), 일본 교토 부(京都府)의 부청 소재지. 긴키(近畿) 지방의 중심 도시이다 ▎京都ᄂᆞᆫ初에平安이라稱ᄒᆞ야(《소학만국지지》1895 제1편) ▎大日本京都 合名會社 村井兄弟商會(〈독립신문〉1899.6.30) ▎日本國京都府知事 大森鍾一(〈관보〉제4032호 1908.3.27) ▎唯獨東京과京都와大坂의三大都會에ᄂᆞᆫ府度를行ᄒᆞ야(〈대한자강회월보〉제4호 1906.10.25)

【敬禮斯太州 경례사태주】 미네소타(Minnesota) 주, 미국 중서부에 있는 주. 주도(州都)는 세인트폴이다 ▌美時什被江은敬禮斯太州의伊太斯哥湖에發源ᄒᆞ야(유길준《서유견문》1895 제2편)

【鷄尼亞 계니아】 케냐산(Kenya), 케냐 중앙부, 적도 부근에 있는 화산, 아프리카에서 두 번째로 높은 산이다 ▌鷄尼亞 一萬八千尺(유길준《서유견문》1895 제1편) ▌鷄尼亞 一萬八千尺 北阿美利加洲 ▲ 一等山(〈대한협회회보〉제8호 1908.11.25)

【高加索 고가색】 코카서스(Caucasus), 러시아 남서부, 카스피 해와 흑해(黑海) 사이에 있는 산악 · 지역의 총칭. 오늘날의 러시아 남서부와 그루지야 · 아제르바이잔 · 아르메니아 지역이 포함된다 ▌高加索(《사민필지》1895 권1 歐羅巴總論) ▌俄國高加索石油業이라(《관보》334호 1896.5.25) ▌一曰高加索人一曰阿非利加人(〈대조선독립협회회보〉제8호 1897.3.15) ▌高加索山脉(CAUCASUS)과連ᄒᆞ니(《중등만국지지》1902 권1) ▌蒙古人種, 高加索人種, 亞米利加人種, 亞弗利加人種, 馬來人種等이 是也라(〈서우〉제10호 1907.9.1) ▌近 百年間歐羅巴之衆과 高加索之族이 藉製器以滅國ᄒᆞ고(〈대한협회회보〉제3호 1908.6.25) ▌高加索人種(白人種)이니 此 名은 高加索山名을 取흠이라(〈대동학회월보〉제15호 1909.4.25) ▌그중에도 高加索系미인은 黑眸雲髮에 동양적 色香을 감초고(〈별곤건〉제32호 1930.9.1) 현대중국어 표기 ➡ 高加索

【古留西哥 고류서가】 코르시카(Corsica Island), 지중해 북부 사르데냐 섬(Sardegna Island) 북쪽 보니파시오(Bonifacio) 해협 사이에 있는 프랑스령 섬 ▌古留西哥(〈한성순보〉제30호 1884.8.11 俄國誌略)

【古倫母 고륜모】 콜롬보(Colombo), 스리랑카의 옛 수도. 현재에도 행정적 수도 역할을 하고 있다 ▌印度人에게 每名下 35원식 밧고 新嘉波에서 古倫母까지 태우기로 하엿스나(〈개벽〉제22호 1922.4.1) ▌저번 古倫母에서 칸듸 갓슬 적에 석가모니불의 치아를 봉안해 둔 절에서 昔日 錫蘭島王의 行在所를 보앗나이다(〈개벽〉제23호 1922.5.1)

【古倫甫 고륜보】 콜롬보(Colombo), 스리랑카의 옛 수도. 현재에도 행정적 수도 역할을 하고 있다 ▌印度의 屬島 錫蘭의 古倫甫에 着ᄒᆞ니(《최신 초등소학》1908)

【古倫比 고륜비】 콜롬비아(Colombia), 남아메리카 북서부에 있는 공화국 ▌古倫比(〈한성순보〉제19호 1884.4.25 各國 國債設略)

【高斯大樓哥 고사대루가】 코스타리카(Costa Rica), 중미 남부에 위치하며 북쪽으로 니카라과, 남쪽으로 파나마와 접해 있다 ▌高斯大樓哥(《사민필지》1895 권2 危地馬拉)

【高斯太樓加 고사태루가】 코스타리카(Costa Rica), 중미 남부에 위치하며 북쪽으로 니카라과, 남쪽으로 파나마와 접해 있다 ▌瑞典高斯太樓加(유길준《서유견문》1895 제5편)

【古修土利加 고수토리가】 코스타리카(Costa Rica), 중미 남부에 위치하며 북쪽으로 니카라과, 남쪽으로 파나마와 접해 있다 ▌古修土利加(〈한성순보〉제28호 1884.7.22 각국세출입일람표)

【靠爾細迦島 고이세가도】 코르시카(Corsica Island), 지중해 북부 사르데냐 섬(Sardegna Island) 북쪽 보니파시오(Bonifacio) 해협 사이에 있는 프랑스령 섬 ▌靠爾細迦島(〈한성순보〉제2호 1883.11.10)

【姑因蘭 고인란】 퀸즐랜드(Queensland), 오스트레일리아 북동부에 있는 주(州) ▌姑因蘭(〈한성순보〉제5호 1883.12.9)

【古篇惠見 고편혜견】 코펜하겐(Copenhagen), 덴마크의 수도 ▌首府古篇惠見은芝蘭島海岸에有ᄒᆞ야次國의ᄒᆞᆫ都會라(《소학만국지지》1895 제3편)

【古巴 고파】 쿠바(Cuba), 중앙아메리카 카리브 해 서부 서인도 제도에 있는 나라 ▌古巴(〈한성순보〉제3호 1883.11.20 亞米利加洲) ▌古巴ᄂᆞᆫ羣島中最大最要의島ㅣ라(《소학만국지지》

1895 제4편) ▌고파 古巴와 남양 하란 속디 모든 셔음에셔는 릉욕 밧는것이 흑로 黑奴 보다 심 ᄒᆞ야(〈독립신문〉1899.7.28) ▌又如古巴及南洋의 荷蘭屬地諸島에는 販賣猪仔之風이 至今未絶이라(〈서우〉제2호 1907.1.1) ▌如摩洛哥, 孟底內格羅, 古巴, 阿富汗等이 是也오(〈대한협회회보〉1908.11.25) ▌英之海權戰米之財權戰古巴의 自治戰 日本의 團體戰도 皆 國民 教育爐에 鑄出되야(〈기호흥학회월보〉제8호 1909.3.25) ▌古巴도 亦是 最近까지 維持하든 三弗臺가 崩壞하야 二弗七十五仙의 低價를 示한바(〈동아일보〉1925.3.3. 4면) 현대중국어 표기 ➡ 古巴

【昆侖費 곤륜비】 콜롬비아(Colombia), 남아메리카 북서부에 있는 공화국 ▌昆侖費(〈한성주보〉제52호 1887.2.28 居留美國)

【崑崙山 곤륜산】 히말라야(Himalayas), 인도 대륙 북쪽에서 중앙아시아 고원 남쪽을 동서로 길게 연결하는 산맥 ▌崑崙山(유길준《서유견문》1895 제1편) ▌崑崙山脈 支脈으로 地勢가 三分이 되야(〈태극학보〉제8호 1907.3.24) ▌읏더하면 곤륜산(崑崙山)됴악돌 틈에 흰눈 갓티 쌔씃한 옥덩이 갓티(〈대한학회월보〉제3호 1908.4.25) ▌八域誌에 曰 崑崙山一枝가 行大漠之南東ᄒᆞ야 爲醫巫閭山ᄒᆞ고(〈서우〉제17호 1908.5.1) ▌左肩에는 崑崙山, 右肩에는 烏拉山(〈기호흥학회월〉제9호 1909.4.25) ▌北은 崑崙山脈을 隔ᄒᆞ야 支那의 新疆省과 接ᄒᆞ고(〈대한흥학보〉제10호 1910.2.20) ▌黃河流域과 崑崙山麓의 全體貓額大에 不過한 것으로써도(〈개벽〉제15호 1921.9.1)

【昆秀大斯湖 곤수대사호】 콘스탄스 호(Constance), 스위스와 독일 오스트리아의 3개국의 국경이 맞닿은 부분에 있다. ▌朱益湖와昆秀大斯湖에는羅仁江이流過ᄒᆞᄂᆞ니(유길준《서유견문》1895 제1편)

【姑因蘭 고인란】 퀸즐랜드(Queensland), 오스트레일리아 북동부에 있는 주(州) ▌姑因蘭(〈한성순보〉제5호 1883.12.9)

【骨老羅道 골로라도】 콜로라도(Colorado), 미국 중서부에 있는 주. 주도(州都)는 덴버이다 ▌骨老羅道의高平ᄒᆞᆫ地와大窪의低下ᄒᆞᆫ地를其左右에分成ᄒᆞᆫ者라(유길준《서유견문》1895 제1편)

【汨論 골론】 쾰른(Köln), 독일 서부, 노르트라인베스트팔렌주(Nordrhein-Westfalen) 남서부의 도시 ▌汨論(골논) 此府는日耳曼의第三等都會라(유길준《서유견문》1895 제20편)

【公高 공고】 콩고(Congo), 아프리카 대륙의 중서부, 대서양 연안에 있는 나라 ▌公高八千二百五十里 不分明(유길준《서유견문》1895 제2편)

【公果 공과】 콩고(Congo), 아프리카 대륙의 중서부, 대서양 연안에 있는 나라 ▌自由國合併可決 白耳義國會는 公果自由國 合併案을 可決ᄒᆞ얏다더라(〈대한협회회보〉제6호 1908.9.25) ▌西洋에 白耳義國王이 亞弗利加에 在ᄒᆞᆫ 公果自由國王를 兼ᄒᆞᆫ 事實이 有ᄒᆞ고(〈대한흥학보〉제4호 1909.6.20) ▌「쓰탄레-」君이 일즉 公果의 대삼림 중에서 그를 포획하야 온 일이 잇섯다(〈개벽〉제8호 1921.2.1) 현대중국어 표기 ➡ 刚果

【公山 공산】 콘스탄틴(Constantine) 산, 아프리카 북쪽 산맥에 있는 산 이름 ▌阿弗利加의北方에二山의行脈ᄒᆞᆫ者가有ᄒᆞ니其一은公山이라(유길준《서유견문》1895 제1편)

【公額自由國 공액자유국】 콩고 자유국(Congo Free State), 1885년부터 1908년까지 존재했던 벨기에 국왕의 사유 영지 형식의 나라. 지금은 콩고민주공화국(Democratic Republic of the Congo)이라 한다 ▌公額自由國은本洲의中央公額河가貫穿ᄒᆞᆫ地方을指稱홈이니(《소학만국지지》1895)

【閎都拉斯 굉도랍사】 온두라스(Honduras), 중앙아메리카 중부에 있는 공화국 ▌南은瓜地馬拉과英領흔閎都拉斯에接ᄒᆞ고(《소학만국지지》1895 제3편)

【瓜多磨羅 과다마라】 과테말라(Guatemala), 중앙아메리카 북서 끝에 있는 공화국으로 예전에 마야문명의 중심지였던 곳이다 ▌瓜多磨羅 귀테멜나(유길준《서유견문》1895 제1

편) ▌瓜多磨羅(《사민필지》1895 권2 危地馬拉) ▌南北阿美利加洲에는 合衆國(一名 花祈國俗稱 美國) 墨西哥(麥時古) 瓜多磨羅 混斗羅斯 聖撒排多(〈대한협회회보〉제5호 1908.8.25)

【瓜島 과도】자바 섬(Jawa Island), 인도네시아 중심을 이루는 섬으로 수마트라 섬 남동쪽에 있다 ▌瓜島(〈한성순보〉제22호 1884.5.15 東半球噴火山高低說)

【瓜哇 과왜】자바 섬(Jawa Island), 인도네시아 중심을 이루는 섬으로 수마트라 섬 남동쪽에 있다 ▌瓜哇(〈한성주보〉제23호 1886.7.5 東半球 噴火山의 높이에 대한 說) ▌重要훈者는 스마트라(SUMATRA)瓜哇(JAVA)보르네오(BORNEO)西列伯(CELEBES)等이오(《중등만국지지》1902 제3편) ▌亞丁灣之亞丁, 瓜哇와 蘇門, 答臘間之巽他와(〈호남학보〉제3호 1908.8.25) ▌甘松香(감숑향)『名』「植」敗醬科에 屬한 植物이니 印度瓜哇 及 支那四川省에 產하는 者로 漢方에서는 其地下莖을 腹痛;齒齦炎;沈鬱症 及 脚氣에 用홈(《총독부조선어사전》1918) ▌라트비아 53 西班牙 322 瓜哇 250(〈삼천리〉제4권 제3호 1932.3.1)

【科爾立 과이립】쿠릴 열도(Kuril Islands), 소련 동북부 캄차카 반도에서 일본 북해도 쪽으로 길게 늘어선 섬 ▌科爾立(〈한성주보〉제32호 1886.10.11 續瀛海各國統)

【瓜他馬拉 과타마랍】과테말라(Guatemala), 중앙아메리카 북서 끝에 있는 공화국으로 예전에 마야문명의 중심지였던 곳이다 ▌瓜他馬拉(〈한성순보〉제3호 1883.11.20 亞米利駕洲) ▌南은瓜他馬拉과英領혼閔都拉斯에接후고(《소학만국지지》1895 제3편)

【舊金山 구금산】샌프란시스코(San Francisco), 미국 서부 태평양 연안의 도시 이름 ▌舊金山(〈한성주보〉제32호 1886.10.11 太平洋群島老略) 현대중국어 표기 ➡ 旧金山

【歐羅巴 구라파】유럽(Europe), 육대주의 하나로 동쪽은 우랄 산맥 · 아랄 해 · 카스피 해 · 흑해 따위를 경계로 하여 아시아 대륙과 접하고 있으며, 남쪽은 아프리카 대륙과 지중해를 사이에 두고 있는 대륙. '歐羅巴'는 Europe의 중국식 음역어이다 ▌歐羅巴(〈한성순보〉제2호 1883.11.10 歐羅巴洲) ▌歐羅巴(《사민필지》1895 권1 歐羅巴總論) ▌歐羅巴洲에는 英法獨俄墺伊 六國이오(《국민소학독본》1895) ▌구라파 歐羅巴 西洋洲(《국한회어》1895) ▌國都巴里에開設후려후는世界博覽會에贊同후믈歐羅巴諸國에通牒후얏더라(《관보》236호 1896.1.31) ▌구라파 歐羅巴 Europe(게일편《한영자전》1897) ▌답 아셔아(答亞西亞)와유롭프(歐羅巴)와아프리까(亞非利加)와오스트렐랴(澳大利亞)와남아미리까(南亞米利加)와븍아미리까(北亞米利加)니라(《디구략론》1897) ▌西눈烏剌爾山及裏海,黑海룰因후야歐羅巴와境界룰分후고(《중등만국지지》1902 권1) ▌古代羅馬는 武法敎로隆盛후야 歐羅巴의 大部分을 占有후엿누가(〈대동학회월보〉제3호 1908.4.25) ▌일홈은 아시아亞細亞와 유로바歐羅巴와 아프리가亞非利加와 남북 아메리가亞美利加와(최병헌《성산명경》1914) ▌歐洲(구쥬) 歐羅巴의 稱(조선총독부《조선사서원고》1918) ▌그는 무슨 일이냐 하면 歐羅巴라하는 문명한 대륙이 엇던 원인 하에서 멸망을 당하리라하는 可恐可驚의 事이엇다(〈개벽〉제2호 1920.7.25)

【歐羅巴洲 구라파주】유럽(Europe), 육대주의 하나로 동쪽은 우랄 산맥 · 아랄 해 · 카스피 해 · 흑해 따위를 경계로 하여 아시아 대륙과 접하고 있으며, 남쪽은 아프리카 대륙과 지중해를 사이에 두고 있는 대륙. '歐羅巴洲'는 Europe의 중국식 음역어이다 ▌歐羅巴洲(〈한성순보〉제6호 1883.12.20 英國誌略) ▌歐羅巴洲葡萄牙國利秀繁의地震에排比道의海水가二十尺의溢을成후니(유길준《서유견문》1895 제1편) ▌歐羅巴洲에는 英法獨俄墺伊 六國이오(《국민소학독본》1895) ▌歐羅巴洲와阿斐利加洲로 至후기는(《고등소학독본》권2, 휘문의숙 편집부, 1907) ▌世界中가장 人口의 稠密훈 地方은 歐羅巴洲니亞細亞洲는 其 折半밧게 아니되고(〈대한유학생회학보〉제3호 1907.5.25) ▌東西各半球에 羅列훈 區域을 明示후건딕 亞細亞洲,歐羅巴洲,阿弗利加洲 及大洋洲의 四大洲는

東에 屬ᄒᆞ고(〈대한자강회월보〉제11호 1907.5.25) ▌白人種은 歐羅巴洲에 降ᄒᆞ며(〈대한학회월보〉제6호 1908.7.25) ▌지구중에도 歐羅巴洲도 안이고 亞米利加洲도 안이고 亞世亞洲이며(〈별곤건〉제14호 1928.7.1)

【歐論斯坦 구론사탄】 콘스탄차(Constanta), 루마니아 콘스탄차 주(州)의 주도(州都) ▌歐論斯坦(〈한성주보〉제52호 1887.2.28 黑海商務)

【瞿麟蘭島 구린란도】 그린란드(Greenland), 북아메리카 북동부 대서양과 북극해 사이에 있는 세계 최대의 섬 ▌大西洋과連ᄒᆞ기를瞿麟蘭島의海로以ᄒᆞᆫ者라(유길준《서유견문》1895 제2편)

【玖馬 구마】 쿠바(Cuba), 중앙아메리카 카리브 해 서부, 서인도 제도에 있는 나라 ▌玖馬의 擾亂鎭定後美國이 合倂을 避ᄒᆞ고 獨立을 許ᄒᆞᆫ 事實이며(〈대한자강회월보〉제5호 1906.11.25) ▌亞米利加人은 玖馬에셔와 比律賓에셔 西班牙의 壓制를 公言ᄒᆞ며(〈서우〉제14호 1908.1.1) ▌大西洋을 橫斷하야 玖馬 及「하이치」諸島를 發見하다(〈개벽〉제16호 1921.10.18) ▌「큐-바」(玖馬)는 남북 아메리카의 중간(보다 더 미국 쪽에 가깝다) 대서양(大西洋)상에 노힌 열대지방(熱帶地方)의 섬나라다(〈별곤건〉제67호 1933.11.1)

【玖瑪 구마】 쿠바(Cuba), 중앙아메리카 카리브 해 서부, 서인도 제도에 있는 나라 ▌朝鮮=中國=西班牙, 太西洋에서 故國同胞에게, 玖瑪在留同胞를 代身하야(이승만 대대)(〈삼천리〉제15호 1931.5.1) ▌在南米玖瑪 林千澤 上(〈삼천리〉제3권11호 1931.11.1)

【歐美 구미】 구미(Europe and America), ① 유럽 주와 아메리카 주를 아울러 이르는 말, ②유럽과 미국을 아울러 이르는 말, '歐美'는 '歐羅巴'와 '美洲' 또는'美國'의 첫 문자를 합친 말이다 ▌壬午의夏라我邦이亦歐美諸國의友約을許ᄒᆞ야(유길준《서유견문》1895 序) ▌歐美各國에ᄂᆞᆫ甲額其他諸國에ᄂᆞᆫ乙額을給ᄒᆞᄂᆞ니(《관보》제1호 1895.4.1) ▌近日歐美等洲學校中多設各國要書以講求養民之法(〈대조선독립협회회보〉제14호 1897.6.15) ▌現今 歐美列强의 開明諸風이 無不信奉ᄒᆞ며(〈대한유학생회학보〉제1호 1907.3.3) ▌亞大陸과 歐美全球를 幷有ᄒᆞ야 南界冰海ᄒᆞ며(〈대한자강회월보〉제10호 1907.4.25) ▌歐美諸偉人으로 就言ᄒᆞᆯ진ᄃᆡ 遏排德斯貊禮斯 老諸 亞歸羅斯의 大哲學家도 精神的敎育에 基因홈이며(〈기호흥학회월보〉제4호 1908.11.25) ▌西洋(셔양)歐美諸國의 汎稱(《총독부조선어사전》1918)

【瞿仁利聚 구인리취】 그리니치(Greenwich), 템스 강 남쪽 연안에 위치하며 세계 시간의 기준점이 되는 곳 ▌經度의起首處를定ᄒᆞ야乃曰某地ᄂᆞᆫ瞿仁利聚東經幾度라ᄒᆞ며(유길준《서유견문》1895 제1편)

【歐州 구주】 유럽(Europe), '歐州'는 '歐羅巴'의 첫 글자에 '州'를 붙인 말이다 ▌李鴻章氏ᄂᆞᆫ 歐州로 還ᄒᆞ야 勢力이 頓衰ᄒᆞ얏더니(〈대조선독립협회회보〉제6호 1897.2.15) ▌西班牙皇帝及其他歐州諸國의 君主殺害ᄒᆞᆯ 陰謀를 報ᄒᆞᆫ 書類가 有ᄒᆞᆯ ᄲᅮᆫ 아니라(〈대한자강회월보〉제5호 1906.11.25) ▌特使를 歐州 諸國에 派遣ᄒᆞ야 助援을 請ᄒᆞ기로 決定ᄒᆞ고(〈대한협회회보〉제2호 1908.3.25) ▌歐州 列强의 抗議를 招ᄒᆞ야(〈대한흥학보〉제7호 1909.11.20) ▌彼歐州文明이라 하는 現代文明에 是等의 精神改造로부터 産出한 것임은(〈개벽〉제15호 1921.9.1) ▌누구나 다 아는바와가티 丁抹國은歐州西北端에 잇는일소국이지만은(〈별곤건〉제16·17호 1928.12.1)

【歐洲 구주】 유럽(Europe), '歐洲'는 '歐羅巴'의 첫 글자에 대륙의 의미를 나타내는 '洲'를 붙인 말이다 ▌歐洲(〈한성순보〉제1호 1883.10.31 西班牙國スト內亂) ▌盖日本이歐洲和蘭國과其交ᄅᆞᆯ通홈이二百餘年애過ᄒᆞ나(유길준《서유견문》1895 序) ▌歐洲(《사민필지》1895 권1 人種總論) ▌歐洲로셔日清兩國間에來到ᄒᆞᄂᆞᆫ郵遞物과旅客은(《관보》81호 1895.6.5) ▌俄國은 ᄯᅩᄒᆞᆫ히 歐洲 中에 第一 크거니와(《국민소학독본》1895) ▌瑞西ᄂᆞᆫ歐洲中에最高處로伊太利와墺太利와日耳曼과墺地利四國의間에有ᄒᆞ니(《소학만국지지》1895 제3편) ▌구쥬(歐洲)의 잠언(箴言)에 도 ᄯᅩᄒᆞᆫ 여러 의론을 모아야 나라이 써 편안

ᄒᆞ다ᄒᆞ온말이잇ᄉᆞ오니(〈독립신문〉1896.7.13) ▌歐洲各國과相對ᄒᆞ야本洲中最要最盛ᄒᆞᆫ地러라(《중등만국지지》1902 권1) ▌歐洲에 居生ᄒᆞᄂᆞᆫ者ᄂᆞᆫ 白色人種이 多ᄒᆞ고(《고등소학독본》권1, 휘문의숙편집부, 1906) ▌「따윈」의 진화론이 世에 發布되자 歐洲의 民心은 위하야 一轉하며(〈개벽〉제10호 1921.4.1) 현대중국어 표기 ➡ 欧洲

【君府 군부】 콘스탄티노플(Constantinople), 터키 수도 이스탄불(Istanbul)의 옛 이름. '君府'는 '君士坦丁府'가 줄어든 말이다 ▌토이기를 君府에서 逐出치 아니하자함을(〈동아일보〉1920.7.4. 1면) ▌英佛兩國은 君府를 土耳其에 還附키로 의견이 일치되다(〈개벽〉제29호 1922.11.1) ▌維也納에 留學하고 君府(舊土都)에 遊學한 그는 식견조차 풍부한 인물이엿다(〈별곤건〉제27호 1930.3.1) ▌君府에 잇어의「트로츠키」의 商人生活(〈동광〉제26호 1931.10.24)

【君士坦丁 군사탄정】 콘스탄티노플(Constantinople), 터키 수도 이스탄불(Istanbul)의 옛 이름 ▌首府君士坦丁은보수포라수海峽에臨ᄒᆞ야歐亞兩大洲의咽喉ㅣ되야(《소학만국지지》1895 제3편) ▌그것을 君士坦丁을 露帝에게 約束한뽀앙카레에게問責하는것이 可한것으로(〈동아일보〉 1925.3.10 1면) 현대중국어 표기 ➡ 君士坦丁堡

【君士坦丁府 군사탄정부】 콘스탄티노플(Constantinople), 터키 수도 이스탄불(Istanbul)의 옛 이름 ▌君士坦丁府(〈한성순보〉제17호 1884.4.6 歐洲各國京都經緯表)

【君親眞佳 군친진가】 칸첸중가(Kanchenjunga), 네팔과 인도의 국경에 위치한 세계에서 세 번째로 높은 봉우리 ▌君親眞佳 二萬八千一百五十六尺(유길준《서유견문》1895 제1편)

【屈羅士古 굴라사고】 글래스고(Glasgow), 영국 스코틀랜드 최대의 도시 ▌其他蘇格蘭의如天堡와屈羅士古와愛蘭의多佛仁等이다(《소학만국지지》1895 제3편)

【屈羅秀古 굴라수고】 글래스고(Glasgow), 영국 스코틀랜드 최대의 도시 ▌瀛車를乘ᄒᆞ고屈羅秀古에向ᄒᆞᆯ식(유길준《서유견문》1895 제19편)

【貴尼 귀니】 기니(Guinea), 아프리카 북서부 대서양 연안에 있는 공화국 ▌南支ᄂᆞᆫ西流ᄒᆞ야大洋洲와貴尼의諸島를向ᄒᆞ야(유길준《서유견문》1895 제2편)

【貴禮那 귀례나】 기아나(Guiana), 남아메리카 대륙 북부, 베네수엘라와 브라질 사이의 대서양 연안지방 ▌南阿美利加洲로言ᄒᆞ건ᄃᆡ五利老高江은貴禮那의高原에發源ᄒᆞ야(유길준《서유견문》1895 제1편)

【貴崖那 귀애나】 기아나(Guiana) 남아메리카 대륙 북부, 베네수엘라와 브라질 사이의 대서양 연안지방 ▌貴崖那(《사민필지》1895 권2 亞美利加 總論)

【赳排 규배】 쿠바(Cuba), 중앙아메리카 카리브 해 서부, 서인도 제도에 있는 나라 ▌海項으로流入ᄒᆞᆫ後에赳排島와合衆國南方의海를經ᄒᆞ야(유길준《서유견문》1895 제2편) ▌赳排島ᄂᆞᆫ 西班牙에 歸ᄒᆞ고(〈대한협회회보〉제5호 1908.8.25)

【赳越蘭山 규월란산】 쿤룬 산(Kunlun Goddess), 중국 칭하이 성 거얼무에 있는 산 ▌又赳越蘭山과謁太伊山의中間에占有ᄒᆞᆫ中央亞細亞地方의畧干을連ᄒᆞ야(유길준《서유견문》1895 제1편)

【橘河共和國 귤하공화국】 오렌지 자유국(Orange Free State), 한때 남아프리카 공화국에 존재하던 나라 이름 ▌橘河共和國北方에有ᄒᆞ야北方린보보河로界를ᄒᆞ고(《소학만국지지》1895)

【橘河自由國 귤하자유국】 오렌지 자유국(Orange Free State), 한때 남아프리카 공화국에 존재하던 나라 이름 ▌橘河自由國은 此國은橘河의上流와그支流바후河間 에有ᄒᆞ야(《소학만국지지》1895 제2편)

【克累弗亞省 극루불아생】 캘리포니아(California), 미국 서부 태평양 연안의 주 이

름 ▌克累弗亞省(〈한성주보〉제32호 1886.10.11 續瀛海各國統)

【克理美亞 극리미아】 크리미아(Crimea), 우크라이나의 남쪽 흑해로 돌출해 있는 반도 ▌克理美亞(〈한성순보〉제7호 1883.12.29 英人演說)

【岌朴哥羅尼 급박가라니】 케이프 식민지(Cape Colony), 1652년 네덜란드 동인도회사가 아프리카 남단에 세운 식민지. 1795년부터 영국령이 되었고 오늘날의 남아프리카 연방의 전신이다 ▌岌朴哥羅尼는本洲의南端에有ᄒᆞ니(《소학만국지지》1895 제2편)

【岌朴敦 급박돈】 케이프타운(Cape Town), 남아프리카 공화국 웨스턴 케이프 주의 주도 ▌首府를岌朴敦이라ᄒᆞ니(《소학만국지지》1895 제2편)

【金門 금문】 샌프란시스코 만(골든게이트 Golden Gate), 골드러시 시대에 샌프란시스코 만을 부르던 이름. 여기에 금문교(金門橋 Golden Gate Bridge)가 세워진 곳으로 유명하다 ▌眼下의金門風景은活畵를橫鋪ᄒᆞᆫ듯無數ᄒᆞᆫ海狗는風潮에浮沈ᄒᆞ야(유길준《서유견문》1895 제19편)

【金邊 금변】 프놈펜(Phnom Penh), 캄보디아 수도 ▌金邊(〈한성주보〉제22호 1886.6.31 金邊未靖) 현대중국어 표기 ➡ 金边

【金邊國 금변국】 캄보디아(Cambodia), 동남

金山 · 구금산 · 신금산

중국에는 한자 이외는 다른 문자가 없으므로 중국인들은 서양어를 번역하거나 표기할 때에 모두 한자로 표시한다. 독일을 德國, 프랑스를 法國, 이탈리아를 意大利, 런던을 倫敦으로 표기하는 것이 그 예다. 예부터 중국인들이 외국 지명을 표기하는 방법은 크게 ①외국 지명 발음을 중국 한자로 음차(音借)하는 방법(New York → 紐約) ②원어 지명을 중국어 단어로 번역하는 방법(Pacific Ocean → 太平洋) ③그 지명의 주요 물산이나 중국과의 관련성 등으로 조어하는 방법(Honolulu → 檀香山) 등이 있는데 ③의 방법으로 지어진 이름 중 하나가 '金山'이다.

'金山'이란 미국 서태평양 연안에 있는 샌프란시스코(San Francisco)를 가리키던 말이다. 샌프란시스코를 '金山'이라 부르게 된 연유는 1840년대 말부터 시작된 캘리포니아주 골드러시와 관련이 깊다. 당시는 미국의 서부 개척시대라서 많은 사람들이 금을 캐서 일확천금을 하려는 사람들이 서부로 몰려들었다. 금 채굴업자들은 중국 노동자들을 불러들여 값싼 노동력으로 금을 캐냈다. 이때 미국에 건너간 중국 노동자들은 샌프란시스코를 금을 캐는 곳이라는 뜻에서 '金山'이라 부르게 되었고 이 '金山'은 19세기 말 한국에도 전해져 〈한성주보〉 제57호(1887.4.4.)에 쓰이게 되었다.

그후 오스트레일리아 빅토리아 주에서 새로 골드러시가 일어나자 중국인들은 전에 골드러시가 일어났던 샌프란시스코를 '구금산(舊金山)', 오스트레일리아 빅토리아주 멜버른(Melbourne) 지역을 '신금산(新金山)'이라 부르게 되었고 이들도 구한말 우리나라에 소개되었다. 金山과 구금산(舊金山), 신금산(新金山)은 개화기 중국에서 우리말로 들어온 외국지명인 것이다.

아 태국과 베트남 사이에 있는 나라 이름 ▌金邊國(〈한성주보〉제30호 1886.9.27 利權獨攬)

【金濱 금빈】골드코스트(Gold Coast), 호주 시드니 북쪽의 해변 이름 ▌金濱(〈한성순보〉제6호 1883.12.20 英國誌略)

【金山 금산】샌프란시스코(San Francisco), 미국 태평양 연안의 도시 이름 ▌金山(〈한성주보〉제57호 1887.4.4 續錄美國槐花園案中美大臣往來照會抄件) 현대중국어 표기 ➡ 旧金山

【機內亞 기내아】기니(Guinea), 아프리카 대륙 중서부의 나라 이름 ▌機內亞(〈한성순보〉제4호 1883.11.30 亞非利駕洲)

【幾內亞 기내아】기니(Guinea), 아프리카 대륙 중서부의 나라 이름 ▌葡萄牙領地ᄂᆞᆫ下幾內亞의南半部와上幾內亞의호와이다와(《소학만국지지》1895 제2편)

【幾內亞灣 기내아만】기니 만(Gulf of Guinea), 아프리카 대서양의 상부 기니에서 하부 기니 연안을 따라 만입된 해역 ▌幾內亞灣邊을因ᄒᆞ야剛山脈으로分ᄒᆞ고(《중등만국지지》1902)

【幾里滿謝露 기리만사로】킬리만자로(Mount Kilimanjaro), 아프리카 케냐에 있는 산 이름. 아프리카 대륙에서 가장 높은 산이다 ▌幾里滿謝露(〈한성순보〉제4호 1883.11.30 亞非利駕洲)

【基發 기발】티베트(Tibet), 중국 남서부에 있는 티베트 족(族) 자치구로 인도 북부의 히말라야 산맥에 자리하고 있다 ▌基發(〈한성주보〉제31호 1886.10.4 瀛海各國統考)

【幾富 기부】키예프(Kiev), 우크라이나 중북부 도시 이름 ▌幾富(〈한성순보〉제28호 1884.7.22 俄國誌略續稿)

【奇亞那 기아나】가이아나(Guyana), 남아메리카 동북단에 있는 공화국 ▌奇亞那(〈한성순보〉제28호 1884.7.22 各國屬地一覽表)

【幾亞那 기아나】기니(Guinea), 아프리카 북서부 대서양 연안에 있는 공화국 ▌東은英領幾亞那ᄅᆞᆯ隣ᄒᆞ고北은가리비안海에臨ᄒᆞ니라(《소학만국지지》1895 제5편) ▌英領幾亞那等에셔百五十万人合計前記와如ᄒᆞ면一億千五百万人이라홈(《관보》제138호 1895.8.16)

【吉魯利亞火山 길로리아화산】킬라우에아(Mount Kilauea), 미국 하와이 주 하와이 섬에 있는 화산 이름 ▌吉魯利亞火山의噴出ᄒᆞᆫ土石과灰燼은二百七十億角尺의極多홈에(유길준《서유견문》1895 제1편)

【吉利馬累周羅 길리마루주라】킬리만자로(Kilimanjaro), 아프리카 케냐에 있는 산 이름. 아프리카 대륙에서 가장 높은 산이다 ▌吉利馬累周羅 一萬尺(유길준《서유견문》1895 제1편)

【吉法 길법】길버트(Gilbert), 태평양 서쪽 미크로네시아 마샬 제도(Marshall Islands)의 남동부에 16개의 환초(環礁)로 이루어져 있는 섬 이름 ▌吉法(《사민필지》1895 권2 太平洋諸小島)

ㄴ

【那老蘇 나노소】야노스(Llanos), 남아메리카 대륙 북부의 콜롬비아와 베네수엘라에 걸쳐 형성된 열대 초원 ▎五利老高江은貴禮那의高原에發源ᄒᆞ야那老蘇의平地ᄅᆞᆯ經ᄒᆞ야(유길준《서유견문》1895 제2편)

【那渡家湖 나도가호】라도가 호(Ladoga Lake), 러시아 서부, 레닌그라드 주와 카렐리야공화국에 걸친 유럽 최대의 호수 ▎懸蘭의無數ᄒᆞᆫ諸2湖와俄羅斯의那渡家湖와五大家湖와日耳曼의北及丁抹의東에小小ᄒᆞᆫ諸湖와(유길준《서유견문》1895 제2편)

【那卜列司 나복렬사】나폴리(Napoli), 이탈리아 남부에 있는 도시로, 캄파니아 주(Campania)의 주도이다. 영어명은 네이플스(Naples) ▎那卜列司(〈한성순보〉제1호 1883.10.31 安南與法人講和)

【那不勒 나불륵】나폴리(Naples), 이탈리아 남부에 있는 도시로, 캄파니아(Campania) 주의 주도이다. 영어명은 네이플스(Naples) ▎南方西岸에那不勒市街ᄂᆞᆫ國中에最大ᄒᆞᆫ都府ㅣ오(《소학만국지지》1895 제3편) 현대중국어 표기 ➡ 那不勒斯

【挪威 나위】노르웨이(Norway), 북유럽 스칸디나비아 반도 서쪽에 길게 자리한 나라. '挪威'는 Norway의 중국식 한자음역어이다 ▎瑞典與挪威出二萬磅西班牙出十三萬磅(〈대조선독립협회회보〉제12호 1897.5.15) 현대중국어 표기 ➡ 挪威

【那威 나위】노르웨이(Norway), 북유럽 스칸디나비아 반도 서쪽에 길게 자리한 나라. '那威'는 Norway의 중국식 한자음역어이다 ▎那威(〈한성순보〉제6호 1883.12.20 英國誌略) ▎那威(《사민필지》1895) ▎魯西亞人과 波蘭人과 凶牙利人과 瑞西 那威 芬蘭 等 國人이 輻輳ᄒᆞ며(《국민소학독본》1895) ▎那威 六千七百所 百四十五人(〈대조선독립협회회보〉제5호 1897.1.31) ▎瑞典(SWEDEN)那威或云諾威(NORWAY)王國(《중등만국지지》1902 권1) ▎伯林電을據ᄒᆞᆫ즉 英皇게서ᄂᆞᆫ 那威京 스톡흠에 到着ᄒᆞ셧다더라(〈대동학회월보〉제4호 1908.5.25) ▎那威의 陸軍은 常備兵이 三萬九百人이요(〈서북학회월보〉제3호 1908.8.1) ▎特叙勳五等賜太極章 那威國人아루론네벨쑤(《관보》4364호 1909.4.30) ▎北部ᄂᆞᆫ 那威人種이 有ᄒᆞ며(〈대한흥학보〉제11호 1910.3.20) ▎瑞西에서는山에서 살고 瑞典, 那威 등에도 居住하고 西班牙에서는 漁夫 노릇하는 者도 잇다고 한다(〈동광〉제32호 1932.4.1)

【那威國 나위국】노르웨이(Norway), '那威國'은 노르웨이의 중국식 한자 음역표기이다 ▎特叙勳六等賜太極章 那威國人 구리스니안,스우엔니쑤센(《관보》제4364호 1909.4.13)

【那以亞加拉 나이아가랍】나이아가라 폭포(Niagara Falls), 미국 북부에 있는 폭포 이름 ▎또한蘇畢略과米執安等大湖와那以亞加拉大瀑布가有ᄒᆞ니라(《소학만국지지》1895 제3편)

【那伊溫崖 나이온애】리옹(Lyon) 언덕, 프랑스 론알프(Rhône-Alpes) 주 리옹 역사지구에 있는 언덕 ▎其名稱은各其地方의指呼ᄒᆞᆫ바로鉅彬과那伊溫崖와賓樹支라ᄒᆞ고(유길준《서유견문》1895 제1편)

【那耳回 나이회】노르웨이(Norway), 북유럽 스칸디나비아 반도 서쪽에 길게 자리한 나라. ▎那耳回(〈한성순보〉제32호 1884.8.31 泰西各國小學校)

【羅仁河 나인하】라인 강(Rhine River), 중부 유럽 최대의 강. 알프스 산지에서 발원하여 유럽에서 공업이 가장 발달한 지역을 관류하여 북해로 흘러든다 ▎其地가羅仁河ᄅᆞᆯ濱ᄒᆞ야居人은十三萬有餘에至ᄒᆞ니(유길준《서유견문》1895 제20편)

【那逸江 나일 강】나일 강(Nile River), 적도 부근에서 발원하여 지중해로 흘러드는 이집트의 강 이름 ▎阿弗利加洲의江河ᄅᆞᆯ顧ᄒᆞ건ᄃᆡ那逸江은摩洛哥國에在ᄒᆞᆫ者니라(유길준《서유견문》1895 제2편) ▎朝宗于大西洋者曰那逸 長一

萬三千二百里(〈대한협회회보〉제10호 1909.1.25)

【拿破里 나파리】 나폴리(Napoli), 이탈리아 남부에 있는 도시로, 캄파니아 주의 주도이다. 영어명은 네이플스(Naples) ▌拿破里(〈한성순보〉제30호 1884.8.11 俄國誌略) ▌건달들을 직쵹ᄒᆞ야 힝장을 슈습ᄒᆞᆫ 후 로마부에셔 써나 라파리부(拿破里府)로 향ᄒᆞ니라(민준호《옥호기연》1911)

【那八那他江 나팔나타강】 라플라타(La Plata) 강, 남아메리카의 아르헨티나와 우루과이 사이를 지나 대서양으로 흘러 들어가는 강 ▌那八那他江은巴他江과宇樓鉅河의合成ᄒᆞᆫ者니巴西의高原에發源홈이라(유길준《서유견문》1895 제2편) ▌那八那他 長一千五百九十里(〈대한협회회보〉제10호 1909.1.25)

【拿布拉士格郡 나포랍사격군】 네브래스카(Nebraska), 미국 중북부 내륙 평야 서부에 있는 주. 주도는 링컨(Lincoln)이다 ▌拿布拉士格郡(〈한성순보〉제12호 1884.2.17 美國誌略)

【諾 낙】 노르웨이(Norway), 북유럽 스칸디나비아 반도 서쪽에 길게 자리한 나라. '諾'은 Norway의 중국식 한자음역어 '諾威(Norway)'를 줄인 말 ▌各國이 其 人民의 智識 發達ᄒᆞᄂᆞᆫ 程度를 從ᄒᆞ야 成年를 定ᄒᆞᄂᆞ니 德, 西, 丁, 諾, 葡 等國은 滿二十五歲로(〈서우〉제13호 1907.12.1)

【落機山脉 낙기산맥】 로키 산맥(Rocky Mountains), 북아메리카 서부를 남북으로 뻗은 대산맥 ▌落機山脉이本國에入ᄒᆞ야시-라, 마드레(SIERA MADRE)라稱ᄒᆞᆫ頗高ᄒᆞᆫ山脈이되야(《중등만국지지》1902)

【諾曼 낙만】 노르망디(Normandie), 프랑스 북부의 해안지역 ▌諾曼(〈한성순보〉제6호 1883.12.20 英國誌略)

【諾威 낙위】 노르웨이(Norway), 북유럽 스칸디나비아 반도 서쪽에 길게 자리한 나라. '諾威'는 Norway의 중국식 한자음역어이다 ▌諾威 十九億四千四百二十万七千二百兩(유길준《서유견문》1895 제1편) ▌瑞典及諾威ᄂᆞᆫ六基羅米突餘羅馬尼ᄂᆞᆫ五基羅米突餘라홈(〈관보〉137호 1895.8.14) ▌瑞典及諾威 輸入 四萬三千四百九十七萬四千五百六十三구롱(〈대조선독립협회회보〉제13호 1897.5.31) ▌瑞典(SWEDEN)那威或云諾威(NORWAY)王國(《중등만국지지》1902 권1) ▌歐羅巴에 英國, 德國, 墺地利, 伊太利, 西班牙, 瑞典, 諾威, 白耳義, 葡牙, 和蘭, 希臘, 丁抹, 羅馬尼, 塞爾維諸國이오(〈대한자강회월보〉제3호 1906.9.25) ▌19세기의 諾威의 문학은 諾威의 시리아던지 베엘께란드 내지 베엘하벤 등에게서 독립의 기초를 어더(〈개벽〉제7호 1921.1.1)

【南京 남경】 난징(Nanjing 南京), 중국 장쑤성의 성도(省都). 오(吳)·송(宋)·양(梁) 등의 도읍지였다 ▌其鑄造ᄒᆞᆫ銀貨ᄂᆞᆫᄒᆞᆫ번南京에 送付ᄒᆞ야通用케ᄒᆞᆫᄃᆞ홈(上海滬報)(〈관보〉제77호 1895.6.1) ▌淸國 南京 附近 處에셔 織ᄒᆞᄂᆞᆫ 비라 ᄒᆞ야 西國 俗名에 南京布라 ᄒᆞ야(〈대조선독립협회회보〉제7호 1897.2.28) ▌香港을 英國의게 讓與ᄒᆞᄂᆞᆫ 事項이니 此 所謂 南京條約이니라(〈대한유학생회학보〉제1호 1907.3.3) ▌元來 淸國에셔 各國 宣敎師가 福音을 宣傳ᄒᆞᆫ다 稱ᄒᆞ고 南京條約에 據ᄒᆞ야 支那內地에 如何ᄒᆞᆫ 僻遠之地라도 唯宣敎師ᄂᆞᆫ 旅行에 自由ᄒᆞ고(〈대한자강회월보〉제10호 1907.4.25) ▌아우는 1919년 10월에 狂風에 날려서 南京 上海로 지나 大戰에 파멸된 歐羅巴를 둘러 작년 7월에 大西洋을 건너 紐育港에 下陸하엿나이다(〈개벽〉제13호 1921.7.1)

【南高加索 남고가색】 남 코카서스(the South Caucasus), 남부 코카서스 지역으로 아르메니아가 처음 국가를 형성한 곳이다 ▌此國을 分ᄒᆞ야南高加索地方과西比利亞와中央亞細亞의三部ㅣ되니(《소학만국지지》1895 제1편)

【南極 남극】 남극(The Antarctic), 지축이 남측에서 지구 표면과 교차하는 점 ▌故로北極이太陽의光彩를受ᄒᆞᄂᆞᆫ時ᄂᆞᆫ南極이不受ᄒᆞ고(유길준《서유견문》1895 제1편) ▌남극 南極 The south pole(게일편《한영자전》1897) ▌米國은 北極으로붓터 南極에 通ᄒᆞᄂᆞᆫ 大陸上 覇權을 有ᄒᆞᄂᆞᆫ 大共和國을 建設홈인뎌(〈대한자강회월보〉

제2호 1906.8.25) ▌南極地方에 五百三十萬方哩요(〈태극학보〉제13호 1907.9.24) ▌南極地方에 向ᄒᆞ야 出發ᄒᆞ얏ᄂᆞᆫᄃᆡ 右ᄂᆞᆫ 南極의 未詳ᄒᆞᆫ 大陸의 有無ᄅᆞᆯ 探險ᄒᆞ기 爲홈이라더라(〈대한협회회보〉제6호 1908.9.25) ▌南極으로 自ᄒᆞᄂᆞᆫ 者ᄂᆞᆫ 北東方向으로 流ᄒᆞ며(〈대동학회월보〉제12호 1909.1.25) ▌地軸의 兩端은 南極 北極이니(〈기호흥학회월보〉제11호 1909.6.25) ▌赤道地方으로부터 兩極地方(北極南極)으로 向ᄒᆞᄂᆞᆫ(〈대한흥학보〉제11호 1910.3.20) ▌南極(남극) 天의 南端의 칭(조선총독부《조선사서원고》1918) ▌연이면 정신을 멀리 南極 氷山의 절정에 보내여(〈개벽〉제26호 1922.8.1)

【南極洋 남극양】 남극해(Antarctic Ocean), 남극대륙을 둘러싸고 있는 해역(海域) ▌水를 分ᄒᆞ야 五大洋이라 稱ᄒᆞ니 卽 太平洋 印度洋 太西洋 南極洋 北極洋 을 云홈이라(〈대조선독립협회회보〉제7호 1897.2.28)

【南極海 남극해】 남극해(Antarctic Ocean), 남극대륙을 둘러싸고 있는 해역(海域) ▌大西洋은北極海의南盡處로브터南極海의北盡處에至ᄒᆞ니(유길준《서유견문》1895 제2편) ▌其名有五ᄒᆞ니 曰 北極海, 南極海, 大西洋, 太平洋, 印度海라(〈대한협회회보〉제9호 1908.12.25)

【南大洋 남대양】 남대양(Southern Ocean), 남극대륙을 둘러싸고 있는 해역. 남극해, 남빙양과 같은 의미로 쓰였다 ▌그의 손과 가락이 엇던디 몰나. 읏더하면 남대양(南大洋) 바다물 우에 붉으럿케 피여딘 산호가디(珊瑚枝)와(〈대한학회월보〉제3호 1908.4.25) ▌南大洋의 定期風이 定期의 甘雨를 齎來ᄒᆞ야 河流로써 土地를 灌漑ᄒᆞ고 人民은 衣食에 耕作의 劬勞가 無ᄒᆞ고(〈태극학보〉제22호 1908.6.24)

【南美 남미】 남아메리카(South America), '南美'는 '南亞美利加'의 준말이다 ▌南으로波羅馬ᄅᆞᆯ通航ᄒᆞ야南美諸國의貿易을開ᄒᆞ며(유길준《서유견문》1895 제19편) ▌萬一開戰ᄒᆞᄂᆞᆫ境遇에至ᄒᆞ면南美諸共和國은一致協力ᄒᆞ야「흐에내스라國」을援助ᄒᆞᆯ믈決定ᄒᆞᆯ쓴(〈관보〉제244호 1896.2.10) ▌南美 파라비어共利國에ᄂᆞᆫ 革命軍이 起ᄒᆞ야 激烈ᄒᆞᆫ 戰鬪後에 政府가 顚覆ᄒᆞ얏다더라(〈대동학회월보〉제6호 1908.7.25) ▌南美에서 4년을 留하고 東印度諸島에 8년을 잇서서(〈개벽〉제25호 1922.7.1) ▌금번 홈폿(定繫航)인 神戶를 출범하야 印度經由와 南阿經由南美行으로 결정되엿다(〈별곤건〉제31호 1930.8.1)

【南米 남미】 남아메리카(South America), '南米'는 '南亞米利加'의 준말이다 ▌巴西(南米) 三百二十餘萬方里(〈대조선독립협회회보〉제15호 1897.6.30) ▌英國人民이 千八百九十年에 南米諸國에 投入ᄒᆞᆫ 資本ᄀᆞ튼 것은 世上好況의 誘ᄒᆞᆫ ᄇᆡ 되야(〈태극학보〉제3호 1906.10.24) ▌是歐洲及南米로 金의 流入이 有홈으로 因홈이라더라(〈서우〉제13호 1907.12.1) ▌南米地方에 農業的及工業的 殖民은 또한 成功의 希望이 有ᄒᆞ도다(〈대한학회월보〉제6호 1908.7.25) ▌蓋南米智利國에서 多産ᄒᆞᄂᆞ니라(〈기호흥학회월보〉제7호 1909.2.25) ▌南米(〈대한민보〉제38호 1909.7.25) ▌幾那樹(긔나·슈) 茜草科에 屬한 常綠木(南米에 産하고 規那鹽을 製하는 料)(《총독부조선어사전》1918) ▌탐험단에 참가하야 殆히 1년을 南米에서 送하고(〈개벽〉제6호 1920.12.1)

【南美洲 남미주】 남아메리카(South America) 대륙, 아메리카 대륙 중 파나마 운하 이남의 대륙을 가리킨다 ▌今此黃道에占據ᄒᆞᆫ邦國은我邦中國及日本과歐洲의諸國과北美洲의合衆國과南美洲의數三國이니(유길준《서유견문》1895 제16편) ▌因曰규바ᄂᆞᆫ南美洲의東北에位ᄒᆞᄂᆞᆫ一嶋인대(〈관보〉제138호 1895.8.15) ▌남미쥬 南美洲(《국한회어》1895) ▌남미쥬 南美洲 South America(게일편《한영자전》1897) ▌對外有五ᄒᆞ니 歐洲, 南美洲, 北美洲, 斐洲 濠洲가 森羅環我진뎌(〈대한협회회보〉제2호 1908.5.25) ▌民迫而自立ᄒᆞ야 遂變爲民主立憲者ᄒᆞ니 如法國及南美洲諸國이 是也오(〈호남학보〉제3호 1908.8.25) 현대중국어 표기 ➡ 南美洲

【南米洲 남미주】 남미(South America) 대륙, 아메리카 대륙 중 파나마 운하 이남의 대륙을 가리킨다 ▌産地ᄂᆞᆫ 南米洲 秘魯國이니 該國에셔ᄂᆞᆫ 有要ᄒᆞᆫ 家畜이며(〈태극학보〉제13호

1907.9.24) ▎南非洲호망각을 돌아 大西洋을 건너 南米洲뿌라질都城 리오(《개벽》신간 제1호 1934.11.1)

【南北美洲 남북미주】 남북 아메리카주(North and South America), 남아메리카주와 북아메리카주를 아우르는 이름이다 ▎其地가乃南北美洲及亞細亞洲諸國의物貨를貿易ᄒᆞᄂᆞᆫ要衝이라(유길준《서유견문》1895 제19편) ▎南北美洲 諸國이 皆爲共和而惟巴西及布哇ㅣ爲立憲也ㅣ라(《대한협회회보》제3호 1908.6.25) ▎一千四百四十年間에 叩侖布始悟地圓之理ᄒᆞ야 得南北美洲ᄒᆞ니(《기호흥학회월보》제4호 1908.11.25)

【南北阿美利加 남북아미리가】 남북 아메리카주(North and South America), 남아메리카주와 북아메리카주를 아우르는 이름이다 ▎南北阿美利加洲의地形이岳의様과同ᄒᆞ야其南北이廣ᄒᆞ고(유길준《서유견문》1895 제2편) ▎南北阿美利加洲의 地形이 缶의 様과 同ᄒᆞ야 其南北이 廣ᄒᆞ고(《대한자강회월보》제11호 1907.5.25) ▎南北阿美利加洲에ᄂᆞᆫ 合衆國(一名花旗國俗稱 美國) 墨西哥(麥時古) 瓜多磨羅 混斗羅斯 聖撤排多 尼可羅果 巴西 哥倫比 彬崖未越那 高斯太樓哥 厄果多 秘魯 拔利比亞 智利 亞然丁 猶羅貴 許太伊山道明澳 把羅貴 等 諸共和國이 有ᄒᆞ며(《대한협회회보》제5호 1908.8.25)

【南北阿美利加洲 남북아미리가주】 남북아메리카주(North and South America), 남아메리카주와 북아메리카주를 어우르는 이름이다 ▎南北阿美利加洲의地形이岳의様과同ᄒᆞ야(유길준《서유견문》1895 제1편) ▎南北阿美利加洲 漢譯 英音(《대한자강회월보》제11호 1907.5.25)

【南北亞美利加洲 남북아미리가주】 남북아메리카주(North and South America), 남아메리카주와 북아메리카를 어우르는 이름이다 ▎曰南北亞美利加洲니 是를 新世界라 謂ᄒᆞᄂᆞ니라(《고등소학독본》권2, 휘문의숙편집부, 1907)

【南氷洋 남빙양】 남극해(Antarctic Ocean), 남극대륙을 둘러싸고 있는 해역으로 남빙양(南氷洋) 또는 남대양(南大洋)이라고도 한다 ▎南氷洋(《한성주보》제2호 1886.2.1 六洲總論附錄) ▎南氷洋(《사민필지》1895 권2 智利) ▎남빙양 南氷洋(《국한회어》1895) ▎일홈은 태평양太平洋과 대셔양大西洋과 인도양印度洋과 븍빙양北氷洋과 남빙양南氷洋이며(《신학월보》권5제1호 1907) ▎南氷洋에서 來ᄒᆞᄂᆞᆫ 氷山이 北氷洋에서 來ᄒᆞᄂᆞᆫ(《태극학보》제19호 1908.3.24) ▎其極南地盡之處已近南氷洋兩土合計約與亞細亞相埒(《대동학회월보》제7호 1908.8.25) ▎北氷洋 埃斯摩人과 南氷洋之拉爹夫依哥人이 爲禦寒之故로 不復用力於生殖ᄒᆞ야(《호남학보》제4호 1908.10.25) ▎일홈은 태평양太平洋과 대셔양大西洋과 인도양印度洋과 북빙양北氷洋과 남빙양南氷洋이며(최병헌《성산명경》1914)

【南冰洋 남빙양】 남극해(Antarctic Ocean), 남극대륙을 둘러싸고 있는 해역으로 남빙양(南氷洋) 또는 남대양(南大洋)이라고도 한다 ▎답 태평양(荅太平洋)과대셔양(大西洋)과인도양(印度洋)과븍빙양(北冰洋)과남빙양(南冰洋)이니라(《디구략론》1897) ▎오:-대:양(五大洋) 태평양(太平洋 Pacific)·대서양(大西洋 Atlantic)·인도양(印度洋 Indian)·남빙양(南冰洋 Antarctic)·북빙양(北冰洋 Arctic)(《수정증보조선어사전》1942) 현대중국어 표기 ➡ 南冰洋

【南阿 남아】 남아프리카(South Africa), 아프리카 남부를 부르는 말 ▎西으로ᄂᆞᆫ 美人과 南阿諸國人이오(《국민소학독본》1895) ▎英國 喜望峯 艦隊에 屬ᄒᆞᆫ 軍艦 八隻은 南阿에 在ᄒᆞᆫ 葡萄牙領地 데라과灣에 投錨ᄒᆞ얏스니(《대조선독립협회회보》제11호 1897.4.30) ▎其間無益의 關稅,戰爭,南阿及米西戰爭,北淸事件 日淸及日露戰爭等에因ᄒᆞ야(《관보》제4226호 1908.11.12) ▎德國은 南阿戰時에 俄 法의 排英同盟에 參入홈을 拒絶ᄒᆞᆫ 事實을 述ᄒᆞ고(《대한협회회보》제8호 1908.11.25) ▎南阿(《대한민보》제61호 1909.8.22) ▎卽 南阿의 케푸타운으로부터 埃及의 카이로(埃及首府)府에 達ᄒᆞᆫ 線路ᄂᆞᆫ 完成의 域에 在ᄒᆞ고(《대한흥학보》제11호 1910.3.20) ▎十八歲시에 單身으로 南阿에 들어가 銳意專

心活動한 결과(〈개벽〉제4호 1920.9.25) ▌1899년에는 南阿戰爭에 野戰病院을 조직하여 가지고 나아가서(〈별곤건〉제25호 1930.1.1)

【南阿聯邦 남아련방】 남아프리카공화국(Republic of South Africa), 아프리카 대륙의 가장 남쪽 끝에 있는 나라. 1815년 영국의 식민지가 되었고 아파르트헤이트 인종차별 정책을 비판하는 영국 정부로부터 독립해 1961년 5월 남아프리카공화국을 선언했다 ▌南阿聯邦(〈대한민보〉제39호 1909.7.27) ▌英領南阿聯邦國의 內閣은 總辭職하고(〈개벽〉제47호 1924.5.1) ▌南端을 右便으로 바라보며 간지 3일만에 南阿聯邦에 떠밴에 입항하얏다(〈별건곤〉제31호 1930.8.1) ▌濠洲聯邦, 新西蘭, 南阿聯邦과 같은 一議會及 對應한 行政機關을 가진 英帝國의 自治領이다(〈동광〉제33호 1932.5.1) ▌英國의 委任統治地 南阿聯邦 日本委任統治地 南洋群島 등이(〈삼천리〉제7권 제5호 1935.6.1)

【南亞墨利加 남아묵리가】 남아메리카(South America) 대륙, 파나마 운하 이남의 대륙 ▌又再西南而至南亞墨利加之鐵耳聶離已近南黑道(〈대동학회월보〉제7호 1908.8.25)

【南亞米利加 남아미리가】 남아메리카(South America) 대륙, 파나마 운하 이남의 대륙 ▌中央及南亞米利加全地方에行ᄒᆞᄂᆞᆫ者를以ᄒᆞ야英語에次ᄒᆞ고(《관보》139호 1895.8.16) ▌남아미리까동편(南亞米利加東偏)에엇던대양(大洋)이잇ᄂᆞ뇨 ○답 대셔양(答大西洋)이잇ᄂᆞ니라(《디구략론》1897) ▌南亞米利加에 뷕라실, 칠니, 피루外 數箇國이니 其 利害得失은 以上 諸國의 現勢를 察ᄒᆞ야 推知홈이 可ᄒᆞ오(〈대한자강회월보〉제3호 1906.9.25) ▌南亞米利加의 三角端이 극동을 보호하는 고로 亞細亞의 大部는 무사통과할 것이다(〈개벽〉제2호 1920.7.25) ▌이 製品의 수출은 치우 南亞米利加로 하는데 日本製品과의 경쟁이 가장 심하다고 합니다(〈동광〉제21호 1931.5.1)

【南阿美利加洲 남아미리가주】 남아메리카(South America) 대륙, 파나마 운하 이남의 대륙 ▌北亞美利加洲와南阿美利加洲의二大地가有ᄒᆞ니(유길준《서유견문》1895 제1편) ▌南阿美利加洲 데비아스金剛石鑛에 目下使用ᄒᆞᄂᆞᆫ 鑛夫數ᄂᆞᆫ 二萬五千九百九十五人內에 白人이 三千七百三十四人이라)이요(〈태극학보〉제9호 1907.4.24) ▌北亞美加洲와 南阿美利加洲의 二大洲ᄂᆞᆫ 西에 屬ᄒᆞ얏시니(〈대한자강회월보〉제11호 1907.5.25) ▌南阿美利加洲 ▲ 一等山(〈대한협회회보〉제5호 1908.8.25)

【南亞米利加洲 남아미리가주】 남아메리카(South America) 대륙, 아메리카 대륙 중 파나마 운하 이남의 대륙 ▌南亞米利加洲ᄂᆞᆫ北亞米利加洲南方에有ᄒᆞᆫ大洲ㅣ라(《소학만국지지》1895 제5편)

【南亞弗利加共和國 남아불리가공화국】 남아프리카공화국(Republic of South Africa), 아프리카 최남단에 있는 공화국 ▌南亞弗利加共和國此國을ᄯᅩᄒᆞᆫ두라수발共和國이라稱ᄒᆞ니橘河共和國北方에有ᄒᆞ야(《소학만국지지》1895 제2편)

【南亞弗利加洲 남아불리가주】 남아프리카(South Africa) 대륙, 사하라 사막 이남의 아프리카 대륙 ▌南亞弗利加洲(〈한성순보〉제1호 1883.10.31 蘇祿國王 戰死)

【南亞非利加 남아비리가】 남아프리카(South Africa) 지역, 사하라 사막 이남의 아프리카 대륙 ▌南亞非利加「부루와요」附近에셔英兵과暴徒間에屢屢衝突이起ᄒᆞ야(《관보》319호 1896.5.7) ▌南亞非利加(《친목회회보》제3호 1896.6)

【南洋 남양】 남양(South Sea), 일본인들이 '자국의 남쪽 바다'란 뜻으로 쓰던 이름으로 특히 태평양의 적도 부근 바다와 그곳에 산재해 있는 섬들을 함께 부르는 말이다. 중국에서는 '중국보다 남쪽에 있는 나라'라는 뜻으로 쓰였다 ▌歐羅巴洲阿弗利加洲及大洋洲(此大洲ᄂᆞᆫ南洋中에在ᄒᆞᆫ大島라)(유길준《서유견문》1895 제1편) ▌南洋軍備 南京總督張之洞이八千噸의載鬪艦二隻과五千噸三千噸의巡洋艦各二隻을英德二國에付託ᄒᆞ야製造케ᄒᆞ고(《관

보》88호 1895.6.13) ▎領地를 亞弗利加及 南洋群島에 布列ᄒᆞ야(《대조선독립협회회보》제7호 1897.2.28) ▎군ᄉᆞ로 ᄯᅳᆯ 홀지라도 남양 南洋과 북양 北洋에 샹비병이 ᄒᆞᆼ샹 四五十万명에 나리지 아니 ᄒᆞ고(《독립신문》 1899.11.25) ▎南洋에 有穴蟻ᄒᆞ야 成團則能斃大獅ᄒᆞ고(《대한유학생회학보》제3호 1907.5.25) ▎假令 南洋의 野蠻人團体로 ᄒᆞ야곰 他國과 交好通商의 條約을 締結ᄒᆞ야(《대동학회월보》제4호 1908.5.25) ▎南洋 食人種도 感化ᄒᆞ얏거든 況四千年以來 東洋文明의 中心되는 我韓民族이리오(《대한협회회보》제3호 1908.4.25) ▎노예ᄃᆡ우란 것은 남양군도(南洋群島)에 흑인종갓치 돈만 잇스면 빅쳡을 두던지 ᄯᅩ 장가를 드던지 붓그러홀 줄 모르는 것이라(《명월정》1912) ▎烏木(오목) 南洋에 産하는 喬木이니 木體가 堅緻하고 色黑하야 細工에 用홈(黑檀)(《총독부조선어사전》1918) ▎印度의 의복이 잇고 南洋에는 南洋의 의복이 잇고(《개벽》제7호 1921.1.1)

【南掌 남장】 남 쯔엉(Nam Chuong), 오늘날 캄보디아 북부와 라오스 지역에 있던 예전 왕국의 이름 ▎南掌(《한성주보》제31호 1886.10.4 瀛海各國統考)

【內蒙古 내몽고】 네이멍구(Neimenggu), 몽골의 영역 가운데 고비 사막 남쪽의 옛 이름 ▎南을內蒙古라ᄒᆞ고北을外蒙古라稱ᄒᆞ니(《소학만국지지》1895 제1편) ▎免兼任內蒙古自治區海道裁判所判事 從二品 尹德榮(《관보》제2248호 1902.7.10) ▎漢北을 外蒙古라 稱ᄒᆞ고 漢南을 內蒙古라 稱ᄒᆞ니(《태극학보》제8호 1907.5.24) ▎21개 조약은 山東 南滿洲及東部內蒙古 漢冶萍公司 福建省 沿岸의 不割讓 등 日本의 특수이익과 中國의 치명적 조약이엿다(《별곤건》제29호 1930.6.1)

【來丁 내정】 레이던(Leiden), 네덜란드 서부 조이트홀란트(Zuid Holland) 주의 도시. 헤이그 북동쪽에 위치하며 네덜란드에서 가장 오래된 도시이자 문화 중심지의 하나이다 ▎此府ᄂᆞᆫ來丁의北方九十里許에在ᄒᆞ야鐵路로 相通ᄒᆞ니(유길준《서유견문》1895 제20편)

【努北阿 노북아】 누비아(Nubia), 고대 아프리카 북동부에 있었던 지명으로 오늘날은 수단 북동부를 가리킨다 ▎努北阿(《사민필지》1895 권2 埃及)

【努比亞 노비아】 누비아(Nubia), 고대 아프리카 북동부에 있었던 지명으로 오늘날은 수단 북동부를 가리킨다 ▎努比亞 北은埃及에境ᄒᆞᆫ尼留河上流의地니(《중등만국지지》1902 제3편)

【老溫江 노온강】 론(Rhone) 강, 프랑스 남동부를 지나 지중해로 흘러드는 강 ▎老溫江은佛蘭西에在ᄒᆞᆫ者요(유길준《서유견문》1895 제2편)

【老溫河 노온하】 론(Rhone) 강, 프랑스 남동부를 지나 지중해로 흘러드는 강 ▎其地가老溫河와沙溫河의二水會流ᄒᆞᄂᆞᆫ要衝을臨ᄒᆞ고(유길준《서유견문》1895 제20편)

【努皮亞國 노피아국】 누비아(Nubia), 고대 아프리카 북동부에 있었던 지명으로 오늘날은 수단 북동부를 가리킨다 ▎努皮亞國(《한성순보》제4호 1883.11.30 亞非利駕洲)

【祿雞山 녹계산】 로키 산맥(Rocky Mountains), 북아메리카 서부를 남북으로 뻗은 대산맥 ▎沙秀哥治元江은祿雞山에發源ᄒᆞᄂᆞᆫ者니(유길준《서유견문》1895 제1편)

【綠威 녹위】 그리니치(Greenwich), 템스 강 남쪽 연안에 위치하며 세계 시간의 기준점이 되는 그리니치 천문대가 있던 곳으로 유명한 곳이다 ▎東方二哩許에綠威(GREENWICH)天文臺가有ᄒᆞ니(《중등만국지지》1902 권1)

【綠洲 녹주】 그린란드(Greenland), 북아메리카 북동부 대서양과 북극해 사이에 있는 세계 최대의 섬 ▎北冰洋에ᄂᆞᆫ其大ᄒᆞᆫ者ᄂᆞᆫ綠洲(GREENLAND)와본토간에바쀡만(BAFFIN)이有ᄒᆞ야(《중등만국지지》1902)

【祿攄淡 녹터담】 로테르담(Rotterdam), 네덜란드 조이트홀란트 주(Zuid Holland)에 있는 도시. 라인 강 및 국내 여러 곳과 운하로

연결되는 교통의 요지로 유럽 최대의 무역항이다 ▌祿攄淡(롯터담) 此府ᄂᆞᆫ荷蘭의第二都會니(유길준《서유견문》1895 제20편)

【腦威 뇌위】 노르웨이(Norway), 북유럽 스칸디나비아 반도 서쪽에 길게 자리한 나라 ▌腦威(〈대한민보〉제28호 1909.7.14) ▌腦威ᄂᆞᆫ 五百五十一隻이오(〈서북학회월보〉제15호 1909.8.1)

【累伊斯江 누이사강】 루이스 강(Lewis River), 미국 워싱턴 주 남서부에 있는 강으로 컬럼비아 강의 지류이다 ▌累伊斯江은地宗이라ᄒᆞᄂᆞᆫ地方에發源ᄒᆞ야秀布利於湖에入ᄒᆞ니(유길준《서유견문》1895 제2편)

【樓質蘭 누질란】 뉴질랜드(New Zealand), 오세아니아 남동쪽 남태평양상에 있는 입헌군주국 ▌樓質蘭이라ᄒᆞᄂᆞᆫ地方에도己往에土地王數人이有ᄒᆞ니(유길준《서유견문》1895 제5편)

【紐柯連士 뉴가련사】 뉴올리언즈(New Orleans), 미국 남부의 도시 이름 ▌紐柯連士(〈한성순보〉제6호 1883.12.20 古巴亂耗)

【紐約 뉴약】 뉴욕(New York), 미국 뉴욕 주에 있는 미국 최대의 항구도시 ▌紐約(〈한성순보〉제6호 1883.12.20 古巴亂耗) ▌又紐約의府廳은其建築ᄒᆞᆫ費가一億의大財에至ᄒᆞ니(유길준《서유견문》1895 제19편) ▌紐約(《사민필지》1895 권2 合衆國) ▌紐約은 北阿米利加洲 合衆國 紐約洲의 貿易 大都오(《국민소학독본》1895) ▌紐約總領事施大賓夏(《관보》3241호 1905.9.11) ▌紐約市 人口ᄂᆞᆫ 四百十一萬八千四十五人이(〈대한자강회월보〉제11호 1907.5.25) ▌北美合衆國 紐約市 大韓人共濟會에서 斷指學生 補助金 二十一圜을 光武 十一年 七月 十三日에 大韓每日申報社를 經由ᄒᆞ야(〈태극학보〉제18호 1908.2.24) ▌紐約에 居ᄒᆞᄆᆡ 東奔西走ᄒᆞ야 職業을 求호되(〈서북학회월보〉제8호 1909.1.1) 현대중국어 표기 ➡ *纽约*

【紐約府 뉴약부】 뉴욕(New York), 미국 뉴욕 주에 있는 미국 최대의 항구도시 ▌港口紐約府에ᄂᆞᆫ大道中에三四丈의鐵柱ᄅᆞᆯ立ᄒᆞ고(유길준《서유견문》1895 제17편) ▌紐約府ᄂᆞᆫ 世界 中에 一二ᄅᆞᆯ 닷토ᄂᆞᆫ 商業이 繁盛ᄒᆞᆫ 싸이라(《국민소학독본》1895)

【紐約耳克城 뉴약이극성】 뉴욕(New York), 미국 뉴욕 주에 있는 미국 최대의 항구도시 ▌紐約耳克城(〈한성순보〉제14호 1884.3.8. 火輪船源流考)

【紐約洲 뉴약주】 뉴욕(New York) 주, 미국 북동부에 있는 주 ▌紐約은阿米利加洲合衆國紐約洲의貿易大都오(《국민소학독본》1895)

【紐育 뉴육】 뉴욕(New York), 미국 뉴욕 주에 있는 미국 최대의 항구도시 ▌紐育은國中第一의繁盛ᄒᆞᆫ大都會ㅣ라(《소학만국지지》1895 제4편) ▌閏五月七日紐育쓴닷추아이춘(《관보》제93호 1895.6.19) ▌紐育(《친목회회보》제2호 1896.3 兩帝國의 利害) ▌現今紐育에 著名ᄒᆞᆫ 實業家로 레파부리간黨 黨員中 保護政策을 主張ᄒᆞ야(〈대조선독립협회회보〉제10호 1897.4.15) ▌紐育敎育會에 八千六百万元를 寄附ᄒᆞ얏스되(〈대한자강회월보〉제10호 1907.4.25) ▌遂直至紐育市街ᄒᆞ야 闊步彷徨ᄒᆞ니(〈대한유학생회학보〉제3호 1907.5.25) ▌一千八百九十九年에 紐育에셔 修正ᄒᆞᆫ 條令에 비로셔 郡市町村을 完全ᄒᆞᆫ 法人으로 認定ᄒᆞ야(〈대한흥학보〉제3호 1909.5.20) ▌윌니암 쩨임쓰는 1842년 1월 미국紐育에서生하얏다(〈개벽〉제6호 1920.12.1)

【紐育克 뉴육극】 뉴욕(New York), 미국 뉴욕 주에 있는 미국 최대의 항구도시, ▌紐育克 싸에 人民은 英王 若耳治 第三의 像을 蹴倒ᄒᆞ야彈丸을 鎔作ᄒᆞ니(《국민소학독본》1895)

【紐育州 뉴육주】 뉴욕(New York) 주, 미국 북동부에 있는 주로 주도(州都)는 올버니(Albany)이다 ▌度支長官 라이만 즈케지氏ᄂᆞᆫ 紐育州人으로 츠음에 郵便局과 鐵道會社와 銀行에 書記로 잇더니(〈대조선독립협회회보〉제10호 1897.4.15) ▌現任紐育州知事「휴쓰」氏ᄅᆞᆯ 舞臺正面에 立케 ᄒᆞᆯ 意思ㅣ라 ᄒᆞ며(〈대동학회월보〉제1호 1908.2.25) ▌紐育州 지사 스미스씨가 금주시행철폐법안을 인가 서명하다(〈개벽〉제38호 1923.8.1) ▌고고학자인 「몰간」은 野蠻人의 사회를 연구하기 위하야 장구한 시

紐育과 紐約

개화기 우리나라 자료에는 미국 최대의 도시 뉴욕(New York)이 한글로 '누역, 뉴약, 뉴욕, 늬요크, 늬우욕, 늬유욕, 늬우요크, 류욕, 유욕' 등 9종, 한자로 '紐約, 紐約府, 紐約耳克城, 紐育, 紐育克, 牛約, 牛要爾客' 등 7종의 표기가 있어 총 16종으로 적었다. 일찍이 유길준은《서유견문》(1895)에서 뉴욕을 다음과 같이 그리고 있다.

> 紐約뉴욕
> 此府ᄂᆞᆫ合衆國의最大ᄒᆞᆫ都會라滿巴丹島의角을占ᄒᆞ야東으로河峽을隔ᄒᆞ야富祿吉仁州와相對ᄒᆞ고西으로浩道遜河ᄅᆞᆯ界ᄒᆞ야楮細州와相望ᄒᆞ니其長이十八里에踰ᄒᆞ고廣이三里에至ᄒᆞ야居人이一百二十餘萬이오旅客의出入이每日七八十萬에不下ᄒᆞᄂᆞᆫ故로二百萬人의留住ᄒᆞᄂᆞᆫ地方이라

그런데 같은 해에 발행된 자료《국민소학독본》(1895)과《소학만국지지》(1895)에는 아래에서 보는 것처럼 '紐育'으로 나와 있다.

- 〈관보〉: 閏五月七日紐育쓴닷추아이춘(제93호, 1895.6.19.)
- 《소학만국지지》: 紐育은國中第一의繁盛ᄒᆞᆫ大都會ㅣ라

같은 해에 나온 자료에 '紐約'과 '紐育'으로 표기가 다른 이유는 무엇일까? 여기에는 해당 자료의 편찬자가 중국 자료를 참고로 하였는가, 아니면 일본 자료를 참고하였는가와 관련이 있다. 당시 중국에서는 New York을 보통 '紐約'으로 표기했고 일본에서는 '紐育'으로 적었다. 결국 유길준은《서유견문》을 저술할 때 뉴욕(New York)에 관한 한 중국 표기를 사용하였고 〈관보〉와《소학만국지지》는 일본 자료를 참고로 하였음을 알 수 있다. 개화기에는 이와 같이 외국지명을 표기할 때 어느 나라 자료를 참고로 하는가에 따라 표기가 달라졌던 것이다. 참고로 중국에서는 지금도 New York을 '紐約(niǔyuē)'으로 쓴다.

일을 紐育州의 印度人「이로카」족의 사이에서 보낸 일이 잇섯다(〈별곤건〉제19호 1929.2.1) ▌民主黨은 現 紐育州知事 루스벨트가 有力한 모양이다(〈동광〉제33호 1932.5.1)

【尼可羅果 니가라과】 니카라과(Nicaragua), 중앙아메리카 중앙부에 있는 공화국 ▌尼可羅果 니카라가(유길준《서유견문》1895 제1편) ▌尼可羅果 니카라가(〈대한자강회월보〉제11호 1907.5.25) ▌聖撒排多 尼可羅果 巴西 哥倫比(〈대한협회회보〉제5호 1908.8.25)

【尼加拉加 니가랍가】 니카라과(Nicaragua), 중앙아메리카 중앙부에 있는 공화국 ▌尼加拉加(〈한성순보〉제3호 1883.11.20 亞米利加洲)

【尼加拉瓜 니가랍과】 니카라과(Nicaragua),

중앙아메리카 중앙부에 있는 공화국 ▌尼加拉瓜 首府 마넹아(《소학만국지지》1895 제3편) 현대중국어 표기 ➡ 尼加拉瓜

【尼加拉瓦 니가랍와】 니카라과(Nicaragua), 중앙아메리카 중앙부에 있는 공화국 ▌코스타리카(COSTA RICA)(人口ᄂᆞᆫ二十四萬)ᄂᆞᆫ尼加拉瓦南에在ᄒᆞᆫ共和國이니(《중등만국지지》1902 제3편)

【尼羅江 니라강】 나일 강(Nile River), 적도 부근에서 발원하여 지중해로 흘러드는 이집트의 강 이름 ▌尼羅江(《사민필지》1895 권2 埃及) 현대중국어 표기 ➡ 尼罗河

【尼留河 니류하】 나일 강(Nile River), 적도 부근에서 발원하여 지중해로 흘러드는 이집트의 강 이름 ▌此山脉이또東方에走ᄒᆞᄂᆞᆫ者ᄂᆞᆫ北緯五度線을沿ᄒᆞ야尼留河(NILER)畔에達하니(《중등만국지지》1902)

【尼塞列 니새렬】 이스라엘(Israel), 아시아 서남부에 위치한 공화국 ▌녯날예지부도(挨及)란나라에셔엇던사ᄅᆞᆷ들이종노릇ᄒᆞ엿ᄂᆞ뇨 ○답 이스례일(答尼塞列)사ᄅᆞᆷ의죠샹(祖上)이종노릇ᄒᆞ엿ᄂᆞ니라(《디구략론》1897)

【尼亞亞加拉 니아아가랍】 나이아가라 폭포(Niagara Falls), 미국 북부에 있는 폭포 이름 ▌尼亞亞加拉(〈한성순보〉제3호 1883.11.20 亞米利加洲)

【尼楮 니저】 니제르(Niger), 아프리카 사하라사막 중남부에 있는 나라 ▌阿弗利加洲 那逸 先压傑 五蘭枝 尼楮 公高 潛排支(유길준《서유견문》1895 제2편) ▌尼楮 長九千九百里(〈대한협회회보〉제10호 1909.1.25)

【尼楮江 니저강】 나이저 강(Niger River), 아프리카 대륙 서부를 흐르는 강 ▌尼楮江은蘇丹에在ᄒᆞᆫ者니公山에其源을發ᄒᆞ고(유길준《서유견문》1895 제2편)

【尼婆羅 니파라】 네팔(Nepal), 중국과 인도 사이인 히말라야 산맥 중앙부의 남쪽 반을 차지하는 내륙국 ▌尼婆羅(〈한성순보〉제13호 1884.2.27 西藏近信)

【尼波路 니파로】 네팔(Nepal), 중국과 인도 사이인 히말라야 산맥 중앙부의 남쪽 반을 차지하는 내륙국 ▌尼波路(〈한성순보〉제6호 1883.12.20 印度郵音)

【尼眭達州 니휴달주】 네바다(Nevada) 주, 미국 서부에 있는 주 이름 ▌尼眭達州(〈한성순보〉제12호 1884.2.17 美國誌略)

ㄷ

【多腦河 다뇌하】 다뉴브(Danube) 강, 독일 남부의 산지에서 발원하여 흑해로 흘러드는 국제 하천 ▎多腦河畔에니코포리(NIKOPOLI) 가有ᄒᆞ고(《중등만국지지》1902 권1)

【多惱河 다뇌하】 다뉴브(Danube) 강, 독일 남부의 산지에서 발원하여 흑해로 흘러드는 국제하천 ▎多惱河ᄂᆞᆫ國의中央을貫通ᄒᆞ며(《소학만국지지》1895 제3편)

【多厖多富 다마다부】 타마타브(Tamatave), 아프리카 마다가스카르 섬의 동부 지역 이름 ▎多厖多富(〈한성순보〉제1호 1883.10.31)

【多佛仁 다불인】 더블린(Dublin), 아일랜드의 수도 ▎多佛仁城은岡上에在ᄒᆞ야廣濶堅固ᄒᆞᆫ建築이니城中을二部에分ᄒᆞ야(유길준《서유견문》1895 제19편) ▎其他蘇格蘭의如天堡와屈羅士古와愛蘭의多佛仁等이다(《소학만국지지》1895 제3편)

【多越禮 다월례】 다울라기리 산(Dhaulagiri Mountain), 히말라야 산맥에 있는 산 이름 ▎多越禮智利 二萬六千八百二十六尺(유길준《서유견문》1895 제1편)

【單加尼加 단가니가】 탕가니카(Tanganyika), 아프리카 동부, 탄자니아의 대부분을 차지하는 지역 ▎單加尼加(〈한성순보〉제4호 1883.11.30 亞非利駕洲)

【丹家尼哥湖 단가니가호】 탕가니카 호(Lake Tanganyika), 동아프리카 대지구대에 있으며 빅토리아 호 다음가는 아프리카 대륙 제2의 호수 ▎又此二湖의南에丹家尼哥湖及他諸湖가多有홈이라(유길준《서유견문》1895 제2편)

【丹 단】 덴마크(Denmark), 유럽 북부의 유틀란트 반도와 부속 도서로 구성된 입헌군주국. '丹'은 덴마크의 중국식 한자표기 '丹國'의 줄임말이다 ▎三月十六日由英法奧意比丹瑙威瑞典瑞士荷蘭葡萄牙各國俱遣大員至德國(〈대조선독립협회회보〉제15호 1897.6.30)

【丹國 단국】 덴마크(Denmark), 유럽 북부의 유틀란트 반도와 부속 도서로 구성된 입헌군주국. '丹國'은 덴마크의 중국식 한자 표기이다 ▎丹國(〈한성주보〉제29호 1886.9.20 各國創造鐵路年表譯略) ▎丹國 Denmark(게일편《한영자전》1897) ▎丹國(《한·정수호통상조약》조약문 1902.7.15조인) ▎命議約與丹國全權大臣行將開議矣(《관보》2238호 1902.6.28) ▎丹國(단국) 丁抹國의 稱(《총독부조선어사전》1918) ▎第七層丹國, 第八層女狄, 第九層濊貊(〈개벽〉제33호 1923.3.1)

【丹尼 단니】 덴마크(Denmark), 유럽 북부의 유틀란트 반도와 부속 도서로 구성된 입헌군주국. '丹尼'는 덴마크의 중국식 한자표기이다 ▎丹尼(〈한성주보〉제52호 1887.2.28 泰西輪車鐵路考)

【丹獵江 단렵강】 다뉴브(Danube) 강, 유럽을 동쪽으로 흐르는 유럽 제2의 강 ▎丹獵江(《사민필지》1895 권1 奧地利亞 凶牙里)

【丹馬 단마】 덴마크(Denmark), 유럽 북부의 유틀란트 반도와 부속 도서로 구성된 입헌군주국. '丹馬'는 덴마크의 중국식 한자 표기이다 ▎又歐洲之比利時,丹馬, 皆極小之國, 自與各與立約, 遂無敢妄肆侵陵者(《조선왕조실록》고종16년 1879.7.9) ▎丹馬(〈한성순보〉제5호 1883.12.9 奧普意三國同盟)

【丹麥 단맥】 덴마크(Denmark), 유럽 북부의 유틀란트 반도와 부속 도서로 구성된 입헌군주국. '丹麥'은 덴마크의 중국식 한자표기이다 ▎丹麥 3,000,000(〈개벽〉제42호 1923.12.1) 현대중국어 표기 ➡ 丹麦

【丹墨 단묵】 덴마크(Denmark), 유럽 북부의 유틀란트 반도와 부속 도서로 구성된 입헌군주국. '丹墨'은 덴마크의 중국식 한자표기이다 ▎與丹墨墺地利亞 佛蘭西諸國으로 戰ᄒᆞ야 皆得收其賠金ᄒᆞ며(〈대한유학생회학보〉제2호 1907.4.7)

【丹墨國 단묵국】 덴마크(Denmark), 유럽 북부의 유틀란트 반도와 부속 도서로 구성된

입헌군주국. '丹墨國'은 덴마크의 중국식 한자표기이다 ▌丹墨國은 凡民間年 七歲至十四歲之童子를 必使入塾讀書ᄒᆞ되(〈대한유학생회학보〉제1호 1907.3.3)

【檀香山 단향산】 호놀룰루(Honolulu), 미국 하와이주 오아후 섬 남동부에 있는 하와이주 주도(主都)의 중국식 한자표기이다. 중국인들은 하와이가 '檀香'(서역의 향내 나는 나무)의 산지라 생각하고 그곳을 '檀香山'으로 불렀다 ▌단향산 檀香山 he Sandwich Islands(게일편《한영자전》1897) ▌華人은 與諸國으로 均霑利益을 不許ᄒᆞ고 甚者ᄂᆞᆫ 金山과 檀香山에셔 華工을 待遇ᄒᆞ되 苛設厲禁ᄒᆞ고(〈서우〉제2호 1907.1.1) ▌日本이 지금 進攻한 곳은 米國의 식민지인 檀香山(註하와이島) 比律賓, 英國 식민지인 南洋群島, 緬甸及和蘭 식민지로(〈대동아〉제14권3호 1942.3.1)

【韃靼 달단】 타타르(Tatar), 몽고(蒙古) 또는 몽고족을 달리 이르는 말 ▌韃靼은蒙古西에 隣ᄒᆞᆫ廣漠ᄒᆞᆫ地方이니(《중등만국지지》1902 권1)

【達迷斯江 달미사강】 템즈 강(Thames River), 런던의 중심부를 흐르는 강 이름 ▌達迷斯江(〈한성순보〉제6호 1883.12.20 英國誌略)

【達迷斯河 달미사하】 템즈 강(Thames River), 런던의 중심부를 흐르는 강 이름 ▌達迷斯河(〈한성주보〉제28호 1886.9.13 英國議院)

【達斯馬尼 달사마니】 타스마니아(Tasmania), 호주의 동남부 빅토리아(Victoria) 주 바로 남쪽에 있는 큰 섬 ▌達斯馬尼(〈한성순보〉제5호 1883.12.9 阿西亞尼亞洲)

【帶奈江 대나강】 다뉴브 강(Danube River), 유럽을 동쪽으로 흐르는 유럽 제2의 강 ▌其西北方에占據ᄒᆞᆫ者가皆小ᄒᆞ니帶奈江과非秀出那江과遨道江이라(유길준《서유견문》1895 제2편)

【大奴湖 대노호】 그레이트슬레이브 호(Great Slave Lake), 캐나다 북서부 노스웨스트 주에 있는 호수 ▌本洲의湖沼ᄂᆞᆫ北部地方에大熊湖(GREATREAR)大奴湖(GREAT SLAVE)아타바스카(ATHABASCA)웨니펫크湖(WINNIPEG)等이有ᄒᆞ니(《중등만국지지》1902 권3)

【大丹國 대단국】 덴마크(Denmark), 유럽 북부의 유틀란트 반도와 부속 도서로 구성된 입헌군주국, '大丹國'은 조약문 등에서 덴마크를 높여서 부른 말 ▌大丹國擬議通商條約爲此特簡正二品資憲大夫(《관보》2224호 1902.6.12) ▌大丹國(《한·정수호통상조약》조약문 1902.7.15조인)

【大德國 대덕국】 독일(Germany 獨逸), 유럽 중부에 있는 나라, '大德國'은 조약문 등에서 독일을 높여 부른 말이다 ▌大德國(《한·독수호통상조약》조약문 1883.11.6조인)

【大東洋 대동양】 태평양(the Pacific), '大東洋'은 태평양의 다른 이름이다 ▌大東洋(〈한성순보〉제1호 1883.10.31 論洲洋) ▌太平洋(大東洋) 픽시픽크(유길준《서유견문》1895 제3편) ▌將發揮動盪於大東洋新舞臺之上云耳라(〈대한협회회보〉제4호 1908.7.25) ▌눈은하늘을쏘고그가슴은탄환을물리처大東洋의큰理想두팔안에꽉품고(〈삼천리〉제13권제1호 1941.1.1)

【臺灣 대만】 대만(Taiwan), 타이완 해협을 사이에 두고 중국 푸젠성(Fujian)과 마주하고 있는 나라 ▌臺灣退兵後, 將從事高麗(《조선왕조실록》고종11년 1874.6.24) ▌휘릿빈諸島ᄂᆞᆫ臺灣南에잇ᄂᆞᆫ一叢島라(《소학만국지지》1895 제6편) ▌淸國이割讓ᄒᆞ던臺灣島에總督府를置ᄒᆞ고(《관보》77호 1895.6.1) ▌臺灣에 人民의 撫育홈은朕이深히軫念ᄒᆞᄂᆞᆫ바라(〈대조선독립협회회보〉제4호 1897.1.15) ▌臺灣의 彩會 臺灣에셔 來十月以後에ᄂᆞᆫ 三朔 一次式 彩會(萬人契)를 設行ᄒᆞ기로 議定ᄒᆞ얏ᄂᆞᆫ딕(〈대한자강회월보〉제2호 1906.8.25) ▌臺灣彩票貯善債劵富籤等(以上日本)許多ᄒᆞᆫ 種類가 流行ᄒᆞ야(〈대한유학생회학보〉제1호 1907.3.3) ▌臺灣隘勇線의 前進은 成績이 着着良好ᄒᆞ다더라(〈대동학회월보〉제14호 1909.3.25) ▌우리 형제가 臺灣에 왕래를 始함은 何時부터인지 追徵할만한 자료가 無함으로써 知得키 難하나(〈개벽〉제13호 1921.7.1)

【大貌列顚 대모렬전】 그레이트브리튼

(Great Britain), '大貌列顚'은 Great Britain 섬의 중국식 표기로, 원래는 영국 본토 섬을 가리키는 말이었으나 영국을 가리키는 말로도 쓰였다 ▌大貌列顚(《한성순보》제6호 1883.12.20 英國誌略)

【大貌利顚 대모리전】 그레이트브리튼(Great Britain), '大貌利顚'은 Great Britain 섬의 중국식 표기로, 원래는 영국 본토 섬을 가리키는 말이었으나 영국을 가리키는 말로도 쓰였다 ▌大貌利顚(《한성순보》제2호 1883.11.10 歐羅巴洲)

【大美國 대미국】 미국(United States of America), 북아메리카 대륙의 캐나다와 멕시코 사이에 있는 나라. '大美國'은 조약문 등에서 미국을 높여서 부른 말 ▌目深,準高者何國人 答曰大美國人也(《조선왕조실록》고종5년 1868.3.26) ▌大美國(《한미수호진상조약》1883.5.19) ▌大美國(《한성순보》제5호 1883.12.9 美國約條) ▌聳動耳目而使之賞讃大美國物質的文明之速度는 是誰之功果耶아(《대한유학생회학보》제3호 1907.5.25) ▌이리하는 동안 大美國의 명성은 날로 세계에 震動한다(《동광》제7호 1926.11.1)

【大法民主國 대법민주국】 프랑스(France), 유럽 대륙의 서부, 지중해와 대서양 사이에 위치하며, 유럽에서 3번째로 큰 나라. '大法民主國'은 한불수호통상조약문에서 프랑스를 높여서 부른 말 ▌大法民主國(《한·불수호통상조약》조약문 1886.6.4조인)

【臺北 대북】 타이베이(Taipei), 타이완(臺灣, 中華民國)의 수도 ▌正月二十二日樺山總督이 臺北府에 得達ᄒᆞ야同地에駐留홈(《관보》제77호 1895.6.1) ▌臺北은本島北部에在ᄒᆞ야(《중등만국지지》1902 권1) ▌그리고 妓女의 일행이 臺北에 도착된 후에 그들은 蟻가 甘에 集하는 것처럼(《개벽》제13호 1921.7.1) ▌臺北은 大連과 함게 日本帝國領內에서 제일 整然한 市街이라 한다(《별곤건》제31호 1930.8.1)

【大不烈頓 대불렬돈】 영국(United Kingdom 英國), '大不烈頓'은 Great Britain 섬의 중국식 표기로, 원래는 영국 본토 섬을 가리키는 말이었으나 영국 자체의 뜻으로도 쓰였다 ▌大不烈頓(《친목회회보》제6호 1897.12)

【大不列顚 대불렬전】 영국(Great Britain 英國), '大不列顚'은 Great Britain 섬의 중국식 표기로, 원래는 영국 본토 섬을 가리키는 말이었으나 영국 자체의 뜻으로도 쓰였다 ▌大不列顚의地方은其南北이殘山短麓의平地며(유길준《서유견문》1895 제1편) ▌大不列顚及愛爾蘭聯合王國(UNITED KINGDOM OF GREAT BRITANIAAND IREALAND)이라稱ᄒᆞ고(《중등만국지지》1902 권1) ▌大不列顚 英吉利 쓰롓트브뤼텐(《대한자강회월보》제11호 1907.5.25) ▌獨逸국민은 다방면으로 가속도로 발전되야 大不列顚帝國의 鼎을 問하얏읍니다(《개벽》제44호 1924.2.1) 현대중국어 표기 ➡ 大不列颠

【大不列顚國 대불렬전국】 영국(Great Britain 英國), '大不列顚國'은 Great Britain 의 중국식 표기로, 원래는 영국 본토 섬을 가리키는 말이었으나 영국 자체의 뜻으로도 쓰였다 ▌此府는英吉利의京城이니英吉利는卽大不列顚國이라(유길준《서유견문》1895 제19편) ▌大不列顚國駐箚日本特命全權公使林董과 大不列顚國外部大臣 란스타운 間에 締結된 協約第三條曰(《조선왕조실록》고종42년 1905.8.12)

【大比利時國 대비리시국】 벨기에(Belgium), 서유럽의 북해에 면해 있는 입헌군주제 국가. '大比利時國'은《한·백수호통상조약》조약문에서 벨기에를 높여 부른 말이다 ▌大比利時國(《한·백수호통상조약》조약문 1901.3.23조인)

【大西洋 대서양】 대서양(Atlantic Ocean), 유럽 및 아프리카 대륙과 남·북아메리카 대륙 사이에 있는 대양 ▌大西洋(《한성순보》제1호 1883.10.31 地球論) ▌大西洋 잇틀닌틱크(유길준《서유견문》1895 제1편) ▌大西洋(《사민필지》1895 권1 地毬總論) ▌摩洛哥國은本洲의北部에有ᄒᆞ야大西洋에面ᄒᆞ니라(《소학만국지지》1895 제4편) ▌東은 大西洋을 橫斷ᄒᆞ야 歐羅巴로 直航ᄒᆞ고(《국민소학독본》1895) ▌대서양 大西洋(《국

한회어》1895) ▎北美合衆國의 大西洋海岸에 非常흔颶風이 起흐야(《관보》제457호 1896.10.17) ▎대셔양 大西洋 The Atlantic Acean(《한영자전》게일편 재판 1897) ▎米國 政廳은 大西洋 沿岸에 交通이 一層 快速흐게 흐랴고 흐야(〈대조선독립협회회보〉제4호 1897.1.15) ▎臣國의 本土는 雖是大西洋中一小島이오(〈대한유학생회학보〉제3호 1907.5.25) ▎일홈은 태평양太平洋과 대셔양大西洋과 인도양印度洋과 북빙양北氷洋과 남빙양南氷洋이며(최병헌《성산명경》1914) ▎歐羅巴를 둘러 작년 7월에 大西洋을 건너 紐育港에 下陸하엿나이다(〈개벽〉제13호 1921.7.1) 현대중국어 표기 ➡ 大西洋

【大俄國 대아국】 러시아(Russia), 유럽 동부 및 아시아 중 · 북부에 있는 나라. '大俄國'은 조약문 등에서 러시아를 높여 부른 말 ▎大俄國(《한·로수호통상조약》조약문 1884.7.7조인) ▎大俄國命名日에 我大皇帝陛下게셔 致賀흐신 電報(《관보》제833호 1897.2.30) ▎東洋天地에 新大俄國을 建設코져 흐는 頑夢이 未醒흐야(〈대한흥학보〉제10호 1910.2.20)

【大俄羅斯國 대아라사국】 러시아(Russia), 유럽 동부 및 아시아 중 · 북부에 있는 나라. '大俄羅斯國'은 조약문 등에서 러시아를 높여 부른 말이다 ▎大俄羅斯國(《한·로수호통상조약》조약문 1884.7.7조인)

【大亞美理駕合衆國 대아미리가합중국】 미국(United States of America), 북아메리카 대륙의 캐나다와 멕시코 사이에 있는 나라. 미합중국. '大亞美理駕合衆國'은 《한미수호진상조약》조약문에서 미국을 높여서 부른 말이다 ▎大亞美理駕合衆國(《한미수호진상조약》조약문 1883.5.19조인) ▎大亞美理駕合衆國(〈한성순보〉제5호 1883.12.9 美國約條)

【大洋洲 대양주】 오세아니아(Oceania), 육대주의 하나. 멜라네시아, 미크로네시아, 폴리네시아, 오스트레일리아, 뉴질랜드를 포함하는 섬과 대륙으로 이루어져 있음 ▎大洋洲(〈한성주보〉제2호 1886.2.1 六洲總論附錄) ▎大洋洲(《친목회회보》제2호 1896.3 大洋洲) ▎歐羅巴洲阿弗利加洲及大洋洲(此大洲는 南洋中에 在흔 大島라(유길준《서유견문》1895 제1편) ▎加拿陀에셔 四百万人 濠洲及大洋洲에셔 四百万人(《관보》제139호 1895.8.16) ▎디양주 大洋洲 어스트렐늬아(〈대한자강회월보〉제11호 1907.5.25) ▎東半球에는 亞細亞洲와 歐羅巴洲와 阿弗利加洲와 大洋洲(一名은 澳大利亞洲)의 四大洲가 有흐고(〈대한협회회보〉제5호 1908.8.25) ▎南으로는 大洋洲와 太平洋의 暖流가 迴來흐야(〈태극학보〉제25호 1908.10.24) ▎外國地理의 續亞細亞의 續과 大洋洲(以上 第二學年)(〈서북학회월보〉제10호 1909.3.1) ▎金元匈月의 古跡을 踏査흐고 다시 大洋洲에 遠渡흐야(〈대한흥학보〉제11호 1910.3.20) ▎고속도로 발전되는 모직사업은 미구에 大洋洲의 양모를 부럽지 안케 되겟다(〈개벽〉제11호 1921.5.1) 현대중국어 표기 ➡ 大洋洲

【大呂宋 대여송】 필리핀(Philippines), 필리핀의 옛 이름 ▎大呂宋(〈한성주보〉제29호 1886.9.20 各國創造鐵路年表譯略) ▎대려송 大呂宋(《국한회어》1895)

【大鹽湖 대염호】 그레이트 솔트 호(Great Salt Lake), 미국 서부, 유타 주 북서부의 짠물 호수 ▎北阿美利加洲의 此種湖를 論흐건디 大鹽湖는 含鹽흔 水니(유길준《서유견문》1895 제2편) ▎落機山間에 在흔 大塩湖(GREAT SALT LAKE)는 塩分이 多흔 湖水니(《중등만국지지》1902)

【大英國 대영국】 영국(United Kingdom), 조약문 등에서 영국을 높여서 부른 말 ▎大英國(《한영수호통상조약》조약문(1883.11.26조인) ▎詔曰: 大英國大君主兼膺五印度后帝, 御極六十年稱慶之辰在邇, 朕以全權公使閔泳煥特命大使, 趁時前往, 進參賀儀(《조선왕조실록》고종34년(1897.2.28) ▎大英國은 屹然不時變에 準備흐믈 急히흘 事로 說明흐얏다홈(《관보》호외 1901.2.2) ▎只今갓치 雄烈無類의 大英國을 産出케 흔 그 l 男兒 크롬웰 이더라(〈태극학보〉제15호 1907.11.24) ▎於是에 大英國百科全書를 觀흠을 得흐야 書에는 少讀흐고(〈서우〉제14호 1908.1.1) ▎大英國皇帝의 聖命과 大英國

臣民의 輿望을 承副키 爲ᄒᆞ야(〈대한흥학보〉제8호 1909.12.20) ▌大英國聖書公會(〈개벽〉제1호 1920.6.25)

【大英帝國 대영제국】 대영제국(British Empire), 근세 이래 세계 각지에 식민지를 건설한 영국의 통칭 ▌大英帝國(《진남포급목포각국조계장정》1897.10.16 조인) ▌이것을 보니 大英帝國의 威嚴이 잇는듯 하외다(〈개벽〉제21호 1922.3.1) ▌大英帝國의 백성들은 이런 말을 감히 하엿다(〈별건곤〉제15호 1928.8.11) ▌印度와 他殖民地는 英國政治에 반대하야 XX運動을 개시하고 大英帝國은 분해될 것이다(〈동광〉제20호 1931.4.1) 현대중국어 표기 ➡ 大英帝国

【大奧國 대오국】 오스트리아(Austria), 유럽 대륙 중앙에 있는 내륙 공화국. '大奧國'은 조약문 등에서 오스트리아를 높여 이른 말 ▌大朝鮮國大君主,大奧國大皇帝兼膺蒲希米亞大君主享加利大傳敎君主(《조선왕조실록》고종 29년 1892.5.29) ▌大奧國(《한·오(오지리·흉아리)수호통상조약》조약문 1892.6.23조인) ▌大義國大奧國至有兩國政府之致訝朕甚歉歎交涉之際(《관보》호외 1898.3.26)

【大熊湖 대웅호】 그레이트베어 호(Great Bear Lake), 캐나다 노스웨스트 주 서부에 있는 호수 ▌本洲의 湖沼는 大熊湖(GREATBEAR) 大奴湖(GREAT SLAVE) 아타바스카(ATAHABASCA) 웨니펫크湖(WINIPEG) 等이 有ᄒᆞ니(《중등만국지지》1902 제3편)

【大揖 대읍】 다뉴브(Danube), 유럽을 동쪽으로 흐르는 유럽 제2의 강 ▌大揖 五千九百四十里 三百二十六萬七千方里(유길준《서유견문》1895 제2편) ▌大揖 長五千九百四十里(〈대한협회회보〉제10호 1909.1.25)

【大揖江 대읍강】 다뉴브 강(Danube River), 유럽을 동쪽으로 흐르는 유럽 제2의 강 ▌匈牙利의 諸山은 鰲道江에 起ᄒᆞ야 東向ᄒᆞ야 行ᄒᆞ다가 大揖江에 抵ᄒᆞ야 盡ᄒᆞ니(유길준《서유견문》1895 제1편)

【大義國 대의국】 이탈리아(Italy), 남부 유럽 이탈리아 반도에 있는 공화국. '大義國'은 조약문 등에서 이탈리아를 높여서 부른 말이다 ▌大義國(《한·이수호통상조약 속약》조약문 1885.7.10 조인) ▌法國海軍大尉高路大義國海軍正尉畢道訥吳(《관보》제3275호 1905.10.20)

【大義大利國 대의대리국】 이탈리아(Italy), 남부 유럽 이탈리아 반도에 있는 공화국. '大義大利國'은 이탈리아를 높여서 부른 말이다 ▌大義大利國(《한·이수호통상조약》조약문 1884.6.6조인)

【大阪 대판】 오사카(Osaka), 일본 혼슈 중서부에 있는 부. 부청소재지는 오사카시(市)이다 ▌大阪은 東京의 次에 大 都會 ㅣ 니(《소학만국지지》1895 제1편) ▌朝日號 六月二十三日午前十時釜山馬關神戶大阪行 日本郵船會社(〈관보〉제96호 1895.6.23) ▌京都府, 大阪府, 神奈川縣, 兵庫縣, 長崎縣(〈대한자강회월보〉제3호 1906.9.25) ▌大阪 每日新聞을 據ᄒᆞᆫ즉(〈대한협회회보〉제12호 1909.3.25)

【大布國 대포국】 프로이센(Preussen), 유럽 동북부와 중부에 있었던 지방 및 그 지방에 있었던 나라. 프러시아라고도 한다. '大布國'은 조약문 등에서 프러시아를 높여서 부른 말이다 ▌大布國(《한·독수호통상조약》조약문 1883.11.6조인)

【德 덕】 독일(Germany), 유럽의 중앙부에 위치한 독일연방공화국. '德'은 독일의 다른 한자표기 '德意志國'의 준말이다 ▌任特派大使命報聘英德俄意法奧各國 義和君堈(〈관보〉제147호 1895.8.26) ▌諸威國王이 列强에 對ᄒᆞ야 其國의 保全을 保證ᄒᆞᆷ을 請求ᄒᆞ얏ᄂᆞᆫᄃᆡ 俄法德三國은 承認ᄒᆞ얏다더라(〈대한자강회월보〉제6호 1906.12.25) ▌넷氏가 高聲大叫 曰 汝沒學之海賊아ㅣ 英 德 佛 等 國語도 不知ᄒᆞᄂᆞᆫ 沒廉恥의 蠻奴로다(〈태극학보〉제11호 1907.6.24) ▌各國이 其 人民의 智識 發達ᄒᆞᄂᆞᆫ 程度를 從ᄒᆞ야 成年를 定ᄒᆞᄂᆞ니 德, 西, 丁, 諾, 葡 等國은 滿二十五歲로(〈서우〉제13호 1907.12.1) ▌膠州灣 租借에 關ᄒᆞᆫ 德淸條約과 旅順 大連 兩灣租借에 關ᄒᆞᆫ 露淸條約을(〈대한학회월보〉제6호 1908.7.25) ▌甲

午之役에 俄德法三國이 逼日本還遼於淸國而不過以其奪取於人者로 還其原主者耳라(〈대한협회회보〉제8호 1908.11.25) ▌三年前에 中止훈 淸德通商條約改正에 關훅야 德國外務省의 意向을 確探훅라 命훅엿다더라(〈대동학회월보〉제15호 1909.4.25)

【德國 덕국】독일(Germany), 유럽의 중앙부에 위치한 독일연방공화국. '德國'은 독일의 다른 한자표기 '德意志國'의 준말이다 ▌德國(〈한성순보〉제1호 1883.10.31) ▌德國(《한.독수호통상조약》조약문 1883.11.6 조인) ▌德國(《사민필지》1895 권1 德國) ▌덕국 德國(《국한회어》1895) ▌臺灣府에 留훅는 外國人英國海軍의 保護를 求치못훅므로 德國領事에 請훅야(《관보》80호 1895.6.4) ▌從來各國所造大砲無逾德國之克虜伯砲計重一百三十五頓(〈대조선독립협회회보〉제12호 1897.5.15) ▌덕국 德國 Germany(게일편《한영자전》1897) ▌西人所云在德國에 爲俾士麥이 不如在支那훅야 做一縣丞이오(〈기호흥학회월보〉제2호 1908.9.25) ▌伯林電 據훈즉 德國 議會에셔는 宰相 뷰로公의 演說에 次훅야(〈대동학회월보〉제15호 1909.4.25) ▌德國(덕국) 獨逸의 稱(조선총독부《조선사서원고》1918) ▌즉 英國, 法國, 德國, 伊太利, 露國亞 及 日本 등이 是라(〈개벽〉제10호 1921.4.1) 현대중국어 표기 ➡ 德国

【德沙港 덕사항】오데사(Odessa) 항, 흑해 연안의 항구 이름 ▌德沙港(〈한성주보〉제52호 1887.2.28 黑海商務)

【德意志 덕의지】독일(Germany), 유럽의 중앙부에 위치한 독일연방공화국. '德意志'는 Deutschland의 중국식 한자표기이다 ▌德意志(〈한성주보〉제52호 1887.2.28 西學源流) ▌德意志國相若斐洲之東得一百萬方里(〈대조선독립협회회보〉제12호 1897.5.15) ▌德意志諸邦을 統合훅야 歐洲의 牛耳를 執훅니라(〈서우〉제1호 1906.12.1) ▌其餘法蘭西德意志等의 諸國도(《고등소학독본》권2, 휘문의숙편집부, 1907) ▌比利時와 德意志國境에 幷列훈 比利時의 法은 兒童을 使役敀로 工價가 甚廉훅고(〈대한자강회월보〉제11호 1907.5.25) ▌刑罰은 正義의 被害를 回復훅는 者라 훔으로 德意志學者 曲克氏는 犯罪를 疾病과 如히 視훅야 罰훈즉(〈기호흥학회월보〉제4호 1908.11.25) ▌민족적 이상을 가지고 그 실현을 위하야 분투하는 민족은 勞農俄羅斯와 德意志와 印度다(〈개벽〉제33호 1923.3.1) 현대중국어 표기 ➡ 德意志

【德逸 덕일】독일(Germany), 유럽의 중앙부에 위치한 독일연방공화국. '德逸'은 중국에서 독일을 표기한 다른 한자표기어이다 ▌德逸(〈한성주보〉제2호 1886.2.1 各國海底電信私立會社) ▌和蘭은南으로白耳義를接훅고東으로德逸을 隣훅며(《소학만국지지》1895 제3편) ▌德逸帝國을統一훈偉業完成을切望훅는意를 示훅고(《관보》제234호 1896.1.19) ▌其後德逸人亦以一千萬馬克貸金欲分權均勢累有違言於佛兩虎(〈서우〉제6호 1907.5.1) ▌英國政府는 德逸帝國의 鼻息을 窺훅야(〈대한학회월보〉제6호 1908.7.25)

【都林 도림】토리노(Torino), 이탈리아 북부 피에몬테(Piemonte) 주의 주도이다 ▌都林(〈한성순보〉제30호 1884.8.11 俄國誌略)

【獨 독】독일(Germany), '獨'은 '獨國' 또는 '獨逸'의 준말이다 ▌그 條約國은 東洋에는 日本이오 歐羅巴洲에는 英法獨俄墺伊 六國이오(《국민소학독본》1895) ▌獨(《친목회회보》제1호 1895.10) ▌方今 土耳其를 爲훅야 同情을 表훅누니는 露獨墺三國이요(〈대조선독립협회회보〉제10호 1897.4.15) ▌前者는 今日 獨佛諸學者의 主張훅는 바로되(〈대한유학생회학보〉제3호 1907.5.25) ▌英獨兩國은 엇지하야 入超를 順勢라하고 出超를 逆勢라 하는고 하니(〈동아일보〉 1920.6.15. 1면) ▌J부인은 國會圖書舘에 獨佛伊西 4국 도서부 부장으로 근무한다(〈개벽〉제26호 1922.8.1) ▌한번 굳은 문이 열리매 韓米條約을 비롯하야 英獨各國과의 條約이 成立되고(〈동광〉제28호 1931.12.1) ▌東京日獨文化協會 主任 姜世馨(〈삼천리〉제13권6호 1941.6.1)

【獨國 독국】독일(Germany), 유럽의 중앙부에 위치한 독일연방공화국 ▌獨國(《친목회회보》제1호 1895.10 獨國) ▌此學派을 泰斗로 仰

ᄒᆞᄂᆞᆫ 者ᄂᆞᆫ 獨國 碩學 에간돈 氏가 其 人일네라(《대조선독립협회회보》제2호 1896.12.15) ▌獨國人은 學者的 國民으로 其 原理原則을 考ᄒᆞ야(《서우》제11호 1907.10.1) ▌此等 設備ᄂᆞᆫ 獨國內 到處에 多有ᄒᆞ니(《대한학회월보》제1호 1908.2.25) ▌卽露軍이 奉天에 大敗ᄒᆞᆫ 後 三週間에 獨國 維廉二世卽今現皇帝가 摩國에 躬臨ᄒᆞ야(《대한흥학보》제10호 1910.2.20)

【獨乙 독을】 독일(Germany, Deutschland), 독일은 유럽 중부에 위치한 나라로 정식 국가 명칭은 독일 연방공화국이다 ▌獨乙은 運用便利의 工學을 務ᄒᆞ고 社會 擴張에 效果를 奏ᄒᆞ야(《대조선독립협회회보》제7호 1897.2.28) ▌其中英國과 獨乙의 最近 行動이 더욱 吾人의 注目ᄒᆞᆯ 處인 故로(《대한학회월보》제9호 1908.11.25) ▌獨乙 各州ᄂᆞᆫ 此 憲法을 由ᄒᆞ야 國家를 保護ᄒᆞ며 國民의 安寧을 圖謀ᄒᆞ기 爲ᄒᆞ야 永世不渝ᄒᆞᄂᆞᆫ 聯邦을 成形ᄒᆞ니라(《대한흥학보》제10호 1910.2.20) ▌小뿌르즈와 방랑자 自由獨乙人 등에 대한 사회문제의 『해결』을 神의 일흠으로써 바들 수 잇슬 것을(《개벽》제71호 1926.7.1) ▌지금의 삐-어의 본 고장인 獨乙서는 이 애급왕의 초상을 삐-어의 신처럼 예배하고 잇다고 한다(《별곤건》제22호 1929.8.1)

【獨逸 독일】 독일(Germany, Deutschland), 독일은 유럽 중부에 위치한 나라로 정식 국가 명칭은 독일 연방공화국이다 ▌獨逸(《한성순보》제6호 1883.12.20 中國兵備) ▌觀컨ᄃᆡᆫ 獨逸 의 帝國은 各州로붓터 議員을 選ᄒᆞ야(《대조선독립협회회보》제7호 1897.2.28) ▌獨逸(《진남포급목포각국조계장정》1897.10.16 조인) ▌當時淸國과條約ᄒᆞᆫ國의締盟ᄒᆞᆫ次序를거ᄒᆞ면露西亞,英吉利,瑞典,那威,合衆國,佛蘭西,獨逸,丁抹,和蘭,西班牙,白耳義,伊太利,墺地利,秘露,日本,巴西凡十六國이니(《중등만국지지》1902 권1) ▌列邦이 各기 公使를 派遣ᄒᆞ야 獨逸聯邦에 關ᄒᆞᆫ 外交와 軍事를 相議ᄒᆞᄂᆞᆫᄃᆡ(《태극학보》제5호 1906.12.24) ▌獨逸의 經濟學者 롯시엘 氏ᄂᆞᆫ 欲望의 人生生活에 當ᄒᆞᆫ(《대한자강회월보》제11호 1907.5.25) ▌特敍勳七等賜太極章 獨逸國陸軍中佐 후온,구레아(《관보》제3989호 1908.2.5) ▌政治論說을 著述ᄒᆞᆫ 바 近世獨逸에 著名ᄒᆞᆫ 學者가 統計表라(《대동학회월보》제1호 1908.2.25) ▌獨逸國人世昌洋行支配人 가ㅣ루우오루데루(《관보》4223호 1908.11.9) ▌善ᄒᆞᆫ 花園에도 雜草가 有ᄒᆞ며 惡ᄒᆞᆫ 草園에ᄂᆞᆫ 霜害가 少ᄒᆞ니라(獨逸 俚諺)(《기호흥학회월보》제11호 1909.6.25) ▌北米合衆國 의 勃興과 西班牙의 衰退ᄒᆞᆷ과 獨逸의 興隆과 佛國의 敗北ᄒᆞᆷ을 見ᄒᆞ며(《대한흥학보》제6호 1909.10.20) ▌德國(덕국) 獨逸의 稱(조선총독부《조선사서원고》1918) ▌伊太利·獨逸·佛蘭西·英吉利·露西亞 등 각국에서 모다 문예 근대문에가 발흥되엿습니다(《개벽》제7호 1921.1.1) ▌그리고 세스맑은70세에 獨逸帝國 創成의 기초를 건립하엿고(《동광》제13호 1927.5.1)

【獨逸國 독일국】 독일(Germany), 유럽의 중앙부에 위치한 독일연방공화국 ▌우리나라를 독일국(獨逸國)갈이 연방도를 삼되(《혈의누(상편)》1906) ▌獨逸國內에셔 新舊敎徒가 互相紛爭터니(《대한유학생회학보》제1호 1907.3.3) ▌獨逸國人世昌洋行支配人 가ㅣ루우오루데루(《관보》4164호 1908.8.31) ▌邦國은 希獵瑞西의 各州及獨逸國內의 小國等에 不過ᄒᆞ나(《대동학회월보》제10호 1908.11.25) ▌但히 事實上으로 觀ᄒᆞ면 西洋에 獨逸國(德國)이 有ᄒᆞ도다(《대한흥학보》제4호 1909.6.20) ▌他國民일지라도 獨逸國民의 此事業에 대하야는 看過輕視치 못하리라하노라(《개벽》제3호 1920.8.25)

【敦江 돈강】 돈 강(Don River), 동부 유럽의 러시아를 흐르는 강 ▌禮斯太江과禮巴江과敦江은俄羅斯國에在ᄒᆞ고(유길준《서유견문》1895 제2편)

【敦士尼亞 돈사니아】 보스니아(Bosnia), 아드리아(Adriatic Sea) 해 동쪽에 위치한 나라. 북쪽과 남쪽, 서쪽으로는 크로아티아(Croatia), 동쪽으로는 세르비아(Serbia), 동남쪽으로는 몬테네그로(Montenegro)와 닿아있다 ▌敦士尼亞와헤루세고비나兩地方을墺國에讓ᄒᆞ고(《소학만국지지》1895 제3편)

【突厥 돌궐】 돌궐(Turk, Tūjué 突厥), 6세기 중엽 중앙아시아에 대제국을 건설한 터키계 유목 국가 ▎無告의 惡名을 甘ᄒᆞ면 非洲와 印度와 突厥의 覆轍이 不節於天壤흘지니(〈서우〉제4호 1907.3.1) ▎耳其ᄂᆞᆫ 本是 强大ᄒᆞᆫ 帝國으로 上古븟허 突厥의 勇强ᄒᆞᆫ 歷史를 垂來ᄒᆞᆫ지라(〈대한흥학보〉제10호 1910.2.20) ▎唐張仁愿의 1,800餘所의 烽燧臺를 築하고 突厥을 防하던 牛頭朝那(蒙古名 鶏鑑拕羅海)山이 잇고(〈개벽〉제55호 1925.1.1)

【突尼斯 돌니사】 튀니지(Tunisia), 아프리카 북부 지중해 연안에 있는 공화국 ▎突尼斯(〈한성순보〉제4호 1883.11.30) ▎土耳其國이管轄ᄒᆞᄂᆞᆫ名色이有ᄒᆞᆫ者를埃及과的黎波里와突尼斯의三國으로ᄒᆞ니라(《소학만국지지》1895 제2편) ▎西爾墨西哥葡萄牙阿爾及突尼斯等에셔도(《관보》146호 1895.8.24) ▎其西에突尼斯(TUNIS)半島가有ᄒᆞ고其端은卽쏜岬이오(《중등만국지지》1902) ▎又與突尼斯로 爲保護條約而其所頒憲法에 明記其獨立君主國ᄒᆞ고(〈대한협회회보〉제8호 1908.11.25) 현대중국어 표기 ➡ 突尼斯

【東佳 동가】 통가(Tonga), 오세아니아 동방 남태평양상에 있는 왕국 ▎東佳(〈한성주보〉제29호 1886.9.20 太平洋群島老略)

【東京 동경】 도쿄(Tokyo), 일본의 수도 ▎首府를東京이라ᄒᆞ니(《소학만국지지》1895 제1편) ▎皇太后 靈柩ᄂᆞᆫ 二月三日에 東京으로브터 西京에 着ᄒᆞ야(〈대조선독립협회회보〉제6호 1897.2.15) ▎東京은武藏國東南端에在ᄒᆞ야(《중등만국지지》1902 권1) ▎第二條 本證劵은日本東京에셔此를發行ᄒᆞ야擔當銀行을定ᄒᆞ야此를擔當케홀事(〈관보〉제호 1905.6.26) ▎仁川港을 發ᄒᆞ야 東京에 到ᄒᆞᆫ지 三個月에(〈태극학보〉제2호 1906.9.24) ▎東京에 가잇ᄂᆞᆫ留學生中에셔學資가 繼續지못ᄒᆞᄂᆞᆫ者ᄂᆞᆫ 밤에 人力車를 쓸어그 所得으로 苦學ᄒᆞᆫ다 ᄒᆞ오右學校가 東京 本鄕區 西片町에 在ᄒᆞ니(〈대한유학생회학보〉제3호 1907.5.25) ▎東京報을據ᄒᆞᆫ즉 日皇게셔ᄂᆞᆫ 一月 八日 靑山練兵場에 臨御ᄒᆞ사 觀兵式을 擧行ᄒᆞ신다더라(〈대동학회월보〉제12호 1909.1.25)

【東京 동경】 통킹(Tonking), 베트남 북부 홍하(紅河 송코이강) 삼각주를 중심으로 하는 지역의 한자표기이다 ▎東京(〈한성순보〉제1호 1883.10.31 安南與法人講和) ▎此國의北部를東京이라稱ᄒᆞ고(《소학만국지지》1895 제1편) ▎北部를東京(TONG-KING)이라云ᄒᆞ고(《중등만국지지》1902 권1)

【洞久斯哥江 동구사가강】 퉁구스카 강(Tunguska), 러시아 연방의 서시베리아에 있는 강 ▎其下流가洞久斯哥江이되야(유길준《서유견문》1895 제2편)

【東南亞細亞 동남아시아】 동남아시아(South-East Asia), 아시아의 남동부 지역. 인도차이나 반도와 말레이 제도 국가들로 이루어지며 베트남, 라오스, 캄보디아, 타이, 미얀마, 말레이시아, 싱가포르, 인도네시아, 필리핀, 브루나이 등이 여기에 속한다 ▎只今純粹ᄒᆞᆫ 食肉類卽猫族을 擧陳컨ᄃᆡ 其中最大者ᄂᆞᆫ 虎니 東南亞細亞의 特産이라(〈태극학보〉제13호 1907.9.24) ▎위만과 강압으로 政戰兩略에 東南亞細亞는 유린되여 온 것이다(〈대동아〉제14권3호 1942.3.1)

【東羅美利亞 동라미리아】 동루멜리아(East Rumelia), 불가리아의 스타라플라니나 산맥(발칸 산맥) 이남, 로도페산맥 이북의 마리차 강(江) 유역의 역사적 명칭 ▎巴爾加利亞와東羅美利亞의自治를得許ᄒᆞ니(《소학만국지지》1895 제3편)

【東北亞細亞 동북아세아】 동북아시아(Northeast Asia), 아시아의 동북부 지역으로 우리나라를 비롯하여 중국과 일본 몽골 타이완 등이 포함된다 ▎지금까지 쓰이여 온즉 東北亞細亞의 문화라거나 「즈란」문화라거나 「즌도라」住居地帶의 문화, 또는 「스키-드, 시베리아」문화 등이라 함도 대략 線을 같이 하는 것입니다(〈삼천리〉제13권6호 1941.6.1)

【東亞 동아】 동아(East Asia), 동부 아시아를 가리키는 말로 중국(홍콩, 마카오포함)과 대만 남북한 일본이 여기에 속한다 ▎俄國이 前約을 不守홈으로 東亞에 一大難問이 되야(〈태

극학보〉제2호 1906.9.24) ▌地偏小於東亞ᄒᆞ니 三韓이 迨迨ᄒᆞ고 人物較於白종ᄒᆞ니 一齊眇眇로라(〈대한유학생회학보〉제1호 1907.3.1) ▌俄政府가 舊日東亞政策을 再行ᄒᆞᆫ다고 論評ᄒᆞ얏다더라(〈대동학회월보〉제4호 1908.5.25) ▌若以天文家言之라도 東亞古代之人은 謂以天圓地方에 天動地靜이라ᄒᆞ며(〈기호흥학회월보〉제4호 1908.11.25) ▌이에 유교의 세력 俄然이 殷盛하야 東亞사상계에 패권을 장악케 되엇나니(〈개벽〉제14호 1921.8.1) 현대중국어 표기 ➡ 东亚

【東洋 동양】동양(the Orient, the East), 유라시아 대륙의 동부 지역. 아시아의 동부 및 남부를 이르는데 한국, 중국, 일본, 인도, 미얀마, 타이, 인도네시아 등이 있다. ▌동양 東洋(《한불자전》1880) ▌淸國과戰端을開호믄王國의固有ᄒᆞ온獨立權을實認ᄒᆞ와東洋大局의平和를保維ᄒᆞᄂᆞ意에出ᄒᆞ오며(〈관보〉1895.2.12) ▌泰西各邦의主用ᄒᆞᄂᆞᆫ類에一錙一銖를千分萬分析ᄒᆞᄂᆞᆫ者며粗ᄒᆞ기ᄂᆞᆫ東洋諸國의作用ᄒᆞᄂᆞᆫ者라(유길준《서유견문》1895) ▌그 條約國은 東洋에ᄂᆞᆫ 日本이오 歐羅巴洲에ᄂᆞᆫ 英法獨俄墺伊六國이오(《국민소학독본》1895) ▌동양 東洋 The East: Asia(게일편《한영자전》1897) ▌우리 나라 북희빈(北海濱)과 동양(東洋)교섭홀 디경에 희삼위라 ᄒᆞᄂᆞᆫ딕로 회쳐가 잇솝ᄂᆞᆫ딕(〈미일신문〉1898.12.19) ▌東洋은 黃色人種이오 西洋은 白色人種이올시다(東洋ハ 黃色ノ人種デ 西洋ハ 白色ノ人種デス, 第四章 地理상)(정운복《독습일어정칙》1907) ▌言必稱泰西文明而心不免東洋舊習ᄒᆞ고 行輒蹈學乎反乎而口輒掛自由言論이로다(〈기호흥학회월보〉제1호 1908.9.25) ▌私立學校로셔 設立者가 外國人이면 其 東洋人이든지 西洋人이든지 勿論ᄒᆞ고(〈대동학회월보〉제10호 1908.11.25) ▌東洋(동양) (一) 亞細亞 東邊海洋의 稱. (二) 亞細亞의 東方에 在한國의 統稱(《총독부조선어사전원본》1918)

【東印度 동인도】동인도(the East Indies), 인도의 동부지역 ▌東印度의半島에ᄂᆞᆫ德幹의高原이有ᄒᆞ니(유길준《서유견문》1895 제1편) ▌英祖四十九年에 東印度의 ᄒᆞᆫ 商會에셔 數隻ᄇᆡ에 茶葉을 싯고 重稅를 收ᄒᆞ야(《국민소학독본》1895) ▌在東印度諸嶋의和蘭陸軍及海軍은(《관보》171호 1895.9.26) ▌마랏가半島 東印度諸島 太平洋群島 住民의 五千萬口를 稱홈이오(〈대조선독립협회회보〉제7호 1897.2.28) ▌淸國五, 蘭領東印度五, 日本三이라더라(〈대한자강회월보〉제3호 1906.9.25) ▌此 榕樹의 近種인ᄃᆡ 東印度地方에 最多ᄒᆞᆫ 所謂 팡양樹니(〈서우〉제11호 1907.10.1) ▌一千六百年 十二月 三十一日 엘자빗쓰女王의 認許를 得ᄒᆞ야 東印度會社가 設立ᄒᆞ다(〈대한학회월보〉제1호 1908.2.25) ▌그리서 멀고 먼 동인도(東印度)로셔 도라오ᄂᆞᆫ ᄇᆡ를 「지옥의 관문」으로 유인ᄒᆞ야(〈태서문예신보〉제2호 1918.10.13) ▌新西蘭 東印度 등이 그 주산지가 되며(〈개벽〉제7호 1921.1.1)

【洞庭湖 동정호】둥팅 호(Dongting Lake), 중국 후난성(Hunan) 북부에 있는 중국 제2의 담수호 ▌洞庭湖ᄂᆞᆫ中國의南方에在ᄒᆞ니(유길준《서유견문》1895) ▌동졍호 洞庭湖(《국한회어》1895) ▌湘水는 洞庭湖로 流入ᄒᆞᄂᆞᆫ 本流와 會合ᄒᆞ얏스니(〈태극학보〉제8호 1907.5.24) ▌동졍호 洞庭湖로 지나가다가 려동빈呂東賓의 노던 곳을 보앗스며(최병헌《성산명경》1914) ▌平沙落鴈洞庭湖, 姑蘇城, 岳陽亭(河東의 勝景이라 할 만한)을 歷路에서 보고(〈개벽〉제34호 1923.4.1) ▌生은 冀州사람으로 洞庭湖 구경을 떠낫다가 우연히 이곳까지 왓삽는데 무례히 尊座를 범하게 되엿사오니 황공하여이다(〈별건곤〉제4호 1927.2.1)

【東海 동해】동해(東海), 아시아 대륙 북동부 한반도 및 러시아 연방령 연해 지방과 일본 열도 · 사할린 섬 등으로 둘러싸인 태평양의 연해 ▌동희 東海(《한불자전》1880) ▌동희 東海(《국한회어》1895) ▌將發ᄋᆡ 其 先文에 云ᄒᆞ얏스되 自潭陽 淳昌 金海 東萊 釜山 東海 對馬島 日本 大坂으로 指路ᄒᆞ고(〈대한학회월보〉제4호 1908.5.25) ▌東海(동희) 江原道 以東의 海(조선총독부《조선사서원고》1918) ▌또한 魚池間히 놉흐며 압흐로 잔山을 깔고 멀리는 東海를 바라 그 位置부터가 그럴듯하다(〈개벽〉제18호 1921.12.1) ▌또 脊梁骨의 東海(高城方面)에 臨한 處를 海金剛이라 하니(〈별곤건〉제33호

1933.10.1)

【杜尼斯 두니사】 튀니지(Tunisia), 아프리카 북부 지중해 연안에 있는 공화국 ▌杜尼斯 루니스(유길준《서유견문》1895 제5편) ▌杜尼斯(《사민필지》1895 권1 歐羅巴總論) ▌杜尼斯 투니스(〈대한자강회월보〉제11호 1907.5.25) ▌阿弗利加洲에는 埃及 杜尼斯 摩洛哥 阿排時尼亞 杜利八利 羅伊比賴亞 土蘭斯拔 馬哥塞 烏滿 孱支排 蘇丹 等國이오(〈대한협회회보〉제5호 1908.8.25)

【杜立八利 두립팔리】 트리폴리(Tripoli), 북아프리카 중앙부 지중해 연안에 있는 리비아의 수도 ▌杜立八利 트립풀늬(유길준《서유견문》1895 제1편) ▌杜立八利 트립플늬야(〈대한자강회월보〉제11호 1907.5.25)

【杜衛那江 두위나강】 드비나 강(Dvina River), 러시아 북서부를 흐르는 강 ▌杜衛那江과 蔽古河는 亦俄羅斯北方에 在ᄒᆞᆫ 者라(유길준《서유견문》1895 제2편)

【得撤州 득철주】 텍사스(Texas), 멕시코와 접경하는 미국 남부의 주 ▌得撤州(〈한성순보〉제12호 1884.2.17 美國誌略)

ㄹ

【羅 라】 루마니아(Rumania), 유럽 동남부에 있는 공화국, '羅'는 '羅馬尼亞'를 줄인 말 ▌일즉부터 開戰중이던 希土戰이 문득 土國 케말軍의 大勝에 歸하야 英·佛·伊·羅·希·土 등 諸國의 대표를 含한 近來 講和會議의 개최를 致할 형세에 至한 것이며(《개벽》제29호 1922.11.1) ▌露塞羅葡墨伯智利등 後進諸國은 1910년경으로부터 비로소 출생율 감퇴의 傾이 나타나는 형편이오(《개벽》제72호 1926.8.1)

【羅土加湖 라토가호】 라도가 호(Ladoga Lake), 러시아 서부, 레닌그라드 주와 카렐리야공화국에 걸친 유럽 최대, 러시아 제2의 호수 ▌湖水ᄂᆞᆫ北西部에多ᄒᆞ되就中羅土加湖ᄂᆞᆫ歐洲의第一大湖ㅣ라(《소학만국지지》1895 제3편)

【羅里斯 라리사】 라리사(Larissa), 그리스 테살리아(Thessaly) 지역의 중심 도시 ▌羅里斯(《사민필지》1895 권1 希臘)

【羅馬 라마】 로마(Rome), 옛 로마제국의 수도이자 현 이탈리아의 수도 ▌羅馬(《한성순보》제3호 1883.11.20 詳述馬達加斯近事) ▌羅馬의舊代에天主敎의新播홈으로前後數十萬人命을坑殺ᄒᆞ며(유길준《서유견문》1895 제4편) ▌답 유롭프남편(答歐羅巴南偏)에로마(羅馬)란나라의멸(滅)홈되엿ᄂᆞ니라(《디구략론》1897) ▌伊太利ᄂᆞᆫ元來해루리아(HERULIA)라稱ᄒᆞ고또久히羅馬라稱ᄒᆞ더니(《중등만국지지》1902 권1) ▌意太利國皇帝ᄂᆞᆫ其首都羅馬에셔鍊軍의大演習을ᄒᆞ더니(《관보》150호 1895.8.29) ▌國民을 强盛케 진된 羅馬人種의 組織的力과 獨逸 人民의 自由的 權義를 效入ᄒᆞ야(《대조선독립협회회보》제11호 1897.4.30) ▌二千년 젼에 구라파 세계를 통할 ᄒᆞ던 라마(羅馬)국에 금긱희(劍客戱)라 ᄒᆞᄂᆞᆫ 연희(演戱)가 잇섯ᄂᆞᆫ딕(《독립신문》1899.1.16) ▌羅馬帝의 十二銅律이 是豈昭然ᄒᆞᆫ 證憑이 아니리요(《대한유학생회학보》제3호 1907.5.25) ▌余ㅣ 獨立的 名譽를 尙保ᄒᆞ야 羅馬의 古聲을 猶響ᄒᆞᄂᆞᆫ 利太利에 對ᄒᆞ야(《기호흥학회월보》제1호 1908.8.25) ▌敎徒ᄂᆞᆫ新敎及羅馬加特力敎를 奉ᄒᆞᄂᆞᆫ 者ㅣ 甚多ᄒᆞ고(《대한흥학보》제10호 1910.2.20) ▌이 비행은 멀리 羅馬서울을發하야104일의時日150만원의금액을費하며(《개벽》제6호 1920.12.1) 현대중국어 표기 ➡ 罗马

【羅馬國 라마국】 로마제국(Roman Empire), 이탈리아 반도 및 유럽 그리고 지중해를 넘어 북아프리카와 페르시아와 이집트까지 지배하였던 고대 최대의 제국 ▌基後에羅馬國의世에至ᄒᆞ야ᄂᆞᆫ希臘舊俗을不守ᄒᆞ나(유길준《서유견문》1895 제10편) ▌羅馬國(《사민필지》1895 권1 意大里) ▌라마국 羅馬國(《국한회어》1895) ▌녯젹에 라마국 羅馬國 빅셩들이 심히 완악 ᄒᆞ야 ᄒᆞᆼ샹 싸호ᄂᆞᆫ 일이나(《독립신문》1899.11.24) ▌歐洲全幅 羅馬國은 法律업셔 亡ᄒᆞ엿나(《태극학보》제4호 1906.11.24) ▌羅馬國은 其 算盤이 鑿空成行ᄒᆞ야(《서우》제5호 1907.4.1) ▌嗣後羅馬國이 繼興홈이 因襲希臘之學ᄒᆞ야(《대한학회월보》제3호 1908.4.25)

【羅馬尼 라마니】 루마니아(Rumania), 유럽 동남부에 있는 공화국 ▌羅馬尼(《한성순보》제10호 1884.1.30 歐洲各國帝王生年·元年系統政治一覽表) ▌羅馬尼大橋의建造라(《관보》제171호 1895.9.26) ▌羅馬尼의 陸軍은 將校以下 常備兵員이 六萬六千百二十人이오(《서북학회월보》제2호 1908.7.1) ▌羅馬尼 皇帝 及 皇后 戴冠式이 有하다(《개벽》제29호 1922.11.1)

【羅馬尼亞 라마니아】 루마니아(Rumania), 유럽 동남부에 있는 공화국 ▌羅馬尼亞(《한성순보》제5호 1883.12.9 奧普意三國同盟) ▌希臘을失ᄒᆞ며魯土戰爭에羅馬尼亞와塞爾維亞와門ᄯᅡ尼骨三伕國의獨立을約定ᄒᆞ고(《소학만국지지》1895 제3편) ▌其中에土耳其불까리야羅馬尼亞,塞爾維몬테네구로의諸國이有ᄒᆞ니(《중등만국지지》1902 권1) ▌1878년3월의「산스터피아노」條約은羅馬尼亞,塞耳維,黑山國을奪하야獨立國으로 하고(《개벽》제29호 1922.11.1) ▌그러나羅馬尼亞의大敗戰과東部戰線의連戰連

敗에 의하야全軍의 士氣阻喪이 심하고(《삼천리》제5권제9호 1933.9.1) 현대중국어 표기 ➡ 罗马尼亚

【羅馬府 라마부】 로마(Rome), 이탈리아의 수도 ▌結搆ᄒᆞᆫ規模가伊太利國羅馬府의聖彼得禮拜堂을摸像ᄒᆞᆫ者라(유길준《서유견문》1895 제19편) ▌九月二十日意太利國羅馬府發電에據ᄒᆞᆫ즉(《관보》472호 1896.11.4) ▌그의 部將인 마하-발은 즉시로 羅馬府를 뭇지르기를 청하엿다(《별건곤》제27호 1930.3.1)

【羅馬帝國 라마제국】 로마제국(Roman Empire), 이탈리아 반도 및 유럽 그리고 지중해를 넘어 북아프리카와 페르시아와 이집트까지 지배하였던 고대 최대의 제국 ▌是時에 羅馬帝國의 版圖가 廣大ᄒᆞ야歐洲全國이 包括無遺ᄒᆞ고(《대한유학생회학보》제2호 1907.4.7) ▌歐洲羅馬帝國이 昔何隆盛터니 今乃滅亡ᄒᆞ얏시니(《대동학회월보》제3호 1908.4.25) ▌法學은 羅馬에 發生ᄒᆞ고 羅馬에 大成ᄒᆞ얏다 謂ᄒᆞ나 然이나羅馬帝國의 滅亡ᄒᆞᆷ이 所謂暗黑時代라(《기호흥학회월보》제8호 1909.3.25) ▌大羅馬帝國을亡하게 한 것은 決코富와强이 不足함이 아니오 道義의 念이 슬어짐이외다(《개벽》제18호 1921.12.1) 현대중국어 표기 ➡ 罗马帝国

【羅府 라부】 로스앤젤레스(Los Angeles), 미국 캘리포니아 주 남부의 태평양에 면한 도시. '羅府'는 로스앤젤레스의 한자음역표기 '羅城'의 '羅'에 '府'가 붙은 말 ▌그뒤 數日 후에 나는 桑港에서 아츰 차를 타고 저녁해질 臨迫하여서 「노-샌질스」(羅府)에 도착하엿다(《삼천리》제2호 1929.9.1) ▌本部는 米洲羅府에,支部는 上海,南京,其他에 安昌浩,宋鍾翊其他諸氏 指導하며 團員은 500名 財政은 10萬圓 잇다(《삼천리》제17호 1931.7.1)

【羅城 라성】 로스앤젤레스(Los Angeles), 미국 캘리포니아 주 남부 태평양에 면한 도시,

羅城(라성)

1976년 세샘트리오라는 중창단이 부른 '나성에 가면 편지를 띄우세요'라는 노래가 있다. 가사 일부를 적어 보면 다음과 같다.

> "나성에 가면 편지를 띄우세요. 사랑의 이야기 담뿍 담은 편지. 나성에 가면 소식을 전해줘요. 하늘이 푸른지 마음이 밝은지".

이 노래 가사에서 말하는 '나성'은 19세기 중국에서 사용된 로스앤젤레스(Los Angeles)의 음역어 羅城(罗城 luó chéng)을 우리말로 읽은 것이다. 그러니까 위의 가사를 지금 쓰는 말로 바꾸어 보면 '로스앤젤레스에 가면 편지를 보내주세요'라는 뜻이 된다.

중국 사람들은 왜 Los Angeles를 羅城(luó chéng)으로 적었을까? 결론적으로 말하면 羅城의 '羅(luó)'는 Los의 음역(音譯) 표기이고 여기다가 '城(chéng)'을 붙인 것이다. 중국어 '城'은 '도시, 인구밀집지역'의 의미로 영어 city에 해당된다. 19세기 중국인들은 외국 지명을 한자로 표기할 때 런던을 倫敦城, 파리를 巴里城, 뉴욕을 紐約城과 같이 도시 이름에다 '城'을 붙인 예가 적지 않다. 羅城은 이러한 중국인들의 표기 관례에 따라 로스앤젤레스를 줄여서 표기한 羅에다 城을 붙여 만든 이름인 것이다.

'羅城'은 로스앤젤레스(Los Angeles)의 중국식 한자음역표기이다 ▌北美 羅城地方에서 留學ᄒᆞ든柳弘瑞, 李膺斗, 張順和 三氏가(〈태극학보〉제18호 1908.2.24) ▌羅城地方會館 2 Olive court, Los Angeles, cal(〈대한흥학보〉제9호 1910.1.20) ▌米洲羅城同胞 四十圓(〈동아일보〉1924.6.16. 2면) ▌留米近信 (一) 요섭 前略(전략) 日前羅城으로 왓소이다(〈동아일보〉1928.4.2. 3면)

【羅伊比賴亞 라이비뢰아】 라이베리아(Liberia), 아프리카 중서부 대서양 연안에 있는 공화국으로 19세기 미국에서 해방된 노예들이 1847년 건국한 아프리카 최초 흑인 공화국이다 ▌羅伊比賴亞 나이베뤼야(유길준《서유견문》1895 제1편)

【羅仁江 라인강】 라인 강(Rhine River), 중부 유럽 최대의 강. 알프스 산지에서 발원하여 유럽에서 공업이 가장 발달한 지역을 관류하여 북해로 흘러든다 ▌日耳曼의諸山은羅仁江을從ᄒᆞ야鰲道江에抵ᄒᆞ니(유길준《서유견문》1895 제1편)

【羅仁河 라인하】 라인 강(Rhine River), 중부 유럽 최대의 강. 알프스 산지에서 발원하여 유럽에서 공업이 가장 발달한 지역을 관류하여 북해로 흘러든다 ▌羅仁河ᄂᆞᆫ德逸노븟터流ᄒᆞ야(《소학만국지지》1895 제3편)

【羅巴瑞 라파서】 라파스(La Paz), 볼리비아 서부 라파스(La Paz department) 주의 주도 ▌羅巴瑞(《사민필지》1895 권2 拔利比亞)

【落機山 락기산】 로키(Rocky) 산, 미국 남서부 로키 산맥에 있는 산 ▌落機山(《사민필지》1895 권2 亞美利加 總論) ▌西部地方 落機山下에 黃金이 多産ᄒᆞᆫ다 ᄒᆞ니(〈태극학보〉제7호 1907.2.24)

【落機山脈 락기산맥】 로키 산맥(Rocky Mountains), 북아메리카 서부를 남북으로 뻗은 대산맥 ▌落機山脈(〈한성순보〉제12호 1884.2.17 美國誌略)

【落機山脉 락기산맥】 로키 산맥(Rocky Mountains), 북아메리카 서부를 남북으로 뻗은 대산맥 ▌落機山脉은北氷洋의沿峰으로漸次隆起ᄒᆞ야(《소학만국지지》1895 제3편) ▌本洲의骨格된落機山脉은(《중등만국지지》1902 제3편) 현대중국어 표기 ➡ 落基山脉

【蘭 란】 네덜란드(Netherlands), 유럽 서부에 있는 입헌군주제 국가, '蘭'은 '和蘭'이 줄어든 말 ▌주류輸送에 관한 米蘭조약이 荷蘭國上院에 통과되고 (〈개벽〉제59호 1925.5.1) ▌이때에 마츰 日露(1855) 日蘭(1856)간에 조약에 체결되엇는 바(〈동광〉제33호 1932.5.1) ▌태평양 방면에 있든 英米蘭의 3해군이 전멸을 당하고 만 것은 이미 다 아는 바이어니와(〈대동아〉제14권5호 1942.7.1)

【蘭桂沙洲 란계사주】 랭커셔(Lancashire) 주, 영국 잉글랜드 북서부에 있는 주. 주도는 프레스턴 ▌此府ᄂᆞᆫ英吉利國의第二都會니蘭桂沙洲南方馬細河口南岸의一要港이라(유길준《서유견문》1895 제19편)

【蘭貢 란공】 랑군(Rangoon), 미얀마의 수도로 미얀마명은 얀곤(Yangon)이다. 원래 이름은 랑군이었으나 국호를 버마에서 미얀마로 바꾸면서 랑군의 명칭을 양곤으로 바꾸었다 ▌緬甸의 통치는 수도인 蘭貢에 英國人의 州知事가 잇서 통치의 全權을 잡고 잇고(〈별곤건〉제32호 1930.9.1) ▌外米로는 安南米 蘭貢米 臺灣米와 滿洲 좁쌀이 잇섯는데(〈별곤건〉제35호 1930.12.1)

【蘭郡府 란군부】 랑군(Rangoon), 미얀마의 수도 ▌蘭郡府(RANGOON)ᄂᆞᆫ 이라와듸-河口에 在ᄒᆞ니(《중등만국지지》1902 권1)

【拉達淡府 랍달담부】 로테르담(Rotterdam), 네덜란드 남서부 조이트홀란트(Zuid Holland) 주에 있는 도시. 라인 강 및 국내 여러 곳과 운하로 연결되는 교통의 요지로 유럽 최대의 무역항이다 ▌拉達淡府(〈한성주보〉제32호 1887.11.24 獨逸商務)

【拉不拉他江 랍불랍타강】 라플라타 강(La Plata River), 남아메리카의 아르헨티나와 우

루과이 사이를 지나 대서양으로 흘러 들어가는 강 ▌首府몬데뷔데오는拉不拉地江에瀕흔貿易의中心이오(《소학만국지지》1895 제5편)

【拉富拉巴 랍부랍파】 라플라타(La Plata), 아르헨티나의 동부 부에노스아이레스 주의 주도 ▌拉富拉巴(〈한성순보〉제3호 1883.11.20 亞米利加洲)

【臘不拉 랍부랍】 래브라도(Labrador), 캐나다 동부, 래브라도 반도 동부에 있는 지방 ▌臘不拉(〈한성순보〉제6호 1883.12.20 英國誌略)

【拉不拉他河 랍부랍타하】 라플라타 강(Río de la Plata), 남아메리카의 아르헨티나와 우루과이 사이를 지나 대서양으로 흘러 들어가는 강 ▌亞馬孫河道와拉不拉他河道의分水界를成흐니라(《소학만국지지》1895 제5편)

【拉薩】 라싸(Lassa), 중국 시짱(Xizang 西藏)자치구의 주도 ▌拉薩(〈한성순보〉제13호 1884.2.27 西藏近信)

【剌沙 랄사】 라싸(Lassa), 중국 시짱(Xizang 西藏)자치구의 주도 ▌剌沙(〈한성순보〉제6호 1883.12.20 印度郵音)

【剌薩 랄살】 라싸(Lassa), 중국 시짱(Xizang 西藏)자치구의 주도 ▌首都를剌薩(LASSA)이라云흐니(《중등만국지지》1902 권1)

【琅玕 랑간】 랑군(Rangoon), 미얀마의 수도로 미얀마에서는 양곤(Yangon)이라 한다 ▌琅玕(〈한성주보〉제30호 1886.9.27 德律風具譯略)

【來因江 래인강】 라인 강(Rhine River), 중부 유럽 최대의 강. 알프스 산지에서 발원하여 유럽에서 공업이 가장 발달한 지역을 관류하여 북해로 흘러든다 ▌來因江(〈한성순보〉제31호 1884.8.21 和蘭誌略)

【來丁 래정】 레이던(Leiden), 네덜란드 서부 조이트홀란트(Zuid Holland) 주의 도시. 헤이그 북동쪽에 위치하며 네덜란드에서 가장 오래된 도시이자 문화 중심지의 하나이다 ▌來丁(레든)此府는赫久의北方三十里許에在흐야(유길준《서유견문》1895)

【呂宋 려송】 루손(Luzon), 원래 필리핀의 북부, 필리핀 제도 중 최대의 섬을 가리키는 말이었으나 필리핀(Philippines)을 가리키는 이름으로도 쓰였다 ▌而又命琉球,安南,呂宋,(交趾)〔交趾〕,西域等國(《조선왕조실록》선조32년 1599.12.25) ▌呂宋(〈한성순보〉제1호 1883.10.31 論洲洋) ▌그最大者를呂宋민다나오사마루파라완等이라(《소학만국지지》1895 제6편) ▌土都 곤스단지노불 의 虐殺과 亞細亞 土耳其 알메니야 人을 虐殺흠과 呂宋土人이 獨立旗를 翻흐야(〈대조선독립협회회보〉제5호 1897.1.31) ▌本年度支出이 十三萬磅量이라더라(馬尼剌는 古呂宋國也)(〈대동학회월보〉제2호 1908.3.25) ▌低壓氣는二十一日에其源을遠히南洋呂宋島의東方海上에發흐야(《관보》4171호 1908.9.8) ▌呂宋群島에는暴動이起하고(〈개벽〉제58호 1925.4.1) ▌기독교의 一別派인 呂宋島『코로람』종파는 今年 1월 11일 돌연 反米主義의 叛亂을 일으켜(〈별건곤〉제37호 1931.2.1)

【呂宋國 려송국】 필리핀(Philippines), 적도의 약간 북쪽 아시아 대륙 남동쪽의 서태평양에 산재하는 7000여 개의 섬들로 구성된 나라. 필리핀의 예전 이름이다 ▌려송국 呂宋國 Luzon of the Phillipine Islands(게일편《한영자전》1897) ▌馬尼剌는 古呂宋國也(〈대동학회월보〉제2호 1908.3.25)

【力非爾布魯 력비이포로】 리버풀(Liverpool), 영국 북서부 머시사이드(Merseyside) 주의 항구도시 ▌力非爾布魯(〈한성순보〉제1호 1883.10.31 地球論)

【歷山 력산】 알렉산드리아(Alexandria), 이집트 북부 알렉산드리아 주의 주도 ▌歷山(〈한성순보〉제2호 1883.11.10 英兵駐埃及) ▌맛춤닉勝戰치못흐고歷山王에게敗흐야(《중등만국지지》1902)

【歷山港 력산항】 알렉산드리아(Alexandria), 이집트 북부 알렉산드리아 주의 주도 ▌歷山港(〈한성순보〉제16호 1884.3.27 英王演說)

【嗹國 련국】 덴마크(Denmark), 유럽 북부의 유틀란트 반도와 부속 도서로 구성된 입헌

군주국 ▌嗹國(〈한성주보〉제31호 1886.10.4 歐羅巴洲) ▌嗹國(《사민필지》1895 권1 丁抹)

【嗹馬 련마】 덴마크(Denmark), 유럽 북부의 유틀란트 반도와 부속 도서로 구성된 입헌 군주국 ▌嗹馬(〈한성순보〉제32호 1884.8.31 泰西各國小學校)

【列丹尼亞 렬단니아】 리투아니아(Lithuania), 유럽 동북부 발트해 연안에 있는 공화국 ▌列丹尼亞(〈한성순보〉제6호 1883.12.20 俄國郵報)

【禮那江 례나강】 레나(Lena), 바이칼 호 서쪽의 바이칼 산맥에서 발원하여 야쿠츠크(Yakutsk) 부근까지 북동쪽으로 흐르는 동시베리아의 강 ▌禮那江 八千九百十里 七千五百八十萬一千八百二十二方里(유길준《서유견문》1895 제2편)

【禮呢塞 례니새】 예니세이 강(Yenisei River), 러시아 중부를 북류하여 북극해로 들어가는 큰 강 ▌禮呢塞(〈한성순보〉제1호1883.10.31 論洲洋)

【禮滿湖 례만호】 레만 호(Leman lake), 스위스 남서부, 프랑스와의 국경에 있는 호수로 제네바호라고도 한다 ▌禮滿湖에는 老溫江이 流過ᄒᆞ고(유길준《서유견문》1895 제2편)

【醴八 례팔】 네팔(Nepal), 중국과 인도 사이인 히말라야 산맥 중앙부의 남쪽 반을 차지하는 내륙국 ▌醴八 네펄(유길준《서유견문》1895 제1편) ▌醴八 네펄(〈대한자강회월보〉제11호 1907.5.25) ▌亞細亞洲에는 大韓 淸國(支那) 日本 安南 暹羅 緬甸 阿富汗 印度 醴八 西藏 波斯 等國이 有ᄒᆞ고(〈대한협회회보〉제5호 1908.8.25)

【露 로】 러시아(Russia), 유럽 동부 및 아시아 중 · 북부에 있는 나라. '露'는 '露國'이 줄어든 말 ▌露(《친목회회보》제1호 1895.10) ▌露國의 大計畫라(《관보》101호 1895.6.29) ▌方今 土耳其를 爲ᄒᆞ야 同情을 表ᄒᆞᄂᆞ니는 露 獨 墺 三國이요(〈대조선독립협회회보〉제10호 1897.4.15) ▌旅順大連兩灣租借에 關ᄒᆞᆫ露淸條約을 其調印日字를 一瞥ᄒᆞ면 思半에 過할지라(〈대한학회월보〉제6호 1908.7.25) ▌露奧密約發表 露 奧 兩國 秘密條約은 何等의 秘密홈이 無ᄒᆞ다 ᄒᆞ야(〈대한협회회보〉제9호 1908.12.25) ▌露는 日露 間의 諸問題를 근본적으로 해결코저 하고(〈개벽〉제29호 1922.11.1) ▌먼저 구주의 정의를 결정하라고 하야 연맹안이 露土 양국을 제외한 것을 비난하얏스며(〈별곤건〉제34호 1930.11.1) ▌이 때에 마츰 日露(1855) 日蘭(1856) 간에 조약에 체결되엇는바(〈동광〉제33호 1932.5.1)

【魯 로】 러시아(Russia), 유럽 동부 및 아시아 중 · 북부에 있는 나라 ▌요행으로 천하-무사하야 英魯가 동양에 相爭하는 事- 업다할지라도(〈개벽〉제4호 1920.9.25) ▌歐洲大戰에 아메리카의 參戰한 原因 中 한가지가 이 日魯獨同盟密電에 의함이 컷섯다고(〈삼천리〉제7권5호 1935.6.1)

【露國 로국】 러시아(Russia), 유럽 동부 및 아시아 중 · 북부에 있는 나라 ▌露國(《사민필지》1895 권1 俄羅斯) ▌露國의 大計畫라(《관보》101호 1895.6.29) ▌露國(《친목회회보》제1호 1895.10 露國視察官이 일본에 來着) ▌露國이 三万四千基羅米突 英國이 三万三千基羅米突(《관보》제199호 1895.12.17) ▌駐本國日本公使小村壽太郎과 露國公使韋貝이 兩國代表로 協定ᄒᆞᆫ 覺書에 略曰(《조선왕조실록》고종33년 1896.5.14) ▌露國(《진남포급목포각국조계장정》1897.10.16조인) ▌向者露國의 게割與ᄒᆞ얏고(《중등만국지지》1902 권1) ▌海參威는 露國의 東洋第一開港場인듸 去月브터 自由港으로ᄒᆞᆫ다는 問題가 니러낫습니다(浦鹽斯德ハ露西亞ノ極東ニ於ケル唯一ノ港灣デ先月カラ自由港ニスルトイフ問題ガ起リマシタ)(《독습일어정칙》1907) ▌極東은 露國과 境界되는 豆滿江口니(〈기호흥학회월보〉제3호 1908.10.25) ▌톨스토이는 露國의 專制政治下에 生ᄒᆞ야 過激ᄒᆞᆫ 他愛說를 主張ᄒᆞ든 者인듸(〈서북학회월보〉제12호 1909.5.1) ▌露國視察官이 일본에 來着 ▌露國(〈대한민보〉제8호 1909.6.20) ▌독일은 독일성 露國은 露國性 미국은 미국성 각각 그의 특수한 문화적 색채를 帶케하엿고(〈개벽〉제5호 1920.11.1)

【魯國 로국】 러시아(Russia), 유럽 동부 및 아시아 중 · 북부에 있는 나라 ▌바다무地方을 魯國에與ᄒᆞ며 巴爾加利亞와 東羅美利亞의 自

治를得許ᄒᆞ니(《소학만국지지》1895 제3편) ▎이제 英國이 魯國과 交戰할 事-有함을 恐하야 一港을 점령하면(〈개벽〉제4호 1920.9.25)

【盧多淡 로다담】 로테르담(Rotterdam), 네덜란드 남서부, 조이트홀란트(Zuid Holland) 주에 있는 도시 ▎盧多淡은羅仁河의東岸에位ᄒᆞ야(《소학만국지지》1895 제3편)

【盧森堡 로삼보】 룩셈부르크(Luxembourg), 독일과 프랑스 사이에 위치해 있는 입헌군주국. 정식 명칭은 룩셈부르크 대공국(Grand Duchy of Luxembourg)이다 ▎盧森堡(〈한성순보〉제35호 1884.9.29 各國郵便收入表) 현대중국어 표기 ➡ 卢森堡

【魯生卜 로생복】 룩셈부르크(Luxembourg), 독일과 프랑스 사이에 위치해 있는 입헌군주국. 정식 명칭은 룩셈부르크 대공국(Grand Duchy of Luxembourg)이다 ▎魯生卜(〈한성주보〉제30호 1886.9.27 德律風具譯略)

【露西亞 로서아】 러시아(Russia), 유럽 동부 및 아시아 중·북부에 있는 나라 ▎東戰西擊ᄒᆞ야 그루쟈로 나아가고 露西亞의 邊境으로 迫ᄒᆞ야(《국민소학독본》1895) ▎是ᄂᆞᆫ露西亞와阿非利加에셔益益進步ᄒᆞ미由ᄒᆞ고(《관보》199호 1895.12.17) ▎露西亞(《친목회회보》제2호 1896.3 露西亞 露領 남부 西比利亞의 장래) ▎露西亞 輸出 三萬三千九百零九萬留(〈대조선독립협회회보〉제13호 1897.5.31) ▎當時淸國과條約ᄒᆞᆫ國의締盟ᄒᆞᆫ次序를거ᄒᆞ露西亞,英吉利,瑞典,那威(《중등만국지지》1902 권1) ▎只今은露西亞版圖에入ᄒᆞᆫ故로此를亞細亞露西亞(ASIATIC RUSSIA)라云ᄒᆞ니(《중등만국지지》1902 권2) ▎露西亞帝國政府ᄂᆞᆫ 日本國이 韓國에 在ᄒᆞ야 政事上,軍事上,經濟上의 卓絶ᄒᆞᆫ 利益을 有ᄒᆞᆯ 事를 承認ᄒᆞ고(《조선왕조실록》고종42년 1905.9.5) ▎露西亞의 波斯로 더부러 裏海를 共ᄒᆞᆷ과 德奧의 瑞士로 더부러 康斯但湖를 共ᄒᆞᆫ 거시 是ᄅᆞ라(〈대한유학생회학보〉제3호 1907.5.25) ▎英吉利, 露西亞, 佛蘭西, 日本, 等 諸國이 此에 屬ᄒᆞ고(〈태극학보〉제12호 1907.7.24) ▎獨逸의 가이제루 露西亞의 즈아루도 頭를 爭치 못ᄒᆞ니(〈서우〉제14호 1908.1.1) ▎五. 露西亞의 富 六百四十億萬圜(〈서북학회월보〉제4호 1908.9.1) ▎또한 露西亞·伊太利 등지에서 産하는 것보다 품질이 월등히 양호하며(〈개벽〉제7호 1921.1.1)

【魯西亞 로서아】 러시아(Russia), 유럽 동부 및 아시아 중·북부에 있는 나라 ▎關白承襲告知差倭言內魯西亞,佛蘭西,英咭利,亞墨利加四國(《조선왕조실록》철종11년 1860.8.8) ▎魯西亞(〈한성순보〉제2호 1883.11.10 歐羅巴洲) ▎北은亞細亞魯西亞에接ᄒᆞ며西ᄂᆞᆫ阿富汗斯坦에界ᄒᆞ고(《소학만국지지》1895 제3편) ▎魯西亞 歲入은 十億四千四十五萬八千三百八十五(루쁠)이되ᄂᆞᆫ듸(〈대조선독립협회회보〉제6호 1897.02.15) ▎社會에서 維支치 못할 것을 意識한 左傾派 인텔리겐치야는 魯西亞 유명한 十九世紀 文學者 세드린의 말과 가티(〈개벽〉제69호 1926.7.1)

【魯西安那州 로서안나주】 루이지애나(Louisiana) 주, 미국 중남부 멕시코만에 면한 주 ▎魯西安那州(〈한성순보〉제12호 1884.2.17 美國誌略)

【綠林 록림】 그리니치(Greenwich), 템스 강 남쪽 연안에 위치하며 세계 시간의 기준점이 되는 그리니치 천문대가 있던 곳으로 유명하다 ▎綠林(〈한성순보〉제15호 1884.3.18 法國誌略)

【鹿特堤府 록특제부】 로테르담(Rotterdam), 네덜란드 조이트홀란트(Zuid Holland) 주에 있는 도시. 라인 강 및 국내 여러 곳과 운하로 연결되는 교통의 요지로 유럽 최대의 무역항이다 ▎鹿特堤府(ROTTERDAM)ᄂᆞᆫ第二都會니(《중등만국지지》1902 권1)

【龍動 룡동】 런던(London), 영국의 수도. '龍動'은 '런던'의 한자 음역 표기이다 ▎第二回ᄂᆞᆫ 一九0七年에 英國 龍動에셔 開催ᄒᆞ엿스며(〈대한흥학보〉제2호 1909.4.20)

【婁介瑟 루개슬】 뉴캐슬(Newcastle), 오스트레일리아 뉴사우스웨일스 주(New South Wales) 동쪽 해안에 있는 대도시 지역 ▎婁介瑟(《사민필지》1895 권2 奧大里亞洲)

【婁마列蘭大 루계열란대】뉴아일랜드(New Ireland), 태평양의 남서쪽 비스마르크 제도에 딸린 섬 ▎婁마列蘭大(《사민필지》1895 권2 太平洋諸小島)

【婁其生堡 루기생보】룩셈부르크(Luxembourg), 유럽 북서부에 있는 입헌군주국 ▎婁其生堡(〈한성순보〉제18호 1884.4.16 歐洲各國國債表)

【樓爾尼亞 루녜니아】루마니아(Romania), 유럽 동남부에 있는 공화국 ▎樓爾尼亞 루메니아(유길준《서유견문》1895 제1편)

【婁勒來 루륵래】뉴기니 섬(New Guinea), 오스트레일리아 북쪽에 있는 섬으로 세계에서 두 번째로 큰 섬이다 ▎婁勒來(《사민필지》1895 권2 太平洋諸島)

【婁禡里亞 루마리아】루마니아(Romania), 유럽 동남부에 있는 공화국 ▎婁禡里亞(《사민필지》1895 권1 奧地利亞 凶牙里)

【婁彌尼亞 루미니아】루마니아(Romania), 유럽 동남부에 있는 공화국 ▎婁彌尼亞(《사민필지》1895 歐羅巴總論)

【婁比阿 루비아】누비아(Nubia), 고대 아프리카 북동부에 있었던 지명으로 오늘날 수단 북동부에 해당된다 ▎婁比阿(《사민필지》1895 권2 亞非利加東界)

【琉球 류구】류큐(Ryukyu), 일본 오키나와(沖繩)의 옛 이름 ▎琉球에셔 出ᄒᆞ니 日本俗에 小兒가 始生ᄒᆞ면 馬枯李와 甘草로써 煎湯飮之ᄒᆞ야 胎毒을 瀉ᄒᆞᄂᆞᆫ 用을 삼ᄂᆞ니라(〈서우〉제4호 1907.3.1) ▎南洋呂宋島의東方海上에發ᄒᆞ야二十四日午前六時에ᄂᆞᆫ琉球中部의北西海上에有ᄒᆞᆫᄃᆡ(〈관보〉제4171호 1908.9.8) ▎琉球ᄂᆞᆫ 日 淸間에 介在ᄒᆞᆫ 小國이라(〈대한흥학보〉제8호 1909.12.20) ▎근년에 淸國의 安南琉球를 타국이 점령하여도 淸國이 감히 一言의 저항을 試치 못하얏나이다(〈개벽〉제4호 1920.9.25) ▎日本의 天皇과 琉球의 天「伽倻志」처럼 모다 天으로써 王號를 지음과(〈별곤건〉제12·13호 1928.5.1) ▎멜라네시아의 토인 사이에도 유행되며 琉球라든지 臺灣에도 이러한 것이 잇다합니다(〈동광〉제22호 1931.6.1)

【琉球國 류구국】류큐(Kingdom of Ryukyu), 일본 오키나와(沖繩)의 옛 이름 ▎류구국, 琉球國 The Loochoo Islands(게일편《한영자전》1911) ▎하나는 유구국(琉球國) 왕으로 잇다가 도라오고 하나는 란지궁 사건을 피해 도라오다가 중도에서(〈별곤건〉제10호 1927.12.20)

【旒咸沙州 류함사주】뉴햄프셔(New Hampshire) 주, 미국 북동부에 있는 주 ▎華爾士山은合衆國의旒咸沙州에在한者라(유길준《서유견문》1895 제1편)

【旒華雲突蘭島 류화운돌란도】뉴펀들랜드(Newfoundland Island) 섬, 캐나다 동쪽 끝 래브라도 반도 남쪽에 있는 섬 ▎北阿美利加의旒華雲突蘭島와大不列顚의愛爾蘭島의間에(유길준《서유견문》1895 제2편)

【倫敦 륜돈】런던(London), 영국의 수도. '倫敦'은 '런던'의 한자음역표기이다 ▎倫敦(〈한성순보〉제3호 1883.11.20) ▎倫敦(《사민필지》1895) ▎首府倫敦은英吉利에有ᄒᆞ야(《소학만국지지》1895) ▎英國下議院은解散의되야新選ᄒᆞᆫ議員을六月二十二日로召募ᄒᆞ다홈(英國倫敦發展)(《관보》제79호 1895.6.3) ▎英京(倫敦)五百六十三萬三千三百三十二人(〈대조선독립협회회보〉제13호 1897.5.31) ▎又近世에ᄂᆞᆫ英島의倫敦等이世界貿易의中央이되더라(《중등만국지지》1902 권1) ▎古今 東西에 振威區宇ᄒᆞᆫ 國으로 歷歷可徵ᄒᆞᆯ지니 北京, 伯林, 華盛, 倫敦 等과 如ᄒᆞᆫ 것이 是也라(〈서우〉제3호 1907.2.1) ▎英京倫敦家屋用의 煉瓦가 凡五百萬噸에 二百五十萬圓의 金을 含有ᄒᆞ엿슬 터이라더라(〈대한유학생회학보〉제2호 1907.4.7) ▎倫敦電을 據ᄒᆞᆫ즉(〈대한자강회월보〉제10호 1907.4.25) ▎륜돈젼도(倫敦全都) 각 신보관에 편젼ᄒᆞ니 좌션군의 명예가 일국에 굉장ᄒᆞ더라(이해조《철세계》1908) ▎丁日吾ㅣ 昔游倫敦ᄒᆞ니 倫敦之博物院에 有人製之怪物ᄒᆞ야(〈대한학회월보〉제1호 1908.2.25) ▎八月 四日붓터 一週間 英京倫敦에셔 第三回 萬國圖書敎育會議를 開催ᄒᆞ엿ᄂᆞᆫᄃᆡ(〈대한흥학

보〉제2호 1909.4.20) ▎英吉利의 정반대측에 잇는 新西蘭 사람이 倫敦에 來하야(〈개벽〉제2호 1920.7.25) 현대중국어 표기 ➡ 伦敦(倫敦)

【圇墩 륜돈】 런던(London), 영국의 수도. '圇墩'은 '런던'의 한자 음역 표기이다 ▎英吉利京城圇墩의二百年前景像을暫記ᄒᆞ건ᄃᆡ(유길준《서유견문》1895 제5편)

【圇墩府 륜돈부】 런던(London), 영국의 수도 ▎一年後에圇墩府에遊ᄒᆞ다가病에罹ᄒᆞ야(유길준《서유견문》1895 제18편)

【倫敦府 륜돈부】 런던(London), 영국의 수도. '倫敦府'는 London의 한자 음역 표기이다 ▎倫敦府知事가法國에遊覽홈(《관보》150호 1895.8.29) ▎英京 倫敦府學士會 會員으로 被選되니 이는 容易 未得ᄒᆞᄂᆞᆫ 名譽의 地位더라(〈태극학보〉제12호 1907.7.24)

【里厤 리마】 리마(Lima), 남아메리카 페루의 수도 ▎里厤(〈한성순보〉제16호 1884.3.27 美國大統領演說)

【利馬 리마】 리마(Lima), 남아메리카 페루의 수도 ▎國都利馬ᄂᆞᆫ海峰을相距ㅣ七里라(《소학만국지지》1895 제5편)

【利拔浦 리발포】 리버풀(Liverpool), 잉글랜드 머지사이드(Merseyside) 주에 있는 항구도시 ▎利拔浦市ᄂᆞᆫ英吉利西岸에有ᄒᆞ야(《소학만국지지》1895 제3편)

【里卑利亞 리비리아】 라이베리아(Liberia), 아프리카 서부에 위치한 나라로, 19세기 미국에서 해방된 노예들이 1847년 건국한 아프리카 최초 흑인공화국이다 ▎里卑利亞(〈한성순보〉제4호 1883.11.30 亞非利駕洲)

【里卑利亞國 리비리아국】 라이베리아(Liberia), 아프리카 서부에 위치한 나라로, 19세기 미국에서 해방된 노예들이 1847년 건국한 아프리카 최초 흑인공화국이다 ▎里卑利亞國 此國은元來禾濱海岸의一部ᄅᆞᆯ占ᄒᆞ고(《소학만국지지》1895 제2편)

【理非然丁 리비연정】 리히텐슈타인(Liechtenstein), 유럽 중부의 스위스와 오스트리아 사이에 있는 입헌군주제 국가 ▎理非然丁(〈한성순보〉제18호 1884.4.16 歐洲各國 國債表)

【里斯本 리사본】 리스본(Lisbon), 포르투갈의 수도 ▎首府里斯本은太古河口에有ᄒᆞ야(《소학만국지지》1895 제3편) ▎中世에ᄂᆞᆫ伊比利半島의里斯本(LISBON)과또近世에ᄂᆞᆫ英島의倫敦等이世界貿易의中央이되더라(《중등만국지지》1902 권1) ▎總聖寺 禮拜次로 葡萄牙首府 里斯本 에 至홀 셰(〈대한학회월보〉제1호 1908.2.15) ▎葡萄牙凶變 里斯本電을 據ᄒᆞᆫ 則(〈대한협회회보〉제1호 1908.4.25) 현대중국어 표기 ➡ 里斯本

【里斯本府 리사본부】 리스본(Lisbon), 포르투갈의 수도 ▎里斯本府(〈한성순보〉제17호 1884.4.6 歐洲各國京都經緯表)

【里斯波亞 리사파아】 리스본(Lisbon), 포르투갈의 수도 ▎里斯波亞(〈한성주보〉제31호 1886.10.4 瀛海各國統考)

【利秀繁 리수번】 리스본(Lisbon), 포르투갈의 수도 ▎葡萄牙國利秀繁의地震에六萬人을壓死ᄒᆞ고(유길준《서유견문》1895 제1편)

【里昻 리앙】 리옹(Lyon), 프랑스 중남부에 있는 도시 ▎里昻 此府ᄂᆞᆫ馬塞里의北方六百三十里許에在ᄒᆞ야(유길준《서유견문》1895 제20편) ▎里昻은此國의第二盛都로(《소학만국지지》1895 제3편) ▎今番里昻商業所붓터淸國에派遣ᄒᆞᆫ商業視察員一行은(《관보》제140호 1895.8.17) ▎法國 里昻 織 卓子掛며 其他 金銀珠玉은 珖燦爛ᄒᆞ고(〈태극학보〉제13호 1907.9.24) ▎第二十三은 佛蘭西의 里昻大學이니(〈서북학회월보〉제2호 1908.7.1)

【里昻府 리앙부】 리옹(Lyons), 프랑스 중남부에 있는 도시 ▎里昻府에至ᄒᆞ야소온河(SAONE)와會ᄒᆞ고(《중등만국지지》1902 권1)

【利巴夫婁 리파부루】 리버풀(Liverpool), 영국 북서부 머시사이드(Merseyside) 주의 항구도시 ▎西一六九九年에利巴夫婁에셔始起

ᄒᆞ니라(장지연편《만국사물기원역사》1909.8)

【裏海 리해】카스피 해(Caspian Sea), 러시아 남서부, 아제르바이잔, 투르크메니스탄, 카자흐스탄, 이란 북부로 둘러싸인 세계 최대의 내해 ▌西ᄂᆞᆫ烏剌爾山及裏海,黑海ᄅᆞᆯ因ᄒᆞ야(《중등만국지지》1902 권1) ▌裏海(《고등소학독본》권2, 휘문의숙편집부, 1907) ▌露西亞의 波斯로 더부러 裏海를 共ᄒᆞᆷ과 德奧의 瑞士로 더부러 康斯但湖를 共ᄒᆞᆫ 거시 是ㄹ라(〈대한유학생회학보〉제3호 1907.5.25) ▌一派ᄂᆞᆫ 西方裏海 南岸으로브터 알메니아와 小亞細亞地를 經過ᄒᆞ야 希臘 羅甸民族이 되고(〈태극학보〉제22호 1908.6.24) ▌漢나라와 唐나라의 武力이 가장 盛하든 때에도 西로는 겨우 裏海에 達햇을 뿐이요(〈동광〉제39호 1932.11.1)

【理華堡 리화보】리버풀(Liverpool), 영국 북서부 머시사이드(Merseyside) 주의 주도가 있는 도시 ▌理華堡(〈한성순보〉제3호 1883.11.20 中英會議禁煙)

【立菸八 립어팔】리버풀(Liverpool), 영국 북서부 머시사이드(Merseyside) 주의 주도가 있는 도시 ▌立菸八(립어풀)此府ᄂᆞᆫ英吉利國의 第二都會니(유길준《서유견문》1895 제19편)

ㅁ

【馬哥塞 마가색】 마다가스카르(Madagascar), 아프리카 남동쪽 인도양에 있는 섬나라. ▌馬哥塞(《사민필지》1895 권2 馬哥塞) ▌馬哥塞 마다가스가(《서유견문》1895 제1편)

【馬哥塞國 마가색국】 마다가스카르(Madagascar), 아프리카 남동쪽 인도양에 있는 섬나라 ▌馬哥塞國(《사민필지》1895 권2 馬哥塞)

【馬巨嘶 마거시】 매켄지 강(Mackenzie), 캐나다 남서부 브리티시컬럼비아 주 남부를 흐르는 강. 맥켄지가 처음으로 발견하여 매켄지 강으로 불리었다(캐나다 노스웨스트 준주에 있던 행정구) ▌馬巨嘶(《사민필지》1895 권2 佳那多)

【馬其頓 마기돈】 마케도니아(Macedonia), 남부 유럽 발칸 반도 중부에 있는 나라 ▌馬其頓(〈한성순보〉제24호 1884.6.14 亞里斯多得里傳) ▌氏가 中年時에 馬基頓王의 聘에 應ᄒᆞ고 亞歷山大帝의 師가 되얏더니(〈대한학회월보〉제6호 1908.7.25) 현대중국어 표기 ➡ 马其顿

【摩那哥 마나가】 모나코(Monaco), 유럽의 프랑스 남동부 지중해에 면한 입헌군주제 국가이다 ▌摩那哥(〈한성주보〉제47호 1887.1.24 彈丸小國)

【麻尼羅 마니라】 마닐라(Manila), 필리핀의 수도로 루손 섬 남서부 마닐라 만(灣)에 면한 항구 도시이다 ▌首府麻尼羅ᄂᆞᆫ呂宋島의西南海岸麻尼羅灣에臨ᄒᆞ니(《소학만국지지》1895 제6편)

【馬尼剌 마니랄】 마닐라(Manila), 필리핀의 수도로 루손 섬 남서부 마닐라 만(灣)에 면한 항구 도시이다 ▌首府 馬尼剌(MANILLA)ᄂᆞᆫ 呂宋島의西南되ᄂᆞᆫ馬尼剌灣에臨ᄒᆞ니(《중등만국지지》1902 제3편) ▌美艦隊가同地를 訪問홈을 懇請ᄒᆞ기로 該艦隊의 馬尼剌到着後ᄂᆞᆫ 其半數만 濠洲行을 被命홀 듯 ᄒᆞ다더라(〈대동학회월보〉제2호 1908.3.25) ▌布哇를 經하야 馬尼剌에 到着하얏는대(〈동아일보〉1920.8.4. 2면) ▌遠東國際 辯護士協會가 比律賓 馬尼剌에 開하다(〈개벽〉제39호 1923.9.1) ▌제3조에 比律賓 諸島의 처분을 결정할 강화조약이 성립되기까지 米國은馬尼剌의 항만과 도시를 점령 保持할 것을 규약하엿슬 뿐이니(〈삼천리〉제12호 1931.2.1)

【馬達加斯 마달가사】 마다가스카르(Madagascar), 아프리카 남동쪽 인도양에 있는 섬나라 ▌馬達加斯(〈한성순보〉제1호 1883.10.31 馬達加斯加島事件近報)

【馬達加斯加 마달가사가】 마다가스카르(Madagascar), 아프리카 남동쪽 인도양에 있는 섬나라 ▌馬達加斯加(〈한성순보〉제3호 1883.11.20) ▌馬達加斯加國은本洲의第一大島ㅣ라(《소학만국지지》1895) ▌婆羅洲加拉巴島 蘇門答臘島 新西蘭島 馬達加斯加島 太平洋群島土人皆此類也(〈대조선독립협회회보〉제8호 1897.3.15) ▌如塔喜齊, 安南, 突尼斯, 馬達加斯加等이 是也오(〈대한협회회보〉제8호 1908.11.25) 현대중국어 표기 ➡ 马达加斯加

【馬德里 마덕리】 마드리드(Madrid), 스페인의 수도. 에스파냐의 중앙인 메세타(Meseta) 고원에 위치한다 ▌首府馬德里ᄂᆞᆫ中央部의高原에有ᄒᆞ야(《소학만국지지》1895 제3편) ▌西班牙國都「馬德里」諸新聞報道에據ᄒᆞᆫ즉「규바」島의反亂討滅ᄒᆞ믈爲ᄒᆞ야(〈관보〉제320호 1896.5.8) ▌首府ᄂᆞᆫ馬德里(MADRID)오(《중등만국지지》1902 권1) ▌馬德里電을 據ᄒᆞᆫ즉 葡萄牙 內閣은 辭職ᄒᆞ고(〈대동학회월보〉제16호 1909.5.25) ▌西班牙 馬德里 月額五十圜至六十圜家口可寄(〈대한흥학보〉제7호 1909.11.20) ▌일팔구일년 馬德里 協定에 對한 希望(〈동아일보〉1922.6.9. 2면) 현대중국어 표기 ➡ 马德里

【馬德里府 마덕리부】 마드리드(Madrid), 스페인의 수도 ▌馬德里府(〈한성순보〉제17호 1884.4.6 歐洲各國京都經緯表)

【馬島 마도】 말레이 제도(諸島)(Malay Archipelago), 동남아시아의 인도차이나 반

도와 오스트레일리아 사이의 섬을 말하며 인도네시아와 필리핀, 브루나이, 말레이시아(동말레이시아), 동티모르 등이 포함된다 ▌馬島(〈한성순보〉제16호 1884.3.27 美國大統領 演說)

【馬斗賴 마두뢰】마드리드(Madrid), 스페인의 수도 ▌馬斗賴哥多瓦加拉拿太細勃哥祉朱沙羅高楂(유길준《서유견문》1895 제1편)

【摩洛哥 마락가】모로코(Morocco), 아프리카 서북부에 있는 입헌군주국. 지브롤터 해협을 사이에 두고 스페인과 마주 보고 있다 ▌摩洛哥(〈한성순보〉제4호 1883.11.30 亞非利駕洲) ▌摩洛哥(《사민필지》1895) ▌摩洛哥 모록코(유길준《서유견문》1895 제1편) ▌마락가 摩洛哥 Maracca(게일편《한영자전》1897) ▌又若 西班牙 摩洛哥 의 直布羅陀海峽(現屬英)과 日本의 津輕海峽 이 亦與英法으로 同例니라(〈대한유학생회학보〉제3호 1907.5.25) ▌摩洛哥 王의 軍隊는 王位를 覬覦ᄒᆞᄂᆞᆫ 其弟 무레하우잇도 의 兵를 모가도루 의 附近에서 破ᄒᆞ니(〈서우〉제14호 1908.1.1) ▌摩洛哥에 在ᄒᆞᆫ 法國 軍艦은 撤退ᄒᆞ얏다더라(〈대동학회월보〉제13호 1909.2.25) 현대중국어 표기 ➡ 摩洛哥

【摩洛哥國 마락가국】모로코(Morocco), 아프리카 서북부에 있는 입헌군주국. 지브롤터 해협을 사이에 두고 스페인과 마주 보고 있다 ▌阿弗利加洲의江河를顧ᄒᆞ건ᄃᆡ那逸江은摩洛哥國에在ᄒᆞᆫ者니(유길준《서유견문》1895 제2편) ▌摩洛哥國은本洲의北部에有ᄒᆞ야大西洋에面ᄒᆞ니라(《소학만국지지》1895 제2)

【馬來 마래】말레이시아(Malaysia), 아시아 동남부에 있는 입헌군주국 ▌馬來人種은 마당아스갈島 마랏가半島 東印度諸島 太平洋 群島 住民의 五千萬口를 稱홈이오(〈대조선독립협회회보〉제8호 1897.2.28) ▌一行이 叫道「馬來馬來」ᄒᆞ다 不見崖前小路에 有白衣韓人이 作七騎一隊而來라 疲勞之餘에 喜甚ᄒᆞ야(〈대한유학생회학보〉제3호 1907.5.25) ▌馬來人種 皮膚는 鳶色이니(〈서우〉제10호 1907.9.1) ▌馬來土語도 隨意通情ᄒᆞᄂᆞᆫ 貌樣이니 참 歎服無地로다(〈태극학보〉제14호 1907.10.24) ▌大陸民族)과 及馬來人種의 三系統을 由ᄒᆞ야(〈대한흥학보〉제11호 1910.3.20) ▌日語는 숙달치 못하나 英語와 馬來語는 숙달하며(〈개벽〉제13호 1921.7.1) 현대중국어 표기 ➡ 马来西亚

【馬來加 마래가】말라카(Malacca), 말레이 반도 서해안의 말라카 해협에 면해 있는 항구도시 ▌此는亞剌比亞,亞富汗並比耳路斯坦,馬來加,支那外藩,印度內地等處處오(《중등만국지지》1902 권1)

【馬來羣島 마래군도】말레이 제도(Malay Archipelago), 동남아시아의 인도차이나 반도와 오스트레일리아 사이의 섬을 말하며 인도네시아와 필리핀, 브루나이, 말레이시아(동말레이시아), 동티모르 등이 포함된다 ▌馬來羣島는휘릿빈諸島와산다諸島를總稱홈이니(《소학만국지지》1895 제6편) ▌安息香(안식향) ㊀ 齊墩果科에 屬한 喬木이니 樹皮는 茶褐色이오 葉은 長方尖頭로 下面에 軟毛를 生하며 夏季에 葉腋으로부터 短한 花枝를 抽하야 小花를 開하고 果實은 球形으로 白色의 軟毛를 密生하니 馬來羣島에 産홈(《총독부조선어사전》1918)

【馬來半島 마래반도】말레이 반도(Malay peninsula), 동남아시아 인도차이나 반도에서 남쪽으로 돌출한 좁고 긴 반도 ▌馬來半島와스마도라(SUMATRA)島間에有ᄒᆞᆫ馬來加(MALACCA)海峽(《중등만국지지》1902 권1) ▌菲律賓群島 馬來半島 伊太利半島에 至ᄒᆞᆫ 者니(〈태극학보〉제2호 1906.9.24) ▌眼은 白人種과 如ᄒᆞᆫ 人種이니 馬來半島 東印度諸島 等地에 在住ᄒᆞ니(〈서우〉제10호 1907.9.1) ▌그 다음 大洋洲, 늬우실랜드, 馬來半島, 뻐마, 加奈太, 印度, 南아푸리카, 東아푸리카, 香港 等 각 식민지의 출품관이 잇스며(〈개벽〉제56호 1925.2.1)

【馬來西亞 마래서아】말레이시아(Malaysia), 아시아 동남부에 있는 입헌군주국 ▌馬來西亞(MALAYSIA)(《중등만국지지》1902) 현대중국어 표기 ➡ 马来西亚

【馬賴江 마뢰강】머리 강(Murray River), 오스

트레일리아 남동부를 흐르는 강 ▌洋洲에는馬賴江뿐이니(유길준《서유견문》1895 제2편)

【馬類母刺海 마류모자해】 지중해(Mediterranean Sea), 유럽 대륙과 아프리카로 둘러싸인 바다 ▌馬類母刺海(〈한성순보〉제1호 1883.10.31 論洲洋)

【馬理蘭州 마리란주】 메릴랜드(Maryland) 주, 미국 동부에 있는 주. 주도(州都)는 아나폴리스(Annapolis)이다 ▌馬理蘭州(〈한성순보〉제12호 1884.2.17 美國誌略)

【麽士高城 마사고성】 모스크바(Moskva), 러시아 연방의 수도. 유럽 러시아의 중부, 모스크바 강 유역에 위치한다. 영어로는 모스코(Moscow)라고 한다 ▌麽士高城(〈한성주보〉제26호 1886.9.6 總核巨物)

【痲沙失邑州 마사실읍주】 매사추세츠(Massachusetts) 주, 미국 뉴잉글랜드 지방 남부에 있는 주. 주도는 보스턴(Boston)이다 ▌痲沙失邑州(〈한성순보〉제12호 1884.2.17 美國誌略)

【磨沙州 마사주】 매사추세츠(Massachusetts) 주, 미국 뉴잉글랜드 지방 남부에 있는 주. 주도는 보스턴(Boston)이다 ▌磨沙州學問大家毛氏에就ᄒᆞ야(유길준《서유견문》1895 序)

【磨沙朱細周州 마사주세주주】 매사추세츠(Massachusetts) 주, 미국 뉴잉글랜드 지방 남부에 있는 주 ▌北阿美利加洲合衆國磨沙朱細周州人毛菸壽가五年의幸勤ᄒᆞᆫ試驗을由ᄒᆞ야(유길준《서유견문》1895 제18편)

【麿三碧 마삼벽】 모잠비크(Mozambique), 아프리카 대륙 동남부에 있는 공화국 ▌麿三碧(〈한성주보〉제56호 1887.3.28 電音補譯)

【馬塞里 마새리】 마르세유(Marseille), 프랑스 남쪽 지중해 연안에 있는 항구 도시. 프랑스 최대의 항구 도시이며 지중해 지방의 관문으로 천연의 양항(良港)이다 ▌馬塞里 此府ᄂᆞᆫ佛蘭西의南方布魯漢秀에在ᄒᆞ야(유길준《서유견문》1895 제20편)

【馬爾多 마이다】 몰타(Malta), 남부 유럽 지중해 중앙부에 위치한 공화국 ▌馬爾多(〈한성순보〉제6호 1883.12.20 英國誌略)

【瑪爾磨拉海 마이마랍해】 마르마라(Sea of Marmara) 해, 터키 북서부, 유럽과 아시아 사이에 있는 내해 ▌瑪爾磨拉海(〈한성순보〉제2호 1883.11.10 歐羅巴洲)

【馬耳塞 마이새】 마르세유(Marseille), 프랑스 남쪽 지중해 연안에 있는 항구 도시. 프랑스 최대의 항구 도시이며 지중해 지방의 관문으로 천연의 양항(良港)이다 ▌馬耳塞ᄂᆞᆫ地中海沿岸에有ᄒᆞ니(《소학만국지지》1895 제3편) ▌東洋名地와文通ᄒᆞᆫ大港은馬耳塞(MARSEI)고(《중등만국지지》1902) ▌法國 馬耳塞에 上陸ᄒᆞ야 巴里城을 向去ᄒᆞ니(〈태극학보〉제4호 1906.11.24) ▌馬耳塞에 내리거든 전보하라는 것과(〈개벽〉제23호 1922.5.1) ▌淯霧낀 아츰에 말세유(馬耳塞)을 향하야 출범하는 萬餘頓의 英國기선M號가(〈삼천리〉제10호 1930.11.1)

【馬太加斯加島 마태가사가도】 마다가스카르(Madagascar), 아프리카 남동쪽 인도양에 있는 섬나라 ▌馬太加斯加島(MADAGASCAR)又曰馬島오(《중등만국지지》1902 권3)

【馬特 마특】 마드리드(Madrid), 스페인의 수도. 에스파냐의 중앙인 메세타(Meseta) 고원에 위치한다 ▌馬特(〈한성주보〉제31호 1886.10.4 瀛海各國統考)

【莫落哥 막락가】 모로코(Morocco), 아프리카 서북부에 있는 입헌군주국. 지브롤터 해협을 사이에 두고 에스파냐와 마주 보고 있다 ▌莫落哥(MOROCCO)ᄂᆞᆫ其首府오(《중등만국지지》1902)

【莫斯科 막사과】 모스크바(Moskva), 러시아 연방의 수도. 유럽 러시아의 중부, 모스크바 강 유역에 위치한다. 영어로는 모스코(Moscow)라고 한다 ▌莫斯科ᄂᆞᆫ此國의舊都로(《소학만국지지》1895 제3편) ▌恒常 剽悍ᄒᆞᆫ 蒙古人種의 征服홈이 되얏든 一個莫斯科公國에 不過ᄒᆞ얏도다(〈대한학회월보〉제4호 1908.5.25) ▌露國 聖彼得 月額八十圜至百圜(家貰, 食料, 掃除費, 煖室費, 燈料幷)莫斯科月額五十六圜至

七十六圜(〈대한흥학보〉제7호 1909.11.20) ▎제1막 莫斯科郊 외 쯔아리치나 湖畔(〈개벽〉제1호 1920.6.25) ▎莫斯科에서 螢雪의 功을 닥고 잇는 동생과 日本에 유랑하는 둘재 동생도 그립습니다(〈별곤건〉제19호 1929.2.1) 현대중국어 표기 ➡ 莫斯科

【幕斯科 막사과】 모스크바(Moskva), 러시아 연방의 수도. 유럽 러시아의 중부, 모스크바 강 유역에 위치한다. 영어로는 모스코(Moscow)라고 한다 ▎幕斯科(《친목회회보》제4호 1896.12) ▎레닌 死去後 3일 만에 幕斯科를 떠나, 日本에 도라왓다는 增田正雄氏는 아레와가티 말하얏다(〈개벽〉제45호 1924.3.1)

【莫三鼻 막삼비】 모잠비크(Mozambique), 아프리카 대륙 동남부에 있는 공화국 ▎莫三鼻(〈한성순보〉제4호 1883.11.30 亞非利駕誌略)

【莫三比 막삼비】 모잠비크(Mozambique), 아프리카 대륙 동남부에 있는 공화국 ▎莫三比(〈한성주보〉제6호 1886.3.8 亞非利駕誌略)

【莫三鼻海峽 막삼비해협】 모잠비크 해협(Mozambique Channel), 아프리카 남동해안과 마다가스카르 섬 사이에 있는 해협 ▎莫三鼻海峽을隔ᄒᆞ야大陸과相對ᄒᆞ니(《소학만국지지》1895 제2편)

【莫修科 막수과】 모스크바(Moskva), 러시아의 수도. 영어로는 모스코(Moscow)라고 한다 ▎莫修科(〈한성순보〉제11호 1884.2.7.24 俄國疆域記)

【滿 만】 만주(Manchuria), 중국 둥베이(東北) 지방을 이르는 말. '滿'은 '滿洲'가 줄어든 말이다 ▎牛丸씨의 滿蒙西伯利 在住鮮人 상황에 就한 시찰보고가 有하고(〈개벽〉제11호 1921.5.1) ▎渤海를 멸하고 再擧에 後晋을 並하야 滿蒙과 밋 北支那를 포괄한 大遼帝國을 건설케 하엿다(〈별곤건〉제20호 1929) ▎他方 中國側에서는 滿蒙利權 回復을 슬로간으로 排日氣勢를 날리려는 형편이다(〈동광〉제21호 1931.5.1)

【萬古福 만고복】 밴쿠버(Vancouver), 캐나다 브리티시컬럼비아 주 남서부에 있는 도시 ▎近時에著名한新開港場萬古福은그ᄯᅡ에잇ᄂᆞ니라(《소학만국지지》1895 제3편)

【滿洲 만주】 만주(Manchuria), 중국 둥베이(東北) 지방을 이르는 말. 랴오닝(遼寧), 지린(吉林), 헤이룽장(黑龍江)의 둥베이 삼성(東北三省)으로 구성되어 있다 ▎黑龍江의低原은滿洲의諸山이周遭ᄒᆞ야在ᄒᆞ고(유길준《서유견문》1895 제1편) ▎償金을 ᄂᆡ이고 滿洲 一部ᄂᆞᆫ 俄國에 割ᄒᆞ야 주고(《국민소학독본》1895) ▎만쥬 滿洲 Manchuria(게일편《한영자전》1897) ▎北은長城及陰山脈으로滿洲에境ᄒᆞ고(《중등만국지지》1902 권1) ▎西北은 滿洲와 遼東과 土壤을 接ᄒᆞ고(〈대한자강회월보〉제3호 1906.9.25) ▎故로 日本이 滿洲를 競爭ᄒᆞᆯ 時에 聲言曰 商業競爭으로ᄂᆞᆫ 不可ᄒᆞ니(〈대한유학생회학보〉제3호 1907.5.25) ▎此 時代 我國의 區域은 滿洲奉天省의 東部로브터 現今 黃海道 江原道 以北의 地며(〈기호흥학회월보〉제3호 1908.10.25) ▎清學(청학) 滿洲語學의 稱(《총독부조선어사전원본》1918) ▎중국과의 수출입 무역을 見하면 작년과 如함은 前例에 無한 滿洲粟의 수입으로 年來의 균형을 失하얏스나(〈개벽〉제8호 1921.2.1)

【滿洲國 만주국】 만주국(Manchukuo, Manchu State), 1932부터 1945년까지 일본이 중국 동북 3성에 세웠던 괴뢰 국가 ▎한참 당년에 普成전문학교장으로 잇든 鄭永澤씨(現名鄭安立)가 滿洲國을 창건한다고 北滿으로 가고(〈별곤건〉제4호 1927.2.1) ▎이리하야 大同元年 3月 1日에 滿洲國이 독립을 선언하고(〈동광〉제32호 1932.4.1) ▎女眞 中 이『노라씨』일족이 旺盛하야 諸 부락을 병합하고 滿洲國을 건설하얏다가(〈삼천리〉제4권7호 1932.4.1) ▎이것을 중심으로 한 광망 650,000 평의 대지야말노 滿洲國의 최고 학부 建國 대학의 학원이다(〈삼천리〉제10권10호 1938.10.1)

【滿逮比得烏 만체비득오】 몬테비데오(Montevideo), 우루과이(Uruguay)의 수도이자 최대의 무역항이다 ▎滿逮比得烏(《사민필지》1895 권2 猶羅貴)

【滿棣秀太 만체수태】맨체스터(Manchester), 영국 잉글랜드 북서부 그레이터맨체스터 주(Greater Manchester)의 주도 ▌滿棣秀太(만톄스터) 此府ㄴ 亦蘭柱沙州의 都會라(유길준《서유견문》1895 제19편)

【滿齒士多 만치사다】맨체스터(Manchester), 영국 잉글랜드 북서부 그레이터맨체스터 주(Greater Manchester)의 주도 ▌其近傍에 滿齒士多市가 ᄒᆞ고(《소학만국지지》1895 제3편)

【滿巴丹島 만파단도】맨해튼(Manhattan), 미국 뉴욕 주 뉴욕의 자치구 중 가장 인구 밀도가 높은 자치구 ▌此府ㄴ 合衆國의 最大ᄒᆞᆫ 都會라 滿巴丹島의 角을 占ᄒᆞ야(유길준《서유견문》1895 제19편)

【晩香坡 만향파】밴쿠버(Vancouver), 캐나다 브리티시컬럼비아(British Columbia) 주 남서부에 있는 도시로, 밴쿠버라는 이름은 1792년 태평양 연안을 탐험한 조지 밴쿠버 선장의 이름에서 딴 것이다.'晩香坡'는 Vancouver의 중국식 한자표기이다 ▌償問題 爭點 晩香坡暴動賠償額에 對ᄒᆞ야 加奈陀聯邦政府 調査委員 킹구 氏와 日本 森川領事의 間에 爭論이 起ᄒᆞᆫ지라(〈서우〉제14호 1908.1.1) ▌晩香坡를 發하기 前에 新聞主 노-스크리프의 行한 演說(〈동아일보〉1921.8.13 1면)

【末那加 말나가】말라카(Malacca), 말레이 반도 서해안의 말라카 해협에 면해 있는 항구도시 ▌末那加(《사민필지》1895 권2 西班牙)

【梅來 매래】메레 강(Merey), 호주에 있는 강 이름 ▌梅來(《사민필지》1895 권2 奧大里亞洲)

【麥堅支江 맥견지강】매켄지 강(Mackenzie), 캐나다 남서부 브리티시컬럼비아(British Columbia) 주 남부를 흐르는 강. 매켄지가 처음으로 발견하여 맥켄지 강으로 불리었다 ▌麥堅支江과 伯昆河ㄴ 北으로 海에 入ᄒᆞ며(유길준《서유견문》1895 제2편)

【麥時古 맥시고】멕시코(Mexico), 미국 서남부에 접하여 있는 연방공화국 ▌墨西哥(麥時古) 멕시코(유길준《서유견문》1895 제1편) ▌合衆國(一名 花旂國俗稱 美國) 墨西哥(麥時古) 瓜多磨羅(〈대한협회회보〉제5호 1908.8.25)

【孟加臘 맹가랍】벵골(Bengal), 인도 동부의 서벵골 주와 방글라데시 일대 ▌孟加臘(〈한성주보〉제32호 1886.10.11 續瀛海各國統)

【孟買 맹매】뭄바이(Mumbai), 마하라슈트라주(Maharashtra)의 주도. 전에는 봄베이(Bombay)로 불리었으나 1995년부터 이름이 뭄바이(Mumbai)로 이름이 바뀌었다 ▌孟買(〈한성주보〉제32호 1886.10.11 續瀛海各國統) ▌孟買ㄴ 世界中에 良港의 一이라(《소학만국지지》1895 권1) ▌曩에 印度內地를 巡廻ᄒᆞ던 孟買駐在日本國二等領事吳大五郎이가(《관보》142호 1895.8.24) ▌昔에 孟買地方에서 煤의 價가 英國보다 高昂ᄒᆞ고(〈대조선독립협회회보〉제7호 1897.2.28) ▌1880年頃에는 孟買大學 卒業生인 「락날릭나」 數員을 爲始하야(〈별건곤〉제30호 1930.7.1) ▌이 孟買로 말하더래도 16世紀頃에는 葡萄牙人이 割據하든 한 섬이엇든 것을(〈삼천리〉제17호 1931.7.1) 현대중국어 표기 ➡ 孟买

【孟買爾 맹매이】뭄바이(Mumbai), 마하라슈트라(Maharashtra) 주의 주도. 전에는 봄베이(Bombay)로 불리었으나 1995년부터 이름이 뭄바이(Mumbai)로 이름이 바뀌었다 ▌孟買爾(〈한성순보〉제5호 1883.12.9 奧普意三國同盟)

【孟的里 맹적리】몬트리올(Montreal), 캐나다 퀘벡 주에 있는 도시. 세인트로렌스 강 유역에 위치한 캐나다 최대의 도시이다 ▌國內第一商業府ㄴ 聖勞稜索河畔의 孟的里니(《소학만국지지》1895 제3편)

【緬甸 면전】미얀마(Burma), 동남아시아의 인도차이나 반도와 인도 대륙 사이에 있는 나라이다 ▌李定國, 定國戰敗死, 可望降於淸, 永曆奔緬甸國(《조선왕조실록》현종11년 1670.윤2.8) ▌緬甸(〈한성순보〉제1호 1883.10.31. 緬甸世子未知行處) ▌緬甸 버마(유길준《서유견문》1895 제1편) ▌南은 印度와 緬甸과 安南과 支那海에 連ᄒᆞ며(《소학만국지지》1895 제1편) ▌緬甸에 通ᄒᆞᆯ 鐵路도 時方設計中이러니(《관보》87호 1895.6.12)

▌於亞細洲他處(指緬甸國之類)得八萬方里大於英倫(〈대조선독립협회회보〉제12호 1897.5.15) ▌면뎐「緬甸」 셔쪽과 셜산「雪山」 남쪽에 쌍 덩이 형샹이 긔셜「箕舌」과 굿흐니(《독립신문》1899.11.6) ▌緬甸은 暹羅의 西北及支那雲南省의 南에 隣흔 英國新領地라(《중등만국지지》1902 권1) ▌又安南과 緬甸은 帝王의 名이 僅有ᄒᆞ나(〈대한협회회보〉제8호 1908.8.25) ▌波蘭은 丘墟을 已作ᄒᆞ고 緬甸은 氣脈이 幾絶ᄒᆞᄂᆞᆫ도다(〈대한흥학보〉제1호 1909.3.20) 현대중국어 표기 ➡ 緬甸

【蔑爹加斯架 멸다가사가】 마다가스카르(Madagascar), 아프리카 남동쪽 인도양에 있는 섬나라 ▌蔑爹加斯架(〈한성순보〉제9호 1884.1.18 倫敦電音)

【毛里西諸島 모리서제도】 모리셔스(Mauritius), 아프리카 동쪽 인도양 남서부에 있는 여러 섬들 ▌毛里西諸島(〈한성순보〉제4호 1883.11.30 亞非利駕洲)

【模潛伯 모잠백】 모잠비크(Mozambique), 아프리카 대륙 동남부에 있는 공화국 ▌模潛伯은 葡萄牙에 歸ᄒᆞ니 盖許多흔 地方을 彈記ᄒᆞ기 不能흔 者라(유길준《서유견문》1895 제1편) ▌模潛伯은 葡萄牙에 歸ᄒᆞ고(〈대한협회회보〉제5호 1908.8.25)

【模潛伯九 모잠백구】 모잠비크(Mozambique), 아프리카 대륙 동남부에 있는 공화국 ▌模潛伯九(《사민필지》1895 권2 亞非利加東界)

【門斗尼骨 문두니골】 몬테네그로(Montenegro), 유럽 남동부 발칸 반도 아드리아 연안에 위치한 공화국 ▌門斗尼骨은 墺土兩國의 間에 有ᄒᆞ야 西로 亞得亞的海에 臨ᄒᆞ며 몬데데구로란 黑山은 松樫檜等의 森林이 國의 全面을 蔽ᄒᆞ니라(《소학만국지지》1895 제3편)

【蒙 몽】 몽고(Mongolia), 중앙아시아 고원지대 북방에 위치한 내륙국가 ▌13년에는 소위 로몽조약(露蒙條約) 이라는 것이 성립되여(〈별곤건〉제57호 1932.11.1)

【蒙古 몽고】 몽고(Mongolia), 중앙아시아 고원지대 북방에 위치한 내륙국가 ▌몽고 蒙古(파리외방선교회 한국선교단《한불자전》1880) ▌其東北은 蒙古의 高原이며(유길준《서유견문》1895 제1편) ▌몽고 蒙古(《국한회어》1895) ▌蒙古部中에셔 짜히 넓고 威力이 强大ᄒᆞ고(《국민소학독본》1895) ▌蒙古(《사민필지》1895 권1 歐羅巴總論) ▌몽고 蒙古 Mongolia(게일편《한영자전》1897) ▌故西國常以人分五大類一曰蒙古人一曰高加索人一曰阿非利加人一曰馬來人一曰亞美利加土人(〈대조선독립협회회보〉제8호 1897.3.15) ▌卽(一)蒙古高原(二)西藏高臺等二處라(《중등만국지지》1902 권1) ▌北滿及蒙古에 在흔 高索克兵은 該各地에 測量을 行ᄒᆞᄂᆞᆫ 故로 徐總督은 內務部에 警告ᄒᆞ얏다더라(〈대동학회월보〉제10호 1908.11.25) ▌現今蒙古附近에셔 其天然産은 官이스ᄉᆞ로 兵士로ᄒᆞ야곰(《관보》제4247호 1908.12.8) ▌西結蒙古ᄒᆞ며 東征日本ᄒᆞ나 國勢가 凌夷ᄒᆞ야(〈기호흥학회월보〉제6호 1909.1.25) 현대중국어 표기 ➡ 蒙古

【蒙達那郡 몽달나군】 몬태나(Montana), 미국 서부의 주 ▌蒙達那郡(〈한성순보〉제12호 1884.2.17 美國誌略)

【蒙的尼 몽적니】 몬테네그로(Montenegro), 유럽 남동부 발칸 반도 아드리아 연안에 위치한 공화국 ▌蒙的尼(〈한성순보〉제18호 1884.4.16 歐洲各國國債表)

【巫來由諸島 무래유제도】 말레이 제도(Malay Archipelago), 동남아시아의 인도차이나 반도와 오스트레일리아 사이의 섬을 말하며 인도네시아와 필리핀, 브루나이, 말레이시아(동말레이시아), 동티모르 등이 포함된다 ▌巫來由諸島(〈한성순보〉제1호 1883.10.31 論洲洋)

【茂蕃 무번】 멜버른(Melbourne), 오스트레일리아 남동부 해안에 있는 항구 도시. 오스트레일리아 제2의 도시이며 빅토리아 주의 주도이다 ▌茂蕃(《사민필지》1895 권2 奧大里亞洲)

【墨 묵】 멕시코(Mexico), 미국 서남부에 접하여 있는 연방공화국. '墨'은 멕시코의 중국식 한자표기 '墨西哥'가 줄어든 말이다 ▌米, 西, 墨等三國도 今世 戰爭에 在ᄒᆞ야ᄂᆞᆫ 此를

遵守치 아니치 못홀 實際의 事情이 有홈으로(《대동학회월보》제4호 1908.5.25) ❙米墨戰爭은 米軍의 勝利에 歸ᄒᆞ고 察太僻 의 勇壯慘烈ᄒᆞᆫ 一大 血戰으로終을 告ᄒᆞ니라(《대한흥학보》제7호 1909.11.20) ❙米墨은 외교관계 부활의 목적으로 협약을 성립하야 調印되다(《개벽》제39호 1923.9.1) ❙이거야말로 米墨 교섭 이상의 豫期 못햇든 중대사건이라(《별곤건》제43호 1931.9.1)

【墨國 묵국】 멕시코(Mexico), 미국 서남부에 접하여 있는 연방공화국. '墨國'은 '墨西哥國'이 줄어든 말이다 ❙西班牙國政府ᄂᆞᆫ「히릿빈」群嶋及「아치래스」群嶋에流通ᄒᆞᆫ墨國貨幣를廢止ᄒᆞ랴ᄒᆞ고(《관보》제225호 1896.1.18) ❙墨國(《대한민보》제44호 1909.8.1) ❙一般 墨國人의 崇拜를 受ᄒᆞᄂᆞ니 卽 其一은 伊達古 라 稱ᄒᆞᄂᆞᆫ 天主敎의 傑僧인ᄃᆡ 일즉(《대한흥학보》제7호 1909.11.20) ❙墨國에 全石油田은 혁명군이 점령하다(《개벽》제44호 1924.2.1)

【墨斯科 묵사과】 모스크바(Moskva), 러시아 연방의 수도. 유럽 러시아의 중부, 모스크바 강 유역에 위치한다 ❙墨斯科(《한성순보》제6호 1883.12.20 英國誌略)

【墨西哥 묵서가】 멕시코(Mexico), 미국 서남부에 접하여 있는 연방공화국 ❙墨西哥(《한성순보》제3호 1883.11.20 亞米利加洲) ❙墨西哥(麥時古) 멕시코(유길준《서유견문》1895 제1편) ❙墨西哥(《사민필지》1895 권2 亞美利加 總論) ❙墨西哥江南과巴那馬地峽以北의諸國을總稱ᄒᆞ야中央亞米利加라ᄒᆞ니(《소학만국지지》1895 제4편) ❙哥倫比亞與墨西哥 秘魯 西亞細亞 歐羅巴及阿非利加數處亦有産金之鑛(《대조선독립협회회보》제11호 1897.4.30) ❙近聞墨西哥移民情態,不忍其狀之慘酷(《조선왕조실록》고종42년 1905.8.1) ❙於是에 太平洋 墨西哥灣은 西班牙의 節制에 歸ᄒᆞ고(《대한유학생회학보》제3호 1907.5.25) ❙墨西哥国墨西哥州로出向ᄒᆞᄂᆞᆫ移民处理营业을许可ᄒᆞᆫ事(《관보》제3822호 1907.7.19) ❙墨西哥에 六萬嚬이오 西班牙 及 葡萄牙에 五萬嚬이오(《대한자강회월보》제13호 1907.7.25) ❙紐育電을 據ᄒᆞᆫ 즉 墨西哥에셔ᄂᆞᆫ 反徒가 暴起ᄒᆞ얏ᄂᆞᆫᄃᆡ(《대동학회월보》제6호 1908.7.25) ❙北은 墨西哥卽 아쳐듸쿠 의 開化와 南은 秘魯卽 인칸 의 開化二派가 有ᄒᆞ니(《대한흥학보》제11호 1910.3.20) ❙저 墨西哥의 人種은 西伯利로부터 遠徙入美하얏나(《개벽》제15호 1921.9.1) 현대중국어 표기 ➡ 墨西哥

【墨西哥國 묵서가국】 멕시코(Mexico), 미국 서남부에 접하여 있는 연방공화국 ❙墨西哥國의鷓鴣河와合衆國의葛老羅道江及石太面士江과柵瑚阿緊江과葛南比亞江이며(유길준《서유견문》1895 제2편) ❙묵셔가국, 墨西哥國 Mexico(게일편《한영자전》1897) ❙其他 墨西哥國도 또ᄒᆞᆫ 此에 屬ᄒᆞᄂᆞ니라(《태극학보》제12호 1907.7.24) ❙北米合衆國西班牙國及墨西哥國等은(《대동학회월보》제4호 1908.5.25)

【墨西哥灣 묵서가만】 멕시코 만(Gulf of Mexico), 북아메리카의 미국 남해안, 멕시코 동해안과 쿠바 섬으로 둘러싸인 바다 ❙北米墨西哥灣으로브터來ᄒᆞᆫ有名ᄒᆞᆫ灣流(GULFSTREAM)라稱ᄒᆞᆫ(《중등만국지지》1902 권1) ❙於是에 太平洋 墨西哥灣은 西班牙의 節制에 歸ᄒᆞ고(《대한유학생회학보》제3호 1907.5.25) ❙太西洋 墨西哥灣內新港 코아사코알코 에 達ᄒᆞ얏스니(《대한흥학보》제9호 1910.1.20)

【墨西其 묵서기】 멕시코(Mexico), 미국 서남부에 접하여 있는 연방공화국 ❙墨西其人은二㭗이오西班牙人은一㭗半이오(《관보》제192호 1895.9.5) ❙墨西其ᄂᆞᆫ合衆國南에在ᄒᆞᆫ島狀이니(《중등만국지지》1902 제3편)

【墨西其府 묵서기부】 멕시코시티(Mexico City), 멕시코의 수도 ❙都邑 墨西其府ᄂᆞᆫ共和政府가在ᄒᆞᆫ處니(《중등만국지지》1902 제3편)

【門斗尼骨 문두니골】 몬테네그로(Montenegro), 유럽 남동부 발칸 반도 아드리아 연안에 위치한 공화국 ❙門斗尼骨은墺土兩國의間에有ᄒᆞ야(《소학만국지지》1895 제3편)

【勿吉尼州 물길니주】 버지니아(Virginia) 주, 미국 동부 대서양 연안에 있는 주 ❙勿吉尼州(《한성순보》제12호 1884.2.17 美國誌略)

【美 미】미국(United States of America), 북아메리카 대륙의 캐나다와 멕시코 사이에 있는 나라. '美'는 '美國'이 줄어든 말이다 ▌古田에서兇徒가英美兩國耶蘇敎師을虐殺ᄒᆞᆫ件을依ᄒᆞ야(〈관보〉제133호 1895.8.9) ▌法, 英, 比, 美, 俄 等國은 滿二十三歲로 日本, 瑞西 等國은 滿二十歲로 ᄒᆞ니라(〈서우〉제13호 1907.12.1) ▌日美仲裁條約 紐育電을 據ᄒᆞᆫ則 日 美 兩國間에 仲裁條約이 締結되얏다라(〈대한협회회보〉제2호 1908.5.25) ▌즉 注美淸公使ᄂᆞᆫ 美淸仲裁條約에 調印ᄒᆞ라ᄂᆞᆫ 命을 受ᄒᆞ얏다더라(〈대동학회월보〉제9호 1908.10.25) ▌試ᄒᆞ야 墺德美 三國에 徵ᄒᆞ건ᄃᆡ 可히 明晳히 知ᄒᆞ려니와(〈대한흥학보〉제9호 1910.1.20)

【米 미】미국(United States of America), 북아메리카 대륙의 캐나다와 멕시코 사이에 있는 나라. '米'는 '米國'이 줄어든 말이다 ▌現時英米兩國間에 萬國平和條約이 交涉中人情의 一進步를 示ᄒᆞᆯ 만ᄒᆞᆫ 事라 云云ᄒᆞ엿다더라(〈대조선독립협회회보〉제9호 1897.3.31) ▌米, 西, 墨等三國도 今世 戰爭에 在ᄒᆞ야ᄂᆞᆫ 此ᄅᆞᆯ 遵守치 아니치 못 ᄒᆞᆯ 實際의 事情이 有ᄒᆞᆷ으로(〈대동학회월보〉제4호 1908.5.25) ▌移民問題ᄂᆞᆫ 日米條約 第二條에 米國은 何時던지 自國의 政策上 必要에 依ᄒᆞ야 日本移民을 制限ᄒᆞᄂᆞᆫ 明文이 有ᄒᆞ니(〈대한학회월보〉제9호 1908.11.25) ▌米墨戰爭은 米軍의 勝利에 歸ᄒᆞ고 察太僻 의 勇壯慘烈ᄒᆞᆫ 一大 血戰으로終을 告ᄒᆞ니라(〈대한흥학보〉제7호 1909.11.20) ▌한번 굳은 문이 열리매 韓米條約을 비롯하야 英獨各國과의 條約이 成立되고(〈동광〉제28호 1931.12.1)

【美國 미국】미국(United States of America), 북아메리카 대륙의 캐나다와 멕시코 사이에 있는 나라 ▌廣東上海縣官長, 差俺爲美國傳語官(《조선왕조실록》고종3년 1866.2.25) ▌美國(〈한성순보〉제3호 1883.11.20 西報譯錄) ▌미국 美國 花旗國 美利堅(《국한회어》1895) ▌駐劄美國署理辦理公使李玄稙去三月에身病으로回國을請ᄒᆞᆫ 準許ᄒᆞ고(《관보》25호 1895.4.28) ▌華盛頓(名은 졔어지) 은 百餘 年 前에 美國 ᄉᆞᄅᆞᆷ이니(《신정심상소학》1896) ▌美國(《진남포급목포각국조계장정》1897.10.16 조인) ▌미국 美國 America(게일 편《한영자전》1897) ▌녯적에 미국 셔셩(美國西省)에 사ᄅᆞᆷ이 만히 살지 아니 ᄒᆞ야(〈독립신문〉1899.10.27) ▌美國 大統領이 駐英 美國 大使를 經ᄒᆞ야 緊切ᄒᆞᆫ 公函을 該 協會에 送致ᄒᆞ고(〈대한자강회월보〉제2호 1906.8.25) ▌讀美國 實業家로지傳(〈대한유학생회학보〉제3호 1907.5.25) ▌十八世紀 美國이 英國의 羈絆을 脫却ᄒᆞ얏스며(〈기호흥학회월보〉제1호 1908.8.25) ▌美國國會의 黨勢ᄂᆞᆫ 共和黨 二百十八名과(〈대동학회월보〉제10호 1908.11.25) ▌美國議院은 爲激烈之反對ᄒᆞᄂᆞᆫᄃᆡ 其 贊助가 僅以一票之多數로 通過를 得ᄒᆞ얏스니(〈서북학회월보〉제10호 1909.3.1) ▌本社에서ᄂᆞᆫ 美國에 有力한 會社와 特別한 契約 下에(〈태서문예신보〉제10호 1918.12.7) ▌美國의 富를 紹介하야 本國同胞의 覺醒을 促함(〈개벽〉제11호 1921.5.1) ▌내가 공부하며 實習하던 美國 뉴욕 整外科病院에 近 300명의 입원환자를 收容하는 크게 이름난 병원도(〈동광〉제10호 1927.2.1) 현대중국어 표기 ➡ 美國

【米國 미국】미국(United States of America), 북아메리카 대륙의 캐나다와 멕시코 사이에 있는 나라 ▌米國(〈한성순보〉제1호 1883.10.31 美國還償金) ▌米國 大統領 지닌 華盛頓은 精密히 時間을 직히ᄂᆞᆫ 者ㅣ라(《국민소학독본》1895) ▌米國宣敎師의邸宅은皆燒失ᄒᆞ야스니(《관보》제197호 1895.10.25) ▌二十九日°許米國人謨於時京, 仁鐵道敷設權(《조선왕조실록》고종33년 1896.3.29) ▌其後에 米國銀行 會社長이 되얏다가(〈대조선독립협회회보〉제10호 1897.4.15) ▌英米國布帛尺은 碼니 英呎三尺이더라(〈대한자강회월보〉제3호 1906.9.25) ▌米國의 華盛頓은 其父의 嚴重ᄒᆞᆫ 敎導ᄅᆞᆯ 順受ᄒᆞᆫ 結果로(〈대한유학생회학보〉제3호 1907.5.25) ▌俄國의 南進主義와 米國의 比律賓과 佛國의 越南과 日本의 韓滿經營 等으로(〈대동학회월보〉제3호 1908.4.25) ▌米國(미국) 미국은 북아메리가쥬에 中央을 졈령ᄒᆞᆫ ᄃᆡ국이오(정윤수《초목필지》1909) ▌近日에 米國 大統領 ᄌᆡᆨᄉᆞᆫ氏ᄂᆞᆫ(〈태서문예신보〉제1호 1918.9.26) ▌米國 電信機 發明家「몰-스」탄생(1791)(〈개벽〉제10호 1921.4.1)

【美蘭 미란】 밀라노(Milano), 이탈리아 롬바르디아(Lombardia) 주의 주도. '美蘭'은 밀라노의 영어 표기 Milan의 한자 음역표기이다 ▎美蘭(〈한성순보〉제30호 1884.8.11 俄國誌略)

【米利堅 미리견】 미국. 미합중국(United States of America), 청나라 말기 중국인들이 America를 '米利堅'으로 표기한 것에 유래한다 ▎六月米利堅人來東萊, 本非讎國矣(《조선왕조실록》고종17년 1880.9.8) ▎竊有北顧之憂而東漸之志耳米利堅西球上富豪者也(〈대동학회월보〉제1호 1908.2.25) ▎其未歸少待其妻是米利堅人也(〈개벽〉신간 제1호 1934.11.1)

【美利堅 미리견】 미국. 미합중국(United States of America), 청나라 말기 중국인들이 America를 '美利堅'으로 표기한 것에 유래한다 ▎竝居英吉利, 普來屯居美利堅, 巴使居但國(《조선왕조실록》고종3년 1866.7.15) ▎美利堅(〈한성주보〉제26호 1886.9.6 橫濱事情) ▎美利堅(《사민필지》1895 亞美利加 總論) ▎미국 美國 花旗國 美利堅(《국한회어》1895) ▎미리견 美利堅 An American(게일편《한영자전》1897) ▎西洋에 意大利, 美利堅과 東洋에 蒙古族, 大和族과 如히 되기(〈태극학보〉제19호 1908.3.24) ▎美利堅之獨立英雄도 吾必曰 不能有爲也라 ᄒᆞ노라(〈대한학회월보〉제3호 1908.4.25) ▎新學은 是英吉利 佛蘭西 美利堅 日耳曼列邦의 富國强兵之奇策이오(〈대동학회월보〉제20호 1909.9.25) ▎雖如美利堅而以農業으로 富甲於天下ᄒᆞ얏스(〈서북학회월보〉제16호 1909.10.1)

【眉西比河 미서비하】 미시시피 강(Mississippi River), 미국 중부를 북에서 남으로 관류하는 미국 최대의 강 ▎眉西比河(〈한성순보〉제36호 1884.10.9 歷覽英國鐵廠記略 續前卷)

【味西西比江 미서서비강】 미시시피 강(Mississippi River), 미국 중부를 북에서 남으로 관류하는 미국 최대의 강 ▎味西西比江(《사민필지》1895 권2 亞美利加 總論)

【米所波大迷亞 미소파대미아】 메소포타미아(Mesopotamia), 서아시아 티그리스 강(Tigris River)과 유프라테스 강(Euphrates River) 사이의 지역 일대를 가리키는 명칭 ▎米所波大迷亞(〈한성순보〉제1호 1883.10.31 論洲洋)

【迷所波太米亞 미소파태미아】 메소포타미아(Mesopotamia), 서아시아 티그리스 강(Tigris River)과 유프라테스 강(Euphrates River) 사이의 지역 일대를 가리키는 명칭. 현재의 이라크를 중심으로 시리아의 북동부, 이란의 남서부가 포함된다 ▎迷所波太米亞(〈한성순보〉제10호 1884.1.30 歐羅巴史記)

【美昭布太縻亞 미소포태미아】 메소포타미아(Mesopotamia), 서아시아 티그리스 강(Tigris River)과 유프라테스 강(Euphrates River) 사이의 지역 일대를 가리키는 명칭. 현재의 이라크를 중심으로 시리아의 북동부, 이란의 남서부가 포함된다 ▎曰美昭布太縻亞曰亞羅比亞曰阿美尼亞(유길준《서유견문》1895 제1편)

【米秀干湖 미수간호】 미시간 호(Lake Michigan), 미국 중북부에 있는 호수. 북아메리카의 5대호 중 3번째로 크다 ▎米秀干湖(《사민필지》1895 2권 合衆國)

【美時干湖 미시간호】 미시간 호(Lake Michigan), 미국 중북부에 있는 호수. 북아메리카의 5대호 중 3번째로 크다 ▎美時干湖와 秀布利菸湖五水의 渟滀ᄒᆞᆫ 淸水가 全世界淸水의 二分一이오(유길준《서유견문》1895 제2편)

【美時那 미시나】 메시나(Messina), 이탈리아 시칠리아 섬(Sicilia Island) 북동쪽에 있는 항구도시 ▎全遨阿海邊을 遵ᄒᆞ야 美時那海濱에 至호ᄃᆡ 穢捌과 老萬甘朴那의 地方은 不包ᄒᆞ니(유길준《서유견문》1895 제1편)

【美時什被江 미시십피강】 미시시피 강(Mississippi), 미국 중앙부를 흐르는 세계에서 세 번째로 긴 강 ▎美時什被江은 敬禮斯太州의 伊太斯哥湖에 發源ᄒᆞ야(유길준《서유견문》1895 제2편)

【美時什被河 미시십피하】 미시시피 강(Mississippi), 미국 중앙부를 흐르는 세계에

서 세 번째로 긴 강 ▌美時什被의谷은美時什被河의近處에在흔故로因흐야名홈이니(유길준《서유견문》1895 제1편)

【米氏那 미씨나】 메시나(Messina), 이탈리아 시칠리아 섬 북동쪽에 있는 항구도시 ▌米氏那(《사민필지》1895 권1 意大里)

【米洲 미주】 아메리카 대륙(the American Continent), '米洲'는 '亞米利加洲'의 준말이다 ▌米洲의 土人은 原來 紅色人種이오(《고등소학독본》권1, 휘문의숙편집부, 1906) ▌米洲人의 英茶를 不輸흐는 勇決心과 越句踐의 服役不惰흐던 忽耐心은(〈대한유학생회학보〉제3호 1907.5.25) ▌以是로 我米洲 保國會館과 浦鹽 海朝新紙도 非早婚者中所出來也라(〈대한학회월보〉제4호 1908.5.25) ▌米洲(미쥬) 阿米利加洲의 略稱(美州)(《총독부조선어사전원본》1918) ▌그가 歐洲 現代文明이 되어가지고 泰西洋을 渡하야 米洲의 文明이 되며 太平洋을 渡하야 日本의 文明이 되면서(〈개벽〉제16호 1921.10.18) ▌이 세 사람은 白面書生으로 광주리를 지고 멀리 米洲에 배움을 닥그러 가는 것이다(〈동광〉제4호 1926.8.1)

【美洲 미주】 아메리카 대륙(the American Continent), '美洲'는 '亞美利加洲'의 준말이다 ▌是以로其地人의學術工藝가美洲에冠흐며(유길준《서유견문》1895 序) ▌一千四百九十二年에 哥崙布 컬넘부스가 美洲를 發見함이(〈대한유학생회학보〉제3호 1907.5.25) ▌試思彼美洲澳洲之土種이 果何如오(〈기호흥학회월보〉제1호 1908.8.25) ▌美洲土人若遠行或出獵若行冒險之事(〈대동학회월보〉제10호 1908.11.25) ▌한픽는 미쥬(美洲)로 건너와셔(김교제《비행선》1912) ▌美洲(미쥬) '米洲'와 同(《총독부조선어사전》1918) ▌世宗의 正音은 漢文의 專制미테서 南北戰爭 前 美洲의 黑奴보다도 더 甚한 壓制를 當하엿다(〈개벽〉제38호 1923.8.1)

【美朱里江 미주리강】 미주리 강(Missouri River), 미국 중북부를 흐르는 강. 미시시피 강의 주요 지류로 로키 산맥에서 발원하여 세인트루이스 북쪽에서 미시시피 강에 합류한다 ▌合流흐는者는美朱里江과阿干沙秀江과禮斗江과澳賀澆江의諸水며(유길준《서유견문》1895 제2편)

【米執安 미집안】 미시간 호(Michigan Lake), 미국 북동부에 있는 담수호. 북아메리카의 5대호 중 3번째로 크며, 호수 전체가 미국 내에 들어와 있는 유일한 호수이다 ▌또한蘇畢略과米執安等大湖와(《소학만국지지》1895 제3편)

【美合衆國 미합중국】 미국(United States of America), 북아메리카 대륙의 캐나다와 멕시코 사이에 있는 나라 ▌美合衆國(《인천제물포각국조계장정》1884.10.3 조인)

【民太腦 민태뇌】 민다나오 섬(Mindanao Islands), 필리핀 제도 남단부에 있는 섬 ▌其次는民太腦(MINDANAO)査馬爾(SAMAR)(《중등만국지지》1902 제3편)

【敏禮昭太州 민예소태주】 미네소타(Minnesota) 주, 미국 중서부에 있는 주 ▌諸湖와合衆國紐約州의諸湖及敏禮昭太州의諸湖와大北의諸湖니(유길준《서유견문》1895 제2편)

【岷仁見 민인견】 뮌헨(Munich), 독일 남부 바이에른(Bayern) 주의 주도. 알프스 북부의 이자르 강가에 위치한다 ▌岷仁見(멘인겐) 此府는厚蘭布土東南四百二十里許에在흐야(유길준《서유견문》1895 제20편)

【密尼索太州 밀니색태주】 미네소타(Minnesota) 주, 미국 중서부에 있는 주 ▌密尼索太州(〈한성순보〉제12호 1884.2.17 美國誌略)

【密蘭 밀란】 밀라노(Milano), 이탈리아 롬바르디아(Lombardia) 주의 주도. '密蘭'은 밀라노의 영어 표기 Milan의 한자 음역표기이다 ▌密蘭(《사민필지》1895 권1 意大里)

【密士失必 밀사시필】 미시시피 강(Mississippi River), 미국 중앙부를 흐르는 세계에서 세 번째로 긴 강 ▌本洲에는密士失必과聖勞稜索과其他十數條의大河가잇고(《소학만국지지》1895 제3편)

【密士失秘江 밀사실비강】 미시시피 강

(Mississippi River), 미국 중앙부를 흐르는 세계에서 세 번째로 긴 강 ▌密士失秘江(〈한성순보〉제12호 1884.2.17 美國誌略)

【密士失秘州 밀사실비주】 미시시피(Mississippi) 주, 미국 중남부에 있는 주. 주도(州都)는 잭슨이다 ▌密士失秘州(〈한성순보〉제12호 1884.2.17 美國誌略)

【密士失秘河 밀사실비하】 미시시피 강(Mississippi), 미국 중앙부를 흐르는 세계에서 세 번째로 긴 강 ▌密士失秘河(〈한성순보〉제3호 1883.11.20 亞米利加洲)

【密士失必河 밀사실필하】 미시시피 강(Mississippi), 미국 중앙부를 흐르는 세계에서 세 번째로 긴 강 ▌密士失必河ㄴ源이加奈太國境에發ᄒᆞ야(《소학만국지지》1895 제3편)

【密斯增利 밀사증리】 미주리(Missouri), 미국 중서부에 있는 주. 주도(州都)는 제퍼슨시티(Jefferson City)이다 ▌中流에서密斯增利(MISSOURI)알칸사스(ARKANSAS)紅河(RED)오하이오(OHIO)等의長大ᄒᆞᆫ支流ᄅᆞᆯ合ᄒᆞ야(《중등만국지지》1902)

【密執安州 밀집안주】 미시간(Michigan) 주, 미국 중북부에 있는 주 ▌密執安州(〈한성순보〉제12호 1884.2.17 美國誌略)

【密執安湖 밀집안호】 미시간 호(Michigan Lake), 미국 북동부에 있는 담수호. 북아메리카의 5대호 중 3번째로 크며, 호수 전체가 미국 내에 들어와 있는 유일한 호수이다 ▌其中에密執安湖만國內에잇고(《소학만국지지》1895 제3편)

ㅂ

【朴拉搭河 박랍탑하】 파라나 강(Parana River), 러시아 남부 강 이름 ▌朴拉搭河(《한성순보》제36호 1884.10.9 歷覽英國鐵廠記略 續前卷)

【盤谷 반곡】 방콕(Bangkok), 타이의 수도 ▌盤谷과고랏도間의六百餘里는不久에竣工ᄒᆞ게되고(《관보》87호 1895.6.12) ▌首府를盤谷이라ᄒᆞ니(《소학만국지지》1895 제1편) ▌首都盤谷(BANGKOK)은湄南河口로브터十二浬되는地에在ᄒᆞ니(《중등만국지지》1902 권1) ▌卽 盤谷駐剳ᄒᆞᆫ 辦理公使를 全權公使로 陞格ᄒᆞ고(《서우》제14호1908.1.1) ▌上海 반곡(盤谷) 란공(蘭貢) 카라치- 테-리- 빡다드 히랍(希臘) 라마(羅馬) 파리(巴里) 론돈(倫敦) 아이스란트 뉘유파운드랜드 등 디방을 지나서(《동아일보》1920.8.21. 3면) ▌동양 선교의 신부로 되야 盤谷에 왓스나(《별건곤》제32호 1930.9.1)

【拔家江 발가강】 볼가 강(Volga River), 러시아 서부를 남쪽으로 흐르는 유럽 제일의 강 ▌拔家江과聿謁江은哥秀比安海의近邊에在ᄒᆞ고(유길준《서유견문》1895 제2편)

【勃加利亞 발가리아】 불가리아(Bulgaria, The Republic of Bulgaria), 유럽 동남부 발칸 반도의 동부에 있는 공화국 ▌澳太利와 勃加利亞의 合國은 關係國의 同意를 經치 아니면 國際的 效力이 無ᄒᆞ리라 ᄒᆞ얏다더(《대한협회회보》제8호 1908.11.25)

【拔諫山 발간산】 발칸 산맥(Balkan Mountains), 불가리아 중앙부를 동서로 뻗은 산맥 ▌拔諫山은其西에起ᄒᆞ야東行ᄒᆞ고(유길준《서유견문》1895 제1편)

【拔利比亞 발리비아】 볼리비아(Bolivia), 남아메리카 중앙부 브라질 남서부에 있는 나라 ▌拔利比亞 볼니비야(유길준《서유견문》1895 제1편) ▌拔利比亞(《사민필지》1895 권2 拔利比亞) ▌拔利比亞 볼니비야(《대한자강회월보》제11호 1907.5.25) ▌厄果多 秘魯 拔利比亞 智利 亞然丁猶羅貴 許太伊山道明澳 把羅貴 等 諸共和國이 有ᄒᆞ며(《대한협회회보》제5호 1908.8.25)

【勃牙利 발아리】 불가리아(Bulgaria), 동부유럽 발칸 반도의 남동부에 있는 나라 ▌土耳其 勃牙利間의 談判은 單히 財政的 諸點을 解決홈에 在ᄒᆞ고 政治問題는 比較的 重要치 아니ᄒᆞ다더라(《대동학회월보》제10호 1908.11.25) ▌獨使通牒 獨逸公使는 勃牙利에 對ᄒᆞ야(《대한협회회보》제8호 1908.11.25) ▌勃牙利에서도民主共和國王廢黜의 運動이 其根蔕가深함니오(《동아일보》1920.4.27. 1면) ▌勃牙利의 國民皆勞主義에 對한一考(《개벽》제27호 1922.9.1)

【發太毛府 발태모부】 볼티모어(Baltimore), 미국 메릴랜드(Maryland) 주에 있는 도시 ▌合衆國京城華盛敦과發太毛府의間에數十里의電線을架ᄒᆞ(유길준《서유견문》1895 제18편)

【拔特海 발특해】 발트 해(Baltic Sea), 유럽 대륙과 스칸디나비아 반도 사이에 있는 바다 ▌拔特海에會歸ᄒᆞ고乙富江은眞瑞江을合ᄒᆞ야(유길준《서유견문》1895 제2편)

【排葛湖 배갈호】 바이칼 호(Lake Baikal), 러시아 시베리아 남동쪽에 있는 세계에서 가장 오래되고 가장 깊은 호수 ▌亞細亞洲에排葛湖는謁太伊山의東에在ᄒᆞ니(유길준《서유견문》1895 제2편)

【杯曷火山 배갈화산】 바이칼 화산(Baikal), 러시아 바이칼 호수 근처에 있는 화산 ▌杯曷火山(《사민필지》1895 권1 俄羅斯)

【拜多貝特西 배다패특서】 부다페스트(Budapest), 헝가리의 수도. 도나우 강을 중심으로 부다와 페스트로 나누어져 있다 ▌拜多貝特西(《사민필지》1895 권1 奧地利亞 凶牙里)

【排比道 배비도】 바베이도스(Barbados), 중앙아메리카의 베네수엘라 북동쪽 카리브 해에 있는 섬나라 ▌歐羅巴洲葡萄牙國利秀繁의地震에排比道의海水가二十尺의溢을成ᄒᆞ니(유길준《서유견문》1895 제1편)

【排沙游 배사유】 베르사유(Versailles), 프랑스 중북부 이블린 주의 주도. 17세기 말~18

세기에 지어진 부르봉 왕조의 호화스러운 궁전과 정원으로 유명하다 ▌排沙游 此府ᄂᆞᆫ 巴里西南十餘里許에 在ᄒᆞ야(유길준《서유견문》1895 제20편)

【琲水琲魚 배수배어】 베수비어스 화산(Vesuvius), 이탈리아 서부 나폴리 만을 끼고 솟아 오른 화산. 서기 79년 8월24일 대폭발하여 쇄설물이 폼페이시를 매몰시킨 것으로 유명하다 ▌琲水琲魚(《사민필지》1895 권1 意大里)

【排仍海 배잉해】 베링해(Bering Sea), 북태평양 북부에 있는 바다. 미국의 알래스카 알류샨 열도와 러시아의 시베리아와 캄차카 반도에 둘러싸여 있다 ▌西半球의長廣은東西가一百三十硬度에過ᄒᆞ니東으로排仍海ᄅᆞᆯ臨ᄒᆞ고(유길준《서유견문》1895 제1편) ▌東으로 排仍海ᄅᆞᆯ 臨ᄒᆞ고(〈대한자강회월보〉제11호 1907.5.25) ▌太平洋은 北自排仍海項而起ᄒᆞ야(〈대한협회회보〉제9호 1908.12.25)

【白徒里亞 백도리아】 빅토리아(Victoria), 캐나다 브리티시컬럼비아(British Columbia) 주의 주도 ▌白徒里亞(《사민필지》1895 권2 佳那多)

【伯剌西爾 백랄서이】 브라질(Brazil), 남아메리카 중동부 대서양 연안에 있는 공화국. 수도는 브라질리아(Brasilia)이다 ▌爾然丁共和國加拿陀伯剌西爾及墨西其이오(〈관보〉제199호 1895.12.17) ▌伯剌西爾 二百九十隻(〈대조선독립협회회보〉제6호 1897.2.15) ▌伯剌西爾의 革命은漸次本式의幕에入하는中인데(〈동아

伯林(베를린)

1967년 7월 중앙정보부는 소위 '동백림간첩사건'을 발표하여 세간을 놀라게 한 적이 있다. 동백림간첩사건이란 당시 동독의 수도인 동베를린을 거점으로 한 북한의 대남 간첩 사건으로, 연루된 많은 유학생과 교민을 강제로 연행하여 독일 정부와 외교 마찰을 빚었다.

백림(伯林)은 독일의 수도 베를린(Berlin)의 중국어 한자표기로 이를 우리말 한자음으로 음독한 말이다. 요사이 중국에서는 伯林 대신에 柏林(Bólín)을 사용한다.

우리 문헌에 백림(伯林)이 나오는 것은 1880년대 초부터이다. 이헌영의 일본 사행기록《일사집략(日槎集略)》(1881)에는 일본 정부가 세계 각국에 사절단을 파견한 일을 적고 있는데 여기에 백림(伯林)이 나온다(米利堅華盛頓 甲戌九月遣. 獨逸伯林 甲戌九月遣). 또한 유길준의《서유견문(西遊見聞)》(1895)에 '伯林(벌닌) 此府ᄂᆞᆫ日耳曼의京城이니'라고 하여 독일의 수도가 백림(伯林)이라고 적고 있다. 1897년에 발간된 초등용 지리교과서《디구략론(地球略論)》은 '덕국(德國)셔울일홈이무어시뇨 ○답 빅림(答伯林)이라ᄒᆞᄂᆞ니라'라고 하여 문답식으로 당시 독일의 서울이 백림(伯林)이라고 쓰고 있다.

이후 백림(伯林)은 일제 강점기는 물론 해방 후에도 계속 쓰여 1990년대까지도 일부 쓰는 사람이 있었다. 한자로 표기한 외국 지명은 해방 후 거의 쓰이지 않거나 원어표기로 바뀌었지만 백림(伯林)은 비교적 오래까지 우리말 음독 형태로 살아남은 예가 될 것이다.

일보〉1924.7.25. 1면)

【伯靈 백령】베를린(Berlin), 독일의 수도 ▎伯靈(〈한성주보〉제31호 1886.10.4 瀛海各國統考) ▎國都伯靈은普魯士王國의中央에루베와오데루兩河中間에處ᄒᆞ야(《소학만국지지》1895 제3편)

【白令 백령】베링 해(Bering Sea), 북태평양 북부에 있는 바다. 미국의 알래스카, 알류샨 열도와 러시아의 시베리아와 캄차카 반도에 둘러싸여 있다 ▎드듸여白令가무쟈르까(KAMTCHTKA)半島가되야突出ᄒᆞ니(《중등만국지지》1902 권1) 현대중국어 표기 ➡ 白令海

【白令海峽 백령해협】베링 해협(Bering Strait), 유라시아 대륙 동단의 시베리아와 북아메리카 대륙 서단의 알래스카 사이에 있는 해협 ▎白令海峽을隔ᄒᆞ야(《소학만국지지》1895 제3편) ▎白令海峽을隔ᄒᆞ야露領西伯利와相對ᄒᆞ니(《중등만국지지》1902) ▎東으로白令海峽을渡ᄒᆞ야米國紐育을直通코자 ᄒᆞᄂᆞᆫ 計劃이有ᄒᆞ다ᄒᆞ니(〈대한흥학보〉제11호 1910.3.20)

【白令峽 백령협】베링 해협(Bering Strait), 유라시아 대륙 동단의 시베리아와 북아메리카 대륙 서단의 알래스카 사이에 있는 해협 ▎東은白令(BEHRING)峽으로브터西ᄂᆞᆫ烏拉(URAL)山脈에至ᄒᆞ니(《중등만국지지》1902 권1)

【白露 백로】벨라루스(Belarus), 동유럽에 있는 내륙국으로 수도는 민스크(Minsk)이다. 이전에는 백러시아 또는 벨로러시아로 불리었으나 1991년 9월 나라 이름을 벨라루스로 변경하였다 ▎白露(〈한성순보〉제32호 1884.8.31 泰西各國小學校) ▎白露 四十一隻(〈대조선독립협회회보〉제6호 1897.02.15) ▎오직 忠勤을 다하야 애쓰는 白露 경관까지도 잇다금 군중의 모아듬을 그대로 방임한다(〈삼천리〉제17호 1931.7.1) ▎거기서 양복상을 하고 있는 白露人 미로-노프씨 夫妻는(〈삼천리〉제13권 제3호 1941.3.1)

【白露西亞 백로서아】벨라루스(Belarus), 동유럽에 있는 내륙국으로 수도는 민스크이다. 이전에는 백러시아 또는 벨로러시아로 불리었으나 1991년 9월 나라 이름을 벨라루스로 변경하였다 ▎에스토늬야라도비야리토아늬야白露西亞芬蘭이各國이셔로뒤틀이어셔(〈개벽〉제46호 1924.4.1) ▎우크라이나공화국, 白露西亞공화국, 中亞細亞의 돌코메니스탄, 우스뻬키스탄의 2공화국과 카후카스와 합동하야 연방공화정치를 행하고(〈별건곤〉제6호 1927.4.1) ▎現獨逸의理想은波蘭과合하야蘇聯治下의 白露西亞등 穀倉을 獨立시키고(〈삼천리〉제7권 제5호 1935.6.1)

【伯林 백림】베를린(Berlin), 독일의 수도 ▎伯林(벌닌) 此府ᄂᆞᆫ日耳曼의京城이니(유길준 《서유견문》1895 제20편) ▎右委員會會長은伯林氣象臺長[후호예루수데루]이오(《관보》204호 1895.11.4) ▎덕국(德國)셔울일홈이무어시뇨 ○답 빅림(答伯林)이라ᄒᆞᄂᆞ니라(《디구략론》1897) ▎露國新外務大臣무라위에후公은獨京伯林府에 灌有ᄒᆞᆯ 時에(〈대조선독립협회회보〉제9호 1897.3.31) ▎比公을 伯林으로 迎還ᄒᆞ야 厚禮待遇터니(〈태극학보〉제7호 1907.2.24) ▎英國皇太子에對ᄒᆞ야來年伯林에行啓ᄒᆞᆷ을請ᄒᆞ얏다더라(〈서우〉제14호 1908.1.1) ▎第一은獨逸의伯林大學이니(〈서북학회월보〉제2호 1908.7.1) ▎伯林電을 據ᄒᆞᆫ즉(〈대동학회월보〉제10호 1908.11.25) ▎伯林(〈대한민보〉제14호 1909.6.27 各國 氣候一覽表 第2) ▎佛軍이 伯林를 征服ᄒᆞᆯ 時에(〈대한흥학보〉제5호 1909.7.20) ▎獨逸 伯林市의 新市會는 최초 회의 이래로 공산당원의 위협을 밧던 중(〈개벽〉제8호 1921.2.1) 현대중국어 표기 ➡ 柏林

【柏林 백림】베를린(Berlin), 독일의 수도 ▎西歐羅巴 森林에 羅馬의 文化가 尙次 片趾도 不着ᄒᆞᆯ 時브터 已爲粲然ᄒᆞᆫ 文物制度를 持有ᄒᆞᆫ 國民 中 柏林 巴里가 世界文華의 中心點이 된 者도(〈태극학보〉제20호 1908.5.24) ▎二. 大倫敦(英) 七,七九六,○○○人 三. 柏林(獨) 四○二四,一六五人(〈동아일보〉1930.1.5 4면) ▎그 主張은 十一月十二日 行한 總選擧에 對한 政府의 슬로간으로 柏林의 鋪道 우에까지 씨워 宣傳되었다(〈동아일보〉1933.12.21 1면)

【伯林府 백림부】베를린(Berlin), 독일의 수

도 ▎伯林府(〈한성주보〉제23호 1886.7.5 英國擬設東洋學校) ▎伊太利前總理大臣 구리스비 氏가 獨逸伯林府에서 創設ᄒᆞᆫ 慈善會에 送ᄒᆞᆫ 書面中一節에 云ᄒᆞ얏스되(〈대조선독립협회회보〉제4호 1897.1.15) ▎伯林府(BERLIN)는帝國의首府니中央平原스푸리-河(SPREE)의兩岸을跨ᄒᆞ야(《중등만국지지》1902 권2)

【伯明牢 백명뢰】 버밍엄(Birmingham), 영국 잉글랜드 중부 웨스트미들랜즈(West Midlands) 주의 도시 ▎伯明牢(〈한성순보〉제36호 1884.10.9 歷覽英國鐵廠記略 續前卷)

【白山 백산】 몽블랑(Mont Blanc), 프랑스와 이탈리아의 경계에 있는 알프스 산맥의 최고봉(높이 4,807m). '白山'은 불어 Mont(산)과 Blanc(희다)의 한자 직역어이다 ▎白山(MONT BLANC)은一萬五千七百八十尺이오(《중등만국지지》1902 권1)

【伯西爾 백서이】 브라질(Brazil), 남아메리카 중동부 대서양 연안에 있는 공화국. 수도는 브라질리아(Brasilia)이다. ▎伯西爾(〈한성순보〉제16호 1884.3.27 美國大統領演說) ▎東은伯西爾에境ᄒᆞ야赤道直下에位ᄒᆞᆫ故로(《중등만국지지》1902 권3)

【伯爾加里 백이가리】 불가리아(Bulgaria),

몽블랑

알프스 산맥은 유럽의 중남부에 장벽처럼 솟아 있는 산맥으로 스위스와 프랑스 이탈리아 오스트리아에 걸쳐 있다. 산세가 험하여 예전에는 가기가 어려웠으나 지금은 터널과 도로가 뚫려 있어 유럽을 가는 관광객이 많이 찾는다. 최고봉은 몽 블랑(Mont Blanc)이고 높이는 4,807m나 된다. 프랑스어로는 몽블랑(Mont Blanc), 이탈리아어로는 몬테 비앙코(Monte Bianco)라 하는데 모두 '흰 산'이란 뜻이다. 프랑스어 '몽(Mont)'은 '산'이란 뜻이며 '블랑(Blanc)'은 '희다, 하얗다'라는 뜻이다. 늘 만년설에 덮여 있으므로 '흰 산'으로 이름 지은 것은 자연스러보인다.

우리나라에는 이미 개화기에 알려진 듯하다. 1895년에 발간된 유길준의 《서유견문》(1895) 제1편에는 세계의 유명 산을 소개하고 있는데 거기서 유길준은 몽블랑을 '茀冷求'로 적고 있다(茀冷求 一萬五千七百四十四尺). 아마도 '몽(Mont)'은 생략하고 '블랑(Blanc)'만을 한자로 음차(音借)한 이름일 것이다. 또 1902년에 발간된 《중등만국지지》에는 몽블랑을 '白山'으로 적고 있다(白山(MONT BLANC)은一萬五千七百八十尺이오). 이것 또한 '흰 산'을 한자로 번역한 것이다. 《중등만국지지》는 1902년 일본어 교사이던 주영환(朱榮煥)과 노재연(盧載淵)이 일본인 야쓰쇼에이(矢津昌永)의 《中學萬國地誌》(1896)를 번역한 책으로 이 책에 나오는 '白山'은 《中學萬國地誌》의 이름을 그대로 쓰고 있다. 여기서 문제가 되는 것은 몽블랑을 白山으로 부른 것이 일본인 지리학자 야쓰쇼에이인지 아니면 누군가가 먼저 쓰기 시작한지인데, 조사해 본 결과 100권본 《海國圖志》(1852)에 이미 '白山'이 쓰인 것이 밝혀졌다. 이렇게 보면 한국과 일본에서는 세계의 유명산 이름까지 중국에서 사용하는 것을 그대로 들여와 썼음을 알 수 있다.

동부 유럽 발칸 반도의 남동부에 있는 나라 ▎伯爾加里(〈한성주보〉제32호 1887.11.24 美國大統領 演說) ▎伯爾加里ᄂᆞᆫ五千二百四十八万二千物(〈관보〉제147호 1895.8.26) ▎伯爾加里의 歲入은 四千四百六十二萬八千圜이요(〈서북학회월보〉제3호 1908.8.1)

【伯爾尼 백이니】 베른(Bern), 스위스의 수도이자 베른 주의 주도 ▎首府伯爾尼ᄂᆞᆫ愛耳河畔에位ᄒᆞ야共和政府가有ᄒᆞ며(《소학만국지지》1895 제3편)

【伯爾尼府 백이니부】 베른(Bern), 스위스의 수도이자 베른 주의 주도 ▎伯爾尼府(〈한성순보〉제17호 1884.4.6 歐洲各國京都經緯表)

【白耳義 백이의】 벨기에(Belgium), 서유럽의 북해에 면해 있는 입헌군주제 국가. 수도는 브뤼셀(Brussel)이며 벨지움(Belgium)은 영어 명칭이다 ▎白耳義(〈한성순보〉제19호 1884.4.25 各國國債設略) ▎白耳義 벨지암(유길준《서유견문》1895 제1편) ▎白耳義(《사민필지》1895 권1 歐羅巴總論) ▎白耳義王으로ᄡᅧ管掌케ᄒᆞ니 其面積은一百五萬餘方哩ㅣ라(《소학만국지지》1895) ▎歐洲各國公法學者가組織ᄒᆞᆫ萬國公法會議에셔ᄂᆞᆫ前年白耳義議會ᄅᆞᆯ從ᄒᆞ야(〈관보〉제91호 1895.6.17) ▎白耳義議會ᄂᆞᆫ 콩고國 合倂案을 可決ᄒᆞ얏더다라(〈대조선독립협회회보〉제8호 1897.3.15) ▎청국 경부에셔 북경 한구(北京漢口) 털로를 빅리의(白耳義)회샤에 허락ᄒᆞ야 놋케 ᄒᆞ엿다더라(〈독립신문〉1898.8.15) ▎빅이의(白耳義)와 갓ᄒᆞᆫ ᄒᆞᆫ적은 나라라도 세계 샹예 붓그럼이 업ᄂᆞᆫ지(〈미일신문〉1898.12.24) ▎白耳義ᄅᆞᆯ通ᄒᆞᆫ要路에當ᄒᆞ야內地貿易이行ᄒᆞ고(《중등만국지지》1902 권1) ▎白耳義國皇帝贈進레오뽈드大綬勳章于皇太子(《조선왕조실록》고종41년 1904.2.24) ▎西曆一千九百年에 白耳義國에셔ᄂᆞᆫ 푸란틸쓰 海岸에 一草도 無ᄒᆞᆫ 砂漠이 有ᄒᆞ니(〈대한유학생회학보〉제3호 1907.5.25) ▎白耳義 벨지암(〈대한자강회월보〉제11호 1907.5.25) ▎白耳義의 陸軍은 常備兵員이 四萬九千六百九十六人이요(〈서북학회월보〉제2호 1908.7.1) ▎白耳義 丁抹은 不過是泰西小國이로ᄃᆡ(〈기호흥학회월보〉제11호 1909.6.25) ▎개회벽두에 白耳義 前首相「떼·라크로아」는 미국 대통령「윌손」씨의 發한 연맹 제1회 총회의 소집령을 낭독하고(〈개벽〉제7호 1921.1.1)

【白耳義國 백이의국】 벨기에(Belgium), 서유럽의 북해에 면해 있는 입헌군주제 국가. 수도는 브뤼셀(Brussel)이며 벨지움(Belgium)은 영어 명칭이다 ▎白耳義國의畵ᄂᆞᆫ元來其名을歐洲에馳ᄒᆞ야妙手의出홈이不絶ᄒᆞᆫ라謂ᄒᆞ더라(유길준《서유견문》1895 제20편) ▎白耳義國公務大臣ᄂᆞᆫ叅列員一同에向ᄒᆞ야酬接ᄒᆞ고(《관보》134호 1895.8.10) ▎西曆一千九百年에 白耳義國에셔ᄂᆞᆫ 푸란틸쓰 海岸에 一草도 無ᄒᆞᆫ 砂漠이 有ᄒᆞ니(〈대한유학생회학보〉제3호 1907.5.25) ▎白耳義國과 콩고 國이 한 가지로 레오볼도 二世陛下를 戴ᄒᆞᆫ 것 갓ᄒᆞᆫ 것이 是其一例니라(〈태극학보〉제12호 1907.7.24) ▎德國은 콩고合倂으로써 白耳義國 內政 問題로 認ᄒᆞ야(〈대동학회월보〉제13호 1909.2.25) ▎巴里가서 4,5일 留連하다가 白耳義國을 지내서 伯林으로 가나이다(〈개벽〉제23호 1922.5.1)

【白土利亞 백토리아호】 빅토리아 호(Lake Victoria), 아프리카대륙 중동부 고원 지대에 있는 아프리카 최대, 세계 3위의 민물 호수 ▎東方의山脈은白土利亞와謁排土의兩湖의東에在ᄒᆞᆫ者라(유길준《서유견문》1895 제2편)

【伐德河 벌덕하】 발트 해(Baltic Sea), 러시아 연방 서쪽 해안에 있는 바다. 스웨덴, 덴마크, 독일, 폴란드, 러시아, 핀란드에 둘러싸여 있다 ▎伐德河(《사민필지》1895 권1 俄羅斯)

【法 법】 프랑스(France), 유럽 서부 대서양 연안에 위치한 공화제 국가. '法'은 '法國'이 줄어든 말이다 ▎그 條約國은 東洋에ᄂᆞᆫ 日本이오 歐羅巴洲에ᄂᆞᆫ 英法獨俄墺伊 六國이오(《국민소학독본》1895) ▎英法俄三國公使이土國政府에要求홈이라(〈관보〉제188호 1895.10.14) ▎英法兩國間에電話線架設計劃이라(〈관보〉제358호 1896.6.22) ▎諾威國王이 列强에 對ᄒᆞ야 其國의 保全을 保證홈을 請求ᄒᆞ얏ᄂᆞᆫᄃᆡ 俄法德三國은 承認ᄒᆞ얏다더라(〈대한자강회월보〉제6호 1906.12.25) ▎法, 英, 比, 美, 俄 等國은 滿

二十三歲로 日本, 瑞西 等國은 滿二十歲로 ᄒᆞ니라(〈서우〉제13호 1907.12.1) ▎甲午之役에 俄德法三國이 逼日本還遼於淸國而不過以其奪取於人者로 還其原主者耳라(〈대한협회회보〉제8호 1908.11.25) ▎직접 英法間의 충돌을 면치 못할 위험을 야기케 되나니(〈개벽〉제42호 1923.12.1) ▎英法의 精華는 普通法(習慣法)에 잇다(〈별곤건〉제25호 1930.1.1) ▎그러나 鴉片戰爭일세 英法聯軍일세 日淸戰役일세 北淸事變일세 乃至滿洲及上海事變일세 하야도 그것이다(〈삼천리〉제11권7호 1939.6.1)

【法國 법국】 프랑스(France), 유럽 서부 대서양 연안에 위치한 공화제 국가 ▎左右捕廳以在囚罪人張敬一,白유시도마리아,徐沒禮,金伯多祿以上四人,法國人也(《조선왕조실록》고종3년(1866.1.16) ▎法國(〈한성순보〉제1호 1883.10.31) ▎法國(《한·불수호통상조약》조약문(1886.6.4조인) ▎법국 法國(《국한회어》1895) ▎法國(《사민필지》1895 德國) ▎法國人尹沙勿의顧恤金一百元을豫備金中支出ᄒᆞᄂᆞᆫ件을上奏ᄒᆞ야(〈관보〉제35호 1895.5.11) ▎法國과 合衆國은 共和國이라(《국민소학독본》1895) ▎法國昔時每三十四人內每年死(〈대조선독립협회회보〉제3호 1896.12.31) ▎그즁에영국(英國)과덕국(德國)과법국(法國)과아라ᄉᆞ국(俄羅斯國)이뎨일(第一)이니라(《디구략론》1897) ▎법국 法國 France(게일편《한영자전》1897) ▎伊藤兄은 法國으로 留學ᄒᆞ러 간다합데다(伊藤君ハ 佛蘭西ヘ 留學ニ往クサウデス)(정운복《독습일어정칙》1907) ▎教育의 好結果로 十七世紀法國이 列國의 同盟軍을 擊退ᄒᆞ얏스며(〈기호흥학회월보〉제1호 1908.8.25) ▎俄國募債交涉은 法國에서 進行中인ᄃᆡ(〈대동학회월보〉제10호 1908.11.25) ▎법국(法國)은 구라파 西部에 잇ᄂᆞᆫ 강국이오(정윤수《초목필지》1909) ▎즉 英國, 法國, 德國, 伊太利, 露國亞及日本 등이 是(〈개벽〉제10호 1921.4.1) 현대중국어 표기 ➡ 法国

【法蘭西 법란서】 프랑스(France), 유럽 서부 대서양 연안에 위치한 공화제 국가 ▎法蘭西(〈한성순보〉제10호 1884.1.30 歐洲各國帝王生年·元年 系統政治一覽表) ▎法蘭西(《사민필지》1895 권1 歐羅巴總論) ▎法蘭西南邊有一鐵火輪廠(〈대조선독립협회회보〉제3호 1896.12.31) ▎其餘法蘭西德意志等의諸國도(《고등소학독본》권2, 휘문의숙편집부, 1907) ▎近日 法蘭西政府에셔 其女子의 身體萎弱홈을 頗憂ᄒᆞ야(〈대한자강회월보〉제10호 1907.4.25) ▎大宰相으로 擔任되야 盛大ᄒᆞᆫ 法蘭西를 征服ᄒᆞ야(〈대한유학생회학보〉제3호 1907.5.25) ▎其葬式은 法蘭西軍隊의 儀式을 從홈이 아니요(〈서우〉제10호 1907.9.1) ▎其非英吉利耶亂流而競渡者其非法蘭西耶(〈대동학회월보〉제3호 1908.4.25) ▎美利堅 法蘭西爲民主憲法政體 外에 自餘各國은 則皆有君主立憲政體也라(〈호남학보〉제2호 1908.7.25) ▎賈善治ᄂᆞᆫ 法蘭西의 有名ᄒᆞᆫ 大學者라(《최신초등소학》1908) ▎英吉利의 苛稅를 經ᄒᆞᆫ 後에 今日 美國을 成ᄒᆞ고 法蘭西의 侮蔑을 經ᄒᆞᆫ 後에(〈기호흥학회월보〉제5호 1908.12.25) ▎一便에ᄂᆞᆫ 法蘭西가 東歐대륙에 그 세력이 점차로 확대하야짐을 憎惡하며(〈개벽〉제42호 1923.12.1) ▎慶尙, 忠淸의 繭絲는 날로 日本과 法蘭西의 絹織을 蠶食한(〈별곤건〉제12·13호 1928.5.1)

【法蘭西國 법란서국】 프랑스(France), 유럽 서부 대서양 연안에 위치한 공화제 국가 ▎通貨之國, 友羅巴國, 法蘭西國, 阿壬民拉國, 者耳馬尾國(《조선왕조실록》순조32년 1832.7.21) ▎法蘭西國(《사민필지》1895 권1 法蘭西) ▎昔에 法蘭西國王 路易十四世가 驕矜自恣ᄒᆞ야(〈대한자강회월보〉제3호 1906.9.25)

【法朗西 법랑서】 프랑스(France), 유럽 서부 대서양 연안에 위치한 공화제 국가 ▎法朗西國際法學者뢰노氏講義, 同氏 又曰 箇人間에 法律이 有홈과 ᄀᆞᆺ치 國際間에도 法이 有ᄒᆞ니 卽 戰爭이 是라ᄒᆞ니(〈대한자강회월보〉제13호 1907.7.27)

【碧尼留 벽니류】 청나일(Blue Nile), 수단 중동부의 지방. 에티오피아와 접경함 ▎此ᄂᆞᆫ碧尼留(BLUE NILE)오本流ᄂᆞᆫ白尼留(WHITE NILE)의稱이有ᄒᆞ고(《중등만국지지》1902)

【壁突伊亞 벽돌이아】 빅토리아(Victoria), 캐나다 브리티시컬럼비아(British Columbia) 주

의 주도 ▌壁突伊亞(《사민필지》1895 권2 佳那多)

【碧山 벽산】 블루마운틴(Blue Mountain), 미국 뉴햄프셔(New Hampshire) 주의 산맥 ▌本名外에알누레꺄니(ALLEGHANY)와碧山(BLUEMOUNTAINS)白山(WHITE MOUNTAINS)캄바-란드(CUMBELAND)等의名稱이有ᄒᆞ고(《중등만국지지》1902)

【邊西洼尼州 변서와니주】 펜실베니아 주(Pennsylvania), 미국의 동북부에 있는 주 이름. 주도(州都)는 해리스버그이며 최대 도시는 필라델피아이다 ▌邊西洼尼州(〈한성순보〉제14호 1884.3.8 美國誌略續稿)

【鼈累穉斯坦 별루치사탄】 발루치스탄(Baluchistan), ①이란(Iran) 남동부에서 파키스탄 남서부의 지역. ② 파키스탄 남서부의 주 ▌鼈累穉斯坦(《사민필지》1895 권2 阿富汗 鼈累穉斯坦)

【鱉累穉斯坦 별루치사탄】 발루치스탄(Baluchistan), ①이란(Iran) 남동부에서 파키스탄 남서부의 지역. ② 파키스탄 남서부의 주 ▌此外에도鱉累穉斯坦(벨누치스탄)과古親支那와土基斯坦과新嘉坡의諸島와(유길준《서유견문》1895 제1편)

【普 보】 프러시아(Prussia), '普'는 '普國' 또는 '普魯士國'이 줄어든 말이다 ▌普(〈한성순보〉제5호 1883.12.9) ▌普, 奧, 匈 等國은 滿廿四歲로(〈서우〉제13호 1907.12.1) ▌民權壓勒ᄒᆞ든 黑暗時代에 奧 普 俄三國의 帝王이 會合ᄒᆞ야 所謂 維也納의 神聖同盟을 主唱ᄒᆞ고(〈대한협회회보〉제12호 1909.3.25)

【普國 보국】 프로이센(Preussen), 유럽 동북부와 중부에 있었던 지방 및 그 지방에 있었던 나라. 프러시아(Prussia)라고도 한다 ▌普國(〈한성순보〉제21호 1884.5.15 各國 氣候一覽表 第3) ▌普國과通商ᄒᆞ야毛織, 毛布의製造가盛ᄒᆞ고(《중등만국지지》1902 권1) ▌普國制度에 凡小學校之設立費 維持費ᄂᆞᆫ(〈대동학회월보〉제3호 1906.9.25) ▌卽 普國 現憲法이라(〈대한학회월보〉제6호 1908.7.25) ▌又 現今에 獨逸도 然ᄒᆞ야 名稱은 帝國이로ᄃᆡ 其 皇帝ᄂᆞᆫ 普國王이 世襲ᄒᆞ여도 獨逸皇帝ᄂᆞᆫ 主權者가 아니라(〈서북학회월보〉제11호 1909.4.1) ▌昔에 普佛戰爭에 普國士女가 音樂을 盛設ᄒᆞ고(〈대한흥학보〉제2호 1909.4.20) ▌普國의 主戰者와 가티, 승리를 위하는 전쟁에 찬성함은 아니엿(〈개벽〉제46호 1924.4.1)

【普魯士國 보로사국】 프로이센(Preussen), 유럽 동북부와 중부에 있었던 지방 및 그 지방에 있었던 나라. 프러시아(Prussia)라고도 한다 ▌都會로ᄃᆡ普魯士國王(日耳曼聯邦의皇帝)의先祖某氏가舊日此地의侯라(유길준《서유견문》1895 제20편)

【寶埒提客海 보랄제객해】 발트 해(Baltic Sea), 러시아 연방 서쪽 해안에 있는 바다. 스웨덴, 덴마크, 독일, 폴란드, 러시아, 핀란드에 둘러싸여 있다 ▌寶埒提客海(〈한성순보〉제2호 1883.11.10 歐羅巴洲)

【普老那 보로나】 볼로냐(Bologna), 이탈리아 에밀리아로마냐(Emilia-Romagna) 주의 주도 ▌普老那(《사민필지》1895 권1 意大里)

【普魯斯 보로사】 프로이센(Preussen), 유럽 동북부와 중부에 있었던 지방 및 그 지방에 있었던 나라. 프러시아라고도 한다. 1918년까지는 베를린을 수도로 한 호엔촐레른(Hohenzollern) 가의 왕국이었다. ▌普魯斯(〈한성순보〉제1호 1883.10.31 西班牙內亂) ▌普魯斯(《사민필지》1895 권1 德國) ▌普魯斯產金之處每一萬萬粒(〈대조선독립협회회보〉제11호 1897.4.30) ▌보로ᄉᆞ, 普魯斯 Prussia(게일편《한영자전》1897) ▌當時 普魯斯國 國勢가 彷彿于現今東亞形便이라(〈태극학보〉제5호 1906.12.24) ▌典抹과스위덴과오스토리아와普魯斯諸國이다 合衆國의 獨立을 認識ᄒᆞ니(〈대한학회월보〉제2호 1908.3.25) ▌現今은 普魯斯國의 官俸을 밧고(〈개벽〉제46호 1924.4.1) ▌녯날 普魯斯의 루이 황후는 이 꼿을 비상히 사랑하얏기 때문에(〈별건곤〉제20호 1929.4.1)

【普魯士 보로사】 프로이센(Preussen), 유럽 동북부와 중부에 있었던 지방 및 그 지방에 있었던 나라. 프러시아(Prussia)라고도 한

다.1918년까지는 베를린을 수도로 한 호엔촐레른(Hohenzollern) 가의 왕국이었다 ▍普魯士(《한성순보》제6호 1883.12.20 英國誌略) ▍數年間에 普魯士國의 軍法이 大勝ᄒᆞ야(유길준《서유견문》1895 제13편) ▍普魯士多出光色鐵鑛(《대조선독립협회회보》제15호 1897.6.30) ▍普魯士之於法蘭克福脫에 第一期 國會를 始許其召集ᄒᆞ니(《대한협회회보》제3호 1908.6.25) ▍獨人이 佛國精神이 有ᄒᆞ얏스면 普魯士聯邦은 皮膚만 粗存ᄒᆞᆯ 쑨이오(《기호흥학회월보》제11호 1909.6.25) ▍其 弊害가 遂絶ᄒᆞᆫ 者ᄂᆞᆫ 普魯士 千八百三十九年 頒布ᄒᆞᆫ 保護工人條例와 如ᄒᆞᆫ 者가 卽是라(《대한자강회월보》제13호 1907.7.25) ▍獨逸 普魯士의(폰)大學이니 千八百十八年에 設立ᄒᆞᆫ 者인ᄃᆡ 現今 受業ᄒᆞᄂᆞᆫ 學生이 二千四百十八人이라 ᄒᆞ며(《서북학회월보》제2호 1908.7.1) ▍이런사람을 볼 때에 『저 사람이 普魯士 사람이라고야 말이 되나』하고 거이 입 밖에까지 말이 나오려 한다(《동광》제22호 1931.6.1) 현대중국어 표기 ➡ 普鲁士

【普露西 보로서】 프러시아(Prussia), 유럽 동북부와 중부에 있었던 지방 및 그 지방에 있었던 나라. 프러시아(Prussia)라고도 한다.1918년까지는 베를린을 수도로 한 호엔촐레른(Hohenzollern) 가의 왕국이었다 ▍이리하야 이가튼 표어의 아래 부흥의 獨逸精神은 普露西山川에 가득하고 잇습니다(《삼천리》제10호 1930.11.1) ▍마이야는 푸로시아왕(普露西王)의 상업고문관(商業顧問官)에 임명되어 론돈으로 이사하엿다(《삼천리》제6권 7호 1934.6.1)

【普魯西 보로서】 프로이센(Preussen), 유럽 동북부와 중부에 있었던 지방 및 그 지방에 있었던 나라. 프러시아(Prussia)라고도 한다. 1918년까지는 베를린을 수도로 한 호엔촐레른(Hohenzollern) 가의 왕국이었다 ▍普魯西(《한성순보》제13호 1884.2.27 租稅統計表) ▍獨國中 普魯西國만 千二百二十一萬九千二百九十六(막구)(《대조선독립협회회보》제8호 1897.3.15) ▍該半島잣트란드(JATLAND)ᄂᆞᆫ 普魯西,北部로브터海中에突出ᄒᆞ니(《중등만국지지》1902 권1) ▍假令 普魯西에셔ᄂᆞᆫ 第一回 議決ᄒᆞᆫ後, 二十日을 隔ᄒᆞ야(《태극학보》제7호 1907.2.24) ▍普魯西,國王과 及政府의 有力ᄒᆞᆫ 當路者가 國會 設立ᄒᆞ기를 不肯ᄒᆞᄂᆞᆫ 故로(《대한협회월보》제6호 1908.7.25) ▍普魯西國王이 獨逸皇帝의 尊號를 兼ᄒᆞ야(《대한흥학보》제10호 1910.2.20) ▍佛蘭西가 최다하고 丁抹, 普魯西 등이 次하며(《개벽》제25호 1922.7.10)

【普士噸 보사돈】 보스턴(Boston), 미국 매사추세츠 주의 주도. 매사추세츠 만 연안에 자리한 뉴잉글랜드 최대의 중심지이다 ▍普士噸(《한성순보》제16호 1884.3.27 美國大統領 演說)

【寶樹墩 보수돈】 보스턴(Boston), 미국 매사추세츠 주의 주도. 매사추세츠 만 연안에 자리한 뉴잉글랜드 최대의 중심지이다 ▍寶樹墩(보스튼) 此府ᄂᆞᆫ 約紐府의 東北方에 在ᄒᆞ야(유길준《서유견문》1895 제19편)

【寶姤尼亞 보투니아】 보스니아(Bosnia), 아드리아(Adriatic Sea) 해 동쪽에 위치한 나라. 북쪽과 남쪽, 서쪽으로는 크로아티아(Croatia), 동쪽으로는 세르비아(Serbia), 동남쪽으로는 몬테네그로(Montenegro)와 닿아 있다 ▍寶姤尼亞及懸蘭의 兩海項地勢를 連ᄒᆞ야占據ᄒᆞᆫ者라(유길준《서유견문》1895 제2편)

【富羅泄 부라설】 브뤼셀(Brussels), 유럽연합의 중심지이자 벨기에의 수도 ▍富羅泄(브라셀) 此府ᄂᆞᆫ 白耳義의 京城이니(유길준《서유견문》1895 제20편)

【富羅雪 부라설】 브뤼셀(Brussels), 유럽연합의 중심지이자 벨기에의 수도 ▍富羅雪은 此國의 首府ㅣ라(《소학만국지지》1895 제3편)

【富禮魯察府 부례로찰부】 부에노스아이레스(Buenos Aires), 아르헨티나의 수도 ▍富禮魯察府(《한성주보》제32호 1887.11.24 獨逸商務)

【富祿吉仁州 부록길인주】 브룩클린 주(Brookline), 미국의 주 이름 ▍東으로 河峽을 隔ᄒᆞ야 富祿吉仁州와 相對ᄒᆞ고(유길준《서유견문》1895 제19편)

【北加羅里那州 북가라리나주】 노스캐롤라이나(North Carolina) 주, 미국 남동부 대서양안에 있는 주 ▌北加羅里那州(〈한성순보〉제12호 1884.2.17 美國誌略)

【不加勒斯 불가륵사】 불가리아(Bulgaria), 유럽 동남부 발칸 반도의 동부에 있는 공화국 ▌首府不加勒斯ᄂᆞᆫ多惱河北에有ᄒᆞ야東歐의屈指ᄒᆞᄂᆞᆫ都會라(《소학만국지지》1895 제3편)

【不加勒斯府 부가륵사부】 부쿠레슈티(Bucharest), 루마니아의 수도. 영어명은 부카레스트(Bucharest)이다 ▌不加勒斯府(〈한성순보〉제17호 1884.4.6 歐洲各國京都經緯表)

【芙英 부영】 후에(Hué), 베트남 중부에 있는 도시이며, 베트남 마지막 왕조의 수도였다 ▌歐美人은此ᄅᆞᆯ芙英(Hué)라稱ᄒᆞ니(《중등만국지지》1902 권1)

【北哥兀利那州 북가올리나주】 노스캐롤라이나(North Carolina) 주, 미국 남동부 대서양안에 있는 주 ▌茀樂求山은合衆國의北哥兀利那州에在ᄒᆞᆫ者라(유길준《서유견문》1895 제1편)

【北間島 북간도】 북간도(North Gando 北間島), 우리나라에서 두만강 중하류의 중국지역을 이르는 곳. 중국 길림성(吉林省) 동남부 지역으로 중국 현지에서 연길도(延吉道)라고 부르는 지역으로 일제 강점기에 우리나라 사람이 많이 살았던 곳이다. 서간도(압록강 상류 백두산 일대)와 동간도(두만강 중하류 일대, 혼춘(琿春)·왕청(汪淸)·연길(延吉)·화룡(和龍)의 네 현)로 나뉘어지는데 동간도는 북간도로도 불린다 ▌該港은北間島ᄅᆞᆯ通ᄒᆞᆫ要衝인故로不久에繁昌ᄒᆞ리라더라(〈대한협회회보〉제2호 1908.5.25) ▌命北間島在勤(以上三月三十一日內部)(〈관보〉제4342호 1909.4.5) ▌妻子를 끌고 오라는 이도 업고 가보지도 못한 北間島를 향하고 갓다(〈개벽〉제15호 1921.9.1) ▌北間島 들어간다. 安東縣 들어간다. 東京 들어간다. 大阪 들어간다(〈동광〉제12호 1927.4.1) ▌30여명 馬賊이 三隊로 논아 어대로 감니다. 아마 北間島 방면으로 가는 것이지요.(〈별곤건〉제15호 1928.8.1)

【北京 북경】 베이징(Beijing), 중국의 수도. 정식 명칭은 베이징직할시[北京直轄市]이다 ▌북경 北京(파리외방선교회한국선교단《한불자전》1880) ▌북경 北京 燕都 燕市(《국한회어》1895) ▌英法 同盟軍과 싸와 一敗塗地 ᄒᆞ야 北京 城頭에 白旗ᄅᆞᆯ 세워(《국민소학독본》1895) ▌北京政府에셔ᄂᆞᆫ其北部에駐ᄒᆞᄂᆞᆫ喀什噶爾提督董福祥과(〈관보〉제78호 1895.6.2) ▌청국(淸國)셔울일홈이무어시뇨 ○답 븍경(答北京)이라ᄒᆞᄂᆞ니라(《디구략론》1897) ▌北京近報(〈대조선독립협회회보〉제13호 1897.5.31) ▌븍경, 北京 Peking(게일편《한영자전》1897) ▌北京政府ᄂᆞᆫ表面으로此를鎭壓ᄒᆞᄂᆞᆫ樣으로假裝ᄒᆞ되(〈대한자강회월보〉제10호 1907.4.25) ▌北京政府ᄂᆞᆫ四川省으로셔 派兵ᄒᆞᆷ을 命ᄒᆞ고(〈대동학회월보〉제10호 1908.11.25) ▌北京大學사건은 각성한 南方派가 北上하야 北京에서 관료파라 云하는 장애물로 더불어(〈개벽〉제9호 1921.3.1)

【北歐 북구】 북유럽(Northern Europe), 유럽의 북부지역을 가리키는 말로 노르웨이, 스웨덴, 핀란드, 덴마크, 아이슬란드 등 5개국이 포함된다 ▌彼北歐에 位ᄒᆞ야 年中氷雪에 幾閉되ᄂᆞᆫ「아이란도」의 住民도(〈대한유학생회학보〉제3호 1907.5.25) ▌北歐新協約 丁抹 瑞典 德國 法國 和蘭 英國 六個國은 北海協約을 締結ᄒᆞ고(〈대한협회회보〉제4호 1908.7.25) ▌北歐「스칸데나삐아」 신화 태초에 세계는 冰寒界 焦熱界 2界로 分하엿는대(〈개벽〉제1호 1920.6.25) ▌14世紀에 와서 伊太利에서 發起되어 점차 北歐에 전파되어(〈동광〉제12호 1927.4.1) ▌露國 瑞典 丁抹, 諾威-와 北歐諸國을 口說하기 위하야 行脚하고 잇엇든 것이다(〈개벽〉신간 제2호 1934.12.1)

【北極 북극】 북극(The Arctic), 북극점을 중심으로 펼쳐지는 고위도 지방 ▌북극 北極(파리외방선교회한국선교단《한불자전》1880) ▌赤道와黃道와黑道의分別을立ᄒᆞ니北極을從ᄒᆞ야(유길준《서유견문》1895 제1편) ▌북극 北極(《국한회어》1895) ▌前日 同志者로 더부러 北極 探險을 ᄒᆞ랴고(〈대조선독립협회회보〉제5호 1897.1.31) ▌븍극 北極 The North Pole(《한영자

전》게일재판》1897) ▌北極에ᄂᆞᆫ 夜色이 無ᄒᆞ며 冬至節候에도 亦然 相反ᄒᆞ니라(〈대한협회회보〉제8호 1908.11.25) ▌우주는 결코 태양(太陽)이나 북극(北極)만으로 그 내용(內容)을 삼지 아니하고(이광수《무정》1917) ▌經線(경선) 南極에서 北極으로 連한 直線의 稱(《총독부조선어사전》1918) ▌힌 곰만사는 北極에도 아! 慈悲한 해빗은 구석구석에 비추인다(〈개벽〉제20호 1922.2.8)

【北極洋 북극양】북극해(The Arctic Ocean), 북극해 북극을 중심으로 시베리아, 알래스카, 캐나다, 그린란드, 스발바르(Svalbard) 제도 등으로 둘러싸인 해역 ▌水를 分ᄒᆞ야 五大洋이라 稱ᄒᆞ니 卽 太平洋 印度洋 太西洋 南極洋 北極洋 을 云ᄒᆞᆷ이라(〈대조선독립협회회보〉제7호1897.2.28) ▌北海岸 北極洋 沿岸에는 出入이 稀少ᄒᆞ야(〈태극학보〉제7호 1907.2.24) ▌그 북부의 北極洋 方面의 人跡未到의 대평원은(〈삼천리〉제12호 1931.2.1) ▌북대서양과 北極洋 사이에 잇는 섬(島) 나라를 저 보십시오(〈만국부인〉제1호1932.10.1)

【北極海 북극해】북극해(The Arctic Ocean), 북극해 북극을 중심으로 시베리아, 알래스카, 캐나다, 그린란드, 스발바르(Svalbard) 제도 등으로 둘러싸인 해역 ▌哥秀比安海로從ᄒᆞ야北極海에盡ᄒᆞᆫ者라(유길준《서유견문》1895 제1편) ▌北極海者曰澳排江長九千九百里(〈대한협회회보〉제10호 1909.1.25)

【北米 북미】북미(North America), 미국과 캐나다를 아우르는 이름이다 ▌北米 의 共和國은 各州 上院에 選出ᄒᆞ야 元老院 을 立ᄒᆞ고(〈대조선독립협회회보〉제7호 1897.2.28) ▌北米大陸과ᄲᅢ이링구海峽을挾ᄒᆞᆯ ᄲᅮᆫ이오(《중등만국지지》1902 권1) ▌北米大韓人集款組成海外報館啓(〈대한자강회월보〉제5호 1906.11.25) ▌佛國은(루-이)十四世之宰臣(코아베-)가 殖民政策을 熱心奬勵以來로 只於北米之地에 掩有(늬유파운들된드)(익카듸아)(늬유 쑤턴스윅)(킵킵쑤리론)島(킈나다)〔루이씨니아〕等地러니(〈대한유학생회학보〉제1호 1907.3.3) ▌例컨ᄃᆡ 北米 ᄆᆡᆨ시코에 在ᄒᆞᆫ 火山은 平野에셔 噴火ᄒᆞ야(〈기호흥학회월보〉제8호 1909.3.25) ▌費府ᄂᆞᆫ 獨立當年에 北米 第一大 都會로 人口가 三十萬이엿고(〈대한흥학보〉제5호 1909.7.20) ▌미스 랭킨스는 北米合衆國 최초의 여자國會上議員이다(〈동광〉제32호 1932.4.1) ▌又는 北米와 墨西哥로부터 下來하야 營商하는 사람도 많이 보앗다(〈개벽〉신간 제1호 1934.11.1)

【北美 북미】북미(North America), 미국과 캐나다를 아우르는 이름이다 ▌北美中央太平鐵道보담길어셔世界中에第一鐵道가된다더라(〈관보〉제474호 1896.11.6) ▌硏新加精ᄒᆞᆫ 後 歐洲 北美에 文明이 漸進ᄒᆞᄆᆡ 供用이 日富ᄒᆞᆷ으로 現今 實業界에 盛大ᄒᆞᆫ 概況을 鼓造ᄒᆞ고(〈대한학회월보〉제4호 1908.5.25) ▌新韓基礎 北美 桑港에 在留ᄒᆞᄂᆞᆫ 帝國 同胞가 組織ᄒᆞᆫ 國民會ᄂᆞᆫ 內外國人의 稔知ᄒᆞᄂᆞᆫ 바어니와(〈대한흥학보〉제9호 1920.1.20) ▌아하! 錦上疊繡로구나! 이에 비롯오 北美에 잇서서 최종의 奮鬪舞臺가 열리게 되엇다(〈개벽〉제24호 1922.6.1) ▌氷河時代에는 北美, 歐洲, 亞細亞의 北部는大部分이 두텁은 얼음(氷)에 덮이어서(〈동광〉제11호 1927.3.5)

【北美洲 북미주】북미(North America), 미국과 캐나다를 아우르는 이름이다 ▌今此黃道에占據ᄒᆞᆫ邦國은我邦中國及日本과歐洲의諸國과北美洲의合衆國과南美洲의數三國이니(유길준《서유견문》1895 제16편) ▌西으로 北美洲에 殖民地며 南으로 亞弗利加에 新開拓土가 有ᄒᆞ고(〈대한유학생회학보〉제3호 1907.5.25) ▌北美洲를 橫斷ᄒᆞᄂᆞᆫ 數多의 鐵道가 同大陸 開發上에 重要ᄒᆞᆫ 關係가 有ᄒᆞ고(〈태극학보〉제20호 1908.5.24) ▌내가 調査한 바에 依하건대 北美洲에는 朝鮮사람이 만히 集團되어 살고 잇는 곳은「로샌젤스」와「시카코」와 紐育이엇는데(〈삼천리〉제9호 1930.10.1) 현대중국어 표기 ➡ 北美洲

【北米合衆國 북미합중국】미국(United States of America), 북아메리카 대륙의 캐나다와 멕시코 사이에 있는 48주와 알래스카 및 하와이의 2주로 구성된 연방공화국 ▌北米合衆國(〈한성순보〉제35호 1884.9.29 各

國郵便收入表) ▎北米合衆國은北亞米利加의 中央에잇고(《소학만국지지》1895 제4편) ▎北米合衆國驛遞部協辦은五月二十八日에萬國郵遞聯合事務局長과議論ᄒᆞ고(《관보》제93호 1895.6.19) ▎월님믹킨릐 氏는 去月 三月에 北米合衆國 百姓들이 大統領으로 쏩아ᄂᆞᆫ딕(《대조선독립협회회보》제2호 1896.12.15) ▎北米合衆國之南北戰爭이 相持至七年之久ᄒᆞ야(《대한유학생회학보》제1호 1907.3.3) ▎北米合衆國은 西曆 一千四百九十二年에 컬놈보쓰 가 發見ᄒᆞᆫ 大陸이라(《대한학회월보》제2호 1908.3.25) ▎北米合衆國과 如히 國勢를 挽回ᄒᆞ며 思想을 高尙히 홈을 希望ᄒᆞ노라(《대한흥학보》제2호 1909.4.20) ▎最近에 北米合衆國政府 勞働局의 硏究發布에 依하면(《개벽》제1호 1920.6.25)

【北美合衆國 북미합중국】 미국(United States of America), 북아메리카 대륙의 캐나다와 멕시코 사이에 있는 48주와 알래스카 및 하와이의 2주로 구성된 연방공화국 ▎而雖稱北美合衆國, 若以阿美利加洲全幅論之, 爲居中矣(《조선왕조실록》고종26년 1889.7.24) ▎北美合衆國都會人民은衣冠이濟楚ᄒᆞ야(유길준《서유견문》1895 제19편) ▎現今英語을使用ᄒᆞᄂᆞᆫ者ᄂᆞᆫ大不列顚及愛蘭에셔三千八百万人北美合衆國에셔六千五百万人(《관보》139호 1895.8.16) ▎北美合衆國 辨理公使 兼 摠領事 존 엠비 실(《대조선독립협회회보》제3호 1896.12,31) ▎北美合衆國은 全國 製紙場 千餘個所에 製紙機械 一千三百臺(世界現在總數之五分一)을 排据ᄒᆞ고(《대한학회월보》제4호 1908.5.25) ▎近日 北美合衆國이 ᄯᅩᄒᆞᆫ 人人이 平等에 立ᄒᆞ얏스니(《대동학회월보》제5호 1908.6.25) ▎然而 北美合衆國의 獨立宣言을 發表홈도 亦 自由權에 基因ᄒᆞᆫ지라(《서북학회월보》제14호 1909.7.1) ▎北美合衆國에 유수한 大都會 쉬카고시와 相接한 부호들의 住宅村이요(《개벽》제24호 1922.6.1) ▎약 30년 전에 北美合衆國의 東洋岸인 「마사쮸세쓰州」 「흘욕」市에 있는 基督敎靑年會館에(《동광》제14호 1927.6.1)

【北氷洋 북빙양】 북빙양(the Arctic Ocean), 북극해의 다른 이름 ▎北氷洋(《사민필지》1895 권1 歐羅巴總論) ▎북빙양 北氷洋(《국한회어》1895) ▎北氷洋 一帶에 至ᄒᆞ야ᄂᆞᆫ 氷의 形狀이 更히 奇怪ᄒᆞ야(《서우》제3호 1907.2.1) ▎彼此 藹頗之誼로 相愛相慕ᄒᆞ며 間間 넷氏의 北氷洋 猛獸毒魚의 討滅ᄒᆞᆫ 景況도 採問ᄒᆞ더라(《태극학보》제9호 1907.4.24) ▎北氷洋 埃斯摩人과 南氷洋之拉爹夫依哥人이 爲禦寒之故로(《호남학보》제4호 1908.10.25) ▎일홈은 태평양太平洋과 대셔양大西洋과 인도양印度洋과 북빙양北氷洋과 남빙양南氷洋이며(최병헌《성산명경》1914) ▎꽁꽁 묵거가지고 北氷洋에 갓다 띄워 바렷스면 속이 좀 시원할가요?(《개벽》제62호 1925.8.1) ▎사철 눈보라만 치는 것이 북빙양(北氷洋)의 경색(景色)이라 하면(《별건곤》제20호 1929.4.1)

【北冰洋 북빙양】 북빙양(the Arctic Ocean), 북극해의 다른 이름 ▎답 태평양(答太平洋)과 대셔양(大西洋)과인도양(印度洋)과븍빙양(北冰洋)과남빙양(南冰洋)이니라(《디구략론》1897) ▎븍빙양, 北冰洋 The Aretic Ocean(게일편《한영자전》1897) ▎南北冰洋은 極히 冷ᄒᆞᆫ 地라도 冰이 ᄯᅩᄒᆞᆫ 實치 안니ᄒᆞ야(《대조선독립협회회보》제6호 1897.2.15) ▎멀리 멀리 해지는 쪽으로 大西洋과 北冰洋이 合水되는 곳에(《개벽》제8호 1921.2.1) 현대중국어 표기 ➡ 北冰洋

【北亞墨利加 북아묵리가】 북아메리카(North America), 아메리카 대륙(남북 아메리카)의 북반부 ▎亞細亞之東方見涯岸南亞墨利加與北亞墨利加一線相續其極南地盡之處(《대동학회월보》제7호 1908.8.25)

【北阿美利加 북아미리가】 북아메리카(North America), 아메리카 대륙(남북 아메리카)의 북반부 ▎北阿美利加(《한성주보》제26호 1886.9.6 總核巨物) ▎北阿美利加洲 노트아메리카 九千二百四十萬方里(유길준《서유견문》1895 제1편) ▎북아미리가 北阿美利加(《국한회어》1895) ▎븍아미리가 北阿美利加 North America(게일편《한영자전》1897)

【北亞米利加洲 북아미리가주】 북아메리카(North America) 대륙, 아메리카 대륙(남북

아메리카)의 북반부 ▌北亞米利加洲ᄂᆞᆫ北은北氷洋이오東은大西洋이오(《소학만국지지》1895 제3편) ▌北亞米利加洲ᄂᆞᆫ新世界의北部를領ᄒᆞᆫ大陸이니(《중등만국지지》1902 제3편) ▌北亞米利加洲 間에는 本洲 東北端과 겨우 베링 海峽만隔ᄒᆞ니라(〈태극학보〉제7호 1907.1.24)

【北阿米利加洲 북아미리가주】북아메리카 대륙(North America), 아메리카 대륙(남북아메리카)의 북반부 ▌紐約은 北阿米利加洲 合衆國 紐約洲의 貿易 大都오(《국민소학독본》1895)

【北阿美利加洲 북아미리가주】북아메리카 대륙(North America), 아메리카 대륙(남북아메리카)의 북반부 ▌북아미리가주 北阿美利加洲 노트아메리카(〈대한자강회월보〉제11호 1907.5.25) ▌此 外에도 北阿美利加洲에 佳那多라 ᄒᆞᄂᆞᆫ 地方은 全혀 英國에 屬ᄒᆞ고(〈대한협회회보〉제5호 1908.8.25)

【北阿美利加洲合衆國 북아미리가주합중국】미국(United States of America), 미국의 다른 이름 ▌北阿美利加洲合衆國ᄂᆞᆫ紙幣의通行이有ᄒᆞᆫ者라(유길준《서유견문》1895 제11편)

【北阿弗利哥 북아불리가】북아프리카(North Africa), 아프리카 대륙의 사하라 사막 이북을 가리키는 이름 ▌佛國이 北阿弗利哥에서 米國이 하와이에서(〈개벽〉제69호 1926.5.1)

【北海 북해】북해(North Sea), 유럽 대륙, 영국, 노르웨이에 둘러싸인 대서양의 연해 ▌북ᄒᆡ 北海(파리외방선교회한국선교단《한불자전》1880) ▌북해 北海(《국한회어》1895) ▌丁末은北海로서渤得海에入ᄒᆞᄂᆞᆫ咽喉에有ᄒᆞᆫ半島와(《소학만국지지》1895 제3편) ▌북해 北海 The North sea(게일편《한영자전》1897) ▌其間은北海或日耳曼洋이라云ᄒᆞ고(《중등만국지지》1902 권1) ▌東北으로 北海에 至ᄒᆞᄂᆞᆫ 英法이 人之航行을 禁치 못홈이 是其例也니(〈대한유학생회학보〉제3호 1907.5.25) ▌現在德軍艦은 비록 運河及北海와 如히 淺ᄒᆞᆫ 海面에셔도 游弋케 ᄒᆞ도록 製造ᄒᆞᆫ 故로(〈대한자강회월보〉제12호 1907.6.25) ▌北海의 潛航艇이 四溟을 橫掠하엿슬지라도(〈개벽〉제3호 1920.8.25) 현대중국어 표기 ➡ 北海

【北海道 북해도】홋카이도(Hokkaido), 일본 북단부에 있는 홋카이도 본도와 부속 도서로 된 지방 ▌日本서ᄂᆞᆫ 源義經이 北海道로 滿洲로 가셔 成吉思汗이 되엿다 ᄒᆞ니(《국민소학독본》1895) ▌其師團數ᄂᆞᆫ六師團과近衛師團과北海道屯田兵이合七師團半에在ᄒᆞᆫ거슬(《관보》286호 1896.3.30) ▌三十日 預定으로 日本 北海道及青森, 日光 等地를 巡覽ᄒᆞ신다더라(〈대동학회월보〉제19호 1909.8.25) ▌곳 朝鮮민족은 저 北海道의 아이누 모양으로 되랴면 될 수도 잇는 것이외다(〈개벽〉제19호 1922.1.10) ▌또 日本北海道 小樽手宮의 洞穴(墓穴이라고 판명 됨)에 잇는 이상한 조각의 문자에 대하여(〈동광〉제23호 1931.7.5)

【芬蘭 분란】핀란드(Finland), 북유럽 발트해(Baltic Sea) 연안에 있는 스칸디나비아 국가 ▌國都聖彼得堡府ᄂᆞᆫ芬蘭灣頭의尼瓦河口에有ᄒᆞ야(《소학만국지지》1895 제3편) ▌芬蘭大公國에屬ᄒᆞᆫ部分이一百十三「우엘스도」라홈(《관보》제331호 1896.5.21) ▌露及 芬蘭 三萬八千二百三十八所 二十二人(〈대조선독립협회회보〉제5호 1897.1.31) ▌僅히露領芬蘭에續ᄒᆞ니歐洲極北의國이오(《중등만국지지》1902 권1) ▌今則 漸多讀書ᄒᆞ고 惟芬蘭一省人은 勤學ᄒᆞ야 竟無一不識字者ᄒᆞ고(〈대한유학생회학보〉제1호 1907.3.3) ▌歐洲 諸國 中에 女人에게 參政權을 許與홈은 芬蘭이 嚆矢인ᄃᆡ(〈대한협회회보〉제2호 1908.5.25) ▌俄帝의 一行은 芬蘭灣 巡航中에 時時로 瑞典王을 訪問홀터이라더라(〈대동학회월보〉제6호 1908.7.25) ▌그러킨 하지, 芬蘭과 波蘭은 獨立國이 되엿(〈개벽〉제37호 1923.7.1) 현대중국어 표기 ➡ 芬兰

【棼蘭 분란】핀란드(Finland), 북유럽 발트해(Baltic Sea) 연안에 있는 스칸디나비아 국가 ▌棼蘭(〈한성순보〉제18호 1884.4.16 歐洲各國國債表)

【芬蘭灣 분란만】핀란드 만(Gulf of Finland), 발트해(Baltic Sea) 동쪽, 핀란드와 에스토니

아(Estonia) 사이에 있는 만 ▌太西洋과內海를 分ᄒᆞ니內海ᄂᆞᆫ波留的海(BALTIC)샏스니야灣(BOTHNIA)芬蘭灣(FINLAND)이라(《중등만국지지》1902 권1)

【芬蘭土 분란토】 핀란드(Finland), 북유럽 발트 해(Baltic Sea) 연안에 있는 스칸디나비아 국가 ▌1927년 8월에 王黨3人組가 入露할 때 도 께, 페, 우에서는 2週間전에 偵知하고 芬蘭土國境에서 右3人을 銃殺식히엿다(〈삼천리〉제4권10호 1932.10.1)

【佛 불】 프랑스(France), '佛'은 '佛國' 또는 '佛蘭西'가 줄어든 말이다 ▌佛(《친목회회보》제1호 1895.10) ▌曰英佛露三國은歐洲의平地를確保ᄒᆞ고自由를尊重케 홈에ᄂᆞᆫ(〈대한협회회보〉제8호 1908.11.25) ▌일즉부터開戰중이던 希土戰이 문득 土國 케말軍의 大勝에 歸하야 英·佛·伊·羅·希·土 등 諸國의 대표를 含한 近來 講和會議의 개최를 致할 형세에 至한 것이며(〈개벽〉제29호 1922.11.1) ▌地中海에는 佛埃 양국이 介在하야 互相 반목을 계속하고 잇는데(〈별곤건〉제29호 1930.6.1) ▌英佛伊帝國主義 一團과 獨波 及 피압박 군소강국의 결속에 의한 현상打破主義의 제국주의 一團과의 대립은(〈개벽〉신간 제2호 1934.12.1) ▌작년 7월, 日佛共同防衛條約이 締結되여(〈대동아〉제14권 5호 1942.7.1)

【佛國 불국】 프랑스(France), 유럽 서부 대서양 연안에 위치한 공화제 국가 ▌佛國(〈한성주보〉제55호 1887.3.21) ▌故로 英國駐劄 佛

佛蘭西(불란서)

왜 프랑스어학과를 불어학과라고 할까? 우리나라에서는 '불어불문학과', '한불사전', '한불 수교', '한불친선협회' 등과 같이 프랑스를 '불(佛)~'로 부르는 일이 많은데 이는 아마도 일본의 프랑스 지칭과 관련이 있어 보인다. 개화기에 프랑스를 한자로 표기한 이름은 지금까지 찾아낸 것만 해도 大法民主國, 法, 法國, 法朗西, 法蘭西, 法蘭西國, 佛, 佛國, 佛蘭西, 佛蘭西國, 佛狼西 등 열한 가지나 된다. 이들 표기는 거의 중국어에서 유래한 것으로 이들 중 우리나라에서 오늘날 사용되는 것은 '佛蘭西' 정도일 것이다.

같은 한자문화권인 중국과 일본에서는 오늘날 프랑스를 어떻게 부를까? 중국에서는 프랑스를 法国(Făguó)과 法蘭西(法兰西 Fălánxī)라 한다. 이에 비하여 일본에서는 프랑스를 佛國(仏国 fukkoku)과 佛蘭西(furansu)라고 한다. 프랑스 관련 다른 용어에서도 '仏和辞典'(불일사전) '日仏親善協会'(일불친선협회) '仏語仏文学'(불어불문학) '仏語仏文学科'(불어불문학과)와 같이 프랑스를 표시하는데 '仏~'을 사용한다. 중국 기원의 프랑스 표기 중 일본에서 '仏~'로만 쓰는 이유는 무엇일까? 그것은 '法~'과 '仏'의 발음의 차이 때문일 것이다. 중국어 '法~'을 일본어로 읽으면 '[ho:]'가 되어 프랑스(France)의 첫음 [fu]와 거리가 멀어진다. 그러나 '仏~'로 적게 되면 [futsu]가 되어 France의 첫음절 [fu]와 유사하게 된다.

일본에서 프랑스를 '仏~'로 적는 방법은 일제시대를 거치면서 우리나라 사람들에게도 익숙해졌고 이것이 오늘날까지 이어진 것이 아닐까 한다.

國全權大使 늬쿠셀 氏가 兩國 交誼를 和ᄒᆞ게 ᄒᆞᄂᆞᆫᄃᆡ 盡力ᄒᆞ야(〈대조선독립협회회보〉제5호 1897.1.31) ▌英國의 商權主義며 佛國의 文明主義와 ᄀᆞᆺᄒᆞᆫ 大概事情이야 朕雖老而不聰不明이나(〈대한유학생회학보〉제3호 1907.5.25) ▌故로 佛國으로서ᄂᆞᆫ 라후아엣드 氏가 來ᄒᆞ고(〈대한학회월보〉제8호 1908.10.25) ▌在京城佛國總領士 쏘셉푸,멜장(《관보》제4375호 1909.5.13) ▌佛國宣敎師 그렘썬氏와 該面長 曹秉學氏의 熱心贊成으로(〈기호흥학회월보〉제10호 1909.5.25) ▌佛國(〈대한민보〉제21호 1909.7.6 佛國) ▌二十二日.佛國陸軍中佐 쌔릿소-떼스마이에,特敍勳三等,賜太極章(《조선왕조실록》순종3년 1910.1.22) ▌佛國의 宗敎ᄂᆞᆫ 何者를 勿論ᄒᆞ고 法律上에 平等을 享有ᄒᆞᄂᆞ니(〈대한흥학보〉제10호 1910.2.20) ▌佛國은 어떠한 문화를 구하던지 인도는 어떠한 문화를 바라던지(〈개벽〉제10호 1921.4.1) ▌落膽喪魂한 佛國兵을 鼓舞함으로 英兵을 驅逐하(〈동광〉제10호 1927.2.1)

【佛羅里建州 불라리건주】플로리다(Florida) 주, 미국 남동쪽 끝에 있는 주 ▌佛羅里建州(〈한성순보〉제12호 1884.2.17 美國誌略)

【弗羅利多半島 불라리다반도】플로리다 반도(Florida Peninsula), 미국의 남동쪽 끝, 대서양과 멕시코 만을 갈라 놓는 반도 ▌西印度諸島ᄂᆞᆫ 合衆國의 弗羅利多半島로 南亞米利加洲의 베네쥴아灣에 向ᄒᆞ고(《소학만국지지》1895 제4편)

【茀樂求山 불락구산】블랙 산(Black Mountain), 미국 노스캐롤라이 주에 있는 산 이름 ▌茀樂求山은 合衆國의 北哥兀利那州에 在ᄒᆞᆫ 者라(유길준《서유견문》1895 제1편)

【佛蘭西 불란서】프랑스(France), 유럽 서부 대서양 연안에 위치한 공화제 국가 ▌佛蘭西夷二船,漂到萬頃地方,命差送問情譯官(《조선왕조실록》헌종13년 1847.7.10) ▌불란서 佛蘭西(파리외방선교회한국선교단《한불자전》1880) ▌佛蘭西(〈한성순보〉제1호 1883.10.31) ▌佛蘭西 프란쓰(유길준《서유견문》1895 제1편) ▌佛蘭西 大統領 필익스포호 民主治 與我條約 丙戌五月初三日(〈대조선독립협회회보〉제2호 1896.12.15) ▌불란셔 佛蘭西 France(게일편《한영자전》1897) ▌昔에ᄂᆞᆫ 羅甸語와 西班牙語와 佛蘭西語가 交際間通語가되더니(《중등만국지지》1902 권1) ▌伊太利及佛蘭西에셔 最古時代의 遺物을 發掘ᄒᆞ얏스ᄂᆞ(〈대한유학생회학보〉제3호 1907.5.25) ▌佛蘭西 ᄂᆞᆫ 頗히 廣大한 殖民地을 占有ᄒᆞ얏스나(〈대한학회월보〉제6호 1908.7.25) ▌佛蘭西 一九○七年 四○,七○八,二一五(〈관보〉제4288호 1909.1.30) ▌佛蘭西의 一白墨鑛은 深이 一千九百八十尺이니(〈기호흥학회월보〉제8호 1909.3.25) ▌그는 넘우 과도한 노력으로 遂히 건강을 損하야 佛蘭西의 「몬페리유」라는 浴場에 요양을 가게 되엇다(〈개벽〉제5호 1920.11.1) ▌瑞西와 佛蘭西 等地의 湖上으로붙어 시작되었다고 考古學者들은 말합니다(〈동광〉제13호 1927.5.1)

【佛蘭西國 불란서국】프랑스(France), 유럽 서부 대서양 연안에 위치한 공화제 국가 ▌伊太利佛蘭西國의 近古에 新舊敎의 紛爭으로 亦數十萬人의 生命을 殺戮ᄒᆞ야(유길준《서유견문》1895) ▌丁抹端西가 自北派軍ᄒᆞ고 佛蘭西國이 自南授助ᄒᆞᆷᄋᆡ 遂至獨佛兩國間直接政治上之開戰ᄒᆞ니(〈대한유학생회학보〉제1호 1907.3.3) ▌輕氣球ᄂᆞᆫ 西曆 一千七百八十三年에 佛蘭西國 몽골훼 氏가 發明ᄒᆞᆫ 바ㅣ니(〈태극학보〉제15호 1907.11.24) ▌米國獨立第百年 稱慶禮式時에 佛蘭西國에서 奉呈ᄒᆞᆫ 「自由女神」의 銅像이라.(〈대한학회월보〉제2호 1908.3.25) ▌公務도 이미 마틈을 다하온 이상에는 이제 다시 佛蘭西國에 가고자하오니(〈개벽〉제13호 1921.7.1)

【佛狼西 불랑서】프랑스(France), 유럽 서부 대서양 연안에 위치한 공화제 국가 ▌佛狼西(《사민필지》1895 권1 法蘭西)

【茀冷求 불랭구】몽블랑(Mont Blanc), 알프스 산맥에 있는 산 이름으로 프랑스와 이탈리아 국경지방에 있다. '茀冷求'는 불어 Blanc의 한자 음역표기이다 ▌茀冷求 一萬五千七百四十四尺(유길준《서유견문》1895 제1편)

【不列敦 불렬돈】브리튼(Britain), 영국(United Kingdom). 영국의 정식 국명은 그레이트브리튼과 북아일랜드 연합 왕국(The United Kingdom of Great Britain and Northern Ireland)이다 ▎不列敦(《한성순보》제6호 1883.12.20 英國誌略)

【不列顚 불렬전】브리튼(Britain), 영국(United Kingdom). 영국의 정식 국명은 그레이트브리튼과 북아일랜드 연합 왕국(The United Kingdom of Great Britain and Northern Ireland)이다 ▎不列顚博物舘은陳列品의宏多홈으로其名이全歐洲에轟振ᄒᆞ고(유길준《서유견문》1895 제19편)

【弗列顚 불렬전】브리튼(Britain), 영국(United Kingdom). 영국의 정식 국명은 그레이트브리튼과 북아일랜드 연합 왕국(The United Kingdom of Great Britain and Northern Ireland)이다 ▎弗列顚은北部ᄂᆞᆫ山脉이多ᄒᆞ고東南部ᄂᆞᆫ平坦ᄒᆞ고(《소학만국지지》1895 제3편)

【佛領交趾 불령교지】프랑스령 베트남(French Vietnamese), 프랑스령 베트남, 베트남 북부 통킹 · 하노이를 포함한 손코이 강 유역의 역사적 지명. 19세기 후반 이후는 메콩 삼각주를 포함하는 프랑스 직할 식민지를 가리키게 되었다 ▎佛領交趾ᄂᆞᆫ本디의一部ㅣ라(《소학만국지지》1895 제1편)

【佛稜 불릉】피렌체(Firenze), 이탈리아 중부, 토스카나(Toscana) 주의 주도 ▎佛稜(《한성순보》제30호 1884.8.11 俄國誌略)

【佛厄河 불액하】흑해(Black Sea), 유럽 남동부와 아시아 사이에 있는 내해 ▎佛厄河(《사민필지》1895 권1 土耳其)

【比 비】벨기에(Belgium), 서유럽의 북해에 면해 있는 입헌군주제 국가. '比'는 벨기에의 한자표기 '比利時'의 약칭이다 ▎法, 英, 比, 美, 俄 等國은 滿二十三歲로 日本, 瑞西 等國은 滿二十歲로 ᄒᆞ니라(《서우》제13호 1907.12.1) ▎韓比通商條約이 성립되다(光武5年)(《별곤건》제27호 1930.3.1)

【比 비】필리핀(Philippines), 아시아 동남부 태평양상에 있는 공화국. '比'는 '比律賓'이 줄어든 말 ▎現下 米比 양국의 관계로 보아 比島의 독립은 米國측의 자발적 행위로서 실현할는지도 모른다(《삼천리》제3권11호 1931.11.1)

【比國 비국】필리핀(Philippines), 아시아 동남부 태평양상에 있는 공화국. '比國'은 '比律賓國'이 줄어든 말 ▎將來에 比國의 獨立이 許與된다면(《동아일보》1930.4.14. 1면) ▎比國, 十個年以內로 豫備軍五十萬保有=[마니라 五日發AP合同](《동아일보》1946.12.6. 1면)

【比國 비국】벨기에(Belgium), 서유럽의 북해에 면해 있는 입헌군주제 국가. '比國'은 벨기에의 한자표기 '比利時國'의 약칭 ▎各國 鋼鐵表(각국 강철표)米國 三百三十三萬噸 比國(比斯美鋼) 十九萬噸(《대조선독립협회회보》제15호 1897.6.30) ▎大比國擬議通商條約爲此特簡正二品正憲大大議政府贊政(《관보》제1743호 1900.11.28) ▎比國(《한·일수호통상조약》조약문(1901.3.23 조인) ▎北部ᄂᆞᆫ阿國이라云ᄒᆞ고南部ᄂᆞᆫ比國이라云ᄒᆞ며(《중등만국지지》1902 권1) ▎比國셔 八百萬圓 法國셔 七百萬圓(《태극학보》제5호 1906.12.24) ▎帝ᄂᆞᆫ最良葉卷煙草ᄲᅳᆫ飮用ᄒᆞ시고 比國王은 其次大喫煙家니(《대한유학생회학보》제2호 1907.4.7) ▎其内容인즉 比國女皇이 日本에 遊覽ᄒᆞᆫ 後에 來四月頃에ᄂᆞᆫ 我國에 遊覽ᄒᆞᆯ 듯ᄒᆞᆫ(《대한협회회보》제11호 1909.2.25) ▎比國의 가을이란 전연 그렇지가 않습니다(《삼천리》제7권제11호 1935.12.1)

【庇能 비능】페낭(Penang), 말레이시아에 있는 도시 이름 ▎庇能(《한성주보》제26호 1886.9.6 至叨人衆)

【比島 비도】필리핀(Philippines), 아시아 동남부 태평양상에 있는 공화국 ▎比島의 獨立計圖 比律賓土人 中에 上流社會에셔 近來 各種 秘密의 結社가 有ᄒᆞ야(《대한협회회보》제8호 1908.11.25) ▎比島의 종교단체와 경관대 간에 대충돌이 生하야 「모로」人의 사상자가 오십여인에 달하다(《개벽》제38호 1923.8.1) ▎물

론 아즉까지도 比島 全人口의 1할을 차지하고 잇는 非基督敎徒 가운데는(《별곤건》제32호 1930.9.1) ▌比島는 미국의 식민지도 아니며 또한 그 일부를 구성한 영지도 아니다(《삼천리》제3권1호 1931.11.1)

【比埒智翁 비랄지옹】 벨기에(Belgium), 서유럽의 북해에 면해 있는 입헌군주제 국가. 수도는 브뤼셀(Brussel)이며 벨지움(Belgium)은 영어 명칭이다 ▌比埒智翁(《한성순보》제2호 1883.11.10 歐羅巴洲)

【費拉德費府 비랍덕비부】 필라델피아(Philadelphia), 미국 펜실베이니아 주의 동쪽 끝에 있는 도시 ▌費拉德費府(《한성순보》제5호 1883.12.9 美國婦女義社)

【費拉特費 비랍특비】 필라델피아(Philadelphia), 미국 펜실베이니아 주의 동쪽 끝에 있는 도시 ▌費拉特費는紐育에亞훈繁都 ㅣ오(《소학만국지지》1895 제3편)

【秘魯 비로】 페루(Peru), 남아메리카 중부 태평양 연안에 있는 나라 ▌秘魯(《한성순보》제7호 1883.12.29) ▌第三은海溢이니南阿美利加洲秘魯國의地震에海水가退走후야(유길준《서유견문》1895 제1편) ▌秘魯(《사민필지》1895 권2 秘魯) ▌秘魯國新内閣組織이라(《관보》제164호 1895.9.18) ▌哥倫比亞與墨西哥 秘魯 西亞細亞 歐羅巴及阿非利加數處亦有産金之鑛(《대조선독립협회회보》제11호 1897.4.30) ▌秘魯의 面積은 六十九萬五千七百三十三方里에 至후며(《서북학회월보》제3호 1908.8.1) ▌南은 秘魯 卽 인칸 의 開化二派가 有후니(《대한흥학보》제11호 1910.3.20) 현대중국어 표기 ➡ 秘鲁

【秘露 비로】 페루(Peru), 남아메리카 중부 태평양 연안에 있는 나라 ▌秘露는本洲中央西岸에在후야厄瓜多와智利와玻里比亞와巴西로接界후고(《소학만국지지》1895 제5편) ▌白耳義, 伊太利,墺地利,秘露,日本,巴西凡十六國이니(《중등만국지지》1902) ▌秘露國南部地方으로出向후는移民處理營業은許可훈事(《관보》제3850호 1907.8.21) ▌南米秘露獨立을 宣하다(《개벽》제3호 1920.8.25) ▌秘露(베-루)의 여자는 외국인과 결혼을 하랴면 秘露에 영주할 것을 조건으로 하야서 결혼을 한다고 하지만은(《별건곤》제19호 1929.2.1)

【秘魯國 비로국】 페루(Peru), 남아메리카 중부 태평양 연안에 있는 나라 ▌秘魯國(《한성순보》제3호 1883.11.20) ▌南阿美利加洲秘魯國의地震에海水가退走후야(유길준《서유견문》1895 제1편) ▌秘魯國新内閣組織이라(《관보》제164호 1895.9.18) ▌又秘魯國得一塊重約二十六磅此外大者尙未多見(《대조선독립협회회보》제11호 1897.4.30) ▌南米洲 秘魯國이니 該國에서는 有要훈 家畜이며(《태극학보》제13호 1907.9.24)

【秘露國 비로국】 페루(Peru), 남아메리카 중부 태평양 연안에 있는 나라 ▌秘露國(《대한민보》제31호 1909.7.17 秘露國)

【比律悉府 비률실부】 브뤼셀(Brussels), 유럽연합의 중심지이자 벨기에의 수도 ▌比律悉府(《한성순보》제17호 1884.4.6 歐洲各國京都經緯表)

【比利莫 비리막】 미얀마(Myanmar), 동남아시아의 인도차이나 반도와 인도 대륙 사이에 있는 나라 ▌比利莫(《한성순보》제6호 1883.12.20 英國誌略)

【比里敏 비리민】 필리핀(Philippines), 아시아 동남부 태평양상에 있는 공화국 ▌比里敏(《한성주보》제23호 1886.7.5 集錄 各國屬地一覽表)

【比利西亞 비리서아】 페르시아(Persia), B.C.6세기부터 A.D.7세기까지 이란 고원을 지배했던 나라 ▌比利西亞(《한성순보》제1호 1883.10.31 論洲洋)

【比利時 비리시】 벨기에(Belgium), 서유럽의 북해에 면해 있는 입헌군주제 국가. 수도는 브뤼셀(Brussel)이며 벨지움(Belgium)은 영어 명칭이다 ▌比利時(《한성순보》제2호 1883.11.10 要償損害) ▌比利時(《사민필지》1895 권1) ▌比利時瑞士等國,旣已行之(《조선왕조실록》고종36년 1899.1.1) ▌白耳義는 一名 比利時니(《유년필독석의》1907) ▌比利時의 法은 兒童을 使役故로 工價가 甚廉후고 販路가 亦夥후며

(〈대한자강회월보〉제11호 1907.5.25) ▎今에 英國, 普魯士,荷蘭, 比利時, 意大利, 奧大利 諸國이 均히 相繼ᄒᆞ야(〈서북학회월보〉제1호 1908.6.1) ▎영국은 이에서 크게 恐慌하야 比利時의 배상문제에 관한 非正式會議를 贊同하는니(〈개벽〉제42호 1923.12.1) 현대중국어 표기 ➡ 比利时

【比利時國 비리시국】 벨기에(Belgium), 서유럽의 북해에 면해 있는 입헌군주제 국가. 수도는 브뤼셀(Brussel)이며 벨지움(Belgium)은 영어 명칭이다 ▎비리시국 比利時國(게일편《한영자전》1897) ▎本月十七日에 本國이 比利時國으로 通商條約을 互換홈이라(〈관보〉제2026호 1901.10.24) ▎比利時國은 不讀書有罰故로 自幼至老諸人之不識字者가 居五分之一하고(〈대한유학생회학보〉제1호 1907.3.3) ▎英國人某氏가 比利時國首府 부라셀城에 往ᄒᆞ야(〈대한협회회보〉제2호 1908.5.25) ▎比利時國은 大學校가 四所 中學校가 一百六十七所(〈서북학회월보〉제3호 1908.8.1)

【非立賓 비립빈】 필리핀(Philippines), 아시아 동남부 태평양상에 있는 공화국 ▎朝鮮, 印度, 緬甸, 暹羅, 安南, 非立賓, 臺灣 등지의 최근 정치 及 사회정상을 기술한 中國文 출판물을 구하면 渺然하야 얻기 不易하다(〈동광〉제17호 1931.1.1)

【比馬拉亞 비마랍아】 히말라야(Himalayas), 인도 대륙 북쪽에서 중앙아시아 고원 남쪽을 동서로 길게 연결하는 만년설의 산맥 ▎比馬拉亞(〈한성순보〉제1호 1883.10.31 論洲洋)

【比馬拉亞山 비마랍아산】 히말라야(Himalayas), 인도 대륙 북쪽에서 중앙아시아 고원 남쪽을 동서로 길게 연결하는 만년설의 산맥 ▎比馬拉亞山(〈한성순보〉제3호 1883.11.20 亞米利加洲)

【費府 비부】 필라델피아(Philadelphia), 미국 펜실베이니아 주의 동쪽 끝에 있는 도시 ▎비부 費府에서 미국 샹업회의을 열고 대한의 일노 의론 문제가 두 가지로 되엿ᄂᆞᆫᄃᆡ(〈독립신문〉1899.9.30) ▎自紐育으로 轉至費府ᄒᆞ니 其入費府也에 無友可諮요(〈서북학회월보〉제3호 1908.8.1) ▎西紀千七百七十六年七月四日에 費府에서 合衆國 獨立(十三州)이 宣言되야(〈대한흥학보〉제5호 1909.7.20) ▎人口 約 69萬「퓔나델퓌아」는 通稱 費府이니(〈개벽〉제46호 1924.4.1)

【比秀比亞火山 비수비아화산】 베수비오 화산(Vesuvius Mountain), 이탈리아 나폴리만 연안에 있는 산 ▎利太利國比秀比亞火山의 穴口ᄂᆞᆫ 其深이 三千九百四十八尺이며(유길준《서유견문》1895 제1편)

【非秀出那江 비수출나강】 비스와(Wisla)강, 폴란드의 북서지방을 동쪽에서 서쪽으로 흐르는 폴란드 최대의 강이다 ▎其西北方에 占據ᄒᆞᆫ 者가 皆小ᄒᆞ니 帶奈江과 非秀出那江과 遨道江이라(유길준《서유견문》1895 제2편)

【比律賓 비율빈】 필리핀(Philippines), 아시아 동남부 태평양상에 있는 공화국 ▎比律賓(《친목회회보》제2호 1896.3 각국과 무역한 표) ▎俄京彼得堡 윌네미야新聞은 美政府의 比律賓防備ᄅᆞᆯ 評論ᄒᆞ야 曰(〈대동학회월보〉제2호 1908.3.25) ▎波蘭埃及比律賓等의 滅亾은 皆敎育의 結果가 無ᄒᆞᆫ 所以니(〈기호흥학회월보〉제1호 1908.8.25) ▎比律賓西方(〈관보〉제4161호 1908.8.26) ▎佛國·露國·比律賓諸島·瑞西·和蘭·埃及 其他 이십여 개국이며(〈개벽〉제8호 1921.2.1) ▎東洋 諸國 중에도 比律賓과 支那는 가장 오래된 昔時에도 排球가 交行되었다(〈동광〉제14호 1927.6.1)

【菲律賓 비율빈】 필리핀(Philippines), 아시아 동남부 태평양상에 있는 공화국 ▎越南 菲律賓에도 忠臣이 亦有하건마난 畢竟 亡國의 慘狀을 呈現함은(〈대한협회회보〉제1호 1908.4.25) ▎希臘 伊太利의 獨立歷史은 前者에 屬ᄒᆞ고 波蘭 菲律賓亡國歷史ᄂᆞᆫ 後者에 屬ᄒᆞ도다(〈대한학회월보〉제4호 1908.5.25) ▎如俄國之波蘭 西伯里와 法國之安南 膠州灣과 英國之波亞 印度와 美國之夏威 菲律賓이 皆是也라(〈호남학보〉제4호 1908.10.25) ▎菲律賓, 墨西哥, 中央亞米利加, 安南이 總히 太平洋을 圍繞하얏나니(〈동아일보〉1921.8.6. 1면) ▎印度의 국민의 회(밧구아 말하면 朝鮮議會), 菲律賓의 獨立請

願問題가튼 것을 꺼들어 낸다(〈개벽〉제44호 1924.2.1) 현대중국어 표기 ➡ 菲律宾

【比耳路斯坦 비이로사탄】 발루치스탄(Baluchistan), ①이란 남동부에서 파키스탄 남서부의 지역. ②파키스탄 남서부의 주 ▌此ᄂᆞᆫ 亞剌比亞,亞富汗並比耳路斯坦,馬來加,支那外藩,印度內地等處處오(《중등만국지지》1902 권1)

【比耳西亞 비이서아】 페르시아(Persia), B.C.6세기부터 A.D.7세기까지 이란 고원을 지배했던 나라 ▌比耳西亞(〈한성순보〉제10호 1884.1.30 歐羅巴史記)

【比耳時 비이시】 벨기에(Belgium), 서유럽의 북해에 면해 있는 입헌군주제 국가. 수도는 브뤼셀(Brussel)이며 벨지움(Belgium)은 영어 명칭이다 ▌比耳時(〈한성순보〉제2호 1883.11.10 歐羅巴洲) ▌訪比耳時公使不遇, 二時來汽路歸至品川(〈개벽〉신간 제1호 1934.11.1)

【非洲 비주】 아프리카 대륙(Africa), 아시아 대륙에 이어 세계에서 두 번째로 큰 대륙. 동쪽은 인도양, 서쪽은 대서양, 북쪽은 지중해에 면해 있으며, 육대주의 하나이다. '非洲'는 '亞非利加洲'또는 '阿非利加洲'의 약칭이다 ▌英德立約一面分非洲之地一面(〈대조선독립협회회보〉제15호 1897.6.30) ▌非洲 幾里瑪山은 高度가 五千邁當에 至ᄒᆞ야 積雪이 多ᄒᆞ니라(〈서우〉제3호 1907.2.1) ▌此外에 非洲黑奴와 美洲紅皮로 以至野苗生番ᄒᆞ야(〈대한협회회보〉제2호 1908.5.25) ▌故宜拜之非洲土人謂天爲最大之神(〈대동학회월보〉제10호 1908.11.25) ▌그가 國民政府시대에 와서는『亞洲, 歐洲, 美洲, 澳洲, 非洲』라는 명칭을 붙이여서 玄武湖안에는 전세계가 포함된 것이다(〈삼천리〉제12권9호 1940.10.1) 현대중국어 표기 ➡ 非洲

【斐洲 비주】 아프리카 대륙(Africa), 아시아 대륙에 이어 세계에서 두 번째로 큰 대륙. 동쪽은 인도양, 서쪽은 대서양, 북쪽은 지중해에 면해 있으며, 육대주의 하나이다. '斐洲'는 '亞斐利加洲' 또는 '阿斐利加洲'의 약칭이다 ▌於斐洲之南得卄萬方里與德意志國相若斐洲之東得一百萬方里(〈대조선독립협회회보〉제12호 1897.5.15) ▌斐洲의 土人은 黑色人種이오(《고등소학독본》권1, 휘문의숙편집부, 1906) ▌或曰 新學問을 不務ᄒᆞ면 將來에 美洲紅人과 斐洲黑奴를 未免이라 ᄒᆞ며(〈대한협회회보〉제4호 1908.7.25) ▌豈其才性의 懦劣홈이 斐洲의 黑種과 如ᄒᆞ야(〈서북학회월보〉제7호 1908.12.1)

【非支 비지】 피지(Fiji), 오세아니아 동쪽 남태평양상에 있는 공화국 ▌非支(〈한성순보〉제6호 1883.12.20 英國誌略)

【非支諸島 비지제도】 피지 제도(Fiji Islands), 남태평양 서부 멜라네시아의 남동부에 있는 330개의 섬으로 이루어진 남태평양의 섬들 ▌非支諸島(〈한성순보〉제5호 1883.12.9 阿世阿尼亞洲)

【琵琶湖 비파호】 비와 호(Lake Biwa), 일본 시가 현 중앙부에 있는 일본 최대의 호수 ▌琵琶湖ᄂᆞᆫ 日本의 西京近處에 在ᄒᆞ니 太平洋과 通ᄒᆞ(유길준《서유견문》1895 제2편) ▌日本의 琵琶湖와 露國의 貝加爾湖와 如ᄒᆞᆫ 者ㅣ 是也요(〈대한유학생회학보〉제3호 1907.5.25) ▌日本海까지 가기에는 시간이 넘우 부족한 관계상 그것이 琵琶湖의 一端인 것을 알앗습니다(〈개벽〉제30호 1922.12.1) ▌琵琶湖끗을 건너 大阪으로 가야 되는데(〈별건곤〉제29호 1930.6.1)

【賓求法 빈구법】 밴쿠버(Vancouver), 캐나다 브리티시컬럼비아(British Columbia) 주 남서부에 있는 도시 ▌賓求法(《사민필지》1895 권2 佳那多)

【賓郞 빈랑】 페낭(Penang), 말레이 반도 서북부의 주 ▌賓郞(〈한성순보〉제31호 1884.8.21 巴督據征亞齊智文部以救乃西勞火船被拘人衆事略述)

【彬崖朱越那 빈애주월나】 베네수엘라(Venezuela), 남아메리카 대륙 북부에 있는 공화국 ▌彬崖朱越那(《사민필지》1895 권2 亞美利加 總論) ▌彬崖朱越那 벤에쥬멜나(유길준《서유견문》1895 제1편)

【璸威 빈위】 노르웨이(Norway), 북유럽 스칸디나비아 반도 서쪽에 길게 자리한 나라 ▌璸威(〈한성주보〉제31호 1886.10.4 瀛海各國統考)

【氷島 빙도】아이슬란드(Iceland), 유럽 서북부 북대서양상에 있는 공화국 ▎氷島(〈한성순보〉제2호 1883.11.10 歐羅巴洲) ▎近邊의 氷島에 七八里地面에 百餘熱水가 有ᄒᆞ야(유길준《서유견문》1895 제1편) ▎氷島ᄂᆞᆫ 大西洋中의 一大島ㅣ라(《소학만국지지》1895 제3편) 현대중국어 표기 ➡ 冰岛

【氷洲 빙주】아이슬란드(Iceland), 유럽 서북부 북대서양상에 있는 공화국 ▎氷洲(〈한성주보〉제23호 1886.7.5 各國屬地一覽表) ▎꽈로-島(FAROE)氷洲(ICELAND)綠洲(GREENLAND)等이라(《중등만국지지》1902 권2)

ㅅ

【四國 사국】 시코쿠(Shikoku), 일본 열도를 구성하는 4개의 주요 섬 중 가장 작은 섬. 가가와(香川), 도쿠시마(德島), 에히메(愛媛), 고치(高知)의 4개 현(縣)으로 이루어져 있다 ▎其西南에有ᄒᆞᆫ二大島를四國과九州ㅣ라ᄒᆞ고(《소학만국지지》1895 제1편) ▎本州 四國 九州에는 前記 北海道産以外에 赤棟蛇 烏蛇 横槌 白蛇,(〈별곤건〉제18호 1929.1.1) ▎아마도 오늘은 사국(四國) 덕도(德島)시쯤 되리라고 생각한다(〈삼천리〉제7권11호 1935.12.1)

【沙羅高楂 사라고사】 사라고사(Zaragoza), 스페인 북동부 아라곤(Aragon) 자치지방의 수도이자 사라고사 주의 주도이다 ▎沙羅高楂 此府ᄂᆞᆫ馬斗賴東北鐵路五百里許에在ᄒᆞ야(유길준《서유견문》1895 제20편)

【斯德哥摩府 사덕가마부】 스톡홀름(Stockholm), 스웨덴의 수도. 발트 해에 면한 스웨덴 최대의 도시 ▎斯德哥摩府(〈한성순보〉제17호 1884.4.6 歐洲各國京都經緯表)

【斯德哥爾摩 사덕가이마】 스톡홀름(Stockholm), 스웨덴의 수도. 발트 해에 면한 스웨덴 최대의 도시 ▎斯德哥爾摩(〈한성주보〉제31호 1886.10.4 瀛海各國統考)

【士德咸 사덕함】 스톡홀름(Stockholm), 스웨덴의 수도. 발트 해에 면한 스웨덴 최대의 도시 ▎首府士德咸은馬謁湖海口에有ᄒᆞ야(《소학만국지지》1895 제3편)

【沙露立歐府 사로립구부】 상파울루(São Paulo), 브라질 중남부 해안 상파울루 주의 주도. 남아메리카 최대의 도시이다 ▎沙露立歐府(〈한성주보〉제32호 1887.11.24 獨逸商務)

【沙秀哥治元江 사수가치원강】 서스캐처원 강(Saskatchewan River), 캐나다 중부를 흐르는 강이다 ▎沙秀哥治元 六千二百七十里 五百二十一萬五千三百二十方里(유길준《서유견문》1895 제2편)

【沙耳比利亞사이비리아】 시베리아(Siberia), 러시아 우랄 산맥에서 태평양 연안에 이르는 북아시아 지역 ▎俄羅斯國에附屬ᄒᆞᆫ地方은曰鋸蓋時亞曰沙耳比利亞曰中亞細亞의全幅이라(유길준《서유견문》1895 제1편)

【獅子國 사자국】 스리랑카(Sri Lanka), 남부 아시아 인도의 남쪽 인도양에 있는 섬나라 ▎ᄉᆞᄌᆞ국 獅子國Ceylon(게일편《한영자전》1897)

【斯巴達 사파달】 스파르타(Sparta), 고대 그리스의 펠로폰네소스 반도에 위치한 도시국가 ▎斯巴達은 今希臘一國而專制君政之名邦이라(〈대한자강회월보〉제11호 1907.5.25) ▎其後에 雅典之拔倫과 斯巴達之來喀格士가 皆以大立法家로 爲國之楨ᄒᆞ고(〈호남학보〉제4호 1908.10.25) ▎故로 斯巴達의 汪瀾이 列國을 掃盪홈은 敎育的勇戰이오(〈기호흥학회월보〉제8호 1909.3.25)

【蛇河羅 사하라】 사하라(Sahara), 아프리카 대륙 북부에 있는 사막 ▎阿弗利加의內地ᄂᆞᆫ蛇河羅의沙漠과蘇丹의沃土로分ᄒᆞ니(유길준《서유견문》1895 제2편)

【死海 사해】 사해(Dead Sea), 이스라엘과 요르단에 걸쳐 있는 염호. 호수의 염분이 23~25%로 일체의 생물이 살지 못하기 때문에 사해(死海)라는 이름이 붙었다 ▎ᄉᆞ히, 死海 The Dead Sea(게일편《한영자전》1897) ▎太洋과 鹽의 分量 太西洋水ᄂᆞᆫ 一噸에 八十一파운드의 鹽分을 含ᄒᆞ고 太平洋水ᄂᆞᆫ 七十九파운드 死海水ᄂᆞᆫ 百八十七파운드를 含有ᄒᆞ엿다더라(〈대한유학생회학보〉제2호 1907.4.7) ▎西亞에 死海를 보라. 엇지하야 死海라고 咀呪視하게 되엿는고(〈개벽〉제47호 1924.5.1)

【山道明澳 산도명오】 산토도밍고(Santo Domingo), 도미니카공화국의 수도. 카리브 해에 면해 있는 항구 도시이다 ▎山道明澳 산또밍오(유길준《서유견문》1895 제1편) ▎山道明澳 산또밍오(〈대한자강회월보〉제11호 1907.5.25) ▎猶羅貴許太伊山道明澳把羅貴等諸共和國이有ᄒᆞ며(〈대한협회회보〉제5호 1908.8.25)

【山馬利路 산마리로】 산마리노(San Marino), 유럽 남부 이탈리아 반도의 중북부에 있는 공화국 ▌山馬利路 산마리노(유길준《서유견문》1895 제1편)

【山馬利魯 산마리로】 산마리노(San Marino), 유럽 남부 이탈리아 반도의 중북부에 있는 공화국 ▌山馬利魯(《사민필지》1895 山馬利魯)

【山普蘭時 산보란시】 샌프란시스코(San Francisco), 미국 캘리포니아 주 서부에 있는 도시. 현재 로스앤젤레스에 이어 태평양 연안 제2의 도시이다 ▌山普蘭時(《사민필지》1895 권2 合衆國)

【山土民各 산토민각】 산토도밍고(Santo Domingo), 도미니카공화국(Dominican Republic)의 수도. 카리브 해에 면해 있는 항구 도시이다 ▌山土民各(〈한성순보〉제28호 1884.7.22 各國歲出入一覽表)

【山布蘭世斯古 산포란세사고】 샌프란시스코(San Francisco), 미국 캘리포니아 주 서부에 있는 도시. 미국의 강 이름 ▌山布蘭世斯古 五千十五里 三百十八萬五千一百四十四方里(유길준《서유견문》1895 제2편)

【山海關 산해관】 산하이관(Shanhaiguan), 중국 허베이성 친황다오에 있는 구로 교통·군사상의 요지. 만리장성의 동쪽 끝에 자리하고 있는 중요한 관문의 하나이다 ▌萬里長城은 東方山海關으로 起ᄒᆞ야(《소학만국지지》1895 제1편) ▌국 정부가 산해관(山海關) 북경 텰로를 영국 ᄒᆞᆫ 회샤에 합동ᄒᆞ여 주엇다더라(〈독립신문〉1899.1.20) ▌그 疆域은 興安嶺以南, 山海關 以東, 西白利 沿海州를 包有하야(〈개벽〉제6호 1920.12.1) ▌未幾에 山海關이 또 失守되고 淸主가 燕京을 據하니(〈별곤건〉제1호 1926.12.1)

【山厚安江 산후안강】 산후안 강(San Juan River), 니카라과 호에서 동쪽으로 니카라과와 코스타리카의 국경으로 흘러 카리브 해로 들어가는 강 ▌山厚安江을 成ᄒᆞ야 墨西哥의 海項에 入ᄒᆞᄂᆞ니 此其最大ᄒᆞᆫ 者라(유길준《서유견문》1895 제3편)

【薩索尼 살색니】 작센(Sachsen), 독일 동부의 주. 주도는 드레스덴이다 ▌薩索尼(〈한성순보〉제6호 1883.12.20 英國誌略)

【撒遜 살손】 작센(Sachsen), 독일 동부의 주. 주도는 드레스덴이다 ▌撒遜(一平方基路米突에)二三四(〈대한유학생회학보〉제3호 1907.5.25) ▌第十은 獨逸 撒遜의(라이즉짓히)大學이니 千四百九年에 創立ᄒᆞᆫ 者인ᄃᆡ(〈서북학회월보〉제2호 1908.7.1) ▌撒遜, 七十六年前(〈대한학회월보〉제6호 1908.7.25)

【薩爾甸亞島 살이전아도】 사르데냐(Sardegna), 이탈리아 남부 지중해 제2의 사르데냐 섬 ▌薩爾甸亞島(〈한성순보〉제2호 1883.11.10 歐羅巴洲)

【撒底尼亞 살저니아】 사르데냐(Sardegna), 이탈리아 남부 지중해 제2의 사르데냐 섬 ▌奧국의 쇽방이 의다리 디경에 만히 잇는 고로 몬져 살지니아 撒底尼亞국 군ᄉᆞ로 ᄊᆞ화 一월지ᄂᆡ에 크게 파ᄒᆞ고(〈독립신문〉1899.8.26)

【撒哈羅 살합라】 사하라(Sahara), 아프리카 대륙 북부에 있는 사막 이름 ▌撒哈羅(〈한성순보〉제4호 1883.11.30 亞非利駕洲)

【撒哈拉 살합랍】 사하라(Sahara), 아프리카 대륙 북부에 있는 사막 ▌撒哈拉(《사민필지》1895 권2 埃及) ▌撒哈拉은 地球上에 最大ᄒᆞᆫ 砂漠이니 東은 尼羅河로붓터 西ᄂᆞᆫ 太平洋에 達ᄒᆞ니라(《소학만국지지》1895 제2편)

【撒哈拉羅 살합랍라】 사하라(Sahara), 아프리카 대륙 북부에 있는 사막 ▌撒哈拉羅(《사민필지》1895 권2 摩洛哥)

【薩哈嗹 살합련】 사할린(Sakhalin), 러시아 사할린 주를 이루는 섬 ▌日本政府는 保安維持를 爲하야 薩哈嗹島에 軍政을 布하고(〈동아일보〉1920.7.13. 2면) ▌決裂의 직접원인은 北薩哈嗹의 撤兵문데에 관하야 日本은 此를 今會議와 분리하야 尼港問題의 해결과 共히 논의코저 함에 대하야(〈개벽〉제29호 1922.11.1) ▌日露會議의 核子이던 薩哈嗹石 油採掘權을 36

년 기한으로 돌연히 미국 씽크레아 회사에 讓與(〈개벽〉제33호 1923.3.1)

【薩哈連島 살합련도】 사할린(Sakhalin), 러시아 사할린 주를 이루는 섬 ▌薩哈連島(SAGALINE)는 沿海州總督이 管轄ᄒᆞᆫ 處오(《중등만국지지》1902 권1)

【森馬林 삼마림】 산마리노(San Marino), 산마리노공화국의 수도 ▌森馬林(〈한성주보〉제47호 1887.1.24 彈丸小國)

【三佛蘭喜西柯 삼불란희서가】 샌프란시스코(San Francisco), 미국 캘리포니아 주 서부에 있는 도시. 현재 로스앤젤레스에 이어 태평양 연안 제2의 도시이다 ▌三佛蘭喜西柯(〈한성순보〉제1호 1883.10.31 地球論)

【三薩瓦多 삼살와다】 산살바도르(San Salvador), 중앙아메리카에서 가장 작은 국가인 엘살바도르의 수도이며, 산살바도르 주에 위치한다 ▌三薩瓦多(〈한성순보〉제3호 1883.11.20 亞米利加洲)

【三撒弊土婁 삼살폐토루】 산살바도르(San Salvador), 중앙아메리카, 엘살바도르(El Salvador)의 수도 ▌三撒弊土婁(〈한성순보〉제28호 1884.7.22 各國歲出入一覽表)

【三厄里那 삼액리나】 세인트헬레나(Saint Helena), 아프리카 중서부 연안에 있는 섬으로 나폴레옹 유배지 ▌三厄里那(〈한성순보〉제4호 1883.11.30 亞非利駕洲)

【三土民 삼토민】 산토도밍고(Santo Domingo), 도미니카공화국의 수도. 카리브해에 면해 있는 항구 도시이다 ▌三土民(〈한성순보〉제16호 1884.3.27 美國大統領 演說)

【三土民各 삼토민각】 산토도밍고(Santo Domingo), 도미니카공화국의 수도. 카리브해에 면해 있는 항구 도시이다 ▌三土民各(〈한성순보〉제19호 1884.4.25 各國 國債에 對한 設略)

【桑給巴 상급파】 잔지바르(Zanzibar), 탄자니아 잔지바르 섬에 있는 항구 도시이다 ▌桑給巴(〈한성순보〉제4호 1883.11.30 亞非利駕洲) ▌蘇拉蘭으로븟터桑給巴에至ᄒᆞᆫ一帶地方과諸島ㅣ라(《소학만국지지》1895 제2편)

【桑馬里 상마리】 산마리노(San Marino), 유럽 남부 이탈리아 반도의 중북부에 있는 공화국 ▌四曰桑馬里나 此國은 意大利 中央에 在ᄒᆞ고(《유년필독석의》1907)

【桑方斯西哥 상방사서가】 샌프란시스코(San Francisco), 미국 캘리포니아 주 서부에 있는 도시. 현재 로스앤젤레스에 이어 태평양 연안 제2의 도시이다 ▌또ᄒᆞᆫ太平洋岸의桑方斯西哥은西岸의第一要港이니(《소학만국지지》1895 제3편)

【象牙海岸 상아해안】 상아해안(Ivory Coast), 서아프리카에 면한 코트디부아르(Republic of Cote d'Ivoire)의 해안 ▌佛國領地內에셔主重된者는亞爾日利亞와塞內牙와象牙海岸과諸島ㅣ라(《소학만국지지》1895 제2편) ▌奴隷海岸及黃金海岸地方은英國植民地오象牙海岸(IVORY COAST)地方은佛國領地러라(《중등만국지지》1902) ▌黑人奴隷가 사로 잡혀 奴隷海岸, 象牙海岸, 黃金海岸을 數없이 떠나게 되고(〈동아일보〉1934.1.9. 1면) 현대중국어 표기 ➡ 象牙海岸

【桑港 상항】 샌프란시스코(San Francisco), 미국 캘리포니아 주 서부에 있는 도시. 영국인 선교사 Muirhead William(1822-1900)은 중국에서 편찬한《地理全志》(1853)라는 책에서 샌프란시스코를 '桑方西斯哥'로 표기하였는데 일본인들이 '桑方西斯哥'에서 '桑'을 따오고 여기에 항구를 표시하는 '港'을 붙여 '桑港'으로 부른데서 유래한다 ▌桑港(〈한성순보〉제21호 1884.5.15 各國 氣候一覽表 第7) ▌桑港 此港은葛尼布尼亞州의咽喉니(유길준《서유견문》1895 제19편) ▌八月二十二日發刊ᄒᆞᆫ桑港每週[그로닛글]에載ᄒᆞᆫ仁川發(《관보》170호 1895.9.25) ▌桑港(《친목회회보》제4호 1896.12.58 桑港) ▌一千八百四十八年 기리호루니야州 金鑛을 發見ᄒᆞᆫ 後로 桑港 人口가 三年이 過치 못ᄒᆞ야 十五萬人이 增殖ᄒᆞ얏더라(〈대조선독립협회회보〉제4호 1897.1.15) ▌상항 桑

港 San Francisco(게일편《한영자전》1897) ▍셔력 一千九百一년에 북아매리가쥬 합즁국 샹항시 桑港市에다 태평양 박람회를 열기로 의론이 되는딕(〈독립신문〉1899.7.5) ▍칼니오룬이아州의桑港(SAN FRANCISCO)은太平洋岸에 無比훈要港이오(《중등만국지지》1902) ▍同日 下午四時半에 在美國桑港 共立協會學務員 安商浩氏 送別會를 開호얏는딕(〈대한유학생회회보〉제2호 1907.4.7) ▍즉 美國大西洋艦隊는 桑港에 在호야(〈대동학회월보〉제6호 1908.7.25) ▍旅館主人에게 當日下午發車로 桑港을 向할 터이니(〈개벽〉제17호 1921.11.1) ▍1월 11일 桑港을 떠난 후 어느덧 만 넉달이 갓다(〈동광〉제6호 1926.10.1)

【上海 상해】상하이(Shanghai 上海), 중국 양쯔 강(Yangtze River) 하구에 있는 중국 최대 도시 ▍其鑄造훈銀貨는 훈번南京에送付호야 通用케훈ᄃᆞ홈(上海滬報)(〈관보〉제77호 1895.6.1) ▍상히 上海(《국한회어》1895) ▍샹히 上海(게일편《한영자전》1897) ▍船路自淸國上海至各處里數日期表(〈대조선독립협회회보〉제16호 1897.7.15) ▍船路自淸國上海로 至各處里數日期表(〈대한자강회월보〉제3호 1906.9.25) ▍其中主要훈 條疑은 上海,寧波,福州,廈門,廣州의 五處를 開港훌事와(〈대한유학생회학보〉제1호 1907.3.3) ▍上海電을 據훈즉 美國政府는 山東省濰縣에 淸國學生을 爲호야(〈대동학회월보〉제10호 1908.11.25) ▍上海서 南京가는 滬寧線 포구서 天津가는 津浦線이 고만 일시 중단이 되어 한참은 아조 혼돈상태에 빠졋섯다(〈개벽〉제4호 1920.9.25) ▍東洋 스포스의 殿堂인 제8회 극동올림픽대회가 上海에서 열렷고(〈별곤건〉제10호 1927.12.20)

【塞納 새납】센 강(Seine River), 프랑스 북서부를 흐르는 강 ▍塞納(〈한성순보〉제15호 1884.3.18 法國誌略)

【塞内牙 새내아】세네갈(Senegal), 서부 아프리카 기니비사우와 모리타니 사이에 있는 나라 ▍佛國領地内에셔主重된者는亞爾日利亞와塞内牙와象牙海岸과諸島ㅣ라(《소학만국지지》1895)

【塞爾非 새이비】세르비아(Serbia), 남동부 유럽의 발칸 반도 중앙부에 위치하고 있는 나라 ▍塞爾非(〈한성순보〉제16호 1884.3.27 德律風具譯略)

【塞爾比國 새이비국】세르비아(Serbia), 남동부 발칸 반도에 위치한 공화국 ▍塞爾比國은 勃牙利國境에 군대를 집중하야,巴爾幹의 風雲을 急케하며(〈개벽〉제40호 1923.10.1)

【塞爾維 새이유】세르비아(Serbia), 남동부 발칸 반도에 위치한 공화국 ▍塞爾維는十基羅米突瑞典及諾威는六基羅米突(《관보》137호 1895.8.14) ▍教育은능히普及호야塞爾維大學等이有名호더라(《중등만국지지》1902 권1) ▍和蘭,希臘,丁抹,羅馬尼,塞爾維諸國이오(〈대한자강회월보〉제3호 1906.9.25) ▍塞爾維의 陸軍은 常備兵員이 二萬三千三百五十人이오(〈서북학회월보〉제2호 1908.7.1) ▍墺地利 塞爾維 間의 直接妥協이 成立훈 後 開催호기로 期待훈다더라(〈대동학회월보〉제14호 1909.3.25)

【塞耳維 새이유】세르비아(Serbia), 남동부 유럽의 발칸 반도 중앙부에 위치하고 있는 나라 ▍塞耳維(〈한성순보〉제10호 1884.1.30 歐洲各國帝王生年·元年 系統 政治一覽表) ▍1878년 3월의「산스터피아노」條約은 羅馬尼亞,塞耳維,黑山國을 奪하야(〈개벽〉제29호 1922.11.1) ▍그가塞耳維의 유명한 畵家인 것을○엇던 노신사 한 분이 그 길로 지나다가(〈삼천리〉제11호 1931.1.1)

【塞耳維阿 새이유아】세르비아(Serbia), 남동부 발칸 반도에 위치한 공화국 ▍塞耳維阿(〈한성주보〉제53호 1887.3.7 歐東時局)

【塞爾維阿 새이유아】세르비아(Serbia), 남동부 유럽의 발칸 반도 중앙부에 위치하고 있는 나라 ▍塞爾維阿(〈한성주보〉제56호 1887.3.28 電音補譯)

【塞爾維亞 새이유아】세르비아(Serbia), 남동부 유럽의 발칸 반도 중앙부에 위치하고 있는 나라 ▍希臘을失호며魯土戰爭에羅馬尼亞와塞爾維亞와門ᄯᅳ尼骨三佚國의獨立을約定호고(《소학만국지지》1895 제3편) 현대중국어 표

기 ➡ 塞尔维亚

【塞印 새인】센 강(Seine River), 프랑스 북서부를 흐르는 강 ▌此國의河流ᄂᆞᆫ塞印과羅爾와加倫과羅尼河가最大ᄒᆞ고(《소학만국지지》1895 제3편)

【索謀利 색모리】소말리아(Somalia), 아프리카 북동부 인도양에 면해 있는 나라 ▌索謀利(〈한성순보〉제4호 1883.11.30 亞非利駕洲) ▌索謀利地方은桑給巴의北方에有ᄒᆞ야(《소학만국지지》1895 제2편)

【索素尼 색소니】작센(Sachsen), 독일 동부의 주 이름으로 주도는 드레스덴이다 ▌索素尼(〈한성순보〉제19호 1884.4.25)

【西 서】스페인(Spain), 유럽의 남서쪽 끝 이베리아 반도에 위치한 나라. '西'는 '西班牙'가 줄어진 말 ▌各國이 其 人民의 智識 發達ᄒᆞᄂᆞᆫ 程度를 從ᄒᆞ야 成年를 定ᄒᆞᄂᆞ니 德, 西, 丁, 諾, 葡 等國은 滿二十五歲로(〈서우〉제13호 1907.12.1) ▌米,西,墨等三國도 今世戰爭에 在ᄒᆞ야ᄂᆞᆫ 此ᄅᆞᆯ 遵守치 아니치 못ᄒᆞᆯ 實際의 事情이 有ᄒᆞᆷ으로(〈대동학회월보〉제4호 1908.5.25)

【瑞江 서강】시르다리야 강(Syr Darya), 카자흐스탄 남부를 흐르는 중앙아시아 최대의 강 ▌瑞江과愛嬀江은愛謁海傍에在ᄒᆞ고(유길준《서유견문》1895 제2편)

【西貢 서공】사이공(Saigon), 사이공강 하류에 자리 잡은 베트남 최대의 도시. 구 월남 정권 때는 사이공(Saigon)으로 불리었으나 지금은 이름이 호찌민(Ho Chi Minh)으로 바뀌었다 ▌西貢(〈한성순보〉제8호 1884.1.8) ▌他如法呑安南ᄋᆡ 則先取西貢ᄒᆞ고(〈호남학보〉제3호 1908.8.25) ▌西貢을 侵掠하엿고 印度에서는 이보다 五年前 即一八五七年에 英國人總督의 來臨을 迎接하엿스며(〈동아일보〉1924.1.1. 17면) ▌安南을 攻取하고 西貢을 점령하야(〈별건곤〉제32호 1930.9.1) ▌安南의 南端에 있는 西貢市에서 商業으로 成功해서(〈삼천리〉제10권제5호 1938.5.1) 현대중국어 표기 ➡ 西贡

【西歐 서구】서양(the West, the Occident), ① 서양을 이루는 유럽과 북아메리카를 통틀어 이르는 말. ②서유럽(West Europe 西歐), 유럽의 서부지역. 보통은 베넬룩스(Benelux) 3국과 영국·아일랜드·프랑스를 가리키나 스위스와 독일 오스트리아를 포함시키기도 한다 ▌是以로現世西歐民族은雖個人이라도其生長老死히一切衛生에莫不注意ᄒᆞᆷ은勿論ᄒᆞᆯ바어니와(〈관보〉제447호 1909.9.23) ▌小局部의 精粋을 聚하야 華를 發한 西歐의 希臘이나 羅馬에게 比하야(〈개벽〉제26호 1922.8.1)

【瑞國 서국】스위스(Switzerland), 유럽 중부 내륙에 있는 공화국 ▌「로잔누」에 滯在中인 露國委員3人이 瑞國國粹會員에게 射殺되니(〈개벽〉제37호 1923.7.1)

【西利伯 서리백】셀레베스(Celebes), 인도네시아 중앙부에 있는 섬 ▌西利伯(〈한성순보〉제1호 1883.10.31 論洲洋)

【敍利亞 서리아】시리아(Syria), 소아시아의 터키와 접하며 메소포타미아 평야의 유프라테스 강 상류에 위치한 서아시아 국가 ▌泰西希臘人은以日沒爲一日之始ᄒᆞ고巴比倫敍利亞人은以日로出로爲始ᄒᆞ고(장지연편《만국사물기원역사》1909.8) 현대중국어 표기 ➡ 叙利亚

【叙利瓦 서리와】시리아(Syria), 소아시아의 터키와 접하며 메소포타미아평야의 유프라테스 강 상류에 위치한 서아시아 국가 ▌叙利瓦(〈한성순보〉제1호 1883.10.31 論洲洋)

【西勿吉尼州 서물길니주】웨스트버지니아(West Virginia) 주, 미국 중동부에 있는 주 ▌西勿吉尼州(〈한성순보〉제12호 1884.2.17 美國誌略)

【西班牙 서반아】스페인(Spain), 유럽의 남서쪽 끝 이베리아 반도에 위치한 나라, '에스파냐(España)'라고도 하며 '스페인'은 영어 명칭. '西班牙'는 라틴어로 이베리아 반도를 뜻하는 Hispania의 중국식 한자표기이다 ▌西班牙(《사민필지》1895 歐羅巴總論) ▌歐羅巴에셔ᄂᆞᆫ 德人과 法人은 勿論ᄒᆞ고 西班牙人과 葡萄牙人과 魯西亞人과 波蘭人과 凶牙利人과 瑞西 那威 芬蘭 等 國人이 輻輳ᄒᆞ며(《국민소학독

본》1895) ▎西班牙 스페인(유길준《서유견문》1895 제1편) ▎西班牙은 十四基羅米突餘露西亞는 十基羅米突(《관보》137호 1896.8.14) ▎昔에 는 羅甸語와 西班牙語와 佛蘭西語가 交際間通語가 되더니(《중등만국지지》1902 권1) ▎其一은 西班牙에 屬ᄒᆞ고 其一은 葡萄牙에 屬ᄒᆞ야(〈대한유학생회학보〉제3호 1907.5.25) ▎名譽를 失ᄒᆞᆫ 人은 生者中에 死者니라(西班牙俚諺)(〈기호흥학회월보〉제1호 1908.8.25) ▎同電을 據ᄒᆞᆫ즉 西班牙王은 英國에 到着ᄒᆞ얏다더라(〈대동학회월보〉제8호 1908.9.25) ▎西班牙 감기유행의 소식이 한번만 전하야도 다토아 가며 입을 싸는 것이(〈개벽〉제12호 1921.6.1) ▎南部 佛蘭西 및 西班牙, 就中에도 피레니스 山脈의 兩側지방에서 著名한 遺蹟이 많이 발견되었읍니다(〈동광〉제11호 1927.3.5) 현대중국어 표기 ➡ 西班牙

【西班牙國 서반아국】스페인(Spain), 유럽의 남서쪽 끝 이베리아 반도에 위치한 나라. 유럽의 남서쪽 끝 이베리아 반도에 위치한 나라, '에스파냐(España)'라고도 하며 '스페인'은 영어 명칭. '西班牙國'은 España의 중국식 한자표기이다 ▎故로 泰西에 西班牙國의 南方諸郡이 汙穢홈으로(유길준《서유견문》1895 제11편)

【西伯里 서백리】시베리아(Siberia), 러시아 우랄 산맥에서 태평양 연안에 이르는 북아시아 지역. 러시아어로는 시비르(Sibir)라고 한다 ▎西伯里(《친목회회보》제2호 1896.3 西伯里에셔 露國에 兵備擴張) ▎西伯里의 經濟的崩壞는 住民의 生活을 均一히 艱難케 하얏거니와(〈동아일보〉1922.4.3. 1면)

【西伯利 서백리】시베리아(Siberia), 러시아 우랄 산맥에서 태평양 연안에 이르는 북아시아 지역. 러시아어로는 시비르(Sibir)라고 한다 ▎西伯利(〈한성주보〉제32호 1886.10.11 續瀛海各國統) ▎西伯利鐵路는 [져리아빈슥][어므슥]間이 竣工ᄒᆞ야(《관보》81호 1895.6.5) ▎뎨이(第二) 알넉산들의 편리ᄒᆞᆫ 법률을 시비리(西伯利)의 쓰게 홈이 법부에서 훈령 ᄒᆞ야(〈독립신문〉1898.10.18) ▎西伯利低地는 中央高地의 北邊을 占ᄒᆞ고(《중등만국지지》1902 권1) ▎余言을 不信커든 印度와 緬甸 安南과 及西伯利를 看ᄒᆞ라(〈대한학회월보〉제8호 1908.10.25) ▎菊地謙讓씨의 개회인사 及 牛丸씨의 소개가 有한 후 牛丸씨의 滿蒙西伯利 在住鮮人상황에 就한 시찰보고가 有하고(〈개벽〉제11호 1921.5.1) ▎이것은 露西亞 사람들이 西伯利의 殺風景을 그려낸 말임니다(〈별건곤〉제24호 1929.12.1)

【西伯利亞 서백리아】시베리아(Siberia), 러시아 우랄 산맥에서 태평양 연안에 이르는 북아시아 지역. 러시아어로는 시비르(Sibir)라고 한다 ▎西伯利亞(《친목회회보》제1호 1895.10 西伯利亞鐵道) ▎甲曰 其次는 露國之西伯利亞 四萬里鐵道(〈태극학보〉제4호 1906.11.24) ▎즉 俄國에서 北滿洲의 兵을 西伯利亞 境內로 撤還ᄒᆞ야(〈대한자강회월보〉제9호 1907.3.25) ▎支那北部의 東隅와 西伯利亞의 東南隅로부터(〈서북학회월보〉제7호 1908.12.1) ▎즉 俄領 西伯利亞 鐵道複線工事 及 黑龍江 鐵道工事의 現況을 據ᄒᆞᆫ즉(〈대동학회월보〉제15호 1909.4.25) ▎西伯利亞以東으로 滿洲一幅과 及我韓에 至ᄒᆞ기ᄭᆞ지(〈대한흥학보〉제10호 1910.2.20) ▎ㅋ씨는 少年時에 일쯕이 西伯利亞와 北滿洲 一帶에 와서 遊覽할 적에 隨時로 동물의 생활을 관찰하고(〈개벽〉10호 1921.4.1) ▎氏가 「샤만」을 僧侶로도 본 것은 氏의 他 著書인 「東部及 西部西伯利亞」(주13) 중에도 보인다(〈동광〉제11호 1927.3.5) 현대중국어 표기 ➡ 西伯利亚

【西比利亞 서비리아】시베리아(Siberia), 러시아 우랄 산맥에서 태평양 연안에 이르는 북아시아 지역. 러시아어로는 시비르(Sibir)라고 한다 ▎西比利亞(〈한성순보〉제1호 1883.10.31 論洲洋) ▎此國을 分ᄒᆞ야 南高加索地方과 西比利亞와 中央亞細亞의 三部ㅣ 되니(《소학만국지지》1895 제1편) ▎西比利亞(《친목회회보》제2호 1896.3 露西亞 露領 남부 西比利亞의 장래) ▎惡氣는 西比利亞로부터 오는 강ᄒᆞᆫ ᄇᆞ룸에 불려 太平洋으로 보ᄂᆡ고(〈태서문예신보〉제16호 1919.2.17) ▎이는 내가 前日에 西比利亞 도보여행에서 覺得한 경험이(〈개벽〉제10호 1921.4.1)

【西比亞 서비아】시베리아(Siberia), 러시아

우랄 산맥에서 태평양 연안에 이르는 북아시아 지역 ▌西比亞 셔비야(유길준《서유견문》 1895 제1편) ▌西比亞 셔비야(〈대한자강회월보〉 제11호 1907.5.25) ▌一云 俄羅斯 西比亞 等國이니 擧皆 獨立이오 日耳曼은 二十四國이 聯邦을 作훈 者오(〈대한협회회보〉제5호 1908.8.25) ▌西比亞 半萬里를 도보하던 때나 南北滿洲 沙漠萬里에 異人, 異語, 異域, 異邦을 橫行할 때나(〈개벽〉제10호 1921.4.1)

【西列伯 서열백】 셀레베스(Celebes), 인도네시아 공화국의 섬 이름 ▌重要훈者눈스마트라(SUMATRA)瓜哇(JAVA)보르네오(BORNEO)西列伯(CELEBES)等이오(《중등만국지지》1902 제3편)

【瑞士 서사】 스위스(Switzerland), 유럽 중부 내륙에 있는 공화국 ▌法國一十一億七千六百萬兩 瑞士 二億四千萬兩(〈대조선독립협회회보〉제17호 1897.7.31) ▌아라샤 사름이 일인이요 대한 사름이 일인이요 셔亽(瑞士)사름이 일인이라더라(〈독립신문〉1898.7.25) ▌比利時瑞士等國旣已行之(《조선왕조실록》고종 36년 1899.1.1) ▌假如聯邦이니 卽 獨逸 北米合衆國 及 瑞士 等이 是也ㅣ니라(〈태극학보〉제6호 1907.1.24) ▌露西亞의 波斯로 더부러 裏海를 共홈과 德奧의 瑞士로 더부러 康斯但湖를 共훈 거시 是已라(〈대한유학생회학보〉제3호 1907.5.25) ▌然호나 同一훈 機 同一훈 運으로도 彼瑞士, 和蘭, 希臘 等 國은 獨立의 榮譽를 世界에 宣揚호엿거늘(〈대한흥학보〉제12호 1910.4.20) ▌瑞士의 染色匠에게 德語를 学하얏스며(최남선역《자조론》1918) 현대중국어 표기 ➡ 瑞士

【瑞士國 서사국】 스위스(Switzerland), 유럽 중부 내륙에 있는 공화국 ▌서사국 瑞士國(《국한회어》1895) ▌셔亽국 瑞士國 Switzerland(게일편《한영자전》1897) ▌山下의 人과 一切 房屋싸지 壓壞함을 都被호누니 瑞士國에도 此患이 常有호니라(〈서우〉제3호 1907.2.1) ▌遂至巴里호야 入砲廠作傭호니 時에 瑞士國人包狸가 被雇聘於佛호야(〈대한유학생회학보〉제2호 1907.4.7)

【瑞西 서서】 스위스(Switzerland), 유럽 중부 내륙에 있는 공화국 ▌波斯 瑞西(유길준《서유견문》1895 제5편) ▌凶牙利人과 瑞西 那威 芬蘭 等 國人이 輻輳호며(《국민소학독본》1895) ▌瑞西눈歐洲中에最高處로伊太利와墺太利와日耳曼과墺地利四國의間에有호니(《소학만국지지》1895 제3편) ▌其瑞西와近훈處에눈黑林(BLACK FOREST)의名이有호니(《중등만국지지》1902 권1) ▌瑞西 스위든(〈대한자강회월보〉제11호 1907.5.25) ▌此 國民總投票의 制度룰 採用호눈 邦國은 瑞西聯邦及 聯邦內에 各州가 是라(〈대동학회월보〉제8호 1908.9.25) ▌다음은 瑞西時計와 上海 구두와 美國 帽子 等屬에 百餘圓의 돈이 들엇다(〈개벽〉제15호 1921.9.1) ▌6月에 墺太利를 追逐하는 프란쓰 軍士가 瑞西를 들어오아서 그 孤兒院을 빼앗아서 野戰病院으로 쓰게 된 때문이다. 페스탈로치는 이제 또 눈물을 먹음고아(〈동광〉제10호 1927.2.1)

【瑞西國 서서국】 스위스(Switzerland), 유럽 중부 내륙에 있는 공화국 ▌瑞西國(《사민필지》1895 권1 法蘭西) ▌瑞西國은卅七基羅米突餘白耳義은卄一基羅米突(《관보》137호 1895.8.14) ▌本社從西曆一千八百六十三年十月, 瑞西國 제네화府開設萬國會議議決(《조선왕조실록》고종 42년 1905.10.27) ▌世界上에 時計製造로 有名훈 瑞西國某處의 不記名一時計匠이라(〈대한유학생회학보〉제1호 1907.3.3) ▌同報룰 據훈즉 再昨年 瑞西國 쩨네바에셔 調印훈 改正赤十字條約은 各各 必要훈 節次룰 經호야 兩三日中에 發表훈다더라(〈대동학회월보〉제5호 1908.6.25) ▌千九百四年에 第二回 會議를 瑞西國 벨누市에셔 開會호엿눈듸 同時에(〈대한흥학보〉제2호 1909.4.20) ▌새 瑞西國「마이렌」湖 중에서 발견한 新石器時代의 유물과(〈개벽〉제24호 1922.6.1) ▌6월 28일에 쉬쓰국(瑞西國) 쩨네빠에 나아서 1778년 곳 프랑쓰 대혁명이 일어나기 바로 11년 전까지 살았읍니다(〈동광〉제14호 1927.6.1)

【西洋 서양】 서양(The West), 유럽과 남북아메리카의 여러 나라를 통틀어 이르는 말. 원래는 중국에서 보아 외국이 있는 지역을 가

리키는 말에서 비롯되었다 ▎堯의 卽位ᄂᆞᆫ 西洋紀年으로 ᄒᆞ면 紀元前 ᄌᆞ못 二千餘年이라 周나라(《국민소학독본》1895) ▎臺灣府黑旗軍이 西洋人二名을 聘用ᄒᆞ야 稅關은 開設ᄒᆞ고(〈관보〉제87호 1895.6.12) ▎셔양 西洋 Foreign contries in general(게일편《한영자전》1897) ▎西洋에 德國과 墺太利 等地에ᄂᆞᆫ 食鹽이 多量히 地中으로 出ᄒᆞ니(〈태극학보〉제2호 1906.9.24) ▎其東洋人이든지 西洋人이든지 勿論ᄒᆞ고(〈대동학회월보〉제10호 1908.11.25) ▎西洋의 諺에 石灰를 使用ᄒᆞᄂᆞᆫ 農家ᄂᆞᆫ 其子孫이 破産을 不免ᄒᆞᆫ다 ᄒᆞ나 眞是格言이라 云ᄒᆞᆯ지라(〈기호흥학회월보〉제10호 1909) ▎이에 셔양시 西洋詩에 ᄀᆞᆯᄋᆞ되 내가 잇슨즉 하ᄂᆞ님이 반ᄃᆞ시 계시니(《성산명경》최병헌 1914) ▎西洋(셔양) 歐美諸國의 汎稱(조선총독부《조선사서원고》1918) ▎그 발자쵹 主人을 像想히 보니 아마 머리ᄂᆞᆫ 西洋식으로 트러 핀 만이 곳자 뒤여붓치고(〈태서문예신보〉제9호 1918.11.30) ▎西洋文化史上에 現한 고대문화 즉 希臘문화는 자연과 이상을 合一케 한 자이며(〈개벽〉제10호 1921.4.1)

【西域 서역】서역(The Western Regions), 옛날 중국에서 그들의 서쪽 나라들을 일컫는 말. 원래 동(東) 투르키스탄(현재의 신장웨이우얼자치구(新疆維吾爾自治區))의 타림분지에 산재해 있던 오아시스 도시국가들을 지칭하는 말이었으나 나중에는 그 의미가 확대되어 서(西) 투르키스탄 · 서아시아 · 소아시아, 때로는 인도까지 포함하게 되었다 ▎셔역 西域(파리외방선교회한국선교단《한불자전》1880) ▎서역 西域(《국한회어》1895) ▎서역 西域 Western regions(게일편《한영자전》1897) ▎故로 未詳其實이나 蓋生於西域ᄒᆞ야 當印度正盛之時代ᄒᆞ니(〈태극학보〉제2호 1906.9.24) ▎張騫이 西域에 使홈ᄋᆡ 瀕於死者ㅣ 屢ᄒᆞ고 往往不食이 數日 乃至 十數日이라(〈서북학회월보〉제11호 1909.4.1) ▎또 後漢 明帝는 反亂한 凶奴를 平定한 後 西域에 都護府를 設하야(〈개벽〉제22호 1922.4.1)

【西印度 서인도】서인도(West Indies), 남 · 북아메리카 대륙 사이에 있는 크고 작은 많은 섬들로 이루어진 지역을 말한다. 1만 2000여 개의 섬으로 이루어졌고 콜럼버스가 1492년 제1차 항해 때 산살바도르 섬(San Salvador Island)에 상륙한 이래 그곳을 인도의 일부라고 오인한 데서 '서인도'라는 호칭이 생겼다 ▎西印度의 秀厚賴火山의 噴發ᄒᆞ든 時ᄂᆞᆫ(유길준《서유견문》1895 제1편) ▎當時에ᄂᆞᆫ 다만 印度의 ᄒᆞᆫ 셤이라 알기로 至今에도 그 諸島를 西印度ㅣ라 ᄒᆞ고 그 土人을 印度人이라 稱ᄒᆞ니(《국민소학독본》1895) ▎西印度英領幾亞那等에셔 百五十万人合計前記와 如ᄒᆞ면 一億千五百万人이라홈(〈관보〉139호 1895.8.16) ▎此에 反ᄒᆞ야 西印度砂糖을 自由로 輸入케 ᄒᆞ면(〈대한유학생회학보〉제1호 1907.3.3) ▎西印度及亞非利加 等地와 如히 熱帶地方에 在ᄒᆞᆫ 殖民이오(〈대한학회월보〉제8호 1908.10.25) ▎前年 西印度의 噴火와 日本 鳥山의 파열 가튼 것은(〈개벽〉제25호 1922.7.10) ▎그리고 同年에 西印度의 一島인 큐바에서 시작하였다(〈동광〉제15호 1927.7.5)

【西印度諸島 서인도제도】서인도 제도(the West Indies), 남 · 북아메리카 대륙 사이에 있는 크고 작은 많은 섬들로 이루어진 열도 ▎西印度諸島ᄂᆞᆫ 合衆國의 弗羅利多半島로 南亞米利加洲의 베네쥬아灣에 向ᄒᆞ고(《소학만국지지》1895 제4편) ▎西印度諸島及亞米利加合衆國南部ᄂᆞᆫ 地質과 風氣가 砂糖耕作業에 最尤適當ᄒᆞᆫ 故로(〈대한유학생회학보〉제1호 1907.3.3) ▎西印度諸島 錫蘭布瓜及熱帶亞非利加와 如ᄒᆞᆫ 殖民地ᄂᆞᆫ 農業的 狀態에 在ᄒᆞ고(〈대한학회월보〉제8호 1908.10.25) ▎西印度諸島 中의 紫麻伊加를 奪取ᄒᆞ고(〈대한흥학보〉제5호 1909.7.20) ▎米西戰爭을 니르켜 西印度諸島중의 포르토리코와 北太平洋의 比律賓을 취하며(〈개벽〉제43호 1924.1.1) ▎그는 1889년 西印度諸島의 하나인 Jamaica라는 小島에서 출생하야(〈동광〉제30호 1932.1.25)

【西藏 서장】티베트(Tibet), 중국 남서부에 있는 티베트 족 자치구. 중국에서는 시짱자치구[西藏自治區]라고 부른다 ▎西藏 텹벳트(유길준《서유견문》1895 제1편) ▎淸國 日本 朝鮮

越南蒙滿西藏皆此類也(〈대조선독립협회회보〉제8호 1897.3.15) ▍오직 셔쟝西藏은 지금ㅅ지 풍긔가 열니지 못ᄒᆞ야(〈독립신문〉1899.9.28) ▍只今其高度ᄅᆞᆯ因ᄒᆞ야二部로ᄒᆞ니卽(一)蒙古高原(二)西藏高臺等二處라(《중등만국지지》1902 권1) ▍且於淸初에 欲杜西藏前進之路ᄒᆞ야(〈대한유학생회학보〉제1호 1907.3.3) ▍西藏 팁벳트(〈대한자강회월보〉제11호 1907.5.25) ▍同電을 據ᄒᆞᆫ즉 西藏에셔ᄂᆞᆫ 淸國人을 反抗ᄒᆞᄂᆞᆫ(〈대동학회월보〉제10호 1908.11.25) ▍第二次 답査로서 得한『中央아시아와밋西藏』二冊이 잇스니(〈소년〉제2년1권 1909.1.1) ▍拉薩府ᄂᆞᆫ 西藏의 首府니 拉薩이라 稱홈은(〈대한흥학보〉제13호 1910.5.20) ▍尙又勞農政府는 經濟調査團을 西藏에 파견할 준비중이엇는데(〈개벽〉제29호 1922.11.1)

【瑞典 서전】스웨덴(Sweden), 유럽 북부 스칸디나비아 반도에 있는 입헌군주국 ▍瑞典와諾威(유길준《서유견문》1895 제2편) ▍瑞典과諾威ᄂᆞᆫ(《소학만국지지》1895 제3편) ▍瑞典及諾威는六基羅米突餘羅馬尼ᄂᆞᆫ五基羅米突餘라홈(《관보》136호 1895.8.13) ▍此ᄂᆞᆫ 皮想의 意思ᄅᆞᆯ 免치못ᄒᆞ리로다. 歐羅巴의 荷蘭 及 瑞典은 掌大ᄒᆞᆫ 國이로되(〈대조선독립협회회보〉제11호 1897.4.30) ▍露西亞,英吉利,瑞典,那威,合衆國,佛蘭西,獨逸,丁抹,和蘭,西班牙,白耳,伊太利,墺地利,秘露,日本,巴西凡十六國이(《중등만국지지》1902 권1) ▍歐羅巴의 荷蘭 及 瑞典은 掌大ᄒᆞᆫ 國이로되(〈대한자강회월보〉제8호 1907.2.25) ▍外相은 瑞典諾威와 俄國을 訪問ᄒᆞ기 爲ᄒᆞ야 出發ᄒᆞ얏ᄂᆞᆫᄃᆡ(〈대한협회회보〉제5호 1908.8.25) ▍로란과 瑞典의 하이덴스탐도 각각 5,6종의 유명한 作劇이 남아 잇슬 뿐 아니라(〈개벽〉제19호 1922.1.10) ▍그러고 歐羅巴 중에서는 瑞西의「제네바」와 瑞典의「스톡홈」이 가장 山水의 美를 가진 都市라고 할 수가 잇는데(〈별건곤〉제12·13호 1928.5.1) ▍예를 들어 말하면 국내의 군대는 露國士官과 瑞典憲兵의 지휘하에(〈동광〉제17호 1931.1.1) 현대중국어 표기 ➡ 瑞典

【瑞典國 서전국】스웨덴(Sweden), 유럽 북부 스칸디나비아 반도에 있는 입헌군주국 ▍瑞典國王高壽多厚가測量窮理學에通達ᄒᆞ고(유길준《서유견문》1895 제13편) ▍일본국 육군 대장(陸軍大將) 하세가와 요시미치(長谷川好道)와 서전국(瑞典國) 박사 슈엔헤데인을 접견(接見)하였다(《조선왕조실록》순종1년 1908.12.21) ▍在東京瑞典國代理公使 푸룽크, 쿠론호룸(〈관보〉제4375호 1909.5.13) ▍瑞典國海防砲兵隊의 벳구만 將軍은 一勞働者의게 銃殺을 當ᄒᆞ얏ᄂᆞᆫᄃᆡ(〈대동학회월보〉제18호 1909.7.25) ▍두루두루 것처서, 昨夜에 瑞典國 首府에 왓사오며(〈개벽〉제41호 1923.11.1) ▍加入國,(四) - 丁抹國, 墨士哥國, 瑞典國(볼리바아國은 1925년 加入通告가 잇고 效力發生日은 未定)(〈동광〉제27호 1931.11.10)

【錫蘭 석란】스리랑카(Sri Lanka), 남부 아시아 인도의 남쪽 인도양에 있는 섬나라 ▍錫蘭島知事牒報ᄅᆞᆯ據ᄒᆞ건ᄃᆡ(〈관보〉제96호 1895.6.23) ▍濠洲産 珊瑚와 錫蘭産 眞珠等의 靑黃赤白黑 五色이 玲瓏ᄒᆞᆫᄃᆡ(〈태극학보〉제14호 1907.10.24) ▍錫蘭古島에 也應有釋尊之甦起乎며 伯利恒鄕에 倘想見基督之復活哉아(〈대한학회월보〉제1호 1908.2.25) ▍共히 緬甸, 錫蘭, 英領印度 等地에 盛産ᄒᆞᄂᆞ니라(〈기호흥학회월보〉제6호 1909.1.25) ▍亞剌飛가 錫蘭에 竄身ᄒᆞ고 拿破倫이 厄蔑에 見幽ᄒᆞ야(〈대한흥학보〉제4호 1909.6.20)

【錫蘭島 석란도】스리랑카(Sri Lanka), 남부 아시아 인도의 남쪽 인도양에 있는 섬나라 ▍錫蘭島(〈한성주보〉제23호 1886.7.5 各國屬地一覽表) ▍셕란도 錫蘭島 Ceyon Island(게일편《한영자전》1897) ▍인도와 면뎐과 셕란도(錫蘭島)와 기외에 다른 쳥국 쇽디를 류람ᄒᆞ야(〈독립신문〉1898.7.2) ▍錫蘭島(CEYLON) 本島도亦是英領에歸ᄒᆞ니(《중등만국지지》1902 권1) ▍其重要産地ᄂᆞᆫ 錫蘭島에 十萬에거 馬來島에 十五萬에거 墨西哥에 二十七萬 五千에거 合 二十萬町步의 地面을 費用ᄒᆞᆫ다더라(〈태극학보〉제11호 1907.6.24) ▍印度 沿岸에 ᄶᅡ푸로ᄲᅡ나(錫蘭島)라 云ᄒᆞᄂᆞᆫ 島가 有ᄒᆞᆫ대(〈태극학보〉제13호 1907.9.24)

【錫蘭得 석란득】스코틀랜드(Scotland), 영국 본토인 그레이트브리튼 섬 북부의 지방. 수도는 에든버러이다 ▌錫蘭得(한문역《사민필지》1895 권1 英吉利)

【錫崙 석륜】스리랑카(Sri Lanka), 남부 아시아 인도의 남쪽 인도양에 있는 섬나라 ▌英國 자본 총수출액 중 印度 及 錫崙은 1할3분을 점하얏슴에 대하야(〈삼천리〉제17호 1931.7.1)

【石太面土江 석태면토강】새크라멘토 강(Sacramento River), 미국 캘리포니아 주 북서부를 흐르는 강 ▌合衆國의葛老羅道江及石太面土江과柵瑚阿緊江과(유길준《서유견문》1895 제2편)

【先厓傑 선애걸】세네갈(Senegal), 서부 아프리카 기니비사우(Guinea Bissau)와 모리타니(Mauritania) 사이에 있는 나라 ▌先厓傑 三千九百六十里 不分明(유길준《서유견문》1895 제2편) ▌曰先厓傑長三千九百六十里(〈대한협회회보〉제10호 1909.1.25)

【禪剌城 선자성】콜카타(Kolkata), 인도 동부 서벵골 주의 주도. 예전에는 캘커타(Calcutta)라 하였으나 지금은 이름이 콜카타(Kolkata)로 바뀌었다 ▌禪剌城(〈한성순보〉제9호 1884.1.18 印度近報)

【雪梨 설리】시드니(Sydney), 오스트레일리아 뉴사우스웨일스(New South Wales) 주의 주도 ▌雪梨(〈한성주보〉제57호 1887.4.4 英電彙譯)

【雪山 설산】히말라야 산맥(Himalayas), 인도 대륙 북쪽에서 중앙아시아 고원 남쪽을 동서로 길게 연결하는 만년설의 산맥. 히말라야 산의 옛 이름이다 ▌면젼「緬甸」서쪽과 설산「雪山」남쪽에 짱 덩이 형샹이 긔셜「箕舌」과 굿흐니(〈독립신문〉1899.11.6) ▌釋迦가 결코 영롱한 궁전과 미려한 정원과 親父愛妻와 寶冠繡衣를 버리고 雪山으로 향하엿슬 리가 無하다(〈개벽〉제13호 1921.7.1) ▌먼저 登山鐵道를 타고 약 3,000尺을 올라가서 2시간 반을 儉約한 후 정말 雪山을 오르기 시작하얏다(〈별곤건〉제12·13호 1928.5.1)

【暹 섬】타일랜드(Thailand), 동남아시아의 인도차이나 반도 중앙부에 있는 나라. '暹'은 '暹羅'가 줄어든 말 ▌英暹新條約 倫敦電을 據훈則 英國 及 暹羅國 間에 締結된 新條約을 因훈야(〈대한협회회보〉제2호 1908.5.25)

【暹羅 섬라】타일랜드(Thailand), 동남아시아의 인도차이나 반도 중앙부에 있는 나라 ▌庚寅/暹羅斛國遣其臣乃(乃,其國官名也)張思道等二十人(《조선왕조실록》태조2년 1393.6.16) ▌十八名是暹羅國人,俱是行商漂到者(《조선왕조실록》고종 17년 1880.10.19) ▌暹羅(〈한성순보〉제1호 1883.10.31 安南與法國講和) ▌暹羅 사이암(유길준《서유견문》1895 제1편) ▌安南 暹羅 等 南方藩屛은 洋人의 蹂躪에 一委훈야(《국민소학독본》1895) ▌셤라 暹羅 Siam(게일편《한영자전》1897) ▌다만 朝鮮 日本 支那(淸國)波斯(벳루샤)暹羅(사이암)五國이 獨立훈얏스ᄂᆞ(〈대조선독립협회회보〉제15호 1897.6.30) ▌暹羅ᄂᆞᆫ 亞細亞南部에 훈獨立王國이니(《중등만국지지》1902 권1) ▌暹羅王의 英國行이라(〈대한자강회월보〉제10호 1907.3.15) ▌尙且 治外法權의 行ᄒᆞᄂᆞᆫ 國은 僅히 土耳其, 暹羅, 支那及我韓에 不過ᄒᆞ니라(〈대동학회월보〉제7호 1908.8.25) ▌중국, 일본, 暹羅는 모다 亞洲에 잇다(〈개벽〉제12호 1921.6.1) ▌世界에 第一 큰 뱀은 緬甸, 暹羅, 馬來 等地에서 産하는 網目錦蛇라 하는 뱀이니(〈별건곤〉제18호 1929.1.1)

【暹羅國 섬라국】타일랜드(Thailand), 동남아시아의 인도차이나 반도 중앙부에 있는 나라 ▌亞細亞의 暹羅國은 佛敎를 服從ᄒᆞᄂᆞᆫ 中에 象의 白者를 尊崇ᄒᆞ니(유길준《서유견문》1895 제13편) ▌英國 及 暹羅國 間에 締結된 新條約을 因ᄒᆞ야(〈대한협회회보〉제2호 1908.5.25) ▌暹羅國은 方物을 獻하야 交聘을 請하얏다(〈별건곤〉제12·13호 1928.5.1)

【星架波 성가파】싱가포르(Singapore), 아시아 동남부 말레이 반도 최남단에 있는 공화국 ▌星架波(〈한성순보〉제7호 1883.12.29 法國軍信)

【聖老連秀江 성노련수강】세인트로렌스

(Saint Lawrence) 강, 북아메리카에서 대서양으로 흐르는 하천 중에서는 최대의 수계(水系)를 이루는 강 ▎聖老連秀江은大北湖의下流며累伊斯江은地宗이라ᄒᆞᄂᆞᆫ地方에發源ᄒᆞ야(유길준《서유견문》1895 제2편)

【聖勞稜索河 성로릉색하】 세인트로렌스(Saint Lawrence) 강, 북아메리카에서 대서양으로 흐르는 하천 중에서는 최대의 수계(水系)를 이루는 강 ▎國內第一商業府ᄂᆞᆫ聖勞稜索河畔의孟的里니(《소학만국지지》1895 제3편)

【聖林 성림】 할리우드(Hollywood), 미국 캘리포니아 주 로스앤젤레스에 있는 지구로

聖林(할리우드 Hollywood)

할리우드(Hollywood)는 미국 캘리포니아 주 로스앤젤레스의 한 지구로 로스앤젤레스 중심부에서 약 12*km* 떨어진 곳에 있다. 1900년대 초에 미국 영화사들이 들어서면서 커지더니 오늘날은 영화산업의 중심지로 발돋움하였다.

우리나라에서 한때 이곳을 '聖林'으로 부른 적이 있다. 그 연유를 알아보면 재미있기에 적어 본다. '聖林'은 1900년대 초 일본에서 Hollywood를 가리키는 이름이었는데 애당초부터 잘못 번역된 이름이라고 논란이 있었던 지명이다. 즉 일본인 번역자는 Hollywood라는 지명을 Holly + wood로 보고 Holly를 '聖'으로, wood를 '林'으로 각각 번역했으나 Holly의 번역이 문제였다. Holly는 원래 호랑가시나무라는 나무로 '聖'으로 번역할 수가 없다. 일본인 번역자는 Holly를 Holy(신성한, 성스러운)로 잘못 알고 '聖'으로 번역한 것이다. 이러한 사정이 알려지자 일본에서는 '聖林'이 쓰이지 않게 되었다.

우리나라에서는 이 '聖林'이 1920년대부터 쓰인 예가 보이며 심지어는 80년대까지도 쓰는 사람이 있었다. 다음 예를 들어 본다.

- 로이드씨는 성림(聖林)에 신축중인 신더택에 스포츠실을 짓기로 하고(〈동아일보〉(1927. 11.22. 3면)
- 「聖林」에서 崔承喜 고국 게신 여러 형제께 문안드리나이다(〈삼천리〉 제10권 10호(1938.10.1.)
- 米에 있는 故安島山의 第二子는 얼마 전에 映畵界에 진출하여 聖林에서 활약 중이라는데(〈삼천리〉 제11권 4호(1939.4.1.)
- 「말론 브랜도」는 "「홀리웃」은 敎養(교양)의 무덤"이라고 말했다지만 그러면 세계의 영화계를 주름잡던 「聖林」은 이제 「墓林」으로 바뀌었는가. 대답은 「아니다」이다(동아일보 1980.9.19. 3면)

잘못 번역된 일본 지명 성림(聖林)을 그렇게나 오랫동안 사용했다니 씁쓸한 마음을 지울 수 없다.

영화산업의 중심지이다. '聖林'은 영어 Holly를 '聖'으로, wood를 '林'으로 직역하여 만들어진 말. Holly는 원래 호랑가시나무(잎가에 뾰족뾰족한 가시가 돋아 있고 새빨간 열매가 달리는 나무로 흔히 크리스마스 때 장식용으로 쓰임)라는 뜻이라서 '聖'으로 번역할 수 없다. 이는 초기 일본인 번역자가 Holly를 Holy(신성한, 경건한)의 뜻으로 잘못 알고 오역한 데에서 유래한다 ▮로이드씨는 성림(聖林)에 신축중인 신더택에 스포츠실을 짓기로 하고(〈동아일보〉1927.11.22. 3면) ▮「聖林」에서 崔承喜 고국 게신 여러 형제께 문안드리나이다(〈삼천리〉제10권10호 1938.10.1) ▮米에 있는 故安島山의 第二子는 얼마 전에 映畵界에 진출하여 聖林에서 활약중이라는데(〈삼천리〉제11권4호 1939.4.1)

【聖比得堡 성비득보】 상트페테르부르크(Saint Petersburg), 러시아 북서부, 핀란드만 안쪽에 있는 러시아 제2의 도시이다 ▮○ 답션도비다스버릉(答聖比得堡)이라ᄒᆞᄂᆞ니라(《디구략론》1897)

【聖撒排多 성살배다】 산살바도르(San Salvador), 중앙아메리카 엘살바도르(El Salvador)의 수도 ▮墨西哥 聖撒排多(유길준《서유견문》1895 제5편) ▮聖撒排多(《사민필지》1895 권2 危地馬拉) ▮聖撒排多 산살베다(〈대한자강회월보〉제11호 1907.5.25)

【聖彼德羅堡 성피덕라보】 상트페테르부르크(Saint Petersburg), 러시아 북서부, 핀란드만 안쪽에 있는 러시아 제2의 도시이다 ▮聖彼德羅堡(〈한성순보〉제22호 1884.6.4 東半球噴火山高低說)

【聖彼得堡 성피득보】 상트페테르부르크(Saint Petersburg), 러시아 북서부, 핀란드만 안쪽에 있는 러시아 제2의 도시이다 ▮俄羅斯國京城聖彼得堡에 在ᄒᆞᆫ 者와 佛蘭西國京城巴里에 在ᄒᆞᆫ 者라(유길준《서유견문》1895 제17편) ▮國都聖彼得堡府ᄂᆞᆫ 芬蘭灣頭의 尼瓦河口에 有ᄒᆞ야(《소학만국지지》1895 제3편) ▮第十一은 露西亞의 聖彼得堡大學이니(〈서북학회월보〉제2호 1908.7.1) ▮目下聖彼得堡에 在ᄒᆞᆫ 土耳其 外務大臣 리파트ㅆ샤 氏ᄂᆞᆫ 土耳其 勃加利間에 協商을 締結ᄒᆞ깃고(〈대동학회월보〉제14호 1909.3.25) ▮聖彼得堡를 爲始하야 全國의 大小都市에서 一齊히 同一한 決議를 行하니(〈동아일보〉1921.3.22. 1면) ▮15일에는「니콜나이」2세가 退位되며 국내가 沸騰한 즉「레닌」은 4월 4일 밤에 聖彼得堡로 도라왓다(〈개벽〉제44호 1924.2.1) ▮聖彼得堡와 莫斯科에는 각종의 자유주의의 신문과 잡지가 간행되고(〈동광〉제37호 1932.9.1)

【聖彼得堡府 성피득보부】 상트페테르부르크(Saint Petersburg), 러시아 북서부, 핀란드만 안쪽에 있는 러시아 제2의 도시이다 ▮國都聖彼得堡府ᄂᆞᆫ 芬蘭灣頭의 尼瓦河口에 有ᄒᆞ야(《소학만국지지》1895 제3편) ▮首府聖彼得堡府(ST.PETERSBURG)ᄂᆞᆫ 凡二百年前에 彼得大帝가 莫斯科로브터 移來ᄒᆞ야(《중등만국지지》1902 권2)

【世累野 세루야】 시리아(Syria), 소아시아의 터키와 접하며 메소포타미아(Mesopotamia) 평야의 유프라테스 강 상류에 위치한 서아시아 국가 ▮曰小亞細亞曰世累野(셰뤼야)曰巨馬斯坦曰巴禮斯坦(팔네스탄)(유길준《서유견문》1895 제1편)

【細勃 세발】 세비야(Sevilla), 스페인 남서부 안달루시아(Andalusia) 지방 서부의 주 ▮細勃此府ᄂᆞᆫ 西班牙南方의 一大府니(유길준《서유견문》1895 제20편)

【細細里 세세리】 시칠리아 섬(Sicilia Island), 이탈리아의 자치주이자 지중해 최대의 섬으로 영어로는 시실리 섬(Sicily Island)이라고 한다 ▮細細里(〈한성순보〉제30호 1884.8.11 俄國誌略)

【細細利亞 세세리아】 시칠리아 섬(Sicilia Island), 이탈리아의 자치주이자 지중해 최대의 섬으로 영어로는 시실리 섬(Sicily Island)이라고 한다 ▮細細利亞(〈한성순보〉제2호 1883.11.10 歐羅巴洲)

【細茵河 세인하】 세느강(Seine River), 프랑스 북서부를 흐르는 강 ▌其地가細茵河西岸에跨ᄒᆞ야三十三鐵橋石橋를架ᄒᆞ고(유길준《서유견문》1895 제20편)

【細布拉斯 세포랍사】 키프로스(Cyprus), 유럽 동남부 지중해상에 있는 공화국 ▌細布拉斯(〈한성순보〉제6호 1883.12.20 英國誌略)

【蘇 소】 소비에트 사회주의 공화국 연방(Soviet Union), '蘇'는 '蘇聯'이 줄어든 말이다 ▌서반아문제에 대한 불간섭위원회에 있어서 蘇獨 양국 간의 酬應에서 잘 표명되였다(〈삼천리〉제10권8호 1938.8.1)

【蘇格蘭 소격란】 스코틀랜드(Scotland), 영국 본토인 그레이트브리튼 섬 북부의 지방. 수도는 에든버러이다 ▌蘇格蘭(〈한성순보〉제9호 1884.1.18 愛爾蘭變亂黨) ▌蘇格蘭人과 愛蘭人과 威勤士人과 猶太人과 希臘人의 倫敦에 居ᄒᆞᄂᆞᆫ(《국민소학독본》1895) ▌蘇格蘭럴도 아도 흐오개도 사알지얄스빌선(《관보》122호 1895.7.26) ▌瓦特 은 蘇格蘭 古林納城人이니(〈대조선독립협회회보〉제8호 1897.3.15) ▌蘇格蘭은舊名은카레도니안(CALEDONIAN)이라稱ᄒᆞ더니(《중등만국지지》1902 권1) ▌蘇格蘭王 쌕루스가 英(吉利王에드워드로부터戰爭ᄒᆞ야이서로怨讐기된지라(《초등소학》권8, 국민교육회, 1907) ▌原來, 老婆의 一子가 有ᄒᆞ야蘇格蘭地方에 往ᄒᆞ야(〈대한유학생회학보〉제1호 1907.3.3) ▌蘇格蘭王 쌕루스가(《최신 초등소학》1908) ▌蘇格蘭人 培勤이 教授 聾啞于一學校라가 創造傳聲器ᄒᆞ고 繼而傳話機留聲器等을 次第發明ᄒᆞ야(〈대한협회회보〉제6호 1908.9.25) ▌蘇格蘭 출생으로『에딩바라』대학에서 文科를 修하고(〈개벽〉제3호 1920.8.25) ▌죽은 뒤 의사 부른다(蘇格蘭)(〈동광〉제13호 1927.5.1) 현대중국어 표기 ➡ 苏格兰

【蘇格蘭島 소격란도】 스코틀랜드(Scotland), 영국 본토인 그레이트브리튼(Great Britain) 섬 북부의 지방. 수도는 에든버러이다 ▌其正北인則蘇格蘭島의 多山ᄒᆞᆫ處라(유길준《서유견문》1895 제1편)

【蘇丹 소단】 수단(Sudan), 아프리카 북동부에 있는 나라로 아프리카에서 면적이 가장 넓은 나라이다 ▌蘇丹(〈한성순보〉제16호 1884.3.27 埃國財政) ▌蘇丹 수단(유길준《서유견문》1895 제1편) ▌蘇丹(《사민필지》1895 권2 亞非利加東界) ▌蘇丹遠征軍 總督 깃치에니 將軍은(〈대조선독립협회회보〉제7호 1897.2.28) ▌蘇丹地方(《중등만국지지》1902) ▌蘇丹 수단(〈대한자강회월보〉제11호 1907.5.25) ▌蘇丹의 虐殺政策으로 인하야 數多한 투사가 생명을 희생하게 되고(〈동광〉제27호 1931.11.10) 현대중국어 표기 ➡ 苏丹

【蘇丹國 소단국】 수단(Sudan), 아프리카 북동부에 있는 나라로 아프리카에서 면적이 가장 넓은 나라이다 ▌소단국 蘇丹國(《국한회어》1895) ▌소단국 蘇丹國 The Soudan(게일편《한영자전》1897)

【蘇拉蘭 소랍란】 시에라리온(Sierra Leone), 아프리카 서부 대서양 연안에 있는 공화국 ▌蘇拉蘭地方은本洲의南方에有ᄒᆞ야(《소학만국지지》1895)

【蘇聯 소련】 소비에트 사회주의 공화국 연방(Soviet Union), 1922년 12월 30일부터 1991년 12월 26일까지 유라시아 북부에 존재하였던 세계 최초의 공산주의 국가였다 ▌蘇聯의 5년계획은 제3년을 맞이하엿고 海蔘威의 朝鮮銀行支店은 閉鎖命令을 당하엿다(〈동광〉제18호 1931.2.1) ▌다음으로는 蘇聯의 極東軍인데 양으로 물론 만치만 질로도 世界에 가장 優秀하다고 볼 수잇다(〈삼천리〉제6권5호 1934.5.1) ▌적어도 蘇聯을 제한 이외의 今日의 세계문학은 이 復舊的 형태에 止揚되고 잇다(〈개벽〉신간 제1호 1934.11.1) 현대중국어 표기 ➡ 苏联

【蘇祿 소록】 스와질란드(Swaziland), 아프리카 남단의 남아프리카 공화국으로 둘러싸인 내륙국이다. ▌蘇祿(〈한성순보〉제1호 1883.10.31 蘇祿國王戰死)

【小摩里 소마리】 소말리아(Somalia), 아프리카 북동부 인도양에 면해 있는 나라 ▌小摩里

(《사민필지》1895 권2 亞非利加東界)

【蘇門答臘 소문답랍】 수마트라 섬(Sumatra Island), 인도네시아 대순다 열도(Greater Sunda Islands)에 딸린 섬 ▌蘇門答臘(〈한성순보〉제1호 1883.10.31 論洲洋)

【蘇文答拉 소문답랍】 수마트라 섬(Sumatra Island), 인도네시아 대순다 열도(Greater Sunda Islands)에 딸린 섬 ▌蘇文答拉(〈한성순보〉제31호 1884.8.21 巴督據征亞齊智文部以救乃西勞火船被拘人衆事略述)

【蘇門答臈島 소문답랍도】 수마트라 섬(Sumatra Island), 인도네시아 대순다 열도에 딸린 섬 ▌婆羅洲加拉巴島 蘇門答臈島 新西蘭島 馬達加斯加島(〈대조선독립협회회보〉제8호 1897.3.15)

【蘇門臘 소문랍】 수마트라 섬(Sumatra), 인도네시아 대순다 열도(Greater Sunda Islands) 북서부의 섬 ▌蘇門臘(〈한성순보〉제10호 1884.1.30 各國工役彙報)

【蘇門苔羅 소문태라】 수마트라 섬(Sumatra Island), 인도네시아 대순다 열도(Greater Sunda Islands)에 딸린 섬 ▌蘇門苔羅(〈한성주보〉제23호 1886.7.5 各國屬地一覽表)

【蘇士 소사】 수에즈(Suez), 이집트의 수에즈 운하 남단에 있는 도시 ▌西北角은곳蘇士(SUEZ)의地頸이오(《중등만국지지》1902 권1)

【蘇士運河 소사운하】 수에즈 운하(Suez Canal), 지중해와 홍해 · 인도양을 잇는 운하 ▌蘇士運河(〈한성순보〉제2호 1883.11.10 英兵駐埃及) ▌其他[아무수데루다무]부은百六十基羅米突이有흔蘇士運河(〈관보〉158호 1895.9.11) ▌紅海의蘇士(SUEZ)運河를過ᄒᆞ면地中海가되ᄂᆞ니(《중등만국지지》1902) ▌蘇士運河를 經ᄒᆞ야 歸航ᄒᆞ겟고(〈대동학회월보〉제2호 1908.3.25) ▌蘇士運河를 지내서 비로소 歐羅巴地境에 들어가나이다(〈개벽〉제22호 1922.4.1)

【蘇士地峽 소사지협】 수에즈 지협(Isthmus of Suez), 지중해와 홍해 사이를 가르는 좁은 땅으로, 아프리카와 아시아를 잇는 지협이다. 이 지협을 따라 수에즈 운하가 건설되었다 ▌蘇士地峽(〈한성순보〉제4호 1883.11.30 亞非利駕洲)

【蘇西運河 소서운하】 수에즈 운하(Suez Canal), 지중해와 홍해 · 인도양을 잇는 운하 ▌近日蘇西運河의鑿通홈을因ᄒᆞ야界分흔者라(유길준《서유견문》1895 제1편) ▌千八百六十九年 十一月 十六日 蘇西運河 開通式 擧行흔 後로(〈태극학보〉제7호 1907.2.24) ▌阿弗利加에 至ᄒᆞ야ᄂᆞᆫ 近日 蘇西運河의 通行으로 由ᄒᆞ야 界分흔 者이라(〈대한자강회월보〉제11호 1907.5.25)

【小亞細亞 소아세아】 소아시아(Asia Minor), 아시아 대륙의 서쪽 끝, 흑해 · 마르마라해 · 에게해 · 지중해 등에 둘러싸인 반도 ▌又土耳基國에附屬흔地方이有ᄒᆞ니曰小亞細亞曰世累野(세뤼야)(유길준《서유견문》1895 제1편) ▌小亞細亞에셔ᄂᆞᆫ虐殺흔事가今尙各地에不斷이오(〈관보〉제197호 1895.10.25) ▌그ᄃᆡ신 덕국의 소아세아(小亞細亞) 식민(植民) 경칙을 인가ᄒᆞ기로 작뎡ᄒᆞ엿다더라(〈독립신문〉1898.9.12) ▌비록 小亞細亞로부터 凱旋ᄒᆞᄂᆞᆫ 自然 貴族派의 敵視를 바드며(〈태극학보〉제12호 1907.7.24) ▌當時에 小亞細亞ᄂᆞᆫ 勿論 波斯에 屬ᄒᆞ고(〈대한학회월보〉제5호 1908.6.25) ▌小亞細亞(〈대한민보〉제8호 1909.6.20 小亞細亞) ▌南으로 小亞細亞를 領占ᄒᆞ고 東으로 淸國境界에 蚕及ᄒᆞ야(〈대한흥학보〉제10호 1910.2.20) ▌故로 小亞細亞 등지에 行商하야 勤勞로써 생활을 求하여 왓나니(〈개벽〉제29호 1922.11.1) ▌그러하면 상술에 의하여 무궁화의 원산지는 인도, 小亞細亞, 支那, 朝鮮 등이라고 볼 수밖에 없다(〈동광〉제16호 1927.8.5)

【蘇彝士運河 소이사운하】 수에즈 운하(Suez Canal), 지중해와 홍해 · 인도양을 잇는 운하 ▌蘇彝士運河ᄂᆞᆫ亞細亞와亞非利가相連絡흔地峽인ᄃᆡ(장지연편《만국사물기원역사》1909.8) 현대중국어 표기 ➡ 苏伊士运河

【蘇畢略 소필략】 슈피리어 호(Lake Superior), 미국 · 캐나다에 걸친 오대호의 서쪽 끝 호수 가운데 가장 큰 호수. 세계에서

가장 큰 담수호이다 ▍또한蘇畢略과米執安等大湖와(《소학만국지지》1895 제3편)

【蒐干大禮比亞 수간대례비아】 스칸디나비아(Scandinavia), 유럽 북서부의 스칸디나비아 반도에 덴마크를 더한 지역 ▍蒐干大禮比亞의半島는平原이其東에在ᄒᆞ고(유길준《서유견문》1895 제1편)

【秀馬達阿 수마달아】 수마트라(Sumatra) 섬, 인도네시아 대순다 열도(Greater Sunda Islands)에 딸린 섬 ▍秀馬達阿(《사민필지》1895 권2 太平洋諸島)

【壽府 수부】 제네바(Geneva), 스위스 제네바 주의 주도 ▍바야흐로 또 壽府에 世界軍縮大會議가 개회되고 軍縮과 平和를 진실히? 논의하고 잇스나(〈삼천리〉제4권5호 1932.5.15) ▍4월15일 午後3시45분 壽府에 개최된 國際聯盟理事會는(〈삼천리〉제7권6호 1935.7.1)

【秀埃西 수애서】 수에즈(Suez), 이집트의 수에즈 운하 남단에 있는 도시 ▍秀埃西(《사민필지》1895 권2 埃及)

【綏甸 수전】 스웨덴(Sweden), 유럽 북부 스칸디나비아 반도에 있는 입헌군주국 ▍綏甸(〈한성순보〉제2호 1883.11.10 歐羅巴洲)

【秀巴陀國 수파타국】 스파르타(Sparta), 고대 그리스의 펠로폰네소스 반도에 위치한 도시 국가 ▍阿丹國의率論氏와秀巴陀國의蒔高久秀氏(此二人은西曆紀元前時代라)(유길준《서유견문》1895 제10편)

【秀布利菸湖 수포리어호】 슈피리어 호(Lake Superior), 미국 · 캐나다에 걸친 오대호의 서쪽 끝 호수 가운데 가장 큰 호수. 세계에서 가장 큰 담수호이다 ▍累伊斯江은地宗이라ᄒᆞᄂᆞᆫ地方에發源ᄒᆞ야秀布利菸湖에入ᄒᆞ니(유길준《서유견문》1895 제2편)

【順化府 순화부】 후에(Hué), 베트남 중부에 있는 도시이며, 베트남 마지막 왕조의 수도였다 ▍順化府ᄂᆞᆫ現今安南國王의都邑이니(《중등만국지지》1902 권1)

【順化城 순화성】 후에(Hué), 베트남 중부에 있는 도시이며, 베트남 마지막 왕조의 수도였다 ▍順化城(〈한성순보〉제1호 1883.10.31 安南與法國講和) ▍彊候도 또한 佛國의 嚴戒를 버서나 順化城을 뒤로 두고 도망하야(〈별건곤〉제32호 1930.9.1)

【市加俄 시가아】 시카고(Chicago), 미국 일리노이(Illinois) 주 북동부에 있는 도시 ▍其他密執安湖邊의市加俄市ᄂᆞᆫ人口ㅣ百十萬이라(《소학만국지지》1895 제3편)

【市加古 시가고】 시카고(Chicago), 미국 일리노이(Illinois) 주 북동부에 있는 도시 ▍市加古의 黑白人衝突(〈동아일보〉1920.9.24. 2면) ▍그 市加古 대학『로벨트. 팍』교수 또는 不思議論者로 유명한『클. 라엔스. 따로-』씨 등으로-모다기념회는성황을豫期하고잇다(〈별곤건〉제30호 1930.7.1) ▍英國株式市場은 말할 것도 없거니와 巴里, 伯林, 市加古 等을 비롯하야 全世界의 모든 取引所가 或은 閉鎖하고(〈동광〉제28호 1931.12.1) ▍市加古(시카코)市(〈삼천리〉제8권1호 1936.1.1)

【柴棍 시곤】 사이공(Saigon), 구 월남의 수도로서 지금은 호찌민(Ho Chi Minh)으로 이름이 바뀌었다 ▍즉 淸國革命黨領袖孫逸仙氏가 新嘉坡 柴棍鎭南 間에 往來ᄒᆞ면셔 新嘉坡同志興中會를 設立ᄒᆞ고(〈대한협회회보〉제1호 1908.4.25)

【詩實禮島 시실례도】 시칠리아(Sicilia), 이탈리아의 자치주이자 지중해 최대의 섬으로 영어로는 시실리섬(Sicily Island)이라고 한다 ▍詩實禮島ᄂᆞᆫ多山ᄒᆞᆫ地方이니(유길준《서유견문》1895 제1편)

【時阿達 시아달】 시애틀(Seattle), 미국 워싱턴 주 중부에 있는 항만 도시 ▍時阿達(《사민필지》1895 권2 合衆國)

【新加留 신가류】 싱가포르(Singapore), 아시아 동남부 말레이 반도 최남단에 있는 공화국 ▍新加留(〈한성순보〉제6호 1883.12.20 英國誌略)

【新加坡 신가파】 싱가포르(Singapore), 동남아시아에 있는 섬으로 이루어진 도시 국가 ▌新加坡 七千六百九十里 八日程(〈대조선독립협회회보〉제16호 1897.7.15) ▌海軍根據地를 新加坡로 決定하얏다 傳하는대(〈동아일보〉 1921.11.1. 2면) ▌去8월 초순에 新加坡 군항건축비로 1千萬磅 예산을 下議院에서 임이 의결하엿다 전한다(〈개벽〉제42호 1923.12.1) ▌6월 18일발, 新加坡 英國領事館발의 암호전보는 의외의 사실정보를 통고햇다(〈삼천리〉제3권12호 1931.12.1) 현대중국어 표기 ➡ 新加坡

【新嘉波 신가파】 싱가포르(Singapore), 아시아 동남부 말레이 반도 최남단에 있는 공화국 ▌1月8日 神戶서 日本郵船『吉野丸』을 便乘하고 그럭저럭 新嘉波까지 왓나이다(〈개벽〉제21호 1922.3.1) ▌新嘉波에서는 此에 威脅되야 日本船에 荷物을 積載치 아니함으로(〈동아일보〉1923.6.5. 2면)

【新嘉坡 신가파】 싱가포르(Singapore), 아시아 동남부 말레이 반도 최남단에 있는 공화국 ▌新嘉坡(〈한성순보〉제5호 1883.12.9 奧普意三國同盟) ▌土基斯坦과 新嘉坡의 諸島와 甘保杜野(캄보듸야)와 葛南菲野며(유길준《서유견문》 1895 제1편) ▌香港 新嘉坡(《관보》제1호 1895.4.1) ▌신가파 新嘉坡 Singapore(게일편《한영자전》 1897) ▌此를 英國海峽植民地라 總稱ᄒᆞ니 卽馬來加, 彼南, 新嘉坡(SINGAPORE)等이오(《중등만국지지》1902 권1) ▌新嘉坡의 美領事가(《유년필독석의》1907) ▌新嘉坡의 殖物園談(〈서우〉제11호 1907.10.1) ▌淸國 革命黨 領袖 孫逸仙氏가 新嘉坡 柴棍鎭南 間에 往來ᄒᆞ면셔(〈대한협회회보〉제1호 1908.4.25) ▌新嘉坡에는 순연히 사회사업으로 경영하는 陳往昌씨의 병원이 잇서(〈개벽〉제25호 1922.7.10) ▌말타, 수에즈, 코론보, 新嘉坡, 香港 등 幾多의 해군 근거지와(〈별건곤〉제29호 1930.6.1) ▌신가파(新嘉坡) 페난(檳榔) 등지로 도라다니다가 다시 자바(荷屬爪哇)로 류랑하엿지만(〈동광〉제32호 1932.4.1) ▌이제 이 중심지인 新嘉坡가 붕괴하게됨에 당하야(〈대동아〉제14권제3호 1942.3.1) 현대중국어 표기 ➡ 新加坡

【新金山 신금산】 멜버른(Melbourne), 오스트레일리아 남동부 해안에 있는 항구 도시. 오스트레일리아 제2의 도시이며 빅토리아 주의 주도이다 ▌新金山(〈한성순보〉제5호 1883.12.9 歷覽英國鐵廠記略 續前卷)

【新幾內亞 신기내아】 뉴기니(New Guinea), 오스트레일리아 북쪽에 있는 섬으로 세계에서 두 번째로 큰 섬. 아프리카 서해안의 기니아 지방을 닮은 경관이기에 붙여진 이름이다 ▌新幾內亞(〈한성주보〉제23호 1886.7.5 各國屬地一覽表) ▌新幾內亞(NEW GUINEA)(或은 파푸아)(PAPUA)(《중등만국지지》1902)

【新幾內亞島 신기내아도】 뉴기니(New Guinea) 섬, 오스트레일리아 북쪽에 있는 섬으로 세계에서 두 번째로 큰 섬 ▌토르레쓰(TORRES)海峽을 隔ᄒᆞ야 新幾內亞島와 相對ᄒᆞ니(《중등만국지지》1902 제3편)

【新南維里斯 신남유리사】 뉴사우드웨일즈(New South Wales), 오스트레일리아 남동부에 있는 주로 주도(州都)는 시드니이다 ▌新南維里斯(〈한성순보〉제5호 1883.12.9 阿世阿尼亞洲)

【新墨西哥郡 신묵서가군】 뉴멕시코 주(New Mexico), 미국 중남부에 있는 주. 주도는 샌타페(Santa Fe)이다 ▌新墨西哥郡(〈한성순보〉제12호 1884.2.17 美國誌略)

【新西蘭 신서란】 뉴질랜드(New Zealand), 오세아니아 남동쪽 남태평양상에 있는 입헌군주국 ▌新西蘭(〈한성순보〉제5호 1883.12.9 阿世阿尼亞洲) ▌新西蘭島 馬達加斯加島 太平洋群島土人皆此類也(〈대조선독립협회회보〉제8호 1897.3.15) ▌新西蘭(NEW ZEALAND)(南北兩島)(《중등만국지지》1902) ▌新西蘭着 八月九日 碇泊十五日까지(〈대동학회월보〉제6호 1908.7.25) ▌즉 一九0八年 一月에 新西蘭을 出發(〈대동학회월보〉제15호 1909.4.25) ▌기천년후에 英吉利의 정반대측에 잇는 新西蘭사람이 倫敦에 來하야(〈개벽〉제2호 1920.7.25) ▌新西蘭 9.3人 土耳其 2.516人(〈별건곤〉제26호 1930.2.1) ▌愛蘭 自由國은 憲法上으로 加奈陀, 濠洲聯邦, 新西蘭, 南阿

聯邦과 같은(〈동광〉제33호 1932.5.1) ▌印度 약 10만 6천 新西蘭 약 1만 1천(〈삼천리〉제7권제9호 1935.10.1) 현대중국어 표기 ➡ 新西兰

【新潟 신석】니가타(Niigata), 일본 니가타 현의 현청소재지 ▌橫濱과神戶와長崎와函館과新潟ㅣ라(《소학만국지지》1895 제1편) ▌월26일 東京 유학생으로 조직된 新潟縣 노동자문제調査會에서(〈개벽〉제29호 1922.11.1) ▌나와S는 新潟行으로 집에 돌아와 피곤한 몸을 편히 쉬게 됨은(〈동광〉제16호 1927.8.5)

【新愛蘭 신애란】뉴아일랜드(New Ireland), 태비스마르크 제도에 있는 섬이며 파푸아뉴기니의 한 주 ▌비스마-크羣島는新貌列顚,新愛蘭,아드밀나르틔及附近諸島ㄹ總稱홈이니(《중등만국지지》1902)

【悉德尼 실덕니】시드니(Sydney), 오스트레일리아 뉴사우스웨일스(New South Wales) 주의 주도 ▌首府悉德尼(SYDNEY)는海面을向ᄒᆞ고碧山을負ᄒᆞ니(《중등만국지지》1902)

ㅇ

【俄 아】러시아(Russia), 유럽 동부 및 아시아 중 · 북부에 있던 나라. '俄'는 러시아의 한자표기 '俄羅斯'의 줄인 말이다 ▌그 條約國은 東洋에는 日本이오 歐羅巴洲에는 英法獨俄墺伊 六國이오(《국민소학독본》1895) ▌俄(《관보》제87호 1895.6.12) ▌諾威國王이 列强에 對ᄒᆞ야 其國의 保全을 保證ᄒᆞᆷ을 請求ᄒᆞ얏ᄂᆞᆫᄃᆡ 俄法德三國은 承認ᄒᆞ얏다더라(〈대한자강회월보〉제6호 1906.12.25) ▌法, 英, 比, 美, 俄 等國은 滿二十三歲로 日本, 瑞西 等國은 滿二十歲로 ᄒᆞ니라(〈서우〉제13호 1907.12.1) ▌日俄兩國間에 犯人引渡條約을 近近調印ᄒᆞ겟다더라(〈대동학회월보〉제4호 1908.5.25) ▌甲午之役에 俄德法 三國이 逼日本還遼於淸國而不過以其奪取於人者로 還其原主者耳라(〈대한협회회보〉제8호 1908.11.25) ▌墺俄間 條約이 셋, 헐 兩地 合倂事實에 對ᄒᆞ야 俄國의 云云을 不許ᄒᆞᆷ에 注意ᄒᆞᆷ을 請ᄒᆞ고(〈대동학회월보〉제2호 1909.1.25) ▌民權壓勒ᄒᆞ든 黑暗時代에 奧 普 俄三國의 帝王이 會合ᄒᆞ야 所謂 維也納의 神聖同盟을 主唱ᄒᆞ고(〈대한협회회보〉제12호 1909.3.25)

【亞加尼亞 아가니아】알제리(Algeria), 아프리카 북단 지중해 연안에 있는 공화국 ▌亞加尼亞(〈한성순보〉제7호 1883.12.29 法國軍信)

【阿干薩州 아간살주】아칸소(Arkansas), 미국 남부의 주. 미시시피 강 하류 오른쪽 연안에 위치한다 ▌阿干薩州(〈한성순보〉제12호 1884.2.17 美國誌略)

【亞坤加瓦 아곤가와】아콩카과(Aconcagua), 안데스 산맥에 있는 사화산이며, 아메리카 대륙에서 가장 높은 산이다 ▌其中智利의 中央되는 亞坤加瓦(ACONCAGUA)에 쿠아돌(EQUADOR)의 침보라쏘(CHIMBORAZO)及코토팍시(COTOPAXI)는 二萬尺以上에 屹立ᄒᆞ고(《중등만국지지》1902 권3)

【俄國 아국】러시아(Russia), 러시아를 뜻하는 아라사국(俄羅斯國)을 줄인 말 ▌躬往俄國, 詰問所由於總督(《조선왕조실록》고종7년 1870.윤10.3) ▌俄國(《한·로수호통상조약》조약문 1884.7.7조인) ▌俄國은 ᄯᅩᄒᆞ 歐洲 中에 第一 크거니와(《국민소학독본》1895) ▌俄國西伯利鐵路(《관보》제81호 1895.6.5) ▌俄國 每百人에 二人(〈대조선독립협회회보〉15호 1897.6.30) ▌아국 俄國Russia(게일편《한영자전》1897) ▌본년 륙월에 아국(俄國)사ᄅᆞᆷ이 이것ᄭᆞ지 혁파ᄒᆞ온즉(〈미일신문〉1898.12.9) ▌俄國前 이리큭沿道總督은 極東自由港의 繼續에 關ᄒᆞ야 同政府에 請願ᄒᆞ얏다더라(〈대동학회월보〉제10호 1908.11.25) ▌俄國(아국) '俄羅斯'의 약칭(《총독부조선어사전》1918) ▌俄國에도 중추계급이 잇고 그 계급의 중심인물인 「레닌」이 잇는 것이니(〈개벽〉제13호 1921.7.1)

【雅克布楚 아극포초】이르쿠츠크(Irkutsk), 러시아 시베리아에 있는 도시로 시베리아 초원로를 따라 그 연변에 세워진 도시들 가운데에서 400년의 역사를 가진 오래된 도시다 ▌雅克布楚(〈한성주보〉제32호 1886.10.11 續瀛海各國統)

【阿奈巴羅江 아나파라강】아나바르 강(Anabar River), 러시아 동부, 사하 공화국 북서부에 있는 강이다 ▌兀連斯古河와阿奈巴羅江과元厓勢伊江과澳排江은(유길준《서유견문》1895 제2편)

【亞多羅洋 아다라양】대서양(Atlantic Ocean), 유럽 및 아프리카 대륙과 남·북아메리카 대륙 사이에 있는 대양 ▌곳 五洋(南北氷洋, 印度洋, 太西洋, 亞多羅洋, 太平洋)六洲(亞細亞, 유롭파(歐)아푸리카(亞弗利加)오세아니아(濠), 南北亞美利加)에 分ᄒᆞ니라(〈태극학보〉제15호 1907.11.24)

【阿丹國 아단국】아테네(Athens), 고대 그리스의 도시국가 중 하나. 옛 이름은 아텐스. 올림픽의 발상지로 유명한 도시 ▌阿丹國의 率論氏와秀巴陀國의蒔高久秀氏(此二人은)(유길준《서유견문》1895 제10편)

【阿得蘭低洋 아득란저양】대서양(Atlantic

羅禪과 俄羅斯

1654년 조선 정부는 청(淸)의 요청을 받고 만주 흑룡강 지역으로 남하하는 러시아를 저지하기 위하여 군대를 파견한다. 우리 역사에서는 이를 '나선정벌(羅禪征伐)'이라 하는데 '羅禪'이란 당시 러시아(Russia)를 일컫는 음역어였다. 조선은 1654년과 1658년 두 차례 군대를 파견하였고 두 번 다 승리하였다. 이 사건은 아마도 조선과 러시아가 직접 만나게 된 최초의 사건일 것이다. 1734년 민진원(閔鎭遠)이 편집 간행한《노봉문집(老峯文集)》권10에는 러시아를 음역해서 '窩羅思(와라사)'로 적고 있다(其在極北者羅禪, 窩羅思兩國亦入貢 皆利金帛).《노봉문집》은 민진원이 청나라에 사신으로 다녀오는 동안 쓴 일기로, 중국 대륙의 지리와 풍속 문물을 상세히 기록한 자료라는 점으로 미루어 볼 때 '窩羅思'는 그가 청나라에서 들은 이름일 것으로 추정된다.

러시아를 가리키는 중국의 이름 중에는 아라사(俄羅斯)가 있었다. 아라사(俄羅斯)는 연행록의 일종인《부연일기(赴燕日記)》(1828년)에 사용된 예가 보이며(俄羅斯國人十年遞留 其人白面黃髮 鼻削而高 目深而黃 長身八尺), 성해응(成海應)의《研經齋全集》(1840년)에도 아라사가 등장한다(東限於俄羅斯 欲至中國 必由俄羅斯). 또 고종 1년(1864) 7월 22일자 승정원일기에도 아라사가 보이는 등(罪人雖已酌處見今厚春人與俄羅斯人, 相鬩鍊兵, 造械之聲, 聞乎我界), 아라사(俄羅斯)는 19세기 초중반 이후 우리 문헌에 많이 나오는 이름이다.

'나선(羅禪)'과 '와라사(窩羅思)'는 19세기 이후 우리 문헌에서 사라졌지만 '아라사(俄羅斯)'만은 1920년대까지도 사용하는 사람이 있었다. 이 '俄羅斯'는 오늘날 중국에서도 러시아를 가리키는 이름으로 사용된다(중국어 표기 俄罗斯).

Ocean), 유럽 및 아프리카 대륙과 남·북아메리카 대륙 사이에 있는 대양 ▌阿得蘭低洋(〈한성순보〉제1호 1883.10.31 論洲洋)

【阿得犁亞提客海 아득리아제객해】아드리아 해(Adriatic Sea), 지중해 북부 이탈리아 반도와 발칸 반도 사이에 있는 좁고 긴 해역. 고대(古代) 이래 북부 유럽과 남부 유럽을 연결하는 유럽의 동부 루트로서 중요한 역할을 하였다 ▌阿得犁亞提客海(《친목회회보》제6호 1897.12 歐羅巴洲)

【亞得亞的海 아득아적해】아드리아 해(Adriatic Sea), 지중해 북부 이탈리아 반도와 발칸 반도 사이에 있는 좁고 긴 해역. 고대(古代) 이래 북부 유럽과 남부 유럽을 연결하는 유럽의 동부 루트로서 중요한 역할을 하였다 ▌門斗尼胥은墺土兩國의間에有ᄒᆞ야西로亞得亞的海에臨ᄒᆞ며(《소학만국지지》1895 제3편)

【亞得亞海 아득아해】아드리아 해(Adriatic Sea), 지중해 북부 이탈리아 반도와 발칸 반도 사이에 있는 좁고 긴 해역 ▌亞得亞海(〈한성순보〉제30호 1884.8.11 俄國誌略)

【亞喇伯 아라백】아라비아(Arabia), 아시아 서남부 페르시아 만, 인도양, 아덴 만, 홍해

에 둘러싸여 있는 지역 ▌亞喇伯(《한성순보》제24호 1884.6.14 亞里斯多得里傳)

【亞羅比亞 아라비아】 아라비아(Arabia), 아시아 서남부 페르시아 만, 인도양, 아덴 만, 홍해에 둘러싸여 있는 지역 ▌曰美昭布太縻亞曰亞羅比亞曰阿美尼亞曰台丹이며(유길준《서유견문》1895 제1편) ▌그리하야 西洋에 對立할 土耳其, 亞羅比亞, 波斯의 키스는(《삼천리》제6권 제11호 1934.11.1)

【俄羅斯 아라사】 러시아(Russia), 유럽 동부 및 아시아 중 · 북부에 있던 나라 ▌彼人投給一張書, 故坼而見之, 乃俄羅斯人(《조선왕조실록》고종1년 1864.2.28) ▌俄羅斯(《한성순보》제1호 1883.10.31 論洲洋) ▌俄羅斯 롸시아(유길준《서유견문》1895 제1편) ▌俄羅斯(《사민필지》1895 권1 俄羅斯) ▌大貞洞에 在ᄒᆞᆫ 俄羅斯國公使駐館에 暫御ᄒᆞᆫ 後에(《관보》호외 1896.2.12) ▌아라ᄉᆞ, 俄羅斯 Russia(게일편《한영자전》1897) ▌俄羅斯與美國西鄙及新舊二金山四處每年約出給金一百七十五頓(《대조선독립협회회보》제11호 1897.4.30) ▌歐羅巴에 俄羅斯, 土耳其오 阿非利加에ᄂᆞᆫ「모락코」이니(《대한자강회월보》제3호 1906.9.25) ▌至若俄羅斯ᄒᆞ야ᄂᆞᆫ 너무 아ᄂᆞᆫ식듥에 걱정되ᄂᆞᆫ(《대한유학생회학보》제1호 1907.3.3) ▌今日 俄羅斯도 戰敗의 餘憤으로 以하야(《대한협회회보》제1호 1908.4.25) ▌日本이오. 俄羅斯ᄂᆞᆫ 俄羅斯精神이 有ᄒᆞᆫ 故로(《기호흥학회월보》제11호 1909.6.25) ▌군국주의인 獨逸이 변하야 共和가 되엇스며 전제정치인 俄羅斯가 化하야(《개벽》제12호 1921.6.1) ▌沿路의 조선 농민은 俄羅斯를 신뢰한다(《동광》제24호 1931.8.4) 현대중국어 표기 ➡ 俄罗斯

【俄羅斯國 아라사국】 러시아(Russia), 유럽 동부 및 아시아 중 · 북부에 있던 나라 ▌曰台丹이며 俄羅斯國에 附屬ᄒᆞᆫ 地方은(유길준《서유견문》1895 제1편) ▌大貞洞에 在ᄒᆞᆫ 俄羅斯國公使駐館에 暫御ᄒᆞᆫ 後에(《관보》호외 1896.2.12) ▌아라ᄉᆞ국(俄羅斯國)셔울일홈이무어시뇨 ○답 셔도비다스버릉(答聖比得堡)이라ᄒᆞᄂᆞ니라(《디구략론》1897) ▌俄語(아·어) 俄羅斯國의 言語(《총독부조선어사전》1918)

【牙蘭 아란】 케냐(Kenya), 아프리카 동부 인도양 연안에 있는 공화국 ▌牙蘭(《한성순보》제4호 1883.11.30 亞非利駕洲)

【亞刺伯 아랄백】 아라비아(Arabia), 아시아 서남부 페르시아 만, 인도양, 아덴 만, 홍해에 둘러싸여 있는 지역 ▌亞刺伯(《한성주보》제53호 1887.3.7 續錄西學源流) ▌亞刺伯은 亞細亞州의 西南에 有ᄒᆞᆫ 大半島ㅣ라(《소학만국지지》1895 제1편) ▌歐洲全土與印度 波斯 亞刺伯以及北阿非利加之埃及與阿比西尼亞諸處(《대조선독립협회회보》제8호 1897.3.15) ▌亞刺伯是回敎之所都也(《대동학회월보》제1호 1908.2.25) ▌그러한 例는 다만 亞刺伯의 苦力에만 잇는 것이 아니오(《개벽》제16호 1921.10.18)

【阿刺伯 아랄백】 아라비아(Arabia), 아시아 서남부 페르시아 만, 인도양, 아덴 만, 홍해에 둘러싸여 있는 지역 ▌阿刺伯(《한성주보》제31호 1886.10.4 瀛海各國統考) ▌阿刺伯(《사민필지》1895 권2 阿拉彼亞 烏滿)

【亞刺比亞 아랄비아】 아라비아(Arabia), 아시아 서남부 페르시아 만, 인도양, 아덴 만, 홍해에 둘러싸여 있는 지역 ▌東西[밴고르]亞刺比亞에 西海을 控ᄒᆞ야(《관보》144호 1895.8.22) ▌南에 突出ᄒᆞᆫ 半島臺地ᄅᆞᆯ 亞刺比亞高地라 云ᄒᆞ니 此ᄂᆞᆫ 大約沙漠에 屬ᄒᆞ니라(《중등만국지지》1902 권1) ▌亞刺比亞 學者들은 此 事를 硏究ᄒᆞᆫ 者가 頗多ᄒᆞ야(《태극학보》제18호 1908.2.24) ▌亞刺比亞의 摩訶末의 敎徒ᄂᆞᆫ 疆域을 廣啓ᄒᆞ야(《대한학회월보》제8호 1908.10.25) ▌亞刺比亞 광야의 遊牧之民이 이론상으로 극히 평범하면서도 실제상으로는 극히 强大한 학식을 구하야(《개벽》제22호 1922.4.1) ▌小兒詩에 拉典語와 希伯來語와 카투데야語와 亞刺比亞語 등을 알엇습니다(《삼천리》제4권제8호 1932.7.1)

【亞刺比亞半島 아랄비아반도】 아라비아반도(Arabian Peninsula), 아시아 남서부, 홍해와 걸프(페르시아) 만 사이로 돌출한 광대한 반도 ▌其內에 亞刺比亞半島及前後兩印度半島가 突出ᄒᆞ고(《중등만국지지》1902 권1) ▌古代印度人文의 特色을 發揮ᄒᆞ고 亞刺比亞半島

에 在ᄒᆞ야(〈대한흥학보〉제10호 1910.2.20)

【亞剌比亞海 아랄비아해】 아라비아 해(Arabia Sea), 아시아 대륙 남서쪽에 있는 인도양의 부속해로 동쪽으로 인도아 대륙, 서쪽으로 동아프리카, 북쪽으로 아라비아 반도에 에워싸여 있다 ▍벵가르(BENGAL)灣(東)과亞剌比亞海(西)를兩分ᄒᆞ고(《중등만국지지》 1902 권1)

【亞拉留湖 아랍류호】 아랄 해(Aral Sea), 카자흐스탄과 우즈베키스탄 사이에 있는 대염호. 아랄 해라는 이름은 '섬들의 바다'라는 뜻이다 ▍北은亞拉留湖에至ᄒᆞ니面積은百七萬方里러라(《중등만국지지》1902 권1)

【亞拉比亞 아랍비아】 아라비아(Arabia), 아시아 서남부 페르시아 만, 인도양, 아덴 만, 홍해에 둘러싸여 있는 지역 ▍亞拉比亞(〈한성순보〉제1호 1883.10.31 論洲洋) ▍白人種은 英國米國獨逸 佛蘭 伊太利露西亞 希臘 埃及 亞拉比亞人의 六億四千萬口를 稱홈이오(〈대조선독립협회회보〉제7호 1897.2.28) ▍回回敎徒의 神聖視하는 亞拉比亞Mekka府의 Kaaba黑石이며(〈동광〉제9호 1927.1.1)

【亞拉斯加 아랍사가】 알래스카(Alaska) 주, 북아메리카 북서쪽 끝에 있는 미국의 주 ▍加奈太는亞拉斯加와갓치全北部를占ᄒᆞ고(《소학만국지지》1895 제3편)

【亞臘斯加 아랍사가】 알래스카(Alaska) 주, 북아메리카 북서쪽 끝에 있는 미국의 주 ▍亞臘斯加(〈한성순보〉제12호 1884.2.17 美國誌略)

【阿拉邑廠州 아랍읍마주】 앨라배마(Alabama) 주, 미국 남동부에 있는 주. 주도(州都)는 몽고메리이다 ▍阿拉邑廠州(〈한성순보〉제12호 1884.2.17 美國誌略)

【阿拉彼亞 아랍피아】 아라비아(Arabia), 아시아 서남부 페르시아 만, 인도양, 아덴 만, 홍해에 둘러싸여 있는 지역 ▍阿拉彼亞(《사민필지》1895 권1 土耳其)

【阿路嘉理 아로가리】 알제리(Algeria), 아프리카 북단 지중해 연안에 있는 공화국 ▍阿路嘉理(〈한성순보〉제5호 1883.12.9 美國約條)

【鴉路沙 아로사】 알자스(Alsace), 프랑스 북동부, 라인 강 왼쪽 연안의 지방 ▍鴉路沙(〈한성주보〉제58호 1887.4.11美國約條)

【阿里顏州 아리안주】 오리건(Oregon) 주, 미국 태평양 연안에 있는 주 ▍阿里顏州(〈한성순보〉제12호 1884.2.17 美國誌略)

【亞利俺尼山脈 아리엄니산맥】 애팔래치아 산맥(Appalachian Mountains), 북아메리카의 동부를 북동에서 남서로 뻗어 있는 산맥 ▍亞利俺尼山脈(〈한성순보〉제12호 1884.2.17 美國誌略)

【阿馬孫 아마손】 아마존(Amazon), 남아메리카의 서쪽 안데스 산맥에서 발원하여 적도를 따라 동쪽으로 흘러 대서양으로 들어가는 강 ▍阿馬孫(《사민필지》1895 권2 巴西)

【亞馬孫 아마손】 아마존(Amazon) 남아메리카의 서쪽 안데스 산맥에서 발원하여 적도를 따라 동쪽으로 흘러 대서양으로 들어가는 강 ▍亞馬孫(〈한성순보〉제36호 1884.10.9 歷覽英國鐵廠記略 續前卷) ▍卽亞馬孫(AMAZON)오리노고(ORINOCO)라플나타(LAPATAL)等의巨大ᄒᆞᆫ河를涵養ᄒᆞ더라(《중등만국지지》1902)

【牙馬遜江 아마손강】 아마존 강(Amazon River), 남아메리카의 서쪽 안데스 산맥에서 발원하여 적도를 따라 동쪽으로 흘러 대서양으로 들어가는 강 ▍牙馬遜江(《사민필지》1895 권2 厄瓜多)

【俄馬遜河 아마손하】 아마존 강(Amazon River), 남아메리카의 서쪽 안데스 산맥에서 발원하여 적도를 따라 동쪽으로 흘러 대서양으로 들어가는 강 ▍俄馬遜河(《사민필지》1895 권2 拔利比亞)

【亞馬孫河 아마손하】 아마존 강(Amazon River), 남아메리카의 서쪽 안데스 산맥에서 발원하여 적도를 따라 동쪽으로 흘러 대서양으로 들어가는 강 ▍地勢는太平洋沱平地와安的斯山高原과亞馬孫河源傾斜三部의區分ᄒᆞ니(《소학만국지지》1895 제5편) 현대중국어 표기

➡ 亚马孙河

【阿馬孫河 아마손하】 아마존 강(Amazon River), 남아메리카의 서쪽 안데스 산맥에서 발원하여 적도를 따라 동쪽으로 흘러 대서양으로 들어가는 강 ▌阿馬孫河(《한성순보》제3호 1883.11.20 亞米利加洲)

【牙買加 아매가】 자메이카(Jamaica), 북아메리카 카리브 해상에 있는 입헌군주국 ▌牙買加(《한성순보》제3호 1883.11.20 英國誌略) ▌牙買加는 英領諸島中最要의島ㅣ라首府를긴구스던이라稱ᄒᆞ니(《소학만국지지》1895 제4편) 현대중국어 표기 ➡ 牙买加

【阿美尼亞 아미니아】 아르메니아(Amenia), 서남아시아의 터키 동부에 위치하고 있는 공화국. 동으로는 아제르바이잔, 남으로는 이란, 서로는 터키와 각각 국경을 접하고 있으며 1991년에 소비에트 연방으로부터 독립하였다 ▌又阿美尼亞의地方은伊蘭의西에在ᄒᆞ니(유길준《서유견문》1895 제1편) ▌又 土耳基國의 附屬ᄒᆞᆫ 地方이 有ᄒᆞ니 曰 小亞細亞 曰 世累野 曰巨馬斯坦 曰 巴禮斯坦 曰 美昭布太糜亞 曰 亞羅比亞 曰 阿美尼亞 曰 台丹이오(《대한협회회보》제5호 1908.8.25) 현대중국어 표기 ➡ 阿米尼亚

【阿美利加 아미리가】 아메리카(America), ①서반구의 남아메리카 대륙과 북아메리카 대륙 서인도제도의 총칭. ②미국(United States of America)의 별칭 ▌阿美利加(《사민필지》1895 권1 英吉利) ▌大抵阿美利加의 建國始祖 華盛頓은 勇壯ᄒᆞᆫ 武將家오(《서북학회월보》제11호 1909.4.1)

【亞米利駕 아미리가】 아메리카(America), ①서반구의 남아메리카 대륙과 북아메리카 대륙 서인도제도의 총칭. ②미국(United States of America)의 별칭 ▌亞米利駕(《한성순보》제1호 1883.10.31 論洲洋)

【亞美利加 아미리가】 아메리카(America), ①서반구의 남아메리카 대륙과 북아메리카 대륙 서인도제도의 총칭. ②미국(United States of America)의 별칭 ▌亞美利加土人亦曰紅人膚紅櫻色似乎古銅(《대조선독립협회회보》제8호 1897.3.15) ▌三. 亞美利加人種(銅色人種 卽紅人種)이니(《대동학회월보》제15호 1909.4.25) ▌亞美利加 大統領 華盛頓이 建國初에 華盛頓都城百里以內에ᄂᆞᆫ 大學校工場商業의 中心點을 置치 못ᄒᆞ게 흠이(《대한흥학보》제5호 1909.7.20) ▌남북 아메리가亞美利加와 오스드렐리아奧斯達利亞요(최병헌《성산명경》1914) ▌渡臺한 不逞鮮人은 5일 未明에 입항하는 亞美利加丸 3등객으로 來하엿다(《개벽》제13호 1921.7.1) 현대중국어 표기 ➡ 亚美利加

【亞米利加 아미리가】 아메리카(America), ①서반구의 남아메리카 대륙과 북아메리카 대륙 서인도제도의 총칭. ②미국(United States of America)의 별칭 ▌亞米利加(《한성순보》제12호 1884.2.17 美國誌略) ▌亞米利加人은每人에十楓餘에至ᄒᆞ고(《관보》162호 1895.9.5) ▌亞米利加 大統領 그로버클이브랜드 民主治與我條約 壬午四月一日(《대조선독립협회회보》제2호 1896.12.15) ▌去處가黃人種과懸隔ᄒᆞᆫ綠故니卽印甸種,亞米利加種의名이有ᄒᆞ니라(《중등만국지지》1902 권1) ▌亞弗利加洲와 밋 亞米利加洲ᄂᆞᆫ 又其次에 居ᄒᆞ고(《대한유학생회학보》제3호 1907.5.25) ▌印度에 豊富ᄒᆞᆫ 財源과亞米利加의 新殖民地ᄂᆞᆫ 歐洲商人의 占有ᄒᆞᆫ 바ㅣ 되야(《대동학회월보》제3호 1908.4.25) ▌Chowrol(亞米利加 改良種)等에 區別ᄒᆞ니라(《대한흥학보》제11호 1910.3.20) ▌歐米(구미)歐羅巴와亞米利加의 合稱(조선총독부《조선사서원고》1918) ▌現今 亞米利加의 일부에는 尙且貝塚을 積成하는 土人이 有하나(《개벽》제24호 1922.6.1)

【阿美利加洲 아미리가주】 아메리카(America) 주, 북아메리카와 중앙아메리카, 남아메리카를 함께 부르는 이름이다 ▌數萬里滄海를渡ᄒᆞ야阿美利加洲의各地에至ᄒᆞ니(유길준《서유견문》1895 제1편) ▌阿美利加洲에 至ᄒᆞ기ᄂᆞᆫ 太平洋이 有ᄒᆞ고(《고등소학독본》권2 휘문의숙편집부 1907)

【亞美利加洲 아미리가주】 아메리카(America) 주, 북아메리카와 중앙아메리카,

남아메리카를 함께 부르는 이름이다 ❙亞細亞洲로 由ᄒᆞ야 東으로 亞美利加洲에 至ᄒᆞ기ᄂᆞᆫ 太平洋이 有하고(《고등소학독본》권2 휘문의숙편집부 1907)

【亞米利加洲 아미리가주】 아메리카(America) 주, 북아메리카와 중앙아메리카, 남아메리카를 함께 부르는 이름이다 ❙歐羅巴洲에ᄂᆞᆫ 英法獨俄墺伊 六國이오 亞米利加洲에ᄂᆞᆫ 合衆國이니(《국민소학독본》1895) ❙英國領地 加奈太(亞米利加洲合衆國之北에 在)고롬바아州 州會에서ᄂᆞᆫ(〈대조선독립협회회보〉제11호 1897.4.30) ❙北東端은 亞米利加洲大陸을 向ᄒᆞ얏스며(〈태극학보〉제6호 1907.1.24) ❙亞弗利加洲와 밋 亞米利加洲ᄂᆞᆫ 又其次에 居ᄒᆞ고(〈대한유학생회학보〉제3호 1907.5.25) ❙四百年前 亞米利加洲의 發見과(〈대한학회월보〉제9호 1908.11.25) ❙歐羅巴洲도 안이고 亞米利加洲도 안이고 亞世亞洲이며 亞世洲 중에도 中國이나 印度나 日本도 안이요(〈별건곤〉제14호 1928.7.1)

【亞米利加合衆國 아미리가합중국】 미국(United States of America), 북아메리카 대륙의 캐나다와 멕시코 사이에 있는 나라 ❙同年 七月四日에 獨立ᄒᆞ난 宣告文을 英國에 送ᄒᆞ고 各殖民地 十三國을 合ᄒᆞ야 北亞米利加合衆國이라 稱ᄒᆞ고(〈대조선독립협회회보〉제4호 1897.1.15) ❙西印度諸島及亞米利加合衆國南部ᄂᆞᆫ 地質과 風氣가 砂糖耕作業에 最尤適當ᄒᆞᆫ 故로(〈대한유학생회학보〉제1호 1907.3.3) ❙合衆國의 顯著ᄒᆞᆫ 國은 北亞米利加合衆國이오. 其他 墨西哥國도 ᄯᅩᄒᆞᆫ 此에 屬ᄒᆞᄂᆞ니라(〈태극학보〉제12호 1907.7.24) ❙彼亞米利加 合衆國에ᄂᆞᆫ 金錢을 貴尙ᄒᆞᄂᆞᆫ 風氣가 流行ᄒᆞᆷ은 世人이 共知ᄒᆞᄂᆞᆫ 바이어니와(〈대한학회월보〉제5호 1908.6.25) ❙日本國政府ᄂᆞᆫ亞米利加合衆國政府와左의條約을締結ᄒᆞ야(〈관보〉부록 1908.8.15) ❙1921년에 亞米利加合衆國의 제창으로 그해 11월 12일에 華盛頓에서 열이이니(〈별곤건〉제29호 1930.6.1)

【亞美利加合衆國 아미리가합중국】 미국(United States of America), 북아메리카 대륙의 캐나다와 멕시코 사이에 있는 나라 ❙멀리 亞美利加 合衆國의 사람까지 그의 敎育方法을 參觀하고저 不遠千里하고 달아오는 자 不知其數다(〈동광〉제10호 1927.2.1)

【阿排時尼亞 아배시니아】 아비시니아(Abyssinia), 에티오피아의 옛 이름 ❙阿排時尼亞 ᄋᆡ베시니야(유길준《서유견문》1895 제1편) ❙阿排時尼亞 ᄋᆡ베시니야(〈대한자강회월보〉제11호 1907.5.25) ❙阿弗利加洲에ᄂᆞᆫ 埃及 杜尼斯 摩洛哥 阿排時尼亞 杜利八利 羅伊比賴亞 土蘭斯拔 馬哥塞 烏滿 孱支排 蘇丹 等 國이오(〈대한협회회보〉제5호 1908.8.25)

【阿富汗 아부한】 아프가니스탄(Afghanistan), 아시아 중앙부에 있는 공화국 ❙阿富汗(〈한성순보〉제2호 1883.11.10. 俄羅斯新皇行戴冕禮) ❙近日英,俄爲阿富汗界事, 將啓爭端(《조선왕조실록》고종22년 1885.3.20) ❙阿富汗 읍흐ᄀᆡ니스탄(유길준《서유견문》1895 제1편) ❙阿富汗(《사민필지》1895 권2 亞細亞總論) ❙皮路其斯坦은阿富汗의南部에有ᄒᆞ니(《소학만국지지》1895 제1편) ❙歐洲人의其血祖을同ᄒᆞᆫ[마리안]人種의三四千年前에阿富汗地方을經ᄒᆞ야(《관보》155호 1895.9.6) ❙阿富汗 輸出 二百一十八萬一千二百루비(〈대조선독립협회회보〉제13호 1897.5.31) ❙다만下民을壓制ᄒᆞ니此ᄂᆞᆫ亞剌比亞,亞富汗並比耳路斯坦,馬來加,支那外藩,印度內地等處處오(《중등만국지지》1902 권1) ❙阿富汗 읍흐ᄀᆡ스탄(〈대한자강회월보〉제11호 1907.5.25) ❙阿富汗 人은 露國의 壓抑을 排脫코자 ᄒᆞ야(〈대한학회월보〉제7호 1908.9.25) ❙阿富汗(〈대한민보〉제2호 1909.6.13 阿富汗) ❙먼저 土耳其,阿富汗 등 주위의 諸國과 친교를 結하고(〈별건곤〉제25호 1930.1.1) ❙阿富汗의 아마눌라와 같이 西部亞細亞의 三大英雄가운대 특출할 偉傑이(〈동광〉제27호 1931.11.10) 현대중국어 표기 ➡ 阿富汗

【亞富汗 아부한】 아프가니스탄(Afghanistan), 아시아 중앙부에 있는 공화국 ❙其西北端은 亞富汗東南에半獨立ᄒᆞᆫ[기아슈미야]國이잇고(《관보》152호 1895.9.2) ❙亞剌比亞,亞富汗並比耳路斯坦,馬來加,支那外藩,印度內地等處處

오(《중등만국지지》1902 권1) ▍波斯는 이란고원에 위치하야 동서에는 「메소포타미아」와 亞富汗國이 잇고(〈동광〉제17호 1931.1.1)

【阿富汗斯坦 아부한사탄】 아프가니스탄(Afghanistan), 아시아 중앙부에 있는 공화국 ▍阿富汗斯坦(《소학만국지지》1895 제1편) ▍現今世界에 專制政治를 行ᄒᆞᄂᆞᆫ 邦國은 亞細亞에 大韓, 淸國, 波斯, 暹羅, 阿富汗斯坦, 오만, 네폴 諸國이오(〈대한자강회월보〉제3호 1906.9.25) ▍그리고 阿富汗斯坦과 西藏에서도 또한 국민운동의 불이 붓고 잇다(〈별곤건〉제32호 1930.9.1)

【阿佛多 아불다】 옥스포드(Oxford), 영국 잉글랜드 옥스퍼드셔카운티(Oxfordshire county)의 도시 ▍阿佛多(〈한성순보〉제1호 1883.10.31 漢學西行)

【阿弗利加 아불리가】 아프리카(Africa), 아시아 대륙에 이어 세계에서 두 번째로 큰 대륙. 동쪽은 인도양, 서쪽은 대서양, 북쪽은 지중해에 면해 있으며, 육대주의 하나이다 ▍阿弗利加의高原의南은旒排滅斗와錄溪別杜의二山으로成ᄒᆞ고(유길준《서유견문》1895 제1편) ▍阿州(아쥬) '阿弗利加'의 稱(〈대한자강회월보〉제11호 1907.5.25) ▍阿州(아쥬) '阿弗利加'의 稱(《총독부조선어사전》1918) ▍亞細亞와 阿弗利加와 太平洋방면이 잇을 뿐이엇(〈개벽〉제43호 1924.1.1) ▍한아는 하리코레듀공(H.dugong)이라고 하야 阿弗利加, 紅海印度, 馬來 及 日本 서남해(琉球지방에 서식하고)(〈별건곤〉제1호 1926.11.1) ▍만약 뭇소리니씨가 阿弗利加에서도 구주에서와 갓흔 평화정책을 준수한다면(〈삼천리〉제7권제8호 1935.9.1)

【亞弗利加洲 아불리가주】 아프리카(Africa)주, 아시아 대륙에 이어 세계에서 두 번째로 큰 대륙. 동쪽은 인도양, 서쪽은 대서양, 북쪽은 지중해에 면해 있으며, 육대주의 하나이다 ▍亞弗利加洲(〈한성순보〉제8호 1884.1.8) ▍亞弗利加洲ᄂᆞᆫ 北은地中海에面ᄒᆞ며(《소학만국지지》1895 제2편) ▍亞弗利加洲와 밋 亞米利加洲ᄂᆞᆫ 又其次에 居ᄒᆞ고(〈대한유학생회학보〉제3호 1907.5.25) ▍黑人種은 亞弗利加洲에 降ᄒᆞ야 土地를 區劃ᄒᆞ고(〈대한학회월보〉제6호 1908.7.25) ▍河馬(하·마) 偶蹄類에 不反芻類에 屬한 者니 亞弗利加洲의 產이니(《총독부조선어사전》1917) ▍그 중간으로 落來하는 日에는 冰이 直히 유입할 곳은 亞弗利加洲가 되겟다(〈개벽〉제2호 1920.7.25)

【亞非利 아비리】 아프리카(Africa), 아시아 대륙에 이어 세계에서 두 번째로 큰 대륙. 동쪽은 인도양, 서쪽은 대서양, 북쪽은 지중해에 면해 있으며, 육대주의 하나이다 ▍歐人이東洋에渡航ᄒᆞᄂᆞᆫ者ㅣ亞非利南端喜望峯으로廻港ᄒᆞ더니(장지연편《만국사물기원역사》1909.8)

【亞非利加 아비리가】 아프리카(Africa), 아시아 대륙에 이어 세계에서 두 번째로 큰 대륙. 동쪽은 인도양, 서쪽은 대서양, 북쪽은 지중해에 면해 있으며, 육대주의 하나이다 ▍亞非利加(〈한성주보〉제2호 1886.2.1) ▍六日만에 가나리 島에 至ᄒᆞ니 亞非利加洲 中의 一島오(《국민소학독본》1895) ▍亞非利加諸國은 四千七百九万四千物(《관보》147호 1895.8.26) ▍디방(地方)일홈이무어시뇨 ○답 아셔아(答亞西亞)와유롭프(歐羅巴)와아프리ᄭᅡ(亞非利加)와오스트렐랴(澳大利亞)와남아미리ᄭᅡ(南亞米利加)와북아미리ᄭᅡ(北亞米利加)니라(《디구략론》1897) ▍又 소마리란토 의 虐殺이 起ᄒᆞ니 昨年中伊太利ᄂᆞᆫ 亞非利加地에 甚히 多事ᄒᆞ더라(〈대조선독립협회회보〉제6호 1897.2.15) ▍亞細亞의 西部와 亞非利加의 東北隅를 連ᄒᆞᆫ 地中海의 東頭波斯濟西의 地에 起ᄒᆞᆫ지라(〈대한자강회월보〉제4호 1906.10.25) ▍卽 印度 亞非利加及前者西班亞가 米洲幾部分에 對ᄒᆞᆫ 殖民의 動機ᄂᆞᆫ(〈대한학회월보〉제8호 1908.10.25) ▍일홈은 아시아亞細亞와 유로바歐羅巴와 아프리가亞非利加와 남북 아메리가亞美利加와 오스드렐리아奧斯達利亞요(최병헌《성산명경》1914) ▍亞非利加는 英吉利의 식민지가 만이 잇는 고로(〈개벽〉제2호 1920.7.25)

【阿非利加洲 아비리가주】 아프리카(Africa)주, 아시아 대륙에 이어 세계에서 두 번째로

큰 대륙. 동쪽은 인도양, 서쪽은 대서양, 북쪽은 지중해에 면해 있으며, 육대주의 하나이다 ▌阿非利加洲(〈한성순보〉제3호 1883.11.20 詳述馬達加斯加近事) ▌阿非利加洲(《사민필지》1895 권2 阿非利加洲總論)

【亞非利駕洲 아비리가주】 아프리카(Africa)주, 아시아 대륙에 이어 세계에서 두 번째로 큰 대륙. 동쪽은 인도양, 서쪽은 대서양, 북쪽은 지중해에 면해 있으며, 육대주의 하나이다 ▌亞非利駕洲(〈한성순보〉제4호 1883.11.30 亞非利駕洲)

【亞非利加洲 아비리가주】 아프리카(Africa)주, 아시아 대륙에 이어 세계에서 두 번째로 큰 대륙. 동쪽은 인도양, 서쪽은 대서양, 북쪽은 지중해에 면해 있으며, 육대주의 하나이다 ▌六日만에 가 나리 島에 至ᄒᆞ니 亞非利加洲中의 一島오(《국민소학독본》1895) ▌青會懇親 美國 華盛頓青年會長 우드워드氏와 亞非利加洲黑人青年會總書記員 헌토氏를 爲ᄒᆞ야(〈대한자강회월보〉제11호 1907.5.25) ▌美國 華盛頓 青年會長 우드워드 先生 及亞非利加洲 黑人青年會 總書記 헌톤 氏를 爲하야 青年會에서 懇親會를 開ᄒᆞᆫ다더라(〈서우〉제7호 1907.6.1) ▌東半球에ᄂᆞᆫ 亞細亞洲 歐羅巴洲, 亞非利加洲, 大洋洲의 五大洲가 有ᄒᆞ고(〈태극학보〉제20호 1908.5.24) ▌亞非利加洲도 亦入其版圖ᄒᆞ고(〈대한협회회보〉제3호 1908.6.25)

【阿斐利加洲 아비리가주】 아프리카(Africa)주, 아시아 대륙에 이어 세계에서 두 번째로 큰 대륙. 동쪽은 인도양, 서쪽은 대서양, 북쪽은 지중해에 면해 있으며, 육대주의 하나이다 ▌歐羅巴洲와 阿斐利加洲로 至ᄒᆞ기ᄂᆞᆫ(《고등소학독본》권2, 휘문의숙편집부, 1907)

【亞非斯尼亞 아비사니아】 아비시니아(Abyssinia), 에티오피아(Ethiopia)의 옛 이름 ▌亞非斯尼亞及意太利의戰況이라(倫敦電報九月十一日)(《관보》제169호 1895.9.23)

【亞比西尼國 아비서니국】 아비시니아(Abyssinia), 에티오피아(Ethiopia)의 옛 이름 ▌亞比西尼國(〈한성순보〉제4호 1883.11.30 亞非利駕洲)

【亞比西尼亞 아비서니아】 아비시니아(Abyssinia), 에티오피아(Ethiopia)의 옛 이름 ▌亞比西尼亞 努比亞東南紅海南端에 在ᄒᆞ니(《중등만국지지》1902 제3편)

【阿比時尼亞 아비시니아】 아비시니아(Abyssinia), 에티오피아(Ethiopia)의 옛 이름 ▌阿比時尼亞(《사민필지》1895 권2 亞非利加東界)

【阿比亞尼亞 아비아니아】 아비시니아(Abyssinia), 에티오피아(Ethiopia)의 옛 이름 ▌阿比亞尼亞國은本洲東部埃及의南方에有ᄒᆞ야(《소학만국지지》1895 제2편)

【亞山的 아산적】 아샨티(Ashanti), 아프리카 서부, 가나(Ghana) 서부의 주. 해발 300m가량의 고원 지대 ▌亞山的(〈한성순보〉제4호 1883.11.30 亞非利駕洲) ▌亞山的 黃金海岸(GOLD COAST)內地에 在ᄒᆞ야(《중등만국지지》1902 제3편)

【亞森森 아삼삼】 어센션 섬(Ascension Island), 아프리카 주 서해안에 있는 영국령의 화산섬 ▌亞森森(〈한성순보〉제4호 1883.11.30 亞非利駕洲)

【亞敍利亞 아서리아】 아시리아(Assyria), 메소포타미아 북부 지역에서 티그리스 강 상류를 중심으로 번성한 고대 국가 ▌巴比倫, 亞敍利亞, 파레스틔나人은 셈人種에 屬ᄒᆞ니(〈태극학보〉제20호 1908.5.24)

【亞西里亞國 아서리아국】 아시리아(Assyria), 메소포타미아 북부 지역에서 티그리스 강 상류를 중심으로 번성한 고대 국가 ▌亞西里亞國(〈한성순보〉제10호 1884.1.30 歐羅巴史記)

【亞西亞 아서아】 아시아(Asia), 동반구의 북부에 있으며 유라시아 대륙의 중부와 동부를 차지하는 세계 최대의 대륙 ▌예지부도(挨及)와아셔아(亞西亞)ᄉᆞ이무숨유명(有名)ᄒᆞᆫ바다가잇ᄂᆞᇿ ○답 홍히(紅海)란바다가잇ᄂᆞ니라(《디구략론》1897)

【阿西亞尼亞 아서아니아】 오세아니아(Oceania), 남태평양의 여러 섬을 총칭하는 말 ▌阿西亞尼亞(〈한성순보〉제5호 1883.12.9 阿西亞尼亞洲)

【阿西亞尼亞洲 아서아니아주】 오세아니아대륙(Oceania), 남반구에 위치한 대륙. 대양주라고도 한다 ▌阿西亞尼亞洲(〈한성순보〉제3호 1883.11.20 布哇國廣圖外人移住) ▌阿西亞尼亞洲ᄂᆞᆫ濠太利亞大島를枕ᄒᆞ야(《소학만국지지》1895 제6편)

【亞細亞 아세아】 아시아(Asia), 동반구의 북부에 있으며 유라시아 대륙의 중부와 동부를 차지하는 세계 최대의 대륙 ▌亞細亞(〈한성순보〉제1호 1883.10.31 論洲洋) ▌俄羅斯國에 附屬ᄒᆞᆫ地方은曰鋸蓋時亞曰沙耳比利亞曰中亞細亞의全幅이라(유길준《서유견문》1895 제1편) ▌亞細亞(《사민필지》1895 권1) ▌우리 大朝鮮國은 亞細亞洲 中의 一 王國이라(《국민소학독본》1895) ▌北은亞細亞魯西亞에接ᄒᆞ며(《소학만국지지》1895 제1편) ▌아세아 亞細亞(《국한회어》1895) ▌紡織業에至ᄒᆞ야ᄂᆞᆫ亞細亞第一인工場百四十二(〈관보〉제182호 1895.10.7) ▌아셰아 亞細亞 Asia(게일편《한영자전》1897) ▌卽 亞細亞 歐羅巴 亞弗利加 北亞米利加 南亞米利加 濠太利島 를 云흠이오(〈대조선독립협회회보〉제7호 1897.2.28) ▌浦塩斯德(ULADIVOSTK)은露領亞細亞의絕東되ᄂᆞᆫ沿海州무로-이요(《중등만국지지》1902 권1) ▌亞細亞 極北으로 阿弗利加 極南에 至ᄒᆞ야(〈대한자강회월보〉제11호 1907.5.25) ▌目下에 印度가 亞細亞 大陸南部에 位置를 占處ᄒᆞ고(〈대한학회월보〉제3호 1908.4.25) ▌亞細亞(〈대한민보〉제33호 1909.7.20) ▌일홈은 아시아亞細亞와 유로바歐羅巴와 아프리가亞非利加와 남북 아메리가亞美利加와 오스드렐리아奧斯達利亞요(《성산명경》최병헌 1914) ▌亞州(아쥬) '亞細亞'의 약칭(《총독부조선어사전》1918) ▌특히 日本內地, 中國露領 亞細亞 등 隣接地方의 經濟的 事情을 考察하야써 對案을 講究할 必要잇도다(〈개벽〉제16호 1921.10.18) ▌漢民族이 다른 先住 亞細亞 民族의 滿蒙 이주 내지 경영 참가를 부정하고(〈동광〉제26호 1931.10.4)

【阿世阿尼亞 아세아니아】 오세아니아(Oceania), 남태평양의 여러 섬을 총칭하는 이름 ▌阿世阿尼亞(〈한성순보〉제1호 1883.10.31 論洲洋)

【亞細亞洲 아세아주】 아시아주(Asia), 동반구의 북부에 있으며 유라시아 대륙의 중부와 동부를 차지하는 세계 최대의 대륙 ▌東半球에ᄂᆞᆫ亞細亞洲歐羅巴洲阿弗利加洲及大洋洲(此大洲ᄂᆞᆫ南洋中에在ᄒᆞᆫ大島라)(유길준《서유견문》1895 제1편) ▌支那ᄂᆞᆫ亞細亞洲의東南部에處ᄒᆞ니(《소학만국지지》1895 제1편) ▌우리 大朝鮮國은 亞細亞洲 中의 一 王國이라(《국민소학독본》1895) ▌亞細亞洲로 由ᄒᆞ야 東으로 亞美利加洲에 至ᄒᆞ기ᄂᆞᆫ(《고등소학독본》권2 휘문의숙편집부 1907) ▌亞細亞洲 人口가 八億二千五百萬人이요(〈대조선독립협회회보〉제4호 1907.1.15) ▌亞細亞洲ᄂᆞᆫ 其 折半밧게 아니되고(〈유학생회학보〉제3호 1907.5.25) ▌我大韓國 位置ᄂᆞᆫ 亞細亞洲의 東部에 在ᄒᆞ야(〈기호흥학회월보〉제3호 1908.10.25) ▌此 人種은 亞細亞洲를 占領ᄒᆞ고 又 北亞美利加의(에스기모)와 歐羅巴의(웅가룬)에 住居ᄒᆞᄂᆞ니라(〈대동학회월보〉제15호 1909.4.25) ▌亞細亞洲 七六,九九0哩, 亞弗利加洲 二五,三二八哩, 濠太利洲 二四,0三0哩의 統計를 有ᄒᆞ더라(〈대한흥학보〉제11호 1910.3.20) ▌우리 朝鮮은 6洲 중 최대한 亞細亞洲 大陸의 동부에 在하(〈개벽〉제61호 1925.7.1)

【亞業加斯坦 아업가사탄】 아프가니스탄(Afghanistan), 아시아 중앙부에 있는 공화국 ▌亞業加斯坦(〈한성순보〉제1호 1883.10.31 論洲洋)

【亞然丁 아연정】 아르헨티나(Argentina), 남아메리카 대륙 남동부에 있는 연방제 공화국 ▌亞然丁(〈한성순보〉제16호 1884.3.27 美國大統領 演說) ▌亞然丁 아젠텬(유길준《서유견문》1895 제1편) ▌亞然丁(《사민필지》1895 권2 亞美利加 總論) ▌亞然丁 아젠텬(〈대한자강회월보〉제11호 1907.5.25) ▌亞然丁共和國大統領에게 二十磅의 重量되ᄂᆞᆫ 爆烈彈을 投ᄒᆞᆫ 者가 有ᄒᆞ야(〈대동학회월보〉제2호 1908.3.25) ▌秘魯 拔利比亞 智利

亞然丁 猶羅貴 許太伊山道明澳 把羅貴 等 諸共和國이 有ᄒᆞ며(〈대한협회회보〉제5호 1908.8.25) ▌第九回國際 올림픽아式 蹴球戰에 亞然丁은 白耳義를 이겨서(〈동아일보〉1928.6.6. 2면)

【阿熱蘭得 아열란득】아일랜드(Ireland), 북대서양 북동부에 자리한 공화국. 수도는 더블린(Dublin)이다 ▌阿熱蘭得(《사민필지》1895 권1 英吉利)

【亞葉加尼斯坦 아엽가니사탄】아프가니스탄(Afghanistan), 아시아 중앙부에 있는 공화국 ▌亞葉加尼斯坦(〈한성주보〉제3호 1886.2.15 예시야디략)

【阿歪希 아왜희】하와이(Hawaii), 미국 하와이 주 가운데 가장 큰 섬. 하와이 왕국의 발상지이며, 관광지로 유명하다 ▌阿歪希(〈한성주보〉제29호 1886.9.20 太平洋群島老略)

【亞爾及 아이급】알제리(Algeria), 아프리카 북단 지중해 연안에 있는 공화국 ▌亞爾及(〈한성주보〉제23호 1886.7.5 各國屬地一覽表) ▌此脈은西北邊의莫洛哥(MOROCCO)亞爾及(ALGEIA)의兩國을因ᄒᆞ야頗히高峻ᄒᆞᆫ故로(《중등만국지지》1902 제3편)

【阿爾蘭 아이란】아일랜드(Ireland), 북대서양 북동부에 자리한 공화국. 수도는 더블린(Dublin)이다 ▌阿爾蘭島民은元來天主教를信服ᄒᆞ야政府의命을不從홈으로(유길준《서유견문》1895 제4편) ▌故로 急進黨 及 阿爾蘭黨之勢力이 每相衝突ᄒᆞ니(〈대한협회회보〉제2호 1908.5.25) 현대중국어 표기 ➡ 爱尔兰(岛)

【阿爾蘭島 아이란도】아일랜드(Ireland), 북대서양 북동부에 자리한 공화국. 수도는 더블린(Dublin)이다 ▌阿爾蘭島民은元來天主教를信服ᄒᆞ야(유길준《서유견문》1895 제4편)

【亞爾然丁 아이연정】아르헨티나(Argentina), 남아메리카 대륙 남동부에 있는 연방제 공화국 ▌亞爾然丁共和國에셔砂糖業發達이라(《관보》347호 1896.6.9) ▌亞爾然丁 一百七十隻(〈대조선독립협회회보〉제6호 1897.2.15) ▌第二十一 亞爾然丁의(부에노스)아이레스大學이니(〈서북학회월보〉제2호 1908.7.1) ▌獨逸은 南米 亞爾然丁, 支那, 亞細亞 土耳其 及 바지루간 半島에(〈대한흥학보〉제2호 1909.4.20) ▌亞爾然丁(〈대한민보〉제31호 1909.7.17 亞爾然丁) ▌亞爾然丁에서도 공창을 인정하고 首府에서는1町에1戶式은 평균허가되여 잇다(〈별건곤〉제19호 1929.2.1) ▌丁抹米國南亞米利加 쁘라질(페라낭코) 우르구아이 亞爾然丁 秘魯 파나마 멕시코 布哇 橫濱 歸鮮(〈삼천리〉제9권 제4호 1937.51)

【亞爾然丁共和國 아이연정공화국】아르헨티나(Argentina), 남아메리카 대륙 남동부에 있는 연방제 공화국 ▌亞爾然丁共和國의砂糖業은近年에非常히發達ᄒᆞ야(〈관보〉제346호 1897.6.8) ▌亞爾然丁共和國 南米의南端을占ᄒᆞᆫ本洲第二大國이니(《중등만국지지》1902 제3편)

【亞爾日利亞 아이일리아】알제리(Algeria), 아프리카 북단 지중해 연안에 있는 공화국 ▌亞爾日利亞는本洲의最北部에有ᄒᆞ야발발이諸那의一이라(《소학만국지지》1895 제2편)

【亞爾日耳斯 아이일이사】알제리(Algiers), 알제리의 수도. 지중해 연안에 있으며 알제리 최대의 항구이다 ▌首府ᄅᆞᆯ亞爾日耳斯ㅣ라ᄒᆞ니(《소학만국지지》1895 제2편)

【阿爾泰山 아이태산】알타이(Altai) 산, 중국 신장위구르자치구에 있는 산(阿尔泰山) ▌北은阿爾泰山을因ᄒᆞ야露領에接ᄒᆞᆫ高地라(《중등만국지지》1902 권1)

【阿爾泰山脈 아이태산맥】알타이 산맥(Altai Mountains), 중앙아시아에서 북동아시아에 걸쳐 있는 산맥 ▌西北은天山及阿爾泰山脈이包括ᄒᆞ니(《중등만국지지》1902 권1)

【亞爾畢斯山脉 아이필사산맥】알프스(Alps Mountains), 스위스와 프랑스, 이탈리아, 오스트리아에 걸쳐 있는 유럽의 중남부에 있는 큰 산계 ▌國內에亞爾畢斯山脉이縱橫蟠屈ᄒᆞ야(《소학만국지지》1895 제3편)

【雅典 아전】아테네(Athens), 고대 그리스의 도시국가 중 하나. 옛 이름은 아텐스. 올

림픽의 발상지로 유명한 도시 ▍雅典(〈한성순보〉제24호 1884.6.14) ▍首府雅典은政治敎化의中心으로(《소학만국지지》1895 제3편) ▍「스단달도」에達ᄒᆞᆫ雅典發報에據ᄒᆞᆫ則(《관보》404호 1896.8.14) ▍土耳其와 戰ᄒᆞ야 敗傷ᄒᆞᆫ 軍士가 希京 雅典에 還ᄒᆞ야(〈대조선독립협회회보〉제11호 1897.4.30) ▍아뎐(雅典)의 이치리으ᄂᆞᆫ 파ᄉᆞ(波斯)에 도망 ᄒᆞ고 도라와셔 써 일국의 명쟝이 되엿거ᄂᆞᆯ 홈을며(〈독립신문〉1898.5.5) ▍雅典(ATHENS)은此國首府니(《중등만국지지》1902 권1) ▍又上古 希臘의雅典에서ᄂᆞᆫ 人民이 各自集會ᄒᆞ야(〈대한자강회월보〉제9호 1907.3.25) ▍基督敎舊約書에 曰「예호바」神이 雅典之東에 創設花樹之園ᄒᆞ시고(〈대한유학생회학보〉제3호 1907.5.25) ▍英國皇帝 皇后 兩陛下ᄂᆞᆫ 四月中에 雅典及아드리이틱海의 沿岸을 訪問ᄒᆞ고(〈대동학회월보〉제15호 1909.4.25) ▍춘추 2회로 이와가티 성행하는 祭日에 雅典 시민은 물론이요 심지어 촌락에서까지라도(〈개벽〉제31호 1923.1.1) 현대중국어 표기 ➡ 雅典

【亞丁 아정】아덴(Aden), 아라비아반도 남안 예멘(Yemen)에 있는 도시 ▍紅海南口之조林과 亞丁灣之亞丁, 瓜哇와 蘇門, 答臘間之巽他와(〈호남학보〉제3호 1908.8.25) 현대중국어 표기 ➡ 亚丁

【亞丁合衆國 아정합중국】아르헨티나(Argentina), 남아메리카 동남쪽에 있는 공화국 ▍亞丁合衆國(〈한성순보〉제3호 1883.11.20 亞米利加洲)

【阿座佛海 아좌불해】아조프 해(Azov Sea), 러시아와 우크라이나의 경계, 흑해와 케르치 해협(Kerchenskii Proliv)에 이어진 호수 모양의 바다 ▍阿座佛海(〈한성순보〉제2호 1883.11.10 歐羅巴洲)

【亞洲 아주】아시아주(Asia), 동반구의 북부에 있으며 유라시아 대륙의 중부와 동부를 차지하는 세계 최대의 대륙. '亞州' 는 '아세아주(亞細亞州)' 를 줄인 말이다 ▍歐美兩洲의諸國이亞洲의諸國에比ᄒᆞ야自然히滿潤ᄒᆞᆫ習慣을成홈이오(유길준《서유견문》1895 제5편) ▍我國의 隣邦이라 그 面積과 人口ᄂᆞᆫ 世界中의 一大國이라 支那國은 亞洲 中의 大國이오(《국민소학독본》1895) ▍亞洲各國의信은二個月以內오歐米各局의信은三個月以內로定홈(《관보》389호 1896.7.28) ▍如斯ᄒᆞᆫ 先進의 亞洲ᄂᆞᆫ 現今 如何ᄒᆞᆫ 狀況에 在ᄒᆞ(〈대조선독립협회회보〉제15호 1897.6.30) ▍亞洲에 居生ᄒᆞᄂᆞᆫ 者ᄂᆞᆫ(《고등소학독본》권1 휘문의숙편집부 1906) ▍獨有亞洲耳然而今則彼之工場(〈대동학회월보〉제1호 1908.2.25) ▍日淸戰爭에 淸國에 勝ᄒᆞ야 亞洲의 牛耳를 執홈에 至ᄒᆞ얏고(〈대한학회월보〉제8호 1908.10.25) ▍그즁에 풍쇽이 지 극히 괴이ᄒᆞ고 졍칙(政策)이 지극히 비밀ᄒᆞ기는 아쥬(亞洲)의 잡밍특 갓흔 디방이 업도다(김교제《비행선》1912) ▍亞洲의 평화를 교란케 하는 者-또한 歐洲人이 아니고 何이냐(〈개벽〉제14호 1921.8.1) ▍蒙古探險事業에 종사하고 잇는 美國亞洲 探險隊長「안드류스」氏 一行은(〈동광〉제8호 1926.12.1) 현대중국어 표기 ➡ 亚洲

【峨他馬拉 아타마랍】과테말라(Guatemala), 중앙아메리카 북서 끝에 있는 나라로 과거 마야문명의 중심지였던 곳이다 ▍峨他馬拉(〈한성순보〉제19호 1884.4.25 各國國債設略)

【阿他瓦 아타와】오타와(Ottawa), 카나다의 수도로, 남 온타리오(Ontario) 주에 있다 ▍首府ᄂᆞᆫ阿他瓦라ᄒᆞ니(《소학만국지지》1895 제3편)

【亞土蘭土 아토란토】애틀랜타(Atlanta), 미국 조지아 주의 주도 ▍亞土蘭土(〈한성순보〉제16호 1884.3.27 美國大統領演說)

【阿片仁山 아편인산】아펜니노 산맥(Apennine Mountains), 이탈리아의 남북으로 뻗어있는 산맥 ▍阿片仁山의北方과哥秀比安海의西方에現出ᄒᆞ고(유길준《서유견문》1895 제1편)

【亞畢尼山脉 아필니산맥】아펜니노 산맥(Apennine Mountains), 이탈리아의 남북으로 뻗어있는 산맥 ▍亞畢尼山脉은西北部海頭로븟터蜿蜒蟠屈ᄒᆞ야國中을直通ᄒᆞ니(《소학만국지지》1895 제3편)

【惡特設 악특설】 오데사(Odessa), 우크라이나 오데사 주의 주도. 흑해의 북해안에 있는 항구도시이며 흑해 연안 최대의 무역항이다 ▌惡特設(〈한성순보〉제5호 1883.12.9 美國約條)

【安各羅 안각라】 앙골라(Angola), 아프리카 서부의 나라이름 ▌安各羅(〈한성순보〉제9호 1884.1.18 日耳曼將移民於南阿非利加)

【安南 안남】 베트남(Vietnam), 동남아시아의 인도차이나 반도 동부에 있는 나라. '安南'은 예전에 중국인들이 베트남을 부르던 말이다 ▌且安南國王奔告于皇帝, 則帝之此擧, 不得不爾(《조선왕조실록》태종7년 1407.4.8) ▌安南(〈한성순보〉제1호 1883.10.31 安南事件起源) ▌安南은支那本部의南方에有ᄒᆞ야(《소학만국지지》1895) ▌安南 暹羅 等 南方藩屛은 洋人의 蹂躪에 一委ᄒᆞ야(《국민소학독본》아세아문화사 영인본 1896) ▌越南卽安南古屬淸國然叛服(〈대조선독립협회회보〉제16호 1897.7.15) ▌安南은後印度의東部를占領ᄒᆞ니(《중등만국지지》1902 권1) ▌印度 安南보다 尤甚ᄒᆞᆫ 魚爛之亡을 當ᄒᆞ엿다 홈은 余가 絶對的으로 辨明코쟈 ᄒᆞ노라(〈대한학회월보〉제6호 1908.7.25) ▌印度 安南의 存亡이 定ᄒᆞᆫ바 事實은 至今이라도(〈대한흥학보〉제4호 1909.6.20) ▌印度,緬甸,瓜哇,比律賓之所以亡滅, 安南,暹羅之所以傾覆(《조선왕조실록》순종2년 1909.12.4) ▌이민족의 통치 하에 잇는 민족들과 비교해 보자. 印度,安南,比律賓, 그 중에 安南의 사정은 필자도 자세히 모르는 바니(〈개벽〉제31호 1923.1.1)

【安南國 안남국】 베트남(Vietnam), 동남아시아의 인도차이나 반도 동부에 있는 나라. '安南國'은 예전에 중국인들이 베트남을 부르던 말이다 ▌안람국 安南國(파리외방선교회 한국선교단《한불자전》1890) ▌安南國(《사민필지》1895 권1 法蘭西) ▌安南國이 佛國의 屬國된 것이 是其一例니(〈태극학보〉제12호 1907.7.24) ▌河內探偵局 에서는 安南國民黨員을 수색하기를 엄중히 하야(〈별건곤〉제32호 1930.9.1) ▌安南國의 國文이 없었지만, 佛蘭西에 屬邦된 이후 安南의 人文은 長足의 發展을 보이여(〈삼천리〉제12권 제10호 1940.12.1)

【安帶棲山 안대서산】 안데스 산맥(Andes Mountains), 남아메리카의 서쪽 해안을 따라 7000 km 정도 남북으로 뻗어 있는 산맥 ▌安帶棲山(《사민필지》1895 拔利比亞)

【安道岬 안도갑】 앤트워프(Antwerp), 벨기에 북부의 제2의 대도시, 벨기에 북부의 제2의 대도시이다 ▌安道岬 此府ᄂᆞᆫ富羅泄北方鐵路七十里許니(유길준《서유견문》1895 제20편)

【安道羅 안도라】 안도라(Andorra), 유럽 서남부 이베리아 반도에 위치한 작은 내륙국 ▌安道羅 안도라(유길준《서유견문》1895 제1편)

【安道秀 안도수】 안데스 산(Andes Mountains), 남아메리카 대륙의 서부 남태평양 연안을 따라 남북으로 뻗은 세계 최장의 산맥이다 ▌安道秀 此山은極大ᄒᆞᆫ者라(유길준《서유견문》1895 제1편) ▌又曰 厄瓜多와 哥倫比의 安道秀라 ᄒᆞ나니라(〈대한협회회보〉제8호 1908.11.25)

【安道秀山 안도수산】 안데스 산(Andes Mountains), 남아메리카 대륙의 서부, 남태평양 연안을 따라 남북으로 뻗은 세계 최장의 산맥이다 ▌安道秀山下로從ᄒᆞ야大西洋에抵ᄒᆞ야(유길준《서유견문》1895 제1편)

【安道耳 안도이】 안도라(Andorra), 유럽 서남부 이베리아 반도에 위치한 작은 내륙국 ▌安道耳(〈한성주보〉제47호 1887.1.24 彈丸小國)

【安得斯 안득사】 안데스 산(Andes Mountains), 남아메리카 대륙의 서부, 남태평양 연안을 따라 남북으로 뻗은 세계 최장의 산맥 ▌西派安得斯가最高ᄒᆞ야(《소학만국지지》1895 제5편)

【安得棲 안득서】 안데스 산(Andes Mountains), 남아메리카 대륙의 서부, 남태평양 연안을 따라 남북으로 뻗은 세계 최장의 산맥 ▌安得棲(《사민필지》1895 厄瓜多)

【安額河 안액하】 갠지스 강(Ganges River), 인도 북부를 동서로 가로질러 벵골만(Bay of Bengal)으로 흘러드는 강 ▌印度河ᄂᆞᆫ그 西北境에沿流ᄒᆞ고安額河ᄂᆞᆫ東南을向ᄒᆞ니(《소학만

국지지》1895 제1편)

【安虞列府 안우렬부】 앤트워프(Antwerp), 벨기에 북부의 제2의 대도시 ▌安虞列府(〈한성주보〉제32호 1887.11.24 獨逸商務)

【安地山 안지산】 안데스 산(Andes Mountains), 남아메리카 대륙의 서부 남태평양 연안을 따라 남북으로 뻗은 세계 최장의 산맥 ▌安地山(〈한성순보〉제36호 1884.10.9 歷覽英國鐵廠記略 續前卷)

【安特斯山 안특사산】 안데스 산(Andes Mountains), 남아메리카 대륙의 서부, 남태평양 연안을 따라 남북으로 뻗은 세계 최장의 산맥 ▌安特斯山(〈한성순보〉제3호 1883.11.20 亞米利加洲)

【安特堤府 안특제부】 암스테르담(Amsterdam), 네덜란드의 수도 ▌安特堤府(〈한성순보〉제17호 1884.4.6 歐洲各國京都經緯表) ▌安特堤府(AMSTERDAM)ㄴ 南海西岸에 建ᄒᆞᆫ 商業府니(《중등만국지지》1902 권1)

【謁那富馬 알나부마】 앨라배마(Alabama) 주, 미국 남부에 있는 주 이름. 주도는 몽고메리(Montgomery)이다 ▌肇智亞와 謁那富馬의 二洲의 北에 達ᄒᆞ니(유길준《서유견문》1895 제1편)

【謁那斯哥 알나사가】 알래스카(Alaska), 북아메리카 북서쪽 끝에 있는 미국의 주 ▌謁那斯哥라 ᄒᆞᄂᆞᆫ 地方은 合衆國에 歸ᄒᆞ며(유길준《서유견문》1895 제1편) ▌謁那斯哥(《사민필지》1895 권2 謁那斯哥)

【謁排土湖 알배토호】 앨버트 호(Albert Lake), 아프리카 중부 그레이트리프트밸리(Great Rift Valley) 북쪽에 있는 호수. 콩고 민주공화국(옛 자이르)과 우간다와의 국경에 있다 ▌伯土利亞湖와 謁排土湖가 其最大ᄒᆞᆫ 者며(유길준《서유견문》1895 제2편)

【遏支累亞 알지루아】 알제리(Algeria), 아프리카 북단 지중해 연안에 있는 공화국 ▌遏支累亞(《사민필지》1895 권2 摩洛哥)

【謁支累亞 알지루아】 알제리(Algeria), 아프리카 북단 지중해 연안에 있는 공화국 ▌此外에도 謁支累亞(알지뤄야)ᄂᆞᆫ 佛蘭西에 屬ᄒᆞ고(유길준《서유견문》1895 제1편) ▌此 外에도 謁支累亞ᄂᆞᆫ 佛蘭西에 屬ᄒᆞ고(〈대한협회회보〉제5호 1908.8.25)

【謁太伊山 알태이산】 알타이 산(Altai), 중국 신장위구르자치구(Xinjiang Uygur Autonomous Region)에 있는 산(阿尔泰山) ▌高比의 沙漠을 挾ᄒᆞ야 謁太伊山이 其北에 在ᄒᆞ고(유길준《서유견문》1895 제2편)

【暗多士淡 암다사담】 암스테르담(Amsterdam), 네덜란드의 수도 ▌暗多士淡은 暗多士河의 沿岸에 有ᄒᆞ야 貿易이 繁盛ᄒᆞ고(《소학만국지지》1895 제3편)

【巖秀攄淡 암수터담】 암스테르담(Amsterdam), 네덜란드의 수도 ▌巖秀攄淡(아스터담) 此府ᄂᆞᆫ 來丁의 北方 九十里許에 在ᄒᆞ야(유길준《서유견문》1895 제20편)

【巖施達淡府 암시달담부】 암스테르담(Amsterdam), 네덜란드의 수도 ▌巖施達淡府(〈한성주보〉제32호 1887.11.24 獨逸商務)

【盎低埒 앙저랄】 아르헨티나(Argentina), 남아메리카 대륙 남동부에 있는 연방제 공화국 ▌盎低埒(〈한성주보〉제28호 1886.9.13 西報彙譯)

【愛昆哥果 애곤가과】 아콩카과(Aconcagua), 안데스 산맥에 있는 사화산이며, 아메리카 대륙에서 가장 높은 산이다 ▌愛昆哥果 二萬三千四百二十一尺(유길준《서유견문》1895 제1편)

【埃 애】 이집트(Egypt), 아프리카 동북부에 있는 공화국, '埃'는 '埃及'이 줄어든 말이다 ▌地中海에는 佛埃 양국이 介在하야 互相 반목을 계속하고 잇는데(〈별곤건〉제29호 1930.6.1) ▌1930년에 英埃 양국간에 체결된 조약(〈삼천리〉제8권2호 1936.2.1)

【埃及 애급】 이집트(Egypt), 아프리카 동북부에 있는 공화국 ▌埃及(〈한성순보〉제7호

1883.12.29 英人演說) ▌埃及 이집트(유길준《서유견문》1895 제1편) ▌埃及(《사민필지》1895 권2 阿非利加洲總論) ▌土耳其國이管轄ᄒᆞᄂᆞᆫ名色이有ᄒᆞᆫ者ᄅᆞᆯ埃及과的黎波里와突尼斯의三國으로ᄒᆞᄂᆞ니라(《소학만국지지》1895 제1편) ▌埃及[나이루]河水의利用이라(《관보》제161호 1895.9.14) ▌其基礎ᄅᆞᆯ 埃及에 固ᄒᆞ라 ᄒᆞ야 昨年 初에 英埃運合軍으로 遠征에 着手ᄒᆞ야(〈대조선독립협회회보〉제5호 1897.1.31) ▌녯날에지부도(埃及)란나라에셔엇던사ᄅᆞᆷ들이종노릇ᄒᆞ엿ᄂᆞᆫ뇨(《디구략론》1897) ▌인도 월남(印度越南)과 ᄋᆡ급파사(埃及波斯)를 보면 알지니(〈독립신문〉1898.12.15) ▌만일 자쥬권이 업스면 ᄋᆡ급(埃及)과 갓ᄒᆞᆫ 당당ᄒᆞᆫ 큰 왕국이라도(〈매일신문〉1898.12.24) ▌不然則波蘭,埃及, 覆轍自在, 安南, 琉球, 前鑑不遠, 臣實哽咽而不敢言也(《조선왕조실록》고종43년 1906.2.12) ▌埃及之加美匡乙(獨立黨首領)이(〈대한유학생회학보〉제1호 1907.3.3) ▌埃及은 어떠한 문화를 원하던지(〈개벽〉제10호 1921.4.1) 현대중국어 표기 ➡ 埃及

【埃及國 애급국】 이집트(Egypt, Arab Republic of Egypt), 아프리카 동북부에 있는 공화국 ▌埃及國(〈한성순보〉제4호 1883.11.30 亞非利駕洲) ▌今에埃及國의貌樣으로觀ᄒᆞᆯ딘ᄃᆡ엇지不然ᄒᆞ리오(유길준《서유견문》1895 제8편) ▌埃及首府「가이로」로븟터報道에曰埃及國公債委員이本日集會ᄒᆞ야(《관보》310호 1896.4.27) ▌애급국 埃及國 Egypt(게일편《한영자전》1897) ▌埃及國民黨은 土耳其 皇帝게 打電ᄒᆞ야(〈대동학회월보〉제8호 1908.9.25) ▌昔에 埃及國一部落에서 士民間의 戰爭이 有ᄒᆞ엿ᄂᆞᆫᄃᆡ(〈태극학보〉제24호 1908.9.24) ▌埃及國會設立 埃及의셔ᄂᆞᆫ 國會設立ᄒᆞ자ᄂᆞᆫ 說이 大熾ᄒᆞᆫ다 ᄒᆞ얏더라(〈대한협회회보〉제6호 1908.9.25) ▌河를 灌漑케 하면, 埃及 國內의 水田經營에 大打擊이 생기는(〈개벽〉제55호 1925.1.1)

【愛斗老山 애두로산】 애디론댁 산맥(Adirondack Mountains), 미국 뉴욕 주 북동쪽에 있는 산맥 ▌賀春江은愛斗老山에發源ᄒᆞ야(유길준《서유견문》1895 제2편)

【愛斗利崖特海邊 애두리애특해변】 아드리아 해변(Adriatic Sea), 지중해 북쪽의 이탈리아 반도와 발칸 반도 사이에 있는 해역 ▌大揖(데늡)江과愛斗利崖特海邊에抵ᄒᆞᆫ者(유길준《서유견문》1895 제1편)

【愛蘭 애란】 아일랜드(Ireland), 유럽 서부 대서양상에 있는 공화국. 수도는 더블린(Dublin)이다 ▌英吉利國愛蘭國, 斯客蘭國, 合爲一國, 故稱大英國(《조선왕조실록》순조32년 1832.7.21) ▌愛蘭(〈한성순보〉제1호 1883.10.31) ▌蘇格蘭人과 愛蘭人과 威勤士人과 猶太人과 希臘人의 倫敦에 居ᄒᆞᄂᆞᆫ(《국민소학독본》1895) ▌愛蘭은西面에山을帶ᄒᆞ고中央은大槪低地ㅣ라(《소학만국지지》1895 제3편) ▌愛蘭太守 가더간伯(〈관보〉제106호 1895.7.5) ▌英國及愛蘭四三, 和蘭八, 西班牙四(〈대한자강회월보〉제3호 1906.9.25) ▌當時愛蘭情況은 人多地狹ᄒᆞ야 實業萎靡홈으로(〈대한유학생회보〉제3호 1907.5.25) ▌當時 自任自重의 精神으로 事業에 勇往ᄒᆞᄂᆞᆫ 者ᄂᆞᆫ 愛蘭 政治家의 特性이라 ᄒᆞ더라(〈대한협회회보〉제1호 1908.4.25) ▌愛蘭詩人「오스카-,와일드」가 生하다(1854)(〈개벽〉16호 1921.10.18) ▌愛蘭에 갓다가 다시 영국으로 와서 諸都市를 구경하고(〈별곤건〉제7호 1927.7.1)

【愛攎本 애로본】 마터호른 산(Matterhorn), 스위스와 이탈리아의 국경 알프스 산맥의 준봉 ▌愛攎本 一萬四千八百三十六尺(유길준《서유견문》1895 제1편)

【厓利湖 애리호】 이리 호(Lake Erie), 북아메리카의 5대호 가운데 4번째로 큰 호수. 미국과 캐나다의 국경이 호수 가운데를 지나고 있다 ▌大槩阿美利加洲의溫大利遨湖와厓利湖와休論湖와美時干湖와秀布利於湖五水의渟滀ᄒᆞᆫ淸水가全世界淸水의二分一이오(유길준《서유견문》1895 제2편)

【愛馬尊 애마존】 아마존 강(Amazon River), 남아메리카의 서쪽 안데스 산맥에서 발원하여 적도를 따라 동쪽으로 흘러 대서양으로 들어가는 강 ▌愛馬尊의大河의上流가此山에發源ᄒᆞᄂᆞᆫ者라(유길준《서유견문》1895 제1편) ▌愛馬尊 長一萬二千四百七十五里(〈대한협회회

보〉제10호 1909.1.25)

【愛馬尊河 애마존하】아마존 강(Amazon River), 남아메리카의 서쪽 안데스 산맥에서 발원하여 적도를 따라 동쪽으로 흘러 대서양으로 들어가는 강 ▌愛馬尊河ᄂᆞᆫ格沙幕哥의高原에發源ᄒᆞ야(유길준《서유견문》1895 제2편)

【愛嫵江 애무강】아무다리야 강(Amu Darya River), 중앙아시아에서 가장 긴 강으로 아무(Amu) 강이라고도 한다. 파미르 고원에서 발원하여 우즈베키스탄과 투르크메니스탄 및 아프가니스탄의 경계를 이루며 강물이 아랄해로 유입된다 ▌瑞江과愛嫵江은愛謁海傍에在ᄒᆞ고(유길준《서유견문》1895 제2편)

【崖排賴士 애배뢰토】에베레스트 산(Mount Everest), 인도 북동쪽, 네팔과 중국(티베트) 국경에 솟아 있는 높이 약 8,848m의 세계 최고봉 ▌崖排賴士 二萬九千二尺(유길준《서유견문》1895 제1편)

【愛斯蘭 애사란】아이슬란드(Iceland), 유럽 서북부 북대서양 상에 있는 공화국 ▌이ᄉᆞ란 愛斯蘭 Iceland(게일편《한영자전》1897) ▌愛斯蘭은 近北氷洋ᄒᆞ야 僅恃熱帶寒流ㅣ 融解積氷이나(〈호남학보〉제4호 1908.10.25)

【愛謁海 애알해】아랄 해(Aral Sea), 카자흐스탄과 우즈베키스탄 사이에 있는 대염호 ▌其最大者를擧論ᄒᆞ건ᄃᆡ哥秀比安海라稱ᄒᆞᄂᆞᆫ湖水와愛謁海라稱ᄒᆞᄂᆞᆫ湖水라(유길준《서유견문》1895 제2편)

【愛烏罕 애오한】아프가니스탄(Afghanistan), 아시아 중앙부에 있는 공화국아프가니스탄 ▌愛烏罕(〈한성주보〉제31호 1886.10.4 瀛海各國統考)

【埃乙布 애을포】알프스(Alps), 스위스와 프랑스, 이탈리아, 오스트리아에 걸쳐 있는 유럽의 중남부에 있는 큰 산계 ▌埃乙布 일프 此山은衆山이合ᄒᆞᆫ者니(유길준《서유견문》1895 제1편) ▌此山은此洲東方에在ᄒᆞᆫ者니大洋洲의埃乙布라稱ᄒᆞᄂᆞᆫ者ᄂᆞᆫ無他라(〈대한협회회보〉제8호 1908.11.25)

【埃乙布山 애을포산】알프스 산(Alps Mountain), 스위스와 프랑스, 이탈리아, 오스트리아에 걸쳐 있는 유럽의 중남부에 있는 큰 산계 ▌愛斗利崖特海邊을遵ᄒᆞ야埃乙布山과連ᄒᆞᆫ지라(유길준《서유견문》1895 제1편) ▌大洋洲의埃乙布라稱홈은歐羅巴에 埃乙布山이 最高ᄒᆞ고 大洋洲의 此山이 最高ᄒᆞ야(〈대한협회회보〉제8호 1908.11.25)

【愛爾蘭 애이란】아일랜드(Ireland), 유럽 서부 대서양상에 있는 공화국 ▌愛爾蘭(〈한성순보〉제2호 1883.11.10) ▌英吉利와愛爾蘭의諸島의間에出ᄒᆞ야(유길준《서유견문》1895 제2편) ▌三百年에 蘇格蘭威勒士愛爾蘭의 三州를 合併ᄒᆞ고(〈대조선독립협회회보〉제7호 1897.2.28) ▌이이란 愛爾蘭 Ireland(게일편《한영자전》1897) ▌大不列顚(GREAT BRITANIA)及愛爾蘭(IRELAND)兩大島와其他諸羣島로써國을成ᄒᆞᆫ지라(《중등만국지지》1902 권2) ▌格蘭斯頓之堅持愛爾蘭自治案也(〈대한자강회월보〉제4호 1906.10.25) ▌格蘭斯頓이 愛爾蘭의 自治案를 堅持홈은(〈서우〉제12호 1907.11.01) ▌第四次ᄂᆞᆫ 以兩軍艦으로 一向愛爾蘭ᄒᆞ고(〈서북학회월보〉제10호 1909.3.1) 현대중국어 표기 ➡ 爱尔兰

【愛爾蘭島 애이란도】아일랜드(Ireland), 유럽 서부 대서양상에 있는 공화국 ▌北阿美利加의琉華雲突蘭島와大不列顚의愛爾蘭島의間에(유길준《서유견문》1895 제2편) ▌愛爾蘭島ᄂᆞᆫ少히凸字形을作ᄒᆞ고(《중등만국지지》1902 권2)

【愛丁白格 애정백격】에든버러(Edinburgh), 영국 스코틀랜드의 중심 도시 ▌愛丁白格(〈한성순보〉제34호 1884.9.19 歷覽英國鐵廠記略 續前卷)

【埃坦 애탄】아테네(Athens), 고대 그리스의 도시국가 중 하나. 옛 이름은 아텐스. 올림픽의 발상지로 유명한 도시 ▌埃坦(《사민필지》1895 권1 希臘)

【厓必禮治安 애필례치안】애팔래치아(Appalachia), 북아메리카의 동부를 북동에서 남서로 뻗어 있는 산맥 ▌此山은東海를遵ᄒᆞ야行ᄒᆞᆫ者니其名이曰厓必禮治安의脈이(유

길준《서유견문》1895 제1편)

【厄可羅果 액가라과】니카라과(Nicaragua), 중앙아메리카 중앙부에 있는 공화국 ▌厄可羅果(《사민필지》1895권2 危地馬拉)

【厄瓜多 액과다】에콰도르(Ecuador), 남아메리카 서북부에 있는 공화국 ▌厄瓜多(<한성순보>제3호 1883.11.20 亞米利加洲) ▌厄瓜多이퀘더(유길준《서유견문》1895 제1편) ▌厄瓜多(《사민필지》1895 권2 厄瓜多) ▌厄瓜多와智利와玻里比亞와巴西로接界ᄒᆞ고(《소학만국지지》1895 제5편) ▌又曰厄瓜多와哥倫比의安道秀라ᄒᆞ나니라(<대한협회회보>제8호 1908.11.25)

【若耳治州 약이야주】조지아(Georgia) 주, 대서양에 면한 미국 남부의 주 ▌若耳治州(<한성순보>제12호 1884.2.17 美國誌略)

【楊子江 양자강】양쯔 강(Yangtze River), 중국 대륙 중앙부를 횡단하는 중국에서 가장 긴 강. 長江(장강)이라고도 한다 ▌淸國의低原은黃河와楊子江의下流에在ᄒᆞᆫ者라(유길준《서유견문》1895 제1편) ▌上海에下陸ᄒᆞ야楊子江을遡ᄒᆞᆯ時에ᄂᆞᆫ(《관보》140호 1895.8.17) ▌印度의 강구쓰河 支那의 楊子江等이오(<대한협회회보>제8호 1908.11.25) ▌英國은南亞弗利加, 나이루流域及楊子江沿岸其他印度, 波斯에通商을開ᄒᆞ고(<대한흥학보>제2호 1909.4.20) ▌당시에 楊子江유역에서 萬丈氣焰을 吐하던 南中國的문화(<개벽>제14호 1921.8.1)

【菸羅臥多江 어라와다강】이라와디 강(Irrawaddy River), 미얀마 중북부를 남쪽으로 흐르는 강 ▌甘保杜亞江과菸羅臥多江은印度의在ᄒᆞ니(유길준《서유견문》1895 제2편)

【呂宋 여송】루손(Luzon 필리핀), 적도 북쪽 아시아 대륙 남동쪽의 서태평양에 산재하는 7000여 개의 섬들로 구성된 나라 ▌而又命琉球,安南,呂宋,(交跂)〔交趾〕,西域等國(《조선왕조실록》선조32년 1599.12.25) ▌그最大者ᄅᆞᆯ呂宋민다나오사마루파라완等이라(《소학만국지지》1895 제6편) ▌土都 곤스단지노불 의 虐殺과 亞細亞 土耳其 알메니야 人을 虐殺ᄒᆞᆷ과 呂宋土人이 獨立旗를 翻ᄒᆞ야(<대조선독립협회회보>제5호 1897.1.31) ▌本年度支出이 十三萬磅量이라더라(馬尼剌ᄂᆞᆫ 古呂宋國也)(<대동학회월보>제2호 1908.3.25) ▌低壓氣ᄂᆞᆫ二十一日에其源을遠히南洋呂宋島의東方海上에發ᄒᆞ야(《관보》4171호 1908.9.8) ▌呂宋群島에는 暴動이 起하고(<개벽>제58호 1925.4.1) ▌기독교의 一別派인 呂宋島『코로람』종파는 今年 1월 11일 돌연 反米主義의 叛亂을 일으켜(<별건곤>제37호 1931.2.1)

【如天堡 여천보】에든버러(Edinburgh), 스코틀랜드의 수도 ▌其他蘇格蘭의如天堡와屈羅士古와愛蘭의多佛仁等이다(《소학만국지지》1895 제3편)

【熱那 열나】제노바(Genova), 이탈리아 북서 해안에 있는 도시 ▌熱那(<한성순보>제21호 1884.5.15 各國氣候一覽表第4)

【葉厓賴多半島 엽애뢰다반도】래브라도반도(Labrador Peninsula), 대서양과 세인트로렌스 만, 허드슨 만에 둘러싸여 있는 캐나다 동부의 만 ▌北阿美利加洲의葉厓賴多半島의景況을擧比ᄒᆞ노니(유길준《서유견문》1895 제2편)

【英 영】영국(United Kingdom), 유럽 대륙 서북쪽 대서양상에 위치한 입헌왕국 ▌그條約國은東洋에ᄂᆞᆫ日本이오歐羅巴洲에ᄂᆞᆫ英法獨俄墺伊六國이오(《국민소학독본》1895) ▌英(《친목회회보》제1호 1895.10) ▌古田에셔兇徒가英美兩國耶蘇敎師을虐殺ᄒᆞᆫ件을依ᄒᆞ야(<관보>제133호 1895.8.9) ▌現時英米兩國間에萬國平和條約이交涉中人情의一進步를示ᄒᆞᆯ만ᄒᆞᆫ事라云云ᄒᆞ엿다더라(<대조선독립협회회보>제9호 1897.3.31) ▌法, 英, 比, 美, 俄等國은滿二十三歲로日本, 瑞西等國은滿二十歲로ᄒᆞ니라(<서우>제13호 1907.12.1) ▌英暹新條約倫敦電을據ᄒᆞᆫ則英國及暹羅國間에締結된新條約을因ᄒᆞ야(<대한협회회보>제2호 1908.5.25) ▌輸出入稅를增加ᄒᆞᆯ淸英通商條約을斷行코져ᄒᆞᆷ으로(<대동학회월보>제12호 1909.1.25) ▌佛軍의萊因河畔점령과 英佛間의 충돌(<개벽>제42호 1923.12.1) ▌한번 굳은 문이 열리매 韓米條約

을 비롯하야 英獨各國과의 條約이 成立되고(〈동광〉제28호 1931.12.1) ▍外務卿曰 英淸條約內에 鴉片 먹는 것을 許하고(〈개벽〉신간 제1호 1934.11.1)

【英京 영경】 런던(London), 영국의 수도 ▍英京倫敦과 佛京巴里에 不及ᄒᆞ나(유길준《서유견문》1895 제19편) ▍八月二日英京倫敦發電(《관보》150호 1895.8.29) ▍英京(倫敦)五百六十三萬三千三百三十二人(〈대조선독립협회회보〉제10호 1897.4.15) ▍英京倫敦과 俄京彼得堡에 駐箚ᄒᆞᆫ 淸國公使가 淸政府에 報告ᄒᆞ고(〈대한자강회월보〉제8호 1907.2.25) ▍英京倫敦家屋用의 煉瓦가 凡五百萬噸에 二百五十萬圓의 金을 含有ᄒᆞ엿슬 터이라더라(〈대한유학생회회보 제2호 1907.4.7) ▍英京倫敦在北半球距赤道五十一度(〈대동학회월보〉제8호 1908.9.25) ▍1832년에 엇던 부자의 후원에 의하여 英京 런던에 『국민형평 노동교환소』를 설립하엿섯다(〈개벽〉제56호 1925.2.1)

【英國 영국】 영국(United Kingdom), 유럽 대륙 서북쪽 대서양상에 위치한 입헌왕국 ▍六月初旬間, 有我英吉利國五隻船, 送我英國王差定, 從各人到天津北蓮河口(《조선왕조실록》순조16년 1816.7.19) ▍英國(〈한성순보〉제1호 1883.10.31 英緬開衅) ▍英國(《한영수호통상조약》조약문 1883.11.26) ▍其法이 英國의 人民으로ᄒᆞ야곰 本國人의 織造ᄒᆞᆫ 布帛外에ᄂᆞᆫ 衣被홈을 不許ᄒᆞ야(유길준《서유견문》1895 제6편) ▍各條約國中의셔 英國은 王國이오(《국민소학독본》1895) ▍香港島ᄂᆞᆫ 廣東河口에 有ᄒᆞ야 英國에 屬ᄒᆞ니(《소학만국지지》1895 제1편) ▍英國셔ᄂᆞᆫ 閏五月三日에 셜스배리 侯가 內閣總理大臣이 되야(〈관보〉제77호 1895.6.1) ▍영국(英國)셔울일홈이무어시뇨 ○답 론던(答倫敦)이라ᄒᆞᄂᆞ니라(《디구략론》1897) ▍英國과 阿弗利加洲 南部에 在ᄒᆞᆫ 도란스봐루共和國 間에(〈대조선독립협회회보〉제11호 1897.4.30) ▍英國(《각국기도》(필사본) 1900) ▍緬甸은 暹羅의 西北及支那雲南省의 南에 隣ᄒᆞᆫ 英國新領地라(《중등만국지지》1902 권1) ▍100餘年前에 英國의 羈絆을 脫ᄒᆞ고(《초등소학》권8, 국민교육회, 1907) ▍例如 董多爾克灣의 廣이 六海里에 逾ᄒᆞᄂᆞ 英國이 主張ᄒᆞ야(〈대한유학생회학보〉제3호 1907.5.25) ▍즉 明年一月에 北海(英國及 挪威間)에서 英國 海軍大演習을 擧行ᄒᆞᆯ터인ᄃᆡ(〈대동학회월보〉제1호 1908.2.25) ▍酒若是披霞(英國文人)等의 文子만 謳歌ᄒᆞ고 閒坐ᄒᆞ면(〈기호흥학회월보〉제1호 1908.8.25) ▍英國문학에는 英國的 獨特點이 잇서(〈개벽〉제12호 1921.6.1) ▍또 英國의 人類學者 하벨록 엘리쓰(Havelock Ellis)씨는(〈동광〉제11호 1927.3.5) 현대중국어 표기 ➡ 英國

【英吉蘭得 영길란득】 영국(United Kingdom), 유럽 대륙 서북쪽 대서양상에 위치한 입헌왕국 ▍英吉蘭得(《사민필지》1895 권1 英吉利)

【英吉利 영길리】 영국(United Kingdom), 유럽 대륙 서북쪽 대서양상에 위치한 입헌왕국 ▍英吉利(〈한성순보〉제1호 1883.10.31 各國海底電線表) ▍英吉利의 瞿仁利聚郡의 天文臺를 從ᄒᆞ야(유길준《서유견문》1895 제1편) ▍英吉利(《사민필지》1895 권1 英吉利) ▍首府倫敦은 英吉利에 有ᄒᆞ야 漸西河上에 立ᄒᆞ야(《소학만국지지》1895 제3편) ▍更其産出諸國就中細別ᄒᆞ면 英吉利ᄂᆞᆫ 四千六百八十一万千物(《관보》제147호 1895.8.26) ▍英吉利 九千二百七十所 十三哩(〈대조선독립협회회보〉제8호 1897.3.15) ▍영길리 英吉利 England(게일편《한영자전》1897) ▍蘇格蘭王 쌔루스가 英吉利王에드워드로부터 戰爭ᄒᆞ야이서로怨讐기된지라(《초등소학》권8, 국민교육회, 1907) ▍宇宙ᄂᆞᆫ 萬有之生生活動也라ᄒᆞ고 英吉利人의 定義에(〈대한유학생회학보〉제3호 1907.5.25) ▍其地方은 英吉利에 全屬ᄒᆞᆫ 故로(〈대한자강회월보〉제11호 1907.5.25) ▍北米合衆國은 西班亞人 콜놈부쓰 氏가 發見後 西班亞, 英吉利, 佛蘭西, 和蘭, 瑞典 等의 殖民地로셔(〈대한협회회보〉제8호 1908.10.25) ▍또 영길리(英吉利)라 닐커리니(정윤수《초목필지》1909) ▍未開時代, 英吉利가 그 나라의 領地되엇슬 殺伐時代에(〈개벽〉제17호 1921.11.1) ▍大戰勃發후에는 맛당히 瓦解될 英吉利諸國도(〈동광〉제20호 1931.4.1) 현대중국어 표기 ➡ 英吉利

【英吉利國 영길리국】 영국(United Kingdom), 유럽 대륙 서북쪽 대서양 상에 위치한 입헌왕국 ▎六月初旬間, 有我英吉利國五隻船, 送我英國王差定(《조선왕조실록》순조16년 1816.7.19) ▎英吉利國人이主侯(主侯ᄂᆞᆫ郎各地에世傳ᄒᆞᆫ太守라)의路를犯ᄒᆞᆫ다ᄒᆞ야(유길준《서유견문》1895 제5편) ▎먼져 富强이 世界를 傾ᄒᆞᄂᆞᆫ 英吉利國에 就ᄒᆞ야觀할 者이 有ᄒᆞ도다(〈대한흥학보〉제6호 1909.10.20) ▎右件에 대하야 독일국, 英吉利國, 露西亞國에 대하야 제의하기 위하야는 지금이 가장 시기에 적당하다고 생각합니다(〈동광〉제27호 1931.11.10) ▎민의 4분의 3을 점령한 舊敎徒는 英吉利國敎를 신봉하지 안켓다는 이유를 가지(〈삼천리〉제4권 제8호 1932.7.1)

【英吉利帝國 영길리제국】 영국(United Kingdom), 유럽 대륙 서북쪽 대서양상에 위치한 입헌왕국 ▎此에印度及諸殖民地를加ᄒᆞ야英吉利帝國(BRITISH EMPIRE)이라云ᄒᆞ며(《중등만국지지》1902 권2)

【英島 영도】 영국(United Kingdom), 유럽 대륙 서북쪽 대서양상에 위치한 입헌왕국 ▎英島와大陸間은英吉利海峇이라云ᄒᆞ며(《중등만국지지》1902 권1)

【英蘭 영란】 잉글랜드(England), 영국을 구성하는 4개 지역 가운데 가장 중요한 지역. 수도는 런던이다 ▎英蘭海峽의 大風 英蘭海峽에 大風이 有ᄒᆞ야(〈서우〉제13호 1907.12.1) ▎戰雲이 英土 四隅에 充溢ᄒᆞ고 腥穢의 血風이 英蘭 到處에 不絶ᄒᆞ더라(〈태극학보〉제19호 1908.3.24) ▎原產地은 英蘭 及 蘇格蘭 體格이 矮小ᄒᆞ나 體質이 極强ᄒᆞ며 且 肉味 非常ᄒᆞ야 世界有名ᄒᆞᆫ 肉用種에 位홈(〈대한흥학보〉제2호 1909.4.20) ▎그들의 몸은 英蘭으로 호송되어(〈개벽〉제8호 1921.2.1) ▎新敎를 國敎로 한 후 蘇格蘭 英蘭에서 多數한 新敎徒를 愛蘭 北部『얼스터』에 移住시켯다(〈동광〉제33호 1932.5.1)

【英倫 영륜】 영국(United Kingdom), 유럽 대륙 서북쪽 대서양상에 위치한 입헌왕국 ▎英倫(〈한성순보〉제6호 1883.12.20 英國誌略) ▎於英倫 蘇格蘭 威利士 愛爾蘭(〈대조선독립협회회보〉제12호 1897.5.15) ▎東南平地의大部ᄂᆞᆫ英倫(ENGLAND)이오(《중등만국지지》1902 권2) ▎卽奧太利의게 伊太利, 匈加利와 英倫의게 愛爾蘭과 俄, 普, 奧의게(〈태극학보〉제3호 1906.10.24) ▎印度의 人口가 二億萬에 至ᄒᆞ니 十分一의 愛國者만 有ᄒᆞ야도 英倫과 抗禮ᄒᆞ련만은(〈대한협회회보〉제3호 1908.6.25)

【禮那江 예나강】 레나 강(Lena), 북해로 흐르는 소련의 강 이름 ▎骨禮磨江과仁斗巨羅河와禮那江과兀連斯古河와(유길준《서유견문》1895 제2편)

【奧 오】 오스트리아(Austria), 유럽 대륙 중앙에 있는 내륙국 ▎奧(〈한성순보〉제5호 1883.12.9) ▎任特派大使命報聘英德俄意法奧各國 義和君堈(〈관보〉제147호 1895.8.26) ▎普, 奧, 匈 等國은 滿廿四歲로(〈서우〉제13호 1907.12.1) ▎露奧密約發表 露 奧 兩國 秘密條約은 何等의 秘密홈이 無ᄒᆞ다 ᄒᆞ야(〈대한협회회보〉제9호 1908.12.25) ▎民權壓勒ᄒᆞ든 黑暗時代에 奧 普 俄三國의 帝王이 會合ᄒᆞ야 所謂 維也納의 神聖同盟을 主唱ᄒᆞ고(〈대한협회회보〉제12호 1909.3.25)

【墺 오】 오스트리아(Austria), 유럽 대륙 중앙에 있는 내륙국 ▎敦士尼亞와헤루세고비나 兩地方을墺國에讓ᄒᆞ고(《소학만국지지》1895 제3편) ▎그 條約國은 東洋에ᄂᆞᆫ 日本이오 歐羅巴洲에ᄂᆞᆫ 英法獨俄墺伊 六國이오(《국민소학독본》1895) ▎墺國維也納新聞에依ᄒᆞ면希臘國內閣은左開의人을以ᄒᆞ야組織ᄒᆞ야다홈(德國관보)(《관보》제101호 1895.6.29) ▎墺國 匈國 三萬二千九百七十八所 百十一人(〈대조선독립협회회보〉제5호 1897.1.31) ▎墺國皇帝ᄂᆞᆫ 朝夕烟竹으로 一回式喫煙ᄒᆞ심을 常例로 ᄒᆞ고(〈대한유학생회회보 제2호 1907.4.7) ▎즉 土耳其 政府ᄂᆞᆫ 墺國代表者가 近間에 土墺間의 商議을 開始ᄒᆞ깃다고 豫期ᄒᆞᆫ다더라(〈대동학회월보〉제10호 1908.11.25) ▎前墺國皇帝「칼」1세는 那翁과 同樣의 비극으로 此世를 永別하다(〈개벽〉제23호 1922.5.1) ▎獨逸 420만 頭, 墺國 180만 頭, 匈牙利 196만 頭(〈별건곤〉제25호 1930.1.1) ▎墺國의 羈絆아레에서 民族조차 멸종되어 가든 奴隷生活에 鬱憤과 悲哀와 苦痛이야 하늘에 사모칠

듯하얏섯다(《동광》제18호 1931.2.1)

【奧國 오국】 오스트리아(Austria), 유럽 대륙 중앙에 있는 내륙국 ▍與奧國使臣洛蕊特畢格勒,將批準條約互換啓(《조선왕조실록》고종 30년 1893.8.27) ▍(奧國亨加利省)小學敎師 二萬四千三百七十九人(《대조선독립협회회보》제14호 1897.6.15) ▍權公使閔哲勛兼駐奧國(《관보》제1835호 1901.3.15) ▍曰「奧國은 我의 鐵鎖오 自由의 公敵이오 獨立의 仇讐오」(《태극학보》제9호 1907.4.24) ▍奧國 外部大臣 本月一二兩日에 德帝게 陛見ᄒᆞ고 東洋問題ᄅᆞᆯ 協談ᄒᆞ얏다더라(《대한자강회월보》제11호 1907.5.25) ▍伊人이 奧國精神이 有ᄒᆞ얏스면 羅馬半島國은 形式만 略保ᄒᆞᆯ ᄲᅮᆫ이니(《기호흥학회월보》제11호 1909.6.25) ▍콘웰(Russell H. Conwell)씨ᄂᆞᆫ 오스츄리아(奧國 AUSTRIA)에셔 여셧달에 十만을 줄터이니 와셔 연셜을 ᄒᆞ여달나고 청ᄒᆞᆯ 적에 거절ᄒᆞ엿섯다(《태서문예신보》제13호 1919.1.1)

【澳國 오국】 오스트리아(Austria), 유럽 대륙 중앙에 있는 내륙국 ▍澳國(《한·오(오지리·흉아리)수호통상조약》二十九日澳國商業博物館週報)(《관보》제78호 1895.6.2) ▍四月二十九日澳國商業博物館週報(《관보》제78호 1895.6.2) ▍오-다-河(ODER)도澳國에셔發源ᄒᆞ야(《중등만국지지》1902 권1) ▍稻麥花雌雄의 媒助法은 澳國博士荷衣氏와 日本津田氏가 成績을 得홈(《대한자강회월보》제8호 1907.2.25) ▍前國務大臣 후을지쓰氏가 澳國政府의 巴爾幹政略에 對ᄒᆞ야 大攻擊을 加ᄒᆞ고(《대한협회회보》제9호 1908.12.25)

【烏納乖 오납괴】 우루과이(Uruguay), 남아메리카 동남부에 있는 공화국 ▍烏納乖(《한성순보》제28호 1884.7.22 各國歲出入一覽表)

【奧乃奴高江 오내노고강】 오리노코 강(Orinoco River), 남아메리카 대륙의 3대 하천의 하나로, 콜롬비아와 베네수엘라의 국토를 흘러 북쪽의 카리브 해로 유입되는 강 ▍奧乃奴高江(《사민필지》1895 권2 彬崖朱越那)

【澳大利 오대리】 오스트리아(Austria), 유럽 대륙 중앙에 있는 내륙국 ▍澳大利(《한성순보》제2호 1883.11.10 歐羅巴洲)

【奧大利亞 오대리아】 오스트레일리아(Australia), 오세아니아 남태평양과 인도양 사이에 있는 연방국 ▍奧大利亞(《한성순보》제1호 1883.10.31 論洲洋) ▍오ᄃᆡ리아 奧大利亞(《국한회어》1895)

【澳大利亞 오대리아】 오스트레일리아(Australia), 오세아니아 남태평양과 인도양 사이에 있는 연방국 ▍디방(地方)일홈이무어시뇨 ○답 아셔아(亞細亞)와유롭프(歐羅巴)와아프리ᄭᅡ(亞非利加)와오스를렬랴(澳大利亞)와남아미리ᄭᅡ(南亞米利加)와븍아미리ᄭᅡ(北亞米利加)니라(《디구략론》1897) ▍俄羅斯在歐洲之半國相若更得亞美利駕北半洲澳大利亞全洲直合全球陸地九分之一(《대조선독립협회회보》제12호 1897.5.15) ▍오대리아, 澳大利亞 Australia(게일편《한영자전》1897) ▍澳大利亞在南半球(《대동학회월보》제8호 1908.9.25) 현대중국어 표기 ➡ 澳大利亚

【奧大里亞洲 오대리아주】 오스트레일리아주(Australia), 오세아니아 남태평양과 인도양 사이에 있는 대륙 ▍奧大里亞洲(《사민필지》1895 권2 奧大里亞洲)

【五德沙浦港 오덕사포항】 오데사(Odessa), 우크라이나 오데사주의 주도 ▍五德沙浦港(《사민필지》1895 권1 俄羅斯)

【鰲道江 오도강】 오데르 강(Oder River), 독일과 폴란드 국경을 흐르는 강 ▍匈牙利의 諸山은 鰲道江에 起ᄒᆞ야 東向ᄒᆞ야 行ᄒᆞ다가(유길준《서유견문》1895 제1편)

【奧樂基 오락기】 록키 산(Rocky), 북아메리카 서부를 남북으로 뻗은 대산맥에 있는 산 ▍奧樂基(《사민필지》1895 권2 佳那多)

【五蘭枝江 오란지강】 오렌지 강(Orange River), 남아프리카공화국에서 가장 긴 강 ▍五蘭枝江은 斗賴昆山에 發源ᄒᆞ야 西流ᄒᆞ야(유길준《서유견문》1895 제2편)

【五闌支國 오란지국】 오렌지국(Orange), 한때 남아프리카 공화국에 존재하던 나라 ▍五闌支國(《사민필지》1895 권2 阿非利加洲總論)

【烏剌爾山 오랄이산】 우랄 산(Ural Mountains), 러시아 북부를 북에서 남으로 뻗어 있는 산맥 ▎西는烏剌爾山及裏海,黑海를 因ᄒᆞ야(《중등만국지지》1902 권1)

【烏拉江 오랍강】 우랄 강(Ural River), 러시아와 카자흐스탄을 흐르는 강 ▎烏拉江(〈한성순보〉제26호 1884.7.3 俄國誌略)

【烏拉乖 오랍괴】 우루과이(Uruguay), 남아메리카 동남부에 있는 공화국 ▎烏拉乖(〈한성순보〉제19호 1884.4.25)

【烏拉乖國 오랍괴국】 우루과이(Uruguay), 남아메리카 동남부에 있는 공화국 ▎烏拉乖國(〈한성순보〉제3호 1883.11.20 亞米利加洲)

【烏拉山 오랍산】 우랄 산(Ural Mountains), 러시아 북부를 북에서 남으로 뻗어 있는 산맥 ▎烏拉山(〈한성순보〉제1호 1883.10.31) ▎烏拉山竝南北亞美利加皆有大鑛可多採之(〈대조선독립협회회보〉제13호 1897.5.31) ▎凡一千百五十哩에카산府(KAZAN)를過ᄒᆞ야烏拉山에셔發源南下ᄒᆞᄂᆞᆫ카마하(KAMA)와相會ᄒᆞ야(《중등만국지지》1902 권1) ▎左肩에ᄂᆞᆫ崑崙山, 右肩에ᄂᆞᆫ 烏拉山, 講樹로 爲衣ᄒᆞ고(〈기호흥학회월보〉제9호 1909.4.25)

【烏魯木齊 오로목제】 우루무치(Ürümqi), 중국 신장웨이우얼 자치구의 주도 ▎烏魯木齊(〈한성주보〉제32호 1886.10.11 續瀛海各國統)

【五利老高江 오리노고강】 오리노코 강(Orinoco River), 콜롬비아와 베네수엘라의 국토를 흘러 북쪽의 카리브 해로 유입되는 강이다 ▎五利老高江은貴禮那의高原에發源ᄒᆞ야(유길준《서유견문》1895 제2편)

【塢滿 오만】 오만(Oman), 아시아 아라비아 반도의 동남단에 있는 왕국 ▎塢滿(《사민필지》1895 권2 亞細亞總論)

【烏滿 오만】 오만(Oman), 아시아 아라비아 반도의 동남단에 있는 왕국 ▎孱支排 布哇烏滿(유길준《서유견문》1895 제5편) ▎烏滿 오만(〈대한자강회월보〉제11호 1907.5.25) ▎土蘭斯拔馬哥塞烏滿孱支排蘇丹 等 國이오(〈대한협회회보〉제5호 1908.8.25)

【澳門 오문】 마카오(Macao), 중국 난하이 유역 주장 삼각주의 서쪽에 있는 특별행정구. 원래 포르투갈의 식민지였으나 1999년 중국에 반환되었다 ▎澳門(〈한성순보〉제1호 1883.10.31 論洲洋) ▎오문 澳門 Macao(게일편《한영자전》1897) ▎新嘉坡同志興中會를 設立ᄒᆞ고 澳門,香港,汕頭,厦門,漳洲 等地에 支部를 設置ᄒᆞ야 兩廣福建 等地에 勢力을 擴張ᄒᆞᆫ다더라(〈대한협회회보〉제1호 1908.4.25) ▎廣東自治會ᄂᆞᆫ 境界問題에 關ᄒᆞᆫ 會議를 開ᄒᆞ야 澳門回復의 强硬ᄒᆞᆫ 決議를 ᄒᆞ엿다더라(〈대동학회월보〉제15호 1909.4.25) ▎不幾에 우수하게 졸업하고 仍히 澳門에서 개업하얏다(〈개벽〉제46호 1924.4.1)

【澳排江 오배강】 오브 강(Aube River), 북해로 흐르는 러시아의 강 이름 ▎元厓勢伊江과 澳排江은皆亞細亞의北方에在ᄒᆞᆫ者라(유길준《서유견문》1895 제2편)

【奧斯達利亞 오사달리아】 오스트레일리아(Australia), 오세아니아 남태평양과 인도양 사이에 있는 영연방국 ▎아프리가亞非利加와남븍아메리가亞美利加와오스드렐리아奧斯達利亞요(《신학월보》제권5권1호 1907.1) ▎일홈은아시아亞細亞와 유로바歐羅巴와 아프리가亞非利加와 남북 아메리가亞美利加와 오스드렐리아奧斯達利亞요(《성산명경》최병헌 1914)

【澳斯德拉里亞洲 오사덕랍리아주】 오스트레일리아(Australia) 주, 남태평양과 인도양 사이에 있는 대륙 이름 ▎澳斯德拉里亞洲(〈한성순보〉제14호 1884.3.8 火輪船源流考)

【墺斯亞 오사아】 오스트레일리아(Australia), 오세아니아 남태평양과 인도양 사이에 있는 영연방국 ▎墺斯亞(卽濠太利)ᄂᆞᆫ地球上第一大島니(장지연편《만국사물기원역사》1909.8)

【奧削及 오삭급】 오세아니아(Oceania), 남태평양의 여러 섬을 총칭하는 말 ▎奧削及(〈한성주보〉제28호 1886.9.13 西報彙譯)

【烏兒圭 오아규】 우루과이(Uruguay), 남아메리카 동남부에 있는 공화국 ▎南은烏兒圭와알젠틴共和國과巴拉圭를隣ᄒᆞ고(《소학만국지지》1895 제5편)

【澳洲 오주】 오스트레일리아(Australia) 주, 오세아니아 남태평양과 인도양 사이에 있는 대륙 이름 ▎澳洲 三百萬噸 日本 一百四十餘萬噸(〈대조선독립협회회보〉제15호 1897.6.30) ▎또 加拿大 澳洲 諸殖民地도 擧皆自治의 政이 되여 今日에 直至ᄒᆞ도록 其幾가 未息ᄒᆞ얏스니(〈태극학보〉제3호 1906.10.24) ▎南은 澳洲(又云濠洲)를 接ᄒᆞ고(《고등소학독본》권2, 휘문의숙편집부, 1907) ▎歐美澳洲와 日 印 緬 越 南洋諸島에 其有中國人民僑寓之地ㅣ 不下四百所ᄒᆞ니(〈대한협회회보〉제5호 1908.8.25) ▎우리 東半球에 잇는 사람이 해뜰 제부테 시작하야 짚어 보자면 먼저 「뉴질란드」, 「澳洲」, 香港, 「싱가포어」를 비최고 西로 西로 「세일튼」島, 印度를 지나(〈동광〉제39호 1932.11.1)

【澳地利 오지리】 오스트리아(Austria), 유럽 대륙 중앙에 있는 내륙국 ▎德國 은 一億三百五十五万物澳地利ᄂᆞᆫ四千五百三十九万二千物(〈관보〉제147호 1895.8.26) ▎英國 一萬六千二百萬頓 澳地利 二千三百萬頓(〈대조선독립협회회보〉제15호 1897.6.30) ▎澳地利에 四千五百四十萬名이오(〈대한자강회월보〉제3호 1906.9.25) ▎澳地利의 푸랑(포미아)大學이니 千八百八十二年의 設立ᄒᆞᆫ 者인ᄃᆡ 現今受業ᄒᆞᄂᆞᆫ 學生이 三千五百八人이라 ᄒᆞ며(〈서북학회월보〉제2호 1908.7.1)

【奥地利 오지리】 오스트리아(Austria), 유럽 중부에 있는 공화국 ▎奥地利新內閣에셔國防大臣ᄒᆞᆫ伯爵오엘샐스ᄒᆞ인브과內閣大臣ᄒᆞᆫ호은야우올스기이兩氏가留任ᄒᆞ고(〈관보〉제101호 1895.6.29) ▎英國 二十七億四千萬兩 奥地利 四億二千萬兩(〈대조선독립협회회보〉제17호 1897.7.31) ▎奥地利, 匈牙利의 陸軍은 常備兵員이 三十六萬一千六百三人이오(〈서북학회월보〉제2호 1908.7.1) ▎이날은 羅馬 法王이 특히 奥地利人 관광단을 위해서 法王廳前에 식장을 베플고 환영사를 말하는 날이다(〈개벽〉제52호 1924.10.1) ▎奥地利 사람은 독일과 가튼 민족이 되여 그러한지(〈별곤건〉제32호 1930.9.1) 현대중국어 표기 ➡ 奥地利

【墺地利 오지리】 오스트리아(Austria), 유럽 대륙 중앙에 있는 내륙국 ▎墺地利(〈한성순보〉제10호 1884.1.30 歐洲各國帝王生年·元年系統 政治一覽) ▎墺地利 어스트뤼아(유길준《서유견문》1895 제1편) ▎墺地利匈牙利ᄂᆞᆫ北은日耳曼과魯西亞오(《소학만국지지》1895 제3편) ▎墺地利 輸出 七萬八千七百六十萬후로링(〈대조선독립협회회보〉제13호 1897.5.31) ▎墺地利, 秘露, 日本, 巴西凡十六國이니(《중등만국지지》1902 권1) ▎伊太利로 ᄒᆞ여곰 墺地利의 羈絆을 脫却ᄒᆞ고(〈대한유학생회학보〉제3호 1907.5.25) ▎墺地利 政府ᄂᆞᆫ 十二月 二十四日 所報俄國通牒에 對ᄒᆞ야 覺書를 送ᄒᆞ야(〈대동학회월보〉제12호 1909.1.25) ▎獨逸共和國, 勞農露西亞, 佛蘭西, 墺地利와 如한 외국과의 무역관계가 爲替關係의 불이익으로 인하야(〈개벽〉제32호 1923.2.1)

【奥地利國 오지리국】 오스트리아(Austria), 유럽 중부에 있는 공화국 ▎敎曰:奥地利國與我國欲爲締約云, 果然否(《조선왕조실록》고종27년 1890.1.22) ▎그는 奥地利國 維也納에서 공부하다가 歸省하는 청년이엇다(〈개벽〉제52호 1924.10.1)

【墺地利國 오지리국】 오스트리아(Austria), 유럽 중부에 있는 공화국 ▎밤늦게야 墺地利國 首府 維也納에 다엇다(〈개벽〉제53호 1924.11.1)

【墺地利亞 오지리아】 오스트리아(Austria), 유럽 대륙 중앙에 있는 내륙국 ▎乃頒給將士ᄒᆞ고 與丹墨墺地利亞 佛蘭西諸國으로 戰ᄒᆞ야 皆得收其賠金ᄒᆞ며(〈대한유학생회학보〉제2호 1907.4.7)

【奥地利亞 오지리아】 오스트리아(Austria), 유럽 대륙 중앙에 있는 내륙국 ▎奥地利亞(《사민필지》1895 권1 英吉利)

【墺地利洪牙利 오지리홍아리】 오스트리아 헝가리 제국(Empire of Austria-Hungary), 19

세기 후반에 성립된 오스트리아-헝가리 국가 체제. 1867년부터 1918년까지 존속했던 합스부르크 왕가의 국가이다 ▎墺地利洪牙利는 北은 日耳曼과 魯西亞오(《소학만국지지》1895 제3편)

【澳太利 오태리】 오스트리아(Austria), 유럽 대륙 중앙에 있는 내륙국 ▎澳太利(〈한성순보〉제9호 1884.1.18) ▎世界諸國의 郵便數라 澳太利 九七二0 二四(〈대조선독립협회회보〉제4호 1897.1.15) ▎曰 澳太利와 勃加利亞의 合國은 關係國의 同意를 經치 아니(〈대한협회회보〉제8호 1908.11.25) ▎澳太利에는 실로 독일인이 반수나 살고 잇기에 독일도 澳太利도 서로 합병하기를 원하지만(〈삼천리〉제7권제11호 1935.12.1)

【墺太利 오태리】 오스트리아(Austria), 유럽 대륙 중앙에 있는 내륙국 ▎此를 議決홈에는 出席議員 三分之二 以上의 同意를 要ᄒᆞᄂᆞᆫ 者, 墺太利, 和蘭, 헷센 等이 是也며(〈태극학보〉제7호 1907.2.24) ▎佛國는 墺太利를 助홈ᄋᆡ 英 佛兩國이 再次 互相 敵視홈을 不可免ᄒᆞᆫ 故로(〈대한학회월보〉제2호 1908.3.25) ▎在日本墺太利匈牙利大使館叅事官 ᄭᅦ ㅣ 쏘시랏시(〈관보〉제4187호 1908.9.26) ▎同電을 據ᄒᆞᆫ즉 墺太利ᄂᆞᆫ 쌘스늬야, 헬데고븨나의 合倂을 宣告ᄒᆞᆯ터인ᄃᆡ(〈대동학회월보〉제9호 1908.10.25) ▎금번 墺太利에 과학가「스타이나하」씨의 불로장생 회춘법에 대한 신발명은 실로 경탄할만한 가치가 잇지 안흔가(〈개벽〉제12호 1921.6.1) ▎1799年 6月에 墺太利를 追逐하는 프란쓰 軍士가 瑞西를 들어오아서(〈동광〉제10호 1927.2.1) ▎그 主體를 瑞西에다 뉘어논 후 그 발들은 伊太利로 墺太利로 南獨逸로 뻐더갓다(〈별곤건〉제12·13호 1928.5.1)

【澳太利洲 오태리주】 오스트레일리아(Australia) 주, 오세아니아 남태평양과 인도양 사이에 있는 대륙 ▎亞洲의 南과 澳太利洲의 西와(《고등소학독본》권2, 휘문의숙편집부, 1907) ▎그리고 澳太利洲는 1521년에 발견되어 1770년에 英國의 식민지로 돼었으며(〈삼천리〉제13권 제11호 1941.11.1)

【墺太利洪牙利 오태리홍아리】 오스트리아 헝가리 제국(Empire of Austria-Hungary), 19세기 후반에 성립된 오스트리아-헝가리 국가 체제. 1867년부터 1918년까지 존속했던 합스부르크 왕가의 국가이다 ▎세르비아 청년에게 암살된 순간으로부터 세계의 視聽은 墺太利洪牙利정부가 엇더케 나갈 것인가 하야「윈」에 집중하기 시작하엿다(〈개벽〉신간 2호 1934.12.1)

【墺太利匈牙利 오태리흉아리】 오스트리아 헝가리 제국(Empire of Austria-Hungary), 19세기 후반에 성립된 오스트리아-헝가리 국가 체제. 1867년부터 1918년까지 존속했던 합스부르크 왕가의 국가이다 ▎在日本墺太利匈牙利大使館叅事官 ᄭᅦ ㅣ 쏘시랏시(〈관보〉제4187호 1908.9.26) ▎澳太利匈牙利 47,383,333磅(〈관보〉제4226호 1908.11.12) ▎이로부터 土耳其를 단녀 빨칸半島 列國과 墺太利匈牙利 첵크슬로바키를 구경하고(〈개벽〉제49호 1924.7.1)

【鰲浦 오포】 아베이루(Aveiro), 포르투갈 북서부의 주 ▎鰲浦(오퍼토) 此府ᄂᆞᆫ 利秀繁北方六百里許에 在ᄒᆞ야(유길준《서유견문》1895 제20편)

【澳賀澆江 오하요강】 오하이오 강(Ohio River), 미국의 강 이름 ▎阿干沙秀江과 禮斗江과 澳賀澆江의 諸水며 賀春江은(유길준《서유견문》1895 제2편)

【墺匈國 오흉국】 오스트리아헝거리 제국(Empire of Austria-Hungary), 19세기 후반에 성립된 오스트리아-헝가리 국가 체제. 1867년부터 1918년까지 존속했던 합스부르크 왕가의 국가이다. '墺匈國'은 '墺太利匈牙利國'의 줄어든 말 ▎世界中 養豚으로 가장 有名ᄒᆞ기ᄂᆞᆫ 米國과 墺匈國이라(〈태극학보〉제7호 1907.2.24) ▎歐洲大戰後에 土耳其의 龜裂과 墺匈國의 분리가 또한 國家學上 원리원칙으로 出來한 바이라(〈개벽〉제4호 1920.9.25) ▎墺匈國은 新興獨逸의 원조를 받아 발칸 반도에 세력을 확장하야 伊太利방면에서 잃어버린 손실을 보충하려 하엿다(〈동광〉제31호 1932.3.5) ▎생각건대 이 수도는 墺匈國國境

까지는 겨우 기차로 25분간이면 가는 갓가운 곳에 잇섯슴에 반하야(〈삼천리〉제6권5호 1934.5.1)

【溫大利遨湖 온대리오호】 온타리오 호(Ontario Lake), 미국과 캐나다 사이에 있는 호수. 5대 호의 하나로 세계 15위의 큰 호수임 ▌大槩阿美利加洲의溫大利遨湖와厓利湖와休論湖와美時干湖와秀布利菸湖五水의渟滀혼淸水가全世界淸水의二分一이오(유길준《서유견문》1895 제2편)

【溫都斯坦 온도사탄】 힌두스탄(Hindustan), 인도의 북 · 서 · 동쪽을 둘러싼 산지와 반도부와의 사이에 가로놓여 있는 평야 ▌又는前印度라稱ᄒᆞ며又는溫都斯坦이라稱ᄒᆞ고(《중등만국지지》1902 권1)

【外蒙古 외몽고】 와이멍구(WàiMěnggǔ), 현재 몽고 인민 공화국의 영역에 해당하는 고비 사막 이북의 예전 이름 ▌南을內蒙古라ᄒᆞ고北을外蒙古라稱ᄒᆞ니(《소학만국지지》1895 제1편) ▌고비 戈壁이라 稱ᄒᆞ는 砂漠이 有ᄒᆞ니 漢北을 外蒙古라稱ᄒᆞ고(〈태극학보〉제8호 1907.5.24) ▌且外蒙古에 俄國勢力範圍를 定ᄒᆞ며 同時에 韓國內에 日本의 勢力範圍을 承認ᄒᆞ얏다더라(〈대한자강회월보〉제13호 1907.7.25)

【瓦魯舍之斯 와로사지사】 브뤼셀(Brussels, Bruxelles), 벨기에의 수도 ▌瓦魯舍之斯(〈한성주보〉제31호 1886.10.4 瀛海各國統考)

【洼門州 와문주】 버몬트(Vermont) 주, 미국 동북부에 있는 주 ▌洼門州(〈한성순보〉제12호 1884.2.17 美國誌略)

【臥沙聚山 와사취산】 워새치 산맥(Wasatch Range), 미국 서부, 로키 산맥의 지맥 ▌此二山을間ᄒᆞ야高平ᄒᆞᆫ地가有ᄒᆞ니臥沙聚山이其中央에占據ᄒᆞ야(유길준《서유견문》1895 제1편)

【洼申頓郡 와신돈군】 워싱턴(Washington) 주, 미국 태평양 연안에 있는 주 ▌洼申頓郡(〈한성순보〉제12호 1884.2.17 美國誌略)

【瓦地馬拉 와지마랍】 과테말라(Guatemala), 중앙아메리카 북서 끝에 있는 나라로 고대 마야문명의 중심지였던 곳이다 ▌瓦地馬拉(GUATEMALA)(人口ᄂᆞᆫ五十萬)本洲極北西에在ᄒᆞᆫ共和國이니(《중등만국지지》1902 권3)

【倭國 왜국】 일본(Japan), 한국과 중국에서 일본을 가리키던 호칭. 흔히 일본을 낮잡아 부르는 말로 쓰인다 ▌琉球,暹羅,倭國之人,莫不來附,誠千載之罕遇也(《조선왕조실록》태종9년 1409.11.14) ▌濟州民人趙必爀,李元甲等,自倭國還(《조선왕조실록》정조22년 1798.8.1) ▌왜국 倭國(파리외방선교회한국선교단《한불자전》1880) ▌왜국 倭國(게일편《한영자전》1897) ▌東南은 大海에 至ᄒᆞ야 倭國과 相通ᄒᆞ니(〈대한협회회보〉제6호 1908.9.25) ▌倭國Japan(왜국)『名』舊時代의 日本國의 稱(조선총독부《조선사서원고》1918) ▌海東 名將傳을 건정으로나마 닑엇슬 때 倭國이 우리 조선의 이웃나라인 것을 알엇섯다(〈삼천리〉제2호 1929.9.1)

【倭痾海州 왜아해주】 오하이오(Ohio) 주, 미국 중동부에 있는 주 ▌倭痾海州(〈한성순보〉제12호 1884.2.17 美國誌略)

【牛約 우약】 뉴욕(New York), 미국 뉴욕 주에 있는 미국 최대의 항구도시 ▌牛約(〈한성순보〉제13호 1884.2.27 泰西運輸續稿)

【牛要爾客 우요이객】 뉴욕(New York), 미국 뉴욕 주에 있는 미국 최대의 항구도시 ▌牛要爾客(〈한성순보〉제1호 1883.10.31 地球論)

【牛津 우진】 옥스퍼드(Oxford), 영국 잉글랜드 옥스퍼드셔카운티(Oxfordshire county)의 도시. '牛津'은 영국 Oxford의 한자표기이다 ▌獨帝와 博士號 英國 牛津大學은 目下滯英中의 獨逸皇帝의게 法學博士의 名譽稱號를 贈ᄒᆞᆫ지라(〈서우〉제14호 1908.1.1) ▌악스포드(牛津)대학을 마친 후에 군인을 몃해 다니엇고 도시생활에 가산정리를 잘못하야 귀족의 톄모를 보전키 어려웁게 되자(〈동아일보〉1923.3.25. 4면) ▌君은 牛津대학에 와서 역사를 전공하는 학생인데(〈별곤건〉제14호 1928.7.1) ▌英國牛津大學敎授 톰슨-(Edward Tomson)-(〈삼천리〉제13호 1931.3.1) 현대중국어 표기 ➡ 牛津

옥스퍼드(牛津)와 케임브리지(劍橋)

영국에는 세계 유수의 대학이 많다. 그중에서 옥스퍼드 대학과 케임브리지 대학은 아마도 영국에서 가장 유명한 대학 중 하나일 것이다. 옥스퍼드 대학은 잉글란드 옥스퍼드(Oxford) 시(市)에 있고 케임브리지 대학은 케임브리지(Cambridge) 시에 위치한다. 개화기에 이들 대학이 있는 도시는 각각 '牛津'과 '劍橋'로 표기한 적이 있다. 왜 그렇게 생소한 표기를 했는지 잠시 그 유래를 살펴보기로 한다. 이들 도시의 표기는 두 가지 다 중국 유래의 표기이다.

먼저 Oxford가 왜 '牛津'이 되었는지 살펴보자. 중국에서 Oxford를 '牛津'으로 표기한 것은 Oxford의 단어 구조를 Ox + ford로 보고 Ox에 대하여 '牛', ford를 '津'으로 의역하였기 때문이다. 영어 Ox는 원래 황소를 의미하므로 바로 '牛'가 될 수 없는데 실제 번역시에는 암수를 따지지 않고 Ox를 '牛'로 번역한 것이다. ford는 (강바닥이 얕은) 여울을 의미하므로 '津'으로 번역해도 무리가 없을 것이다.

다음에 '劍橋'에 대하여 알아보기로 한다. Cambridge를 '劍橋'로 표기한 것은 Cambridge의 단어 구조를 Cam + bridge로 보고 Cam을 음역(音譯) 해서 '劍'으로, bridge는 의역(意譯)해서 '橋'로 표시한 때문일 것이다.

이들 예는 중국에서 외국지명을 표기할 때 원어의 단어 구조를 분해하여 각각의 요소를 의역 또는 음역해서 조합하는 방식이 있었음을 잘 나타내고 있다. '牛津'과 '劍橋'은 현대 중국어에도 그대로 사용된다.

【雲南 운남】윈난(Yunnan 雲南), 중국 남서부에 있는 성(省) 이름 ▌北은支那의雲南과 鄰ᄒᆞ고(《중등만국지지》1902 권1) ▌淸政府ᄂᆞᆫ 雲南法國領事去에 對ᄒᆞ야 國境侵入을 謝罪ᄒᆞ고(〈대동학회월보〉제5호 1908.6.25) ▌外으로ᄂᆞᆫ 香港 雲南이 外人의 幷呑ᄒᆞᆫ 積恥를 未雪ᄒᆞ얏시니(〈대한학회월보〉제6호 1908.7.25) ▌그러다가 혁명의 정신은 오히려 죽지 아니하야 蔡愕 李烈鈞 兩氏가 首先히 雲南에서 일어나(〈개벽〉제31호 1923.1.1) ▌袁世凱의 帝業 성취에 찬성한다면 雲南의 邊境인 片馬에 英國군대의 駐屯權을 인정할뿐 아니라(〈별곤건〉제26호 1930.2.1)

【元厓勢伊江 원애세이강】예니세이 강(the Yenisei River), 러시아 중부를 북류하여 북극해로 흐르는 강 이름 ▌元厓勢伊江과澳排江은皆亞細亞의北方에在ᄒᆞᆫ者라(유길준《서유견문》1895 제2편)

【越南 월남】베트남(Vietnam), 동남아시아의 인도차이나 반도 동부에 있는 나라. '越南'은 중국인들이 Vietnam에 대해서 부르는 이름이다 ▌仍以福暎封於安南, 而改國號曰: 越南 云(《조선왕조실록》순조3년 1803.11.15) ▌淸國 日本 朝鮮 越南 蒙 滿 西藏皆此類也(〈대조선독립협회회보〉제8호 1897.3.15) ▌인도 월남(印度越南)과 이급파사(埃及波斯)를 보면 알지니 엇지 경계치 아니리요(〈독립신문〉1898.12.12) ▌越南等國之民族乎一般國民之於此償款以義務(〈대한유학생회회보제2호 1907.4.7) ▌越南 菲律賓에도 忠臣이 亦有하건마난(〈대한협회회보〉제1호 1908.4.25) ▌如埃及如越南은皆從地獄而入門者也니(〈대동학회월보〉제13호 1909.2.25) ▌越南亡

國史 著作者 玄采(〈관보〉제4370호 1909.5.7) ▌일즉이 越南 交趾 等地에 産하야 土人이 此로써 布를 織하고(〈개벽〉제19호 1922.1.10) 현대중국어 표기 ➡ 越南

【威內斯 위내사】 베네치아(Venice), 이탈리아 베네토(Veneto) 주의 주도이며 '물의 도시'로 불린다. 영어로는 베니스(Venice)라고 한다 ▌威內斯(〈한성순보〉제5호 1883.12.9 奧普意三國同盟) ▌其後 十六世紀間에 威內斯人이 新聞紙의 發行하기를 始하고(〈대한학회월보〉제7호 1908.9.25)

【威內薩 위내살】 베네치아(Venice), 이탈리아 베네토(Veneto) 주의 주도이며 '물의 도시'로 불린다. 영어로는 베니스(Venice)라고 한다 ▌自是以降으로 英國이「威內薩」논「亞度里亞海」를「게누아」논「利古利安」海를 其主權의 可及할 範圍內가 된다(〈대한유학생회학보〉제3호 1907.5.25)

【委內瑞拉 위내서랍】 베네수엘라(Venezuela), 남아메리카 대륙 북부에 있는 공화국 ▌委內瑞拉(〈한성순보〉제19호 1884.4.25 各國國債說略) ▌委內瑞拉은西으로哥倫比亞에接ᄒᆞ고(《소학만국지지》1895 제5편) ▌委國大統領捕縛 委內瑞拉國 副統領 코매쓰氏는(〈대한협회회보〉제10호 1909.1.25) 현대중국어 표기 ➡ 委內瑞拉

【威尼斯 위니사】 베네치아(Venice), 이탈리아 베네토(Veneto) 주의 주도이며 '물의 도시'로 불린다. 영어로는 베니스(Venice)라고 한다 ▌其後 十六世紀間에 威尼斯人이 新聞紙의 發行하기를 始하고(〈대한학회월보〉제7호 1908.9.25) ▌西曆八0八年에倫巴多의猶太人이義太利(威尼斯)에셔銀行을始設ᄒᆞ얏고(장지연 편《만국사물기원역사》1909.8) 현대중국어 표기 ➡ 威尼斯

【衛來法 위래법】 위니펙(Winnipeg), 캐나다 매니토바(Manitoba) 주의 주도 ▌衛來法(《사민필지》1895 권2 佳那多)

【威勒士 위륵사】 웨일스(Wales), 영국 그레이트브리튼 섬 남서부의 반도 지역 ▌開國ᄒᆞᆫ지 不三百年에 蘇格蘭 威勒士 愛爾蘭의 三州를 合倂ᄒᆞ고(〈대조선독립협회회보〉제7호 1897.2.28) ▌新南威勒士 輸出 二千五百九十四萬四千零二十磅(〈대조선독립협회회보〉제13호 1897.5.31)

【威士干心州 위사간심주】 위스콘신(Wisconsin) 주, 미국 중북부에 있는 주. 오대호 서쪽에 위치하며 미네소타 주 · 아이오와주 · 일리노이 주 · 미시간 주(州)에 둘러싸여 있다 ▌威士干心州(〈한성순보〉제12호 1884.2.17 美國誌略)

【威蘇山 위소산】 베수비오 산(Vesuvio Mountain), 이탈리아 나폴리만 연안에 있는 산 ▌威蘇山(〈한성순보〉제2호 1883.11.10 美國誌略)

【威爾士 위이사】 웨일스(Wales), 영국 남서부에 있는 지방. 그레이트브리튼 섬(Great Britain Island) 중에서 스코틀랜드(Scotland)와 잉글랜드(England)를 제외한 지역이다 ▌威爾士(〈한성순보〉제6호 1883.12.20 英國誌略) ▌威爾士는內海에 擴出ᄒᆞ야大槪山地에屬ᄒᆞ니(《중등만국지지》1902 권2)

【維納 유납】 빈(Vienna), 오스트리아 수도. 오스트리아의 북동쪽 도나우(Donau)강 변에 위치하며 영어로는 비엔나(Vienna)라 한다 ▌이 凶報를 귀에 담기와 가치 急遽 維納에 달려가서(〈삼천리〉제6권5호 1934.5.1)

【維多利 유다리】 빅토리아(Victoria) 주, 오스트레일리아 남동부에 있는 주 ▌維多利東南隅에位ᄒᆞᆫ濠洲中最少洲니(《중등만국지지》1902 제3편)

【維多利河 유다리하】 빅토리아(Victoria) 강, 오스트레일리아 중북부 노던테리토리(Northern Territory) 주 서북쪽을 흘러 퀸스해협으로 흘러 들어가는 강 ▌維多利河(VICTORIA)는幅廣水深ᄒᆞ야(《중등만국지지》1902)

【猶羅貴 유라귀】 우루과이(Uruguay), 남아

메리카 동남부에 있는 공화국 ▌猶羅貴 유라궤(유길준《서유견문》1895 제1편) ▌猶羅貴(《사민필지》1895 권3 猶羅貴) ▌猶羅貴 유라궤(〈대한자강회월보〉제11호 1907.5.25) ▌秘魯 拔利比亞 智利 亞然丁 猶羅貴 許太伊山道明澳 把羅貴 等 諸共和國이 有ᄒᆞ며(〈대한협회회보〉제5호 1908.8.25)

【乳剌 유랄】 우랄 산(Ural Mountains), 러시아 북부를 북에서 남으로 뻗어 있는 산맥 ▌乳剌(《사민필지》1895 권1 俄羅斯)

【維亞納 유아납】 빈(Vienna), 오스트리아 수도. 오스트리아의 북동쪽 도나우(Donau) 강변에 위치하며 영어로는 비엔나(Vienna)라 한다 ▌維亞納(〈한성순보〉제4호 1883.11.30 越事彙譯)

【維肉明郡 유아명군】 와이오밍(Wyoming) 주, 미국 서부에 있는 주 ▌維肉明郡(〈한성순보〉제12호 1884.2.17 美國誌略)

【維也納 유야납】 빈(Vienna), 오스트리아 수도. 오스트리아의 북동쪽 도나우(Donau) 강변에 위치하며 영어로는 비엔나(Vienna)라 한다 ▌維也納(〈한성순보〉제5호 1883.12.9 奧普意三國同盟) ▌維也納은此國의首府로(《소학만국지지》1895 제3편) ▌墺國維也納新聞에依ᄒᆞ면希臘國內閣은左開의人을以ᄒᆞ야組織ᄒᆞ야다홈(德國관보)(《관보》101호 1895.6.29) ▌墺地利(維也納) 一年平均溫度 五十五度五分 大麥 小麥 烟草 菓 畜物 毛織 綿織 硝子 錫 鐵 鉛(〈대조선독립협회회보〉제9호 1897.3.31) ▌又維也納會議의 國際河流法(千八百十五年)과 巴里會議의 海上法(一千八百五十六年)과(〈대한유학생회회보〉제2호 1907.4.7) ▌德國宰相 쌲로 公은 維也納에셔 墺皇及太子의 款待를 受ᄒᆞ얏다더라(〈대동학회월보〉제3호 1908.4.25) ▌德國政府ᄂᆞᆫ 維也納政府에 對ᄒᆞ야激烈ᄒᆞᆫ 照會를 送致ᄒᆞ얏다더라(〈대한협회회보〉제9호 1908.12.25) ▌維也納公會의 不自然한 결정과 神聖同盟의 무리한 압박을 突破하고(〈개벽〉제43호 1924.1.1) ▌年前 維也納大學에서 니러난 反猶太者들의 폭동으로(〈별곤건〉제14호 1928.7.1) 현대중국어 표기 ➡ 维也纳

【維也納府 유야납부】 빈(Vienna), 오스트리아 수도. 오스트리아의 북동쪽 도나우(Donau) 강변에 위치하며 영어로는 비엔나(Vienna)라 한다 ▌維也納府(〈한성순보〉제17호 1884.4.6 歐洲各國京都經緯表) ▌澳國維也納府로 븟터「기유우」에旅行中去八月三十日夜에瀛車中에셔急病을當ᄒᆞ야薨去ᄒᆞ얏다홈(《관보》제309호 1896.4.25)

【紐約 유약】 뉴욕(New York), 미국 뉴욕 주에 있는 미국 최대의 항구도시 ▌自由의巨像은紐約港口一小島의奇觀이니(유길준《서유견문》1895 제19편) 현대중국어 표기 ➡ 纽约

【猶太國 유태국】 유대(Judae), 유다 왕국. 고대 팔레스타인에 있던 유대인의 왕국 ▌猶太國에耶蘇가始生ᄒᆞ니此人의遺教가現今泰西諸國의通行ᄒᆞᄂᆞᆫ者라(유길준《서유견문》1895 제13편) ▌유틱국 猶太國(《국한회어》1895) ▌옛날 유다국(猶太國)이 어듸잇셧ᄂᆞ뇨 ○답 아셔아셔편(答亞西亞西偏)에 잇셧ᄂᆞ니라(《디구략론》1897) ▌유태국 猶太國 Judea(게일편《한영자전》1897) ▌녯적에 유태국(猶太國) 에 큰 흉년이 들엇ᄂᆞᆫ딕 이급(埃及) 셔ᄂᆞᆫ 그 님군 법로(法老) 가 지혜 잇ᄂᆞᆫ 대신 약실(約瑟) 이 히몽(解夢)ᄒᆞᆫ 말을 듣고(〈독립신문〉1899.10.27) ▌所謂 開明諸國이 無不信奉者而生於猶太國ᄒᆞ야(〈태극학보〉제1호 1906.8.24) ▌孔子教의 區域 支那本部, 韓國, 日本, 安南, 基督教의 區域 猶太國, 米國, 英國, 俄國, 法國, 德國, 韓國, 淸國, 日本, 印度, 安南(全世界에 教區가 滿遍)(〈대한학회월보〉제3호 1908.4.25) ▌그네는 모세라는 중심인물을 핵으로 하고 一國을 成하야 猶太國의 기초를 成한 것이외다(〈개벽〉제13호 1921.7.1)

【幽布禮朱江 유포예주강】 유프라테스 강(Euphrates River), 서아시아 최대의 강. 길이 2,700*km*. 티그리스 강과 더불어 티그리스-유프라테스 강이라 불리는 경우가 많다 ▌幽布禮朱江은中央亞細亞에在ᄒᆞ니(유길준《서유견문》1895 제2편)

【倫敦 윤돈】 런던(London), 영국의 수도 ▌英

吉利國 倫敦은 世界 中 第一 大都會라(《국민소학독본》1895) ▌鐵路와 帆船이 倫敦으로븟터 東西南北에 縱橫ᄒᆞ니라(《국민소학독본》(아세아문화사 영인본 1896) ▌영국(英國)서울일홈이 무어시뇨 ○답 론던(倫敦)이라ᄒᆞᄂᆞ니라(《디구략론》1897) ▌倫敦(〈대한민보〉제3호 1909.6.15) ▌이 안숑운씨와 ᄀᆞᆺ치 대셩공ᄒᆞᆫ 사람은 현금 론돈(倫敦)에 두사람도 업다」고 남작이 소ᄀᆡᄒᆞᄂᆞᆫ 곳에(〈태서문예신보〉제5호 1918.11.2) ▌청탑회(靑鞜會):1750년경 영국 런던(倫敦)의 문학미술회합에서 명성을 떨치던 한 여류문학자가 청색양말을 신어서 그 회원들, 특히 여류문학자 등을 청탑회원이라고 칭했는데, 조선에서도 이른바 신여류 문학운동을 일으킨 일파에게 이 명칭을 시용한다(최록동편《현대신어석의》1922) 현대중국어 표기 ➡ 伦敦

【聿謁江 율알강】 우랄 강(Ural River), 러시아와 카자흐스탄을 흐르는 강 ▌拔家江과 聿謁江은 哥秀比安海의 近邊에 在ᄒᆞ고(유길준《서유견문》1895 제2편)

【銀國 은국】 아르헨티나(Argentina), 남아메리카 대륙 남동부에 있는 연방제 공화국 ▌銀國(南米) 一百十餘萬方里(〈대조선독립협회회보〉제15호 1897.6.30) ▌은국 銀國 Aegentina(게일편《한영자전》1897)

【乙富江 을부강】 엘베 강(Elbe River), 중부유럽을 북류하여 북해로 흘러드는 강 ▌拔特海에 會歸ᄒᆞ고乙富江은眞瑞江을合ᄒᆞ야(유길준《서유견문》1895 제2편)

【音的阿那州 음적아나주】 인디애나(Indiana) 주, 미국 동부에 있는 주 ▌音的阿那州(〈한성순보〉제12호 1884.2.17 美國誌略)

【義 의】 이탈리아(Italy), 남부유럽 이탈리아 반도에 있는 공화국 ▌外部參書官韓昌洙, 兼任駐箚英, 德, 義公使館一等參書官(《조선왕조실록》고종36년 1899.6.27) ▌舞蹈ᄂᆞᆫ 西洋法義兩國에셔 始盛行ᄒᆞ야諸國이倣行 ᄒᆞ니라(장지연편《만국사물기원역사》1909.8)

【意 의】 이탈리아(Italy), 남부유럽 이탈리아 반도에 있는 공화국 ▌意(〈한성순보〉제5호 1883.12.9) ▌任特派大使命報聘英德俄意法奧各國 義和君堈(〈관보〉제147호 1895.8.26)

【意國 의국】 이탈리아(Italy), 남부유럽 이탈리아 반도에 있는 공화국 ▌意國 二九六○○○(〈관보〉제80호 1895.6.4) ▌意國 三億二千八百萬兩(〈대조선독립협회회보〉제17호 1897.7.31) ▌

銀國(은국)

'은국(銀國)'이란 남미의 아르헨티나를 가리키는 이름으로 19세기 말까지는 우리나라 자료에는 나오지 않는다. 필자의 조사에 의하면 100권본《해국도지》권68에 나오며 권3에는 남미대륙 지도에도 나와 있다.《해국도지》권68에는 '《外国史略》曰: 銀國, 一名拉巴他國 東南達巴他峨尼 北及破利威,東達巴拉涯 乌路危'이라 하여, 銀國이 일명 라플라타(La Plata)라고 하고 동남쪽으로 파타고니아(Patagonia)가 있고 북쪽으로 볼리비아, 동쪽으로 파라과이와 우르과이가 있다고 적고 있다. 개화기 우리나라 문헌에는 게일편《한영자전》과 〈대조선독립협회회보〉 제15호(1897.6.30.)에 나올 뿐 1900년도 이후에는 쓰인 예가 보이지 않는다.《한영자전》초판(1897)에는 '은국 銀國 Aegentina'라고 하여 銀國이 아르헨티나임을 표시하고 있다.

결국 '은국(銀國)'은 중국에서 아르헨티나를 가리키던 이름이 우리나라에 소개된 것이었음을 알 수 있다. 오늘날 중국에서는 아르헨티나를 '阿根廷'으로 표기한다.

意國은 千八百六十四年에 民間百人中不識字者가 多至八十人이오(《대한유학생회학보》제1호 1907.3.3) ▎意國人 某가 五十年前에 西曆四世紀頃에 封植흔 古墳中에(《대한자강회월보》제9호 1907.3.25) ▎意國이 佛國의 蹂躪을 不被ᄒ드면 自由思想이 何萌이며(《태극학보》제19호 1908.3.24)

【義國 의국】이탈리아(Italy), 남부유럽 이탈리아 반도에 있는 공화국 ▎義國(《한성순보》제20호 1884.5.5) ▎義國(《한이수호통상조약》조약문 1884.6.26조인) ▎「아비시니아」國「에네레구」王과義國司令官「파루지세라」將軍과媾和談判을破裂ᄒ얏다더(《관보》제80호 1895.6.4) ▎日本에 西鄕隆盛(其心則愛國)德國에 쎄스막 義國의 카불 及 가리발디 等이(《대한자강회월보》제7호 1907.1.25) ▎義國 比國等 民法을 分明히 外人도 內人과 同一흔 私權을 享有홈을 規定ᄒ얏고(《대한협회회보》제12호 1909.3.25)

【義大利 의대리】이탈리아(Italy), 남부유럽 이탈리아 반도에 있는 공화국 ▎外部協辦尹致昊가仁川港에出去ᄒ야義大利王姪阿大里氏와隨員七人을餞別ᄒ고本月四日에入來홈(《관보》제83호 1895.6.8) ▎數週 後에는 同地를 離ᄒ야 義大利國 네플 或 제노아 等地에셔 同國王과 會見흘 預定이라더라(《대한자강회월보》제9호 1907.3.25) ▎翌年에義大利人撲德이亦電車를造ᄒ니(장지연편《만국사물기원역사》1909.8)

【意大里 의대리】이탈리아(Italy), 남부유럽 이탈리아 반도에 있는 공화국 ▎意大里(《한성주보》제47호 1887.1.24 彈丸小國) ▎意大里(《사민필지》1895 권1 意大里) ▎西班牙出十三萬磅意大里與瑞士及俄羅斯出五萬八千磅(《대조선독립협회회보》제12호 1897.5.15)

【意大利 의대리】이탈리아(Italy), 남부유럽 이탈리아 반도에 있는 공화국 ▎의대리 意大利(《국한회어》1895) ▎의대리 意大利 Italy(게일편《한영자전》1897) ▎意大利法醫學家某의 著흔(天才論)에 曰天才라난 者난 何오(《대한자강회월보》제10호 1907.4.25) ▎我可使之一變爲少年을 如嘉富耳之於意大利오(《서북학회월보》제2호 1908.7.1) ▎普魯西 和蘭 意大利 等 國은 法律互相主義를 引用ᄒ고(《대한협회회보》제12호 1909.3.25) ▎영국 긔반 羈絆에셔 버셔나 ᄌ쥬독립이 되게 ᄒ던 화셩돈 華盛頓과 의대리意大利 졍치를 기혁改革ᄒ야(《성산명경》최병헌 1914) ▎그 影響은 다시 意大利로 하야곰 十一小邦을 合하야 墺支利의 議計로도 어찌 할 여지가 업게 하얏다(《개벽》제15호 1921.9.1) 현대중국어 표기 ➡ 意大利

【意大利國 의대리국】이탈리아(Italy), 남부유럽 이탈리아 반도에 있는 공화국 ▎意大利國王姪阿大里氏와隨員七人이今月一日下午七時에入京ᄒ고(《관보》제80호 1895.6.4) ▎意大利國은 大學校가 卄一所, 敎師가 九百七十一人, 生徒가 二萬二千四百卄人이오(《대한협회회보》제3호 1908.6.25) ▎意大利國은 大學校가 二十一所 中學校가 六百五所 小學校가 七萬一千一百九十一所라 ᄒ니(《서북학회월보》제3호 1908.8.1)

【意大里國 의대리국】이탈리아(Italy), 남부유럽 이탈리아 반도에 있는 공화국 ▎意大里國(《사민필지》1895 권2 亞非利加東界) ▎意大里國其性脆體實色黑而光亮劃視之亦黑色(《대조선독립협회회보》제12호 1897.5.15)

【意太利 의태리】이탈리아(Italy), 남부유럽 이탈리아 반도에 있는 공화국 ▎意太利(《한성주보》제29호 1886.9.20) ▎亞非斯尼亞及意太利의戰況이라(倫敦電報九月十一日)(《관보》제169호 1895.9.23) ▎意太利 二萬磅 日本 二十七萬磅(《대조선독립협회회보》제15호 1897.6.30) ▎處在意太利中部而世界民主國中最稱有名者也라(《대한자강회월보》제8호 1907.2.25) ▎一小將校가 奮其切名心ᄒ야 征埃及ᄒ며 征意太利ᄒ야 席捲全歐에 建大帝國ᄒ고(《서우》제12호 1907.11.1) ▎第十二世紀에 至ᄒ야는 意太利에 波羅那大學의 設立이 有ᄒ미(《기호흥학회월보》제8호 1909.3.25) ▎拿破崙이가 意太利를 치랴고 하루사이에 알프쓰산을 넘을 때(《개벽》제12호 1921.6.1) ▎西洋에 잇어서는 意太利의「파씨스트」「쏘베트 로시아」등이 그 대표이고

(《동광》제18호 1931.2.1)

【義太利 의태리】 이탈리아(Italy), 남부유럽 이탈리아 반도에 있는 공화국 ▎「아비시니아」軍隊ᄂᆞᆫ 義太利軍이 大擧進擊ᄒᆞ믈 邀擊ᄒᆞ야 大砲十六門을 奪領ᄒᆞ얏더라(《관보》제281호 1897.3.24) ▎此問題의 現出ᄒᆞᆫ 後로 루마이야와 義太利와 露國等數國은 死刑을 全廢ᄒᆞ얏고(《대동학회월보》제6호 1908.7.25) ▎墺地利 匈牙利 義太利 荷蘭 白耳義(一名 比國 卽 比利時) 馬利路 丁抹 安道羅 葡萄牙 瑞西 諾威 西班牙 土耳基 希臘 瑞典 樓禰尼亞 俄國(露西亞 一云 俄羅斯) 西比亞 等國이니 擧皆 獨立이오(《대한협회회보》제3호 1908.8.25) ▎西曆八0八年에 倫巴多의 猶太人이 義太利(威尼斯)에셔 銀行을 始設ᄒᆞ얏고(장지연편《만국사물기원역사》1909.8)

【伊 이】 이탈리아(Italy), 남부유럽 이탈리아 반도에 있는 공화국, '伊'는 '伊國' 또는 '伊太利'의 약칭이다 ▎그 條約國은 東洋에ᄂᆞᆫ 日本이오 歐羅巴洲에ᄂᆞᆫ 英法獨俄墺伊 六國이오(《국민소학독본》1895) ▎일즉부터 開戰중이던 希土戰이 문득 土國 케말軍의 大勝에 歸하야 英·佛·伊·羅·希·土 등 諸國의 대표를 含한 近來 講和會議의 개최를 致할 형세에 至한 것이며(《개벽》제29호 1922.11.1) ▎그 외에 伊希間의 충돌이던지 험악한 近東問題이던지 英佛간의 격렬한 암투는 오히려 말할 것도 업시(《개벽》제42호 1923.12.1) ▎佛伊 양국은 원래 양국 자신의 대항관계로 이미 심각한 해군경쟁을 하고 잇는데다가(《별곤건》제29호 1930.6.1) ▎英佛伊帝國主義 一團과 獨波 及 피압박 군소강국의 결속에 의한 현상 打破主義의 제국주의 一團과의 대립은(《개벽》신간 제2호 1934.12.1)

【伊國 이국】 이탈리아(Italy), 남부유럽 이탈리아 반도에 있는 공화국 ▎伊國(《한성순보》제2호 1883.11.10) ▎伊太利國王姪公爵阿夫里氏와 伊國公使가 閏五月二十九日에 仁港에 到泊ᄒᆞᆫ다ᄒᆞᆷ(《관보》제77호 1895.6.1) ▎伊國이 漸漸戰爭의 倦ᄒᆞ야 兵을 止ᄒᆞ라 ᄒᆞ고(《대조선독립협회회보》제5호 1897.1.31) ▎此小獨立國은 伊國의 東北部아듸리아틔크海岸에 近ᄒᆞ야(《중등만국지지》1902 권1) ▎伊國네비루스地에셔 無政府黨의 陰謀가 發覺되얏ᄂᆞᆫ듸(《대한자강회월보》제5호 1906.11.25) ▎十九世紀 伊國이 强敵을 排斥ᄒᆞᆷ이오 波蘭埃及比律賓等의 滅亾은 皆敎育의 結果가 無ᄒᆞᆫ所以니(《기호흥학회월보》제1호 1908.8.25) ▎五月 十一日 同地를 出發ᄒᆞ야 베늬스에셔 伊國皇帝와 會合ᄒᆞ고(《대동학회월보》제16호 1909.5.25) ▎伊太利 代表 싼쯔엘氏의 演說은 伊國은 米國의 提案을 大體로 承認한다고 하엿고(《개벽》제18호 1921.12.1) ▎1871년에 영웅 「가리발디」가 「사로디니아」로 「빅톨에마누엘」을 도아 伊國 통일의 대업을 이루엇지마는(《동광》제25호 1931.9.4)

【伊丹堡 이단보】 에든버러(Edinburgh), 스코틀랜드의 수도 ▎伊丹堡(이덴벅)此府ᄂᆞᆫ 亦一繁華ᄒᆞᆫ 都會니(유길준《서유견문》1895 제19편)

【伊達阿郡 이달아군】 아이다호(Idaho) 주, 미국 북서부에 있는 산악 주 ▎伊達阿郡(《한성순보》제12호 1884.2.17 美國誌略)

【伊大利亞 이대리아】 이탈리아(Italy), 남부유럽 이탈리아 반도에 있는 공화국 ▎伊大利亞 半島로부터 羅馬의 文明 이베리아(葡萄牙 西班牙)半島로부의 新世界發見 前後의 文明을 啓發ᄒᆞᆫ 것은(《대한학회월보》제5호 1908.9.25)

【伊蘭 이란】 이란(Iran), 아시아 서남부에 있는 공화국 ▎伊蘭의 高原은 其北에 蘗富樓朱山이 起ᄒᆞ야(유길준《서유견문》1895 제1편) ▎此를 伊蘭(IRAN)高地라 云ᄒᆞ고(《중등만국지지》1902 권1) ▎샌스크리토語의 影響은 그 近東인 伊蘭語 아르메니아 語에만 잇는 것이 아니라(《동광》제10호 1927.2.1)

【伊理柰州 이리내주】 일리노이(Illinois) 주, 미국 중서부에 있는 주 ▎伊理柰州(《한성순보》제12호 1884.2.17 美國誌略)

【爾美尼亞 이미니아】 아르메니아(Armenia), 아시아 서부 및 러시아 남부에 있는 공화국 ▎爾美尼亞(《한성순보》제1호 1883.10.31 論洲洋) 현대중국어 표기 ➡ 亚美尼亚

【而美尼亞 이미니아】 알바니아(Albania), 유

럽 동남부 발칸 반도에 있는 나라 ▎十日英京來電音而美尼亞與塞爾維阿兩邦(《한성주보》제56호 1887.3.28 電音補譯)

【伊比利半島 이비리반도】 이베리아 반도(Iberia Peninsula), 유럽의 남서부 대서양과 지중해 사이에 있는 반도 ▎伊比利半島(IBERI)가西南에挺出ᄒᆞ야(《중등만국지지》1902 권1)

【伊須波尼亞 이수파니아】 에스파냐(Espana)/스페인(Spain), 유럽의 남서쪽 끝 이베리아 반도에 위치한 나라 ▎샤라겔人이 衰홈의 伊太利亞, 伊須波尼亞에 轉ᄒᆞ야(《대한학회월보》제2호 1908.3.25)

【以有洲 이유주】 아이오와(Iowa) 주, 미국 중서부에 있는 주. ▎以有洲(《한성주보》제26호 1886.9.6 總核巨物)

【伊丁堡 이정보】 에든버러(Edinburgh), 영국 스코틀랜드의 중심 도시 ▎伊丁堡(《한성순보》제6호 1883.12.20 英國誌略)

【伊太利 이태리】 이탈리아(Italy), 남부유럽 이탈리아 반도에 있는 공화국 ▎伊太利(《한성순보》제13호 1884.2.27) ▎곳 伊太利國 제노와 싸에 生ᄒᆞᄂᆞᆫ 구리스도화거론부스니라(《국민소학독본》1895) ▎伊太利 이틸네(유길준《서유견문》1895 제1편) ▎瑞西ᄂᆞᆫ歐洲中에最高處로伊太利와墺太利와日耳曼과墺地利四國의間에有ᄒᆞ니(《소학만국지지》1895 제3편) ▎伊太利ᄂᆞᆫ十八基羅米突餘西班牙은十四基羅米突餘(《관보》제137호 1895.8.14) ▎伊太利 一千二百七十六隻(《대조선독립협회회보》제6호 1897.2.15) ▎伊太利及佛蘭西에셔最古時代의遺物을發掘ᄒᆞ얏스ᄂᆞ(《대한유학생회학보》제3호 1907.5.25) ▎伊太利政府의 豫算 說明書ᄅᆞᆯ 據ᄒᆞᆫ즉(《대동학회월보》제1호 1908.2.25) ▎漫散萎靡 伊太利가 幾死에 復生ᄒᆞ야 世界에 活現홈은 엇지 嘉富兒의 政策이 國際에 操縱이 되고(《기호흥학회월보》제1호 1908.8.25) ▎伊太利(이틱리)는 구라파에 잇ᄂᆞᆫ 강국이오(정윤수《초목필지》1909) ▎막동이가 빅탄지 불과 긔일에 이틱리 로마부(伊太利露馬府)에 득달ᄒᆞ얏더라(민준호《옥호긔연》1911) ▎즉 英國, 法國, 德國, 伊太利, 露國亞 及 日本 등이 是라(《개벽》제10호 1921.4.1) ▎獨逸, 伊太利의 古典美術에 沒頭하엿슬 때에(《동광》제10호 1927.2.1)

【伊太里 이태리】 이탈리아(Italy), 남부유럽 이탈리아 반도에 있는 공화국 ▎伊太里(《한성순보》제22호 1884.5.15 東半球噴火山高低說)

【以太利 이태리】 이탈리아(Italy), 이탈리아 반도에 있는 공화국 ▎以太利(《한성순보》제9호 1884.1.18 各國海底電線表) ▎以太利 六三,○五九磅(《관보》제4226호 1908.11.12) ▎卽今 以太利 南便, 시실니, 시라큐쓰 市에셔 生ᄒᆞ엿ᄂᆞᆫ딕(《태극학보》제11호 1907.6.24)

【以太利國 이태리국】 이탈리아(Italy), 이탈리아 반도에 있는 공화국 ▎더욱 滋味잇ᄂᆞᆫ 일이 잇ᄉᆞ니 뎌 시라큐쓰 市가 以太利國의 一部되ᄂᆞᆫ 로마의게 被攻될 時에(《태극학보》제11호 1907.6.24)

【伊太利國 이태리국】 이탈리아(Italy), 남부유럽 이탈리아 반도에 있는 공화국 ▎伊太利國葛羅富利亞의地震에二百餘村落을破毁ᄒᆞ야(유길준《서유견문》1895 제1편) ▎곳 伊太利國 제노와 싸에 生ᄒᆞᄂᆞᆫ 구리스도화거론부스니라(《국민소학독본》1895) ▎伊太利國王姪公爵阿夫里氏와伊國公使가閏五月二十九日에仁港에到泊ᄒᆞᆫ다홈(《관보》제77호 1895.6.1) ▎伊皇誕日本日은 伊太利國皇帝의 誕日인 故로(《서우》제1호 1906.12.1) ▎故로 歐洲大陸中伊太利國과 如홈은 中世에 信用의 事業이 盛行홈에 不拘ᄒᆞ고(《대동학회월보》제6호 1908.7.25) ▎第一伊太利國境委員長 「치리니」가 希臘에서 암살된 事로 인하야(《개벽》제40호 1923.10.1) ▎支那國, 佛蘭西國, 伊太利國, 日本國, 和蘭國 及 葡萄牙國의 각 대표자는(《동광》제27호 1931.11.10)

【伊太利半島 이태리반도】 이탈리아 반도(Italian Peninsula), 유럽의 알프스 산맥에서 지중해 쪽으로 길게 뻗은 반도 ▎伊太利半島에起ᄒᆞ야半月의鉤彎ᄒᆞᆫ形으로弓背ᄀᆞᆺ치屈曲ᄒᆞ야(유길준《서유견문》1895 제1편) ▎菲律賓群島 馬來半島 伊太利半島에 至ᄒᆞᆫ 者니(《태극학보》제2호 1906.9.24) ▎墨佛壓制에 四分五

裂되엿든 伊太利半島가(《대한흥학보》제10호 1910.2.20) ▌우리가 구라파지도를 펴 노코 보면 지중해에 돌출한 장화형의 伊太利半島를 볼 것이외(《개벽》제23호 1922.5.1) ▌즉 羅馬는 『사투듸아』(Sardinia)王國이 1871년에 伊太利半島를 통일함으로부터 首府가 되엿다(《삼천리》제5권제10호 1933.10.1)

【伊太利亞 이태리아】 이탈리아(Italy), 남부 유럽 이탈리아 반도에 있는 공화국 ▌伊太利亞 星學者 섹기- 氏가 此法을 用ᄒᆞ야(《대한유학생회회보》제2호 1907.4.7) ▌로마 崩흠이 샤라겔人을 遇ᄒᆞ고 샤라겔人이 衰흠의 伊太利亞, 伊須波尼亞에 轉ᄒᆞ야(《대한학회월보》제2호 1908.3.25)

【印 인】 인도(India), '印'은 India의 한자표기 '印度'의 줄임말이다 ▌近日 英印의 關係로 論ᄒᆞ면(《대한협회회보》제7호 1908.9.25) ▌中露관계 같은 것 英印관계 같은 것 혹은 독일국민의 賠償金 문제 같은 것 등이 상당한 분규가 잇으리라고는 예상할 수 잇으나(《동광》제17호 1931.1.1) ▌1930년 11월 12일 제1차 英印和平圓卓會議가 개최되면서부터(《개벽》신간 제3호 1935.1.1)

【仁多秀江 인다수강】 인더스 강(Indus River), 인도 북서부 갠지스 · 브라마푸트라와 함께 인도 지방의 3대 강을 이루고 있는 강 ▌仁多秀江도亦印度의水며幽布禮朱江은中央亞細亞에在ᄒᆞ니(유길준《서유견문》1895 제2편)

【印度 인도】 인도(India), 남부아시아 히말라야 산맥 남쪽에 있는 공화국 ▌鴨綠非葱嶺漢陽非祇園, 東國豈是印度(《조선왕조실록》선조38년 1605.9.9) ▌大英國大君主兼膺五印度大后帝(《조선왕조실록》고종20년 1883.10.27) ▌印度 인듸야(유길준《서유견문》1895 제1편) ▌印度(《사민필지》1895 권1 英吉利) ▌印度ᄂᆞᆫ印度洋에突出ᄒᆞᆫ一大半島ㅣ라(《소학만국지지》1895 제1편) ▌其他 英國은 彈丸 小國이로ᄃᆡ 印度ᄅᆞᆯ 征服ᄒᆞ며 植民地ᄅᆞᆯ 만히 두엇고(《국민소학독본》1895) ▌印度大臣 럴더서지하밀돈(《관보》제106호 1895.7.5) ▌印度에住ᄒᆞᆫ者ᄂᆞᆫ印度歐羅巴種이라ᄒᆞᄂᆞ니라(《중등만국지지》1902 권1) ▌印度(《대한민보》제24호 1909.7.9 印度) ▌梵語(·범·어) 印度古代의 言語(조선총독부《조선사서원고》1918) 현대 중국어 표기 ➡ 印度

【印度國 인도국】 인도(India), 남부아시아 히말라야 산맥 남쪽에 있는 공화국 ▌印度國(《한성순보》제1호 1883.10.31 論洲洋) ▌印度洋에 斗出ᄒᆞ야一大半島ᄅᆞᆯ成ᄒᆞᆫ印度國은(《관보》제185호 1895.10.11) ▌인도국(印度國)이어ᄃᆡ잇ᄂᆞ뇨 ○ 답아셔아남편(答亞西亞南偏)에잇ᄂᆞ니라(《디구략론》1897) ▌印度國이 上古 以來로 自ᄒᆞ야印花布ᄅᆞᆯ能히 造成ᄒᆞ니(《대조선독립협회회보》제7호 1897.2.28) ▌인도국 印度國India(게일편《한영자전》1897)

【印度洋 인도양】 인도양(Indian Ocean), 남아시아 · 아프리카 · 오스트레일리아에 접하면서 남쪽으로 남극대륙까지 뻗어 있는 대양 ▌印度洋(《한성순보》제1호 1883.10.31 論洲洋) ▌印度洋(《사민필지》1895 권1 地毬總論) ▌인도양 印度洋(《국한회어》1895) ▌印度洋中에有ᄒᆞ야莫三鼻海峽을隔ᄒᆞ야(《소학만국지지》1895) ▌답 태평양(答太平洋)과대셔양(大西洋)과인도양(印度洋)과북빙양(北氷洋)과남빙양(南氷洋)이니라(《디구략론》1897) ▌南은印度洋을接ᄒᆞ고(《중등만국지지》1902 권1) ▌일홈은 태평양太平洋과 대셔양大西洋과 인도양印度洋과 북빙양北氷洋과 남빙양南氷洋이며(최병헌《성산명경》1914) ▌三角形을ᄒᆞ야印度洋中에突出ᄒᆞ고(《관보》제144호 1895.8.22) ▌멀리는 印度洋이 내다보이고 야자수가 긋득 들어선 평야가 눈압헤 보이며(《개벽》제22호 1922.4.1)

【印度支那 인도지나】 인도차이나 반도(印度支那半島, Indochinese Peninsula), 동남아시아의 대륙부를 차지하는 큰 반도, '印度支那'는 '인도차이나(Indochina)'의 음역어이다 ▌東洋에셔ᄂᆞᆫ 印度支那의 太古로부터 多少히 此等觀念이 有ᄒᆞ얏고(《대한자강회월보》제8호 1907.2.25) ▌法國 豫備軍艦 數隻은 太平洋及印度 支那에 向ᄒᆞ야 出發準備의 命을 受ᄒᆞ엿다더라(《대동학회월보》제1호 1908.2.25) ▌現今

에 香港海挾殖民地印度支那 쥬니쓰等의 殖民이 各本國으로 觀察ᄒᆞ면(〈대한학회월보〉제8호 1908.10.25) ▌일즉히 佛의 印度支那 총독이 日本을 방문할 事를 전하고(〈개벽〉제47호 1924.5.1) ▌印度支那語族(Indo-chinese family)(〈동광〉제19호 1931.3.1)

【印度河 인도하】인더스 강(Indus River), 인도 북서부 히말라야 산맥에서 발원하여 파키스탄을 지나 아라비아 해로 흘러든다. 인더스 강가는 세계 4대 문명의 발상지로도 유명하다 ▌印度河ᄂᆞᆫ그 西北境에沿流ᄒᆞ고(《소학만국지지》1895 제1편)

【印度海 인도해】인도양(Indian Ocean), 남아시아·아프리카·오스트레일리아에 접하면서 남쪽으로 남극대륙까지 뻗어 있는 대양 ▌印度海 인듸얀(유길준《서유견문》1895 제2편) ▌曰北極海,南極海,大西洋,太平洋,印度海라(〈대한협회회보〉제9호 1908.12.25) ▌東方으로 출발한「퀘니키아」人이 地中海,紅海,波斯灣,印度海 等地로 漂泊하는 동안에(〈동광〉제9호 1927.1.1)

【印甸郡 인전군】인디애나(Indiana) 주, 미국 동부에 있는 주. 주도(州都)는 인디애나폴리스이다 ▌印甸郡(〈한성순보〉제12호 1884.2.17 美國誌略)

【日 일】일본(Japan), 아시아 대륙 북동에서 남서방향으로 이어지는 일본 열도를 차지하고 있는 섬나라 ▌日淸平和條約이成ᄒᆞ야 신즉大使ᄅᆞᆯ速派ᄒᆞ야厚意ᄅᆞᆯ謝ᄒᆞᄂᆞᆫ件을上奏ᄒᆞ야裁可ᄒᆞ시믈經홈(〈관보〉제46호 1895.5.22) ▌韓日新條約의 無效홈과 韓國에 對ᄒᆞᆫ 日本人의 不法行爲라는 問題로 數時間을 流暢ᄒᆞᆫ 法語로 演說ᄒᆞ얏ᄂᆞᆫ듸(〈대한자강회월보〉제13호 1907.7.25) ▌日俄兩國間에 犯人引渡條約을 近近調印ᄒᆞ겟다더라(〈대동학회월보〉제4호 1908.5.25) ▌이날은 距今 12년 간에 日韓條約이 체결되든 日인바(〈개벽〉제29호 1922.11.1)

【日本 일본】일본(Japan), 아시아 대륙 북동에서 남서방향으로 이어지는 일본 열도를 차지하고 있는 섬나라 ▌己巳秋, 有人自日本來, 自稱永興君(《조선왕조실록》태조1년 1392.8.23) ▌又言: '洋人入日本, 建天主堂, 出我東, 又建此堂(《조선왕조실록》고종1년 1864.2.29) ▌日本 잡판(유길준《서유견문》1895 제1편) ▌사버덴이라 ᄒᆞᄂᆞᆫ 植物은 日本으로 移植ᄒᆞ면 次第로 細小히 되고(《국민소학독본》1895) ▌欽差駐箚日本署理辦理公使金思純去月에回國을請ᄒᆞᆫ 準許ᄒᆞ고(〈관보〉제35호 1895.4.28) ▌日本은 太平洋北隅에 有ᄒᆞᆫ 五大島와(《소학만국지지》1895 제1편) ▌日本(《각국기도》(필사본)1900) ▌又若西班牙摩洛哥의 直布羅陀海峽(現屬英)과 日本의 津輕海峽이 亦與英法으로 同例니라(〈대한유학생회학보〉제3호 1907.5.25) ▌日本皇帝게셔ᄂᆞᆫ 今度海軍大演習御統裁를 爲ᄒᆞ야 本月 九日 奈良兵庫兩縣下에 行幸ᄒᆞ신다더라(〈대동학회월보〉제10호 1908.11.25) ▌日本 八幡製鐵所에서도 수백 封度의 軌道(렐)는 아즉 제조치 못하고(〈개벽〉제10호 1921.4.1) 현대중국어 표기 ➡ 日本

【日本國 일본국】일본(Japan), 아시아 대륙 북동에서 남서방향으로 이어지는 일본 열도를 차지하고 있는 섬나라 ▌總理大臣軍務大臣은奏此次日本國이淸國과戰端을開호믄王國의固有ᄒᆞᆫ獨立權을實認ᄒᆞ와(〈관보〉1895.2.12) ▌小野道風이라 ᄒᆞᄂᆞᆫ ᄉᆞᄅᆞᆷ은 日本國에서 일홈난 筆家ㅣ라(학부편《신정심상소학》1896) ▌今日本國女子社會에ᄂᆞᆫ 極히 必要하고 善美ᄒᆞᆫ 事이로다(〈대한자강회월보〉제10호 1907.4.25) ▌時日本國文物에 大影響을 與ᄒᆞᆫ 韓人이 웃지 本來브터 如斯ᄒᆞᆯ 理가 可有ᄒᆞ리오(〈대한유학생회학보〉제3호 1907.5.25) ▌日本國이 舊命을 猛革ᄒᆞ고 維新을 是力ᄒᆞ야 文明班에 進立ᄒᆞ며(〈기호흥학회월보〉제1호 1908.8.25) ▌四月十一日本國紳士一同遊覽日本時本會講師李重夏(〈대동학회월보〉제15호 1909.4.25) ▌諸君日本國에 我留學生이 有ᄒᆞᆫ 以來로 會의 組織ᄒᆞᆫ 歷史를 講究하면(〈대한흥학보〉제10호 1910.2.20)

【日本海 일본해】동해(東海), 우리나라의 동쪽 바다를 일본 사람들이 부르는 이름 ▌此로 推見ᄒᆞ더ᄅᆡ도 日本海가 太平洋에 比較ᄒᆞ면 海

를 成훈 年度가 頗淺홈을 證明ᄒᆞ겟고(〈대한자강회월보〉제12호 1907.6.25) ▌午後二時에ᄂᆞᆫ終히日本海에出ᄒᆞ야城津의南東約六十里의海上으로去ᄒᆞ야(〈관보〉제4171호 1908.9.8) ▌또 한 가지 볼 것은 日本海(〈소년〉제1년1권 1908.11.1) ▌渤海 黃海와 日本海에 突出훈 半島國이라. 開國初에 國號를 朝鮮이라 定ᄒᆞ야(〈대한협회회보〉제12호 1909.3.25) ▌西北으로 鴨綠江, 豆滿江, 東南으로 日本海, 太平洋을 건너어 散之四方流離할 때에 호올로 朝鮮의 故土를 지키어(〈개벽〉제22호 1922.4.1) ▌日本海, 黃海, 東海 及 南支那海 일부의 海權을 관리하고 日本에게 중요한 海上交通線을 확보하야 長期의 戰爭에 당한준비를 할 것(〈동광〉제30호 1932.1.25)

【日斯巴尼亞 일사파니아】 에스파냐/스페인(Spain), 유럽의 남서쪽 끝 이베리아 반도에 위치한 나라 ▌日斯巴尼亞(〈한성순보〉제5호 1883.12.9 美國約條) ▌其餘希臘, 和蘭, 葡萄牙, 日斯巴尼亞, 瑞士等諸國在皆有不讀者懲罰之科故로(〈대한유학생회학보〉제1호 1907.3.3)

【日耳曼 일이만】 독일(Germany 獨逸), 유럽의 중앙부에 위치한 독일연방공화국(Bundesrepublik Deutschland) ▌日耳曼(〈한성순보〉제2호 1883.11.10. 유럽洲) ▌日耳曼 져만에(유길준《서유견문》1895 제1편) ▌日耳曼(《사민필지》1895 권1 奧地利亞 凶牙里) ▌일이만 日耳曼國名(《국한회어》1895) ▌瑞西ᄂᆞᆫ歐洲中에最高處로伊太利와墺太利와日耳曼과墺地利四國의間에有ᄒᆞ니(《소학만국지지》1895 제3편) ▌日耳曼一千七百六十五隻(〈대조선독립협회회보〉제6호 1897.2.15) ▌일이만 日耳曼Deutschland(게일편《한영자전》1897) ▌일이만(日耳曼)의 모든 일을 경쟝코져(〈독립신문〉1899.10.31) ▌蒙古回回種人이 皆衆力으로써 大地에 橫行ᄒᆞ다가 日耳曼의 裔의게 帖耳를 不免ᄒᆞ엿스니(〈서우〉제4호 1907.3.1) ▌支離分崩훈 日耳曼이 統一을 奄成ᄒᆞ야(〈기호흥학회월보〉제1호 1908.8.25) ▌上等의 土器는 대개 和蘭의 쩨르프트로서 來하고 磁盃는 대개 日耳曼의 콜로네에서 來하얏더라(최남선역《자조론》1918) ▌523년경에 日耳曼南方에는 封建諸侯에 대하야 백성의 반항운동이 발발한 일이 잇섯다(〈개벽〉제63호 1925.11.1)

【日耳曼列邦 일이만열방】 독일연방(the Federal Republic of Germany 獨逸), 유럽의 중앙부에 위치한 독일연방공화국 ▌日耳曼列邦(〈한성주보〉제29호 1886.9.20 外洋新聞) ▌新學은 是 英吉利 佛蘭西 美利堅 日耳曼列邦의 富國强兵之奇策이오(〈대동학회월보〉제20호 1909.9.25)

【日巴拉太 일파랍태】 지브롤터(Gibraltar), 에스파냐의 이베리아 반도 남단에서 지브롤터 해협을 향하여 남북으로 뻗어 있는 영국령의 반도 ▌日巴拉太(〈한성순보〉제6호 1883.12.20 各國屬地一覽) ▌日巴拉太의海峽에隔하에亞非利加洲와相對ᄒᆞ니라(《소학만국지지》1895 제3편)

【於羅臥多江 어라와다강】 이라와디 강(Irrawaddy River)강, 미얀마 중북부를 남쪽으로 흐르는 강 ▌甘保杜亞江과於羅臥多江은印度의在ᄒᆞ니(유길준《서유견문》1895 제2편)

ㅈ

【紫棍 자곤】 사이공(Saigon), 구 월남 시대에는 사이공(Saigon)라 불리었으나 1975년 구 월남이 패망하면서 이름이 호찌민 시(Ho Chi Minh)로 바뀌었다 ▎卽紫棍(SAIGON)이라 佛領交趾의首都오(《중등만국지지》1902 권1)

【藉排 자배】 자바(Java), 인도네시아의 섬 이름 ▎藉排의葛郎剛火山의發起흔灰土는 一百四十四村落及田土를埋平ᄒ고(유길준《서유견문》1895 제1편)

【孱支排 잔지배】 잔지바르(Zanzibar), 탄자니아 잔지바르 주의 주도 ▎孱支排 전지바(유길준《서유견문》1895 제1편)

【潛排支江 잠배지강】 잠베지 강(Zambezi River), 아프리카 대륙에서 인도양으로 흘러드는 아프리카 남부 최대의 강 ▎潛排支江과 林布蒲河는印度海에會同ᄒ는者라(유길준《서유견문》1895 제2편)

【長崎 나가사키】 나가사키(Nagasaki), 일본 규슈 나가사키 현의 현청 소재지 ▎橫濱과神戶와長崎와函館과新潟ㅣ라(《소학만국지지》1895 제1편) ▎駿河號 六月十八日長崎神戶行(〈관보〉제89호 1895.6.15) ▎長崎六萬七千三十五人(〈대조선독립협회회보〉제17호 1897.7.31) ▎16日 東京驛 大慘劇 演出의 主人公 卽 閔元植을 殺害한 梁權煥이 日本長崎에서 逮捕되다(〈개벽〉제18호 1921.12.1)

【的黎波里 적려파리】 트리폴리(Tripoli), 북아프리카 중앙부 지중해 연안에 있는 리비아의 수도 ▎土耳其國이管轄ᄒ는名色이有흔者를埃及과的黎波里와突尼斯의三國으로ᄒ니라(《소학만국지지》1895)

【的里坡里 적리파리】 트리폴리(Tripoli), 북아프리카 중앙부 지중해 연안에 있는 리비아의 수도 ▎的里坡里(〈한성주보〉제23호 1886.7.5 各國屬地一覽表)

【的波里 적파리】 트리폴리(Tripoli) ▎的波里(〈한성순보〉제4호 1883.11.30 亞非利駕洲)

【甸瑪爾珂 전마이가】 덴마크(Denmark), 유럽 북부 북해 연안의 유틀란트 반도 및 그 동쪽 해상의 부속 도서로 구성된 입헌군주국 ▎甸瑪爾珂(〈한성순보〉제2호 1883.11.10 美國誌略)

【丁 정】 덴마크(Denmark), 유럽 북부 북해 연안의 유틀란트 반도 및 그 동쪽 해상의 부속 도서로 구성된 입헌군주국, '丁'은 '丁

丁抹(덴마크)

1902년 한정수호통상조약(韓丁修好通商條約)이 맺어짐으로써 대한제국은 덴마크와 정식으로 국교를 수립했다. '韓丁修好通商條約'에서 '丁'이란 '丁抹'의 약칭으로 덴마크의 중국식 한자표기였다. 개화기 시절 덴마크는 '丁抹' 이외에 한자표기 '丹國, 丹尼, 丹馬, 丹麥, 丹墨, 丹墨國, 大丹國, 嗹國, 嗹馬, 甸瑪爾珂, 丁抹國'으로 불렀고 한글표기로는 '단, 단국, 단믹국, 단묵, 데인막, 덴막, 쏀막크, 쏀멀그우, 뎡말, 뎡말국, 련무, 련무국, 정말, 텐말그우' 등 총 26가지의 이름으로 불리었다. 유럽의 작은 왕국을 이렇게 많은 이름으로 불렀다는 것은 흥미로운 일이다.

우리나라 문헌에 덴마크에 대한 기록이 나오는 것은 1880년대 이후로서 의외로 늦다. '丹國'과 '丁抹', '丁抹國'이 그것인데 이들은 모두 중국에서 덴마크를 가리키던 이름이었다.

抹'이 줄어진 말 ❙ 各國이 其 人民의 智識發達ᄒᆞᄂᆞᆫ 程度를 從ᄒᆞ야 成年를 定ᄒᆞᄂᆞ니 德, 西, 丁, 諾, 葡 等國은 滿二十五歲로(《서우》제13호 1907.12.1)

【丁抹 정말】 덴마크(Denmark), 유럽 북부의 유틀란트 반도와 부속 도서로 구성된 입헌군주국. '丁抹'은 Denmark의 중국식 음역어이다 ❙ 約准丁抹國大北部電信會社安置海底電線,自日本九州西北海岸起,經對州至(《조선왕조실록》고종20년 1883.1.24) ❙ 丁抹(《한성순보》제2호 1883.11.10 歐羅巴洲) ❙ 丁抹 덴막크(유길준《서유견문》1895 제1편) ❙ 丁抹(《사민필지》1895 권1 歐羅巴總論) ❙ 和蘭瑞西丁抹瑞典及諾威는合計二千九百五十万二千物(《관보》제147호 1895.8.26) ❙ 丁抹 八百十五隻(《대조선독립협회회보》제6호 1897.2.15) ❙ 獨逸,丁抹,和蘭,西班牙,白耳義,伊太利,墺地利,秘露,日本,巴西凡十六國이니(《중등만국지지》1902 권1) ❙ 白耳義 丁抹은 不過是泰西小國이로ᄃᆡ(《기호흥학회월보》제11호 1909.6.25) ❙ 塞爾維 國王繼承者ᄂᆞᆫ 丁抹의 위데말 公에게 歸望이 多ᄒᆞ다ᄂᆞᆫ대(《대동학회월보》제15호 1909.4.25) ❙ 西歷紀元 1204年에 拉典文으로 著述한 「丁抹人之史」第3卷과 第4卷 Amlethus의 譯이라고 한 것이 잇다(《개벽》제17호 1921.11.1) ❙ 가마귀는 목욕하여도 히지 안는다(丁抹)(《동광》제13호 1927.5.1)

【丁抹國 정말국】 덴마크(Denmark), 유럽 북부의 유틀란트 반도와 부속 도서로 구성된 입헌군주국. '丁抹國'은 Denmark의 중국식 음역어이다 ❙ 丁抹國(《사민필지》1895 권1 丁抹) ❙ 丁抹國陸軍大臣의更迭이라(《관보》제355호 1896.6.18) ❙ 丁抹國都城博物院藏銀鑛一塊重五百六十磅(《대조선독립협회회보》제11호 1897.4.30) ❙ 諾威와 丁抹國은 男女의 學齡이 自五歲로 至十四ᄒᆞᄂᆞᆫᄃᆡ(《서우》제1호 1906.12.1) ❙ 德帝씌셔 丁抹國에 幸行ᄒᆞ얏ᄂᆞᆫᄃᆡ 同國首府甲溫海崑에서 歡迎宴會를 開設ᄒᆞ고(《대한자강회월보》제13호 1907.7.25) ❙ 丹國(단국) 丁抹國의 稱(조선총독부《조선사서원고》1918) ❙ 8월 31일 伯林서 丁抹國首府로 직행하는 열차를 타게 되엿다(《개벽》제43호 1924.1.1) ❙ 加入國(四) - 丁抹國, 墨士哥國, 瑞典國(볼리바아國은 1925년 加入通告가 잇고)(《동광》제27호 1931.11.10)

【爪哇 조왜】 자바(Java), 인도네시아 중심에 있는 섬으로 해상실크로드 상의 요지 ❙ 爪哇(《한성순보》제1호 1883.10.31 論洲洋) ❙ 和蘭은 爪哇게 對하야 土地條令으로써 爪哇土地는 爪哇本土人互相間外에는 一切外國人에賣買함을 禁하는 同時에(《동아일보》1921.7.3. 1면) ❙ 신가파(新嘉坡) 페난(檳榔) 등지로 도라다니다가 다시 자바(荷屬爪哇)로 류랑하엿지만(《동광》제32호 1932.4.1) ❙ 水田耕作의 系統은 더욱더욱 南展하여 佛印, 緬甸爪哇 等까지 包括하게 된다(《삼천리》제13권제1호 1941.1.1)

【朱盆湖 주익호】 취리히 호(Lake Zurich), 스위스 취리히 주에 있는 호수. 호수의 북쪽에서 흘러나온 리마트 강(江)은 북쪽으로 흘러가 라인강과 합류한다 ❙ 朱盆湖와昆秀大斯湖에ᄂᆞᆫ 羅仁江이 流過ᄒᆞᄂᆞ니(유길준《서유견문》1895 제2편)

【中 중】 중국(China), '中國'이 줄어든 말 ❙ 但中韓兩國條約尚未議決即唐氏來韓則韓廷不能以領事相待即通商各國亦不認(《대조선독립협회회보》제4호 1897.1.15) ❙ 大正 4년에 성립된 日中조약에, 山東에 관한 조약이 잇스니(《별곤건》제29호 1930.6.1) ❙ 日中條約 無效通告에 대하야 日本은 그를 거절한 까닭에(《동광》제26호 1931.10.4)

【中國 중국】 중국(China), 고대로부터 중화인민공화국에 이르는 모든 중원의 나라를 통칭하는 말. '中華人民共和國'의 약칭 ❙ 즁국 中國(파리외방선교회한국선교단《한불자전》1880) ❙ 중국 中國(《국한회어》1895) ❙ 地名及人名의繙譯은中國及日本의繹字가固有ᄒᆞ나然ᄒᆞ나我의見聞에及ᄒᆞᄂᆞᆫ者ᄂᆞᆫ唯我音에不合ᄒᆞ야도採用ᄒᆞ니(유길준《서유견문》1895 서문) ❙ 中國의 道를 尊ᄒᆞ고 君德을 施行ᄒᆞᄂᆞ 萬一 失道缺德의 일을 ᄒᆞᆯ진ᄃᆡ 天命이 스ᄉᆞ로 定ᄒᆞ실 바ㅣ 잇ᄂᆞ니라(《국민소학독본》1895) ❙ 한 청 죠약즁에 청국으로 긔록 ᄒᆞᆫ터인ᄃᆡ 즁국(中國)으로 긔록 ᄒᆞᆫ것은 유식ᄌᆞ의 늣기ᄂᆞᆫ 졍에 히로은

지라(《독립신문》1899.9.28) ▌以西戎之國으로 見斥於中國諸候之會盟일식 下令國中에 發憤爲雄이러니(《대한유학생회학보》제2호 1907.4.7) ▌非中國이 無入聲也라 試以ㄱㅅㄹㅂ四字로 作吸八之聲이면 只有空喉音而已라(《대한자강회월보》제10호 1907.4.25) ▌胡適氏를 中心으로 한 中國의 文學革命(《개벽》제7호 1921.1.1)

【中央亞米利加 중앙아미리가】 중앙아메리카(Central America), 북아메리카의 멕시코 남부에서 남아메리카의 콜롬비아 북서부에 이르는 지역을 가리키는 이름 ▌墨西哥河南과巴那馬地峽以北의諸國을總稱ᄒᆞ야 中央亞米利加라ᄒᆞ니(《소학만국지지》1895 제4편) ▌中央亞米利加의大地震이라(《관보》148호 1895.8.27) ▌人文의起源은略五가 有ᄒᆞ니 支那, 印度, 西亞細亞(메소보다미아)埃又及中央亞米利加라(《대한자강회월보》제4호 1906.10.25) ▌巴奈馬運河의 歷史 巴奈馬共和國은 中央亞米利加의 코스타리카 와 코롬비아 兩國間에 介在ᄒᆞᆫ 狹長一小國이라(《대한흥학보》제11호 1910.3.20)

【中央阿美利加 중앙아미리가】 중앙아메리카(Central America), 북아메리카의 멕시코 남부에서 남아메리카의 콜롬비아 북서부에 이르는 지역을 가리키는 이름 ▌中央阿美利加의高原은則波羅馬의地腰ᄅᆞᆯ從ᄒᆞ야(유길준《서유견문》1895 제1편)

【中央亞細亞 중앙아세아】 중앙아시아(Central Asia), 아시아 대륙 중앙부의 광대한 지역 ▌趙越蘭山과謁太伊山의中間에占有ᄒᆞᆫ中央亞細亞地方의畧干을連ᄒᆞ야(유길준《서유견문》1895 제2편) ▌此國을分ᄒᆞ야南高加索地方과西比利亞와中央亞細亞의三部 ㅣ 되니(《소학만국지지》1895 제1편) ▌由北疆一面에聳ᄒᆞ야中央亞細亞間에一大障塀을立ᄒᆞ고(《국민소학독본》1895) ▌中央亞細亞(《친목회회보》제2호 1896.3 中央亞細亞의 경제 布設) ▌二大民族이 中央亞細亞에 起ᄒᆞ야 四方에 散ᄒᆞ야(《대한자강회월보》제5호 1906.11.25) ▌腕을 中央亞細亞에 展ᄒᆞ고 陸에 百萬의 貔貅를 養ᄒᆞ며(《대한학회월보》제4호 1908.5.25) ▌北으로 中央亞細亞에 蔓하고 東으로 中國에 延하야(《개벽》제22호 1922. 4.1)

【中央아시아 중앙아시아】 중앙아시아(Central Asia), 아시아 대륙 중앙부의 광대한 지역 ▌第二次 답査로서 得한『中央아시아와및西藏』二冊이 잇스니(《소년》제2년1권 1909.1.1) ▌元朝의 兵力이 西로는 中央아시아와아라비아와 유로바의 一部分을 征服햇으며(《동광》제39호 1932.11.1)

【支 지】 지나(중국 China 支那), 중국의 다른 이름인 '支那'가 줄어든 말 ▌1903년 10월에 조인한 追加日支通商條約을 擧하야 볼 것인데(《별곤건》제31호 1930.8.1) ▌최근 제너바에서는 日支 양국의 재외 사신들이 각기 국가 주장의 정당함을 일반에 승인식키기 위하야 비상활동을 전개하고 있는대(《삼천리》제10권8호 1938.8.1)

【智 지】 칠레(Chile), '智'는 칠레의 한자표기 '智利'가 줄어든 말 ▌日智通商條約 日本과 智利間에 通商條約을 締結ᄒᆞ기 爲ᄒᆞ야(《대한협회회보》제6호 1908.9.25)

【智加古 지가고】 시카고(Chicago), 미국 일리노이 주 북동부에 있는 도시 ▌智加古(《한성순보》제16호 1884.3.27 美國大統領演說)

【池家皐 지가고】 시카고(Chicago), 미국 일리노이 주 북동부에 있는 도시 ▌池家皐(지카고) 此府ᄂᆞᆫ合衆國의第五都會라稱ᄒᆞᄂᆞᆫ者니(유길준《서유견문》1895 제19편)

【支那 지나】 중국(China), 중국 본토의 다른 명칭. 최초로 중국을 통일한 '진(秦)'의 음 [chi'n]에서 온 말로 알려져 있다 ▌支那ᄂᆞᆫ亞細亞洲의東南部에處ᄒᆞ니(《소학만국지지》1895 제1편) ▌淸國(支那) 창이나(시나)(유길준《서유견문》1895 제1편) ▌高麗 康宗 元年 三月에 汗이 支那를 經略코ᄌᆞ ᄒᆞ야 師를 發ᄒᆞ야(《국민소학독본》1895) ▌臺灣島ᄂᆞᆫ支那海岸에接ᄒᆞ야(《소학만국지지》1895 제1편) ▌일젼에 지라 신문支那新聞에 히외 긔담海外奇談이라 긔록 ᄒᆞᆫ것슬 대강 렬람 ᄒᆞᆫ즉(《독립신문》1899.9.30) ▌露西亞와 支那間의內地貿易이行ᄒᆞᄂᆞᆫ處니人口ᄂᆞᆫ十萬

이오(《중등만국지지》1902 권1) ▌多數의 美國人이 支那革命黨에 加擔ᄒᆞ야 多量의 彈藥을 供給ᄒᆞ야(〈대동학회월보〉제13호 1909.2.25) ▌支那(〈대한민보〉제23호 1909.7.8) ▌印度,緬甸,瓜哇,比律賓之所以亡滅,安南,暹羅之所以傾覆,支那之所以衰頹(《조선왕조실록》순종2년 1909.12.4) ▌지나(支那) 사람덜도 그 쇼문을 듯고 엇더케 구경ᄒᆞ고 십던지(《쌍옥적》김용준 1911) ▌지나력ᄉᆞ(支那歷史)를 본즉 예젼에 안족서(鴈足書)가 잇단 말은 잇지마는(김교제《비행선》1912) ▌朝鮮은 원래-支那式의 男尊女卑의 극단한 弊風을 전래한 결과(〈개벽〉제2호 1920.7.25) ▌작년(1937)부터의 지나사변(支那事變)에 관한 기사는 전쟁이라는 흥미에서 유심히 읽어보곤 하였지만(《농토》이태준 1947)

【智利 지리】 칠레(Chile), 남아메리카 남서부에 있는 공화국 ▌智利(〈한성순보〉제7호 1883.12.29 秘魯與智利和約) ▌智利 칠늬(유길준《서유견문》1895 제1편) ▌智利ᄂᆞᆫ 本洲西南岸에 有ᄒᆞᆫ 狹長ᄒᆞᆫ 國이라(《소학만국지지》1895 제5편) ▌其他智利伯剌西爾墨西哥葡萄牙阿爾及突尼斯等에셔도葡萄樹栽培業盛大ᄒᆞᆫ 事情잇셔니(《관보》146호 1895.8.24) ▌智利 一百三十七隻(〈대조선독립협회회보〉제6호 1897.2.15) ▌其中智利의中央되ᄂᆞᆫ亞坤加瓦(ACONCAGUA)에쿠아돌(EQUADOR)의침보라쏘(CHIMBORAZO)及코토팍시(COTOPAXI)ᄂᆞᆫ(《중등만국지지》1902) ▌그리고 智利의 黃金液體가티 보이는 絨氈이 눌리운 듯이 무겁고 흐물흐물하게 펴잇다(〈개벽〉제29호 1922.11.1) ▌여긔에다 過燐酸石灰,智利硝石或은 석회 질소 등의 肥料分을 加한 뒤에(〈별건곤〉제18호 1929.1.1) 현대중국어 표기 ➡ 智利

【智利國 지리국】 칠레(Chile), 남아메리카 남서부에 있는 공화국 ▌智利國(〈한성순보〉제3호 1883.11.20 亞米利加洲) ▌寒水ᄂᆞᆫ 南阿美利加洲의西海邊으로流ᄒᆞ야智利國에就近ᄒᆞᆫ故로(유길준《서유견문》1895 제2편) ▌又火山地方에도 產出ᄒᆞᄂᆞ니 蓋南米智利國에서 多產ᄒᆞᄂᆞ니라(〈기호흥학회월보〉제7호 1909.2.25) ▌南亞米利加의 智利國에서는 大統領夫人을 만나 가치 이야기도 하고(〈삼천리〉제13권제4호 1941.4.1)

【知伯羅妥爾峽 지백라타이협】 지브롤터 해협(Strait of Gibraltar), 지중해와 대서양을 연결하는 해협. 해협의 북쪽은 유럽에 속하는 이베리아 반도, 남쪽은 아프리카가 자리잡고 있다 ▌知伯羅妥爾峽(〈한성순보〉제2호 1883.11.10 歐羅巴洲)

【智富羅河 지부라하】 지브롤터(Gibraltar), 에스파냐의 이베리아 반도 남단에서 지브롤터 해협을 향하여 남북으로 뻗어 있는 반도로 영국의 직할 식민지 ▌其合流ᄒᆞᆫᄂᆞᆫ諸水ᄂᆞᆫ智富羅河와利悟樂老江은其北에 在ᄒᆞ고(유길준《서유견문》1895 제2편)

【地中海 지중해】 지중해(Mediterranean Sea), 유럽과 아시아 아프리카 대륙으로 둘러싸인 바다 ▌地中海(〈한성순보〉제2호 1883.11.10) ▌其一은曰愛突羅斯山이니地中海의邊沿을 周遭ᄒᆞ야(유길준《서유견문》1895 제1편) ▌地中海(《사민필지》1895) ▌亞弗利加洲ᄂᆞᆫ北은地中海에面ᄒᆞ며(《소학만국지지》1895) ▌지중히 地中海(《국한회어》1895) ▌디즁히 地中海 The Mediterranean Sea(게일편《한영자전》1897) ▌紅海의蘇士(SUEZ)運河를過ᄒᆞ면地中海가되ᄂᆞ니(《중등만국지지》1902 권1) ▌二十噸未滿의帆走漁船은地中海及日本國幷韓國의沿海에在ᄒᆞ야ᄂᆞᆫ반다시兩燈中其下燈을揭ᄒᆞᆷ을要치아니ᄒᆞᆷ(〈관보〉제4502호 1909.10.11) ▌地中海를 出ᄒᆞ야 乙酉冬에 故國에 돌아왓는데(〈개벽〉제21호 1922.3.1) 현대중국어 표기 ➡ 地中海

【眞珠灣 진주만】 진주만(Pearl Harbor), 미국 하와이 주 오아후 섬의 호놀룰루의 서쪽에 위치한 만. '眞珠灣'은 Pearl Harbor의 일본식 한자표기 '眞珠灣'에서 온 말이다 ▌포와, 眞珠灣 호놀루르를 一等軍港으로(〈동아일보〉1921.8.28. 1면) ▌하와이의 眞珠灣에 大軍港建築을 進行할뿐 아니라(〈개벽〉제55호 1925.1.1) ▌英米當局은否定하나,米國이 하와이 眞珠灣以西에 大鑑隊基地를 가지지 못했기 때문에(〈삼천리〉제13권1호 1941.1.1)

【眞珠港 진주항】 진주만 항구(Pearl Harbor),

'진주만'의 다른 이름. 미국 하와이 주 오아후 섬의 호놀룰루의 서쪽에 있다 ▎시설계획은 眞珠港의 擴張工事인대 目下 大艦七八隻을 收容케 하고자 하는 者이라(〈동아일보〉 1921.12.18. 2면) ▎日本과 開戰을 할 때에는 아메리카艦隊를 桑港灣內 메아아이란드 軍港 또는 布哇의 眞珠港에 집중한다(〈동광〉제30호 1932.1.25) 현대중국어 표기 ➡ 珍珠港

ㅊ

【遮杜湖 차두호】 차드 호(Lake Chad), 아프리카 중서부에 있는 호수 ▌遮杜湖에流入ᄒᆞᄂᆞᆫ者ᄂᆞᆫ高馬茶江과瑞華江이오(유길준《서유견문》1895 제2편)

【千島群島 천도군도】 쿠릴 열도(Kuril Islands), 러시아 동부 사할린 주에 속한 열도(列島)로 캄차카 반도와 일본의 홋카이도 사이에 56개의 섬으로 이루어져 있다 ▌알유티안列島(ALEUTIAN)ᄂᆞᆫ日本千島群島와脈이同ᄒᆞᆫ火山島오(《중등만국지지》1902 권1)

【天津 천진】 톈진(Tianjin), 중국 화베이 지구에 있는 중앙 직할시 ▌開港ᄒᆞᆫᄃᆡ가二十二니其中에天津과牛莊과廣東과漢口와福주等은(《소학만국지지》1895 제1편) ▌淸國內所在北京上海天津烟台漢口及厦門等地에所發郵物料金改正件(〈관보〉제2006호 1901.10.1) ▌德帝國議會ᄂᆞᆫ天津領事館新設案을可決ᄒᆞ얏다더라(〈대동학회월보〉제3호 1908.4.25) ▌露國은北京과天津의駐屯兵百餘名에哥薩克兵百餘名을留置ᄒᆞᆫ外에ᄂᆞᆫ來二十七日에全數撤兵ᄒᆞᆯ意로淸廷에通告ᄒᆞ얏다더라(〈대한협회회보〉제8호 1908.11.25)

【天竺國 천축국】 천축국(India 인도), 중국에서 인도를 부르던 옛 명칭 ▌텬츅국天竺國(파리외방선교회한국선교단《한불자전》1890) ▌텬츅국, 天竺國 India(게일편《한영자전》1897) ▌東洋中二三國에셔ᄂᆞᆫ天竺國이라(《중등만국지지》1902 권1) ▌도솔텬궁兜率天宮 회명보살誨明菩薩노 비록 텬츅국天竺國 졍반왕의 아ᄃᆞᆯ이 되엿스니(〈신학월보〉제5권4·5호 1907.5) ▌비록텬츅국天竺國졍반왕의아ᄃᆞᆯ이되엿스나(최병헌《성산명경》1914) ▌西天竺國王女許黃玉이(普熙太后)駕洛國에來朝하야首露王의皇后가된것도(〈별건곤〉제12·13호 1928.5.1)

【捷克 첩극】 체코(Czech), 유럽 중부에 위치한 내륙국. '捷克'은 체코(Czech)의 중국식 한자음역어이다 ▌西伯利亞駐屯米軍은西伯利에淪落한捷克民族을救하고極東으로蔓延하는露西亞過激派의勢力을牽制키 위하야(〈개벽〉제6호 1920.12.1) ▌最近에捷克,伊太利方面으로부터巨多한軍器를購買하야(〈동아일보〉1929.4.9. 1면) 현대중국어 표기 ➡ 捷克

【淸 청】 청국(China), 1616년부터 1912년까지 존재했던 중국 대륙의 마지막 왕조 ▌日淸平和條約이成ᄒᆞ야신즉大使ᄅᆞᆯ速派ᄒᆞ야厚意ᄅᆞᆯ謝ᄒᆞᄂᆞᆫ件을上奏ᄒᆞ야 裁可ᄒᆞ시믈經홈(〈관보〉제46호 1895.5.22) ▌膠州灣租借에關ᄒᆞᆫ德淸條約과 旅順 大連 兩灣租借에 關ᄒᆞᆫ露淸條約을(〈대한학회월보〉제6호 1908.7.25) ▌輸出入稅를 增加ᄒᆞᆯ 淸英通商條約을 斷行코져 ᄒᆞᆷ으로(〈대동학회월보〉제12호 1909.1.25) ▌三年前에 中止ᄒᆞᆫ 淸德通商條約 改正에 關ᄒᆞ야 德國 外務省의 意向을 確探ᄒᆞ라 命ᄒᆞ엿다더라(〈대동학회월보〉제15호 1909.4.25) ▌外務卿曰 英淸條約內에 鴉片 먹는 것을 許하고(〈개벽〉신간 제1호 1934.11.1)

【淸國 청국】 청국(China), 1616년부터 1912년까지 존재했던 중국 대륙의 마지막 왕조 ▌淸國(支那) 챵이나(시나)(유길준《서유견문》1895 제1편) ▌今에至ᄒᆞ야淸國의 옛約을 업시ᄒᆞ야 世界 萬國 ᄉᆞ이에 差等이 업게 되얏스니(《국민소학독본》1895) ▌大抵我大朝鮮國이本來堂堂自主獨立國이러니中間에淸國의干涉을受ᄒᆞ야國體ᄅᆞᆯ稍損ᄒᆞ고(〈관보〉1895.2.10) ▌청국(淸國)셔울일홈이무어시뇨 ○ 답 븍경(答北京)이라ᄒᆞᄂᆞ니라(《디구략론》1897) ▌오히려 淸國의 無禮ᄒᆞᆫ 錢侍ᄅᆞᆯ 因循히 看過ᄒᆞ며(〈대조선독립협회회보〉제4호 1897.1.15) ▌淸國(《각국기도》(필사본)1900) ▌淸國欽命憲政考察大臣達壽氏ᄂᆞᆫ十二月十六日午後에東京에到着ᄒᆞ엿다더라(〈대동학회월보〉제1호 1908.2.25) ▌其色은濃綠色或은墨色이니라 淸國으로브터 來ᄒᆞᄂᆞᆫ玉이란 者도 輝石角閃石等과 類似ᄒᆞᆫ 鑛物이니(〈기호흥학회월보〉제7호 1909.2.25) ▌淸國上海를渡하야北京을 유람하고 반년만에 還歸하다(〈개벽〉제7호 1921.1.1) ▌제1조 淸國政府는 露國이 日露 강화조약 제5조 及 제 6조에 의

하야 日本國에 대하야 한 일체의 양도를 승
낙함(〈동광〉제27호 1931.11.10)

E

【陀林江 타림강】타림 강(Tarim River), 중국 신장웨이우얼(Xinjiang Uygur) 자치구를 흐르는 강 ▎陀林江은揖布湖에流入ᄒᆞ며(유길준《서유견문》1895 제2편)

【陀斯馬尼亞 타사마니아】태즈메이니아(Tasmania), 오스트레일리아의 동남부 빅토리아(Victoria) 바로 남쪽에 있는 큰 섬 ▎南은陀斯馬尼亞의南海嘴와大洋洲로限ᄒᆞ며(유길준《서유견문》1895 제2편)

【坦佛仁 탄불인】더블린(Dublin), 아일랜드의 수도 ▎坦佛仁(《사민필지》1895 권1 英吉利)

【探秀河 탐수하】템즈 강(Thames River), 영국 잉글랜드 중남부를 흐르는 강 ▎探秀河가大都의中央을通流ᄒᆞ야府의三分二는河北에在ᄒᆞ고(《서유견문》1895 제19편)

【泰國 태국】타일랜드(Thailand), 동남아시아의 인도차이나 반도 중앙부에 있는 나라 ▎泰國과 朝鮮關係(〈동아일보〉1939.12.6. 1면) ▎이와 반대로 南西端에 있는 갈뽀쟈人은 泰國人을 많이 닮아서(〈삼천리〉제12권 제10호 1940.12.1) ▎安南, 泰國, 緬甸, 印度, 자바, 수마투라, 呂宋은 다 긴 역사를 가졌으나(〈대동아〉제14권 제3호 1942.3.1) 현대중국어 표기 ➡ 泰国

【泰西 태서】서양(the West), 서양 또는 서양 제국을 의미하는 개화기의 용어 ▎泰西學術의 來歷(《서유견문》1895) ▎泰西各國 태서각국(《국한회어》1895) ▎又 四川總督 鹿傳霖氏가 써 方今에 泰西諸學이 王道를 補佐ᄒᆞ는 데 必要라ᄒᆞ야(〈대조선독립협회회보〉제3호 1896.12.31) ▎태셔각국 泰西各國 Western or European nations see 셔양제국(게일편《한영자전》1897) ▎此理를 發明ᄒᆞᆫ 者는 有名ᄒᆞᆫ 泰西音樂家 푸란라시 氏라(〈대한유학생회학보〉제2호 1907.4.7) ▎泰西一千九百餘年之史가 皆從改革上記載者也오(〈기호흥학회월보〉제2호 1908.9.25) ▎티셔각국(泰西各國) 녀ᄌᆞ의 인격(人格)과 우리 녀자 샤회의 인격을 비교ᄒᆞᆫ 즉 소양이 현수ᄒᆞ다 ᄒᆞ겟소(김교제《목단화》1911) ▎此는 그만치 안ᄒᆞ야도 滿足ᄒᆞᆫ 解答이라 ᄒᆞᆯ지라도 文藝와 宗教를 何必 泰西로브터 轉入ᄒᆞ는가?(〈태서문예신보〉제13호 1919.1.1) ▎그 뒤 泰西의 문화가 동양에 파급할새(〈개벽〉제10호 1921.4.1)

【太西洋 태서양】대서양(Atlantic ocean 大西洋), 유럽 및 아프리카 대륙과 남·북아메리카 대륙 사이에 있는 대양 ▎西는太西洋에面ᄒᆞ며(《소학만국지지》1895 제3편) ▎水를 分ᄒᆞ야 五大洋이라 稱ᄒᆞ니 卽 太平洋 印度洋 太西洋 南極洋 北極洋 을 云ᄒᆞᆷ이라(〈대조선독립협회회보〉제7호 1897.2.28) ▎컬넘부스가 美洲를 發見함ᄋᆡ 羅馬教皇이 太西洋을 分爲二ᄒᆞ야 其一은 西班牙에 屬ᄒᆞ고 其一은 葡萄牙에 屬ᄒᆞ야(〈대한유학생회학보〉제3호 1907.5.25) ▎譬컨ᄃᆡ 太西洋 海底電線 事業과 如ᄒᆞᆫ 은 其成否가 實로 不確定ᄒᆞ야(〈대동학회월보〉제12호 1909.1.25) ▎太西洋을 건너서 桑港에 上陸할 때에 나의 주머니 속에 들어 잇는 돈(金)은 겨우 限80圓 假量 밧게 안되엇습니다(〈개벽〉제17호 1921.11.1) ▎일본은 넘우 각가우니까 太平洋 혹은 太西洋쯤 건너가서 그 곳에서 한 일은(〈별곤건〉제25호 1930.1.1)

【太太哥哥湖 태태가가호】티티카카 호(Lake Titicaca), 페루와 볼리비아 국경지대에 있는 호수 ▎此種의湖를言ᄒᆞ면太太哥哥湖가拔利比亞의高原에在ᄒᆞ야(유길준《서유견문》1895 제2편)

【太平洋 태평양】태평양(Pacific Ocean), 대서양 · 인도양 · 남극해 · 북극해와 함께 5대양을 이루는 큰 바다 ▎太平洋(大東洋) 픽시픽크(유길준《서유견문》1895 제2편) ▎太平洋(《사민필지》1895 권1 地毬總論) ▎西는太平洋을面ᄒᆞ고(《소학만국지지》1895 제4편) ▎그 山脉은 네 쥴기니 太平洋의 西岸으로 計數ᄒᆞ면 第一은 海岸에 山脉이오(《국민소학독본》1895) ▎太平洋(〈한성순보〉제1호 1883.10.31) ▎太平洋(《디구략론》1897) ▎태평양 太平洋 Pacific Ocean(게일편《한영자전》1897) ▎티평양(太平洋) 남방에 미려(美麗)ᄒᆞᆫ 셤이 허다 ᄒᆞ야(〈독립신문〉1899.1.16) ▎

칼니쪼룬이아州의桑港(SAN FRANCISCO)은 太平洋案에 無比ᄒᆞᆫ 要港이오(《중등만국지지》 1902 권1) ▌亞細亞洲로 由ᄒᆞ야 東으로 亞美利加洲에 至ᄒᆞ기는 太平洋이 有하고(《고등소학독본》권2, 휘문의숙편집부, 1907) ▌또 太平洋 中을 經過ᄒᆞ야 大陸을 觸지 아니 ᄒᆞᄂᆞ니라(〈기호흥학회월보〉제6호 1909.1.25) ▌일홈은 태평양太平洋과 대셔양大西洋과 인도양印度洋과 북빙양北氷洋과 남빙양南氷洋이며(최병헌《성산명경》1914) ▌太平洋會議의 幕은 열니려 하나니 世間의 凝視는 한참동안 그로 集注하리라(〈개벽〉제15호 1921.9.1) 현대중국어 표기 ➡ 太平洋

【土 토】터키(Turkey), 아시아 서부에 있는 공화국. '土'는 '土國' 또는 '土耳其'의 약칭이다 ▌즉 土耳其政府는 墺國代表者가 近間에 土墺間의 商議을 開始ᄒᆞ깃다고 豫期ᄒᆞᆫ다더라(〈대동학회월보〉제10호 1908.11.25) ▌일즉부터 開戰중이던 希土戰이 문득 土國 케말軍의 大勝에 歸하야 英·佛·伊·羅·希·土 등 諸國의 대표를 含한 近來 講和會議의 개최를 致할 형세에 至한 것이며(〈개벽〉제29호 1922.11.1) ▌먼저 구주의 정의를 결정하라고 하야 연맹안이 露土 양국을 제외한 것을 비난하얏스며(〈별곤건〉제34호 1930.11.1)

【土國 토국】터키(Turkey), 아시아 서부에 있는 공화국 ▌英法俄三國公使이 土國政府에 要求홈이라(《관보》188호 1895.10.14) ▌土國은 後楯을 失ᄒᆞ야 强國에 對ᄒᆞ야 弊政改良ᄒᆞ기를 約ᄒᆞᄂᆞᆫ듸 至ᄒᆞ얏스나(〈대조선독립협회회보〉제5호 1897.1.31) ▌旣히 勃國의 同意를 得ᄒᆞ얏고 土國은 此에 對ᄒᆞ야 反對ᄒᆞ얏다더라(〈대동학회월보〉제13호 1909.2.25) ▌土國(〈대한민보〉제6호 1909.6.18 土國) ▌此 亦 靑年黨의 愛國熱血의 所致ᄂᆞ 不過是 民權의 風潮가 猛烈ᄒᆞᆫ 勢로 土國을 襲來ᄒᆞᆫ 結果라 ᄒᆞ리로다(〈대한흥학보〉제10호 1910.2.20) ▌일즉부터 開戰중이던 希土戰이 문득 土國 케말軍의 大勝에 歸하야(〈개벽〉제29호 1922.11.1)

【土基斯坦 토기사탄】투르키스탄(Turkistan), 파미르 고원을 중심으로 한 좁은 뜻의 중앙아시아 지역. 투르키스탄은 투르크계 종족들이 사는 파미르 고원의 동서쪽 광활한 지역의 통칭이다 ▌中國의南方에至ᄒᆞ야俄羅斯平地의太半과土基斯坦의全幅과伊蘭의高原이며(유길준《서유견문》1895 제2편)

【土蘭斯拔 토란사발】트란스발(Transvaal), 현재의 남아프리카 공화국의 발 강 북쪽 또는 그 주변의 땅. 영국 지배를 싫어한 보아인들이 1830년대 여기에 트란스발공화국을 세웠으나 1902년 보아전쟁에서 패함으로써 없어졌다 ▌土蘭斯拔 트란스바(유길준《서유견문》1895 제1편) ▌土蘭斯拔(《사민필지》1895 권2 阿非利加洲總論)

【土蘭斯波兒 토란사파아】트란스발(Transvaal), 현재의 남아프리카 공화국의 발 강 북쪽 또는 그 주변에 1902년까지 존재했던 공화국 이름 ▌土蘭斯波兒(〈한성순보〉제7호 1883.12.29 英人演說)

【土耳古 토이고】터키(Turkey), 아시아 서부에 있는 공화국 ▌土耳古(〈한성순보〉제9호 1884.1.18) ▌此人種은土耳古[아흥안미스단][아라비야]人의族胤이多ᄒᆞ야(〈관보〉제173호 1895.9.28) ▌土耳古, 蒙古, 通古斯, 의 三族은 皆韃必利의 人種이라ᄒᆞ고(〈대한자강회월보〉제6호 1906.12.25) ▌니빨 색캄한 安南人의 떼, 동글한 모자 쓴 土耳古人, 턱석뿌리 猶太 녕감(〈개벽〉제38호 1923.8.1) ▌그럿타 그럿타 土耳古의 처녀들이 이러섯다(〈만국부인〉제1호 1932.10.1)

【土耳其 토이기】터키(Turkey), 아시아 서부에 있는 공화국 ▌土耳其(〈한성순보〉제2호 1883.11.10 歐羅巴洲) ▌英忌于西而牽制之,陸路宜防土耳其,土誠其後而襲躡之(《조선왕조실록》고종23년 1886.7.29) ▌토리긔 土耳其 國名(《국한회어》1895) ▌土耳其(《사민필지》1895 권1 歐羅巴總論) ▌土耳其 一千六十九隻(〈대조선독립협회회보〉제6호 1897.2.15) ▌土耳其에셔人種上及宗敎上의紛擾는日日增加ᄒᆞ야(《관보》197호 1895.10.25) ▌希臘及土耳其戰爭(〈대조선독립협회회보〉제10호 1897.4.15) ▌巴幹半島는亞細亞

土耳其와보스포루스(BOSPORUS)及다-다네루스(DARDANELLES)의兩海峽을隔훈歐洲東端諸國의総稱이니(《중등만국지지》1902 권1) ▌土耳其 政府는 墺國代表者가 近間에 土墺間의 商議을 開始훌깃다고 豫期훈다더라(〈대동학회월보〉 제10호 1908.11.25) ▌현재의 埃及 혹은 中華 印度 土耳其等 각 민족은(〈개벽〉제11호 1921.5.1) ▌그런데도 불구하고 土耳其 청년들은 술을 많이 마시지 안는다(〈동광〉제17호 1931.1.1) 현대중국어 표기 ➡ 土耳其

【土耳奇 토이기】 터키(Turkey), 아시아 서부에 있는 공화국. '土耳奇'는 Turkey의 중국식 한자표기이다 ▌土耳奇(〈한성주보〉제31호 1886.10.4 瀛海各國統考)

【土耳基 토이기】 터키(Turkey), 아시아 서부에 있는 공화국. '土耳基'는 Turkey의 중국식 한자표기이다 ▌土耳基(〈한성주보〉제32호 1886.10.11 續瀛海各國統) ▌土耳基國에附屬훈地方이有훈니(유길준《서유견문》1895 제1편) ▌토이긔, 土耳基 Turkey(게일편《한영자전》1897) ▌土耳基 터계(〈대한자강회월보〉제11호 1907.5.25) ▌埃及은 元來 土耳基領이엇섯다(〈동아일보〉 1928.4.11. 1면)

【土耳機 토이기】 터키(Turkey), 아시아 서부에 있는 공화국. '土耳機'는 Turkey의 한자표기이다 ▌土耳機(〈한성주보〉제52호 1887.2.28 泰西輪車鐵路考)

【土耳其國 토이기국】 터키(Turkey), 아시아 서부에 있는 공화국 ▌其駐훈土耳其國外部大臣을訪問훈야國內改革에關훈야決合훈믈要求훈더라(《관보》188호 1895.10.14) ▌土耳其의憲政確立으로以훈야列國은土耳其國에 在훈外國郵便局을 廢止훈기로 宣言훈얏다더라(〈대한협회회보〉제8호 1908.11.25) ▌그럼으로今日「케멜」의 率한 土耳其國民黨은 此 統一進步委員會의 變形한 者로 見하야도 無關하다(〈개벽〉제29호 1922.111)

【土耳基國 토이기국】 터키(Turkey), 아시아 서부에 있는 공화국 ▌土耳基國에附屬훈地方이有훈니曰小亞細亞(유길준《서유견문》1895 제1편) ▌又 土耳基國의 附屬훈 地方이 有훈니 曰 小亞細亞 曰 世累野(〈대한협회회보〉제5호 1908.8.25)

【土耳其斯坦 토이기사탄】 투르키스탄(Turkistan), 파미르 고원을 중심으로 한 좁은 뜻의 중앙아시아 지역. 투르키스탄은 투르크계 종족들이 사는 파미르 고원의 동서쪽 광활한 지역의 통칭이다 ▌土耳其斯坦(〈한성순보〉제1호 1883.10.31) ▌土耳其斯坦(《사민필지》1895 권2 阿富汗 鼈累稱斯坦) ▌南은波斯土耳其斯坦과支那로接훈고(《소학만국지지》1895 제1편) ▌土耳其斯坦은 一名은 西韃靼이니(《중등만국지지》1902 권1) ▌土耳其斯坦 으로브터 蒙古地方에 傳及훈엿다 훈나(〈태극학보〉제19호 1908.3.24) ▌土耳其斯坦에는「우스베크」와「도루구멘」의 두 共和國을 건설하고(〈개벽〉제64호 1925.12.1),

【特拉華州 특랍화주】 델라웨어(Delaware)주, 미국 동부 대서양 연안에 있는 주 ▌特拉華州(〈한성순보〉제12호 1884.2.17 美國誌略)

【特伊佛來 특이불래】 트리폴리(Tripoli), 리비아의 수도 ▌特伊佛來(《사민필지》1895 권2 摩洛哥)

ㅍ

【波 파】 폴란드(Poland), 유럽 중부 발트 해에 면해 있는 공화국. '波'는 Poland의 음역어 '波蘭'이 줄어든 말이다 ▌英佛伊帝國主義一團과 獨波及 피압박 군소강국의 결속에 의한 현상打破主義의 제국주의 一團과의 대립은(《개벽》신간 제2호 1934.12.1) ▌3國巨頭가 會合할 직전 英國은 獨波兩國에 穩健主義를 취함에 대하야(《삼천리》제7권6호 1935.7.1)

【波加厘亞國 파가리아국】 불가리아(Bulgaria), 유럽 동남부 발칸 반도의 동부에 있는 공화국 ▌波加厘亞國(《한성주보》제30호 1886.9.27 國王被黜)

【巴幹半島 파간반도】 발칸 반도(Balkan Peninsula), 유럽 남부 지중해 동부에 돌출한 3각형의 반도 ▌巴幹半島는亞細亞土耳其와보스포루스(BOSPORUS)及다-다네루스(DARDANELLES)의兩海峽을隔흔歐洲東端諸國의總稱이니(《중등만국지지》1902 권1) ▌奧, 의게 波蘭과 土耳其의게 巴幹半島와 現今에 馴至ᄒ야는(《태극학보》제3호 1906.10.24) ▌德國巴幹半島에셔 俄國의 威名을 失墜케 ᄒ는 政策을 放擲홈이 可ᄒ다 論ᄒ얏다더라(《대동학회월보》제15호 1909.4.25)

【巴其斯坦 파기사탄】 파키스탄(Pakistan), 아시아 서남부에 있는 공화국 ▌巴其斯坦(《한성순보》제26호 1884.7.3 俄國誌略)

【巴那馬 파나마】 파나마(Panama), 남 · 북아메리카를 잇는 파나마 지협에 있는 나라 ▌墨西哥河南과巴那馬地峽以北의諸國을總稱ᄒ야(《소학만국지지》1895 제4편)

【巴那麻 파나마】 파나마(Panama), 남 · 북아메리카를 잇는 파나마 지협에 있는 나라 ▌巴那麻(《사민필지》1895 권2 亞美利加 總論)

【巴拿馬 파나마】 파나마(Panama), 남 · 북아메리카를 잇는 파나마 지협에 있는 나라 ▌巴拿馬(《한성순보》제9호 1884.1.18 各國海底電信 私立會社) ▌玆接新駐美國巴拿馬國公使文稱本國本係南美컬럼비아國屬地(《조선왕조실록》고종 41년 1904.1.13) ▌蘇彜士巴拿馬尼加拉哇와 如흔 三運河ㅣ 是也ㅣ니라(《대한유학생회학보》제3호 1907.5.25) ▌今後巴拿馬運河開鑿되는 曉에 至ᄒ야는(《서우》제14호 1908.1.1) ▌즉 美國틱프트氏의 一行이 巴拿馬運河에 到着ᄒ야(《대동학회월보》제13호 1909.2.25) ▌그리하야 1915년에 巴拿馬運河를 개통하야 大西洋함대와 太平洋함대의 연결교통을 용이케 할 뿐 아니라(《개벽》제43호 1924.1.1) 현대중국어 표기 ➡ 巴拿马

【巴奈馬 파나마】 파나마(Panama), 남 · 북아메리카를 잇는 파나마 지협에 있는 나라 ▌濠洲航路의 連絡及蘇西, 巴奈馬의 大運河 等은 實노 貿易發達의 一大動機가 되나니라(《대한협회회보》제8호 1908.11.25) ▌巴奈馬共和國은 中央亞米利加의 코스타리카와 코롬비아 兩國間에 介在흔 狹長一小國이라(《대한흥학보》제11호 1910.3.20) ▌그 계획은 布哇, 구암, 比律賓을 점령하고 다시 1914년에 巴奈馬 운하가 개통되면서 문제는 구체화하며 촉진되고 잇스니(《별곤건》제29호 1930.6.1) ▌제 4기는 巴奈馬運河의 개통과歐洲 각국과 태평양 각국간에 교통이 敏速케 되어(《동광》제33호 1932.5.1)

【波多馬哥河 파다마가하】 포토맥(Potomac) 강, 미국 버지니아 주의 하이타운과 웨스트버지니아 주의 페어팩스 스톤에서 발원하여 대서양 연안의 체서피크 만으로 흘러들어가는 강이다 ▌波多馬哥河(《한성순보》제14호 1884.3.8 火輪船源流考)

【婆羅 파라】 보르네오(Borneo), 동남아시아 말레이 제도에 있는 섬 ▌婆羅(《한성순보》제1호 1883.10.31 論洲洋)

【把羅貴 파라귀】 파라과이(Paraguay), 남아메리카 중부에 있는 내륙국 ▌把羅貴(《사민필지》1895 권2 亞美利加 總論) ▌把羅貴 파라(유길준 《서유견문》1895 제1편) ▌智利亞然丁猶羅貴許太伊山道明澳 把羅貴 等 諸共和國이 有ᄒ며

(〈대한협회회보〉제5호 1908.8.25)

【波羅馬 파라마】 파나마(Panama), 남·북아메리카를 잇는 파나마 지협에 있는 나라 ▎中間에波羅馬의地腰에至ᄒᆞ야相連ᄒᆞ니(유길준《서유견문》1895 제1편) ▎起自馬質蘭海口ᄒᆞ야抵斷波羅馬地腰ᄒᆞ니 或曰 貝澤邀尼亞의 安道秀라 ᄒᆞ며(〈대한협회회보〉제8호 1908.11.25)

【波羅的海 파라적해】 발트 해(Baltic Sea), 유럽 대륙과 스칸디나비아 반도 사이에 있는 바다 ▎波羅的海(〈한성주보〉제32호 1886.10.11 續瀛海各國統) ▎波羅的海岸에 蕞爾一國으로 奮其螳臂ᄒᆞ야(〈대한자강회월보〉제3호 1906.9.25) ▎水深은 處所에 從ᄒᆞ야 多少 差異가 有ᄒᆞ니 波羅的海와 北海에ᄂᆞᆫ 海面下 六十六尺이오(〈태극학보〉제19호 1908.3.24) ▎露外艦拒絶 勞農露國政府에서는 波羅的海에 外艦 출입을 거절하다(〈개벽〉제32호 1923.2.1) ▎이를 보면 제1波羅的海의 要港인 단치히를 波蘭에 부여치 않고(〈삼천리〉제12권6호 1940.6.1)

【波蘭 파란】 폴란드(Poland), 유럽 중부 발트해에 면해 있는 공화국 ▎波蘭(〈한성순보〉제6호 1883.12.20 俄國郵報) ▎魯西亞人과 波蘭人과 匈牙利人과 瑞西 那威 芬蘭 等 國人이 輻輳ᄒᆞ며(《국민소학독본》1895) ▎波蘭國 滅亡ᄒᆞᆫ 史에 托意ᄒᆞ야(〈대조선독립협회회보〉제6호 1897.2.15) ▎不然則波蘭,埃及,覆轍自在,安南,琉球,前鑑不遠(《조선왕조실록》고종43년 1906.2.12) ▎近世波蘭ᄀᆞᆺ치 其國土가 分裂ᄒᆞ야(〈대한자강회월보〉제3호 1906.9.25) ▎如波蘭이라(《고등소학독본》권2, 휘문의숙편집부, 1907) ▎波蘭을 誘欺ᄒᆞ야 其土를 全奪ᄒᆞ며(〈대한유학생회학보〉제3호 1907.5.25) ▎波蘭埃及比律賓等의 滅亾은 皆敎育의 結果가 無ᄒᆞᆫ所以니(〈기호흥학회월보〉제1호 1908.8.25) ▎波蘭의 시엔큐이치는 아모리 보아도 극작가라고 할 수는 업스나(〈개벽〉제19호 1922.1.10) ▎氏는 그 少年時節에 鄕國인 波蘭의 조고마한 거리에서 깁흔 印象을 밧고 성장하얏다(〈별곤건〉제20호 1929.4.1) 현대중국어 표기 ➡ 波兰

【玻拉乖 파랍괴】 파라과이(Paraguay), 남아메리카 중부에 있는 내륙국 ▎玻拉乖(〈한성순보〉제19호 1884.4.25 各國國債說略)

【巴拉圭 파랍규】 파라과이(Paraguay), 남아메리카 중부에 있는 내륙국 ▎巴拉圭(〈한성순보〉제3호 1883.11.20 亞米利加洲) ▎巴拉圭ᄂᆞᆫ 알젠틴과 玻里比亞와 巴西國을 接ᄒᆞ야(《소학만국지지》1895 제5편) 현대중국어 표기 ➡ 巴拉圭

【巴黎 파려】 파리(Paris), 프랑스의 수도 ▎巴黎(〈한성순보〉제1호 1883.10.31 安南事件起源) ▎法都 巴黎에 會同ᄒᆞ야 和議ᄅᆞᆯ 講ᄒᆞ니(《국민소학독본》1895) ▎又昔日佛蘭西京城巴黎府에怪疾의熾盛ᄒᆞᆫ時ᄅᆞᆯ當ᄒᆞ야(유길준《서유견문》1895) ▎英國이敦額羅에遠征軍을派遣ᄒᆞ기에決定ᄒᆞᆫ一事ᄂᆞᆫ巴黎에셔驚駭憤激을惹起홈(〈관보〉제288호 1896.4.1) ▎普法戰爭에 巴黎城捷報도 不足稱이오(〈대한자강회월보〉제9호 1907.3.25) ▎博覽會를 初開홈은 千七百九十八年佛國 巴黎京이니(〈서우〉제11호 1907.10.1) ▎內曰 吾ㅣ 昔游於巴黎之市ᄒᆞ니 有屠羊爲業者ᄒᆞ야(〈대한협회회보〉제12호 1909.3.25) 현대중국어 표기 ➡ 巴黎

【波黎都城 파려도성】 파리(Paris), 프랑스의 수도 ▎波黎都城(〈한성순보〉제7호 1883.12.29)

【巴黎府 파려부】 파리(Paris), 프랑스의 수도 ▎又昔日佛蘭西京城巴黎府에怪疾의熾盛ᄒᆞᆫ時ᄅᆞᆯ當ᄒᆞ야(유길준《서유견문》1895 제3편) ▎千八百十四年 巴黎府에셔 第五回博覽會ᄅᆞᆯ 開ᄒᆞ고(〈서우〉제11호 1907.10.1)

【巴黎斯 파려사】 파리(Paris), 프랑스의 수도 ▎巴黎斯(〈한성순보〉제14호 1884.3.8 火輪船源流考)

【波黎斯 파려사】 파리(Paris), 프랑스의 수도 ▎波黎斯(〈한성순보〉제7호 1883.12.29 法國軍信)

【巴黎西 파려서】 파리(Paris), 프랑스의 수도 ▎파려셔 巴黎西 Paris(게일편《한영자전》1897)

【波留西留斯府 파류서류사부】 베르사유(Versailles), 프랑스 중북부 이블린 주의 주도. 17세기 말~18세기에 지어진 부르봉 왕조의 호화스러운 궁전과 정원으로 유명하다 ▎波留西留斯府(〈한성순보〉제7호 1883.12.29 電輪車)

【波留的 파류적】 발트 해(Baltic Sea), 유럽 대륙과 스칸디나비아 반도 사이에 있는 바다 ▍東에는보스니야灣及波留的海를抱ᄒᆞ고(《중등만국지지》1902 권2)

【波留的海 파류적해】 발트 해(Baltic Sea), 유럽 대륙과 스칸디나비아 반도 사이에 있는 바다 ▍가스뎃딘灣을由ᄒᆞ야波留的海에入ᄒᆞ고(《중등만국지지》1902 권2)

【巴里 파리】 파리(Paris), 프랑스 수도 ▍巴里(파리) 此府ᄂᆞᆫ佛蘭西의京城이라(유길준《서유견문》1895 제20편) ▍各地로 貨物을 運輸ᄒᆞ니 倫敦과 巴里와 竝肩ᄒᆞᄂᆞᆫ 大都ㅣ니라(《국민소학독본》1895) ▍僕婢稅法京巴里의僕稅ᄂᆞᆫ一名에三十法二名에四十五法三名에六十法四名에九十法이오(《관보》78호 1895.6.2) ▍巴里(《친목회회보》제3호 1896.6 巴里 지하철도 부설의 계획) ▍법국(法國)셔울일홈이무어시뇨 ○답 파리(答巴里)라ᄒᆞᄂᆞ이라(《디구략론》1897) ▍佛京(巴里)二百四十四萬七千九百五十七人(〈대조선독립협회회보〉제10호 1897.4.15) ▍巴里(〈대한민보〉제4호 1909.6.16) ▍首府巴里(PARIS)ᄂᆞᆫ세네-河兩岸을跨ᄒᆞ야(《중등만국지지》1902 권1) ▍予ᄂᆞᆫ 巴里(佛京)市會議員이로라 ᄒᆞ면서 君是何人이와ᄃᆡ 如是唐突ᄒᆞᄂᆞ뇨ᄒᆞ거늘(〈대한유학생회학보〉제1호 1907.3.3) ▍同市에셔 옥스포오드 及 巴里에셔 ᄒᆞᆷ과 如히 大學에 登ᄒᆞ야 講義를 試ᄒᆞ리라더라(〈대동학회월보〉제12호 1909.1.25) ▍우리는 항상 듯고 알기를 佛國 巴里라 하면 전세계에서 제일 화려한 도회지이며(〈개벽〉제11호 1921.5.1) ▍巴里의 放射型은 「나폴레온」3世 때에 「호쓰만」의 計劃한 바다(〈동광〉제15호 1927.7.25)

【波里尼西亞 파리니서아】 폴리네시아(Polynesia), 오세아니아 동쪽 해역에 분포하는 수천 개 섬들의 총칭 ▍波里尼西亞라홈은太平洋中에散布ᄒᆞᆫ諸島를總稱홈이라(《소학만국지지》1895 제6편)

【波里多里 파리다리】 푸에르토리코(Puerto Rico), 서인도 제도(카리브 해)의 틸리스 제도에 있는 미국의 자치령 ▍波里多里(〈한성순보〉제3호 1883.11.20 米利加洲)

【巴里府 파리부】 파리(Paris), 프랑스의 수도 ▍巴里府(〈한성순보〉제1호 1883.10.31 詳述馬達加斯近事) ▍其上에一臨홈애巴里府를俯瞰ᄒᆞ야繁華盛壯ᄒᆞᆫ氣像이目下에(유길준《서유견문》1895 제20편) ▍一千九百年가지에敷設ᄒᆞᆯ部分中에巴里府外圍의大衢下를通過ᄒᆞ게ᄒᆞ고(《관보》제322호 1896.5.11) ▍特히 博物學에 有名홈으로巴里府博物館長으로本國政府에 命令을 受ᄒᆞ고(〈태극학보〉제8호 1907.3.24)

【玻里非 파리비】 볼리비아(Bolivia), 남아메리카 중서부에 있는 공화국 ▍玻里非(〈한성순보〉제16호 1884.3.27 美國大統領 演說)

【玻利非 파리비】 볼리비아(Bolivia), 남아메리카 중서부에 있는 공화국 ▍玻利非(〈한성순보〉제3호 1883.11.20 亞米利加洲)

【玻里比亞 파리비아】 볼리비아(Bolivia), 남아메리카 중서부에 있는 공화국 ▍厄瓜多와智利와玻里比亞와巴西로接界ᄒᆞ고(《소학만국지지》1895 제5편)

【玻利非亞 파리비아】 볼리비아(Bolivia), 남아메리카 중서부에 있는 공화국 ▍玻利非亞(《사민필지》1895 권2 玻利比亞) ▍智利與玻利非亞及匈牙利俱産之惟所含之燐有害於銅(〈대조선독립협회회보〉제13호 1897.5.31)

【巴里城 파리성】 파리(Paris), 프랑스의 수도 ▍巴里城下를過ᄒᆞ고다시하불港(HAVRE)을由ᄒᆞ야(《중등만국지지》1902 권1) ▍普佛戰爭에 德國이 巴里를 包圍ᄒᆞᄆᆡ 巴里城 內外에서 友軍의 聯絡을 持保ᄒᆞ기 爲ᄒᆞ야(〈태극학보〉제15호 1907.11.24) ▍一千八百七十年 佛京巴里城陷落時에 死亡ᄒᆞᆫ 바 되엿고(〈대한흥학보〉제9호 1910.1.20) ▍이 巴里城으로 말슴하면 아시는 바와 가티 世界中 가장 華麗秀美한 都市일 뿐만 안이라(〈별건곤〉제10호 1927.12.20) ▍연합군은 이미 巴里 城下에 다다르고 잇섯다(〈삼천리〉제10권제5호 1938.5.1)

【巴比倫 파비륜】 바빌론(Babylon), 바그다드의 남쪽 80km 지점에 있는 메소포타

미아의 고대 도시 ▍巴比倫(《한성순보》제14호 1884.3.8 泰西의 文學源流考) ▍파비륜 巴比倫 Babylon(게일편《한영자전》1897) ▍巴比倫을滅ᄒᆞ고구세테기세쓰王은다-ᄯᅳ네루쓰(DARDANEIIES)海峽에長橋를加ᄒᆞ고(《중등만국지지》1902 권1) ▍象形文字와 巴比倫의 楔形文字ᄀᆞᆺ흔 一種의 記號가 發明되야(《대한유학생회학보》제1호 1907.3.3) ▍東洋의 巴比倫人 印度人의 數學은 天象을 觀測ᄒᆞ기 爲ᄒᆞ야 修用ᄒᆞ엿고(《태극학보》제10호 1907.5.24) ▍巴比倫尼亞에셔 板刻의 事가 起原하엿스니(《대한학회월보》제7호 1908.9.25) ▍泰西希臘人은以日沒爲一日之始ᄒᆞ고巴比倫敍利亞人은以日로出로爲始ᄒᆞ고(장지연편《만국사물기원역사》1909.8) ▍巴比倫의 번화와羅馬의 흥성은 水流雲空에 과거와 함께 흘러가고(《개벽》제35호 1923.5.1) 현대중국어 표기 ➡ 巴比伦

【巴庇倫 파비륜】 바빌론(Babylon), 바그다드의 남쪽 80 km 지점에 있는 메소포타미아의 고대 도시 ▍巴庇倫(《한성주보》제52호 1887.2.28 西學源流)

【巴比倫國 파비륜국】 바빌론(Babylon), 바그다드의 남쪽 80km 지점에 있는 메소포타미아의 고대 도시 ▍巴比倫國(《한성순보》제10호1884.1.30 歐羅巴史記)

【巴庇倫尼亞 파비륜니아】 바빌론(Babylon), 바그다드의 남쪽 80km 지점에 있는 메소포타미아의 고대 도시 ▍又巴庇倫尼亞의煉火石에凸字를刻ᄒᆞᆷ이ᄒᆞ니(장지연편《만국사물기원역사》1909.8)

【波斯 파사】 페르시아(Persia), B.C.6세기부터 A.D.7세기까지 이란 고원을 지배했던 나라 ▍波斯(《한성주보》제3호 1886.2.15 예시야디략) ▍波斯 퍼시야(유길준《서유견문》1895 제1편) ▍東으로ᄂᆞᆫ 日人과 淸人과 印度人과 波斯人이오 西으로ᄂᆞᆫ 美人과 南阿諸國人이오(《국민소학독본》1895) ▍東으로ᄂᆞᆫ 日人과淸人과印度人과 波斯人이오(《소학만국지지》1895 제1편) ▍此人種은元来波斯人인대一千數百年前에回敎者가其本國을侵取ᄒᆞ니(《관보》제176호 1895.10.2) ▍다만 朝鮮 日本 支那(淸國)波斯(벳루샤)暹羅(사이암)五國이 獨立ᄒᆞ얏스ᄂᆞ(《대조선독립협회회보》제15호 1897.6.30) ▍지나간 갈에 ᄒᆞᆫ 화륜션 함장이 파ᄉᆞ만 波斯灣을 지날적에(《독립신문》1898.9.28) ▍兩高地間에浸入ᄒᆞᆫ것은波斯灣이오(《중등만국지지》1902 권1) ▍波斯皇帝게셔ᄂᆞᆫ 專賣特許에 係ᄒᆞᆫ 銃丸防禦衣를 購求ᄒᆞ섯다더라(《대동학회월보》제10호 1908.11.25) ▍西洋의 新宗敎라 하면 波斯에서 創造된 압들빠하-를 말하지 아니치 못할 것이다(《개벽》제15호 1921.9.1) ▍일 그 당시에 波斯사람의 蹂躙을 당하엿다 하면(《별곤건》제12·13호 1928.5.1) 현대중국어 표기 ➡ 波斯

【波斯國 파사국】 페르시아(Persia), B.C.6세기부터 A.D.7세기까지 이란 고원을 지배했던 나라 ▍波斯國(《한성순보》제5호 1883.12.9) ▍파사국 波斯國(《국한회어》1895) ▍파ᄉᆞ국 波斯國(게일편《한영자전》1897) ▍波斯國內에 非常ᄒᆞᆫ 騷亂이 起하야 人民이 波斯王에게 憲法確定ᄒᆞᆷ을 請願하얏더라(《대한자강회월보》제12호 1907.6.25) ▍亞弗利加와 波斯國 地方 所産은 單峰駝니(《태극학보》제13호 1907.9.24) ▍波斯國王 아네드샤는 退位하고(《개벽》제58호 1925.4.1) ▍國運隆盛의 波斯國-政治와 産業이 同時에 進展(《동광》제17호 1931.1.1)

【波士敦 파사돈】 보스턴(Boston), 미국 매사추세츠 주의 주도. 매사추세츠 만 연안에 자리한 뉴잉글랜드 최대의 중심지이다 ▍합즁국 파ᄉᆞ돈(波士敦 Boston) 대쥬교 디방에 슈원ᄒᆞ나와 신픔 학교 ᄒᆞ나흔 미구에 긔원식을 ᄒᆞ겟다 ᄒᆞ며(《경향보감》제2권 1906-1910)

【波士頓 파사돈】 보스턴(Boston), 미국 매사추세츠 주의 주도. 매사추세츠 만 연안에 자리한 뉴잉글랜드 최대의 중심지이다 ▍波士頓발치머ㅣ等은모다大西洋岸의要都ㅣ라(《소학만국지지》1895 제3편) 현대중국어 표기 ➡ 波士顿

【波斯頓城 파사돈성】 보스턴(Boston), 미국 매사추세츠 주의 주도. 매사추세츠 만 연안에 자리한 뉴잉글랜드 최대의 중심지이다 ▍

美國波斯頓城은1704年에創刊ᄒᆞ고(장지연편《만국사물기원역사》1909.8)

【波斯灣 파사만】 페르시아 만(Persian Gulf), 아라비아 반도의 북동쪽 이란과의 사이에 있는 넓은 만 ▍지나간 갈에 ᄒᆞᆫ 화륜션 함쟝이 파ᄉᆞ만 波斯灣을 지날젹에(〈독립신문〉1898.9.28) ▍亞剌比亞海가伊蘭,亞剌比亞,兩高地間에浸入ᄒᆞᆫ 것은波斯灣이오(《중등만국지지》1902 권1) ▍此河의 三角州地로 東은 波斯灣僻頭의 지그리스 오후라데스 兩河口에 抵ᄒᆞ고 南은 亞非利加炎天熱地大沙漠附近으로 北은 알메이아 高原에 至ᄒᆞ야(〈대한자강회월보〉제5호 1906.11.25) ▍近東지방을 것쳐서 波斯灣에 진출하는 一路뿐이다(〈개벽〉제43호 1924.1.1) ▍「풰니키아」人이 地中海,紅海,波斯灣,印度海 等地로 漂泊하는 동안에(〈동광〉제9호 1927.1.1)

【巴斯于 파사우】 보스니아(Bosnia), 남부 유럽 발칸 반도 서부에 있는 나라 ▍巴斯于(〈한성주보〉제53호 1887.3.7 歐東時局)

【巴塞羅 파새라】 바르셀로나(Barcelona), 스페인 동북부의 카탈루냐(Catalonia) 지방에 있는 항구 도시 ▍地中海의東濱에巴塞羅港이有ᄒᆞ니(《소학만국지지》1895 제3편)

【巴西 파서】 브라질(Brazil), 남아메리카 중동부 대서양 연안에 있는 공화국. 남아메리카에서 가장 넓은 나라이며 수도는 브라질리아(Brasilia)이다 ▍巴西(〈한성순보〉제9호 1884.1.18 各國海底電信私立會社) ▍巴西 브라질(유길준《서유견문》1895 제1편) ▍巴西(《사민필지》1895 권2 亞美利加 總論) ▍厄瓜多와智利와玻里比亞와巴西로接界ᄒᆞ고(《소학만국지지》1895 제5편) ▍露西亞,英吉利,瑞典,那威,合衆國,佛蘭西,獨逸,丁抹,和蘭,西班牙,白耳義,伊太利,墺地利,秘露,日本,巴西凡十六國이니(《중등만국지지》1902 권1) ▍南北阿美利加洲에ᄂᆞᆫ 合衆國(一名 花旂國俗稱 美國) 墨西哥(麥時古) 瓜多磨羅 混斗羅斯 聖撒排多 尼可羅果 巴西 哥倫比 彬崖未越那 高斯太樓哥 厄果多 秘魯 拔利比亞 智利 亞然丁 猶羅貴 許太伊山道明澳 把羅貴 等 諸共和國이有ᄒᆞ며(〈대한협회회보〉제5호 1908.6.25) 현대중국어표기 ➡ 巴西

【巴西國 파서국】 브라질(Brazil), 남아메리카 중동부 대서양 연안에 있는 공화국. 남아메리카에서 가장 넓은 나라이며 수도는 브라질리아(Brasilia)이다 ▍北支와南支라稱ᄒᆞᄂᆞ니南支ᄂᆞᆫ巴西國의海邊을從流ᄒᆞ다가二支에分ᄒᆞ야(유길준《서유견문》1895 제2편) ▍파셔국 巴西國Brazil(게일편《한영자전》1897) ▍巴西國購用者三年於玆獲益不少 十四(〈대조선독립협회회보〉제11호 1897.4.30)

【巴泄老那 파설로나】 바르셀로나(Barcelona), 스페인 동북부의 카탈루냐(Catalonia) 지방에 있는 항구 도시 ▍巴泄老那 此府ᄂᆞᆫ沙羅高楂正東五百里許地에在ᄒᆞ야(유길준《서유견문》1895 제20편)

【巴禮斯坦 파례사탄】 팔레스타인(Palestine), 이스라엘을 중심으로 한 지중해의 동해안 일대를 가리키는 지역명 ▍曰巨馬斯坦曰巴禮斯坦(팔네스탄)曰美昭布太糜亞(유길준《서유견문》1895 제1편)

【巴爾加利亞 파이가리아】 불가리아(Bulgaria), 유럽 동남부 발칸 반도의 동부에 있는 공화국 ▍巴爾加利亞와東羅美利亞의自治를得許ᄒᆞ니(《소학만국지지》1895 제3편)

【巴爾幹 파이간】 발칸(Balkan), 유럽의 남동부에 있는 반도 ▍列國會議延期 巴爾幹 問題에 對ᄒᆞ야 列國會議ᄂᆞᆫ 延期ᄒᆞ얏다더라(〈대한협회회보〉제10호 1909.1.25) ▍翌年 十月 巴爾幹戰爭이 起애 드대여 講和하얏스나(〈동아일보〉1920.6.5 4면) ▍그런데 巴爾幹의 一角에 잇는 勃牙利에서는 국민개병주의에 相對하야(〈개벽〉제27호 1922.9.1) ▍歐洲政局에서 늘 巴爾幹半島를 念慮한 결과가「써비아의」한 青年의 움지김으로 因하야 世界大戰이 일어나서(〈별곤건〉제12·13호 1928.5.1)

【巴爾幹山脉 파이간산맥】 발칸 산맥(Balkan Mts), 발칸 반도 동부에 위치한 산맥이다 ▍巴爾幹山脉은國의東南部로連ᄒᆞ야(《소학만국지지》1895 제3편)

【巴他俄尼 파타아니】 파타고니아(Patagonia), 남아메리카 대륙의 남위 38° 선 이남 지역 ▎巴他俄尼(〈한성순보〉제3호 1883.11.20 亞米利加洲)

【巴哈馬 파합마】 바하마(Bahamas), 중앙아메리카의 쿠바 북동쪽 카리브 해에 있는 영국 연방의 섬나라 ▎巴哈馬(〈한성순보〉제6호 1883.12.20 英國誌略) 현대중국어 표기 ➡ 巴哈马

【巴哈厤 파합마】 바하마(Bahamas), 중앙아메리카의 쿠바 북동쪽 카리브 해에 있는 영국 연방의 섬나라 ▎巴哈厤(〈한성주보〉제22호 1886.6.31 스베인사람디르마아가아다란짓그를차진쇽고)

【貝澤遨尼亞 패택오니아】 파타고니아(Patagonia), 아르헨티나 남부에 있는 지방 ▎貝澤遨尼亞의安道秀(유길준《서유견문》1895 제1편)

【蔽賴尼秀 폐뢰니수】 피레네(Pyrenean), 유럽 남서부에 있는 산맥 ▎蔽賴尼秀와哥太富利阿의二山은其北에在ᄒᆞ고(유길준《서유견문》1895 제1편)

【幣留無他斯 폐류무타사】 버뮤다(Bermuda), 북대서양에 위치해 수백 개의 작은 섬으로 이루어진 영국령의 섬 ▎幣留無他斯(〈한성순보〉제6호 1883.12.20 英國誌略)

【葡 포】 포르투갈(Portugal), 유럽 이베리아 반도 서부에 위치한 나라. '葡'는 '葡國'이 줄어든 말이다 ▎各國이 其 人民의 智識發達ᄒᆞᄂᆞᆫ 程度를 從ᄒᆞ야 成年를 定ᄒᆞᄂᆞ니 德, 西, 丁, 諾, 葡 等國은 滿二十五歲로(〈서우〉제13호 1907.12.1)

【蒲加零 포가령】 불가리아(Bulgaria), 유럽 동남부 발칸 반도의 동부에 있는 공화국 ▎蒲加零(〈한성주보〉제30호 1886.9.27 弊屣天下)

【布加里 포가리】 불가리아(Bulgaria), 유럽 동남부 발칸 반도의 동부에 있는 공화국 ▎布加里(〈한성순보〉제35호 1884.9.29 各國郵便收入表)

【布加亞 포가아】 불가리아(Bulgaria), 유럽 동남부 발칸 반도의 동부에 있는 공화국 ▎布加亞(〈한성주보〉제30호 1886.9.27 德律風具譯略)

【葡國 포국】 포르투갈(Portugal), 유럽 이베리아 반도 서부에 위치한 나라. 수도는 리스본(Lisbon)이다 ▎葡國(〈한성순보〉제10호 1884.1.30 各國工役彙報) ▎葡國領地의[거아]가 잇고[고친][도라완고도]의半獨立州가잇셔셔(《관보》제152호 1895.9.2) ▎然ᄒᆞ나 葡國은 地狹人少ᄒᆞᆷ으로 東洋의 莫大ᄒᆞᆫ 貿易地를 其勢力에 依ᄒᆞ야(〈대한협회월보〉제1호 1908.2.25) ▎6월 1일 葡國 대통령 코메츠將軍이 정식 사임하고(〈개벽〉제71호 1926.7.1)

【葡萄牙 포도아】 포르투갈(Portugal), 유럽 이베리아 반도 서부에 위치한 나라. 수도는 리스본(Lisbon)이다 ▎葡萄牙(〈한성순보〉제2호 1883.11.10 要償損害) ▎西班牙人과 葡萄牙人과 魯西亞人과 波蘭人과 凶牙利人과 瑞西 那威 芬蘭 等 國人이 輻輳ᄒᆞ며(《국민소학독본》1895) ▎歐羅巴洲葡萄牙國利秀繁의地震에排比道의海水가二十尺의溢을成ᄒᆞ니(유길준《서유견문》1895 제1편) ▎葡萄牙(《사민필지》1895 권1 歐羅巴總論) ▎葡萄牙語ᄂᆞᆫ 千五百万人에止ᄒᆞᆷ이오(《관보》제139호 1895.8.16) ▎葡萄牙 一百八十五隻(〈대조선독립협회회보〉제6호 1897.2.15) ▎포도아, 葡萄牙 Portugal(게일편《한영자전》1897) ▎葡萄牙ᄂᆞᆫ元來西班牙와共히이베리아라稱ᄒᆞ더니(《중등만국지지》1902 권1) ▎其餘希臘, 和蘭, 葡萄牙, 日斯巴尼亞, 瑞士等諸國在皆有不讀者懲罰之科故로(〈유학생회학보〉제1호 1907.3.3) ▎其外 日耳義, 和蘭, 葡萄牙, 中國 全權使들은 5大强國의 다음 테에블에 沿하여(〈개벽〉제18호 1921.12.1) ▎葡萄牙 首附 부근 新도라 지방의 2,000尺 高山에 備買하엿는데(〈동광〉제11호 1927.3.5) 현대중국어 표기 ➡ 葡萄牙

【葡萄牙國 포도아국】 포르투갈(Portugal), 유럽 이베리아 반도 서부에 위치한 나라. 수도는 리스본(Lisbon)이다 ▎葡萄牙國(〈한성순보〉제10호 1884.1.30 歐羅巴史記) ▎歐羅巴洲葡萄牙國利秀繁의地震에排比道의海水가二十尺의溢을成ᄒᆞ니(유길준《서유견문》1895 제1편) ▎葡萄牙國(《사민필지》1895 권2 亞非利加東界) ▎

葡萄牙國務會議ᄂᆞᆫ 帝室費三萬八千磅追加의 先帝詔勅을 繳消ᄒᆞ고(〈대동학회월보〉제2호 1908.3.25) ▎그 우에는 葡萄牙國旗를 덥헛더이다(〈개벽〉제23호 1922.5.1) ▎和蘭國及葡萄牙國의 각 대표자는 극동의 사태의 안정을 기하고(〈동광〉제27호 1931.11.10)

【蒲蘭坡 포란파】 프랑크푸르트(Frankfurt), 독일 헤센 주(Hessen)에 있는 상업 중심 도시 ▎蒲蘭坡(《사민필지》1895 권1 德國)

【布魯漢秀 포로한수】 프로방스(Provence), 프랑스 남동부의 옛 지방 이름 ▎此府ᄂᆞᆫ佛蘭西의南方布魯漢秀에在ᄒᆞ야(유길준《서유견문》1895 제20편)

【布綠連 포록련】 브루클린(Brooklyn), 미국 뉴욕 시에 있는 자치구 ▎布綠連(〈한성주보〉제26호 1886.9.6 總核巨物)

【布嚴蔽阿伊 포엄폐아이】 폼페이(Pompeii), 이탈리아 남부 나폴리만 연안에 있던 고대 도시 ▎比秀比亞火山의灰燼은布嚴蔽阿伊와許赳禮尼巖의兩府를塡充ᄒᆞ야(유길준《서유견문》1895 제1편)

【浦鹽斯德 포염사덕】 블라디보스토크(Vladivostok), 러시아 연해주 지방에 있는 항만도시. '블라디보스토크'란 '동방을 지배하라'라는 뜻이다 ▎浦鹽斯德(《친목회회보》제2호 1896.3 浦鹽斯德港의 방비) ▎砲艦若干과 假裝砲艦十三隻이 浦鹽斯德港(海蔘衛)에 倒着ᄒᆞᆫ다더라(〈대동학회월보〉제2호 1908.2.25) ▎露西亞國浦鹽斯德在留 崔晩學發行(〈관보〉제75호 1908.5.16) ▎東으로 淸國境界에 蚕及ᄒᆞ야 浦鹽斯德의 要地를 占得ᄒᆞ고(〈대한흥학보〉제10호 1910.2.20) ▎前日에 안바이지마는 러시아 입구 浦鹽斯德만 하여도 그 당시 戶數가 1만사오천에 불과하나(〈별곤건〉제7호 1927.7.1) ▎여태까지는 大連, 海蔘威(浦鹽斯德) 釜山等이 그 任에 當하엿으나(〈동광〉제39호 1932.11.1)

【浦塩斯德 포온사덕】 블라디보스토크(Vladivostok), 러시아 연해주 지방에 있는 항만도시 ▎浦塩斯德(ULADIVOSTOK)은露領亞細亞의絶東되ᄂᆞᆫ沿海州무로-이요(《중등만국지지》1902 권1)

【布哇 포왜】 하와이(Hawaii), 미국 하와이 주 가운데 가장 큰 섬. 하와이 왕국의 발상지이며, 관광지로 유명하다 ▎布哇 헤웨이(유길준《서유견문》1895 제1편) ▎布哇 二十六隻(〈대조선독립협회회보〉제6호 1897.2.15) ▎布哇(HAWAII)又샨드윗지群島(《중등만국지지》1902 권3) ▎布哇宋楗氏가 支會를 設立ᄒᆞᆯ 計劃으로 各般規程을 請求ᄒᆞᄂᆞᆫ 來函에 對ᄒᆞ야(〈대한자강회월보〉제11호 1907.5.25) ▎布哇越南의 前例가 明若觀火로다(〈대동학회월보〉제3호 1908.4.25) ▎布哇在留洪宗杓發行(《관보》제4114호 1908.7.1) ▎幾百同胞와 布哇의 幾千同胞와 及 其他 日本에 留學ᄒᆞᄂᆞᆫ 千餘名 靑年이(〈대한흥학보〉제1호 1909.3.20) ▎10月11日부터 美領布哇首府에서 열린 汎太平洋新聞記者大會에는(〈개벽〉제16호 1921.10.18)

【布哇國 포왜국】 하와이국(Hawaii), 5세기경 폴리네시안계 민족이 이주하여 건설한 왕국으로 1898년부터 미국령이 되었으며 1959년부터 미국의 50번째 주로 편입되었다 ▎布哇國吉魯利亞火山의穴口ᄂᆞᆫ其深이六千尺이오(유길준《서유견문》1895 제1편) ▎輪船은 每次에布哇國「호노루」港에寄港ᄒᆞᆷ을決定ᄒᆞ얏다홈(《관보》제332호 1896.5.22) ▎布哇國(《친목회회보》제5호 1897.6 布哇國) ▎抑布哇國은 一孤島라(〈대조선독립협회회보〉제14호 1897.6.15)

【浦潮斯德 포조사덕】 블라디보스토크(Vladivostok), 러시아 연해주 지방에 있는 항만 도시 ▎「하바로후스구」及浦潮斯德幷其他將來必要에應ᄒᆞ야開放되ᄂᆞᆫ地点을經由ᄒᆞ야(〈관보〉제3669호 1907.1.22) ▎이 철도는 모스코에서 哈爾賓 또는 浦潮斯德까지 약8일 혹은 10일간을 가게 되고(〈삼천리〉제4권7호 1932.5.15)

【布朱淡 포주담】 포츠담(Potsdam), 독일 브란덴부르크(Brandenburg) 주의 주도. 베를린에서 남서쪽으로 25km 떨어진 곳 하펠 강(Havel River) 연변에 위치해 있다 ▎布朱淡(폿츠담) 此府ᄂᆞᆫ岷仁見北方에在ᄒᆞ야(유길준《서유

견문》1895 제20편)

【布土幕河 포토막하】 포토맥 강(Potomac River), 미국 동부를 흐르는 강 ▌其他가布土幕河와西支河의二水合流ᄒᆞᄂᆞᆫ要衝에在ᄒᆞ야(유길준《서유견문》1895 제19편)

【彼南 피남】 페낭(Penang), 말레이 반도 서북부의 주 이름 ▌卽馬來加,彼南,新嘉坡(SINGAPORE)等이오(《중등만국지지》1902 권1) ▌彼南은 그 중 더운 곳이라 하나이다(〈개벽〉제22호 1922.4.1)

【彼得羅保 피득라보】 상트페테르부르크(Saint Petersburg), 러시아 북서부, 핀란드만 안쪽에 있는 도시 ▌彼得羅保(〈한성주보〉제31호 1886.10.4 瀛海各國統考)

【彼得保 피득보】 상트페테르부르크(Saint Petersburg), 러시아 북서부, 핀란드만 안쪽에 있는 도시 ▌俄京彼得保에ᄂᆞᆫ午前五時十二分四秒(〈대한협회회보〉제8호 1908.11.25)

【皮路其斯坦 피로기사탄】 발루치스탄(Baluchistan), ①이란 남동부에서 파키스탄 남서부의 지역. ② 파키스탄 남서부의 주 ▌皮路其斯坦은阿富汗의南部에有ᄒᆞ니(《소학만국지지》1895 제1편)

【皮路直斯坦 피로직사탄】 발루치스탄(Baluchistan), ①이란 남동부에서 파키스탄 남서부의 지역. ② 파키스탄 남서부의 주 ▌皮路直斯坦(〈한성주보〉제3호 1886.2.15 예시야디략)

【避斯克灣 피사극만】 비스케이 만(Bay of Biscay), 서유럽 해안에 뻗어 있는 북대서양의 넓은 만 ▌避斯克灣(〈한성순보〉제2호 1883.11.10 歐羅巴洲)

【比禮尼斯山脉 비례니사산맥】 피레네(Pyrénées) 산맥, 프랑스와 스페인의 국경을 이루는 산맥 ▌佛蘭西國境에比禮尼斯山脉이ᄒᆞ야(《소학만국지지》1895 제3편)

【皮支 피지】 피지(Fiji), 남태평양 서부 멜라네시아의 남동부에 있는 국가 ▌皮支(《사민필지》1895 권2 太平洋諸小島)

【必那達彼亞 필나달피아】 필라델피아(Philadelphia), 미국 펜실베이니아 주의 동쪽 끝에 있는 도시 ▌必那達彼亞필나델피야此府ᄂᆞᆫ合衆國의第二都會라(유길준《서유견문》1895 제19편)

【畢來賓 필래빈】 필리핀(Philippines), 적도 간 북쪽 아시아 대륙 남동쪽의 서태평양에 산재하는 7000여 개의 섬들로 구성된 나라 ▌畢來賓(《사민필지》1895 권2 太平洋諸島)

【華立彬島 필립빈도】 필리핀(Philippines), 서태평양 서쪽에 있는 7000여 개의 섬으로 이루어진 공화국 ▌太平洋의活蕩ᄒᆞᆫ海面을截過ᄒᆞ야華立彬島를經ᄒᆞ고(유길준《서유견문》1895 제2편)

【荷國 하국】네덜란드(Netherlands), 유럽 서부에 있는 입헌군주제 국가. 수도는 암스테르담(Amsterdam), 행정부 소재지는 헤이그(Hague)이다 ▌荷國(〈한성순보〉제17호 1884.4.6 英國郵政)

【河內 하내】하노이(Ha Nôi), 베트남 사회주의공화국의 수도 ▌河內(〈한성순보〉제8호 1884.1.8) ▌하닉(河內) 가 흉년이 드즉 빅셩을 하동(河東)으로 옴가고(〈독립신문〉1899.10.27) ▌河內府(HANOI)라東京河의貿易을占領ᄒᆞ야市街가繁盛ᄒᆞ고(《중등만국지지》1902 권1) ▌漢民, 精衛 2인과 가티 安南으로 避身하야 본부를 河內에 두고 潮州黃崗의 義師를 니르켜(〈개벽〉제59호 1925.5.1) ▌이상과 가튼 조약으로 말미암아 佛國은 처음으로 河內海防등에 白人式의 군대를 置하얏스나 당연 中國長髮賊의 殘軍 劉永福이 黑旗兵을 편성하고 紅河溯江 중의 佛人에 대하야(〈별건곤〉제32호 1930.9.1) ▌一方 河內에 남어서 잠복한 8명의 동지는 체포되고 胡漢民만이 요행이 탈주하였다(〈삼천리〉제11권 제4호 1939.4.1)

【河內府 하내부】하노이(Ha Nôi), 베트남 사회주의공화국의 수도 ▌東京河口上流四百里에一府가有ᄒᆞ니卽河內府(HANOI)라(《중등만국지지》1902 권1)

【荷蘭 하란】네덜란드(Netherlands 荷蘭), '荷蘭'은 네덜란드의 다른 이름인 Holland의 한자 음역어이다 ▌荷蘭卽西洋屬國, 距燕都九萬八千里(《조선왕조실록》정조19년 1795.윤2.22) ▌我羅斯國, 法蘭治國, 荷蘭國, 波呂斯國, 英國地方, 其在歐羅巴(《조선왕조실록》순조32년 7월21일 1832) ▌荷蘭(〈한성순보〉제2호 1883.11.10 歐羅巴洲) ▌荷蘭 할난드(유길준《서유견문》1895 제1편) ▌荷蘭(《사민필지》1895 권1 荷蘭) ▌羅仁河ᄂᆞᆫ德逸노븟터流ᄒᆞ야荷蘭國中央을貫ᄒᆞ야北海에注ᄒᆞ고(《소학만국지지》1895 제3편) ▌荷蘭 小學校 四千一百九十所(〈대조선독립협회회보〉제14호 1897.6.15) ▌荷蘭 海牙萬國條約과 如ᄒᆞᆫ 者를 歐洲 各國이 無不遵從ᄒᆞᆫ즉(〈대한유학생회회보〉제2호 1907.4.7) ▌荷蘭公使로 잇슬 時에 한번은 어데로 여행가는 길에서(〈개벽〉제66호 1926.2.1) 현대중국어 표기 ➡ 荷兰

【荷蘭國 하란국】네덜란드(Netherlands), '荷蘭國'은 네덜란드의 다른 이름인 Holland의 한자 음역어이다 ▌荷蘭國(〈한성주보〉제18호 1886.5.31 集錄) ▌大槩組練法을創ᄒᆞᆫ者ᄂᆞᆫ一千五百年代(三百八十餘年前)荷蘭國大統領瑪華利라ᄒᆞᄂᆞᆫ者라(유길준《서유견문》1895 제13편) ▌法國과 西班牙國에 싸흠 割與ᄒᆞ고 荷蘭國에 그 侵地를 도로 보닉야(《국민소학독본》1895) ▌하란국 荷蘭國 Holland(게일편《한영자전》1897) ▌荷蘭國平和會派員玄尙健旅費二千一百元과金城堂峴德礦留駐巡檢十人旅費五千四百六元과(《관보》제2774호 1904.3.15) ▌釣燈籠(荷蘭國의 所贈)이며 藥師堂 이란 神院이 有ᄒᆞᆫ지라(〈대한흥학보〉제3호 1909.5.20) ▌주류輸送에 관한 米蘭조약이 荷蘭國上院에 통과되고(〈개벽〉제59호 1925.5.1)

【廈門 하문】샤먼. 아모이(Xiamen, Amoy), 중국 푸젠 성(福建省) 남동부의 항만·상공업 도시 ▌청국 하문「廈門」ᄉᆞ건의 쳐치ᄒᆞᆫ 것이 만환 ᄒᆞ야 느진 후에야(〈독립신문〉1899.11.6) ▌其中主要ᄒᆞᆫ 條疑은 上海, 寧波, 福州, 廈門, 廣州의 五處를 開港ᄒᆞᆯ事와(〈한유학생회학보〉제1호 1907.3.3) ▌革命黨警戒 淸國 廈門에서 米國廻航艦隊 歡迎에 就ᄒᆞ야(〈대한협회회보〉제8호 1908.11.25) ▌戰爭最中에 영국의 廈門租界의 還付交涉과 日中電信議의 開催 등(〈별곤건〉제36호 1931.1.1)

【賀春江 하춘강】허드슨 강(Hudson river), 미국 뉴욕 주 동부를 흐르는 강. 애디론댁 산맥(Adirondack Mountains)에서 발원해 남쪽으로 흘러 뉴욕 만으로 들어간다 ▌賀春江은 愛斗老山에發源ᄒᆞ야(유길준《서유견문》1895 제2편)

【韓傑吶婁 한걸눌루】호놀룰루(Honolulu), 미국 하와이 주 오아후 섬 남동부에 있는 하

와이주의 주도 ▎韓傑吶婁(《사민필지》1895 권2 太平洋諸小島)

【漢堡 한보】 함부르크(Hamburg), 독일 북부에 있는 도시로, 독일 최대의 무역항이자 베를린에 이은 독일 제2의 도시이다 ▎漢堡(〈한성순보〉제9호 1884.1.18 各國海底電信 私立會社) ▎漢堡(HAMBURG)는 易北河下流의自由市오(《중등만국지지》1902 권1) ▎俄國總理大臣스토리핀伯은 漢堡에 到着ᄒᆞ얏ᄂᆞᆫ딕(〈대동학회월보〉제7호 1908.8.25) ▎獨逸內의 漢堡와 伯林에 사회주의자의 혁명이 니러나(〈개벽〉제43호 1924.1.1) ▎코벤, 하-겐을 출발한 뒤 중도에 漢堡에서 잠시 휴게하고(〈삼천리〉제12권 제6호 1940.6.1)

【咸拔土江 함발토강】 험볼트 강(Humboldt River), 미국 네바다 주에 있는 강 ▎咸拔土江과利伊斯江이最大ᄒᆞ고(유길준《서유견문》1895 제2편)

【函館 함관】 하코다테(Hakodate), 일본 홋카이도의 남부에 있는 시 ▎橫濱과神戶와長崎와函館과新潟ㅣ라(《소학만국지지》1895 제1편) ▎二十九日午前八點十分에函館으로붓터橫濱에入港ᄒᆞᆫ(〈관보〉제135호 1895.8.11) ▎漁獲ᄒᆞᆫ 毛皮ᄂᆞᆫ 日本函館으로 持去ᄒᆞ야(〈대한자강회월보〉제17호 1907.7.25)

【咸福 함복】 함부르크(Hamburg), 독일 북부에 있는 도시로, 독일 최대의 무역항이자 베를린에 이은 독일 제2의 도시이다 ▎咸福(함벅) 此府ᄂᆞᆫ伯林北四百九十里許에在ᄒᆞ야(유길준《서유견문》1895 제20편)

【哈得孫灣 합득손만】 허드슨 만(Hudson Bay), 캐나다 북동부에 있는 만 ▎中間에哈得孫灣과數多河湖가잇고(《소학만국지지》1895 제3편)

【合衆國 합중국】 합중국(United States), 미국. 미합중국(United States of America)의 약칭 ▎合衆國(〈한성순보〉제1호 1883.10.31 美國還償金) ▎合衆國(《친목회회보》제1호 1895.10 合衆國에 수출과 수입) ▎是時에合衆國全權使가來聘ᄒᆞᆷ익我邦이報聘ᄒᆞᄂᆞᆫ禮를議ᄒᆞ야(유길준《서유견문》1895 제1편) ▎합즁국 合衆國(《국한회어》1895) ▎合衆國(《사민필지》1895 권1 歐羅巴總論) ▎西印度諸島ᄂᆞᆫ合衆國의弗羅利多半島로(《소학만국지지》1895 제4편) ▎紐約은 北阿米利加洲合衆國 紐約洲의 貿易 大都오(《국민소학독본》1895) ▎阿米利加에셔ᄂᆞᆫ合衆國亞爾然丁共和國加拿陀伯剌西爾及墨西其이오(〈관보〉제199호 1895.12.17) ▎其後 合衆國下議院 議員으로 잇다가 辭職ᄒᆞ고(〈대조선독립협회회보〉제10호 1897.4.15) ▎淸國과條約ᄒᆞᆫ國의締盟ᄒᆞᆫ次序를거ᄒᆞ면露西亞,英吉利,瑞典,那威,合衆國,佛蘭西,獨逸(《중등만국지지》1902 권1) ▎其次로 合衆國은 六七,六通 瑞西ᄂᆞᆫ 五九, 七通(〈대한자강회월보〉제4호 1906.10.25) ▎心志强健ᄒᆞᆫ 吾輩깃흔 靑年이며 合衆國으로 ᄒᆞ여곰 英吉利의 束縛을 脫免ᄒᆞ고(〈대한유학생회학보〉제2호 1907.4.7) ▎合衆國(합·즁국) 國家가 聯合하야 共同한 政府를 立하고 其下에 組織하야 完全한 外交權을 有한 一國家의 稱(조선총독부《조선사서원고》1918) ▎「린컨」의 合衆國, 宣教師들의 정든 故國, 우리 親舊들이 憧憬하는 文明의 富國-到達하여노니(〈개벽〉제21호 1922.3.1)

【恒河 항하】 갠지스 강(Ganges River), 인도 북부를 동서로 가로질러 벵골 만으로 흘러드는 강 ▎以南은깐지쓰-河(GANGES)(或云恒河, 색라마푸도라河)(BURAHMAPUTRA)及印度河의沿岸地니(《중등만국지지》1902 권1) 현대중국어 표기 ➡ 恒河

【海內 해내】 하노이(Hanoi), 베트남 사회주의공화국의 수도 ▎海內(〈한성순보〉제1호 1883.10.31 安南事件起源)

【海防 해방】 하이퐁(Haiphong), 베트남 북부에 있는 항구 도시. ▎海防(〈한성순보〉제1호 1883.10.31 安南與法國講和) ▎佛國은 처음으로 河內海防등에 白人式의 군대를 置하얏스나(〈별건곤〉제32호 1930.9.1)

【海蔘威 해삼위】 블라디보스토크(Vladivostok), 러시아 연해주 지방에 있는 항만도시 ▎海蔘威(〈한성순보〉제1호 1883.10.31) ▎히삼위 海蔘威 地名(《국한회어》1895) ▎山城號 十月四日 長崎釜山元山浦鹽海蔘威行 日本郵船

會社(《관보》제177호 1895.10.3) ▌희슴위 海蔘威 Vladivostok(게일편《한영자전》1897) ▌海朝後身 露領 海蔘威에서 發行ᄒᆞ던 海朝 新聞이 廢刊된 以來로(〈대한학회월보〉제7호 1908.9.25) ▌해삼위(海蔘威)에 아라사 사람이 저러한 근거지를 잡기 전에 우리나라가 먼저 착수하였을 것이요(이인직《은세계》1913) ▌海蔘威 朝鮮學生 來鮮. 故國을 떠나 오래 異域의 辛酸을 맛보던 露領에 在한 朝鮮人(〈개벽〉제18호 1921.12.1) ▌朝鮮社會와 不可離할만치 중대한

海參威(해삼위)

'해삼위(海參威)'는 블라디보스토크(Vladivostok)의 중국식 한자표기이다. 1860년까지는 중국 땅이었기 때문에 중국인들은 오래전부터 블라디보스토크를 海参崴(Hǎishēnwǎi)라고 불러왔고 지금도 그렇게 부른다. 우리나라와는 지리적으로 가깝기 때문에 개화기부터 많은 인연이 있었다. 특히 구한말 일제 강점기에는 일본의 힘이 미치지 않는 곳이기 때문에 많은 독립투사들이 활약한 독립운동의 근거지이기도 하였다.

개화기 문헌에 나오는 해삼위 관련 내용을 몇 가지 소개하기로 한다. 1897년 7월 17일자 〈독립신문〉에 3면 '외국통신란'에는 다음과 같은 기사가 실려 있다.

> 아라샤 정부에셔 해삼위 항구에 어름 베ᄂᆞᆫ 화륜션을 멋턱 ᄆᆞᆫ드러 그 항구에 두고 겨을이면 항구에 어름을 베여 화륜션들이 통로케 ᄒᆞᆯ터인ᄃᆡ 이 어름 베ᄂᆞᆫ 화륜션들은 지금 구라파 뎡말 셔젼 노웨 등국에셔 ᄆᆞᆫ드러 동양으로 쉬 나올터인ᄃᆡ 이 ᄇᆡ ᄒᆞᆫ턱이 어름을 스믈 일곱치 되ᄂᆞᆫ 둣게를 능히 베고 ᄒᆞᆫ시 동안에 죠션 리슈로십이리식을 베일터이라

위의 기사는 러시아 정부가 해삼위 항구에 쇄빙선을 건조하여 배치할 것이라는 내용이다. 해삼위는 1900년대 초 신소설에도 등장한다. 이인직의 신소설《귀(鬼)의 성(聲)》(1908)에는 다음과 같은 내용이 나온다.

> 강동지는 김승지 부인을 죽이고 침모의 집에 가던 그날 새벽에 그 마누라를 데리고 남문 밖 정거장 앞에 가 앉았다가, 경부철로 첫 기차 떠나는 것을 기다려 타고 부산으로 내려가서, 부산서 원산 가는 배를 타고 함경도로 내려가더니, 며칠 후에 해삼위로 갔다는데 종적을 알 수 없더라.

또한 1907년 7월16일자 〈대한매일신보〉 기사에는 '희슴위에 잇ᄂᆞᆫ 한국 사ᄅᆞᆷ의 수효ᄂᆞᆫ 십만여 호라'라고 하여 한국 사람들이 해삼위(海蔘威)에 많이 살고 있음을 보도하고 있다. 지금은 잊혀진 이름이지만 개화기 한국인들에게는 꽤나 친숙한 외국 지명 중 하나가 '해삼위(海蔘威)'였던 것이다.

政治的 관계를 가지고 잇는 東京, 滿洲, 上海, 海蔘威, 等地에는(〈동광〉제28호 1931.12.1) 현대중국어 표기 ➡ 海参崴

【海蔘港 해삼항】 블라디보스토크(Vladivostok), 러시아 연해주 지방에 있는 항만도시 ▎海蔘港(〈한성순보〉제7호 1883.12.29 俄可慮) ▎元山에서 海蔘威行 汽船의 石炭광에 숨어서 20일만에 海蔘港에 도착된 것이엿다(〈개벽〉신간 제1호 1934.11.1)

【海牙 해아】 헤이그(Hague), 네덜란드의 서부에 있는 네덜란드 정부기관 소재지이며, 조이트홀란트 주의 주도 ▎八月一日海牙電報에據ᄒᆞ니(《관보》제171호 1895.9.26) ▎萬國郵便뎐 信條例에 違反홈이라 ᄒᆞ야 海牙의 萬國仲裁裁判所에 訴ᄒᆞ얏다(〈대한자강회월보〉제5호 1906.11.25) ▎赤十字條約과 荷蘭 海牙萬國條約과 如ᄒᆞᆫ 者를 歐洲 各國이 無不遵從ᄒᆞᆫ즉(〈대한유학생회회보〉제2호 1907.4.7) ▎和蘭國海牙의 第二回平和會議ᄂᆞᆫ 大小四十五個國의 代表者가(〈대동학회월보〉제2호 1908.3.25) ▎北海邊에 介在한 和蘭人도 海牙를 자랑합니다(〈개벽〉제21호 1922.3.1) ▎朝鮮代表名義의 서류가 날아 들어간 것은 海牙事件 이후에 침묵하든 朝鮮人의 소리가 오래간만에 국제인의 고막을 울린 것이엇으나(〈동광〉제17호 1931.1.1) 현대중국어 표기 ➡ 海牙

【海牙府 해아부】 헤이그(Hague), 네덜란드의 서부에 있는 네덜란드 정부기관 소재지이며, 조이트홀란트 주의 주도 ▎海牙府(HAQUE)ᄂᆞᆫ 和蘭政府가在ᄒᆞᆫ處니(《중등만국지지》1902 권1) ▎三氏가 海牙府에 到達ᄒᆞ야(〈대한자강회월보〉제13호 1907.7.25) ▎東西 各 報館의 所道를 據ᄒᆞᆫ즉 今年 荷蘭 海牙府에셔 第二平和會議를 開ᄒᆞᆫ다 ᄒᆞ니(〈태극학보〉제9호 1907.4.24)

海牙(해아)

1907년 6월 대한제국 고종황제는 네덜란드 해아(海牙)에서 열린 제2회 만국평화회의에 이상설, 이준, 이위종 등 특사를 파견하여 을사늑약이 대한제국 황제의 뜻에 반하여 일본제국의 강압으로 이루어진 것임을 폭로하고 을사늑약을 파기하고자 했다. 그러나 일본과 영국의 방해로 뜻을 이루지 못하고, 이준은 해아에서 분사했는데 이를 전에 배웠던 중학교 교과서에서는 '해아밀사사건(海牙密使事件)'이라고 했던 기억이 난다.

해아(海牙)는 어디이며 왜 외국 지명을 한자로 썼을까? 해아는 네덜란드 서부 조이트홀란트 주의 주요 도시로 네덜란드의 정부 기관이 있는 실질적인 수도이며, 정치의 중심지이다. 영어로는 헤이그(Hague)라고 하고 네덜란드어로는 Den Haag라고 한다. 이곳을 중국에서는 일찍부터 海牙라고 한자로 표기했고 지금도 그렇게 부른다. 100권본《海國圖志》(1852) 권31 등에 나오는 것으로 보아 중국에서는 최소한 19세기 중엽부터는 이렇게 쓰인 것으로 보인다.

우리나라 문헌에서는 이헌영의《일사집략(日槎集略)》(1881)에 처음으로 보인다(總領事, 領事, 副領事三等. 亦隨事之輕重爵之尊卑. 隨時稱之. 各有訓令委任狀. 和蘭海牙. 乙亥五月遣. 淸國上海). 개화기에 중국에서 들어온 해아(海牙)라는 한자 지명은 일제시대를 거쳐 해방 후까지 사용된 것이다.

【海地 해지】아이티(Haiti), 북아메리카 카리브 해에 있는 공화국 ▎海地ㄴ산더망어라도 稱하니(《소학만국지지》1895 제3편) 현대중국어 표기 ➡ 海地

【海峽植民地 해협식민지】싱가포르(Singapore), 아시아 동남부 말레이 반도 최남단에 있는 공화국 ▎佛領印度·暹羅·英領海峽植民地·佛國·露國·比律賓諸島·瑞西·和蘭·埃及 其他 이십여 개 국이며(〈개벽〉제8호 1921.2.1) ▎10부 해협 식민지(海峽植民地)(〈별곤건〉제44호 1931.10.1) ▎적어도 放棄說을 유포함으로서 印度와 馬來 諸島와 海峽 植民地와 밋 濠洲 등의 諸植民地를 에워산 동맹의 재성립을 불가능케 함과 동시에(〈삼천리〉제7권6호 1935.7.1) ▎8년 후 랄도錫鑛山에서 支那인의 폭동이 이러난 것올 기회로 海峽植民地總督 크라-크의 抗言으로 드디어 행정고문을 보내여(〈대동아〉제14권3호 1942.3.1)

【香港 향항】홍콩(Hong Kong), 중국 대륙의 남동부에 있는 특별행정구 ▎香港(〈한성순보〉제1호 1883.10.31 論洲洋) ▎香港島ㄴ廣東河口에 有ᄒᆞ야(《소학만국지지》1895 제1편) ▎香港은 英國에 占領ᄒᆞᆫ 바ㅣ 되고(《국민소학독본》1895) ▎山城號 十一月九日 門司長崎香港行 日本郵船會社(《관보》제192호 1895.10.19) ▎향항, 香港 Hongkong(게일편《한영자전》1897) ▎外으로ᄂᆞᆫ 香港 雲南이 外人의 幷呑ᄒᆞᆫ 積恥를 未雪ᄒᆞ얏시니(〈대한학회월보〉제6호 1908.7.25) ▎同地에셔 出港ᄒᆞ얏ᄂᆞᆫᄃᆡ 一艦은 香港에 寄港ᄒᆞ고(〈대동학회월보〉제10호 1908.11.25) ▎爲先 上海, 香港, 海參威, 橫濱等地의 豪商富賈가 先來賞翫居留할것이오(〈대한흥학보〉제9호 1910.1.20) ▎英領印度·香港·獨逸·佛領印度·暹羅·英領海峽植民地·佛國·露國·比律賓諸島·瑞西·和蘭·埃及 其他 이십여 개 국이며(〈개벽〉제8호 1921.2.1)

【許太伊 허태이】아이티(Haiti), 북아메리카 카리브 해에 있는 공화국 ▎許太伊 허틔이(유길준《서유견문》1895 제1편) ▎許太伊 허틔리(〈대한자강회월보〉제11호 1907.5.25) ▎亞然丁 猶羅貴 許太伊山道明澳 把羅貴 等 諸共和國이 有ᄒᆞ며(〈대한협회회보〉제5호 1908.8.25)

【赫久 혁구】헤이그(Hague), 네덜란드의 서부에 있는 네덜란드 정부기관 소재지이며 조이트홀란트 주의 주도 ▎赫久(헤익쓰) 此府ㄴ荷蘭의 京城이니(유길준《서유견문》1895 제20편)

【懸蘭 현란】핀란드(Finland), 북유럽 발트 해 연안에 있는 스칸디나비아 국가 ▎其一處ㄴ 拔特海와寶姤尼亞及懸蘭의兩海項地勢를連ᄒᆞ야占據ᄒᆞᆫ者라(유길준《서유견문》1895 제2편)

【惠求 혜구】헤이그(Hague), 네덜란드의 서부에 있는 네덜란드 정부기관 소재지이며, 조이트홀란트 주(Zuid Holland)의 주도 ▎首府ᄅᆞᆯ惠求ㅣ라ᄒᆞ니(《소학만국지지》1895 제3편)

【濠 호】오스트레일리아(Australia), 오세아니아 남태평양과 인도양 사이에 있는 영 연방국, '濠'는 중국식 한자표기 '濠洲'가 줄어든 말이다 ▎그러면 英帝國의 일부분인 오스트라리아가 엇지 하야 英本國의 意思를 거슬니여 가면서 비공식일 망정 日濠通商協議를 하게 되엿든가(〈삼천리〉제11권1호 1939.1.1)

【湖德孫河 호덕손하】허드슨 강(Hudson River), 미국 뉴욕 주 동부를 흐르는 강. 애디론댁 산맥(Adirondack Mountains)에서 발원해 남쪽으로 흘러 뉴욕 만으로 들어간다 ▎湖德孫河(〈한성순보〉제14호 1884.3.8 火輪船源流考)

【浩道遜河 호도손하】허드슨 강(Hudson River), 미국 뉴욕 주 동부를 흐르는 강. 애디론댁 산맥(Adirondack Mountains)에서 발원해 남쪽으로 흘러 뉴욕 만으로 들어간다 ▎西으로浩道遜河ᄅᆞᆯ界ᄒᆞ야楮細州와相望ᄒᆞ니(유길준《서유견문》1895 제19편)

【濠洲 호주】오스트레일리아(Australia), 오세아니아 남태평양과 인도양 사이에 있는 영연방국 ▎北美合衆國에셔六千五百万人加拿陀에셔四百万人濠洲及大洋洲에셔四百万人(《관보》제139호 1895.8.16) ▎濠洲의 亞細亞人을 排斥이라(〈대조선독립협회회보〉제5호 1897.1.31) ▎호쥬 濠洲 二百万 평 방리(〈독립신문〉1899.5.19) ▎파푸아諸島 濠洲大陸의北方도르레쓰海峽을隔ᄒᆞ야(《중등만국지지》1902)

▌濠洲도 臣國에 領屬되얏습고 萬里를 此隣곳치 通行ᄒᆞᆫ 汽車機關도(〈대한유학생회학보〉제3호 1907.5.25) ▌濠洲政府ᄂᆞᆫ 美艦隊가 同地ᄅᆞᆯ 訪問ᄒᆞᆷ을 懇請ᄒᆞ기로(〈대동학회월보〉제2호 1908.3.25) ▌濠洲(〈대한민보〉제40호 1909.7.28) ▌現今 濠洲나 亞弗利加 등지의 蠻族의 상태를 보더라도(〈개벽〉제13호 1921.7.1) ▌출석자는 墺國, 濠洲, 白耳義, 加奈多, 中國, 첵코슬로박키아(〈동광〉제17호 1931.1.1)

【豪洲 호주】 오스트레일리아(Australia), 오세아니아 남태평양과 인도양 사이에 있는 영연방국 ▌豪洲의 巨木과 德國의 機關과 巴里의 水桶과 其他 各 國의 有名ᄒᆞᆫ 材料를 求來ᄒᆞ야(〈태극학보〉제15호 1907.11.24) ▌日本 中國 印度 豪洲 等地의 貿易船은 朝夕 散集하야(〈삼천리〉제6권제9호 1934.9.1)

【濠太剌利亞 호태랄리아】 오세아니아 주(Oceania), 오스트레일리아 대륙을 포함한 남태평양의 여러 섬을 총칭하는 말 ▌大洋洲ᄂᆞᆫ 濠太剌利亞大陸(又云濠洲)과太平洋中에 散在ᄒᆞᆫ 羣島의 總稱이니(《중등만국지지》1902 제3편)

【濠太利 호태리】 오스트레일리아(Australia), 오세아니아 남태평양과 인도양 사이에 있는 연방국 ▌卽 亞細亞 歐羅巴 亞弗利加 北亞米利加 南亞米利加 濠太利島 를 云ᄒᆞᆷ이오(〈대조선독립협회회보〉제7호 1897.2.28) ▌亞弗利加는 一萬 六千二百哩, 濠太利는 一萬 六千八百二十五哩이라(〈태극학보〉제5호 1906.12.24) ▌墺斯亞(卽濠太利)ᄂᆞᆫ 地球上第一大島니(장지연편《만국사물기원역사》1909.8) ▌北米合衆國, 濠太利, 늬우실닌드(NewZealand)는 튜톤民族의 移住地요(〈대한흥학보〉제13호 1910.5.20) ▌동은 亞米利加에 被圍하엿스며 서는 濠太利 뽀루너오島가 잇슴으로(〈개벽〉제2호 1920.7.25) ▌인구증가율은 新西蘭의 일년 평균증가율 20인8분 濠太利의 20인1분에 버금하야(〈별곤건〉제36호 1931.1.1)

【濠太利亞 호태리아】 호주(Australia), 오세아니아 남태평양과 인도양 사이에 있는 연방국 ▌濠太利亞羣島ᄂᆞᆫ濠太利亞와다수마니아와뉴지단도의三島ᄅᆞᆯ總稱ᄒᆞᆷ이나然이나濠太利亞島ᄂᆞᆫ巨大ᄒᆞᆫ미或一大洲라(《소학만국지지》1895 제6편) ▌波蘭近隣 諸國, 부로시아의 勃興, 濠太利亞繼承의 役(〈서북학회월보〉제9호 1909.2.1)

【濠太利亞洲 호태리아주】 오스트레일리아주(Australia), 오스트레일리아 대륙 ▌就中濠太利亞洲ᄂᆞᆫ 最疎ᄒᆞ야 僅不過歐羅巴洲의 五十分一이니라(〈대한유학생회학보〉제3호 1907.5.25) ▌6백만方里의 上에 퇴적한 빙설의 廣은 과치 세계6대주의 1로 數하는 濠太利亞洲의 2배 가량이엇다(〈개벽〉2호 1920.7.25) 현대중국어 표기 ➡ 澳大利亚

【濠太剌利 호태랄리】 오스트레일리아(Australia), 오세아니아 남태평양과 인도양 사이에 있는 연방국 ▌濠太剌利(《친목회회보》제2호 1896.3)

【渾杜瞿窔山 혼두구녕산】 힌두쿠시 산(Hindu Kush Mountains), 히말라야 산맥 및 쿤룬 산맥과 더불어 '세계의 지붕'(파미르 고원)을 이루는 대산맥 ▌世界의背이是요渾杜瞿窔山이此ᄅᆞᆯ從ᄒᆞ야(유길준《서유견문》1895 제1편)

【混斗羅斯 혼두라사】 온두라스(Honduras), 중앙아메리카 중부에 있는 공화국 ▌混斗羅斯 혼듀라스(유길준《서유견문》1895 제2편) ▌混斗羅斯(《사민필지》1895 권2 危地馬拉) ▌混斗羅斯 혼듀라스(〈대한자강회월보〉제11호 1907.5.25) ▌墨西哥(麥時古) 瓜多磨羅 混斗羅斯 聖撤排多 尼可羅果(〈대한협회회보〉제5호 1908.8.25)

【洪加利 홍가리】 헝가리(Hungary), 유럽 중동부 내륙에 있는 공화국 ▌洪加利(《친목회회보》제5호 1897.6)

【洪曷利 홍갈리】 헝가리(Hungary), 유럽 중동부 내륙에 있는 공화국 ▌洪曷利(《친목회회보》제6호 1897.12)

【紅江 홍강】 홍강(Sông Hông), 베트남 북부 최대의 강. 송코이강(Song Coi) ▌紅江(〈한성

순보〉제1호 1883.10.31 安南與法國講和)

【閔都拉斯 홍도랍사】온두라스(Honduras), 중앙아메리카 중부에 있는 공화국 ▎閔都拉斯(《한성순보〉제3호 1883.11.20 亞米利加洲)

【洪牙利 홍아리】헝가리(Hungary), 유럽 중동부 내륙에 있는 공화국 ▎當地에서는 聯合國이 洪牙利를 通하야 墺國에 對하야 壓迫을 試하야써(《동아일보〉1920.8.10. 2면) ▎洪牙利가 1848년에 독립의 騷擾를 니르킨 것과(《개벽〉제43호 1924.1.1) ▎모라비아 民族은 洪牙利王國에 隷屬이 되여 政治的으로던지 社會的으로던지(《별건곤〉제20호 1929.4.1) ▎其外에 墺太利, 洪牙利 勃牙利再軍備要望과 이에 대한 反對三小協商國側嫉視로(《삼천리〉제7권 제6호 1935.7.1)

【紅海 홍해】홍해(Red Sea), 아프리카 대륙과 아라비아 반도 사이에 있는 좁고 긴 바다. 바닷속에 있는 해조 때문에 물빛이 붉은 빛을 띠는 일이 있으므로 홍해라고 불린다 ▎紅海(《한성순보〉제1호 1883.10.31 地球論) ▎紅海의薰熱을凌ᄒᆞ고地球를繞ᄒᆞ야(유길준《서유견문》1895 제2편) ▎○답 홍히(答紅海)란바다가잇ᄂᆞ니라(《디구략론》1897) ▎紅海(《사민필지》1895) ▎又紅海를隔ᄒᆞ야亞弗利加와相對ᄒᆞ니(《중등만국지지》1902 권1) ▎埃及 후이시니아等의 民族이 地中海 紅海의 兩岸의 往來홈과 如홈은 可히 想察ᄒᆞ깃도다(《대한자강회월보〉제2호 1906.8.25) ▎印度洋과 紅海를 航過ᄒᆞ야 地中海에 入ᄒᆞ니(《태극학보〉제4호 1906.11.24) ▎紅海로서 以東에는 전에 터아키國이 가지고 잇던 것을 七十年前에 빼아서 가진(《소년〉제2년6권 1909.7.1) ▎蘇士海峽를 뚤너라 뚤고 보니 地中海와 紅海를 連結하엿다(《개벽〉제37호 1923.7.1) ▎다수한 流民을 인솔한 箕子는 참으로 埃及의 紅海를 건느어서 파란 曠野를 당한 모세를 상상하게 되나이다(《동광〉제15호 1927.7.5) 현대중국어 표기 ➡ 红海

【橫濱 횡빈】요코하마(Yokohama), 일본 간토(關東), 가나가와 현의 도쿄 만에 면한 일본 최대의 무역항구도시 ▎橫濱과神戶와長崎와函館과新瀉ㅣ라(《소학만국지지》1895 제1편) ▎七月二十九日午後二點에橫濱을向ᄒᆞ기爲ᄒᆞ야室蘭셔拔錨ᄒᆞ든電報가來ᄒᆞ야(《관보〉제136호 1895.8.13) ▎橫濱은武藏國東南端에在ᄒᆞ야(《중등만국지지》1902 권1) ▎十月十七日에 橫濱에 着ᄒᆞ야 同月二十四日까지 碇泊홀 緣由며(《대한학회월보〉제6호 1908.7.25) ▎其他 革命黨員의 首領이 日本 名古屋橫濱間에 往來ᄒᆞᆫ다는 意로(《대동학회월보〉제14호 1909.3.25)

【華 화】중국(China), '華'는 중국인들이 '華僑', '華語', '華字'에서 보는 것처럼 자기 나라를 높여서 부르는 말이다 ▎南京國民政府와의 사이에 我國은 日華基本條約이 締結되어(《삼천리〉제13권 1호 1941.1.1) ▎日華基本條約에 의하어 興亞院에서 경영하여 오던 「維新學院」을 국책에 순응하여(《대동아〉제14권5호 1942.7.1)

【花旂國 화긔국】미국(United States of America), 예전에 중국에서 사용하던 미국의 다른 이름 ▎合衆國(花旂國) 유나이텟드스텟즈(유길준《서유견문》1895 제1편)(참고: '旂'는 '旗(기)'의 이체자임)

【花旗國 화기국】미국(United States of America), 예전에 중국에서 사용하던 미국의 다른 이름 ▎미국 美國 花旗國 美利堅(《국한회어》1895) ▎화긔국 花旗國 the United States(게일편《한영자전》1897)

【和蘭 화란】네덜란드(Holland), 유럽 서부에 있는 입헌군주제 국가. 수도는 암스테르담(Amsterdam), 행정부 소재지는 헤이그(Hague)이다 ▎和蘭(《한성순보〉제9호 1884.1 各國海底電線表) ▎和蘭 八十四億二千四百五十四万三千五百兩(유길준《서유견문》1895 제8편) ▎和蘭은南으로白耳義를接ᄒᆞ고東으로德逸을隣ᄒᆞ며(《소학만국지지》1895 제3편) ▎和蘭國千八百六十年度歲計豫算이라(《관보〉제147호 1895.8.26) ▎和蘭 四百六十一隻(《대조선독립협회회보〉제6호 1897.2.15) ▎和蘭(HOLLAND)王國(《중등만국지지》1902 권1) ▎德식의 帝國銀行과 和蘭의 中央銀行等은 다 官設銀行으로(《대한유학생회학보〉제

1호 1907.3.3) ▌十五日接見前트란쓰발,大臣和蘭人쎡터헤너리뮤렐(《조선왕조실록》순종2년 1909.4.15) ▌佛軍은 和蘭國境「라인랜드」를 占領하고教會堂及警察署를占領하는暴行이有하다(〈개벽〉제35호 1921.7.1)

【和蘭國 화란국】 네덜란드(Netherlands), 유럽 서부에 있는 입헌군주제 국가 ▌盖日本이歐洲和蘭國과其交를通홈이二百餘年애過ᄒᆞ나(유길준《서유견문》1895 제1편) ▌和蘭國千八百六十年度歲計豫算이라(《관보》제171호 1895.9.26) ▌和蘭國會開會式에 女皇은 親臨치 못홀 勅語를 賜ᄒᆞ얏스며(〈대동학회월보〉제9호 1908.10.25) ▌和蘭內閣總辭職 和蘭國內閣은 總辭職을 ᄒᆞ얏다더라(〈대한협회회보〉제10호 1909.1.25) ▌故 李儁氏의 孤魂은 和蘭國 空中에서 방황하면서도(〈개벽〉제36호 1923.5.1) ▌和蘭 國粹의 기관지 아리게마이네·한네리스부랏드·뉴-스.롯텔다멜구란드(〈동광〉제26호 1931.10.4) ▌利太利國, 日本國, 和蘭國, 葡萄牙國(〈삼천리〉제10권 제12호 1938.12.1)

【火魯魯 화로로】 호놀룰루(Honolulu), 미국 하와이 주 오아후 섬 남동부에 있는 하와이 주의 주도 ▌火魯魯(〈한성주보〉제29호 1886.9.20 太平洋群島老略)

【華府 화부】 워싱턴(Washington), 미국의 수도 ▌國際辯護士大會도 世界的이며 華府會議도 世界的이라(〈개벽〉제17호 1921.11.1) ▌만약 華府조약이 그대로 계속된다면 明年 즉 1931년부터 日本은 매년 주력함 1척식 1942년까지에 합계 9척을 建造하게 된다(〈별곤건〉제29호 1930.6.1) ▌華府회의에서 國際新借款의 사업에 개방할 것을 聲明(〈동광〉제27호 1931.11.10) ▌五大洲의 海洋을 支配하고 왓던 英國은 華府會議의 英米十割協定에 의하여 사실상 그 패권을 米國에 양보하지 안으면 안되게 되엿다(〈삼천리〉제4권5호 1932.5.15) ▌최후로 남어 잇는 것은 華府軍縮條約의 廢棄通告와 新約訂結의 豫備會商이 여하히 落着될 것이며(〈개벽〉신간 제2호 1934.12.1)

【華盛頓 화성돈】 워싱턴(Washington), 미국의 수도 ▌華盛頓(〈한성순보〉제3호 1883.11.20 亞米利加洲) ▌華盛頓(《사민필지》1895 권2 合衆國) ▌首府華盛頓은허도맛구河畔에잇고(《소학만국지지》1895 제4편) ▌四箇月을 지ᄂᆡ야 婦人을 맛ᄂᆞ랴 롱부레인으로 갈ᄉᆡ 華盛頓 停車傷을 지ᄂᆡ더니(《국민소학독본》1895) ▌本月 九日華盛頓에셔 發ᄒᆞᆫ 電報를 據ᄒᆞᆷᄋᆡ(〈대조선독립협회회보〉제8호 1897.3.15) ▌華盛頓電을 據ᄒᆞᆫ즉(〈대동학회월보〉제4호 1908.5.25) ▌국도는 華盛頓(화셩돈)이니라(정윤수《초목필지》1909) ▌그럼으로 巴里會議를 謳歌하엿고 華盛頓會議를 贊誦하엿다(〈개벽〉제25호 1922.7.10) ▌그리하야 華盛頓會議에서 日英同盟을 폐기한 이후로부터(〈대동아〉제14권 제3호 1942.3.1) 현대중국어 표기 ➡ 华盛顿

【華盛頓府 화성돈부】 워싱턴(Washington), 미국의 수도 ▌華盛頓府(〈한성순보〉제14호 1884.3.8 美國誌略續稿) ▌그 明年 三月에 華盛頓府의 議事堂 壇上에셔(《국민소학독본》1895) ▌十一月 十二日華盛頓府에셔 兩國 全權間에 平和를 締結ᄒᆞ얏다 云니라(〈대조선독립협회회보〉제5호 1897.1.31) ▌米國정부노동 통계국에서 조사한 華盛頓府의 中產階級의 생화비를 보건대(〈별건곤〉제16·17호 1928.12.1)

【樺太 화태】 사할린 섬(Sakhalin), 일본에서는 가라후토(樺太)라고 부른다. 19세기에 러시아가 일본과 영유권 다툼을 하다가 일본이 쿠릴 열도와의 교환을 조건으로 러시아에 이양되었다가 1905년 일본이 점령한 후 포츠머스 조약에 따라 북위 50° 이남을 차지했다. 1945년 일본이 패전한 뒤 함께 완전한 러시아 땅이 되었다 ▌北樺太의 富源 北部樺太 나비루 灣附近에 豊富ᄒᆞᆫ 一大氣發油礦이 發見되얏ᄂᆞᆫᄃᆡ(〈서우〉제13호 1907.12.1) ▌이 魚群이 다시 오쓰구 海로 入ᄒᆞ야 樺太 北海道 海峽에 遊泳ᄒᆞ며(〈태극학보〉제16호 1907.12.24) ▌近日의 見聞으로 東洋界內 樺太 及 滋潭 二島의 例를 言홀딘ᄃᆡ(〈대한학회월보〉제1호 1908.2.25) ▌樺太南部及海上(〈관보〉제4162호 1908.8.26) ▌對手方이 一億五千萬圓을 바드라는 北樺太를 十五億이라는 十倍 이상의 價額

화성돈(華盛頓)

화성돈(華盛頓)은 미국 수도 워싱턴(Washington)의 한자음역어이다. 일찍이 100권본《海國圖志》(1852) 등 중국 자료에 그 이름이 보이는 것으로 보아 개화기에 쓰인 화성돈(華盛頓)은 중국에서 들어온 지명으로 보인다. 국내 자료에 화성돈(華盛頓)이 처음 보이는 것은《승정원일기》고종8년(1871) 4월20일자 기사에서 영의정 김병학이 고종 임금에게 아뢴 말 속에 나온다(中間有華盛頓云者, 開拓城池, 建得基址, 與海外洋夷, 互相通涉). 또 소위 신사유람단의 일원인 이헌영이 작성한《일사집략(日槎集略)》산록(散錄)에 일본에서 서양 여러 나라에 파견한 사절을 소개하는 기사가 나오는데 여기에 화성돈(華盛頓)이 나온다(米利堅華盛頓 甲戌九月遣. 獨逸伯林 甲戌九月遣). 개화기에는 워싱턴이 여러 가지 형태로 나타난다.

- 한글표기: 와승돈, 와신돈, 와싱튼, 워쉉던, 워쉉톤, 화셩돈, 화승돈
- 한자표기: 華府, 華盛頓, 華盛頓府

위의 표기 중 '화부(華府)'는 '華盛頓'의 첫글자 '華'에다 마을이나 도시의 의미를 나타내는 '府'가 붙어 만들어진 이름이다.

을 要하는 것은, 무슨 까닭이인고(〈개벽〉제41호 1923.11.1)

【荒斯加 황사가】알래스카(Alaska), 미국 최대의 넓이, 최소 인구의 주. 알래스카는 알류트(Aleut)어로 '거대한 땅'을 의미하는 인디언 말이다 ▍荒斯加(ALASKA) 英領加奈地의 北西端에突出ᄒᆞᆫ半島形이니(《중등만국지지》1902)

【黃石公園 황석공원】옐로스톤 공원(Yellowstone National Park), 와이오밍(Wyoming) 주 북서쪽에서 몬태나(Montana) 주 남서부, 아이다호(Idaho) 주 남동부까지 세 주에 걸쳐 있는 미국의 국립공원 ▍黃石公園(YELLOWSTONE NATIONAL PARK)及요세마이토谿(YOSEMITE VALLEY)等이其一이오(《중등만국지지》1902)

【荒原 황원】툰드라(Tundra), 북극해 연안의 동토지대 ▍其狀이恰然히西伯利의北邊荒原(TUNDRAS)과同ᄒᆞ고(《중등만국지지》1902)

【黃河 황하】황하(The Yellow River), 칭하이성(青海省) 쿤룬 산맥(Kunlun Mountains)에서 발원하여 보하이 만(渤海湾, 발해만)으로 유입되는 중국의 두 번째 긴 강 ▍淸國의低原은黃河와楊子江의下流에在ᄒᆞᆫ者라(유길준《서유견문》1895 제1편) ▍進ᄒᆞ야 黃河에 다다라 단구더國으로 向ᄒᆞ더니(《국민소학독본》1895) ▍淸國의 黃河 揚子江의 類是也요(〈대한유학생회학보〉제3호 1907.5.25) ▍安得以尺葦之力으로 濟洪流之漲이며 寸膠之淸으로 止黃河之濁이리요(〈대한학회월보〉제1호 1908.2.25) ▍黃河流域의下部(《관보》제4161호 1908.8.26) ▍黃河流域과 崑崙山麓의 全體貓額大에 不過한 것으로써도(〈개벽〉제15호 1921.9.1)

【黃海 황해】황해(Yellow Sea 黃海), 중국 동부 해안과 한반도 사이에 있는 바다로 한국에서는 서해라고 부른다 ▍東은太平洋黃海와 朝鮮에臨ᄒᆞ니라(《소학만국지지》1895 제1편) ▍구비구비 휘두른 洋洋한 漢江이며 섬 사이로 줄곳 내버든 洋洋한 黃海는 다-對潮樓의

조흔 景槪이다(〈개벽〉제17호 1921.11.1) ▎南京등지를 거처 上海에 이르러서 黃海에 연결하니(〈삼천리〉제12권3호 1940.3.1)

【厚蘭布土 후란포토】 프랑크푸르트(Frankfurt), 독일 헤센 주(Hessen)에 있는 상업 중심 도시 ▎厚蘭布土(프랑포어트) 此府는 汨論의 東南에 處ᄒᆞ야(유길준《서유견문》1895 제20편)

【休論湖 휴론호】 휴런(Huron) 호, 북아메리카 대륙, 미국과 캐나다의 접경에 있는 호수 ▎利遨湖와 厓利湖와 休論湖와 美時干湖와 秀布利於湖 五水의 渟滀ᄒᆞᆫ 淸水가 全世界 淸水의 二分一이오(유길준《서유견문》1895 제2편)

【匈 흉】 헝가리(Hungary), 유럽 중동부 내륙에 있는 공화국. '匈'은 '匈牙利'를 줄인 말이다 ▎普, 奧, 匈 等國은 滿廿四歲로(〈서우〉제13호 1907.12.1)

【匈國 흉국】 헝가리(Hungary), 유럽 중동부 내륙에 있는 공화국. '匈國'은 '匈牙利國'의 준말이다 ▎墺國 匈國 三萬二千九百七十八所百十一人(〈대조선독립협회회보〉제5호 1897.1.31)

【凶牙利 흉아리】 헝가리(Hungary), 유럽 중동부 내륙에 있는 공화국 ▎凶牙利(〈한성순보〉제17호 1884.4.6 歐洲各國京都經緯表) ▎魯西亞人과 波蘭人과 凶牙利人과 瑞西 那威 芬蘭 等 國人이(《국민소학독본》1895) ▎凶牙利之政黨은 僅一焉而單獨行動者也라(〈대한협회회보〉제9호 1908.12.25) ▎凶牙利의 獨立運動에서 암시를 得하야 「씽페인」당을 조직하엿다(〈개벽〉제27호 1922.9.1) ▎奧地利, 凶牙利, 高加索 等 모든 民族에게 自主獨立權을 주고자 하엿습니다(〈동아일보〉1925.5.22. 1면) ▎凶牙利의 獨立運動에서 암시를 得하야 「씽페인」당을 조직하엿다(〈삼천리〉제7권 제10호 1935.11.1) 현대중국어 표기 ➡ 匈牙利

【黑格納山 흑격납산】 헤클라 산(Hekla Mountain), 아이슬란드 남부에 있는 활화산 ▎黑格納山(〈한성순보〉제2호 1883.11.10 歐羅巴洲)

【黑龍江 흑룡강】 헤이룽 강(Amur River), 중국 북동지방과 네이멍구자치구(內蒙古自治区)의 경계를 따라 발원하는 총길이 2,824km의 강 ▎黑龍江의 低原은 滿洲의 諸山이 周遭ᄒᆞ야 在ᄒᆞ고(유길준《서유견문》1895 제1편) ▎俄國黑龍江沿道地方輪船航運業擴張計劃이라(《관보》제336호 1896.5.27) ▎北은 黑龍江으로 뼈 露領西伯利와 隣ᄒᆞ야(《중등만국지지》1902 권1) ▎松花江의 長流를 順하야 黑龍江으로 「쉬을가」江(俄羅斯 아무르州에 在)에 이르러(〈개벽〉제20호 1922.2.8) ▎新疆 奉天 黑龍江 綏遠 等 14省의 통계가 計入되지 못한 극히 불완전한 통계이지만 그래도 농업 인구의 점차 감소되고 잇는 것만은 부인할 수 없는 사실이라 하겟다(〈동광〉제15호 1927.7.5)

【黑海 흑해】 흑해(Black Sea), 유럽 남동부와 아시아 사이에 있는 내해 ▎黑海(〈한성순보〉제1호 1883.10.31 論洲洋) ▎其下流가 黑海에 朝宗ᄒᆞ며(유길준《서유견문》1895 제2편) ▎當時에 黑海 南非岸 ᄉᆞ히에 貿易場의 스닥으府ᄭᆞ지 倂ᄒᆞ야(《국민소학독본》1895) ▎西는 烏刺爾山及裏海, 黑海를 因ᄒᆞ야(《중등만국지지》1902 권1) ▎흑히, 黑海 The Black Sea(게일편《한영자전》1897) ▎이 뜻을 이루랴하면 쌀틱海가 아니면 黑海에 求하다 아니하면(〈소년〉제1년2권 1908.12.1) ▎18세기 이래로 黑海방면에 향하야 累次의 침략과 발전을 企圖한 것이며(〈개벽〉제43호 1924.1.1) ▎羅馬民族의 武力이 가장 클 때에도 東으로 겨우 黑海에 達햇으니(〈동광〉제39호 1932.11.1) 현대중국어 표기 ➡ 黑海

【掀斗九秀山 흔두구수산】 힌두쿠시 산(Hindu Kush Mountains), 파미르 고원에서 아프가니스탄을 동북에서 서남 방향으로 가로지르는 대산맥 ▎掀斗九秀山(《사민필지》1895 권2 阿富汗 釐累稗斯坦)

【興安嶺山脈 흥안령산맥】 싱안링 산맥(Khingan Mountains 興安嶺山脈), 몽골 고원과 중국 동북 평원의 경계를 이루는 산맥 ▎東에는 興安嶺이 接ᄒᆞ고 西北은 天山及阿爾泰山脈이 包括ᄒᆞ니(《중등만국지지》1902 권1) ▎그 疆域은 興安嶺以南, 山海關 以東(〈개벽〉제6호 1920.12.1) ▎內外蒙古를 경계하야 잇는 興

安嶺山脈에 갓가히 니르면(〈별건곤〉제32호 1930.9.1)

【希 희】그리스(Greece), 유럽 동남부 발칸 반도의 남단에 있는 공화국, '希'는 '希臘'의 준말 ▌일즉부터 開戰중이던 希土戰이 문득 土國 케말軍의 大勝에 歸하야 英·佛·伊·羅·希·土 등 諸國의 대표를 含한 近來 講和會議의 개최를 致할 형세에 至한 것이며(〈개벽〉제29호 1922.11.1) ▌그 외에 伊希間의 충돌이던지 험악한 近東問題이던지 英佛간의 격렬한 암투는 오히려 말할 것도 업시(〈개벽〉제42호 1923.12.1)

【希臘 희랍】그리스(Greece), 유럽 동남부 발칸 반도의 남단에 있는 공화국 ▌希臘(〈한성순보〉제2호 1883.11.10 要償損害) ▌希臘 ᄭᅳ릐쓰(유길준《서유견문》1895 제1편) ▌猶太人과 希臘人의 倫敎에 居ᄒᆞᄂᆞᆫ 數爻가 그 本國 都城의 人口보다도 만흔 故로(《국민소학독본》1895) ▌希臘(《사민필지》1895 권1 歐羅巴總論) ▌希臘을失ᄒᆞ며魯土戰爭에羅馬尼亞와塞爾維亞와門斗尼骨三伕國의獨立을約定ᄒᆞ고(《소학만국지지》1895 제3) ▌希臘 八百八十七隻(〈대조선독립협회회보〉제6호 1897.2.15) ▌희랍 希臘 이ᄅᆡ로 여러 나라이 병립 ᄒᆞ야 셔로 잡거 ᄒᆞ고 셔로 왕ᄅᆡ ᄒᆞ며 셔로 비교 ᄒᆞ야(〈독립신문〉1899.7.27) ▌大兵을 渡ᄒᆞ야希臘을征伐ᄒᆞ다가(《중등만국지지》1902 권1) ▌泰西希臘人은以日沒爲一日之始ᄒᆞ고巴比倫敍利亞人은以日로出로爲始ᄒᆞ고(장지연 편《만국사물기원역사》1909.8) ▌最初 希臘의 國家學者에 依ᄒᆞ야 明瞭히 認識ᄒᆞᆫ 바로 中世의 國家觀念이(〈대동학회월보〉제14호 1909.3.25) ▌古希臘의 공론을 일삼던 形而上 철학을 대항한 뒤부터(〈개벽〉제10호 1921.4.1) ▌希臘 흠머 以後로 유명한 古代詩人 헤시오드는(〈동광〉제10호 1927.2.1) 현대중국어 표기 ➡ 希腊

【希臘國 희랍국】그리스(Greece), 유럽 동남부 발칸 반도의 남단에 있는 공화국 ▌羅馬人이法律의 欠缺홈으로使節을希臘國에派ᄒᆞ야(유길준《서유견문》1895 제10편) ▌墺國維也納新聞에依ᄒᆞ면希臘國內閣은左開의 人을以ᄒᆞ야組織ᄒᆞ야다홈(德國관보)(〈관보〉제101호 1895.6.29) ▌大發憤의 ᄆᆞᄋᆞᆷ이 動ᄒᆞ야 希臘國 大君主가 즉시 人民을 大會ᄒᆞ고(〈대조선독립협회회보〉제7호 1897.2.28) ▌故로 希臘國人 컬연이 十年暗室에셔 石像을 彫成ᄒᆞ야(〈대한유학생회학보〉제3호 1907.5.25) ▌古代希臘國은 文藝學術이 稱爲歐洲文明之鼻祖요(〈대한협회회보〉제7호 1908.10.25) ▌王의 死後 希臘人間의 內訌은「바구도리아」에 在한 希臘國으로 하야곰 그 勢力을 破壞케 하야(〈개벽〉제22호 1922.4.1)

【喜馬羅也 희마라야】히말라야(Himalayas), 인도 대륙 북쪽에서 중앙아시아 고원 남쪽을 동서로 길게 연결하는 만년설의 산맥 ▌西南은 喜馬羅也山을 隔ᄒᆞ야 印度平原과 接壤ᄒᆞ니(〈대한흥학보〉제10호 1910.2.20)

【喜馬拉 희마랍】히말라야(Himalayas), 인도 대륙 북쪽에서 중앙아시아 고원 남쪽을 동서로 길게 연결하는 만년설의 산맥 ▌喜馬拉은西藏의南方에起ᄒᆞ야堅枝斯의高原을向ᄒᆞ야南行ᄒᆞ야其勢가始盡ᄒᆞ니(유길준《서유견문》1895 제1편) ▌喜馬拉頂에 在ᄒᆞᆫ가 太平洋 底에 在ᄒᆞᆫ기 不高不深ᄒᆞ며(〈대한협회회보〉제10호 1909.1.25)

【喜馬拉山 희마랍산】히말라야(Himalayas), 히말라야 산맥의 높은 산 ▌山의最高ᄒᆞᆫ者ᄂᆞᆫ喜馬拉山이니(유길준《서유견문》1895 제2편) ▌喜馬拉山磅礴元氣之胚胎於靑邱半島者ㅣ若大樹之結嘉實於枝梢也로다(〈기호흥학회월보〉제1호 1908.8.25)

【喜馬拉亞山脉 희마랍아산맥】히말라야(Himalayas), 인도 대륙 북쪽에서 중앙아시아 고원 남쪽을 동서로 길게 연결하는 만년설의 산맥 ▌北境에喜馬拉亞山脉을負ᄒᆞ니(《소학만국지지》1895 제1편)

【喜望岬 희망갑】희망봉(Cape of Good Hope, 喜(希)望峰), 남아프리카공화국 케이프주 남서쪽 끝을 이루는 암석 곶 ▌喜望岬(〈한성순보〉제4호 1883.11.30 各國國債說略) ▌其西에突出ᄒᆞᆫ一岬은世界에有名ᄒᆞᆫ喜望岬(CAPE OF GOOD HOPE)이오(《중등만국지지》1902)

희망봉(希望峰)

아프리카 남단에 '희망봉(希望峰)'이란 곳이 있다. 이곳은 원래 대항해 시대에 포르투갈인 항해가 바르톨로메우 디아스(Bartolomeu Dias de Novais)가 1488년에 발견한 곳으로, 처음에는 바다가 거친 곳이란 의미에서 '폭풍의 곶'(Cabo Tormentoso)으로 불렸으나 그곳이 인도로 가는 희망을 주는 곳이란 뜻에서 포르투갈 왕 주왕 2세가 '희망의 곶'(Cabo da Boa Esperansca)이라 이름을 고쳤다. 영어로는 'Cape of Good Hope'라 한다. 우리말로 직역하면 '(인도로 가는) 좋은 희망을 주는 곶'이 될 것이다. 1869년 수에즈 운하가 개통되기 전까지 희망봉은 유럽에서 인도로 가거나 동양에서 유럽으로 갈 때 반드시 거쳐야 하는 곳이었다. 러일전쟁 때 발틱 함대가 영국의 불허로 수에즈 운하 통과가 어렵게 되자 아프리카 남단 희망봉을 돌아 9개월간 항해 끝에 기진맥진한 상태로 일본과 동해에서 해전을 벌이다 전멸한 사건은 유명하다.

오늘날 우리는 왜 그곳을 '희망봉(希望峰)'이라 부를까? 영어 이름 'Cape of Good Hope'를 우리말로 번역하면 '좋은 희망을 주는 곶' 정도가 될 것이다. 그런데 실제로는 'Cape'가 '봉(峰)'으로 번역되어 있다. 영어 'Cape'는 '바다 쪽으로, 부리 모양으로 뾰족하게 뻗은 육지'를 뜻하므로 우리말로 번역하면 '곶'이나 '갑(岬)'이 되어야 할 것이다. 1880년대 우리나라 문헌에도 '희망갑(喜望岬)'으로 나와 있다. 〈한성순보〉 4호 기사(1883.11.30 各國國債設略)와 학부 발간《중등만국지지》(1902)에는 'Cape of Good Hope'가 '희망갑'이라 나온다(西에突出ᄒᆞᆫ一岬은世界에有名ᄒᆞᆫ喜望岬(CAPE OF GOOD HOPE)이오). 그런데 1890년대 이후 문헌에는 '喜望峰'과 '希望峰'이 주를 이룬다. 1895년 학부에서 발간한《소학만국지지》(1895)에는 '喜望峰'이 나오며(南端의高岬을喜望峰이라名ᄒᆞ니라, 제2편), 〈대조선독립협회회보〉 제8호(1897.3.15.)에도 'Cape of Good Hope'는 '喜望峰'으로 나온다(又 阿非利加南岬 喜望峰에ᄂᆞᆫ 輸送ᄒᆞᄂᆞᆫ 軍物이 絶치 아니ᄒᆞᆫ다 云ᄒᆞ니). '希望峰'은 '喜望峰'보다 출현 시기가 늦다. 이번 조사에서 찾아낸 '希望峰'은 〈대동학회월보〉 제13호(1909.2.25.)가 가장 이르다(其 次ᄂᆞᆫ 海峽艦隊 希望峰艦隊 大西洋艦隊地 中海艦隊 等인ᄃᆡ 顯着ᄒᆞᆫ 改善의 效果가 有ᄒᆞ다더라).

결국 'Cape'의 번역은 '갑(岬)'에서 '봉(峰)'으로 바뀐 것이 되는 셈인데 이렇게 된 이유는 무엇일까? 그 답은 아마도 잘못 번역된 일본 지명의 도입에서 찾을 수 있을 것이다. 일본에서 누가 'Cape of Good Hope'를 '希望峰'으로 번역했는지는 알 수 없으나 1869년에 후쿠자와 유키치(福澤諭吉)가 발행한 세계지리 입문서《世界國盡》에 나오는 것을 보아 명치시대 초에는 이미 '希望峰'이 쓰인 듯하다. 이후 일본에서는

'희망갑(喜望岬)'과 '喜望峰', '希望峰'이 같이 쓰이다가 1900년대 초에는 '希望峰'이 주로 쓰였고 이것이 일제 식민 시기를 거치면서 우리말에 들어와 오늘에 이른 것으로 볼 수 있다. '希望峰'은 일본에서 잘못 번역된 외국지명이 우리말에 들어온 예 중 하나이다.

【希望峰 희망봉】 희망봉(Cape of Good Hope), 남아프리카공화국 케이프 주 남서쪽 끝을 이루는 암석 곶 ▮其 次ㄴ 海峽艦隊 希望峰艦隊 大西洋艦隊地 中海艦隊 等인디 顯着흔 改善의 效果가 有ᄒᆞ다더라(《대동학회월보》제13호 1909.2.25) ▮英領南亞弗利加 즉 여러분 잘 아시는 南亞弗利加 케-푸타운 希望峰 잇는데(《별곤건》제10호 1927.12.20)

【喜望峰 희망봉】 희망봉(Cape of Good Hope), 남아프리카공화국 케이프 주 남서쪽 끝을 이루는 암석 곶 ▮南端의高岬을喜望峰이라名ᄒᆞ니라(《소학만국지지》1895 제2편) ▮又 阿非利加南岬 喜望峰에ᄂᆞᆫ 輸送ᄒᆞᄂᆞᆫ 軍物이 絶치 아니흔다 云ᄒᆞ니(《대조선독립협회회보》제8호 1897.3.15) ▮大陸探險에 喜望峰初見도 不足道라(《대한자강회월보》제9호 1907.3.25) ▮葡萄牙人은 亞弗利加南端에 喜望峰을 發見ᄒᆞ야 東印度에 至ᄒᆞᄂᆞᆫ 航路를 探定ᄒᆞ엿스니(《대한흥학보》제10호 1910.2.20) ▮葡萄牙人 바스코, 따마가 처음으로 亞弗利加의 南端 喜望峰을 도라,印度와 暹羅와 馬來群을 거처(《개벽》제61호 1925.7.1)

【喜望峯 희망봉】 희망봉(Cape of Good Hope), 남아프리카공화국 케이프주 남서쪽 끝을 이루는 암석 곶 ▮歐人이東洋에渡航ᄒᆞᄂᆞᆫ者ㅣ亞非南端喜望峯으로廻港ᄒᆞ더니(장지연편《만국사물기원역사》1909.8) ▮喜望峯을 迂回하야 東洋에 直通하는 海路를 發見함으로써(《동아일보》1922.4.25. 1면)

【希斯潘亞 희사반아】 에스파냐(España), 스페인의 다른 이름으로 서유럽 끝 이베리아 반도에 있는 나라이다 ▮希斯潘亞(《한성순보》제2호 1883.11.10 歐羅巴洲)

【喜阿那國 희아나국】 가이아나(Guyana), 남아메리카 대륙 북부에 있는 나라 ▮喜阿那國(《한성순보》제3호 1883.11.20 亞米利加洲)

3. 참고자료편

가. 외국지명의 약칭 표기

다음은 이 책에 수록된 국가 중 이름이 줄여진 나라를 정리한 것입니다.

한 글자로 줄여진 나라 이름 (배열 순서는 한글자모순)

줄인 나라이름	줄이기 전의 이름	영어 표시
加/가	加奈陀(캐나다)	Canada
公/공	公果(콩고)	Congo
諾/낙	諾威(노르웨이)	Norway
獨/독	獨逸(독일)	Germany
蘭/란	和蘭(네덜란드)	Netherlands
嗹/련	嗹馬(덴마크)	Denmark
露/로	露西亞(러시아)	Russia
魯/로	魯西亞(러시아)	Russia
滿/만	滿洲(만주)	Manchuria
蒙/몽	蒙古(몽고)	Mongolia
墨/묵	墨西哥(멕시코)	Mexico
美/미	美國(미국)	United States of America
米/미	米國(미국)	United States of America
白/백	白耳義(벨기에)	Belgium
普/보	普魯西(프러시아)	Prussia
芬/분	芬蘭(핀란드)	Finland
比/비	比利時(벨기에)	Belgium
秘/비	秘露(페루)	Peru
氷/빙	氷島(아이슬랜드)	Iceland
瑞/서	瑞西(스위스)	Switzerland
瑞/서	瑞典(스웨덴)	Sweden
西/서	西班牙(스페인)	Spain
暹/섬	暹羅(타이랜드)	Thailand
新/신	新西蘭(뉴질랜드)	New Zealand
埃/애	埃及(이집트)	Egypt
愛/애	愛蘭(아일랜드)	Ireland
英/영	英國(영국)	United Kingdom
墺/오	墺地利(오스트리아)	Austria
奧/오	奧地利(오스트리아)	Austria
澳/오	澳太利(오스트리아)	Austria
濠/오	濠斯德拉里亞(오스트레일리아)	Australia
越/월	越南(베트남)	Vietnam
委/위	委內瑞拉(베네수엘라)	Venezuela

意/의	意太利/意大里(이탈리아)	Italy
義/의	義太利(이탈리아)	Italy
以/이	以太利(이탈리아)	Italy
伊/이	伊太利(이탈리아)	Italy
丁/정	丁末(덴마크)	Denmark
中/중	中國(중국)	China
支/지	支那(지나, 중국)	China
泰/태	泰國(타이)	Thailand
波/파	波蘭(폴란드)	Poland
波/파	波斯(페르시아)	Persia
巴/파	巴西(브라질)	Brazil
葡/포	葡萄牙(포르투갈)	Portugal
荷/하	荷蘭(네덜란드)	Netherlands
豪/호	豪斯多拉利(오스트레일리아)	Australia
濠/호	濠太利亞(오스트레일리아)	Australia
洪/홍	洪牙利(헝가리)	Hungary
華/화	中華(중국)	China
匈/흉	匈牙利(헝가리)	Hungary
希/희	希臘(그리스)	Greece

한 글자로 줄여진 이름에 '국' 또는 '國'을 붙여서 표시한 예

나라 이름	현대표기	영문표기
단국	단묵국/단맥국	Denmark
덕국	독일	Deutschland
돌국	터키	Turkey
로국	러시아	Russia
미국	미국	United States of America
법국	프랑스	France
보국	프러시아	Prussia
불국	프랑스	France
비국	벨기에	Belgium
아국	러시아	Russia
영국	영국	United Kingdom
오국	오스트리아	Austria
왜국	일본	Japan
의국	이탈리아	Italy
이국	이탈리아	Italy
일국	일본	Japan
중국	중국	China

청국	청나라	Qing(China)
토국	터키	Turkey
丹國	덴마크	Denmark
德國	독일(德意志의 준말)	Deutschland
獨國	독일	Germany
嗹國	덴마크(嗹馬國의 준말)	Denmark
魯國	러시아	Russia
露國	러시아	Russia
墨國	멕시코	Mexico
米國	미국	United States of America
美國	미국	United States of America
法國	프랑스	France
普國	프러시아	Prussia
佛國	프랑스	France
比國	벨기에	Belgium
瑞國	스위스	Switzerland
俄國	러시아	Russia
英國	영국	United Kingdom
墺國	오스트리아	Austria
澳國	오스트리아	Austria
倭國	일본	Japan
銀國	아르헨티나	Argentina
義國	이탈리아	Italy
意國	이탈리아	Italy
伊國	이탈리아	Italy
中國	중국	China
泰國	타이	Thailand
土國	터키	Turkey
葡國	포르투갈	Portugal
荷國	네덜란드	Netherland
匈國	헝가리	Hungary

대륙 이름의 약칭 (각 대륙을 나타내는 이름의 첫 글자에 대륙을 의미하는 '洲'를 붙인 예)

줄인 이름	원래 이름	영어 표시
歐洲/歐州/구주	유럽주	Europe
南米/남미	남아메리카주	South America
南美/남미	남아메리카주	South America
米洲/미주	아메리카주	America

美洲/미주	아메리카주	America
非洲/비주	아프리카주	Africa
斐洲/비주	아프리카주	Africa
亞洲/아주	아시아주	Asia
阿州/아주	아프리카주	Africa
澳洲/오주	오스트레일리아주	Oceania
濠洲/호주	오스트레일리아주	Oceania
豪洲/호주	오스트레일리아주	Oceania

약칭의 연속례 (줄여진 나라 이름이 연속된 예 일부)

연속 쓰인 약칭	의미
단서	덴마크 · 스웨덴
보법	프러시아 · 프랑스
아돌	러시아 · 터키
영덕미	영국 · 독일 · 미국
영법	영국 · 프랑스
영법오보	영국 · 프랑스 · 오스트리아 · 프러시아
영아	영국 · 러시아
영인	영국 · 인도
한일	한국 · 일본
俄法	러시아 · 프랑스
英法俄三國	영국 · 프랑스 · 러시아
英佛蘇	영국 · 프랑스 · 소련
獨伊蘭	독일 · 이탈리아 · 네덜란드
墨佛	멕시코 · 프랑스
英緬	영국 · 버마
普法戰爭	프러시아 · 프랑스 전쟁
奧普意三國同盟	오스트리아 · 프러시아 · 이탈리아 삼국동맹
米突英國	미국 · 터키 · 영국

나. 세계 각국에 대한 나라이름 표기 모음

다음은 이 책에 나온 세계 각국의 나라 이름을 국가별로 모아서 제시한 것이다. 아직 건국되지 않은 나라나 조사 자료에 나오지 않은 나라는 포함하지 않았다. 이 자료를 보면 개화기에 우리나라 사람들이 각 나라를 몇 가지로 어떻게 표기하였는지 알 수 있다. 아울러 이들 자료는 개화기 전자자료를 검색할 때 각 이름을 검색어로 사용하면 효과적인 검색이 가능할 것이다.

아시아주

현대한국어표기	영문표기	이 책에 나오는 표기 종합	현대일본어표기	현대중국어표기
네팔	Nepal	네팔, 네펄, 넷파-르, 醴八, 尼婆羅, 尼波路	ネパール	尼泊尔
말레이시아	Malaysia	마래, 말레이, 마레이, 馬島, 馬來, 馬來西亞, 南掌	マレーシア	马来西亚
몽고, 몽골	Mongol	몽고, 몽고국, 蒙古	モンゴル	蒙古
미얀마	Myanmar	면뎐, 면뎐국, 면전, 면전국, 버마, 범아국, 쎄르마, 쎌마, 緬甸, 比利莫	ミャンマー	缅甸
베트남	Vietnam	아남, 안남, 안남국, 안람, 안람국, 월남, 월남국, 安南, 安南國, 越南	ベトナム	越南
부탄	Bhutan	부-단, 쑤단	ブータン	不丹
시리아	Syria	셔리아, 셰뤼야, 叙利亞, 叙利瓦, 世累野	シリア	叙利亚
아르메니아	Armenia	아메니아, 아미니아, 알메니야, 阿美尼亞, 爾美尼亞	アルメニア	亚美尼亚
아프가니스탄	Afganistan	아부까니스단, 아부한, 아부한슈단국, 압간이스단, 입흐기니스탄, 阿富汗, 阿富汗斯坦, 亞富汗, 亞業加斯坦, 亞葉加尼斯坦, 愛烏罕	アフガニスタン	阿富汗
오만	Oman	오만, 烏滿, 鳴滿	オマーン	阿曼
이란	Iran	伊蘭	イラン	伊朗
이스라엘	Israel	이스레일, 尼塞列	イスラエル	以色列

인도	India	인도, 인도국, 인듸야, 印, 印度, 印度國, 天竺國	インド	印度
일본	Japan	일본, 왜국, 일본국, 日本, 日本國, 倭國	日本	日本
중화민국, 대만	Taiwan	대만, ᄃᆡ만, 틔만, 퍼모사, 臺灣	中華民国, 台湾	中华民国, 台湾当局, 台湾方面, 中国台北, 台湾, 中国台湾, 台湾省
중화인민공화국, 중국	China	시나, 중, 중국, 즁국, 지, 지나, 차이나, 챵이나, 청, 쳥, 청국, 쳥국, 청나라, 中, 中國, 支, 支那, 清, 清國	中華人民共和国 中国	中华人民共和国 中国
캄보디아	Cambodia	감보듸아, 캄보듸아, 柬蒲寨, 甘保杜亞, 甘保杜野, 金邉國	カンボジア	柬埔寨
타일랜드	Thailand	샤므, 셤나, 셤라국, 셤라, 셤라국, 셥나, 셥나국, 태국, 暹, 暹羅, 暹羅國, 泰國	タイ	泰国
파키스탄	Pakistan	巴其斯坦	パキスタン	巴基斯坦
필리핀	Philippines	려송, 려송국, 비랍빈, 비륜빈, 비률빈, 비율빈, 빈립빈, 여송, 필늬빈, 필릐빈, 필리핀, 大呂宋, 呂宋, 呂宋國, 比, 比島, 比里敏, 非立賓, 比律賓, 菲律賓, 畢來賓, 菲立彬島	フィリピン	菲律宾

아프리카주

현대한국어표기	영문표기	이 책에 나오는 표기	현대일본어표기	현대중국어표기
라이베리아	Liberia	나이베릐야, 라벼리아, 라비리아국, 리베리아, 리베리아국, 리쌔랴국	リベリア	利比里亚
마다가스카르	Madagascar	마다가스가, 마달가ᄉᆞ가, ᄆᆞ다가스가, 마싸가스갈, ᄆᆡ다가스가, ᄆᆡ다기스가, 馬哥塞, 馬哥塞國, 馬達加斯, 馬達加斯加, 馬太加斯加島, 蔑爹加斯架	マダガスカル	马达加斯加
모로코	Morocco	마락가, 마락가국, 마로코국, 모로코, 모라고국, 모로ᄭᅩ, 모로스코, 모로코국, 모록코, 모롯고, 모로ᄭᅩ, 모릇코국, 모롯크國, 摩洛哥, 摩洛哥國, 莫落哥	モロッコ	摩洛哥
모잠비크	Mozambique	모삼빅, 모삼쎄그, 모삼빅큐, 莫三比, 麿三碧, 莫三鼻, 模潛伯, 模潛伯九	モザンビーク	莫桑比克
세네갈	Senegal	세네가르, 셰네가르, 塞內牙, 先匡傑	セネガル	塞内加尔
소말리아	Somalia	소마리, 소말니, 索謀利, 小摩里	ソマリア	索马里

앙골라	Angola	안고라, 앙고라, 앙골라, 安各羅	アンゴラ	安哥拉
이집트	Egypt	애굽, 익굽, 익급, 애급국, 익급국, 에지브도, 에집트, 예지부도, 예지브도, 이즙국, 이즙드국, 이집트, 埃, 埃及, 埃及國	エジプト	埃及
케냐	Kenya	키늬아, 鷄尼亞, 牙蘭	ケニア	肯尼亚
콩고	Congo	강고, 콩고, 羌古, 公高, 公果, 公額自由國	コンゴ共和国	刚果共和国

유럽주

현대한국어표기	영문표기	이 책에 나오는 표기	현대일본어표기	현대중국어표기
그리스	Greece	끄레시아, 끄뤼쓰, 그리스, 끄리스, 끼리이기, 희랍, 희랍국, 희리니, 希, 希臘, 希臘國	ギリシャ	希腊
네덜란드	Netherlands	네데란스국, 네-사-란드, 레데란스, 오란다, 하란, 하란국, 할난드, 할낸, 할란국, 호르란쏘, 홀난드, 홀낸드, 화란, 화란국, 蘭, 荷國, 荷蘭, 荷蘭國, 和蘭, 和蘭國	オランダ	荷兰
노르웨이	Norway	나위, 나위국, 노르웨, 노르웨國, 노르웨이, 노어웨, 노웨, 노웨이, 뇌위국, 라위, 라위국, 로웨이국, 로위국, 那威, 挪威, 那威國, 諾威, 腦威, 瑙威	ノルウェー	挪威
덴마크	Denmark	단, 단국, 단믹국, 단묵, 데인막, 덴막, 쎈막크, 쎈멀그우, 뎡말, 뎡말국, 련므, 련므국, 졍말, 뎬말그우, 丹國, 丹尼, 丹馬, 丹麥, 丹墨, 丹墨國, 大丹國, 嗹國, 嗹馬, 甸瑪爾珂, 丁抹, 丁抹國	デンマーク	丹麦
독일	Germany	쩌잇취, 쩌잇튀, 덕, 덕국, 덕의지, 독, 독일, 독일국, 셰야만, 일이만, 져만에, 大德國, 德, 德國, 德意志, 德逸, 獨, 獨國, 獨乙, 獨逸, 獨逸國, 日耳曼, 日耳曼列邦	ドイツ	德国 德意志
러시아	Russia	노시야, 러시아, 뗘시아, 로, 로국, 로셔아, 로시아, 로시야, 롸시야, 아, 아국, 아라사, 아라ᄉ, 아라ᄉ국, 아라샤, 아라셔, 露, 魯, 露國, 魯國, 大俄國, 大俄羅斯國, 露, 露西亞, 魯西亞, 俄, 俄國, 俄羅斯, 俄羅斯國	ロシア	俄罗斯
루마니아	Romania	라므니국, 라므니아, 루마니아국, 루메니야, 루먼니아, 르멘이아, 르우메니야, 羅, 羅馬尼, 羅馬尼亞, 樓禰尼亞, 婁彌尼亞, 婁禡里亞	ルーマニア	罗马尼亚

룩셈부르크	Luxembourg	룩센부릭, 盧森堡, 魯生卜, 婁其生堡	ルクセンブルク	卢森堡
리히텐슈타인	Liechtenstein	理非然丁	リヒテンシュタイン	列支敦士登
마케도니아	Macedonia	마계도니아, 마세도니아, 무세도니아, 馬其頓	マケドニア	马其顿
모나코	Monaco	모나고, 모나코, 摩那哥	モナコ	摩纳哥
몰타	Malta	말타, 馬爾多	マルタ	马耳他
벨기에	Belgium	빅그이, 비루기, 빅리의, 빅이의, 쎄르즈무, 벨기움, 벨지암, 별지암, 별지음, 비국, 비리시, 비리의, 白耳義, 白耳義國, 比, 比國, 比埒智翁, 比利時, 比利時國, 大比利時國, 比耳時	ベルギー	比利时
보스니아 헤르체고비나	Bosnia Herzegovina	보스니아, 헤루세이고비나, 寶妬尼亞, 巴斯于	ボスニア·ヘルツェゴビナ	波斯尼亚和黑塞哥维那
불가리아	Bulgaria	발가리아, 발아리, 발이그리아, 벌갈리아, 쎌가리아, 벌게리아, 벌괄이아, 불까리아, 勃加利亞, 勃牙利, 勃而忌里亞國, 伯爾加里, 不加勒斯, 波加厘亞國, 蒲加零, 布加里, 布加亞, 巴爾加利亞	ブルガリア	保加利亚
산마리노	San Marino	산마리노, 산마리共和國, 山馬利路, 山馬利魯, 森馬林, 桑馬里	サンマリノ	圣马力诺
세르비아	Serbia	시비야, 식이유, 셀비아國, 셔비야, 셔-비아, 써비아, 써비아, 셰르쎄야국, 세르의, 셰비아, 塞爾比國, 塞耳維, 塞耳維阿, 塞爾非, 塞耳維, 塞爾維阿	セルビア	塞尔维亚
스웨덴	Sweden	서뎐, 서뎐국, 셔, 셔뎐, 셔뎐국, 셔젼, 수웨덴, 쉬덴, 스위든, 스이덴, 瑞典, 瑞典國, 綏甸	スウェーデン	瑞典
스위스	Switzerland	셔사, 셔亽, 셔亽국, 쉬쓰국, 쉿스란드, 스위쓰, 스위쓸낸드, 스윗절난드, 스이츠란또, 瑞國, 瑞士, 瑞士國, 瑞西, 瑞西國	スイス	瑞士
스페인 /에스파냐	Spain	서, 서반아, 셔반나, 셔반아, 셔반아국, 셰바나, 스베인, 스페인, 이스바니아, 일亽파리아, 西, 西班牙, 西班牙國, 伊須波尼亞, 日斯巴尼亞, 希斯潘亞	スペイン	西班牙
아이슬란드	Iceland	아이스란드, 익亽란, 氷島, 氷洲, 愛斯蘭	アイスランド	冰岛
아일랜드	Ireland	아열란드, 아열린드, 아이란, 아이란드, 아일낸, 이란, 애이란, 阿爾蘭, 阿爾蘭島, 愛蘭, 愛爾蘭, 愛爾蘭島	アイルランド	爱尔兰(岛)

안도라	Andorra	안도라, 安道羅, 安道耳	アンドラ	安道尔
알바니아	Albania	而美尼亞	アルバニア	阿尔巴尼亚
영국	United Kingdom	녕국, 대영국, 령국, 영, 영국, 영길리, 영길리국, 옝길란드, 옝길리, 인끄리스, 인그리스, 大貌利顚, 大貌列顚, 大不烈顚, 大不列顚, 大不列顚國, 大英國,大英帝國, 弗列顚, 不列顚,英, 英國, 英吉蘭得, 英吉利, 英吉利國, 英島, 英蘭, 英倫	イギリス	英国 大不列颠及北爱尔兰 联合王国
오스트리아	Austria	오, 오국, 오대리, 오대리국, 오대리아, 오디리, 오디리아국, 오마가, 오사마가, 오ᄉᆞ마가, 오스드로헝게리국, 오슈트리아, 오스드리아, 오스츄리아국, 오스트리아, 오쓰트리아, 오오쓰트리아, 오우스도리야, 오지리, 오지리아, 오지리아국, 大奧國, 奧, 墺, 奧國, 澳國, 澳大利, 奧地利, 奧地利國, 墺地利國, 墺地利, 澳地利, 奧地利亞, 墺地利亞, 墺地利洪牙利, 澳地利匈牙利, 澳太利, 墺太利, 墺匈國	オーストリア	奥地利
이탈리아	Italy	리틜리, 의, 의국, 의다리, 의대리, 의ᄃᆡ리, 의대리국, 의탤리, 이국, 이다리국, 이다리아, 이다리야, 이달늬, 이달리아, 이ᄃᆡ리야, 이타리, 이탈니, 이탈이, 이태리, 이ᄐᆡ리, 이ᄐᆡ리국, 이ᄐᆡ이, 이틸네, 이탤리, 이틸리, 이틸이, 大義國, 大義大利國, 義, 意, 意國, 義國, 意大里, 意大利, 義大利, 義太利, 意大里國, 意大利國, 意太利, 伊, 伊國, 伊大利亞, 以太利, 以太利國, 伊太利, 伊太里, 伊太利國, 伊太利亞	イタリア	意大利
체코	Czech	捷克	チェコ	捷克
키프로스	Cyprus	사이필우스島, 居伯羅島, 細布拉斯	キプロス	塞浦路斯
터키	Turkey	도르기, 돌, 돌국, 터계, 터어ᄏᆡ, 터어키, 터키, 토국, 토이긔, 토이긔국, 토이기, 土, 土國, 土耳古, 土耳其, 土耳基, 土耳奇, 土耳機, 土耳其國, 土耳基國	トルコ	土耳其
포르투갈	Portugal	보르츠깔, 포도아, 포도아국, 포르토갈, 포쥬걸, 포츄갈, 葡, 葡國,葡萄牙, 葡萄牙國	ポルトガル	葡萄牙
폴란드	Poland	파란, 파란국, 波蘭	ポーランド	波兰
프랑스	France	법, 법국, 법난셔, 법란서, 법란셔, 볼란시국, 불, 불국, 불란서, 불난셔, 불란셔, 블란셔, 블란시국, 불안셔, 프란쓰, ᄯᅳ랑쓰, 흐란스, 大法民主國, 法, 法國, 法朗西, 法蘭西, 法蘭西國, 佛, 佛國, 佛蘭西, 佛狼西	フランス	法国

핀란드	Finland	禁蘭, 芬蘭, 芬蘭土, 懸蘭	フィンランド	芬兰
헝가리	Hungary	항가뤠, 항가리, 항가리아, 헝거리, 헝그리, 홍가리, 흉아리, 洪加利, 洪曷利, 洪牙利, 凶, 凶國, 凶牙利	ハンガリー	匈牙利

북아메리카주

현대한국어표기	영문표기	이 책에 나와 있는 표기	현대일본어표기	현대중국어표기
과테말라	Guatemala	가데마라, 고터메일나, 과타멀나, 과데마라, 과데마라국, 과테마라, 꽈테무ᄅᆞ, 쑤아데마라, 귀테멜나, 瓜多磨羅, 瓜他馬拉, 峨他馬拉, 瓦地馬拉	グアテマラ	危地马拉
니카라과	Nicaragua	늬카로가, 니카라가, 늬코록가, 늭가라과, 닛가라과, 닛ᄏᆞ라가, 尼可羅果, 尼加拉加, 尼加拉瓜	ニカラグア	尼加拉瓜
멕시코	Mexico	믹쓰코, 믹시칸, 먹시고, 메씨시꼬, 멕스고, 멕시코, 멱시고, 목셔가, 묵서가, 묵셔가, 묵셔가국, 믁셔가, 麥時古, 墨, 墨國, 墨西哥, 墨西哥國, 墨西其	メキシコ	墨西哥
미국	United States of America	대미국, 미, 미국, 미리견, 미합중국, 미합즁국, 북미쥬합즁국, 북미합즁국, 북아메리가합즁국, 북미합중국, 북아메리까합즁국, 北아메리카合衆國, 유나이뎃되스데도, 유나이텟드스텟즈, 합중국, 합즁국, 화긔국, 大美國, 大亞美理駕合衆國, 米, 米國, 美, 美國, 米利堅, 美利堅, 美合衆國, 北米合衆國, 北美合衆國, 北阿美利加洲合衆國, 阿美利加, 亞米利駕, 亞米利加合衆國, 亞美利加合衆國, 合衆國, 花旗國, 花旂國	アメリカ合衆国 米国	美国, 美利坚合众国
바하마	Bahamas	쌔하마, 巴哈馬, 巴哈痲	バハマ	巴哈马
아이티	Haiti	하이지共和國, 히다, 헤타이, 허틔이, 헤타이, 海地, 許太伊	ハイチ	海地
온두라스	Honduras	한두나스, 한두라스, 혼두라쓰, 혼듀라스, 혼쥬라스共和國, 혼지유라스共和國, 흔두레스국, 閎都拉斯, 混斗羅斯, 閧都拉斯	ホンジュラス	洪都拉斯
자메이카	Jamaica	자메카, 쟈메이카, 牙買加	ジャマイカ	牙买加
캐나다	Canada	가나다, 가나타, 감나듸, 카나다, 킈나다, 佳那多, 加拿達, 加拿大, 加拿他, 加拿陀, 加拿太, 加那特, 加奈多, 加奈太, 加奈陀, 加奈他	カナダ	加拿大

코스타리카	Costa Rica	거스다리가, 카스타뤼익카, 코스다카, 코스드리카, 코스타뤼가, 코스타리카, 코스타릭카, 高斯大樓哥, 高斯太樓加, 古修土利加	コスタリカ	哥斯达黎加
쿠바	Cuba	고파, 교바, 규바, 규바嶋, 큐바, 古巴, 玖馬, 玖瑪, 赳排	キューバ	古巴
파나마	Panama	파나마, 巴拿馬, 巴那痲, 巴那馬, 巴奈馬, 波羅馬	パナマ	巴拿马

남아메리카주

현대한국어표기	영문표기	이 책에 나온 표기	현대일본어표기	현대중국어표기
가이아나	Guyana	기아나, 씨아나,奇亞那, 喜阿那國	ガイアナ	圭亚那
베네수엘라	Venezuela	번뇌주엘아, 번이쥬엘라, 베네싸릭, 베네수일나국, 베네스예라, 뻬네스엘라, 베네쥬엘나, 벤에쥬멜나, 변늬주엘나, 변이주엘아, 웨네쎄라國, 위닉셔랍국, 彬崖朱越那, 委內瑞拉	ベネズエラ	委内瑞拉
볼리비아	Bolivia	보리비아, 쏘리비아, 쏘리피야, 쏠늬비아, 쏠니비아, 볼니비야, 볼리뻬아, 블늬비아, 拔利比亞, 玻利非, 玻里非, 玻里比亞, 玻利非亞	ボリビア	玻利维亚
브라질	Brazil	부라실, 부라씰, 부라질, 부라질국, 쁘러실국, 부레실, 브라질, 브라질국, 브레실국, 쓰레실, 불아즐, 쓰레실국, 쓰리질, 파셔, 파셔국, 伯西爾, 伯刺西爾, 巴西, 巴西國	ブラジル	巴西
아르헨티나	Argentina	아루쎈딘, 아센틔나, 아젠틘합중국, 아쥔타인국, 아젠턴, 아젠틴, 아젠틔나, 알센진國, 알젠틘共和國, 亞爾然丁, 亞爾然丁共和國, 亞丁合衆國, 盎低埒, 銀國	アルゼンチン	阿根廷
에콰도르	Ecuador	엑궤도국, 에쿠아돌, 의과타이국, 이퀘더, 엑궤도, 厄瓜多	エクアドル	厄瓜多尔
우루과이	Uruguay	우루계, 우루쑤예, 유라궤, 유루궤국, 烏納乖, 烏拉乖, 烏拉乖國, 烏兒圭, 猶羅貴	ウルグアイ	乌拉圭
칠레	Chile	지리, 치리, 칠늬, 칠릐, 칠리, 智, 智利, 智利國	チリ	智利
콜롬비아	Colombia	걸넘비아, 골롬비아국, 칼남비야, 코롬비아, 콜놈비아, 哥倫比, 可倫比亞, 古倫比, 昆侖費	コロンビア	哥伦比亚
파라과이	Paraguay	바라궤국, 빠라계, 파라궤, 파라쑤예, 파라셰에국, 把羅貴, 巴拉圭, 玻拉乖	パラグアイ	巴拉圭
페루	Peru	베루국, 비로, 비로국, 비루국, 피루, 피루국, 秘魯, 秘露, 秘魯國, 秘露國	ペルー	秘鲁

오세아니아주

현대한국어표기	영문표기	이 책에 나온 표기	현대일본어표기	현대중국어표기
뉴질랜드	New Zealand	누실란드, 뉴지단도, 뉴치란도, 유질낸, 樓質蘭, 新西蘭, 新愛蘭	ニュージーランド	新西兰
사모아	Samoa	사모아, 사모이, 샤모아	サモア	萨摩亚
오스트레일리아	Australia	어스트렐늬야, 예시아니아, 오디리아, 오사쳘니아쥬, 오스드렐랴, 오스드렐리아, 오스트낼리아, 오스트랠니아, 오스틀렬랴, 오오쓰트랠늬아, 욱대리아, 호쥬, 호주, 澳大利, 澳大利亞, 奧大利亞, 奧斯達利亞, 澳斯德拉里亞洲, 澳大利亞, 奧斯達利亞, 墺斯亞, 濠, 濠州, 豪洲, 濠太利, 濠太剌利, 濠太剌利亞洲, 濠太利亞, 濠太利亞洲	オーストラリア	澳大利亚
통가	Tonga	東佳	トンガ	汤加
피지	Fiji	피지, 非支, 皮支	フィジー	斐济

지금은 존재하지 않는 나라

나라 이름	영문 표기	이 책에 나온 표기	현대일본어표기	현대중국어표기
로마제국	Roman Empire	나마국, 로마국, 로ᄆᆞ국, 羅馬國, 羅馬帝國	ローマ帝国	罗马帝国
아시리아	Assyria	아시리아국, 亞敍利亞, 亞西里亞國	アッシリア	亚述
오스트리아 헝가리제국	Empire of Austria-Hungary	墺太利洪牙利, 墺太利匈牙利, 墺匈國	オーストリアハンガリー帝国	奥地利匈牙利帝国
페르시아제국	Persian Empire	베시아, 베르샤, 파ᄉᆞ, 파ᄉᆞ국, 파샤국, 퍼시아, 퍼시야, 波斯, 波斯國	ペルシア帝国	波斯帝国
프러시아제국	Prussia	보, 보국, 보로사, 보로ᄉᆞ, 보로사국, 보로ᄉᆞ국, 보로샤, 푸루시아, 프로시아, 大布國, 普, 普國, 普魯士, 普魯士國, 普魯斯, 普魯西, 普露西	プロイセン王国	普鲁士王国

다. 용례 채록문헌 일람

구한말 지리 관련 도서

《ᄉᆞ민필지》. 헐버트. 1889.
《士民必知》. 白南奎·李明翔 역. 1895.
《小學萬國地誌》. 학부편. 1895.
《中等萬國地誌》. 학부편. 1895.
《中等外國地誌》. 유옥겸. 1908.
《地璆略論(디구략론)》. 1897.
《泰西新史諺譯》. 학부역. 1896.

교과서

《國民小學讀本》. 학부 간본(아세아문화사 영인본). 1895.
《高等小學讀本》권1. 휘문의숙편집부. 1906.
《高等小學讀本》권2. 휘문의숙편집부. 1907.
《獨習日語正則》. 鄭雲復. 1907.
《新訂尋常小學》. 학부 간본(아세아문화사 영인본). 1896.
《初等小學》권8. 國民教育會. 1907.
《樵牧必知》. 정윤수. 1909.
《韓國開化期教科書叢書》1-20. 한국학문헌연구소편. 1977.

신문류

《官報》(대한제국) 1894.6.-1910.8.
《大韓每日申報》1904.8.-1910.7.
《독닙신문》1896.4.-1899.12.
《ᄆᆡ일신문》1898-1899.
《每日申報》1910.8.-1945.8.
《漢城旬報》1883.10.-1884.12.
《漢城周報》1886.12.-1887.7.
《협셩회회보》1898.
《皇城新聞》1898.9.-1910.9.
《東亞日報》1920.4.1-현재.

잡지류

《家庭雜誌》. 가정잡지사. 1906.6.-1906.8.

《開闢》1-4호. 新文館. 1920.6.-1926.8. / 1934.11.-1935.2.
《畿湖興學會月報》제1호-제12호. 기호흥학회. 1908.8.-1909.7.
《女子指南》. 여자교육회. 1908.
《大東亞》제14권 3호-제15권 3호. 삼천리사. 1942.3.1.-1943.3.1.
《大東學會月報》제1호-20호. 大東學會. 1908.2.25.-1909.9.25.
《大朝鮮獨立協會會報》제1호-17호. 독립협회. 1896.11.30.-1897.8.15.
《大韓民報》. 동문관(대한협회). 1909.6.25.-1910.8.30.
《大韓留學生回報》제1호-제3호. 대한유학생회. 1907.3.3.-1907.5.26.
《大韓自强會月報》제1호-13호. 대한자강회. 1906.7.31.-1907.7.25.
《大韓學會月報》제1호-제9호. 대한학회. 1908.2.25.-1908.11.25.
《大韓協會會報》제1호-12호. 대한협회. 1908.4.25.- 1909.3.25.
《大韓興學報》제1호-13호. 대한흥학회. 1909.3.20.-1910.5.20.
《東光》제1호-40호. 東光社. 1926.5.20.-1933.1.30.
《萬國婦人》제1호. 삼천리사. 1932.10.1.
《白潮》. 문화사(文化社). 1922.1.-1923.9.
《別坤乾》제1호-52호. 개벽사. 1926.11.-1934.6.
《三千里》제1호-제14권 1호. 삼천리사. 1929.6.12.-1942.11.
《三千里文學》제1집-제2집. 삼천리사. 1938.1.-1938.4.
《西北學會月報》제1호-제19호. 서북학회. 1908.6.-1910.11.
《西友》제1호-제17호. 서북학회. 1906.1.-1908.5.
《少年》제1권 1호-3권 9호. 신문관. 1908.11.-1910.12.
《時事叢報》. 황국협회. 1899.1.-1899.8.
《慈善婦人會雜誌》. 우문관. 1908.
《創造》. 창조사. 1919년 2월.
《湖南學報》제1호-9호. 호남학회. 1908.6.-1909.3.
《親睦會會報》. 대조선인일본유학생친목회. 1896.2.-1903.2.
《太極學報》제1호-제26호. 태극학회. 1906.8.-1908.11.
《泰西文藝新報》제1호-제16호. 1918.9.-1921.2.
《湖南學報》제1호-제9호. 호남학회. 1908.6.-1909.3.

신소설

구연학.《설중매(雪中梅)》. 회동서관. 1908.
김교제.《목단화(牧丹花)》. 광학서포. 1911.
김교제.《비힝션(飛行船)》. 동양서원. 1912.
김용준.《쌍옥적(雙玉笛)》. 보급서관. 1911.
김용준.《月下佳人》. 전문서관. 1912.

김용준.《황금탑(黃金塔)》. 1912.
남관준.《玩月樓》. 유일서관. 1912.
민준호.《警世鐘》. 동양서원. 1912.
민준호.《옥호긔연(玉壹奇緣)》. 동양서원. 1912.
민준호.《원앙도(怨鴦圖)》. 보급서관. 1911.
민준호.《再逢春》. 동양서원. 1912.
민준호.《行樂圖》. 동양서원. 1912.
민준호.《현미경(顯微鏡)》. 동양서원. 1912.
민준호.《홍도화(紅桃花)》. 동양서원. 1912.
민준호.《화중화(話中話)》. 동양서원. 1912.
박이양.《명월정(明月亭)》. 유일서관. 1912.
안국선.《금수회의록(禽獸會議錄)》. 1908.
엣디워쓰.《만인계》. 최창선 역. 신문관. 1912.
육정수.《송뢰금(松籟琴)》. 1908.
이인직.《귀(鬼의성(聲)》. 1908.
이인직.《은세계(銀世界)》. 1908.
이인직.《혈의 누(血의 淚)》. 1906.
이해조.《구의산(九疑山)》. 신구서림. 1908.
이해조.《鐵世界》. 회동서관. 1908.
이해조.《秋風感樹錄》. 동양서원. 1912.
이해조.《花의血》. 매일신문 연재.
최병헌.《聖山明鏡》. 1914.
현공렴.《東閣寒梅》. 경성. 1911.
현공염.《죽서루(竹西樓)》. 1911.

소설

서울대인문정보연구소. CD-ROM판《한국현대문학100년》. 문학사상사. 1999.
강경애.《소금》. 1934.
강경애.《인간문제》. 1934.
계용묵.《백치 아다다》. 1946.
구연학.《설중매》. 1908.
김남천.《경영》. 1940.
김남천.《공장신문》. 1931.
김남천.《남매》. 1937.
김남천.《대하》. 1939.
김남천.《맥(麥)》. 1941.
김남천.《물》. 1933.
김남천.《처를 때리고》. 1937.
김동인.《감자》. 1939.
김동인.《광염 소나타》. 1929.
김동인.《광화사》. 1935.
김동인.《김연실전》. 1939.
김동인.《반역자》. 1946.
김동인.《발가락이 닮았다》. 1932.
김동인.《배따라기》. 1939.

김사량.《낙조》. 1940.
김사량.《유치장에서 만난 사나이》. 1941.
김사량.《지기미》. 1941.
김유정.《금따는 콩밭》. 1935.
김유정.《노다지》. 1935.
김유정.《두꺼비》. 1933.
김유정.《따라지》. 1937.
김유정.《땡볕》. 1937.
김유정.《만무방》. 1935.
김유정.《동백꽃》.1936.
김유정.《따라지》. 1936.
김유정.《봄봄》. 1935.
김유정.《산골》. 1935.
김유정.《소낙비》. 1935.
김유정.《안해》.1935.
나도향.《물레방아》. 1925.
나도향.《뽕(桑葉)》. 1925.
나도향.《여이발사》.1923.
나도향.《옛날 꿈은 창백하더이다》. 1922.
나도향.《지형근》. 1926.
나도향.《행랑자식》. 1923.
나도향.《벙어리 삼룡이》. 1925.
나도향.《뽕》. 1925.
박노갑.《사십년》. 1940.
송영.《군중정류(群衆停留)》. 1927.
송영.《늘어가는 무리》. 1925.
송영.《석공조합 대표》. 1927.
송영.《아버지》. 1936.
신채호.《꿈하늘》. 1916.
심훈.《상록수》. 1935.
심훈.《영원의 미소》. 1935.
안국선.《금수회의록》. 1908.
엄흥섭.《길》. 1937.
엄흥섭.《번견 탈출기》. 1935.
엄흥섭.《숭어》. 1935.
엄흥섭.《안개속의 춘삼이》. 1934.
엄흥섭.《무정》. 1917.
이광수.《흙》. 1932-33.
이근영.《고향 사람들》. 1936.
이근영.《과자상자》. 1936.
이근영.《농우》. 1936.
이근영.《당산제》. 1939.
이근영.《탁류 속을 가는 박교수》.
이인직.《귀(鬼)의성(聲)》. 1908.
이인직.《은세계》. 1913.
이인직.《혈의누》. 1906.
이태준.《까마귀》. 1936.
이태준.《그림자》. 1929.
이태준.《농토》. 1947.
이태준.《달밤》. 1933.
이태준.《돌다리》. 1943.
이태준.《밤길》. 1940.
이태준.《복덕방》. 1937.
이해조.《구마검》. 1908.
이효석.《도시와 유령》. 1928.
이효석.《돈(豚)》. 1933.
이효석.《들》. 1936.
이효석.《모밀꽃 필 무렵》. 1936.
이효석.《분녀(粉女)》. 1936.
이효석.《성화(聖畵》. 1935.
이효석.《수탁》. 1933.
이효석.《낙엽을 태우며》. 1938.
이효석.《모밀꽃 필 무렵》. 1936.
이효석.《청포도의 사상(青葡萄의思想)》. 1941.
조명희.《R군에게》. 1925.
조명희.《낙동강》. 1927.
조명희.《농촌 사람들》. 1925.
조명희.《땅속으로》. 1925.
조명희.《저기압》. 1926.
주요섭.《개밥》. 1927.

주요섭.《사랑방 손님과 어머니》. 1935.
주요섭.《아네모네의 마담》. 1936.
주요섭.《열줌의 흙》. 1927.
주요섭.《인력거군》. 1925.
주요섭.《치운 밤》. 1925.
지하련.《결별》. 1940.
지하련.《도정》. 1946.
채만식.《냉동어》. 1940.
채만식.《논 이야기》. 1946.
채만식.《레디 메인 인생》. 1943.
채만식.《미스터 방》. 1946.
채만식.《민족의 죄인》. 1948.
채만식.《천하태평춘》. 1938.
채만식.《치숙》. 1938.
최서해.《고국》. 1924.
최서해.《기아와 살육》. 1925.
최서해.《박돌의 죽음》. 1925.
최서해.《전아사》. 1927.
최서해.《큰물 진 뒤》. 1925.
최서해.《탈출기》. 1925.
최서해.《홍염(紅焰)》. 1927.
한설야.《과도기》. 1929.
한설야.《부역》. 1937.
한설야.《산촌》. 1938.
한설야.《탑》. 1940.
한설야.《홍수》. 1936.
한설야.《황혼》. 1936.
한설야.《이녕》. 1939.
현경준.《귀향》. 1935.
현경준.《군맹(群盲)》. 1940.
현덕.《남생이》. 1938.
현진건.《B사감과 러브레터》. 1925.
현진건.《고향》. 1926.
현진건.《무영탑(無影塔)》. 1938.
현진건.《불》. 1925.
현진건.《빈처》. 1921.
현진건.《운수좋은 날》. 1924.
홍명희.《임꺽정》. 1928.

사전류

게일(Gale,J.S).《韓英字典》(초판). 요코하마: Kelly & Walsh, 1897.
게일(Gale,J.S).《韓英字典》(재판). 요코하마: The Fukuin printing co. LTD, 1911.
게일(Gale,J.S).《韓英字典》(3판). 경성: 조선야소교서회, 1931.
게일(Gale,J.S).《三千字典》(초판). 경성: 조선야소교서회, 1924.
존스(Jones, G.H.).《영한자전》(An English-Korean Dictionary). KYO BUN KWAN, 1914.
스코트 편.《한영자전》(ENGLISH-COREAN DICTIONARY). CHURCH OF ENGLAND MISSION PRESS, 1891.
언더우드(Underwood, H.G.).《英鮮字典》. 경성: 조선야소교서회, 1925.
문세영.《修正增補朝鮮語辭典》. 永昌書館, 1942.
문세영.《朝鮮語辭典》. 博文書館, 1938.
심의린.《普通學校朝鮮語辭典》. 以文堂, 1925.
언더우드.《한영자전》. Kelly & walsh, 1890.
이종극.《鮮和兩引 모던朝鮮外來語辭典》. 한성도서주식회사, 1936.
이준영·정현·이기영·이명선·강진희 편.《國韓會語》(필사본). 1895.
조선총독부.《조선사서원고》. 朝鮮總督府, 1918.

조선총독부.《朝鮮語辭典》. 朝鮮總督府, 1920.
청년조선사 편.《新語事典》. 청년조선사, 1934.
청년조선사 편.《新語事典》. 청년조선사, 1934. 1.
최록동 편.《현대신어석의》. 1922. 12.
파리외방선교회 한국선교사단.《韓佛字典(*Dictionnaire coreen-français*)》. 요코하마, 1880.
편자 미상.《廣才物譜》. 조선 말기.

종교 관련

《긔히일긔》. 1905.
《셩교빅문답》. 빅요왕(블랑) 역준. 1884.
《셩교졀요》. 정약종(아오스딩). 1882년에서 1890년 사이.
《시편촬요》. 알렉산더 피터스 역. 1898.
《신약젼셔》. 민 아오스딩 감준. 대한황성미이미인쇄, 1900.
《연경좌담(演經坐談)》.게일 역. 1923.
《예수셩교젼셔》. 로쓰. 문광셔원, 1887.
《쥬년쳠례광익》(권2). 민 아오스딩 감준. 1899.
《텬로력뎡》(권1). 파리동양어학교 소장본. 1894.
《텬로력뎡》(권2). 파리동양어학교 소장본. 1895.
《훈ᄋ진언》. 메리 스크랜튼 역. 삼문출판사, 1894.

그 밖의 자료

《各國旗圖》(필사본). 1900(?).
《개화기 국어자료집성》(전10권). 박이정, 1996.
《舊韓末條約彙纂》(상중하). 국회도서관입법조사국, 1965.
《國文正理》. 李鳳雲, 1897.
《로빈슨표류기》(絶世奇談 羅賓孫漂流記). 義進社, 1908.9.
《萬國事物起源歷史》. 張志淵. 아세아문화사(영인본), 1909.8.
《法規類編》. 내각기록과, 1908.5.
《西遊見聞》. 兪吉濬. 東京: 交詢社, 1895.
《유옥역젼》. 저자 미상(이동 필사), 1885.
《易言》(언해본). 사역원, 1885년 이전.
《自助論》(上卷). 최남선 역(사뮤엘 스마일쓰), 1918.
《蠶桑輯要》(필사본 서울대학교 도서관본). 1886.
《朝鮮策略》. 黃遵憲 원저(趙一文 역주). 건국대학교출판부, 1977.
《증남포목포각국조계장정》. 1897.

데이터베이스 자료

국립한글박물관 http://www.hangeuLakego.kr

국사편찬위원회 전자사료관 http://archive.history.go.kr

국회도서관전자도서관 http://www.nanet.go.kr

규장각한국학연구원 원문검색 자료검색 http://e-kyujanggak.snu.ac.kr

승정원일기 http://sjw.history.go.kr

이한섭연구실 〈한국근대어코퍼스〉

21세기세종계획 https://ithub.korean.go.kr/user/main.do

조선왕조실록 인터넷판 http://sillok.history.go.kr

카인즈 고신문 검색 https://www.kinds.or.kr

한국역사정보통합시스템 http://www.koreanhistory.or.kr

한국고전 종합DB http://db.itkc.or.kr

台湾中央研究院近代史数位資料庫 http://mhdb.mh.sinica.edu.tw

중국의 주요 코퍼스 모음 http://www.chineselinks.cn/corpus.html

国立国語研究所 現代日本語書き言葉均衡コーパス(BCCWJ)(일본) https://www.ninjal.ac.jp/database/type/corpora

国立国語研究所 近代語のコーパス(일본) http://pj.ninjal.ac.jp/corpus_center/cmj

国文学研究資料館(일본) http://www.nijlac.jp

アジア歴史資料センター(일본) https://www.jacar.go.jp

라. 참고문헌

단행본

고려대민족문화연구원(2010).《개화기의 계몽지리학》. 고려대민족문화연구원.
구인환 엮음(2005).《우리 고전 다시 읽기 서유견문》. 신원문화사.
두산동아 사서 편집국(1997).《두산세계대백과사전》. 동아출판.
류시현 편(2011).《최남선연구》. 역사비평사.
민속원 편집부(1992).《세계지명사전》. 민속원.
박갑천(1973).《世界의 地名》. 정음사.
송호열(2006).《세계 지명 유래 사전》. 성지문화사.
연합뉴스사 편(2004).《지명대사전》. 연합뉴스사.
은혜출판사 편집부(2003).《성경 인명지명사전》. 은혜출판사.
이한섭(2000).《西遊見聞 연구시리즈1-西遊見聞(全文)》. 박이정.
쩌우전환. 한지은 옮김(2013).《지리학의 창으로 보는 중국의 근대》. 푸른역사.
최봉원(1999).《세계지명표기사전》. 성균관대출판부.
편집부編(1987).《世界人名·地名表記辞典》. 兼知社(동경).
편집부 편(1991).《한국민족문화대백과사전》. 웅진출판.
한국문화역사지리학회(2008).《지명의 지리학》. 푸른길.
한국어문기자협회(2009).《세계 인문지리 사전》. 한국어문교열기자협회.
허경진 옮김(1995).《한글 세대를 위한 우리 옛글 서유견문》. 한양출판.
허경진(2004).《조선 지식인 유길준 서양을 번역하다 서유견문》. 서해문집.
허재영(2015).《태서신사언역본주해》. 도서출판 경진.
宛字外来語辞典編集委員会(1979).《宛字外来語辞典》. 柏書房.
有澤玲(2000).《宛字書きかた辞典》. 柏書房.
新井白石(1936).《西洋紀聞》. 岩波書店.
荒川清秀(1997).《近代日中学術用語の形成と伝播—地理学用語を中心に》. 白帝社.
荒川惣兵衛(1967).《角川 外来語辞典》. 角川書店.
石川敏男(1983).《世界人名·地名表記辞典—英·独·仏·伊·西·日語対照》. 南雲堂.
織田武雄(1974).《地圖の歴史—世界篇》. 講談社.
香川幹一(1928).《地名の起原》. 東京南光社.
学研 辞典編集部(2000).《新版漢字に強くなる難読漢字辞典》. 学習研究社.
角川日本地名大辭典編纂委員會(2009).《日本地名大辭典》. 角川書店.
河部利夫編(1970).《世界地名辭典—西洋編》. 東京堂.
斎藤毅(1977).《明治のことば—東から商への架け橋》. 講談社.
阪本健一(1996).《外国地名人名辞典》. 大空社.

桜井茂衛(1878).《万国地名字引》.前川善兵衛.
史学会(1914).《外国地名人名称呼一覧》.東京宝文館.
杉本つとむ(1944).《あて字用例辞典》.雄山閣.
関息定,飯尾朋央(1875).《万国地名字類 上》.田原文明堂.
関息定,飯尾朋央(1875).《万国地名字類 下》.田原文明堂.
高木怡荘(1890).《外国地理：訂正》.奎文堂.
田付直男(1895).《地理学講義》.昌栄社.
竹內啓一他(2014).《世界地名大事典》1-9.朝倉書店.
高橋毅堂(1915).《誤り易き文字と読方》.朝野書店.
千葉謙悟(2010).《中国語における東西言語文化交流 — 近代翻訳語の創造と伝播》.三省堂.
橋本小六(1874).《単語解 初編》.竜曦堂.
福澤諭吉(1926).《世界國盡》(福澤全集二卷).國民圖書株式會社.
平凡社(1972).《世界大百科事典》.平凡社.
牧英夫(1990).《外國地名ルーツ辭典》.創拓社.
村田文夫(1872).《洋語音譯筌》.天民館.
渡辺光等編(1973).《世界地名大事典》.朝倉書店.
魏源(1844).《海國圖志》.清道光版本臺灣成文出版社.
徐繼畬(1848).《瀛環志畧》.壁星泉·劉玉坡鑑定總理衛門藏版.
新华出版社(1984).《日汉世界地名译名词典》.新华出版社.
沈國威(2000).《六合叢談(1857-58)の學際的研究》.白帝社.
利瑪竇(1602).《坤輿萬國全圖》.宮城縣立圖書館藏.
中華民國國立編譯館編(1997).《外國地名譯名》.台灣商務印書館(台北).
中國地名委員會編(2009).《外国地名译名手册》.商务印书馆(北京).

논문

강창숙(2013).〈세계지리 교과서 '만국지지(萬國地誌)'의 내용체계와 특징〉.《한국 지역지리학회 학술대회발표집》.한국지역지리학회.107-109쪽.
강철성(2009).〈사민필지의 내용분석 — 자연지리를 중심으로〉.《한국지형학회지》제16집.한국지형학회.67-75쪽.
權正和(1990).〈崔南善의 初期 著述에서 나타나는 地理的 關心：開化期 六堂의 文化運動과 明治 地文學의 影響〉.《응용지리》13.성신여자대학교 한국지리연구소.1-34쪽.
金敬鎬(1996).〈日·韓兩國語における外國地名の漢字表記 — 世界地圖と世界地理書を中心とし て〉.《專修國文 59》.專修大學國語國文學會.1-22쪽.
金敬鎬(1999).〈外國地名의 漢字略語表記 — 濠洲와 佛蘭西를 중심으로〉.《日本 語學研究》.韓國日本語學會.13-27쪽.

金敬鎬(1999). 〈日·韓·中における外国地名の漢字音訳表記 — 近代の文献を中心として〉.《専修国文 65》. 専修大学国語国文学会. 17-46쪽.
김민지(2014). 〈최남선의 소년 잡지에 나타난 세계지리의 표상방식〉. 서울교육대학교 대학원 석사학위논문.
김영훈(2010). 〈개화기 교과서 속의 세계와 역사 : 만국지리(萬國地理)와 만국사(萬國史)를 중심으로〉.《비교문화연구》16(2). 서울대학교 비교문화연구소. 5-30쪽.
김재완(2001). 〈사민필지에 대한 소고〉.《문화 역사 지리》제13집. 한국문화역사지리학회. 199-210쪽.
김희순(2015). 〈목적에 따른 개화기 서양인 방한 기록의 차이 비교〉.《대한지리학회 학술대회논문집》. 대한지리학회. 51-51쪽.
남상준(1988). 〈개화기 근대교육제도와 지리교육〉.《지리교육논집》19권. 서울대학교 지리교육과. 99-111쪽.
盧禎埴(1969). 〈西洋地理學의 東漸 — 特히 韓國에의 世界地圖 傳來와 그 影響을 중심으로〉.《大邱教育大論文集》5輯. 大邱教育大學校. 225-255쪽.
盧禎埴(1987). 〈古地圖에나타난外國地名을통해서본視野의擴大〉. 大邱教育大學 논문집 제2집. 大邱教大論文編輯委員會. 55-78쪽.
목수현(2013). 〈《각국기도》의 해제적 연구 — 국기로 보는 대한제국기의 세계〉.《규장각》42. 서울대학교 규장각 한국학연구원. 199-231쪽.
민현식(1999). 〈개화기 한글본 『ᄉᆞ민필지』에 대하여〉.《국어교육 100집》. 한국국어교육연구회. 357-391쪽.
민현식(2008). 〈19세기 국어에 대한 종합적 검토〉.《국어국문학 149집》. 국어국문학회. 23-68쪽.
박성래(2001). 〈역사 속 과학인물 — 개화기 교과서 「사민필지」의 저자 미국 호머헐버트(1863-1949년)〉.《과학과 기술》제34집. 한국과학기술단체총연합회.40-42쪽.
백로(2012). 〈근대이행기 동아시아의 신생 한자어 연구〉. 인하대학교 대학원 박사학위논문.
박성희(2014). 〈『西遊見聞』에 출현하는 한자 지명 표기 연구〉.《일본어학연구》40. 한국일본어학회. 39-56쪽.
박성희(2012). 〈『特命全権大使 米欧回覧実記』에 나타나는 서양 도시와 지명의 가타카나 표기〉.《도시연구》8호. 도시사학회.123-153쪽.
박성희(2011). 〈『特命全権大使 米欧回覧実記』의 서양지명 표기 연구 — 『海國圖志』와의 비교를 중심으로〉.《일본어학연구》32. 한국일본어학회. 69-83쪽.
박성희(2010). 〈잡지 『태양(太陽)』에 나타나는 외국지명 표기에 관한 연구〉.《일본어학연구》28. 한국일본어학회. 49-61쪽.
성원경(1983). 〈《서유견문》에 漢譯된名國家名攷〉.《동방학지》36-37. 연세대학교 국학연구원. 303-314쪽.

서명일(2014). 〈육영공원의 교과서와 근대 지식의 전파〉. 《한국사학보》 56. 고려사학회. 181-213쪽.
서태열(2013). 〈개화기 학부발간 지리서적의 출판과정과 그 내용에 대한 분석〉. 《사회과교육》 52(1). 한국사회과교육연구학회. 53-69쪽.
심재기(1989). 〈한자어 수용에 관한 통시적 연구〉. 《국어학》 18. 국어학회. 89-109쪽.
이근영(2011). 〈『사민필지(士民必知)』의 음운론적 연구〉. 《한말연구》 제28집. 한말연구학회. 201-230쪽.
이정섭(2016). 〈한국전쟁까지 한반도에 대한 서구의 인구지리학적 기술 검토〉. 《한국지역지리학회 학술대회발표집》. 한국지역지리학회. 39-40쪽.
이지영(2008). 〈개화기의 외국 지명 수용 과정: 19세기 말부터 20세기 초까지의 세계지리서를 중심으로〉. 《국어국문학》. 국어국문학회. 129-155쪽.
이자호(2009). 〈『부음삽도영화자휘(附音挿圖英和字彙)』의 외국 지명 표기〉. 《일어일문학연구》 68. 한국일어일문학회. 183-200쪽.
이한섭(2001). 〈서유견문에 쓰여진 外國地名 및 人名의 漢字表記에 대하여 — 日本 式 表記와의 관련성을 중심으로〉. 《일본어문학의 세계》. 박이정. 307-331쪽.
임은진·서태열(2012). 〈여재촬요(輿載撮要)의 세계지리영역에 대한 고찰〉. 《사회과교육》 51(4). 한국사회과교육연구학회. 181-194쪽.
장보웅(1970). 〈개화기의 지리교육〉. 《대한지리학회지》 5(1). 대한지리학회. 41-58쪽.
張保雄(1976). 〈利瑪竇의 世界地圖에 關한 研究〉. 《東國史學》 제13집. 동국대학교 사학회. 85-118쪽.
鄭英淑(2000). 〈開化期資料에 나타난 外國地名의 漢字表記 研究〉. 中央大學校大 學院 博士学位論文.
阿川出向之(1996). 〈アメリカは合衆国か、合州霞か?〉. 《諸君》 8月號.
荒川清秀(2000). 〈外国地名の意訳 — 「剣橋」「牛津」「聖林」「桑港」〉. 《文明21》 5. 愛知大学国際コミュニケーション学会. 95-111쪽.
井手順子(1995). 〈外国地名表記について — 漢字表記からカタカナ表記へ — 雑誌「太陽」による確立期現代語の研究〉. 《太陽コーパス」研究論文集(国立国語研究所報告122)》. 博文館新社刊. 157-172쪽.
石山洋(1998). 〈訳語「合衆国」論議(洋学の人と本(余話8))〉. 《日本古書通信》 829.
井上裕正(2011). 〈魏源と《海国図志》編纂の経緯〉. 《人間文化研究科年報 26》. 奈良女子大学大学院人間文化研究科. 384-392쪽.
上野力(1981). 〈明治初期の外国地名表記〉. 《常葉学園短期大学紀要》 13. 常葉大学 短期大学部. 23-30쪽.
榎木久薫(2003). 〈中世片仮名文における片仮名表記字音語について〉. 《鎌倉時代語 研究》 16. 鎌倉時代語研究会. 5-26쪽.
小林雅宏(1982). 〈明治初期の飜譯書からみた外國地名の表記〉. 《專修大学文研論集》 8.

専修 大學大学院.
佐伯哲夫(1986a). 〈維新前後の新聞に見る外国地名の漢字表記〉.《国語年誌》第5号. 神戸大学国語教育学会.
佐伯哲夫(1986b). 〈官板バタビヤ新聞における外国地名表記〉.《関西大学文学論集》36號. 関西大学人文科学研究所. 145-173쪽.
酒井和子(1993). 〈蘭學における外國語音表記 ― 新井白石と青木昆陽について〉.《東京国際大學論叢》第47号. 東京國際大學論叢教養學部編. 89-98쪽.
沈国威·内田慶市編(2014). 〈環流する東アジアの近代新語訳語〉.《文化交渉と言語接触研究》(資料叢刊 4). 関西大学アジア文化研究センター. 223-224쪽.
谷治正孝(2011). 〈日本海の呼称 (特集 地図帳の外国地名表記)〉.《地図情報》31(1). 19-22쪽.
田野村忠溫(2015). 〈意訳地名『牛津』『剣橋』の発生と消長〉.《大阪大学大学院文学 研究科紀要》第55巻. 大阪大學大学院文学研究科.
田野村忠溫(2016). 〈真珠湾の日中名称小史〉.《待兼山論叢》題50号(文化動態論編). 大阪大学文学部.
千葉謙悟(2011). 〈19世紀音訳語の資料·特徵·交流〉.《東アジア文化交渉研究》(別册7). 関西大学. 95-121쪽.
西浦英之(1970). 〈近世に於ける外國地名稱呼について〉.《皇学館大学紀要 8》. 皇学館大学. 227-324쪽.
西浦英之(1971). 〈幕末·明治初期新聞にあらわれた外國地名稱呼·表記について〉.《皇学館大 学紀要 9》. 皇学館大学. 151-202쪽.
白淑敏(1999). 〈明治初期地理書における地名音訳漢字表記 ―《輿地誌略》を資料として〉.《国文 鶴見》34. 鶴見大学日本文学会. 48-62쪽.
原德三. 〈『眞珠灣』はない〉.《文藝春秋》84券12號. 文芸春秋社.
深澤愛(2003). 〈漢字平仮名交じり文中における表記の選択 ― 博文館『太陽』における外国地名の漢字表記と片仮名表記〉.《日本語科学》14. 国書刊行会. 29-53쪽.
松村明(1977). 〈新井白石と外國語·外來語の片仮名表記〉.《松村明教授還曆記念國語学と国語史》. 明治書院.
水持邦雄(1990). 〈明治初期における外國地名の漢字表記について〉.《金澤大學語學·文學研究》第19号. 金澤大學教育學部國語國文學會. 7-11쪽.
宮澤俊雅(2003). 〈「US漢号」覚書:「合衆国」考〉.《北海道大学文学研究科紀要》109. 北海道大学文学研究科. 101-157쪽.
山本彩加(2009). 〈近代日本語における外国地名の漢字表記 ― 明治·大正期の新聞を資料として〉.《千葉大学日本文化論叢 10》. 千葉大学文学部日本文化学会. 1-31쪽.
横田きよ子(2010). 〈幕末期における外国地名受容法の揺れについて ― 柳河春三を例として〉.《国文論叢》43. 神戸大学文学部国語国文学会.

孫桂琴(2000).〈《海国図志》と《亜墨利加総記後編》とをめぐって — 国名 地名を 中心に〉.《岡山大学大学院文化科学研究科紀要》10. 岡山大学大学院文化科学研究科. 15-26쪽.

王敏東(1992).〈外國地名の漢字表記をめぐって —「オーストラリア」を中心に〉.《待兼山 論叢》26. 大阪大学文学部. 17-39쪽.

王敏東(1992b).〈外国地名の漢字表記について —「アフリカ」を中心に〉.《語文》58. 大阪 大学国語国文学会. 12-34쪽.

王敏東(1993a).〈意譯された外國地名について —「紅海」の漢字表記をめぐって〉.《國語語 彙史の 研究》. 国語語彙史研究会.

王敏東(1993b).〈外国地名の漢字表記についての一考察 —「ペルシャ」を中心に〉.《台湾日本語文学報》5. 台灣日本語文學會.

王敏東(1994).《外国地名の漢字表記についての通時的研究》. 大阪大学博士学位論文.

王敏東(1996).〈漢字による外國地名の略稱について〉.《國語文字史の研究 3》. 國語文字史研究會.

鐘一沁(2015).〈外国地名の漢字表記から見た漢字享受の一考察: 幕末·明治初期の文献を中心に〉.《外国語学会誌》45. 大東文化大学外国語学会. 179-190쪽.

마. 수록 표제어 찾아보기(索引)

현대어순 색인

1. 이 색인은 본 사전의 표제어에 대한 현대어표기를 중심으로 작성된 것입니다.
2. 이 색인을 보면 각 현대어표기에 해당되는 개화기 지명의 형태를 알 수 있습니다.
3. 동일한 현대어표기에 복수의 개화기표기가 있을 경우는 한글표기를 먼저 제시하였습니다.
4. 이 색인은 개화기 자료(특히 전자자료)를 조사하는 사람들에게 검색어로 사용될 수 있습니다. 이 색인에 나오는 여러 가지 이표기(異表記)를 검색어로 사용하면 현대어 지명에 대응되는 지리정보를 효과적으로 검색(조사)할 수 있을 것입니다

ㄱ

ㄴ

나폴리(Napoli) 나포리, 나폴리, 那卜列司, 那不勒, 拿破里
나폴리 만(Golpo di Napoli) 네-푸루스灣
난징(Nanjing) 남경, 南京
남 쯔엉(Nam Chuong) 南掌
남 코카서스(the South Caucasus) 南高加索
남극(the Antarctic) 남극, 南極
남극해(Antarctic Ocean) 남대양, 남빙양, 남아그짓그, 안틔악틱크, 南極洋, 南極海, 南氷洋, 南冰洋, 南大洋
남북 아메리카주(North and South America) 南北美洲, 南北阿美利加, 南北阿美利加洲, 南北亞美利加洲
남북아메리카(North and South America) 남북아미리가
남아메리카 대륙(South America) 南美洲, 南米洲, 南亞米利加洲
남아메리카(South America) 남미, 남미쥬, 남미쥬, 남아머리가, 남아메리가, 남아메리싸, 남아메리싀, 남아메리카, 남아미리가, 사우트아메리카, 南美, 南米
남아메리카대륙(South America) 남아미리가주, 南아메리가, 南亞墨利加, 南亞米利加, 南阿美利加洲
남아프리카(South Africa) 남아비리가쥬, 남아푸리카, 南阿, 南亞非利加, 南亞弗利加洲
남아프리카공화국(Republic of South Africa) 南阿聯邦, 南亞弗利加共和國
남양(South Sea) 남양, 南洋
남태평양(South Pacific) 남틔평양
네덜란드(Netherlands) 네데란스국, 네-사-란드, 레데란스, 오란다, 하란, 하란국, 할난드, 할낸, 할란국, 호르란또, 홀난드, 홀낸드, 화란, 화란국, 蘭, 荷國, 荷蘭, 荷蘭國, 和蘭, 和蘭國
네바다 주(Nevada) 녜바다州, 尼睦達州
네브래스카(Nebraska) 네부릭스가, 네브라스가, 拿布拉士格郡
네이멍구(Neimenggu) 內蒙古
네팔(Nepal) 네팔, 네펄, 넷파-르, 尼婆羅, 尼波路, 醴八
넬슨 산(Mount Nelson) 네루손山
노르망디(Normandie) 놀만듸, 諾曼
노르웨이(Norway) 나위, 나위국, 노르웨, 노르웨國, 노르웨이, 노어웨, 노웨, 노웨이국, 뇌위국, 라위, 라위국, 로웨이국, 로위국, 挪威, 那威, 那威國, 那耳回, 諾, 諾威, 腦威, 瑙威
노스캐롤라이나(North Carolina) 北加羅里那州, 北哥兀利那州
누비아(Nubia) 努北阿, 努比亞, 努皮亞國, 婁比阿
뉴기니 섬(New Guinea) 누긘늬셤, 婁勒來, 新幾內亞島
뉴기니(New Guinea) 늬우씨늬아, 新幾內亞
뉴멕시코(New Mexico) 뉴메기시고, 新墨西哥郡
뉴사우드웨일즈(New South Wales) 뉴사우스에루수, 新南維里斯
뉴아일랜드(New Ireland) 누아열란듸, 婁마列蘭大
뉴올리언스(New Orleans) 누얼린스, 늬우오올네안, 늬유오올낸쓰, 유올닌스, 紐柯連士
뉴욕(New York) 누역, 뉴약, 뉴욕, 늬요크, 늬우욕, 늬유욕, 늬우요크, 류욕, 유욕, 紐約, 紐約府, 紐約耳克城, 紐育, 紐育克, 牛約, 牛要爾客
뉴욕 주(New York) 紐約洲, 紐育州
뉴저지(New Jersey) 늬우쩌-시-
뉴질랜드(New Zealand) 누실란드, 뉴지단도, 뉴치란도, 유질낸, 樓質蘭, 新西蘭, 新愛蘭
뉴캐슬(New Castle) 누킈슬, 루기슬, 婁介瑟
뉴펀들랜드(Newfoundland Island) 누번드란드셤, 旒華雲突蘭島
뉴햄프셔(New Hampshire) 旒咸沙州
니가타(Niigata) 늬이가타, 니가다, 新潟
니제르(Niger) 니저, 尼楮
니카라과(Nicaragua) 늬카로가, 늬코록가, 늬가라과, 니카라가, 닛가라과, 닛ㅋ라가, 尼可羅果, 尼加拉加, 尼加拉瓜, 尼加拉瓦, 厄可羅果
닝보(Ningbo 寧波) 닝보

ㄷ

다뉴브 강(Danube) ᄶᅡ늡江, 단우파강, 단읍강, 단읍河, 뎨늡, 帶奈江, 大揖, 大揖江, 多腦河, 多惱河, 丹獵江

다롄(Dalian) 대련

다마스쿠스(Damascus) 담아쓰가쓰, ᄃᆡ마스커스

다울라기리 산(Dhaulagiri Mountain) 多越禮

대만(Taiwan) 대만, ᄃᆡ만, ᄐᆡ만, 퍼모사, 臺灣

대서양(Atlantic ocean) 대서양, 대셔양, 아다란짓그, 잇틀ᄂᆡᆫ틱크, 잇틀ᄂᆡᆫ틱크, 태서양, 태셔양, 大西洋, 亞多羅洋, 阿得蘭低洋, 太西洋

대설산(Himalayas) 대설산, 대셜산

대영제국(British Empire) 大英帝國

더블린(Dublin) 다부린府, ᄶᅡ블닌, ᄶᅥ블린, 多佛仁, 坦佛仁

덴마크(Denmark) 단, 단국, 단ᄆᆡᆨ국, 단묵, 데인막, 덴막, ᄯᅦᆫ막크, ᄯᅦᆫ멀그우, 뎡말, 뎡말국, 련ᄆᆞ국, 졍말, 텐말그우, 丹, 丹國, 丹尼, 丹馬, 丹麥, 丹墨, 丹墨國, 大丹國, 嗹國, 嗹馬, 甸瑪爾珂, 丁, 丁抹, 丁抹國

델라웨어(Delaware) 델나웨-, 特拉華州

델리(Delhi) 데리-

도미니카공화국(Dominica) 더미니가共和國

도버해협(Strait of Dover) 도ᄲᅦ海峽

도쿄(Tokyo) 도교, 동경, 東京

독일(Germany) ᄶᅥ잇취, ᄶᅥ잇튀, 덕, 덕국, 덕의지, 독, 독일, 독일국, 셰야만, 일이만, 져만에, 大德國, 德, 德國, 德意志, 德逸, 獨, 獨國, 獨逸國, 獨乙, 獨逸, 日耳曼, 日耳曼列邦

돈강(Don River) 돈河, 敦江

돌궐(Turk Tūjué) 돌궐, 突厥

동골라(Dongola) 동골라

동남아시아(South-East Asia) 동남아세아, 東南亞細亞

동로마(Byzantine Empire) 동나마

동루멜리아(East Rumelia) 東羅美利亞

동북아시아(Northeast Asia) 東北亞細亞

동아(East Asia) 동아, 東亞

동양(the Orient, the East) 동양, 東洋

동인도(the East Indies) 동인도, 東印度

동해(East Sea) 동해, 동ᄒᆡ, 일본해, 일본ᄒᆡ, 東海, 日本海

둥팅호(Dongting Lake) 洞庭湖

뒤셀도르프(Düsseldorf) 두-셀돌ᄯᅮ

드레스덴(Dresden) 다리스된, 도레수덴, 두레스돈, 드레스든

드비나 강(Dvina River) 杜衛那江

ㄹ

라고스(Lagos) 레고스

라도가 호(Ladoga Lake) 那渡家湖, 羅土加湖

라리사(Larissa) 라리사, ᄅᆡ리ᄉᆞ, 羅里斯

라싸(Lassa) 랏사, 剌薩, 剌沙

라이베리아(Liberia) 나이베뤼야, 라벼리아, 리ᄲᅢ랴국, 리베리아, 리베리아국, 라비리아국, 羅伊比賴亞, 里卑利亞, 里卑利亞國

라인 강(Rhein River) 라인강, ᄂᆡ인하, 羅仁江, 羅仁河, 來因江

라파스(La Paz) 라팟스, 羅巴瑞

라플라타 강(La Plata River) 라푸라다, 라푸라타, 拉不拉他江, 那八那他江, 拉不拉他河, 拉富拉巴

랑군(Rangoon) 蘭貢, 蘭郡府, 琅玕

래브라도 반도(Labrador Peninsula) 葉厓賴多半島

래브라도(Labrador) 라ᄲᅳ라도올, 라브라도어, 臘不拉

랭커셔(Lancashire) 蘭桂沙洲

러시아(Russia) 노시야, 러시아, ᄢᅧ시아, 로, 로국, 로서아, 로셔아, 로시아, 로시야, 롸시야, 아, 아국, 아라사, 아라ᄉᆞ, 아라샤, 아라셔, 아라ᄉᆞ국, 大俄國, 大俄羅斯國, 露, 魯, 露國, 魯國, 露西亞, 魯西亞, 俄, 俄國, 俄羅斯, 俄羅斯國

런던(London) 논돈, 런던, 런돈, 론던, 론돈, 륜돈, 륜돈성, 른든, 영경, 龍動, 倫敦, 圇敦, 圇墩府, 倫敦府, 英京

레나 강(Lena River) 레나河, 禮那江

레만 호(Leman lake) 레만호, 禮滿湖

레이던(Leiden) 레이덴, 레든, 來丁

로렌(Lorraine) 로렌

로마(Roma) 나마국, 나마부, 라마, 라ᄆᆞ, 로마, 로ᄆᆞ, 로오마府, 로마국, 라마국, 로마국, 로ᄆᆞ국, 르메리, 羅馬, 羅馬府, 羅馬國, 羅馬帝國

로사리오(Rosario) 로사리오

로스앤젤레스(Los Angeles) 노-샌질스, 라성, 라셩, 羅府, 羅城

로키 산(Rocky) 락기산, 으라키산, 落機山

로키 산맥(Rocky Mountains) 祿雞山, 落機山脈, 落機山脉

로테르담(Rotterdam) 롯터담, 祿攄淡, 拉達淡府, 盧多淡, 鹿特堤府

론 강(Rhône River) 론, 로온河, 老溫江, 老溫河

루마니아(Romania) 라ᄆᆞ니국, 라ᄆᆞ니아, 루마니아국, 루메니야, 루면니아, 르멘이아, 르우메니야, 羅, 羅馬尼, 羅馬尼亞, 樓爾尼亞, 婁禡里亞, 婁彌尼亞

루손(Luzon) 려송, 려송국, 여송, 여숑, 여송국, 呂宋, 呂宋國

루이빌(Louisville) 루이쓰쀨누

루이스 강(Lewis River) 累伊斯江

루이지애나(Louisiana) 루시아나, 魯西安那州

룩셈부르크(Luxembourg) 룩센부릭, 盧森堡, 魯生卜, 婁其生堡

뤼순(Lushun) 려순

뤼순커우(Lushunkou) 려순구

류큐(Ryukyu) 류구, 류구국, 유구국, 琉球, 琉球國

리마(Lima) 里麻, 利馬

리버풀(Liverpool) 레바-풀府, 리바-풀地, 리버플, 립어풀, 力非爾布魯, 利拔浦, 利巴夫婁, 理華堡, 立菸八

리스본(Lisbon) 릐스본, 리스본, 리쓰뽄, 里斯本, 里斯本府, 里斯波亞, 利秀繁

리오(Rio) 뤼오

리옹 언덕(Lyon) 那伊溫崖

리옹(Lyon) 里昂, 里昂府

리우데자네이루(Rio de Janeiro) 리오자네로, 리오쟈네이로

리치먼드(Richmond) 릿지몬드府

리투아니아(Lithuania) 列丹尼亞

리히텐슈타인(Liechtenstein) 理非然丁

ㅁ

마그달레나 강(Río Magdalena) 마구다례나河

마나과(Managua) 마넹아

마닐라(Manila) 마닐라, ᄆᆞ닐라, 만닐나, ᄆᆞᆫ일나, 만일나, 밀넬니이, 麻尼羅, 馬尼剌

마다가스카르(Madagascar) 마다가스가, ᄆᆞ다가스가, 마싸가스갈, 마달가ᄉᆞ가, ᄆᆡ다가스가, ᄆᆡ다기스가, 馬哥塞, 馬哥塞國, 馬達加斯, 馬達加斯加, 馬太加斯加島, 蔑爹加斯架

마드라스(Madras) ᄆᆞ도리두, 마드라스, 마드리드, ᄆᆡ드릿, ᄆᆡᆺ드룃드, 馬德里, 馬德里府, 馬斗賴, 馬特

마르마라(Sea of Marmara) 瑪爾磨拉海

마르세유(Marseille) 馬塞里, 馬耳塞

마인 강(Main River) 메인河

마카오(Macao) 오문, 澳門

마케도니아(Macedonia) 마계도니아, 마셰도니아, ᄆᆞ셰도니아, 馬其頓

마터호른 산(Matterhorn) 愛攄本

만주(Manchuria) 만, 만주, 만쥬, 滿, 滿洲

만주국(Manchukuo Manchu State) 만주국, 만쥬국, 滿洲國

말라카(Malacca) 마락카, 말나가, 馬來加, 末那加

말레이 반도(Malay Peninsula) 말릭반도, 馬來半島

말레이 제도(諸島) (Malay Archipelago) 馬島, 馬來羣島, 巫來由諸島

말레이시아(Malaysia) 마래, 마레이, 말레이, 馬來, 馬來西亞

매사추세츠(Massachusetts) 마사주셋쓰州, 마씨제셰쓰州, 맛사추세쓰, 뭇샤지유셋토, 磨沙朱細周州, 麻沙失邑州, 磨沙州

매켄지 강(Mackenzie) 마켄시강, 맛캔지-河, 馬巨嘶, 麥堅支江

맨체스터(Manchester) 만테스타-, 만테스터, 민체스터, 滿棣秀太, 滿齒士多

맨해튼(Manhattan) 滿巴丹島

머리 강(Murray River) 무-레-河, 馬賴江, 梅來
메릴랜드(Maryland) 馬理蘭州
메소포타미아(Mesopotamia) 메소색다미야, 메소포타미아, 米所波大迷亞, 迷所波太米亞, 美昭布太麋亞
메시나(Messina) 美時那, 米氏那
메카(Mecca) 멧카府, 목카
메콩 강(Mekong River) 미공강
멕시코 만(Gulf of Mexico) 묵서가만, 墨西哥灣
멕시코(Mexico) ᄆᆡᆨ쓰코, 먹시고, 메씨시ᄭᅩ, 멕스고, 멕시코, 멱시고, 목셔가, 묵서가, 묵셔가, 묵셔가국, 믁셔가, 麥時古, 墨, 墨國, 墨西哥, 墨西哥國, 墨西其
멕시코시티(Mexico City) 墨西其府
멜라네시아(Melanesia) 멜나네시아
멜버른(Melbourne) 멜누보룬, 멜번, 신금산, 茂蕃, 新金山
모나코(Monaco) 모나고, 모나코, 摩那哥
모로코(Morocco) 모라고국, 모로ᄭᅩ, 모로스코, 모로코국, 모록코, 모롯고, 모롯크國, 摩洛哥, 摩洛哥國, 莫落哥
모리셔스(Mauritius) 모우리튜스島, 毛里西諸島
모스크바(Moskva) 마스고, ᄆᆞ스고, 마스ᄭᅩ, ᄆᆞ스ᄭᅩ, 마스코, 막사과, 모스코, 모스쿠바, 모쓰크빠, 목ᄉᆞ구, 미스ᄭᅩ, 麼士高城, 莫斯科, 幕斯科, 莫修科, 墨斯科
모잠비크(Mozambique) 모삼쎄그, 모삼빅, 모삼빅큐, 麿三碧, 莫三鼻, 莫三比, 模潛伯, 模潛伯九
모잠비크 해협(Mozambique Channel) 莫三鼻海峽
몬로비아(Monrovia) 몬로쀠아
몬태나(Montana) 몬짜나-, 蒙達那郡
몬테네그로(Montenegro) 만테늬그로, 만트늬그로, 몬데데구로, 몬테늬그로, 몬틔니크로侯國, 門斗尼骨; 蒙的尼, 門斗尼骨
몬테비데오(Montevideo) 몬데뷔데오, 몬테뻬데오, 滿逮比得烏
몬트리올(Montreal) 몬트리-르, 孟的里
몰타(Malta) 말타, 馬爾多
몸바사(Mombasa) 몸바사
몽고(Mongolia) 몽, 몽고, 몽고국, 蒙, 蒙古
몽블랑(Mont Blanc) 白山, 茀冷求
뭄바이(Mumbai) 孟買, 孟買爾
뮌헨(München) 멘인겐, 미우네치府, 岷仁見
미국(United States of America) 대미국, 미, 미국, 미리견, 미쥬합즁국, 미합중국, 미합즁국, 북미합중국, 북미합즁국, 북아메리가합즁국, 북아메리ᄭᅡ합즁국, 北아메리카合衆國, 아메리가합즁국, 아메리카合中國, 유나이뎃되스데도, 유나이텟드스텟즈, 합중국, 합즁국, 화긔국, 大美國, 大亞美理駕合衆國, 美, 米, 美國, 米國, 米利堅, 美利堅, 美合衆國, 北米合衆國, 北美合衆國, 北阿美利加洲合衆國, 亞米利加合衆國, 亞美利加合衆國, 合衆國, 花旂國, 花旗國
미네소타 주(Minnesota) 미네소짜-, 미니소탑, 민넷소다, 敬禮斯太州, 密尼索太州, 敏禮昭太州
미시간 호(Lake Michigan) 미시간 못, 미지간호, 米秀干湖, 美時干湖, 米執安, 密執安湖
미시간 주(Michigan) 미시간洲, 미싱안 州, 미지ᄭᅡᆫ, 密執安州
미시시피 강(Mississippi River) 미셔셕비강, 미셜셜피강, 미스시피, 미시시비 강, 미시십피, 미시십피河, 眉西比河, 味西西比江, 密士矢必, 密士失秘江, 美時什被江, 美時什被河, 密士失秘河, 密士失必河
미시시피 주(Mississippi) 密士失秘州
미얀마(Burma) 면뎐, 면뎐국, 면젼, 면젼국, 버마, 범아국, 쎄르마, 쎌마, 緬甸, 比利莫
미주(America) 미주, 미쥬
미주리 강(Missouri River) 미슈리, 밋슈리강, 美朱里江, 密斯增利
미크로네시아(Micronesia) 미구로네시아, 미쿠로네시아
민다나오 섬(Mindanao Island) 만다나오, 民太腦
밀라노(Milano) 미란, 미란府, 밀란, 美蘭, 密蘭
밀워키(Milwaukee) 밀누우오-크

ㅂ

바그다드(Baghdad) ᄉᆡᆨ구닷드, 박닷드

바르샤바(Warszawa) 와르샤, 월소-부

바르셀로나(Barcelona) 빠실로나, 발세로나, 巴塞羅, 巴泄老那

바베이도스(Barbados) 排比道

바빌론(Babylon) 빠쀨논, 파비륜, 巴比倫, 巴庇倫, 巴比倫國, 巴庇倫尼亞

바이칼 호(Lake Baikal) 바이갈湖, 빠이가르湖, 排葛湖

바이칼 화산(Baikal) 杯曷火山

바타비아(Batavia) 바데비아, 바타뷔-, 빠타예아

바하마(Bahama) 빠하마, 巴哈馬, 巴哈廡

바하마 군도(Bahamas) 바하마羣島

발렌시아(Valencia) 뽜란시아항

발루치스탄(Baluchistan) 벌누치스탄, 벨누치스탄, 벨루기스단, 별루기스단국, 鼈累稗斯坦, 鱉累稗斯坦, 比耳路斯坦, 皮路其斯坦, 皮路直斯坦

발칸(Balkan) 발칸, 썰간, 巴爾幹

발칸 산맥(Balkan Mountains) 拔諫山

발칸 반도(Balkan Peninsula) 巴幹半島

발칸 산맥(Balkan Mts) 巴爾幹山脉

발트 해(Baltic Sea) 쌀트海, 쌀틱海, 볼딕, 伐德河, 寶埒提客海, 拔特海, 波羅的海, 波留的, 波留的海

방콕(Bangkok) 반고크, 반곡, 방콕, 빈콕, 盤谷

밴쿠버(Vancouver) 만향파, 반큐버-, 빈구버, 萬古福, 晩香坡, 賓求法

버몬트 주(Vermont) 注門州

버뮤다(Bermuda) 幣留無他斯

버뮤다 제도(Bermuda Islands) 파뮤다스諸島

버밍엄(Birmingham) 버밍힝, 빼밍함, 비루밍함府, 伯明牢

버지니아 주(Virginia) 勿吉尼州

버펄로(Buffalo) 법발로

베냉(Benin) 쎄닌

베네수엘라 만(Gulf of Venezuela) 베네쥴아灣

베네수엘라(Venezuela) 번뇌주엘아, 번이쥬엘라, 베네싸르, 베네수일나국, 베네스예라, 예네스엘라, 베네쥬엘나, 벤에쥬멜나, 변늬주엘나, 변이주엘아, 웨네쎄라國, 위늬셔랍국, 彬崖朱越那, 委內瑞拉

베네치아(Venice) 예네틔아, 변늬스, 부예니스港, 왜니수, 威內斯, 威內薩, 威尼斯

베라쿠르즈(Veracruz) 베라쿠르쓰

베르사유(Versailles) 예르사이유, 쀠-사이루, 排沙游, 波留西留斯府

베른(Bern) 번, 베룬府, 베른, 伯爾尼, 伯爾尼府

베를린(Berlin) 빅님, 백림, 빅림, 벌닌, 벌인, 쎄르린, 쎄를닌, 伯靈, 伯林, 柏林, 伯林府

베링 해(Bering Sea) 쎄링, 排仍海, 白令

베링 해협(Bering Strait) 쌔이링구海峽, 白令海峽, 白令峽

베수비어스 화산(Vesuvius) 뵈수비어스, 쀠스쀠우스, 비슈비엇 화산, 琲水琲魚, 比秀比亞火山, 威蘇山

베오그라드(Beograd) 베루구례도, 벨크라드

베이징(Beijing) 북경, 븍경, 北京

베트남(Vietnam) 아남, 안남, 안람, 안남국, 안람국, 월남, 월남국, 安南, 安南國, 越南

벨기에(Belgium) 빅긔이, 빅루기, 빅리의, 빅이의, 쎄르츠무, 벨기움, 벨지암, 별지암, 별지음, 비국, 비리시, 비리의, 大比利時國, 白耳義, 白耳義國, 比, 比國, 比埒智翁, 比利時, 比利時國, 比耳時

벨라루스(Belarus) 白露, 白露西亞

벨파스트(Belfast) 벨뽜스트

벵골(Bengal) 孟加臘

벵골 만(Bay of Bengal) 벵가르灣

보고타(Bogota) 보고다, 보쏘타

보르네오 섬(Borneo Island) 보루네오, 보루네오島, 쏘루네오, 婆羅

보르도(Bordeaux) 볼드-府

보스니아(Bosnia) 보스니아, 보투니아, 敦士尼亞, 寶姤尼亞, 巴斯于

보스턴(Boston) 버스던港, 보스든, 보스톤, 보스튼, 쏘스톤, 파스돈, 普士頓, 寶樹墩, 波士敦, 波士頓, 波斯頓城

보스포루스(Bosporus) 바스포르스

보스포루스 해협(Bosphorus Straits) 보스포루스, 빠스보러스, 보수포라수海峽

보요마폭포(Boyoma Falls) 스단레瀑布, 스탄레瀑布

보헤미아(Bohemia) 쏘헤미야

본(Bonn) 본府

볼가 강(Volga River) 볼가河, 拔家江

볼로냐(Bologna) 普老那

볼리비아(Bolivia) 보리비아, 볘리비아, 볘리피야, 뽈늬비아, 볼니비야, 뽈니비아, 볼리예아, 블늬비아, 拔利比亞, 玻里非, 玻利非, 玻里比亞, 玻利非亞

볼티모어(Baltimore) 발누틔모아-부(府) , 발치머-, 블씌모, 發太毛府

봄베이(Bombay) 밍믹쥬, 봄베, 봄베이

부다페스트(Budapest) 쁴다픠스트, 쁘다페쓰드府, 拜多貝特西

부에노스아이레스(Buenos Aires) 보노스의리스, 부예노스아이레스, 富禮魯察府

부쿠레슈티(Bucharest) 붓카리스트, 不加勒斯府

부탄(Bhutan) 부-단, 쁘단

부하라(Bukhara) 볘-카라

북간도(North Gando) 북간도, 北間島

북극(the Arctic) 북극, 븍극, 北極

북극해(the Arctic Ocean) 북빙양, 악틱크, 北極洋, 北極海

북대서양(North Atlantic Ocean) 북대셔양

북미 대륙(North America) 북미쥬

북미(North America) 북미, 北米, 北美, 北美洲

북빙양(the Arctic Ocean) 북아그짓그, 븍빙히, 븍빙양, 北氷洋, 北冰洋

북아메리카 대륙(North America) 北阿米利加洲

북아메리카(North America) 노트아메리카, 북아메리가, 북아미리가주, 북아메리ㄱ, 북아미리가, 븍아미리가, 븍아미리까, 北亞墨利加, 北阿美利加, 北亞米利加洲

북아프리카(North Africa) 북아비리가쥬, 北阿弗利哥

북유럽(Northern Europe) 북구, 北歐

북해(North Sea) 북해, 북히, 北海

북해도(Hokkaido) 북해도

불가리아(Bulgaria) 발가리아, 발아리, 발이긔리아, 벌갈리아, 쎌가리아, 벌게리아, 벌괄이아, 불까리야, 勃牙利, 伯爾加里, 不加勒斯, 波加厘亞國, 巴爾加利亞, 蒲加零, 布加里, 布加亞, 勃加利亞

브라질(Brazil) 부라실, 부라씰, 부라질, 부라질國, 쁘러실국, 부레실, 불아즐, 브라질, 브라질국, 브레실국, 쁘레실, 쁘레실국, 쁘리질, 파셔, 파셔국, 伯剌西爾, 伯西爾, 巴西, 巴西國

브란덴부르크(Bradnenburg) 쁘란덴쁘르흐, 부란덴불크

브로드웨이(Broadway) 부로두웨

브루클린(Brooklyn) 브로클닌, 布綠連

브룩클린 주(Brookline) 富祿吉仁州

브뤼셀(Brussels) 부랏세루, 쁘룻셀, 브라셀, 富羅泄, 富羅雪, 比律悉府, 瓦魯舍之斯

브리스톨(Bristol) 부리스톨府, 쁘리스털

브리즈번(Brisbane) 부리스벤, 부린수벤

브리튼(Britain) 쁘리탠國, 쁘릿탠, 不列敦, 弗列顚

블라디보스토크(Vladivostok) 우라지오스구, 히삼위, 히슴위, 浦鹽斯德, 浦塩斯德, 浦潮斯德, 海蔘威, 海蔘港

블랙 산(Black Mountain) 苐樂求山

블루마운틴(Blue Mountain) 碧山

비스마르크 군도(Bismarck Archipelago) 비스마-크羣島

비스와 강(Wisla) 非秀出那江

비스케이 만(Bay of Biscay) 비스게이灣, 避斯克灣

비와 호(Lake Biwa) 쎄와, 琵琶湖

비잔틴(Byzantine) 비산딘府

빅토리아 강(Victoria) 뷕토리아湖, 維多利河, 白上利亞

빅토리아 주(Victoria) 維多利

빅토리아(Victoria) 백도리아, 빅도리아, 白徒里亞, 壁突伊亞

빅토리아 폭포(Victoria) 멕토리아大瀑布

빈(Vienna) 븨여나, 비에나, 웬나, 유야납, 유야랍, 유은랍, 維納, 維亞納, 維也納, 維也納府

ㅅ

사나(Sana) 사나府

사라고사(Zaragoza) 沙羅高楂

사라왁(Sarawak) 싸라왁
사르데냐(Sardegna) 사듸니아, 사루듸니아, 살듸니아, 살저니아, 살지니아, 살체니아, 살톄니아국, 식듸니아, 薩爾甸亞島, 撒底尼亞
사마르칸트(Samarkand) 삼알칸드
사마리아(Samaria) 사마리아
사모아(Samoa) 사모아, 사모이, 샤모아
사바나 강(Savannah River) 사바나강
사사리(Sassari) 사사리
사우바도르(Salvador) 샐베도-
사우스조지아 사우스샌드위치 제도(South Georgia and the South Sandwich Islands) 산도윗지諸島
사이공(Saigon) 셔공, 西貢, 柴棍, 紫棍
사하라(Sahara) 사하라, 蛇河羅, 撒哈羅, 撒哈拉, 撒哈拉羅
사할린(Sakhalin) 사갈린셤, 薩哈連島, 薩哈嗹, 樺太
사해(Dead Sea) 사히, 수히, 死海
산도밍고(San Domingo) 산더밍어, 산도밍, 산드밍코, 싄도밍고
산마리노(San Marino) 산마리共和國, 산마리노, 산마리노共和國, 싼마리노國, 山馬利路, 山馬利魯, 森馬林, 桑馬里
산살바도르(San Salvador) 산살바더아, 산살빠들, 산살베다, 산살베더, 三薩瓦多, 三撒弊土婁, 聖撒排多
산토도밍고(Santo Domingo) 산또밍오, 山道明澳, 山土民各, 三土民, 三土民各
산티아고(Santiago) 산지아꼬, 산치아고, 산틔야고
산하이관(Shanhaiguan) 山海關
산호세(San José) 산허쟈바, 산흐-세
산후안 강(San Juan River) 山厚安江
산후안(San Juan) 산할
살윈 강(Salween River) 사르옌河, 살윈강
상아해안(Ivory Coast) 象牙海岸
상트페테르부르크(Saint Petersburg) 쎈트페터스뿌르흐, 센피더-스붉, 션도비다스버룽, 셩피득보, 셴트 피더-븕, 센트피더스벅, 페터스뿌르흐, 피더스빼그, 피득나보, 피득보, 聖比得堡, 聖彼德羅堡, 聖彼得堡, 聖彼得堡府, 彼得羅保, 彼得保
상파울루(São Paulo) 沙露立歐府
상하이(Shanghai) 샹희, 上海
새크라멘토 강(Sacramento River) 石太面土江
새크라멘토(Sacramento) 사쿠라멘토
샌디에이고(San Diego) 산띄에고
샌프란시스코(San Francisco) 구금산, 쓰인프란씨스코, 산브란시스고, 산프란시스고, 산프란시스코, 산프란씨스코, 상항, 舊金山, 金山, 山普蘭時, 山布蘭世斯古, 三佛蘭喜西柯, 桑方斯西哥, 桑港
샌프란시스코 만(골든게이트 Golden Gate) 金門
샤먼(Xiamen Amoy) 廈門
샴(Siam) 사이암, 샤므
서간도(西間島) 서간도
서스캐처원 강(Saskatchewan River) 沙秀哥治元江
서양(the West) 서구, 서양, 셔양, 태서, 틱서, 틱셔, 西歐, 西洋, 泰西
서역(The Western Regions) 서역, 셔역, 西域
서인도(West Indies) 셔인도, 西印度
서인도제도(West Indies) 西인도諸島, 西印度諸島
서해(The Western sea) 서해, 서희, 셔희
선양(Shenyang) 봉텬
세네갈(Senegal) 세네가르, 셰네가르, 塞內牙, 先厓傑
세느 강(Seine River) 細茵河
세르비아(Serbia) 시비야, 싀이유, 셀비아國, 셔비야, 셔—비아, 써비아, 쎠비아, 셰르쎄야국, 세르의, 세비아, 塞爾非, 塞爾比國, 塞爾維, 塞耳維, 塞耳維阿, 塞爾維阿
세비야(Sevilla) 細勃
세인트로렌스 강(Saint Lawrence River) 센토로렌스河, 聖勞稜索河, 聖老連秀江
세인트루이스(Saint Louis) 센트루이스, 센르누이스
세인트헬레나 섬(Saint Helena) 셰인트헐느나, 센도헤레나, 쎈트헬레나, 三厄里那
센 강(Seine River) 센, 세네-河, 세-뉘河, 塞納, 塞印

센다이(Sendai) 센다이
셀레베스(Celebes) 西利伯, 西列伯
셰필드(Sheffield) 셉예루드
소련(Soviet Union) 소련
소말리아(Somalia) 소마리, 소말니, 索謀利, 小摩里
소비에트 사회주의공화국연방(Soviet Union) 蘇, 蘇聯
소아시아(Asia Minor) 소아셰아, 소아시아, 쇼아셰아, 小亞細亞
소피아(Sofia) 소뷔야
솔로몬 제도(Solomon Islands) 솔노몬諸島, 소로몬羣島
수단(Sudan) 수싼, 수단, 슈단, 蘇丹, 蘇丹國
수마트라 섬(Sumatra Island) 수마도라島, 슈마드라셤, 스마트라, 스마도라島, 蘇門答臘, 蘇文答拉, 蘇門答臈島, 蘇門苔羅, 蘇門臘, 秀馬達阿
수에즈 운하(Suez Canal) 슈헤스운하, 蘇士運河, 蘇西運河, 蘇彝士運河
수에즈 지협(Isthmus of Suez) 蘇士地峽
수에즈(Suez) 수에스, 슈에스, 蘇士, 秀埃西
슈투트가르트(Stuttgart) 쓰팃트카-트
슈피리어 호(Lake Superior) 슈비리어, 蘇畢略, 秀布利菸湖
스리랑카(Sri Lanka) ᄉᆞᄌᆞ국, 셕란, 셕란국, 셕란도, 獅子國, 錫蘭, 錫蘭島, 錫崙
스와질란드(Swaziland) 蘇祿
스웨덴(Sweden) 셔, 서던, 셔던, 서던국, 셔던국, 셔젼, 수웨덴, 쉬덴, 스위든, 스이덴, 스이텐, 瑞典, 瑞典國, 綏甸
스위스(Switzerland) 셔사, 셔ᄉᆞ, 셔ᄉᆞ국, 쉬쓰국, 쉿스란드, 스위쓰, 스위쓸낸드, 스윗절난드, 스이츠란쏘, 瑞國, 瑞士, 瑞士國, 瑞西, 瑞西國
스칸디나비아(Scandinavia) 스간듸나뷔야, 스간지나비아, 스칸데나삐아, 스칸듸나비아, 蒐干大禮比亞
스칸디나비아 반도(Scandinavia Peninsula) 스간듸나뷔야半島
스코틀랜드(Scotland) 소격난, 스콧틀낸, 스캇란드, 스코틀낸드, 스코틀란드, 錫蘭得, 蘇格蘭, 蘇格蘭島
스톡홀름(Stockholm) 스톡호롬, 스톳크호-롬, 斯德哥摩府, 斯德哥爾摩, 士德咸
스트라스부르(Strasbourg) 스트라스부루크府
스파르타(Sparta) 스파타, 스파-타, 斯巴達, 秀巴陀國
스페인(Spain) 서, 셔반나, 셔반아, 셰바나, 셔반아국, 스베인, 스볘인, 스페인, 이스바니아, 西, 西班牙, 西班牙國
시나이 반도(Sinai Peninsula) 시나이半島
시드니(Sydney) 시도니-, 雪梨, 悉德尼
시르다리야 강(Syr Darya) 瑞江
시리아(Syria) 셔리아, 셰뤼야, 시리야, 叙利亞, 叙利瓦, 世累野
시베리아(Siberia) 사버리아, ᄉᆞ베리아, 사벼리아, ᄉᆞ이베리아, 사ㅣ비리아, ᄉᆡ베리아, 새쎄리야, 서백리아, 셔빅리아, 셔비리아, 시베리아, 沙耳比利亞, 西伯里, 西伯利, 西伯利亞, 西比利亞, 西比亞
시애틀(Seattle) 시아들, 씨아틀, 시예틀, 時阿達
시에라리온(Sierra Leone) 시라러온, 시라례온, 시에라네온, 蘇拉蘭
시칠리아 섬(Sicilia Island) 시시리島, 시실례도, 시실리 셤, 細細里, 細細利亞, 詩實禮島
시카고(Chicago) 쉬커고, 시카고, 시카코, 지카고, 치카고, 치카코, 市加俄, 市加古, 智加古, 池家皐
시코쿠(Shikoku) 四國
시킴(Sikkim) 시기무
신시내티(Cincinnati) 신신낫듸
실론(Ceylon) 시론, 실넌, 실론
싱가포르(Singapore) 신가파, 신가뽀-르, 星架波, 新加留, 新加坡, 新嘉波, 新嘉坡, 海峽植民地
싱안링(Khingan Mountains) 산맥 興安嶺山脈
쑹화 강(Songhua) 숑화강
쓰루가(Tsuruga 敦賀) 수루가

ㅇ

아나바르 강(Anabar River) 阿奈巴羅江

아덴(Aden) 아덴港, 亞丁

아드리아 해(Adriatic Sea) 아듸리아틔크海, 에드리아듹, 亞得亞海, 愛斗利崖特, 阿得犁亞提客海, 亞得亞的海

아라비아 반도(Arabian Peninsula) 亞剌比亞半島

아라비아 해(Arabia Sea) 亞剌比亞海

아라비아(Arabia) 아라비아, 아라쎄야, 아랍비아, 아리비아, 亞喇伯, 亞羅比亞, 亞剌伯, 阿剌伯, 亞剌比亞, 亞拉比亞, 阿拉彼亞

아랄 해(Aral Sea) 亞拉留湖, 愛謁海

아르메니아(Amenia) 아메니아, 아미니아, 알메니야, 알메니아地, 阿美尼亞, 爾美尼亞

아르헨티나(Argentina) 아루쏀딘, 아셴틔나, 아젠된합즁국, 알셴진國, 아젠틘, 아퀜타인국, 아젼턴, 아젼틔나, 알젼틘共和國, 亞然丁, 亞爾然丁, 亞爾然丁共和國, 亞丁合衆國, 盎低坶, 銀國

아마존 강(Amazon River) 아메손, 아마심강, 아마존, 亞馬孫, 阿馬孫, 牙馬遜江, 俄馬遜河, 亞馬孫河, 阿馬孫河, 愛馬尊, 愛馬尊河

아메리카 대륙(the American Continent) 아메리가, 아메리ᄭᅡ, 아메리카, 아미리가, 아미리견, 아미리개, 米洲, 美洲, 阿美利加, 亞米利駕, 亞美利加, 亞米利加洲, 阿美利加洲, 亞美利加洲, 亞米利加

아모이(Amoy) 에모이, 廈門

아무다리야 강(Amu Darya River) 愛嫵江

아바나(La Habana) 하반아, 합아나, 화바나

아베이루(Aveiro) 오퍼토, 鰲浦

아비시니아(Abyssinia) 아베시니아, 아쎄시니아, ᄋᆡ베시니야, ᄋᆡ비시니아, 阿排時尼亞, 亞非斯尼亞, 亞比西尼國, 亞比西尼亞, 阿比時尼亞, 阿比亞尼亞

아사마 산(Asamayama) 아사마산

아샨티(Ashanti) 亞山的

아소산(Aso Mountain) 아소

아순시온(Asunción) 아슨손

아시리아(Assyria) 아시리아국, 亞敍利亞, 亞西里亞國

아시아 대륙(Asia) 아세아쥬, 아세아주

아시아(Asia) 아세아, 아셔아, 아셰아, 아시아, 에시야, 예시아, 예시야, 亞西亞, 亞細亞

아시아주(Asia) 아셰아쥬, 아쥬, 亞細亞洲, 亞洲

아우크스부르크(Augsburg) 아우쑤쓰쑤르흐

아이다호 주(Idaho) 伊達阿郡

아이슬란드(Iceland) ᄋᆡᄉᆞ란, 아이스란드, 氷島, 氷洲, 愛斯蘭

아이오와 주(Iowa) 以有洲

아이티(Haiti) ᄒᆡ다, 헤타이, 허ᄐᆡ이, 헤타이, 海地, 許太伊

아이티공화국(Haiti) 하이지共和國

아일랜드(Ireland) 아열란드, 아열ᄅᆡᆫ드, 아이란, 아이란드, 아일낸, ᄋᆡ란, ᄋᆡ이란, 阿熱蘭得, 阿爾蘭, 阿爾蘭島, 愛蘭, 愛爾蘭, 愛爾蘭島

아조프 해(Azov Sea) 阿座佛海

아카풀코(Acapulco) 아카폴누코

아칸소 주(Arkansas) 알칸사스, 阿干薩州

아콩카과(Aconcagua) 亞坤加瓦, 愛昆哥果

아테네(Athens) 아덴, 아젼, 아뗀쓰, ᄋᆡ렌스, ᄋᆡ슨스, ᄋᆡ텐스, 阿丹國, 雅典, 埃坦

아펜니노 산맥(Apennine Mountains) 阿片仁山, 亞畢尼山脉

아프가니스탄(Afghanistan) 아부한, 아부ᄭᅡ니스단, 아부한슈단국, 압간이스단, ᄋᆡᆸ흐ᄀᆡ니스탄, 阿富汗, 亞富汗, 阿富汗斯坦, 亞業加斯坦, 亞葉加尼斯坦, 愛烏罕

아프리카 대륙(Africa) 비쥬, 아불이가주, 아비리가쥬, 非洲, 斐洲, 亞弗利加洲, 阿非利加洲, 亞非利駕洲, 亞非利加洲, 阿斐利加洲

아프리카(Africa) 아불리가, 아푸리ᄭᆡ, 아프리가, 아프리ᄭᅡ, 아ᄯᅳ리카, 아흐리가, ᄋᆡ푸리가, ᄋᆡᆸ흐리카, ᄋᆡᆸ흐리카, 阿弗利加, 亞非利, 亞非利加

안데스 산(Andes Mountains) 안데스산, ᄋᆡ듸스산, ᄋᆡᆫ듸스산, 安帶棲山, 安道秀, 安道秀山, 安得斯, 安得棲, 安地山, 安特斯山

안도라(Andorra) 안도라, 安道羅, 安道耳

알래스카 주(Alaska) 아라스가, 알나스가, 알나쓰가, 亞臘斯加, 亞拉斯加, 謁那斯哥, 荒斯加

알렉산드리아(Alexandria) 아렉산드리아, 歷山, 歷山港

알류샨 열도(Aleutian Islands) 알루쉬안, 알유틔안列島

알바니아(Albania) 而美尼亞
알자스(Alsace) 일ᄉᆡ스, 일셰스, 鴉路沙
알자스로렌(Alsace-Lorraine) 알사스 로-렌, 일셰스와르렌
알제리(Algiers) 알뻬리야, 알지뤼야, 알지리아, 알지-스, 일제리아, 일셰리아, 亞加尼亞, 阿路嘉理, 亞爾及, 亞爾日利亞, 亞爾日耳斯, 遏支累亞, 謁支累亞
알타이 산(Altai) 謁太伊山, 阿爾泰山
알타이 산맥(Altai Mountains) 阿爾泰山脈
알타이 지방(Altai) 알타이
알프스(Alps) 아루부수, 앏, 알푸스, 일프, 埃乙布
알프스 산(Alps Mountain) 알프쓰산, 埃乙布山
알프스 산맥(Alps Mountains) 알푸스山脉, 亞爾畢斯山脉
암스테르담(Amsterdam) 듸혁, 아스터담, 암쓰테르담, 安特堤府, 暗多士淡, 巖秀攄淡, 巖施達淡府
앙고라(Angora) 안고라, 앙고라, 앙골라, 安各羅
애디론댁 산맥(Adirondack Mountains) 愛斗老山
애리조나(Arizona) 아리쏘나
애틀랜타(Atlanta) 亞土蘭土
애팔래치아(Appalachia) 厓必禮治安
애팔래치아 산맥(Appalachian Mountains) 압바라치안산, 압파라지안山脈, 亞利俺尼山脈
앤트워프(Antwerp) 안튀-티픠府, 安道岬, 安虞列府
앨라배마 주(Alabama) 아라바마, 阿拉邑麻州, 謁那富馬
앨버트 호(Albert Lake) 알베리트湖, 謁排土湖
야노스(Llanos) 那老蘇
양곤(Yangon) 랑군
양쯔 강(Yangtze River) 양자강, 楊子江
어센션 섬(Ascension Island) 亞森森
에든버러(Edinburgh) 에듼바-, 에듼바-府, 엣인벅, 이덴벅, 愛丁白格, 如天堡, 伊丹堡, 伊丁堡
에버턴(Everton) ᄋᆡ버듼
에베레스트 산(Mount Everest) 에베레쓰도峰, 崖排賴土

에스파냐(España 西班牙) 서반아, 일ᄉᆞ파리아, 히스파니아, 希斯潘亞, 伊須波尼亞, 日斯巴尼亞
에콰도르(Ecuador) 에쿠아돌, 엑궤도국, 의과타이국, 이퀘더, 厄瓜多
에피루스(Epirus) 에픠루스, 에피루스
엘베 강(Elbe River) 에루베, 에르베江, 乙富江
영국(United Kingdom) 녕국, 대영국, 령국, 영, 영국, 영길리, 영길리국, 인쓰리스, 인그리스, 大不列顚, 大不烈頓, 大不列顚國, 大英國, 英, 英國, 英吉蘭得, 英吉利, 英吉利國, 英吉利帝國, 英島, 英倫
예니세이 강(Enisei River) 예니세이河, 옌이세이河, 元厓勢伊江, 禮呢塞
예루살렘(Jerusalem) 에르사렘, 예루사렘, 예루사름, 예루살넴, 예루살임, 쩨르사렘
옐로스톤 공원(Yellowstone National Park) 黃石公園
오데르 강(Oder) 오-다-河, 오데, 오데루, 鰲道江
오데사(Odessa) 오데샤, 오데잇사, 오뎃사항, 德沙港, 惡特設, 五德沙浦港
오렌지 강(Orange River) 五蘭枝江
오렌지 자유국(Orange Free State) 오런쥬ᄌᆞ유국, 오렌지국, 오렌지自由國, 五闌支國, 橘河共和國, 橘河自由國
오리건 주(Oregon) 阿里顔州
오리노코 강(Orinoco River) 오레노코 강, 오리노고河, 奧乃奴高江, 五利老高江
오만(Oman) 오만, 塢滿, 烏滿
오브 강(Aube River) 오비河, 澳排江
오사카(Osaka) 대판, 오사가, 大阪
오세아니아 주(Oceania) 대양주, 대양쥬, ᄃᆡ양주, 어셰아이야, 오셰아니아, 大洋洲, 阿西亞尼亞, 阿世阿尼亞, 濠太剌利亞洲, 奧削及, 阿西亞尼亞洲
오스만 제국(Osman Empire) 오투민帝國, 옷도만
오스트레일리아(Australia) 어스트렐늬야, 예시아니아, 오ᄃᆡ리아, 오사쳘니아쥬, 오스드렐랴, 오스드렐리아, 오스트낼리아, 오스트랠니아, 오스틀렬랴, 오오쓰트랠늬

아, 옥대리아, 호주, 호쥬, 奧大利亞, 澳大利亞, 奧斯達利亞, 墺斯亞, 奧大里亞洲, 澳斯德拉里亞洲, 澳洲, 澳太利洲, 濠, 濠洲, 豪洲, 濠太利, 濠太刺利, 濠太利亞洲

오스트리아(Austria) 오국, 오디리, 어스트뤼야, 오, 오대리, 오대리국, 오대리아, 오디리아국, 오마가, 오사마가, 오ᄉ마가, 오슈트리아, 오스드리아, 오스츄리아국, 오스트리아, 오쓰트리아, 오오쓰트리아, 오우스도리야, 오지리, 오지리아, 오지리아국, 大奧國, 奧, 墺, 奧國, 澳國, 澳大利, 澳地利, 奧地利, 墺地利, 奧地利國, 墺地利國, 墺地利亞, 奧地利亞, 澳太利, 墺太利

오스트리아헝가리제국(Empire of Austria-Hungary) 오스드로헝게리국, 墺地利洪牙利, 澳地利匈牙利, 墺太利洪牙利, 墺太利匈牙利, 墺匈國

오클랜드(Auckland) 오구란도, 오-클난드市, 옥란드

오타와(Ottawa) 오타와, 阿他瓦

오하이오 주(Ohio) 오하요, 오하이오, 오하이오州, 와고민ᄉᆈ, 倭痾海州

오하이오 강(Ohio River) 澳賀澆江

오호츠크 해(Sea of Okhotsk) 오컷스그

옥스퍼드(Oxford) 우진, 옥스퍼드, 옥스포-드, 옥스풀드, 牛津, 阿佛多

온두라스(Honduras) 한두나스, 한두라스, 혼두라쓰, 혼듀라스, 흔두레스국, 혼쥬라스共和國, 혼지유라스共和國, 閎都拉斯, 混斗羅斯, 閔都拉斯

온타리오 주(Ontario) 온타리오洲

온타리오 호(Lake Ontario) 언데리오, 온타리오湖, 溫大利遨湖

올림푸스 산(Olympus Mountain) 오림푸스山

와이멍구(WàiMěnggǔ) 外蒙古

와이오밍 주(Wyoming) 維痾明郡

요르단 강(Jordan River) 요단강

요세미티 국립공원(Yosemite National Park) 요세마이토谿

요코하마(Yokohama) 요고하마, 횡빈, 橫濱

요하네스버그(Johannesburg) 쏘한늬쓰뿔크

우간다(Uganda) 우간다

우랄 산(Ural Mountains) 유랄 산

우랄 강(Ural River) 烏拉江, 聿謁江

우랄 산(Ural Mountains) 烏剌爾山, 烏拉山, 乳刺

우루과이(Uruguay) 우루계, 우루ᄉᆈ예, 유라궤, 유루궤국, 烏納乖, 烏拉乖, 烏拉乖國, 烏兒圭, 猶羅貴

우루무치(Ürümqi) 烏魯木齊

우크라이나(Ukraine) 우카라이나

우폴루 섬(Upolu Island) 우폴누島

워새치 산맥(Wasatch Range) 臥沙聚山

워싱턴(Washington) 와승돈, 와신돈, 와싱튼, 워슁던, 워슁톤, 화셩돈, 화승돈, 華府, 華盛頓, 華盛頓府

워싱턴 주(Washington) 洼申頓郡

워털루(Waterloo) 워탈누, 워터-루, 워터룰노, 워-틸로-, 윗털루, 활쳘로,

월가(Wall Street) 웰街

웨스트버지니아 주(West Virginia) 西勿吉尼州

웨이하이(Weihai) 위해위, 위히위

웨일스(Wales) 웰스, 威勒士, 威爾士

웰링턴(Wellington) 왜린돈, 웰링던

위니펙(Winnipeg) 우이니베크, 윈늬벡, 니페크湖, 위래법, 윈늬벡, 웨니펫크, 衛來法

위스콘신 주(Wisconsin) 威士干心州

위트레흐트(Utrecht) 우트렛트

윈난(Yunnan) 윈난, 雲南

유대국(Judaea) 유태국, 유다국, 유더아국, 猶太國

유럽(Europe) 구라파, 구라파주, 구라파쥬, 구주, 구쥬, 그라파, 류로바, 유로바, 유로부, 유로파, 유롭파, 유롭프, 歐羅巴, 歐羅巴洲, 歐州, 歐洲

유럽과 미주(Europe and America) 구미

유카탄 반도(Yucatan Peninsula) 유까탄반도

유대국(Judaea) 유틔국

유프라테스 강(Euphrates River) 유-후레-트, 유프레듸스, 유포예주강, 幽布禮朱江

이라와디 강(Irrawaddy River) 이라와듸-河, 이라와듸강, 菸羅臥多江

이란(Iran) 伊蘭

이르쿠츠크(Irkutsk) 이르크트크府, 雅克布楚

이리호(Lake Erie) 厓利湖

이베리아 반도(Iberia Peninsula) 伊比利半島

이스라엘(Israel) 이스례일, 尼塞列

이집트(Egypt) 애굽, ᄋᆡ굽, 애굽국, ᄋᆡ급, ᄋᆡ급국, 에지브도, 에집트, 예지부도, 예지브도, 이즙국, 이즙드국, 이집트, 埃, 埃及, 埃及國

이탈리아 반도(Italian Peninsula) 伊太利半島

이탈리아(Italia Italy) 리틸리, 의, 의국, 의대리, 의ᄃᆡ리, 의대리국, 의탤리, 이, 이국, 의다리, 이다리국, 이다리아, 이다리야, 이달늬, 이달리아, 이ᄃᆡ리야, 이타리, 이탈니, 이탈이, 이태리, 이ᄐᆡ리, 이ᄐᆡ리국, 이ᄐᆡ이, 이틸네, 이탤리, 이틸리, 이틸이, 大義國, 大義大利國, 義, 意, 意國, 義國, 義大利, 意大里, 意大利, 意大利國, 意大里國, 意太利, 義太利, 伊, 伊國, 伊大利亞, 伊太利, 伊太里, 以太利, 以太利國, 伊太利國, 伊太利亞

인더스 강(Indus River) 인더스강, 仁多秀江, 印度河

인도(India) 인도, 인도국, 인듸야, 印, 印度, 印度國

인도양(Indian Ocean) 인도양, 인씨안, 印度洋, 印度海

인도차이나 반도(Indochinese Peninsula) 印度支那

인디애나 주(Indiana) 音的阿那州, 印甸郡

일리노이 주(Illinois) 이리노스, 伊理奈州

일본(Japan) 왜국, 일, 일본, 일본국, 잡판, 倭國, 日, 日本, 日本國

잉글랜드(England) 옝길란드, 옝길리, 잉글랜드, 英蘭

ㅈ

자메이카(Jamaica) 자메카, 쟈메이카, 牙買加

자바 섬(Java Island) 자바 섬, 쟈바 섬

자바(Java) 藉排, 爪哇, 瓜島, 瓜哇

작센(Sachsen) 薩索尼, 撒遜, 索素尼

잔지바르(Zanzibar) 싼지바-, 잔지바, 전지바, 桑給巴, 孱支排

잠베지 강(Zambezi River) 潛排支江

제네바(Geneva) 졔네바, 졔네뽜, 졔네화, 쩨네바, 제노와, 젠오아, 壽府, 熱那

제노바 호(Geneva Lake) 졔네빠湖

조지아(Georgia)주 若耳治州

중국(China) 시나, 중, 중국, 듕국, 지, 지나, 차이나, 창이나, 챠이나, 中, 中國, 支, 支那, 華

중앙아메리카(Central America) 듕아미리가, 듕앙아메리가, 中央亞米利加, 中央阿美利加

중앙아시아(Central Asia) 중앙아세아, 듕앙아셰아, 中央아시아, 中央亞細亞

지브롤터(Gibraltar) 디부라루탈, 지부라루탈海峽, 지부랄타, 지부랄타르, 지부랄타海峽, 지불올타, 지브롤타, 지ᄲᅳ랄타, 치푸랄달, 日巴拉太, 智富羅河, 知伯羅妥爾峽

지중해(Mediterranean Sea) 디듕해, 디듕ᄒᆡ, 지중해, 馬類母刺海, 地中海

진주만 항구(Pearl Harbor) 진주항, 眞珠港

진주만(Pearl Harbor) 진주만, 眞珠灣

ㅊ

차드(Chad) 쵀드

차드 호(Lake Chad) 차-드湖, 遮杜湖

천축국(India) 텬츅국, 天竺國

청국(China) 대청국, 청, 쳥, 청국, 쳥국, 청나라, 쳥나라, 淸, 淸國

청나일(Blue Nile) 碧尼留

체코(Czech) 捷克

취리히 호(Lake Zurich) 朱益湖

칠레(Chile) 지리, 치리, 칠늬, 칠릐, 칠리, 智, 智利, 智利國

ㅋ

카나리아 제도(Canary Islands) 가나리島, 카나리 셤, 加奈里諸島

카디즈(Cadiz) 카듸즈, 哥杜朱

카라 반도(Kara peninsula) 가라半島

카라카스(Caracas) 가라가스

카라코람(Karakoram Mountain) 哥羅高覽
카라코룸(Karakorum) 가라고름
카르타고(Carthage) 깔테지
카리브 해(Caribbean Sea) 가릐비안하슈, 가리비안海, 加乃非安河, 葛阿比安河, 葛排比安
카메룬 산(MountCameroon) 가메룬山, 巨馬崙山
카불(Kabul) 카쁠府, 加布兒
카사블랑카(Casablanca) 가사푸랑가
카슈미르(Kashmir) 가시메르, 카시미르
카스피 해(Caspian Sea) 가수비안海, 가스비안해, 기스비안해, 裏海, 哥秀比安海, 開西比安, 喀斯皮安海
카이로(Cairo) 가이루, 改羅, 開羅, 改羅府, 介羅府, 介路
칸첸중가(Kanchenjunga) 君親眞佳
칸타브리아(Cantabria) 乾他伐利安
칼라(Calah) 曷那
칼라브리아(Calabria) 葛羅富利亞
칼라오(Callao) 葛那澳
캄보디아(Cambodia) 감보듸아, 캄보듸야, 柬蒲寨, 甘保杜亞, 甘保杜野, 金邊國
캄보디아 강(Cambodia) 甘保杜亞江
캄차카(Kamchatka) 勘察加, 監札加隷, 堪察德加
캄차카 반도(Kamchatka peninsula) 가무쟈도가半島, 가무쟈트까半島, 캄탓카
캅카스(Kavkaz) 코키슈스
캐나다(Canada) 가나타, 감나듸, 가나다, 카나다, 키나다, 佳那多, 加拿達, 加拿大, 加拿陀, 加拿他, 加拿太, 加那特, 加奈多, 加奈太, 加奈陀, 加奈他
캐롤라인(Caroline) 제도 가로린諸島, 加羅拉仁諸島
캐리비안(Caribbean) 加利比安
캔자스 주(Kansas) 干薩州
캔자스시티(Kansas City) 긴사싀듸
캔터키(Kentucky) 堅達基
캘리포니아 주(California) 가례복이아, 갈니포니아쥬, 가리헐니아, 극루불아생, 칼늬포늬아, 칼늬포늬아쥬, 加州, 加洲, 加利福尼州, 加利福尼亞, 加罅寬尼, 葛尼布尼亞州, 克累弗亞省
캘리포니아 만(Gulf of California) 칼니쏘룬이아灣
캘커타(Calcutta) 결커다
컬람롬비아 특별시(District of Columbia) 가륜비
컬럼비아 강(Columbia River) 葛南比亞江
케냐(Kenya) 키늬아, 牙蘭
케냐 산(Kenya) 鷄尼亞
케이프 식민지(Cape Colony) 岌朴哥羅尼
케이프 타운(Cape Town) 계부다운, 계타운, 岌朴敦
케임브리지(Cambridge) 검교, 劍橋
켄터키 주(Kentucky) 겐턱키, 컨턱기, 켄탁키-, 建太綦州
코네티컷 주(Connecticut) 干尼低吉州
코르도바(Cordoba) 코르도바, 哥多瓦, 哥多瓦府
코르시카 섬(Corsica Island) 코루시카, 古留西哥, 靠爾細迦島
코스타리카(Costa Rica) 거스다리가, 카스타뤼익카, 코스ᄃᆞ리카, 코스다카, 코스타뤼가, 코스타리카, 코스타릭카, 哥斯德里加, 高斯大樓哥, 高斯太樓加, 古修士利加
코카서스(Caucasus) 고가싀, 고기셔스, 高加索, 鋸蓋時亞
코펜하겐(Copenhagen) 고벤헤근, 고펜헤근, 곱펀헤-겐府, 코펀헤근, 코편헤근, 코픈헤근, 古篇惠見
콘스탄스 호(Constance) 昆秀大斯湖
콘스탄차(Constanta) 歐論斯坦
콘스탄츠 호(Lake Constance) 干西丹瑞湖
콘스탄티노플 항(Constantinople) 巨浦港
콘스탄티노플(Constantinople) 곤스단지-노풀, 곤스타린튼오풀, 곤스타인튼오풀, 곤스탠텐오풀, 곤스탄틔노필, 군ᄉᆞ단정, 컨스탄틔노플, 콘스탠틔노불, 콘스탄틔노풀, 콘쓰탄티노플, 콘쓰탠티노플, 康斯但提, 君府, 君士坦丁, 君士坦丁府
콘스탄틴 산(Constantine) 公山
콜로라도(Colorado) 골로라도-, 콜로라-드, 葛老羅道, 骨老羅道
콜로라도 강(Colorado River) 칼노라도 강
콜로라도 주(Colorado) 哥羅拉度州

콜롬보(Colombo) 코론보府, 古倫母, 古倫甫
콜롬비아(Colombia) 걸넘비아, 골롬비아국, 칼남비야, 코롬비아, 콜놈비아, 古倫比, 昆侖費, 哥倫比, 可倫比亞, 哥倫比亞
콜카타(Kolkata) 가르갓타-府, 갈갓다, 칼크다, 葛袈多, 甲谷他, 格大卡, 禪刺城
콩고자유국(Congo Free State) 公額自由國
콩고(Congo) 강고, 콩고, 羌古, 公高, 公果
쾰른(Köln) 콜논, 汨論
쿠릴 열도(Kuril Islands) 千島諸島, 科爾立
쿠바(Cuba) 고파, 교바, 규바, 규바嶋, 큐바, 古巴, 玖馬, 玖瑪, 趄排
쿠스코(Cuzco) 구주고
쿤룬 산(Kunlun Goddess) 趄越蘭山
퀘벡(Quebec) 케베크
퀸즈랜드 주(Queensland) 귄수란도, 큐인슬닌드, 큐인스랜드, 姑因蘭
크레타(Crete) 크레테
크레타 섬(Crete Island) 크리트도
크리미아 반도(Crimea Peninsula) 굴미야 반도
크리미아(Crimea) 크리미아, 克理美亞
크림 반도(Crimean Peninsula) 구리미아
클리블랜드(Cleveland) 클니블난드
키예프(Kiev) 키에쁘, 幾富
키토(Quito) 귀도, 큐토
키프로스(Cyprus) 기부라스島, 사이필우스島, 細布拉斯, 居伯羅島
킬라우에아(Mount Kilauea) 吉魯利亞火山
킬리만자로 산(Mount Kilimanjaro) 끼리만자로山, 키리만쟈로산
킬리만자로(Kilimanjaro) 吉利馬累周羅, 幾里滿謝露

ㅌ

타림 강(Tarim River) 陀林江
타마타브(Tamatave) 多厤多富
타스마니아(Tasmania) 다수마니아, 타스마니아, 達斯馬尼
타이베이(Taipei) 臺北
타이티(Tahiti) 타희틔
타일랜드(Thailand) 셤나, 셤라, 셥나, 셤라국, 셥나국, 暹, 暹羅, 暹羅國, 泰國
타타르(Tatar) 韃靼
탕가니카(Tanganyika) 單加尼加
탕가니카 호(Lake Tanganyika) 丹家尼哥湖
태즈메이니아(Tasmania) 陀斯馬尼亞
태평양(Pacific Ocean) 바시빗그, 바시힛그, 태평양, 틔평양, 픽시픽크, 太平洋, 大東洋
터키(Turkey) 도르기, 돌, 돌국, 터계, 터어킈, 터어키, 터키, 토국, 토이긔, 토이기, 토이긔국, 土, 土國, 土耳古, 土耳其, 土耳奇, 土耳基, 土耳其國
테구시갈파(Tegucigalpa) 뎅시괄파
테네시 주(Tennessee) 테넷시-
테베레 강(Tevere River) 다이바루河
테헤란(Teheran) 데헤란, 테네란, 테혀란
텍사스 주(Texas) 데기사스, 틕사스, 틕싀쓰, 得撤州
템스 강(Thames River) 뎀스강, 뎀스江, 템스하, 達迷斯江, 達迷斯河, 探秀河
톈진(Tianjin) 텬진, 天津
토론토(Toronto) 토론토
토리노(Torino) 都林
통가(Tonga) 東佳
통킹(Tonking) 동긴, 東京
투르키스탄(Turkestan) 티키스단, 土基斯坦, 土耳其斯坦
툰드라(Tundra) 荒原
퉁구스카 강(Tunguska) 洞久斯哥江
튀니지(Tunisia) 두네스, 두니쓰, 투니스, 突尼斯, 杜尼斯
트란스발공화국(Transvaal) 두라수발共和國
트란스발(Transvaal) 도란스발, 드란스발국, 토란쓰빨, 트란스바, 트란쓰발, 土蘭斯拔, 土蘭斯波兒
트리폴리(Tripoli) 트릐볼네, 트림풀늬, 틔리포리, 杜立八利, 的黎波里, 的里坡里, 的波里, 特伊佛來
티그리스 강(Tigris River) 타이그리스강
티베트(Tebet/Tibet) 셔장, 셔장국, 셔쟝, 틔벳트, 팁벳트, 基發, 西藏
티티카카 호(Lago Titicaca) 티티카카, 太太哥哥

湖
티티카카 호반(Lago Titicaca) 틔틔카카湖畔

ㅍ

파나마 운하(Panama Canal) 파나마운하
파나마(Panama) 파나마, 巴那馬, 巴那麻, 巴拿馬, 巴奈馬, 波羅馬
파라과이(Paraguay) 바라궤국, 싸라계, 파라궤, 파라쑤예, 파라셰에국, 把羅貴, 玻拉乖, 巴拉圭
파라나 강(Parana River) 朴拉搭河
파리(Paris) 파려, 파려셩, 파리, 파리府, 파리셩, 파리스, 픠리스, 巴黎, 波黎都, 巴黎府, 巴黎斯, 波黎斯, 巴黎西, 巴里, 巴里府, 巴里城
파미르 고원(Pamir Plateau) 파미르
파키스탄(Pakistan) 巴其斯坦
파타고니아(Patagonia) 파타괴니아, 巴他俄尼, 貝澤遨尼亞
팔레스타인(Palestine) 팔네스탄, 巴禮斯坦
팜파스(Pampas) 팜파쓰
패로 제도(Faroe Islands) 꽥로-島
팽려 호(pénglǐhú) 핑려호
페낭(Penang) 빈랑, 페난, 페낭, 庇能, 賓郎, 彼南
페루(Peru) 베루국, 비로, 비로국, 비루국, 피루, 피루국, 秘魯, 秘露, 秘魯國, 秘露國
페르시아(Persia) 베시아, 베르샤, 파ᄉᆞ, 파ᄉᆞ국, 퍼시아, 퍼시야, 比利西亞, 比耳西亞, 波斯, 波斯國
페르시아 만(Persian Gulf) 파ᄉᆞ히만, 波斯灣
페르시아 제국(Persian Empire) 파샤국
펜실베이니아(Pennsylvania) 밴실바니야, 변실바니아州, 펜실베니아, 펜실베늬아쥬, 邊西法尼州
포 강(Po River) 포河
포르투갈(Portugal) 보르츠쌀, 포도아, 포도아국, 포르트갈, 포쥬걸, 포츄갈, 葡, 葡國, 葡萄牙, 葡萄牙國
포모사(formosa) 퍼모사
포츠담(Potsdam) 폿즈담, 布朱淡
포츠머스(Portsmouth) 폿스마우스, 폿스멋
포클랜드 제도(Falkland Islands) 뽈클난드諸島, 포올클난드諸島, 호굴난드諸島
포토맥 강(Potomac River) 허도맛구河, 布土幕河, 波多馬哥河
포틀랜드(Portland) 포-틀난드
폴란드(Poland) 파란, 파란국, 폴난드, 폴낸드, 波, 波蘭
폴리네시아(Polynesia) 폴니네시아, 波里尼西亞
폼페이(Pompeii) 布嚴蔽阿伊
푸에르토리코(Puerto Rico) 포루트리코, 波里多里
프놈펜(Phnom Penh) 바놈빈, 金邊
프랑스(France) 법, 법국, 법난셔, 법란서, 법란셔, 불, 불국, 불난셔, 불란서, 불란셔, 불안셔, 블란셔, 볼란시국, 블란시국, 프란쓰, 쯔랑쓰, 흐란스, 大法民主國, 法, 法國, 法蘭西, 法蘭西國, 法朗西, 佛, 佛國, 佛蘭西, 佛蘭西國, 佛狼西
프랑스령 베트남(French Vietnamese) 佛領交趾
프랑크푸르트(Frankfurt) 프랑펏, 프랑포어트, 후란구후-루드, 蒲蘭坡, 厚蘭布土
프러시아(Prussia) 보, 보국, 보로사, 보로ᄉᆞ, 보로사국, 보로ᄉᆞ국, 보로샤, 普, 普露西
프로방스(Provence) 布魯漢秀
프로이센(Preussen) 푸루시아, 프로시아, 大布國, 普國, 普魯士國, 普魯斯, 普魯士, 普魯西
플로리다 반도(Florida Peninsula) 弗羅利多半島
플로리다 주(Florida) 폴노리다, 佛羅里建州
피레네 산맥(Les Pyrénées) 피레니-스山脉, 피렌이스, 比禮尼斯山脉, 蔽賴尼秀
피렌체(Firenze) 피렌체, 후로렌수, 후로렌수府, 佛稜
피지(Fiji) 피지, 非支, 皮支
피지 제도(Fiji Islands) 非支諸島
피츠버그(Pittsburgh) 빗스불구
핀란드 만(Gulf of Finland) 芬蘭灣
핀란드(Finland) 분란, 핀란드, 앤랜드, 棼蘭, 芬蘭, 懸蘭
필라델피아(Philadelphia) 피라덜피아, 필나델피府, 필나델피야, 필라달피아, 히라델히야, 費拉德費府, 費拉特費, 費府, 必那達彼亞
필리핀 제도(Philippine Islands) 휘릿빈諸島

필리핀(Philippines) 비륜빈, 비율빈, 비랍빈, 비률빈, 빈립빈, 필늬빈, 필뢰빈, 필리핀, 大呂宋, 呂宋國, 比, 比國, 比島, 比里敏, 非立賓, 比律賓, 非律賓, 畢來賓, 韋立彬島

ㅎ

하노버(Hanover) 하노-바-

하노이(Ha Nôi) 河內, 河內府, 海內

하바롭스크(Khabarovsk) 하바로부스가

하얼빈(Harbin) 합리빈, 합이빈

하와이(Hawaii) 포와, 포와국, 포와도, 헤웨이, 阿歪希, 布哇, 布哇國

하와이 제도(Hawaiian Islands) 샨드윗지群島

하와이 주(Hawaii) 하와이

하이난다오(Hainandao) 희난

하이퐁(Haiphong) 海防

하코다테(Hakodate) 하고다데, 函館

한커우(Hankow) 한구

할리우드(Hollywood) 聖林

함부르크(Hamburg) 홈바루구, 함벅, 함벅그, 힘벅, 힘벅, 漢堡, 咸福

허드슨 강(Hudson River) 하도손江, 헛손, 허듸손, 賀春江, 湖德孫河, 浩道遜河

허드슨 만(Hudson) 哈得孫灣

험볼트 강(Humboldt River) 咸拔士江

헝가리(Hungary) 항가뤠, 항가리, 항가리아, 헝거리, 형그리, 홍가리, 흉아리, 洪加利, 洪曷利, 洪牙利, 凶, 凶國, 凶牙利

헤르체고비나(Hercegovina) 헤루세고비나, 헤루셰이고비나

헤이그(Hague) 히아, 혜익쓰, 海牙, 海牙府, 赫久, 惠求

헤이룽 강(Amur River) 黑龍江

헤클라 산(Hekla Mountain) 黑格納山

호놀룰루(Honolulu) 단향산, 하늘를루, 호놀눌누府, 혼놀루루, 혼눌느, 檀香山, 韓傑吶婁, 火魯魯

호놀룰루 항(Honolulu) 호놀눌누港

호주(Australia) 濠太利亞

홋카이도(Hokkaido) 北海道

홍강(Sông Hông) 紅江

홍콩(Hong Kong) 향항, 홍콩, 香港

홍해(Red Sea) 홍희, 紅海

황하(The Yellow River) 황하슈, 黃河

황해(Yellow Sea) 황희, 黃海

후에(Hué) 후아, 芙英, 順化府, 順化城

후지 산(Fujisan) 푸지

후쿠오카(Fukuoka) 푸쿠오가

휴런 호(Huron) 휴런, 休論湖

흑룡강(Amur River) 흑룡강

흑해(Black Sea) 블릭, 블릭하슈, 흑해, 흑희, 佛厄河, 黑海

희망봉(Cape of Good Hope) 희망봉, 希望峰, 喜望峰, 喜望峯, 喜望岬

히말라야(Himalayas) 히말나야, 崑崙山, 比馬拉亞, 比馬拉亞山, 喜馬羅也, 喜馬拉亞, 喜馬拉山, 雪山

힌두스탄(Hindustan) 溫都斯坦

힌두쿠시(Hindu Kush Mountains) 흰두구쉬 산, 渾杜瞿宴山, 揿斗九秀山

힌두쿠시 산맥(Hindu Kush Mountains) 힌두-쿠쓰山脈, 힌쥬구슈山脉

알파벳 표기순

1. 이 색인은 개화기 지명표기에 대한 현대어 알파벳표기를 중심으로 작성한 것입니다.
2. 알파벳표기는 영어표기를 기본으로 하되, 관행으로 쓰이는 영어표기가 없을 때에는 현지어표기를 제시하였습니다.
3. 알파벳 표기순 색인은 지명의 한글표기와 한자표기 형태를 종합적으로 제시하고 있어 개화기의 외국지명표기를 파악하는데 유익합니다. 앞에 든 현대어 지명표기순 색인과 함께 사용하시면 더욱 효과적일 것입니다.

A

국, 아젠틔나, 아퀜타인국, 아젠텬, 아젠틘, 알센진國, 알젠틴共和國, 亞然丁, 亞爾然丁, 亞爾然丁共和國, 亞丁合衆國, 盎低坶, 銀國

Arizona 아리쏘나

Arkansas 알칸사스, 阿干薩州

Armenia 아메니아, 아미니아, 알메니아地, 알메니야, 爾美尼亞

Asamayama 아사마

Ascension Island 亞森森

Ashanti 亞山的

Asia 아세아, 아세아주, 아세아쥬, 아셔아, 아셰아, 아셰아쥬, 아시아, 아쥬, 에시야, 예시아, 예시야, 亞西亞, 亞細亞, 亞細亞洲, 亞洲

Asia Minor 소아셰아, 소아시아, 쇼아세아, 小亞細亞

Aso Mountain 아소

Assyria 아시리아국, 亞敍利亞, 亞西里亞國

Asunción 아슨손

Athens 아덴, 아젼, 아톈쓰, 이렌스, 이슨스, 이텐스, 阿丹國, 雅典, 埃坦

Atlanta 亞士蘭士

Atlantic Ocean 대서양, 대셔양, 아다란짓그, 잇틀닌틱크, 잇틀닌틱크, 태서양, 태셔양, 大西洋, 亞多羅洋, 阿得蘭低洋, 太西洋

Aube River 澳排江

Auckland 오구란도, 오-클난드市, 옥란드

Augsburg 아우쑤쓰쑤르흐

Australia 어스트렐늬야, 예시아니아, 오디리아, 오사쳘니아쥬, 오스드렐랴, 오스드렐리아, 오스트낼리아, 오스트랠니아, 오스틀렬랴, 오오쓰트랠늬아, 욱대리아, 호주, 호쥬, 奧大利亞, 澳大利亞, 奧斯達利亞, 澳斯德拉里亞洲, 澳洲, 澳太利洲, 墺斯亞, 濠, 濠洲, 豪洲, 濠太利, 濠太剌利, 奧大里亞洲, 濠太利亞洲, 濠太利亞

Austria 오국, 오디리, 어스트뤼야, 오, 오대리, 오대리국, 오대리아, 오디리아국, 오마가, 오사마가, 오ㅅ마가, 오슈트리아, 오스드리아, 오스츄리아국, 오스트리아, 오쓰트리아, 오오쓰트리아, 오우스도리야, 오지리, 오지리아, 오지리아국, 大奧國, 奧, 墺, 奧國, 澳國, 澳大利, 澳地利, 奧地利, 墺地利, 奧地利國, 墺地利國, 墺地利亞, 奧地利亞, 澳太利, 墺太利

Aveiro 오퍼토

Aveiro 鰲浦

Azov Sea 阿座佛海

B

Babylon 파비륜, 쌔쎌논, 巴比倫, 巴庇倫, 巴比倫國, 巴庇倫尼亞

Baghdad 섁구닷드, 박닷드

Bahama 싸하마

Bahamas 바하마羣島, 巴哈馬, 巴哈痲

Baikal 杯曷火山

Balkan 발칸, 쐘간, 巴爾幹

Balkan Mountains 拔諫山, 巴爾幹山脉

Balkan Peninsula 巴幹半島

Baltic Sea 볼틱, 拔特海, 伐德河, 寶埒提客海, 波羅的海, 波留的, 波留的海

Baltimore 발치머-, 블씌모, 發太毛府

Baluchistan 벌누치스탄, 벨누치스탄, 벨루기스단, 별루기스단국, 轆累穉斯坦, 比耳路斯坦, 皮路其斯坦, 皮路直斯坦

Bangkok 반고크, 반곡, 방콕, 빈콕, 盤谷

Barbados 排比道

Barcelona 싸실로나, 발세로나, 巴塞羅, 巴泄老那

Batavia 바데비아, 바타뷔-, 싸타예아

Bay of Bengal 벵가르灣

Bay of Biscay 비스게이灣

Beijing 북경, 븍경, 北京

Belarus 白露, 白露西亞

Belfast 벨쫘스트

Belgium 비루기, 빅이의, 비긔이, 빅리의, 쎄르츠무, 벨기움, 벨지암, 별지암, 별지음, 비국, 비리시, 비리의, 大比利時國, 白耳義, 白耳義國, 比, 比國, 比埒智翁, 比利時, 比利時國, 比耳時

Bengal 孟加臘

Benin 쎄닌
Beograd 베루구례도, 벨크라드
Bering Sea 쎄링, 排仍海, 白令
Bering Strait 쌔이링구海峽, 白令海峽, 白令峽
Berlin 빅님, 백림, 빅림, 벌닌, 벌인, 쎄르린, 쎄를닌, 伯靈, 伯林, 柏林, 伯林府
Bermuda 幣留無他斯
Bermuda Islands 파뮤다스諸島
Bern 번, 베룬府, 베른, 伯爾尼, 伯爾尼府
Bhutan 부-단, 쑤단
Birmingham 버밍힝, 뻐밍함, 비루밍함府, 伯明牢
Bismarck Archipelago 비스마-크群島
Black Mountain 茀樂求山
Black Sea 흑해, 흑히, 블릭, 佛厄河, 黑海
Blue Mountain 碧山
Blue Nile 碧尼留
Bogota 보고다, 보꼬타
Bohemia 쏘헤미야
Bolivia 보리비아, 쏘리비아, 쏘리피야, 쏠늬비아, 볼니비야, 쏠니비아, 볼리쎄아, 블늬비아, 拔利比亞, 玻里非, 玻利非, 玻里比亞, 玻利非亞
Bologna 普老那
Bombay 밍믹쥬, 봄베, 봄베이
Bonn 본府
Bordeaux 볼드-府
Borneo Island 보루네오, 보루네오島, 쏘루네오, 婆羅
Bosnia 보스니아, 敦士尼亞, 寶姤尼亞, 巴斯于
Bosphorus Straits 보수포라수海峽, 보스포루스, 빠스보러스, 바스포르스
Boston 버스던港, 보스든, 보스톤, 보스튼, 쏘스톤, 파ᄉᆞ돈, 普士噸, 寶樹墩, 波士敦, 波士頓, 波斯頓城
Boyoma Falls 스단레瀑布, 스탄레瀑布
Bradnenburg 쑤란덴쑤르흐, 부란덴불크
Brazil 부라실, 부라씰, 부라질, 부라질國, 쑤러실국, 부레실, 불아즐, 브라질, 브라질국, 브레실국, 쓰레실, 쓰레실국, 쓰리질, 파셔, 파셔국, 伯剌西爾, 伯西爾, 巴西, 巴西國
Brisbane 부리스벤, 부린수벤
Bristol 부리스톨府, 쁘리스털
Britain 쑤리텐國, 쑤릿텐, 不列敦, 弗列顛
British Empire 大英帝國
Broadway 부로두웨
Brookline 브로클닌, 富祿吉仁州, 布綠連
Brussels 부랏세루, 쑤룻셀, 브라셀, 富羅泄, 富羅雪, 比律悉府, 瓦魯舍之斯
Bucharest 붓카리스트, 不加勒斯府
Budapest 쑤다페쓰드府, 쁴다픠스트, 拜多貝特西
Buenos Aires 보노스ᄋᆡ리스, 부에노스아이레스, 富禮魯察府
Buffalo 법발로
Bukhara 쏘-카라
Bulgaria 발가리아, 발아리, 발이긔리아, 벌갈리아, 쎌가리아, 벌게리아, 벌괄이아, 불까리야, 勃牙利, 伯爾加里, 不加勒斯, 波加厘亞國, 巴爾加利亞, 蒲加零, 布加里, 布加亞, 勃加利亞
Burma 緬甸
Byzantine 비산딘府
Byzantine Empire 동나마

C

Cadiz 카듸즈, 哥杜朱
Cairo 가이루, 改羅, 開羅, 改羅府, 介羅府, 介路
Calabria 葛羅富利亞
Calah 曷那
Calcutta 결커다
California 가례복이아, 가리헐니아, 갈니포니아쥬, 칼늬포늬아, 칼늬포늬아쥬, 칼니쏘룬이아灣, 加州, 加利福尼州, 克累弗亞省, 加利福尼亞, 加洲, 加罅寬尼, 葛尼布尼亞州
Callao 葛那澳
Cambodia 감보듸아, 캄보듸야, 柬蒲寨, 甘保杜亞, 甘保杜野, 金邊國, 甘保杜亞江
Cambridge 검교, 劍橋
Canaan 가나안
Canada 가나타, 감나듸, 가나다, 카나다, 키나

다, 佳那多, 加拿達, 加拿大, 加拿陀, 加拿他, 加拿太, 加那特, 加奈多, 加奈太, 加奈陀, 加奈他

Canary Islands 가나리島, 카나리 섬, 加奈里諸島

Cantabria 乾他伐利安

Cape Colony 岌朴哥羅尼

Cape of Good Hope 희망봉, 希望峰, 喜望峰, 喜望峯, 喜望岬

Cape Town 계부다운, 계타운, 岌朴敦

Caracas 가라가스

Caribbean 加利比安

Caribbean Islands 가립비안諸島

Caribbean Sea 가릐비안 하슈, 가리비안海, 加乃非安河, 葛阿比安河, 葛排比安

Caroline Islands 가로린諸島, 加羅拉仁諸島

Carthage 깔테지

Casablanca 가사푸랑가

Caspian Sea 가수비안海, 가스비안해, 기스비안해, 裏海, 哥秀比安海, 開西比安, 喀斯皮安海

Caucasia 鋸蓋時亞

Caucasus 고가식, 고긔셔스, 高加索

Celebes 西利伯, 西列伯

Central America 즁아미리가, 즁앙아메리가, 中央亞米利加, 中央阿美利加

Central Asia 즁앙아셰아, 中央亞細亞, 中央아시아

Ceylon 시론, 실넌, 실론

Chad 쵀드

Chicago 쉬커고, 시카고, 시카코, 지카고, 치카고, 치카코, 市加俄, 市加古, 智加古, 池家阜

Chile 지리, 치리, 칠늬, 칠릐, 칠리, 智, 智利, 智利國

China 시나, 즁, 중국, 즁국, 지, 지나, 차이나, 창이나, 챠이나, 中, 中國, 支, 支那, 淸, 淸國, 華

Cincinnati 신신낫듸

Cleveland 클니블난드

Colombia 걸넘비아, 골롬비아국, 칼남비야, 코롬비아, 콜놈비아, 古倫比, 昆侖費, 哥倫比, 可倫比亞, 哥倫比亞

Colombo 코론보府, 古倫母, 古倫甫

Colorado River 칼노라도강

Colorado 골로라도-, 콜로라-드, 葛老羅道, 骨老羅道

Columbia River 葛南比亞江

Congo Free State 公額自由國

Congo 강고, 콩고, 公高, 公果, 羌古

Connecticut 干尼低吉州

Constance 昆秀大斯湖

Constanta 歐論斯坦

Constantine 公山

Constantinople 컨스탄틔노플, 곤스단지-노풀, 곤스타린튼오풀, 곤스타인튼오풀, 곤스탠텐오풀, 곤스탄틔노필, 콘스탠틔노불, 콘스탄틔노풀, 콘쓰탄티노플, 콘쓰탠티노플, 군ᄉᆞ단졍, 巨浦港, 康斯但提, 君府, 君土坦丁, 君士坦丁府

Copenhagen 고벤헤근, 고펜헤근, 곰퓐헤-겐府, 코퓐헤근, 코편헤근, 코픈헤근, 古篇惠見

Cordoba 코르도바, 哥多瓦, 哥多瓦府

Corsica Island 코루시카, 古留西哥, 靠爾細迦島

Costa Rica 거스다리가, 카스타뤼익카, 코스ᄃᆞ리카, 코스다카, 코스타뤼가, 코스타리카, 코스타릭카, 哥斯德里加, 高斯大樓哥, 高斯太樓加, 古修士利加

Crete Island 크리트도

Crimea Peninsula 굴미야반도

Crimea 크리미아, 克理美亞

Crimean Peninsula 구리미아

Cuba 고파, 교바, 규바, 규바嶋, 큐바, 古巴, 玖馬, 玖瑪, 趙排

Cuzco 구주고

Cyprus 기부라스島, 사이필우스島, 細布拉斯, 居伯羅島

Czech 捷克

D

Dalian 대련

Damascus 담아쓰가쓰, 듸마스커스

Danube ᄯᅡ늅江, 단우파 강, 단읍 강, 단읍河, 뎨늅, 大揖, 多腦河, 多惱河, 丹獵江, 帶奈江, 大揖江

Dead Sea 사희, ᄉᆞ희, 死海

Delaware 델나웨-, 特拉華州

Delhi 데리-

Denmark 단, 단국, 단ᄆᆡᆨ국, 단묵, 데인막, 데헤란, 덴막, ᄯᅦᆫ막크, ᄯᅦᆫ멀그우, 뎡말, 졍말, 뎡말국, 뎬말그우, 련ᄆᆞ국, 丹, 丹國, 丹尼, 丹馬, 丹麥, 丹墨, 丹墨國, 大丹國, 嗹國, 嗹馬, 甸瑪爾珂, 丁, 丁抹, 丁抹國

Dhaulagiri Mountain 多越禮

District of Columbia 가룬비

Dominica 더미니가共和國

Don River 돈河, 敦江

Dongola 동골라

Dongting Lake 洞庭湖

Dresden 다리스듼, 도레수덴, 두레스돈, 드레스든

Dublin 다부린府, ᄯᅡ블닌, ᄯᅧ블린, 多佛仁, 坦佛仁

Düsseldorf 두-셀돌ᄲᅮ

Dvina River 杜衛那江

E

East Asia 東亞

East Rumelia 東羅美利亞

East Sea 동해, 동ᄒᆡ, 일본해, 일본ᄒᆡ, 東海, 日本海

Ecuador 에쿠아돌, 엑궤도, 엑궤도국, 의과타이국, 이퀘더, 厄瓜多

Edinburgh 에듼바-, 에듼바-府, 엣인벅, 이덴벅, 愛丁白格, 如天堡, 伊丹堡, 伊丁堡

Egypt 에지브도, 에집트, 예지부도, 예지브도, 이즙국, 이즙드국, 이집트, 埃, 埃及, 埃及國

Elbe River 에루베, 에르베江, 乙富江

Empire of Austria-Hungary 墺地利洪牙利, 澳地利匈牙利, 墺太利洪牙利, 墺太利匈牙利, 墺匈國

England 영길리, 영길리국, 옝길란드, 옝길리, 잉글랜드, 英蘭

Enisei River 에니세이河, 옌이세이河, 元厓勢伊江, 禮呢塞

Epirus 에픠루스, 에피루스

España 서반아, 일ᄉᆞ파리아, 히스파니아, 希斯潘亞, 伊須波尼亞, 日斯巴尼亞

Euphrates River 유-후레-트, 유프레듸스, 幽布禮朱江

Europe and America 구미, 歐美

Europe 구라파, 구라파주, 구라파쥬, 구주, 구쥬, 그라파, 류로바, 유로바, 유로부, 유로파, 유롭파, 유롭프, 歐羅巴, 歐羅巴洲, 歐州, 歐洲

Everton ᄋᆡ버듼

F

Falkland Islands ᅗᅩᆯ클난드諸島, 포올클난드諸島, 호굴난드諸島

Faroe Islands ᅗᅪ로-島

Fiji 피지, 非支, 皮支

Fiji Islands 非支諸島

Finland 분란, 핀란드, ᅗᅦᆫ랜드, 芬蘭, 棼蘭, 芬蘭土, 懸蘭

Firenze 후로렌수, 후로렌수府, 佛稜

Florida 폴노리다, 佛羅里建州

Florida Peninsula 弗羅利多半島

Formosa 퍼모사

France 법, 법국, 법난셔, 법란서, 법란셔, 불, 불국, 불난셔, 불란서, 불란셔, 불안셔, 블란셔, 볼란시국, 블란시국, 프란쓰, ᅗᅳ랑쓰, 흐란스, 大法民主國, 法, 法國, 法蘭西, 法蘭西國, 法朗西, 佛, 佛國, 佛蘭西, 佛蘭西國, 佛狼西

Frankfurt 프랑펏, 프랑포어트, 후란구후-루드, 蒲蘭坡, 厚蘭布土

French Vietnamese 佛領交趾

Fujisan 푸지

Fukuoka 푸쿠오가

G

Galilee 갈릴리
Gallia 가루리아
Gambia 간비아, 감비아
Gambia River 甘比亞江
Ganges River ᄭᅡᆫ지스, ᄭᅡᆫ지쓰-河, ᄭᅡᆫ지ᄡᅳ, ᄭᅡᆫ지이스-河, 安額河, 恒河, 干支斯, 干池秀, 堅枝斯
Geneva 제노와, 젠오아, 졔네바, 졔네봐, 졔네화, ᄶᅦ네바, 壽府, 熱那
Geneva Lake 졔네빠湖
Georgia 若耳治州
Germany ᄶᅥ잇튀, ᄶᅥ잇취, 덕, 덕국, 덕의지, 독, 독일, 독일국, 셰야만, 일이만, 져만에, 大德國, 德, 德國, 德意志, 德逸, 獨, 獨國, 獨乙, 獨逸, 獨逸國, 日耳曼
Gibraltar 디부라루탈, 지부라루탈海峽, 지부랄타, 지부랄타르, 지부랄타海, 지불올타, 지브롤타, 지쓰랄타, 치푸랄달, 日巴拉太, 智富羅河
Gilbert 吉法
Glasgow 구라스고-, ᄭᅳᆯ나스고, 格辣司哥, 屈羅士古, 屈羅秀古
Gloucester 哥羅斯德
Goa 고아주, ᄭᅩ아
Gobi Desert ᄭᅩ비
Gold Coast 金濱
Golden Gate 金門
Golpo di Napoli 네-푸루스灣
Granada 加拉拿太
Graz 加洛
Great Bear Lake 大熊湖
Great Britain ᄭᅳ렛트브뤠텐, 大不列顚, 大不列顚國, 大貌列顚
Great Salt Lake 大鹽湖
Great Slave Lake 大奴湖
Greece ᄭᅳ레시아, ᄭᅳ뤼쓰, 그리스, ᄭᅳ리스, ᄭᅵ리이기, 희랍, 희랍국, 희리니, 希, 希臘, 希臘國
Greenland 瞿麟蘭島, 綠洲, 哥里蘭, 巨麟蘭得, 巨麟蘭得島
Greenwich ᄭᅳ린위치, 瞿仁利聚, 綠威, 綠林
Guangdong 광동
Guatemala 가데마라, 고터메일나, 과데마라, 과데마라국, 과타멸나, ᄭᅪ테ᄆᆞᄅᆞ, ᄭᅮ아데마라, 귀테멜나, 瓜多磨羅, 瓜他馬拉, 峨他馬拉, 瓦地馬拉
Guiana 貴崖那, 貴禮那, 貴尼, 機內亞, 幾內亞, 幾亞那
Gulf of Finland 芬蘭灣
Gulf of Guinea 幾內亞灣
Gulf of Mexico 墨西哥灣
Gulf of Venezuela 베네쥴아灣
Guyana 기아나, ᄭᅵ아나, 奇亞那, 喜阿那國

H

Ha Nôi 河內, 河內府, 海內
Hague 히아, 헤익ᄉᆞ, 海牙, 海牙府, 赫久, 惠求
Hainandao 히난
Haiphong 海防
Haiti 헤타이, 허ᄐᆡ이, 헤타이, 히다, 海地, 許太伊, 하이지共和國
Hakodate 하고다데, 函館
Hamburg 홈바루구, 함벅, 함벅그, 힘벅, 힘벅, 漢堡, 咸福
Hankow 한구
Hanover 하노-바-
Harbin 합리빈, 합이빈
Hawaii 포와, 포와도, 포와국, 하와이, 헤웨이, 阿歪希, 布哇, 布哇國, 샨드윗지群島
Hekla Mountain 黑格納山
Hercegovina 헤루세고비나, 헤루셰이고비나
Himalayas 대설산, 대셜산, 희마랍산, 히말나야, 崑崙山, 比馬拉亞, 比馬拉亞山, 雪山, 喜馬羅也, 喜馬拉, 喜馬拉山
Hindu Kush Mountains 힌두-쿠쓰山脈, 힌쥬구슈山脈, 渾杜瞿叜山, 掀斗九秀山
Hindustan 溫都斯坦
Hokkaido 북해도, 北海道
Holland 하란, 하란국, 화란, 和蘭
Hollywood 聖林

Honduras 한두나스, 한두라스, 혼두라쓰, 혼듀라스, 흔두레스국, 閎都拉斯, 混斗羅斯, 閧都拉斯, 혼쥬라스共和國, 혼지유라스共和國

Hong Kong 향항, 홍콩, 香港

Honolulu 단향산, 하늘를루, 호놀눌누府, 혼놀루루, 혼눌느, 檀香山, 韓傑吶婁, 火魯魯, 호놀눌누港

Hudson Bay 哈得孫灣

Hudson River 하도손江, 허듸손, 헛손, 賀春江, 湖德孫河, 浩道遜河, 호드손河

Hué 후아, 芙英, 順化府, 順化城

Humboldt River 咸拔土江

Hungary 흉아리, 항가뤠, 항가리, 항가리아, 헝거리, 형그리, 홍가리, 洪加利, 洪曷利, 洪牙利, 凶, 凶國, 凶牙利

Huron 休論湖

I

Iberia Peninsula 伊比利半島

Iceland 아이스란드, 愛斯蘭, 氷島, 氷洲

Idaho 伊達阿郡

Illinois 이리노스, 伊理柰州

India 인도, 인도국, 인듸야, 쳔츅국, 印, 印度, 印度國, 天竺國

Indian Ocean 인도양, 인ᄯᅵ안, 印度洋

Indiana 音的阿那州, 印甸郡

Indochinese Peninsula 印度支那

Indus River 인더스강, 仁多秀江, 印度河

Iowa 以有洲

Iran 伊蘭

Ireland 아열란드, 아열린드, 아이란, 아이란드, 아일낸, 이란, 이이란, 阿熱蘭得, 阿爾蘭, 阿爾蘭島, 愛蘭, 愛爾蘭, 愛爾蘭島

Irkutsk 이르크트크府, 雅克布楚

Irrawaddy River 이라와듸-河, 이라와듸강, 於羅臥多江

Israel 이스레일, 尼塞列

Isthmus of Suez 蘇土地峽

Italy 리ᄐᆡᆯ리, 의, 의국, 의다리, 의대리, 의ᄃᆡ리, 의대리국, 의탤리, 이국, 이다리국, 이다리아, 이다리야, 이달늬, 이달리아, 이ᄃᆡ리야, 이타리, 이탈니, 이탈이, 이태리, 이ᄐᆡ리, 이ᄐᆡ리국, 이ᄐᆡ이, 이ᄐᆡᆯ네, 이탤리, 이ᄐᆡᆯ리, 이ᄐᆡᆯ이, 大義國, 大義大利國, 義, 意, 意國, 義國, 義大利, 意大里, 意大利, 意大利國, 意大里國, 意太利, 義太利, 伊, 伊國, 伊大利亞, 伊太利, 伊太里, 以太利, 以太利國, 伊太利國, 伊太利亞

Ivory Coast 象牙海岸

J

Jamaica 자메카, 쟈메이카, 牙買加

Japan 왜국, 일, 일본, 일본국, 잡판, 倭國, 日, 日本, 日本國

Java Island 자바 섬, 쟈바 섬, 藉排, 爪哇, 瓜島, 瓜哇

Jerusalem 에르사렘, 예루사렘, 예루사름, 예루살넴, 예루살임, 쩨르사렘

Johannesburg 쏘한늬쓰쑬크

Jordan River 요단강

Judae 유다국, 유더아국, 유태국, 유ᄐᆡ국, 猶太國

K

Kabul 카쑬府, 加布兒

Kagoshima 가고시마

Kamchatka peninsula 가무쟈도가半島, 가무쟈트ᄭᅡ半島, 캄탓카, 勘察加, 監札加隷, 堪察德加

Kanchenjunga 君親眞佳

Kando 간도, 間島

Kansas City 킨사싀듸, 干薩州

Kara peninsula 가라半島

Karakorum 가라고름

Karakoram Mountain 哥羅高覽

Kashmir 가시메르, 카시미르

Kavkaz 코키슈스

Kentucky 겐턱키, 컨턱기, 켄탁키-, 堅達基, 建太基州
Kenya 키늬아, 牙蘭, 鷄尼亞
Khabarovsk 하바로부스가
Khingan Mountains 興安嶺山脈
Kiev 키에쁘 幾富
Kilimanjaro 吉利馬累周羅
Kingdom of Ryukyu 류구국, 유구국, 琉球, 琉球國
Kobe 고베, 고븨, 쇼븨, 신호
Kolkata 가르갓타-府, 갈갓다, 칼크다, 葛杷多, 甲谷他, 格大卡, 禪剌城
Köln 콜논, 泪論
Kumamoto 구무모도
Kunlun Goddess 赶越蘭山
Kunlun Mountains 崑崙山
Kuril Islands 科爾立, 千島諸島
Kyoto 京都

L

La Habana 하반아, 합아나, 화바나
La Paz 라팟스, 羅巴瑞
La Plata River 라푸라다, 라푸라타, 拉不拉他江, 那八那他江, 拉富拉巴
Labrador Peninsula 葉厓頼多半島
Labrador 라쌱라도올, 라브라도어, 臘不拉
Ladoga Lake 那渡家湖, 羅土加湖
Lagos 레고스
Lake Biwa 비파호, 琵琶湖
Lake Chad 차-드湖, 遮杜湖
Lake Constance 干西丹瑞湖
Lake Erie 厓利湖
Lake Huron 휴런
Lake Michigan 米秀干湖, 美時干湖
Lake Ontario 언데리오, 온타리오湖, 溫大利遨湖
Lake Superior 슈비리어, 蘇畢略, 秀佈利於湖
Lake Tanganyika 丹家尼哥湖
Lake Titicaca 티티카카, 太太哥哥湖, 틔틔카카湖畔
Lake Victoria 白土利亞
Lake Zurich 朱益湖
Lancashire 蘭桂沙洲
Larissa 라리사, 릭리亽, 羅里斯
Lassa 랄살, 剌薩
Lake Baikal 排葛湖
Lake Biwa 琵琶湖
Lassa 剌薩
Leiden 레든, 레이덴, 來丁
Leman lake 禮滿湖
Lena River 레나河, 禮那江
Les Pyrénées 피렌이스
Lewis River 累伊斯江
Lhasa 拉薩, 剌沙
Lake Baikal 빠이가르湖, 바이갈湖
Liberia 나이베뤼야, 라벼리아, 라비리아국, 리쌔랴국, 리베리아, 리베리아국, 羅伊比賴亞, 里卑利亞, 里卑利亞國
Liechtenstein 理非然丁
Lima 里厤, 利馬
Lisbon 릐스본, 리스본, 리쓰쏜, 里斯本, 里斯本府, 里斯波亞, 利秀繁
Lithuania 列丹尼亞
Liverpool 레바-풀府, 리바-풀地, 리버플, 립어풀, 力非爾布魯, 利拔浦, 利巴夫婁, 理華堡, 立於八
Llanos 那老蘇
London 논돈, 런던, 런돈, 론던, 론돈, 룬돈, 룬돈셩, 른든, 영경, 龍動, 倫敦, 圇墩, 圇墩府, 倫敦府, 英京, 倫敦
Lorraine 로렌
Los Angeles 노-샌질스, 라셩, 羅城, 羅府
Louisiana 루시아나, 魯西安那州
Louisville 루이쓰뷜누
Lushun 려순
Lushunkou 旅順口
Luxembourg 룩센부릭, 盧森堡, 魯生卜, 婁其生堡
Luzon 려숑, 려숑국, 여숑, 여숑, 여숑국, 呂宋
Lyon 那伊溫崖, 里昻, 里昻府

M

Macao 오문, 澳門

Macedonia 마계도니아, 마셰도니아, ᄆᆞ셰도니아, 馬其頓

Mackenzie 馬巨嘶

Mackenzie River 마켄시 강, 맛캔지-河, 麥堅支江

Madagascar 마다가스가, ᄆᆞ다가스가, 마싸가스갈, 마달가ᄉᆞ가, ᄆᆡ다가스가, ᄆᆡ다ᄀᆡ스가, 馬哥塞, 馬哥塞國, 馬達加斯, 馬達加斯加, 馬太加斯加島, 蔑爹加斯架

Madras 마드라스

Madrid ᄆᆞ도리두, 마드리드, ᄆᆡ드릿, ᄆᆡᆺ드릣드, 馬德里, 馬德里府, 馬斗賴, 馬特

Main River 메인河

Malacca 마락카, 말나가, 馬來加, 末那加

Malay Archipelago 馬來羣島, 馬島, 巫來由諸島

Malay Peninsula 말ᄅᆡ 반도, 馬來半島

Malaysia 마래, 마레이, 말레이, 馬來, 馬來西亞

Malta 말타, 馬爾多

Managua 마넹아

Manchester 만테스타-, 만테스터, ᄆᆡᆫ체스터, 滿棣秀太, 滿齒士多

Manchukuo 滿洲國

Manchuria 만, 만주, 만쥬, 만주국, 만쥬국, 滿, 滿洲, 滿洲國

Manhattan 滿巴丹島

Manila 마닐라, ᄆᆞ닐라, 만닐나, ᄆᆞᆫ일나, 만일나, ᄆᆡᆯ넬니이, 麻尼羅, 馬尼剌

Marseille 馬塞里

Maryland 馬理蘭州

Massachusetts 마사주셋쓰州, 마씨제셰쓰州, 맛사추세쓰, 마씨제셰쓰州, ᄆᆞᆺ샤지유셋토, 磨沙朱細周州, 痲沙失邑州, 磨沙州

Matterhorn 愛擄本

Mauritius 모우리튜스島, 毛里西諸島

Mecca 멧카府, 목카

Mediterranean Sea 디즁ᄒᆡ, 지중해, 地中海, 馬類母刺海

Mekong River 미공강

Melanesia 멜나네시아

Melbourne 멜누보룬, 멜번, 茂蕃, 新金山

Merey 梅來

Mesopotamia 메소뽀다미야, 메소포타미아, 米所波大迷亞, 迷所波太米亞, 美昭布太糜亞

Messina 美時那, 米氏那

Mexico ᄆᆡᆨ시칸, ᄆᆡᆨ쓰코, 먹시고, 메씨시ᄭᅩ, 멕스고, 멕시코, 멱시고, 목셔가, 묵서가, 묵서기, 묵셔가, 믁셔가, 묵셔가국, 麥時古, 墨, 墨國, 墨西哥, 墨西哥國, 墨西其

Mexico City 墨西其府

Michigan Lake 미시간 못, 미지간호, 米執安湖

Michigan 미시간洲, 미싱안 州, 미지깐, 密執安州

Micronesia 미구로네시아, 미쿠로네시아

Milano 미란, 미란府, 밀란, 美蘭, 密蘭

Milwaukee 밀누우오-크

Mindanao Island 만다나오, 民太腦

Minnesota 미네소따-, 미니소탑, 민넷소다, 密尼索太州, 敏禮昭太州, 敬禮斯太州

Mississippi River 미셔셕비강, 미셜셜피강, 미시시비강, 미시십피, 미시십피河, 眉西比河, 味西西比江, 密士矢必, 密士失秘江, 美時什被江, 美時什被河, 密士失秘河, 密士失必河

Mississippi 미스시피, 밀셜셜피, 密士失秘州

Missouri River 밋슈리강, 美朱里江

Missouri 미슈리, 密斯增利

Mombasa 몸바사

Monaco 모나고, 모나코, 摩那哥

Mongolia 몽, 몽고, 몽고국, 蒙, 蒙古

Monrovia 몬로뷔아

Mont Blanc 白山, 苐冷求

Montana 몬짜나-, 蒙達那郡

Montenegro 만테늬그로, 만트늬그로, 몬데데구로, 몬테늬그로, 몬틔니크로侯國, 門斗尼骨, 蒙的尼

Montevideo 몬데뷔데오, 몬테예데오, 滿逮比得烏

Montreal 몬트리-르, 孟的里

Morocco 摩洛哥, 摩洛哥

Morocco 마락가국, 모라고국, 모로ᄭᅩ, 모로

스코, 모로코국, 모록코, 모롯고, 모릇코국, 모롯크國, 摩洛哥, 摩洛哥國, 莫落哥, 摩洛哥國

Moskva 마스고, ᄆᆞ스고, 마스ᄭᅩ, ᄆᆞ스ᄭᅩ, 마스코, 막사과, 모스코, 모스쿠바, 모쓰크빠, 목ᄉᆞ구, 미스ᄭᅩ, 麽士高城, 莫斯科, 幕斯科, 莫修科, 墨斯科

Mount Cameroon 가메룬山, 巨馬崙山

Mount Everest 에베레쓰도峰, 崖排賴士

Mount Kilauea 吉魯利亞火山

Mount Kilimanjaro 키리만쟈로산, ᄭᅵ리만자로山, 幾里滿謝露

Mount Nelson 네루손山

Mozambique Channel 莫三鼻海峽

Mozambique 모삼ᄡᅵ그, 모삼빅, 모삼빅큐, 麽三碧, 莫三鼻, 莫三比, 模潛伯, 模潛伯九

Mumbai 孟買, 孟買爾

München 멘인겐, 미우네치府, 岷仁見

Murray River 무-레-河, 馬賴江

Myanmar 면뎐, 면뎐국, 면젼, 면젼국, 버마, 범아국, 쎄르마, 쎌마, 比利莫

N

Nagasaki 나가사기, 長崎

Nagoya 낭오야, 명고옥

Nam Chuong 南掌

Nanjing 남경, 南京

Napoli 나포리, 나폴리, 那不勒, 那卜列司, 拿破里

Nazareth 나사렛

Nebraska 네부릭스가, 네브라스가, 拿布拉士格郡

Neimenggu 內蒙古

Nepal 네팔, 네펄, 넷파-르, 尼婆羅, 尼波路, 醴八

Netherlands 네데란스국, 네-사-란드, 레데란스, 오란다, 할난드, 할낸, 할란국, 호르란쏘, 홀난드, 홀낸드, 화란국, 蘭, 荷國, 荷蘭, 荷蘭國, 和蘭, 和蘭國

Nevada 네바다州, 尼眭達州

New Castle 누킈슬, 루기슬

New Guinea 누귄늬셤, 늬우씨늬아, 新幾內亞, 新幾內亞島, 婁勒來

New Hampshire 旒咸沙州

New Ireland 누아열란드, 婁마列蘭大

New Jersey 늬우써-시-

New Mexico 뉴메기시고, 新墨西哥郡

New Orleans 누얼린스, 늬우오올네안, 늬유오올낸쓰, 유올닌스, 紐柯連士

New South Wales 뉴사우스에루수, 新南維里斯

New York 누역, 뉴약, 뉴욕, 늬요크, 늬우욕, 늬유욕, 늬우요크, 류욕, 유욕, 紐約, 紐約府, 紐約耳克城, 紐育, 紐育克, 牛約, 牛要爾客, 紐約洲, 紐育州

New Zealand 누실란드, 뉴지단도, 뉴치란도, 유질낸, 樓質蘭, 新西蘭, 新愛蘭

Newcastle 婁介瑟

Newfoundland Island 누번드란드셤, 旒華雲突蘭島

Niagara Falls 나야가라, 나이양아라瀑布, 나이양웨아라瀑布, 那以亞加拉, 尼亞亞加拉

Nicaragua 늬카로가, 늬코록가, 늭가라과, 니카라가, 닛가라과, 닛ㅋ라가, 尼可羅果, 尼加拉加, 尼加拉瓜, 尼加拉瓦, 厄可羅果

Niger River 尼楮江

Niger 尼楮

Niigata 늬이가타, 니가다, 新潟

Nile River 나일강, 나일河, 那逸江, 尼羅江, 尼留河

Ningbo 닝보

Normandie 놀만듸, 諾曼

North America 노트아메리카, 북미, 북미쥬, 북아메리가, 북아미리가주, 북아메리ㄱ, 북아미리가, 븍아미리가, 븍아미리까, 北亞米利加洲, 北米, 北美, 北美洲, 北阿米利加洲, 北亞墨利加, 北阿美利加, 北阿弗利哥

North and South America 南北美洲, 南北阿美利加, 南北阿美利加洲, 南北亞美利加洲

North Atlantic Ocean 북대셔양

North Carolina 北加羅里那州, 北哥兀利那州

North Gando 북간도, 北間島

Northeast Asia 東北亞細亞
Northern Europe 북구, 北歐
North Sea 북해, 북ᄒᆡ, 北海
Norway 나위, 라위, 나위국, 라위국, 노르웨, 노르웨國, 노르웨이, 노어웨, 노웨, 노웨이국, 뇌위국, 로웨이국, 로위국, 挪威, 那威, 那威國, 那耳回, 諾, 諾威, 腦威, 瑙威
Nubia 努北阿, 努比亞, 努皮亞國, 婁比阿

O

Ob River 오비河
Oceania 대양주, ᄃᆡ양주, 대양쥬, 어셰아이야, 오셰아니아, 濠太剌利亞洲, 大洋洲, 阿西亞尼亞, 阿世阿尼亞, 奧削及, 阿西亞尼亞洲
Oder 오-다-河, 오데, 오데루
Oder River 鰲道江
Odessa 오뎃사항, 오데잇사, 惡特設, 五德沙浦港, 德沙港
Ohio River 澳賀澆江
Ohio 와고민수, 오하요, 오하이오, 오하이오州, 倭痾海州
Olympus Mountain 오림푸스山
Oman 오만, 塢滿, 烏滿
Orange Free State 오련쥬ᄌᆞ유국, 오렌지국, 오렌지自由國, 橘河共和國, 橘河自由國
Orange River 五蘭枝江
Orange 오란지국
Oregon 阿里顔州
Orinoco River 오리노고河, 오레노코 강, 奧乃奴高江, 五利老高江
Osaka 대판, 오사가, 大阪
Osman Empire 옷도만, 오투민帝國
Ottawa 오타와, 阿他瓦
Oxford 옥스퍼드, 옥스포-드, 옥스풀드, 우진, 牛津, 阿佛多

P

Pacific Ocean 바시빗그, 바시힛그, 태평양, ᄐᆡ평양, ᄑᆡ시ᄑᆡᆨ크, 太平洋, 大東洋
Pakistan 巴其斯坦
Palestine 팔네스탄, 巴禮斯坦
Pamir Plateau 파미르
Pampas 팜파쓰
Panama 파나마, 巴那馬, 巴那麻, 巴拿馬, 巴奈馬, 波羅馬
Panama Canal 파나마운하
Paraguay 바라궤국, ᄲᅡ라계, 파라궤, 파라수예, 파라셰에국, 把羅貴, 玻拉乖, 巴拉圭
Parana River 朴拉搭河
Paris 파려, 파려셩, 파리, 파리府, 파리셩, 파리스, ᄑᆡ리스, 巴黎, 波黎都城, 巴黎府, 巴黎斯, 波黎斯, 巴黎西, 巴里, 巴里府, 巴里城
Patagonia 파타ᄭᅩ니아, 巴他俄尼, 貝澤遨尼亞
Pearl Harbor 진주만, 진주항, 眞珠港, 眞珠灣
Penang 빈랑, 페난, 페낭, 庇能, 賓郎, 彼南
pénglĭhú 핑려호
Pennsylvania 밴실바니야, 변실바니아州, 펜실베니아, 펜실베늬아쥬, 邊西洼尼州
Persia 베시아, 베르샤, 파ᄉᆞ, 파ᄉᆞ국, 퍼시아, 퍼시야, 比利西亞, 比耳西亞, 波斯, 波斯國
Persian Empire 파샤국
Persian Gulf 파ᄉᆞᄒᆡ만, 波斯灣
Peru 비로, 비로국, 베루국, 비루국, 피루, 피루국, 秘魯, 秘露, 秘魯國, 秘露國
Philadelphia 피라덜피아, 필나델피府, 필나델피야, 필라달피아, 히라델히야, 費拉德費府, 費拉特費, 費府, 必那達彼亞
Philippines 비륜빈, 비율빈, 비랍빈, 비률빈, 빈립빈, 필늬빈, 필뢰빈, 필리핀, 大呂宋, 呂宋國, 比, 比國, 比島, 比里敏, 非立賓, 比律賓, 非律賓, 畢來賓, 華立彬島
Philippine Islands 휘릿빈諸島
Phnom Penh 바놈빈, 金邊
Pittsburgh 빗스불구
Po River 포河
Poland 파란, 파란국, 폴난드, 폴낸드, 波, 波蘭
Polynesia 폴니네시아, 波里尼西亞
Pompeii 布嚴蔽阿伊
Portland 포-틀난드
Portsmouth 폿스마우스, 폿스멋

Portugal 보르츠깔, 포도아, 포도아국, 포르트갈, 포쥬걸, 포츄갈, 葡, 葡國, 葡萄牙, 葡萄牙國
Potomac River 허도맛구河, 布土幕河
Potsdam 폿즈담, 布朱淡
Preussen 푸루시아, 프로시아, 大布國, 普國, 普魯士國, 普魯斯, 普魯士, 普魯西
Provence 布魯漢秀
Prussia 보, 보국, 보로사, 보로ᄉᆞ, 보로사국, 보로ᄉᆞ국, 보로샤, 普, 普露西
Puerto Rico 포루트리코, 波里多里
Pyrenean 蔽賴尼秀, 比禮尼斯山脉, 피레니-스山脉

Q

Qing 청, 청국, 쳥, 쳥국, 쳥나라, 대쳥국
Quebec 케베크
Queensland 퀸수란도, 큐인슬닌드, 큐인스랜드, 姑因蘭
Quito 귀도, 큐토

R

Rangoon 蘭貢, 蘭郡府, 琅玕
Red Sea 홍히, 紅海
Republic of South Africa 南阿聯邦, 南亞弗利加共和國
Rhein River 닉인하, 라인강, 羅仁江, 羅仁河, 來因江
Rhone River 로온河, 老溫江, 老溫河
Richmond 릿지몬드府
Rio de Janeiro 리오자네로, 리오쟈네이로
Río de la Plata 拉不拉他河
Río Magdalena 마구다례나河
Rio 뤼오
River Rhône 론
Rocky Mountains 으라키산, 落機山脉, 祿雞山, 落機山脈, 落機山, 奧樂基
Roma 라마, 라ᄆᆞ, 로마, 로ᄆᆞ, 로오마府
Roman Empire 나마국, 라마국, 로마국, 로ᄆᆞ국, 羅馬國, 羅馬帝國
Romania 羅, 羅馬尼, 羅馬尼亞, 樓彌尼亞, 婁禡里亞, 婁彌尼亞
Russia 노시아, 러시아, 예시아, 로, 로국, 로서아, 로셔아, 로시아, 로시야, 롸시야, 아, 아국, 아라사, 아라ᄉᆞ, 아라샤, 아라셔, 아라ᄉᆞ국, 大俄國, 大俄羅斯國, 露, 魯, 露國, 魯國, 露西亞, 魯西亞, 俄, 俄國, 俄羅斯, 俄羅斯國

S

Sachsen 薩索尼, 撒遜, 索素尼
Sacramento 사쿠라멘토
Sacramento River 石太面土江
Sahara 사하라, 蛇河羅, 撒哈羅, 撒哈拉, 撒哈拉羅
Saigon 셔공, 西貢, 柴棍, 紫棍
Saint Helena 세인트헐느나, 센도헤례나, 쎈트헬레나, 三厄里那
Saint Lawrence River 센토로렌스河
Saint Lawrence 聖勞稜索河, 聖老連秀江
Saint Louis 센트루이스, 센르누이스
Saint Petersburg 쎈트페터스쌱르흐, 센피더-스븕, 션도비다스버릉, 셩피득보, 센트 피더-븕, 센트피더스벅, 페터스쌱르흐, 피더스빼그, 피득나보, 피득보, 聖比得堡, 聖彼德羅堡, 聖彼得堡, 聖彼得堡府, 彼得羅保, 彼得保
Sakhalin 화태, 사갈린 셤, 薩哈連島, 薩哈嗹, 樺太
Salvador 샐베도-
Salween River 사르옌河, 살윈강
Samaria 사마리아
Samarkand 삼알칸드
Samoa 사모아, 사모이, 샤모아
San Diego 산듸에고
San Domingo 산더밍어, 산도밍, 산드밍코, 신도밍고
San Francisco 구금산, ᄊᆞ인프란씨스코, 산브란시스고, 산프란시스고, 산프란시스코,

산프란씨스코, 상항, 舊金山, 金山, 山普蘭時, 山布蘭世斯古, 三佛蘭喜西柯, 桑方斯西哥, 桑港

San José 산허쟈바, 산흐-세

San Juan River 山厚安江

San Juan 산할

San Marino 산마리共和國, 산마리노, 산마리노共和國, 싼마리노國, 山馬利路, 山馬利魯, 森馬林, 桑馬里

San Salvador 산살바더아, 산살빠돌, 산살베다, 산살베더, 三薩瓦多, 三撒弊土婁, 聖撒排多

Sana 사나府

Santiago 산지아꼬, 산치아고, 산틔야고

Santo Domingo 산또밍오, 山道明澳, 山土民各, 三土民, 三土民各

São Paulo 沙露立歐府

Sarawak 싸라왁

Sardegna 사듸니아, 사루듸니아, 살듸니아, 살지니아, 살쳬니아, 살톄니아국, ᄉᆡ듸니아, 薩爾甸亞島, 撒底尼亞

Saskatchewan River 沙秀哥治元江

Sassari 사사리

Savannah River 사바나강

Scandinavia 스간듸나뷔야, 스간지나비아, 스칸데나뻬아, 스칸듸나비아, 蒐干大禮比亞

Scandinavia Peninsula 스간듸나뷔야半島

Scotland 소격난, 스콧틀낸, 스컷란드, 스코틀낸드, 스코틀란드, 錫蘭得, 蘇格蘭, 蘇格蘭島

Sea of Marmara 瑪爾磨拉海

Sea of Okhotsk 오컷스그

Seattle 시아들, 씨아틀, 시예틀, 時阿達

Seine River 센, 세네-河, 셰-뉘河, 세인하, 細茵河, 塞納, 塞印

Sendai 仙臺

Senegal 세네가르, 셰네가르, 塞內牙, 先厓傑

Serbia ᄉᆡᆨ이유, ᄉᆡ비야, 셀비아國, 셔ㅡ비아, 써비아, 셔비야, 쎠비아, 셰르쎄야국, 셰르븨, 셰비아, 塞爾非, 塞爾比國, 塞爾維, 塞耳維, 塞耳維阿, 塞爾維阿, 細勃

Sevilla 細勃

Shanghai 샹히, 上海

Shanhaiguan 山海關

Sheffield 셉뗴루드

Shenyang 瀋陽

Shikoku 四國

Siam 사이암, 샤므

Siberia 사버리아, ᄉᆞ베리아, 사벼리아, ᄉᆞ이베리아, 사ㅣ비리아, ᄉᆡ베리아, 새쎄리야, 서백리아, 셔ᄇᆡᆨ리아, 셔비리아, 시베리아, 沙耳比利亞, 西伯里, 西伯利, 西伯利亞, 西比利亞, 西比亞

Sicilia 시시리島, 시실리 셤, 細細里, 細細利亞, 詩實禮島

Sierra Leone 시라러온, 시라례온, 시에라네온, 蘇拉蘭

Sikkim 시기무

Sinai Peninsula 시나이半島

Singapore 신가파, 신가뽀-르, 星架波, 新加留, 新加坡, 新嘉波, 新嘉坡, 海峽植民地

Sofia 소뷔야

Solomon Islands 솔노몬諸島, 솔로몬羣島

Somalia 색모리, 소마리, 소말니, 索謀利, 小摩里

Sông Hông 紅江

Songhua 송화강, 松花江

South Africa 남아푸리카, 南亞弗利加洲, 南亞非利加, 南阿

South America 남미, 남미쥬, 남미쥐, 남북아미리가, 남아머리가, 남아메리가, 남아메리까, 남아메리식, 남아메리카, 南아몌리가, 남아미리가, 남아미리가주, 남아비리가쥬, 사우트아메리카, 南美, 南米, 南美洲, 南米洲, 南亞米利加洲, 南亞墨利加, 南亞米利加, 南阿美利加洲

South Georgia and the South Sandwich Islands 산도윗지諸島

South Pacific 南太平洋

South Sea 남양, 南洋

South-East Asia 동남아세아, 東南亞細亞

Southern Ocean 남대양, 南大洋

Soviet Union 소련, 蘇, 蘇聯

Spain 서, 셔반나, 셔반아, 셰바나, 셔반아국,

스베인, 스볘인, 스페인, 이스바니아, 西, 西班牙, 西班牙國

Sparta 스파타, 스파-타, 斯巴達, 秀巴陀國

Sri Lanka ᄉᆞᄌᆞ국, 셕란, 셕란국, 셕란도, 獅子國, 錫蘭, 錫蘭島, 錫崙

State of Colorado 哥羅拉度州

Stockholm 스톡호룸, 스톳크호-룸, 斯德哥摩府, 斯德哥爾摩, 士德咸

Strait of Dover 도뻬海峽

Strait of Gibraltar 知伯羅妥爾峽

Strasbourg 스트라스부루크府

Stuttgart 쓰틧트카-트

Sudan 수단, 수싼, 슈단, 蘇丹, 蘇丹國

Suez Canal 수에스, 슈에스, 슈헤스운하, 蘇士, 蘇士運河, 蘇西運河, 蘇彝士運河, 秀埃西

Sumatra Island 수마도라島, 슈마드라셤, 스마트라, 스마도라島, 蘇門答臘, 蘇文答拉, 蘇門臘, 蘇門答臈島, 蘇門苔羅, 秀馬達阿

Swaziland 蘇祿

Sweden 서뎐, 셔, 셔뎐, 서뎐국, 셔젼, 수웨덴, 쉬덴, 스위든, 스이덴, 스이톈, 瑞典, 瑞典國, 綏甸

Switzerland 셔사, 셔ᄉᆞ, 셔ᄉᆞ국, 쉬쓰국, 쉿스란드, 스위쓰, 스위쓸낸드, 스윗젤난드, 스이츠란또, 瑞國, 瑞士, 瑞士國, 瑞西, 瑞西國

Sydney 시도니-, 雪梨, 悉德尼

Syr Darya 瑞江

Syria 셔리아, 셰뤼야, 시리야, 叙利亞, 叙利瓦, 世累野

T

Tahiti 타희틔

Taipei 대북, 臺北

Taiwan 대만, ᄃᆡ만, ᄐᆡ만, 臺灣

Tamatave 多麻多富

Tanganyika 單加尼加

Tarim River 陀林江

Tasmania 다수마니아, 타스마니아, 達斯馬尼, 陀斯馬尼亞

Tatar 韃靼

Tebet/Tibet 셔장, 셔장국, 셔쟝

Tegucigalpa 뎅시괄파

Tehran 테네란, 테혀란

Tennessee 테넷시-

Tevere River 다이바루河

Texas 데기사스, ᄐᆡᆨ사스, ᄐᆡᆨᄉᆡ쓰, 得撤州

Thailand 셤나, 셤라, 셥나, 셤라국, 셥나국, 暹, 暹羅, 暹羅國, 泰國

Thames River 뎀스강, 뎀스江, 템스하, 達迷斯江, 達迷斯河, 探秀河

the American Continent 米洲, 美洲

the Antarctic 南極

the Arctic Ocean 북빙양, 북아그짓그, 븍빙ᄒᆡ, 븍빙양, 악틱크, 北氷洋, 北冰洋, 北極洋, 北極海

the Arctic 북극, 븍극, 北極

the Baltic Sea 쌜트海, 쌜ᄐᆡᆨ海

the East 동양, 東洋

the East Indies 동인도, 東印度

the Federal Republic of Germany 日耳曼列邦

the Orient(the East) 동양, 東洋

The Red Sea 홍ᄒᆡ, 紅海

the South Caucasus 南高加索

the West Indies 西印度諸島

the West 서양, 셔양, 태서, ᄐᆡ서, ᄐᆡ셔, 西洋, 泰西

the West, the Occident 서구, 西歐

The Western Regions 서역, 셔역, 西域

The Western sea 서해, 서ᄒᆡ

The Yellow River 黃河

The Yellow Sea 셔ᄒᆡ

Tianjin 텬진, 天津

Tibet ᄐᆡ벳트, 팁벳트, 基發, 西藏

Tigris River 타이그리스강

Tokyo 도교, 동경, 東京

Tonga 東佳

Tonking 동긴, 東京

Torino 都林

Toronto 토론토

Transvaal 도란스발, 두라수발共和國, 드란스발국, 토란쓰빨, 트란스바, 트란쓰발, 土蘭斯拔, 土蘭斯波兒

Tripoli 트릐볼네, 트림풀늬, 틔리포리, 杜立八利, 的黎波里, 的里坡里, 的波里, 特伊佛來

Tsuruga 수루가, 敦賀

Tundra 荒原

Tunguska 洞久斯哥江

Tunisia 두네스, 두니쓰, 투니스, 突尼斯, 杜尼斯

Turk, Tūjué 돌궐, 突厥

Turkestan 터키스단, 土基斯坦, 土耳其斯坦

Turkey 도르기, 돌, 돌국, 토국, 터계, 터어킈, 터어키, 터키, 토이긔, 토이기, 토이긔국, 土, 土國, 土耳古, 土耳其, 土耳奇, 土耳基, 土耳機, 土耳其國, 土耳基國

U

Uganda 우간다

Ukraine 우카라이나

United Kingdom 녕국, 대영국, 령국, 영국, 영, 인긔리스, 인그리스, 大不烈顛, 大英國, 英, 英國, 英吉蘭得, 英吉利, 英吉利國, 英吉利帝國, 英島, 英倫

United States of America 대미국, 미, 미국, 미리견, 미합중국, 미합즁국, 북미쥬합즁국, 북미합중국, 북미합즁국, 북아메리가합즁국, 북아메리까합즁국, 北아메리카合衆國, 아메리가합즁국, 아메리카合中國, 유나이뎃되스데도, 유나이텟드스텟즈, 합중국, 합즁국, 화긔국, 大美國, 大亞美理駕合衆國, 美, 米, 美國, 米國, 米利堅, 美利堅, 美合衆國, 北米合衆國, 北美合衆國, 北阿美利加洲合衆國, 亞米利加合衆國, 亞美利加合衆國, 合衆國, 花旂國, 花旗國

Upolu Island 우폴누島

Ural Mountains 유랄 산, 烏剌爾山, 烏拉山

Ural Mountains 乳剌

Ural River 烏拉江, 聿謁江

Uruguay 우루계, 우루수예, 유라궤, 유루궤국, 烏納乖, 烏拉乖, 烏拉乖國, 烏兒圭, 猶羅貴, 烏魯木齊

Ürümqi 烏魯木齊

Utrecht 우트렛트

V

Valencia 쫘란시아항

Vancouver 만향파, 반큐버-, 빈구버, 萬古福, 晚香坡, 賓求法

Venezuela 번뇌주엘아, 번이쥬엘라, 베네싸르, 베네수일나국, 베네스예라, 뻬네스엘라, 베네쥬엘나, 벤에쥬멜나, 변늬주엘나, 변이주엘아, 웨네쩨라國, 위늬셔랍국, 彬崖朱越那, 委內瑞拉

Venice 뻬네틔아, 변늬스, 부예니스港, 왜니수, 威內斯, 威內薩, 威尼斯

Veracruz 베라쿠르쓰

Vermont 注門州

Versailles 뻬르사이유, 쀠-사이루, 排沙游, 波留西留斯府

Vesuvio Mountain 뵈수비어스, 쀠스쀠우스, 비슈비엇 화산, 威蘇山, 比秀比亞火山, 琲水琲魚

Victoria Lake 뷕토리아湖

Victoria 빅도리아, 뼥토리아大瀑布, 維多利洲, 維多利河, 白徒里亞, 壁突伊亞

Vienna 비에나, 븨여나, 웬나, 유야납, 유야랍, 유은랍, 維納, 維亞納, 維也納, 維也納府

Vietnam 아남, 안남, 안남국, 안람, 안람국, 월남국, 월남, 安南, 安南國, 越南

Virginia 勿吉尼州

Vladivostok 우라지오스구, 히삼위, 히슴위, 浦鹽斯德, 浦塩斯德, 浦潮斯德, 海蔘威, 海蔘港

Volga River 볼가河, 拔家江

W

WàiMěnggǔ 外蒙古

Wales 웰스, 威勒士, 威爾士

Wall Street 웰街

Warszawa 와르샤, 월소-부

X

Y

Z

이한섭(李漢燮) 고려대학교 일어일문학과 명예교수

오사카대학교 대학원 졸업. 고려대학교 일어일문학과 교수로 재직하다 2014년 8월 정년퇴임. 전공은 일본어어휘사. 지금까지 근대 일본 어휘 성립사를 연구해 왔으며 최근에는 주로 19세기 말 한중일 어휘 교섭과 교류, 전파에 관한 연구를 하고 있음. 저서에《일본에서 온 우리말 사전》(2014, 고려대학교출판문화원),《初版·再版·三版対照和英語林集成》Ⅰ·Ⅱ·Ⅲ(1999-2001, 港の人：鎌倉) 등 다수.

박성희(朴省姬) 고려대학교, 숙명여자대학교 강사

고려대학교 대학원 졸업. 근대 일본어 전공. 〈明治期의 地名表記研究〉라는 논문으로 2013년 동 대학원에서 박사학위를 받았으며, 현재 19세기 이후 일본어 지명 표기의 성립과 형성에 관한 연구를 하고 있음.

개화기 외국지명 표기사전

초판 발행1쇄 2017년 10월 31일
지은이 이한섭 · 박성희
펴낸곳 고려대학교출판문화원
www.kupress.com
kupress@korea.ac.kr
02841 서울특별시 성북구 안암로 145
02-3290-4230, 4232
Fax 923-6311
찍은곳 한국컴퓨터인쇄정보

ISBN 978-89-7641-942-2 93710

값 32,000원
* 잘못 만들어진 책은 바꿔드립니다.